心理學

PSYCHOLOGY AND LIFE

英文20版全新譯本

Richard J. Gerrig 著

游恒山 譯

初版推薦序

　　現在世界上有一百六十種以上以英文寫就的普通心理學教科書，如何選出一本適合台灣地區使用的課本，大概不是一件簡單的事情。我們首先要了解一本導論式的心理學教科書，究竟應該包含什麼內容？究竟應該由誰來寫？這兩個問題可以提供我們初步判斷的基礎。

　　現代的心理學導論式教科書的內容，至少要包含有人類與動物行為的生理及生物基礎（尤其是大腦功能部分）、人性基本問題的探討（如意識狀態、動機與情緒、知覺歷程、記憶與學習、智力與創造力、人類性格、社會行為、病態行為及其治療等）、心理學歷史的回顧（如條件化歷程、心理分析學、心理物理學、行為主義等），與現代科技對人性研究的影響（如神經科學、人工智慧、電腦科學等）。至於理想的撰寫人選，應該由真正熱心教學且已有學術成就的心理學家來擔任，最為恰當，因為這種撰寫人知道整個心理學發展的重點所在，而且會以帶有引導性與批判性的眼光來撰寫。

　　從這兩個標準來看，**Philip Zimbardo** 所撰寫的《*Psychology and Life*》，無疑的是一本高水準的心理學導論。**Philip Zimbardo** 為美國史丹福大學心理學系教授（該系多年來一直是美國心理學領域中排名第一的科系），同時也是世界心理學界極為知名且優秀的心理學研究者，其專長在實驗性格與社會心理學方面。目前在世界上最為流行的心理學導論教科書中，有兩本即出自史丹福大學心理學系之手，其中一本即為本書。這本書編纂細心，照顧讀者，容納了最新且重要的心理學知識，可說以學術為經，以活用為緯，讓讀者在不費力下吸取大量的正規知識。這是任何導論式教科書所懸的最高標準，在本書中有暢快淋漓的發揮。

　　本書中文版的翻譯者為台大心理學系畢業生，從事譯述工作多年，基本上已大幅減低誤譯的可能性，且經數人校閱，相信信實方面可以確保。該書另一特點則是極富寫作風格，文字暢順觀點獨具。整體而言，這本書很適合初學者在一個學年中，初窺正統心理學的門徑。

—— 黃榮村

台大心理學系教授

中華民國七十七年九月

 譯者序

　　本書在美國心理學界擁有優良的傳統，自從 1937 年首版發行以來，迄今 76 年中已有 20 個修正版；幾乎是每隔 4 年就有新版，可見它在扣住社會脈動方面相當用心，不僅保留了建立起心理學知識之根基的傳統研究，也不斷加入最新的研究證據和新興的研究基模。因此，它的形式編排和內容設計已成為坊間其他普通心理學教科書編寫上的範式。

　　本書的原作者有兩人，Richard J. Gerrig 和 Philip G. Zimbardo。Gerrig 是紐約州立大學的心理學教授。在這之前，他曾在耶魯大學任教 10 年，且因為在社會科學上的優異教學而被授以「Lex Hixon」獎項。Gerrig 是一位傑出的認知心理學家，特別是在語言、記憶及認知歷程等研究領域上迭有貢獻，這些領域也是當前心理學研究的核心所在。他為「Smith Sonian 教育協會」發表的一系列心理學演說，被拍攝成錄影帶──題為《心靈的生活》──且成為「教學公司」（該公司邀請頂級的大學教授傳授各種課程，以供應一般大眾進修之用）最暢銷的作者之一。

　　Zimbardo 目前是美國史丹福大學的心理學教授（自 1968 年以來），早期則曾任教於耶魯大學、紐約大學及哥倫比亞大學。他極具魅力的教學風格，為他贏得了許多全國性傑出教學的獎項。Zimbardo 也是一位多產而有創意的研究學者，橫跨社會心理學的許多領域，有超過 300 篇的專業論文和 50 本書籍歸屬在他的名下。為了褒揚其學術成就的雄渾，「美國心理學會」為他一生在普通心理學上的貢獻而頒發給他「Ernest Hilgard」獎項。此外，他也涉足通俗的園地，透過他相當暢銷關於「害羞」的普及本及他在大眾媒體上的文章，他嘗試把心理學介紹給一般大眾。他還常在「談話秀」節目中露臉，且發行了《Discovering Psychology》的系列錄影帶。前些年前，Zimbardo 被推選為「美國心理學會」（APA）的主席。

　　本書內容是為心理系的學生所編寫，以供他們在上、下兩學期中獲致心理學的進階知識。但因為心理學涵蓋的範圍極為廣泛，所以原文書的篇幅相當可觀，內容也較為繁複。對於想要一窺心理學奧祕而選修這門課程的學生而言，面對這樣的龐然大物，往往有不知從何下手的困惑。因此，譯者在本版借助簡約文字以縮短其篇幅，而又不傷原文書的旨意，試著把各個領域的綱領勾勒出來，且對其基本概念作清楚的界說，以使學生在自我進修或應付考試上皆能有所依據，盼為值得你選用的一本「普通心理學」讀物。

──游恆山

二〇一四年於宜蘭

 作者序

　　對任何從事教學工作的心理學家而言，如何教好「心理學概論」是他們所面對的最大挑戰之一。事實上，因為所涉及的主題範圍極為廣泛，它或許是最難有效教導的一門科學。我們的論述不僅需要涵蓋神經細胞歷程的微視分析，也需要包容文化系統的巨視分析；不僅涉及健全心智的生命活力，也涉及心理疾病所招致的生活悲劇。我們寫這本教科書的挑戰是賦予這方面資訊有良好的形式和內容，且能具體化於實際生活層面。

　　經常，學生進到課堂時，抱持關於心理學的一些錯誤觀念，這些觀念可能是得自大眾媒體的報導，或是得自「通俗心理學」（pop psychology）的灌輸。此外，學生也懷抱著高度期待，關於他們想要從心理學這門課程獲致什麼——他們想要學到許多對於個人有價值的東西，而這將有助於他們改善自己的日常生活。對任何老師而言，學生的這些要求可能難以填滿。但是，我們相信這本書將有助於填滿這些要求。實際上，在整個編纂過程，我們一直提醒自己，致力於創設一個最具關聯、最準確、最新式的論述架構，以使學生能夠全心投入他們的求知欲和好奇心。

　　我們的目標是編寫一本教科書，使學生在涉獵心理學各個領域的同時，也能享有閱讀的樂趣。在每一章、每個句子之中，我們都試著確認學生將會想要閱讀下去。在這同時，教師不論是側重於研究取向或實用取向，他們也將發現可從這本書找到所需的教學旨意。

　　這本第二十版的《心理學》是由我獨力承攬，但它保留了 Richard Gerrig 與 Philip Zimbardo 合著所反映的視野及願景。這種合作情誼的締造是因為我們擁有共同的信念，即致力於教授心理學為一門攸關人類福祉的科學。我們帶進個人的教學經驗，試著把新的理論及研究與傳統知識整合起來，同時在科學的嚴謹性與心理學跟現代生活的關連之間求取平衡。這一最新的版本延續傳統的風格，它引進最重要的一些心理洞察力，以便為學生的生活帶來一些啟發及領悟。

—— Richard J. Gerrig

 目 錄

英文書幾乎都附有厚厚的參考資料，這些參考資料少則 10 頁以上，多則數十頁；中文翻譯本過去忠實的將這些參考資料附在中文譯本上。以每本中文書 20 頁的基礎計算，印製 1 千本書，就會產生 2 萬頁的參考資料。

在地球日益暖化的現今與未來，為了少砍些樹，我們應該可以有些改變——亦即將英文原文書的參考資料只放在網頁上提供需要者自行下載。

我們不是認為這些參考資料不重要，所以不需要放在書上，而是認為在網路時代我們可以有更環保的作法，滿足需要查索參考資料的讀者。

我們將本書【參考文獻】放在五南文化事業機構（www.wunan.com.tw）網頁，該書的「資料下載或補充資料」部分。

對於此種嘗試有任何不便利或是指教，請洽本書主編。

第一章

心理學與生活

為什麼你應該研讀心理學？我們對這個問題的回答相當直截了當：我們相信心理學研究對於日常生活的一些重要議題具有立即而關鍵性的用途，像是你的身體和心理健康、你建立和維持親密關係的能力，以及你的學習和個人成長的資質。這本書的首要目標之一是突顯心理學專業知識的個人關聯性和社會意義。

心理學研究提供不斷流動的新資訊，關於掌管心智與行為歷程的基本機制。隨著新觀念取代或修正舊觀念，我們不斷地受到許多吸引人的碎片的迷惑及挑戰，如何將之拼湊為人類本質（human nature）的完整拼圖。我們希望在這場心理學旅程結束之時，你同樣將會珍視你心理學知識的儲存及累積。

第一節 心理學的定義與目標

為了賞識心理學的獨特性和唯一性，你必須考慮心理學家如何界定該領域，以及他們從事研究和實務上所設定的目標。

一、心理學的定義

許多心理學家試圖回答這個基本問題：人類本質是什麼？心理學家在解答這個問題上從兩方面著手，一是經由檢視發生在個體之內的歷程，另一是經由分析源自物理環境和社會環境中的影響力。有鑑於此，我們正式界定心理學（psychology）為「對於個體之行為及其心智歷程的科學研究」。我們以下對這個定義的每個重要成分做進一步論述，即科學、行為、個體及心智。

心理學的科學層面要求其研究結論必須建立在根據科學方法的原則所蒐集的證據上。所謂的「科學方法」（scientific method）是由一套有序的步驟所組成，以用來分析及解決問題。這套方法利用客觀上蒐集的資訊作為獲致結論的事實依據，至於權威和私人信念不能作為決定事情真偽的標準。我們在第 2 章將會更充分敘述科學方法的一些特性——當我們討論心理學家如何執行研究時。

「行為」（behavior）是有機體適應所處環境的工具或手段。行為也就是行動。心理學的研究主題大致上是關於人類和其他動物的可觀察行為。像是微笑、哭泣、逃跑、攻擊、談話及碰觸等，就是你所能觀察行為的一些明顯樣例。心理學家在既定的行為情境內（以及在更寬廣的社會或文化背景中）檢視個體從事些什麼，以及個體如何著手從事。

心理學分析的對象通常是關於「個體」（individual）——一位新生兒、一位青少年運動選手、一位正在適應宿舍生活的大學生、一位面臨中年轉業的男子，或一位正

應付重大壓力（丈夫罹患阿茲海默氏症而逐步退化）的婦女。然而，研究對象也可能是一頭正在學習使用符號以傳達意思的大猩猩、一隻在迷津（maze）中尋找出路的白老鼠，或一隻正在應對危險信號的海蛞蝓。個體可能是在牠的自然棲息地（natural habitat）接受觀察及研究，或可能是在實驗室受到控制的情況下。

　　許多心理學的研究人員也認識到，除非他們也了解「心智歷程」（mental processes，即人類心靈的運作），否則他們無法理解人類的行動。人類有大量活動是屬於隱蔽、內在的事件，諸如思考、策劃、推理、創作及作夢等。許多心理學家相信，心智歷程是心理學探討上最重要的層面。如你稍後將可看到，研究人員已設計許多巧妙的技術來探索這類心理事件和歷程──使得這些隱蔽的經驗公開化。

二、心理學的目標

　　對於從事基礎研究的心理學家而言，他們的目標是在於描述、詮釋、預測及控制行為。這些目標構成了心理學這門專業的基礎。我們分析如下：

㈠ 描述（describing）

　　心理學的第一項任務是對行為執行準確的觀察，且對之作客觀的描述。心理學家通常把這樣的觀察所得稱為資料（data）。行為資料（behavioral data）是指對於有機體行為的觀察報告，且描述該行為在什麼條件下發生。當研究人員著手資料的蒐集時，他們必須選擇適宜的分析層次（level of analysis），且設計一些行為測量工具以擔保客觀性（objectivity）。

　　為了探討個體的行為，研究人員可能採取不同的分析層次。在最寬廣的心理學分析層次上，研究人員探討整個人在複雜的社會和文化背景中的行為，像是探討暴力的跨文化（cross-cultural）差異、偏見的起源及心理疾病的影響等。在下一個層次上，心理學家把焦點放在較為狹窄及精細的行為單位上，像是個體對於燈號的反應速度、閱讀期間的眼動，以及兒童獲得語言上所犯的文法失誤。研究人員還可能探討甚至更小的行為單位，像是透過檢視不同類型記憶被貯存在腦中的部位、學習期間所發生的生化變化，以及負責視覺或聽覺的感覺通路等以探索行為的生物基礎。每個層次的分析都提供了所需的重要訊息，最終經過整合後，才能呈現心理學家所盼望描繪之關於人類本質的完整肖像。

㈡ 詮釋（explaining）

　　描述必須忠實於所察覺的訊息，但是詮釋則需要審慎地超越觀察所得。在心理學的許多領域中，其中心目標是從行為歷程和心智歷程中找出有規律的型態（模式）。

心理學家想要發現行為是「如何」運作的。像是什麼情況可能導致當事人企圖自殺或犯下強暴罪行？

心理學上的詮釋通常假定，大部分行為是受到許多因素的聯合影響。有些因素是在個體之內運作，諸如遺傳素質、動機、智力水準或自尊。這些內在決定因素告訴我們關於有機體的一些特殊事項。然而，另有些因素是外在地運作。例如，假設一位學童試圖取悅老師以便拿到好成績，或一位汽車駕駛人陷於交通阻塞而感到挫折及懷有敵意。這些行為大致上是受到個人之外事件的影響。當心理學家試圖詮釋行為時，他們幾乎總是會考慮這兩種解釋。舉例而言，假定心理學家想要解釋為什麼有些人開始吸菸。研究人員可能檢視兩種可能性，一是有些人特別有冒險的傾向（內在的解釋），另一是有些人承受大量的同儕壓力（外在的解釋）——或是冒險的傾向和情境的同儕壓力二者都是必要的（聯合的解釋）。

為了找出可能的因果解釋，研究人員經常必須從事一種創造性的歷程，以檢驗所蒐集的各式各樣的資料。神探福爾摩斯（Sherlock Holmes）從零碎的證據導出精明的結論。以類似的作風，每位研究人員需要運用有見識的想像力，以便有創意地綜合（synthesizes）已知和未知的資訊。對於受過良好訓練的心理學家而言，他們能夠利用自己在人類經驗上的洞察力，再加上先前研究人員在所涉現象上已揭露的事實，以之詮釋自己的觀察所得。大量的心理學研究嘗試在幾種解釋中決定何者最準確說明了既存的行為模式。

(三) 預測（predicting）

預測在心理學上是指陳述某特定行為將會發生的可能性，或是某特定關係將會被發現的可能性。通常，隨著對一些行為的基礎原因提出愈為準確的解釋，這將使得研究人員能夠對未來行為作愈為準確的預測。再者，當有幾種不同解釋被提出以說明某些行為或關係時，最好的判決方法莫過於檢驗它們在預測方面的準確度和包容力。

正如同觀察必須客觀一樣，科學的預測也必須精確地措辭，以使得它們能夠被檢驗，然後當證據不支持時加以駁斥。為了增進未來預測的準確度，研究人員可以在環境條件上製造一些有系統的變異，然後觀察它們如何影響當事人的反應。

(四) 控制（controlling）

對許多心理學家而言，控制是他們的核心目標，也是最強有力的目標。控制意味著支配行為的發生或不發生，包括啟動行為、維持行為、停止行為，以及影響行為的形式、強度或出現頻率。假使我們能夠創設條件以使得行為受到控制，這種對行為的因果解釋才能令人信服。

控制行為的能力相當重要，不僅因為它可以驗證科學解釋的真偽，也是因為它授

第一章 心理學與生活 5

予心理學家一些手段以協助人們改善生活品質。這種控制的意圖正是所有心理治療方案的核心理念所在。就這方面而言，心理學家們是相當樂觀的一群；許多心理學家相信，透過適當的「干預」技術，幾乎任何不合意的行為模式都可以被矯正過來。

第二節 現代心理學的演進

抵達 21 世紀，我們相對上容易對心理學下個定義，也較容易陳述心理學研究的目標。但是正值現代心理學才剛興起之際，這絕不是一件容易的工作。心理學這門行為科學應該探討什麼題材？應該採用怎樣的方法論（methodology）？我們以下論述當時幾股勢力對這方面問題展開的熱烈辯論。

一、心理學的歷史基礎

史上第一位實驗心理學家艾賓豪斯（Hermann Ebbinghaus, 1908/1973）曾寫道，「心理學有悠久的淵源，但它的真正歷史還很簡短。」古代學者早已發問關於人類本質的一些重要問題，關於人們如何察覺現實、意識的本質及精神失常的起源等，雖然他們還無法回答這些問題。

雖然在古代印度的瑜珈（Yoga）傳統中存在若干形式的心理學，但是一般認為，西方心理學可以溯源於古希臘的一些偉大思想家。早在紀元前第四、五世紀時，蘇格拉底（Socrates）、柏拉圖（Plato）和亞里斯多德（Aristotle）等古希臘哲學家就已針對「心靈如何運作」、「自由意志的本質」及「個別公民與其社區或政府的關係」等問題展開理性的對話。接近 19 世紀尾聲時，隨著研究人員借用其他科學（諸如生理學和物理學）的一些實驗技術以探討源自哲學的這些基本問題時，心理學才開始崛起為一門學科。

在現代心理學的演進上，馮德（Wilhelm Wundt）是一位關鍵人物。1879 年，他在德國的萊比錫創立了第一所正式的實驗室，促成了實驗心理學（experimental psychology）的發展。雖然馮德原先是接受訓練成為一位生理學家，但是在他的研究生涯中，他的興趣從軀體的問題轉移為心理的問題。他希望了解感覺（sensation）和知覺（perception）的基本歷程，以及簡單心理歷程的速度。

隨著心理學被確立為一門獨立的學科，心理實驗室開始在北美各地大學紛紛設立起來。這些早期實驗室通常受到馮德的影響。馮德寫了不少關於心理學的著作，特別是好幾版的《生理心理學原理》（*Kendler, 1987*）。他也訓練了許多年輕的研究人員。鐵欽納（Edward Titchener）即為其中一名優秀弟子，他於 1892 年在康奈爾大學設立實

驗室，成為第一批美國心理學家之一。

　　大約同一時間，美國東岸的威廉·詹姆斯（William James，他是當代偉大小說家
Henry James 的兄長）這位年輕的哈佛大學哲學教授——他曾經研讀醫學而且對於文
學和宗教懷有濃厚的興趣——也發展出一種獨特的美國透視。詹姆斯費 12 年的心力，
完成其 1,300 頁的巨著《心理學原理》（*The Principles of Psychology*）（*1890/1950*），
書中所列主題包括感覺、知覺、大腦功能、習慣、意識、自我、注意、記憶、思考及
情緒等十章，大致上確立了往後數十年來心理學研究的範疇。這一套兩冊的書籍曾被
許多專家評定為最重要的心理學教科書之一。不久之後在 1892 年，賀爾（G. Stanley
Hall, 1844-1924）創立了「美國心理學會」（American Psychological Association）。
到了 1990 年時，北美已有超過 40 所的心理實驗室（*Hilgard, 1986*）。

　　幾乎隨著心理學的興起，不可避免地在探討題材和研究方法兩方面就引起了熱烈
爭議。我們以下特別論述結構主義與功能主義之間的緊張情勢。

(一) 結構主義：心靈的元素

　　綜合而言，馮德的實驗心理學的特色是：對科學方法的重視、對精確測量的關
切，以及對資料施行統計分析。因為所得資料是透過系統化、客觀觀察程序蒐集而
來，所以其他的獨立研究人員可以重複驗證這些實驗的結果。

　　當鐵欽納把馮德的心理學帶進美國時，他極力擁護應該採用這樣的科學方法來
探討意識。他主張心理學應該是一門研究意識內容的學問。至於如何檢驗意識的心
理生活的元素？他主張採用內省法（introspection），也就是個體針對特定的感官
經驗，有系統地省察自己的思想和感受。鐵欽納強調的是心理內容是些「什麼」，
而不是個體「為什麼」思考，或「如何」思考。他的這種探討方式被稱為結構主義
（structuralism），也就是研究心理和行為的結構。

　　結構主義的基本假設是：人類的所有心理經驗可以被解析為許多基本成分的組
合。這種探討的目標是在揭露人類心靈的基礎結構——透過把構成個體心理生活的感
覺及其他經驗解析為各個組成元素。然而，結構主義受到許多心理學家的抨擊，主要
是針對下列三點：⑴ 它是一種化約主義（reductionistic），因為它把所有複雜的人類
經驗化約為單純的感覺；⑵ 它是一種元素論（elemental），因為它試圖組合各個部分
（parts）（或元素）以成為整體（whole），不是直接研究複雜（或整體）的行為；及
⑶ 它是一種唯智論（mentalistic），因為它只是在研究人類意識覺知的言語報告，忽
視了探討無法描述自己內省內容的一些對象，包括動物、幼童及智能障礙者。

　　在嘗試提出替代途徑上，德國心理學家魏泰邁（Max Wertheimer, 1880-1943）開
創完形心理學（Gestalt psychology），強調心靈是以完形（有組織的整體）的方式理
解許多經驗，而不是視之為許多簡單部分的總和。如我們在第四章將看到，完形心理

學繼續在知覺的研究上帶來衝擊。

另一股反對結構主義的重大聲浪是高舉著功能主義的旗幟。

(二) 功能主義：心靈自有其目的

威廉‧詹姆斯同意鐵欽納的觀點，即意識（consciousness）是心理學研究的中心題材。但是詹姆斯認為，意識的研究不是將之化約為各個元素、內容及結構。反而，他認為意識像是一條不斷前進的河流，心靈的特性是不斷與環境進行交互作用。人類的意識有助於個人適應所處環境；因此，心靈歷程的作用和功能才是關鍵所在，而不在於心理的內容。

功能主義（functionalism）極為重視學得的習慣，這些習慣使得有機體能夠適應自己的環境，而且在生活中有效地運作。對功能學派而言，研究應該回答的關鍵問題是，「任何行為舉動的功能或目的究竟什麼？」美國哲學家杜威（John Dewey, 1859-1952，他是進步教育〔progressive education〕的主力倡導者）是功能學派的創始人之一，他注重心理歷程的實際應用，所謂經驗即生活，生活即應付環境的活動。他在教育上反對機械式學習（rote learning），強調動手的學習（learning by doing，或做中學），這對當時的教育改革具有重大貢獻。

儘管結構主義與功能主義之間存在許多差異，但是這兩個學派的研究人員的洞察力及見識製造了一種知性背景，以供當代心理學在這個溫床上茁壯及繁榮。目前，心理學家不僅檢視行為的結構，也檢視行為的功能。

二、當前的心理學透視

這裡，我們將論述在現代心理學上占有主導地位的幾種透視或概念模式，包括心理動力論、行為主義、人本論、認知論、生物論、進化論及社會文化的透視。每種透視都在心理學研究中開拓了自己的一片天地。

這七種概念模式各有自己不同的觀點和假設。心理學家所持的透視決定了他們如何檢視行為和心理歷程。換句話說，這些透視影響心理學家尋找什麼、尋之於何處，以及使用何種研究方法。隨著你閱讀下去，你不妨注意一下每種透視如何界定行為的因與果。

(一) 心理動力論的透視（psychodynamic perspective）

根據心理動力論的透視，行為是受到強大內在力量的驅使或制動。依照這個觀點，人類行動是起源於先天本能、生物性驅力，以及試圖解決個人需求與社會要求之間的衝突。至於剝奪狀態（deprivation states）、生理興奮、衝突及挫折等則為行為提

供了力量，就如煤炭為蒸汽機補給燃料一樣。在心理動力論的模式中，只有當需求得到滿足而驅力減除之後，有機體才會中止反應。行動的主要目的是在減除緊張。

佛洛依德（Sigmund Freud, 1856-1939）對心理動力論的動機原則作了最充分的闡述。他是維也納的一位醫師，從診治心理失常病人的臨床觀察中發展出他的觀念，但他相信這些原則同樣適用於正常和異常行為二者。佛洛依德心理動力論視個體為處身於一個複雜的網絡中，受到各種內在及外在力量的推擠或拉扯。他的模式首度提出，人類本質不一定是理性的，個人的行動可能受到自己意識上察覺不到之動機的驅使。

自佛洛依德以降，許多心理學家已經把心理動力模式帶到新的方向上。佛洛依德本身強調，童年早期是人格被塑成的階段。新佛洛依德學派（neo-Freudian）的理論家已擴展他的理論，而把發生在個體一生當中的各種社會影響力和互動都囊括進去。心理動力論的觀念在心理學的許多領域中都帶來重大影響。隨著你閱讀到幼兒發展、作夢、遺忘、潛意識動機、人格及精神分析治療法，你將發現佛洛依德在心理學的諸多層面上迄有貢獻。

(二) 行為主義的透視（behavioristic perspective）

對於採取行為主義透視的人們而言，他們試圖理解特定的環境刺激如何控制特定性質的行為。首先，行為主義者分析居前的（antecedent）環境條件，也就是那些居先於該行為的各種狀況，它們為有機體產生反應或保留反應布置了舞台。其次，行為主義者檢視行為反應（behavioral response），也就是研究人員希望理解、預測及控制的行動，這是研究的主要目標。最後，他們檢視跟隨在該反應之後的可觀察結果（consequences）。

華森（John Watson, 1878-1958）最先倡導行為主義的透視，他表示心理學研究應該尋求那些掌管各個物種之可觀察行為的法則（laws）。史基納（B. F. Skinner, 1904-1990）擴展行為主義的影響力，他把這種分析延伸到行為的結果上。這兩位研究學者堅持對所探討現象作精確的界定，也堅持對於所得證據設定嚴格的標準。華森和史基納二人相信，他們在動物身上所探討的各種基本歷程代表著普遍原則（通則），也同樣適用於人類。

在 20 世紀大部分時間中，行為主義（behaviorism）的模式一直在美國心理學界占有主導地位。它對於嚴謹實驗控制的強調和對於變項（variable）的審慎界定，為大多數心理學領域帶來了不少衝擊。雖然行為主義者所執行的基本研究主要是以動物為對象，但是行為主義的原理已被廣泛應用於人類問題上。例如，行為主義的原理已促使人們以較為人道的方式教導兒童（透過使用正強化，而不是懲罰）、發展出矯正偏差行為的新式治療法，以及提出如何創設理想的社會的一些準則。

(三) 人本論的透視（humanistic perspective）

人本心理學是在 1950 年代發展出來，有時候被稱爲是心理學界的「第三勢力」，作爲心理動力論和行爲主義模式的替代途徑。根據人本論的透視，人們既不是受到強勢、本能的力量所驅使的小丑（如佛洛依德學派所主張的），也不是被他們環境所操縱的傀儡（如行爲主義提議的）。反而，人們是積極而主動的生物體、本性善良，且擁有抉擇的能力。人本心理學家也探討行爲，但不是把行爲化約爲各個成分、元素或實驗上的變項。反而，他們從人們的生活史中尋找一些型態或模式。

根據人本論的透視，人類的主要任務是致力於積極開發。例如，羅傑斯（Carl Rogers, 1902-1987）強調個體擁有朝向心理成長及健康的自然傾向——隨著身邊人們付出的積極關懷（positive regard），這個歷程受到進一步的助長。馬斯洛（Abraham Maslow, 1908-1970）新創「自我實現」（self-actualization）的字眼以指稱每個人擁有的先天驅力（drive），朝向最充分開發自己的潛能。人本心理學家強調當事人所體驗的主觀世界，而不是外在觀察人員或研究人員所看到的客觀世界。就這方面而言，他們也被視爲是現象學家。

人本論的途徑把心理學領域擴展到科學範疇之外，它涵蓋了在文學、歷史及藝術等研究上有價值的知識。以這種風格、心理學成爲一門更完備的學科，致力在自然科學的實徵主義和人文科學有想像力的探討之間取得適當平衡。雖然有些評論家認爲人本論是一種非科學、迎合大衆口味的通俗心理學。但是人本論的擁護者提出，他們的觀點是一種提升力量，協助心理學從側重負面力量和側重人性之官能（動物性的）層面的沼澤中脫身。如我們在第 15 章中將看到，人本論的透視已對新式心理治療途徑的發展產生重大衝擊。

(四) 認知論的透視（cognitive perspective）

自 1970 年代以來，心理學界掀起一場「認知革命」，它是對行爲主義狹窄視野的一種直接挑戰。認知論的中心題材是人類的思維以及所有的認識歷程（processes of knowing），包括注意、想像、解決問題、記憶及理解等。根據認知論的透視，人們行動是因爲他們思考，人們思考是因爲他們是絕妙地擁有這種天賦的人類（出於人類大腦的自然設計）。

根據認知論的模式，居先的環境事件和過去的行爲結果只能部分地決定個人當前的行爲。許多深具意味的行爲是出於全新方式的思考後才浮現，而不是源自在過去所使用之可預測的行爲方式。人們有能力想像完全不同於現在或過去的各種選項和替代途徑（即不同於現狀的各種可能性），這使得人們能夠致力於邁向未來，不受限於當前的環境。當個人應對現實時，他所應對的並不是現實在客觀世界中的狀況，而是應

對個人的思維和想像所構築之內心世界的主觀現實（subjective reality）。

認知心理學家不僅視思考為外顯行動的結果（results），也視為是外顯行動的起因（causes）。例如，當你傷害某個人而感到懊悔時，這是把思考視為結果。但是當你感到懊悔後為你的行動而道歉時，這是視思考為行為的起因。

認知心理學家研究高級心理歷程，諸如知覺、記憶、語言使用、問題解決及各種層次上的決策（decision making）。他們可能檢驗當個體從事不同類型的認知作業時腦部血液的流動樣式、學生對童年早期事件的回憶，或記憶能力在一生中的變動情形。這種認知取向的研究在今日的心理學界已成為主流之一。

(五) 生物論的透視（biological perspective）

生物論的透視引導心理學家從基因、大腦、神經系統及內分泌系統等功能運作上尋找行為的起因。根據這個以生物學為基礎的模式，有機體的運作可以從基本身體構造和生化歷程的角度加以解釋。個人的經驗和行為大致上被視為是發生在神經細胞之內及之間的化學活動和電活動的結果。

當研究人員採取生物論的透視時，他們普遍持有下列的假設：(1) 心理現象和社會現象最終可以從生化歷程（biochemical processes）的角度加以理解；(2) 即使最複雜的現象也可以透過分解（或還原）為不斷更小、更特定的單位加以理解；(3) 行為（或行為潛在性）大致上取決於身體構造和遺傳作用；(4) 透過更改這些基礎的生物構造及歷程，經驗可以調節行為。因此，這個領域的研究人員是在最精密的分析層次上理解行為。

許多採取生物論透視的研究人員也有功於行為神經科學（behavioral neuroscience）這門科際整合的領域。神經科學是在探討大腦的功能；行為神經科學則是試圖理解作為行為（諸如感覺、學習及情緒）之基礎的大腦歷程。如我們在第三章將會描述，腦部造影技術的進展已導致認知神經科學（cognitive neuroscience）領域的重大突破。認知神經科學是一門跨學科的研究領域，對準於探討高級認知功能（諸如記憶和語言）的大腦基礎。如我們將看到，腦部造影技術使得生物論的透視能夠延伸到廣泛範圍的人類經驗。

(六) 進化論的透視（evolutionary perspective）

進化論的透視尋求在現代心理學與生命科學（life sciences）的核心觀念——特別是達爾文（Charles Darwin, 1809-1882）進化論中的自然淘汰——之間建立起關聯。自然淘汰（natural selection）的觀念相當簡單：那些較良好適應所處環境的有機體有較良好的機會成功地繁衍後代並傳遞牠們的基因——相較於那些適應較差的有機體。這也就是所謂的「物競天擇，適者生存」的原則。經過許多世代後，較良好適應的有

機體將有較多後代存活下來，即物種朝著特權適應的方向發生變動。在心理學上，進化論的透視意指人類的心理能力（mental abilities）經過幾百萬年的進化而有助於特定的適應目的——就如身體能力那般。

運用於進化心理學上，研究學者把焦點放在人類大腦演化的環境條件上。人類有99%的進化史是處於更生紀（更生紀在 1 萬年前結束，歷時約 200 萬年），他們在小型團體中聚居，擔任捕獵者 — 採集者的角色。進化心理學利用進化生物學上豐富的理論架構，以之檢定人類所曾面對的重大適應問題，像是避開掠奪者和寄生者，採集食物及交易食物、尋找配偶及維持配偶，以及養育健康的幼童。在檢定出這些早期人類所面對的適應問題後，進化心理學家試著推斷人們可能已演化出來，有助於解決那些問題的各種心理機制（或心理適應）。

進化心理學不同於其他透視的最根本之處是，它在時間維度上以極為漫長的進化過程作為主要的解釋原則。例如，進化論的心理學家嘗試理解男性和女性身為進化的產物所採取之不同的性別角色，而不是視為當代社會壓力的產物。我們必須注意的是，這些演化出來的心理適應本身不能單純地被歸為善或惡，它們只是在既存環境中恰好受到挑選的一些生命設計。舉例而言，演化似乎已塑成我們若干不良傾向（依現今的評價而言），像是這個領域的研究已檢定出男性有尋求多重交配對象（以一夫一妻制而言，即外遇）的傾向；女性則有尋求身為有錢人的配偶的傾向。無論如何，因為進化心理學家無從操弄進化過程以施行實驗，他們必須特別具有創造力以提供證據支持他們的理論。

(七) 社會文化的透視（sociocultural perspective）

對於採取社會文化透視的心理學家而言，他們探討的是行為的因與果方面的跨文化差異（cross-cultural differences）。因為心理學研究被抨擊為經常是建立在對人性的西方觀念上，而且研究對象經常只限於中產階級的白種美國人，所以社會文化的透視是針對這樣批評的一項重要回應（Gergen et al., 1996）。為了適當考慮文化的影響力，這可能涉及對同一國界內的不同族群進行比較。例如，研究人員可能就同樣居住在美國的人們，比較「白人青少年 vs. 黑人青少年」在飲食性疾患（eating disorders）上的盛行率。研究人員也可能在不同的國度之間評估文化影響力，像是比較「美國人 vs. 印度人」的道德判斷（moral judgments）。跨文化心理學家試圖決定研究人員所發展出的理論是否適用於所有人類，或僅適用於較為狹窄、特定的一些族群。

跨文化的透視跟心理學研究的幾乎任何主題都可能產生關聯：人們對於這世界的知覺是否受到文化的影響？人們所說的語言是否影響他們如何感知這世界？文化如何影響兒童的成長方式？文化態度如何塑造晚年的經驗？文化如何影響我們的自我感（sense of self）？文化是否影響個體從事特定行為的可能性？文化是否影響個體表達

情感的方式？文化是否影響人們在一些心理疾病上的發生率？

　　透過發問這些類型的問題，社會文化的透視所獲致的結論經常直接挑戰另一些透視所提出的結論。例如，這個領域的研究學者已宣稱，在極為不同於佛洛依德居住地維也納（Vienna，奧地利的首都）的一些文化中，佛洛依德心理動力論的許多層面就不能適用——像是新幾內亞一些族群的家庭權威是在母親身上，不歸於父親，便不適用於佛洛依德以父權為中心的理論。因此，社會文化的透視對於人類經驗的一些泛論和通則提出持續而重要的挑戰，因為它們忽略了文化的多元化、多樣性及豐富性。

(八) 各種透視的比較

　　上述的七種透視各自建立在一組不同的假設上，因而導致以不同方式為行為的問題尋找解答。表 1-1 概述了這些透視的要點。作為樣例，我們簡要比較一下心理學家如何運用這些模式以處理「人們為什麼展現攻擊行為」的問題。

- 心理動力論的模式。視攻擊為個人面對挫折的反應，挫折則可能是對快樂的追求受阻所引起，諸如不公平的權威。它經常也視攻擊為成年人的一種敵意轉移，這份敵意可能源於童年時對自己父母的負面感受。
- 行為主義的模式。檢定過去在展現攻擊反應後所受到的強化。例如，兒童在拳打同學或弟弟後，就引起父母的特別注意。它主張兒童可能從父母的體罰中學會該行為型態，成家之後也跟著體罰自己子女。
- 人本論的模式。找出造成個人自我設限以及助長個人攻擊觀點的各種社會條件，代之以促進成長及共享的人際經驗，協助人們找到自己的生存價值。
- 認知論的模式。探索人們當目擊暴力行動時，內心所產生敵對的思維及幻想，特別是注意他們的攻擊意象及傷害他人的意圖。探討電影和電視上的暴力情節（包括色情暴力）如何影響人們對於槍械管制、強暴及戰爭的態度。
- 生物論的模式。探討特定大腦系統在攻擊行為上的角色——透過刺激大腦的不同部位，然後記錄是否有任何破壞性行動被引發。這種模式也分析集體或連續性殺人犯的腦部，尋找是否有異常之處；或是檢驗女性的攻擊行為是否與月經週期有關聯。
- 進化論的模式。考慮怎樣的情況及條件使得攻擊行為對早期（原始）人類而言是一種適應行為。檢定在哪些條件下，怎樣的心理機制使得人類能夠有選擇性地產生攻擊行為。
- 社會文化的模式。考慮不同文化的成員如何展現及解讀攻擊行為。檢定文化力量如何影響不同類型的攻擊行為發生的可能性。

表 1-1　當代心理學的七種透視的比較

理論透視	探討的焦點	主要的研究題材
心理動力論	潛意識驅力、衝突	視行為為潛意識動機的外顯表達
行為主義	特定的外顯反應	探討行為與其刺激之間的因果關係
人本論	人類經驗和潛能	生活型態、價值及目標
認知論	心理歷程、語言	透過行為指標以推斷心理歷程
生物論	大腦與神經系統的歷程	行為和心理歷程的生化基礎
進化論	演化出來的心理適應	從演化上具有適應功能的角度來看待一些心理機制
社會文化論	態度和行為的跨文化型態	人類經驗的普遍一致層面和文化特有的層面

第三節　心理學家的工作

　　心理學研究不僅涵括許多不同的觀點，它也牽涉許多專業的領域。你可以發現心理學家在許多場所工作，像是教育界、企業界、運動界、法庭、政府機構、教會、私人開業及大專院校的心理系所等。你在生活中可能遇到許多跟心理學有關的問題，這些問題通常是由哪種專業領域的心理學家在面對及執行研究呢？表 1-2 提供你一個大概認識。

　　你是否感到好奇，全世界究竟有多少開業心理學家？相關調查已指出，這個數目遠超過 50 萬人。圖 1-1 提供你一些觀念，關於心理學家所任職場所的分布情形。雖然在西方工業化國家中，心理學家在整個人口所占的百分比最高，但是目前許多國家對心理學的興趣持續遞增，特別是在東歐及中國大陸。「國際心理科學聯盟」（International Union of Psychological Science）集合了來自 71 個國家的許多會員組織（*Ritchie, 2010*）。「美國心理學會」（American Psychological Association, APA）容納遍及全世界的心理學家，目前的會員已超過 15 萬人。另一個國際性的組織是「心理科學協會」（Association for Psychological Science, APS），擁有超過 23,000 位會員，它較為強調心理學的科學層面，較不側重臨床或治療的一面。隨著心理學繼續對科學及人類迭有貢獻，愈多的青年男女正被吸引而來，當成是一種志業。

表 1-2 心理學研究的多樣性

問題	負責的專業人員	研究及實務的焦點
人們如何較妥善應付日常生活中的困擾？	臨床心理學家 諮商心理學家 社區心理學家 精神科醫師	探討心理失常的起源、評估治療選項；為心理疾患（及其他個人適應的議題）提供診斷及治療。
我應該如何應付中風的後遺症？	復健心理學家	為罹病或失能的人們提供評鑑及諮商；為罹病的當事人、照護的家屬、醫院的職員及社區成員提供因應策略及教育。
記憶如何被貯存在大腦中？	生物心理學家 心理藥物學家	探討行為、感受及心理歷程的生化基礎。
你如何教導小狗服從命令？	實驗心理學家 行為分析師	採取研究室實驗；通常以動物為研究對象，以探討學習、感覺、知覺、情緒及動機的基本歷程。
為什麼我老是記不起我確信自己知道的知識？	認知心理學家 認知科學家	探討諸如記憶、知覺、推理、問題解決、決策及語言使用等心理歷程。
什麼使得人們各有所異？	人格心理學家 行為遺傳學家	編製測驗和發展理論以理解人格及行為上的差異；探討遺傳和環境對這些差異的影響。
「同儕壓力」如何產生作用？	社會心理學家	探討人們在社會團體中如何發揮作用，以及人們挑選、解讀及記憶社會訊息的歷程。
嬰兒對這個世界知道些什麼？	發展心理學家	探討個體一生中在身體、認知及社會運作上所發生的變化；探討遺傳和環境對這些變化的影響。
為什麼我的工作讓我感到如此沮喪？	工業－組織心理學家 人因心理學家	探討在一般工作場所或在特定作業上影響表現及士氣的因素；運用這些洞察力於工作場所上。
教師應該如何處理有破壞性的學生？	教育心理學家 學校心理學家	探討如何改進學習歷程的各個層面；協助設計學校課程、教學訓練及兒童保護方案。
為什麼我每次考試前就感到身體不舒服？	健康心理學家	探討不同的生活風格如何影響身體健康；設計及評估預防方案以協助人們改變有害健康的行為，以及學習如何因應壓力。
被告犯下罪行時是否處於精神錯亂的狀態？	司法心理學家	在施行法律的領域，運用心理學知識於人類問題上。
為什麼在重要籃球比賽期間，我總是感到窒悶？	運動心理學家	評估運動選手的表現；運用動機、認知及行為的原理以協助他們獲致尖峰的表現水準。

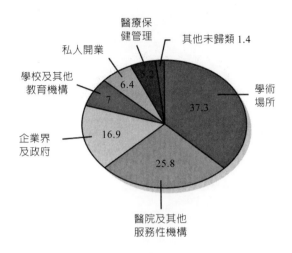

圖 1-1　心理學家的工作場所

圖形所示是心理學家們在各種特定場所工作的人數比例，這是根據美國心理學會（APA）對擁有心理學博士學位之會員的調查結果。

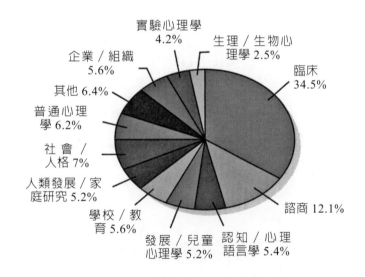

圖 1-2　心理學各個次領域的學位分布

2009 年，大約 3,500 人在心理學許多次領域上拿到博士學位（國家科學基金會，2010）。圖形所示是這些學位的分布情形

第二章

心理學的研究方法

這一章中，我們將把重點放在心理學研究人員所尋求的各種證據上，以及他們蒐集事實時所運用的特定程序。我們曾經提過，心理學是對個體之行為及心智功能的科學化研究。它之所以稱為科學，乃是因為它應用了「科學方法」的原理和程序。在任何領域中，「實證的研究」都需要應用科學方法來進行觀察、測量及實驗。這種探討方式顯著不同於理論上或辯論式的探討。

即使你在生活中不曾也將不會從事任何科學研究，但是掌握本章的資訊將對你大有裨益。這裡的基本目的是教導你如何發問正確的問題、如何評估關於心理現象的因果及相關的解答，從而協助你增進你的批判性思考技巧（critical thinking skills）。大眾媒體在從事報導時，經常會這樣起頭：「根據研究顯示 …… 」。透過培養你知性質疑的態度，我們將協助你成為更具批判力（老練）之研究結論的消費者，學會如何「以事實，而不是巧辯」來解決爭論。

第一節　研究的歷程

心理學上的研究歷程可以被劃分為幾個步驟，通常是依序發生（參考圖 2-1）。這樣的歷程典型地起始於第一步驟，即個人的觀察、信念、訊息及綜合知識導致他獲致一種新的觀念，或是對於某現象的一種不同思考方式。

一般而言，心理學理論是試圖理解大腦、心智、行為和環境如何發揮功能，也在理解它們之間的交互關聯。理論（theory）是指有組織的一組概念，以之「解釋」所涉的現象。大多數心理學理論的共同核心是決定論（determinism）的假設。決定論主張所有事件——不論是身體、心理或行為的事件——都是特定致因（causal factor）的結果，或是由特定致因所決定。這些致因被限定於是在個人環境中或個人內在的那些因素。研究人員也假定，行為和心理歷程遵循合理的關係模式，這樣模式可以透過研究加以發現及揭露。心理學理論通常就是在宣稱怎樣的致因力量引起了這些合理模式。

當心理學上的理論被提出後，它通常帶著兩項期待，一是解釋已知的事實，另一是（作為研究歷程的第二個步驟）引發新的假設。假設（hypothesis）是對兩個（或以上）事件或變項之間關係所提出之試驗性及可檢驗的解釋。假設通常是以「假使 …… 則 …… 」（if-then）的預測方式陳述，具體說明怎樣的特定條件將會導致何種結果。例如，我們可能預測，「假使」兒童觀看大量的電視暴力節目，「則」他們將會對同伴展現較多攻擊舉動。這時候就需要研究來證實「假使 …… 則 …… 」的關聯性。

作為第三個步驟，研究人員依賴「科學方法」以把他們的假設付諸檢驗。科學方

步驟
1 起始的觀察或問題

步驟
2 建立起假設

步驟
3 設計研究

步驟
4 分析資料和導出結論

步驟
5 報告研究發現

步驟
6 考慮開放的問題

步驟
7 對於開放的問題採取行動

圖 2-1　執行研究和報告研究的過程中的一些步驟

法是蒐集證據及解讀證據上一套綜合的程序，以便減低失誤的來源及帶來可信賴的結論。心理學只有在它遵循科學方法所建立的規則範圍內才能被稱為一門科學。

　　一旦研究人員已蒐集他們的資料，他們前進到第四個步驟，也就是分析所得資料，然後導出結論。假使他們相信那些結論將會對該領域產生衝擊，研究人員就會採取第五個步驟，也就是把該論文提交學術性刊物發表。為了適合於發表，研究人員必須對於自己的觀察和資料分析保持完整的紀錄，以便其他研究人員能夠進行理解及評估。研究程序上的隱秘性必須被排除，因為所有資料和方法最終都必須開放以接受公開的驗證（public verifiability）；這也就是說，其他研究人員必須有機會對該資料和方法進行審查、鑑定、批判、複驗或反駁。

　　在研究歷程的第六個步驟上，學術界檢視該研究，鑑定該研究仍未解決的一些問

題。大部分研究論文是在「審議」（discussion）階段展開這個過程，研究人員陳列自己研究的寓意和限制之處。當資料不能充分支持某假設時，研究人員必須重新思考他們理論的若干層面。因此，理論與研究之間存在連續的交互作用。在第七個步驟上，研究人員可能針對開放的問題（open questions）採取行動，再度展開（著手）研究週期。

這個研究歷程的核心是適當運用科學方法。科學方法的目標是使得研究人員能夠以最大客觀性導出結論。當結論不受研究人員的情緒或個人偏見的影響時，這樣的結論才是客觀的（objective）。

一、觀察者偏誤與操作性定義

當不同人們觀察同一事件時，他們不一定會「看到」相同的事情。這裡，我們論述觀察者偏誤的問題，以及研究人員所採取的補救之道。

(一) 客觀性的挑戰

觀察者偏誤（observer bias）是指出於觀看者的個人動機和預期所造成的失誤。有時候，人們所看到和聽到的是他們預期會看到及聽到的，而不是事情的真正模樣。考慮觀察者偏誤的一個相當戲劇化實例。在 20 世紀初始，一位頗具前瞻性的心理學家 Hugo Munsterberg 曾以和平為主題，對一大群觀眾發表演說，許多記者也在現場。他事後整理各報的新聞稿，卻發現不能確定記者們到底聽到和看到什麼。他這樣寫著：

> 「記者們就直接坐在講台前方。有一人寫著，觀眾十分驚訝於我的演說內容，全場鴉雀無聲地聆聽；另一人卻寫著，我的演說不時被熱烈的掌聲所中斷，當演講結束時，掌聲持續數分鐘之久。有一人寫著，當我的對手演說時，我的臉上不時保持微笑；另一人卻寫著，那段期間我的臉色嚴肅，不帶任何笑容。有一人寫著，我因為激動，臉色漲成紫紅色；另一人卻發現我的臉色蒼白。」（1908, pp.35-36）

令人感興趣的是，如果你回過頭更完整閱讀當初的那些報紙，你就會發現記者的報導事實上跟他們的政治觀點有所關聯。因此，你就不難理解為什麼記者會「看到」他們所報導的事情。

在心理學實驗中，我們或許不至於看到觀察者之間的差異會呈現那般偏激的情況。儘管如此，這個例子說明了相同的證據如何能夠導致不同的觀察者獲致不一樣

的結論。觀察偏誤的作用就像是一個濾器（filter），透過這個濾器，有些事物獲得注意，視為是相關而重要的；另有些則受到忽視，視為是無關而沒有意義的。

　　我們希望你現在嘗試一下圖 2-2 的實際演練，以便說明製造觀察者偏誤是多麼容易的事情。這個實例告訴你，你在從事觀察之前擁有的經驗如何能夠影響你將會如何解讀你所看到的事情。

(二) 補救方法

　　為了把觀察者偏誤減至最低限度，研究人員依賴標準化和操作性定義。標準化（standardization）是指在資料蒐集的所有階段（無論是施行測驗、晤談或實驗時）都採用統一而前後一貫的一套程序。不論是測驗情境或實驗情境，所有特徵都應該被充分標準化，以便所有受試者（研究的參與者）都經歷完全相同的實驗條件。標準化意謂著以相同方式發問問題，以及根據預先建立的規則來對受試者的反應評分。

　　觀察本身也必須被標準化。科學家需要解決的一個問題是，如何把他們的理論轉換為具有一致意義的概念。在使得概念的意義標準化上，所採取的策略稱為操作化

圖 2-2　觀察者偏誤──這個杯子是半空或半滿？

（operationalization）。操作性定義（operational definition）是指，當界定某概念時是根據被用來測量該概念（或決定它是否呈現）的特定操作或程序加以界定。換句話說，操作性定義是指根據可觀察、可測量或可操作的特徵來界定某概念或事件，以使概念或事件的意義標準化。在實驗中，所有變項都必須被授予操作性定義。至於變項（variable）則是指在數量或性質上會發生變動的任何因素。

在實驗環境中，研究人員通常最希望證實的是兩種變項之間的因果關係。自變項（independent variable）是指研究人員所操弄的因素；它作用為該關係的原因（cause）部分。該關係的結果（effect）部分則是由依變項（dependent variable）所擔任，也就是實驗人員打算測量的部分。假使研究人員所宣稱的「因與果」是正確的，那麼依變項的數值將取決於自變項的數值。例如，假使你希望檢驗我們前面提過的假設：兒童觀看大量的電視暴力節目的話，他們將會對自己同伴展現較多攻擊舉動。你可以設計一項實驗，你操弄每位受試者觀看暴力節目的數量（自變項），然後評估他／她展現了多少攻擊行為（依變項）。

然而，心理學家在使得變項操作化上經常遇到困難。例如，當面對母子關係的品質、自尊或快樂等概念時，你如何加以操作化？無論如何，你有必要記住的是，就因果關係來說，自變項是因，依變項是果；就預測關係來說，自變項是預測的依據，依變項則是所預測的行為。

二、實驗法

為了克服因果上的曖昧性，研究人員採用實驗法（experimental methods）。他們有系統地操縱自變項，然後觀察這對依變項造成的影響。實驗法的目標是在揭示變項之間的因果關係，以便驗證假設的真偽。

(一) 客觀性的挑戰

除了研究人員預定引進實驗情境中的變項外，當還有其他因素改變了受試者的行為，增添了解讀資料上的混淆時，這樣的額外因素便稱為混淆變項（confounding variable）。隨著實驗產生了瑕疵，這將會妨礙對研究發現進行單純而筆直的解釋。這時候所觀察到的行為結果的真正原因已被混淆了，就不再能根據原先的假設解釋它的起因，研究已暗示了另外解釋（alternative explanations）的可能性。隨著所得結果可能存在愈多另外的解釋，我們對原先假設的信心就愈低。

因為人類和動物的行為相當複雜，通常具有多重的起因，因此良好的研究設計應該預期可能的混淆因素，設法預先排除之。這些之中，我們特別檢定出兩種混淆因素，它們可能涉入幾乎所有實驗中，稱之為預期效應和安慰劑效應。當研究人員或觀

察人員以微妙的方式把他所預期發現的行為傳達給他的受試者，從而在受試者身上引致所期望的反應時，這便是發生了無意的預期效應（expectancy effects）。在這樣情況下，真正促成所觀察到的反應的是「實驗人員的預期」，而不是所預設的自變項。

> 在一項傳統的實驗中，12 位大學生受僱擔任「實驗助理」（實際上他們才是真正的受試者），他們的工作是訓練不同組的老鼠跑迷津（maze）。主試者告訴半數的學生，他們的老鼠是選自在跑迷津上特別「聰明」的品種；但是告訴另半數的學生，他們的老鼠是選自「愚笨」的品種。你可能已猜到，這些學生分配到的老鼠實際上完全一樣。儘管如此，學生們的實驗結果完全對應於他們對自己老鼠的預期。當老鼠被標示為聰明時，牠們也被發現有遠為優良的學習成果——相較於那些被標示為愚笨的老鼠（*Rosenthal & Fode, 1963*）。

你認為學生們是如何對自己老鼠傳達他們的期望？你是否看出，當實驗是以人類為受試者時，為什麼你應該甚至更為擔心預期效應？預期效應扭曲了研究發現的內容，它使得我們只「發現」已預存在我們心裡的東西，而不是行為的真正運作情形。

當實驗的受試者在沒有施加任何實驗操弄的情況下改變他們的行為時，這便是發生了安慰劑效應（placebo effect）。這個概念是源自醫學。有些時候，病人相信自己所接受的某種治療將具有特效，但事實上，醫生開給病人的「藥物」不具有相關的化學效用（或所施行的治療不具專對性），可能只是些維生素，但基於病人相信藥效的心理作用，結果病情真的大為改善。這樣的藥劑便稱為安慰劑（或寬心劑）。有些治療不具真正的醫療效果，即使如此，它們卻被顯示對於接受治療的病人產生良好或優異的成果（*Colloca & Miller, 2011*）。

在心理學研究的背景中，任何時候，當行為反應是受到當事人對於如何應對或如何感受所持期待的影響，而不是受到使用來引起該反應的特定處置或程序的影響時，這便是發生了安慰劑效應。實驗人員始終有必要提防，受試者改變他們的行為方式會不會僅是因為他們意識到自己正被觀察或測試。例如，受試者對於自己被挑選以參加研究可能感到很特殊，因此所展現行為可能不同於他們平常情形。這樣的效應可能玷污（連累）實驗的結果。

(二) 補救方法：控制程序

為了預防可能的混淆，研究人員採取的策略稱為控制程序（control procedures），也就是設法使得所有變項和條件都保持不變，除了那些跟接受檢驗的假設有關的變項外。這表示在實驗中，所有的指導語（instructions）、室溫、作業、主試者的穿著打扮、時間分配、反應的記錄方式，以及實驗情境的其他許多細節都要盡量維持不變，以確保每位受試者的經歷都完全相同。他們唯一的差異將只是在於研究人員所操弄自

變項（實驗變項）的經歷上。

即使是採用標準化程序，偏誤也可能不知不覺地滲透到研究中。為了消除實驗人員的預期所造成的偏誤，最好的方法是讓實驗助手和受試者雙方都不知道哪位受試者接受哪種實驗處置。這種技術就稱為雙重保密控制（double-blind control，或雙盲法）。對許多嚴謹的研究設計而言，任何知道實驗假設的人士都不被容許參與於資料蒐集。

在排除安慰劑效應的方面，研究人員通常會再安排一種實驗情況，即受試者沒有接受實驗處置。我們稱這個程序為安慰劑控制（placebo control）。透過這樣的控制（即控制組的引進），研究人員才能為所得結果提供了比較的基礎。假定你讀到這樣的報導，「最近的一項研究指出，在尼古丁貼藥的協助之下，一組嘗試戒菸的人們中，有高達四分之三的人戒菸成功。」你應該隨即問自己，「這是跟什麼比較呢？」、「它的控制組在哪裡？」事實上，在這項研究的安慰劑控制組中（即那些沒有接受尼古丁貼藥的受試者），整整有 39% 的人也戒菸成功！再者，他們貼上這些沒有藥效的貼藥愈久，他們就愈有可能戒菸成功。因此，尼古丁貼藥是一種有效的戒菸方法，但它超過一半的有效性是出於安慰劑效應——即受試者預期它將會奏效所致。這些得自控制情況的資料提供了重要的基線（baseline），以便據以評估實驗的效果。

(三) 補救方法：研究設計

為了實行控制情況，研究人員需要決定什麼類型的研究設計（research design）最適合他們的目標。在某些研究設計中，不同組的受試者是被隨機指派（指透過機率的程序）到實驗情況（受試者接受實驗處置）或控制情況（受試者並未接受實驗處置），這被稱為是受試者間設計（between-subjects designs）。隨機指派（random assignment）是研究人員為了排除混淆變項所採取的重要步驟之一，以便在展開實驗之前，使得實驗組和控制組在許多重要方面（即各種特性上）儘量相等——這是因為每位受試者有相同的機率被指派到實驗情況或控制情況。如此，假使實驗結果顯示兩組之間存在顯著差異的話，我們才能較有信心地表示，該差異是由實驗變項所引起，而不是出於原先既存的差異。

研究人員也嘗試在他們最初挑選受試者的方式上接近隨機化。通常，心理學實驗只使用大約 20 位到 100 位受試者，但是實驗人員往往希望從這個樣本（sample）類推到母全體（population，或稱母群）。假定你想要檢驗這個假設：6 歲兒童比起 4 歲兒童較可能說謊。你可以從全世界的 4 歲和 6 歲兒童中只挑選一小組兒童到你的實驗室。為了類推以超越你的樣本，你需要有信心，你特定的 4 歲和 6 歲兒童可資比較於（足堪比擬於）其他任何隨機挑選的一組兒童。假使樣本密切吻合母群的綜合特性（像是在性別及族群等分配上），這樣的樣本才是母群的代表性樣本（representative sample）。只有當樣本具有母群的適當代表性時，你才能根據你的樣本類推母群的情況。假使在你的說謊研究中，你的受試者（即你的樣本）全部都是男孩，你據以推斷女孩的行為就可能發生差錯。為了獲致代表性樣本，研究人員經常採用隨機抽樣（random sampling）的程序，這表示母群的每一個成員有同等的機會被抽到而參加實驗。

　　另一種實驗設計是利用每位受試者作為他自己的控制組，這稱為受試者內設計（within-subjects design）。例如，受試者接受實驗處理（像是接受某種治療）之前的行為可以拿來跟接受實驗處理之後的行為進行比較。在所謂的 A-B-A 設計中，受試者首先經歷基線情況（A），受試者然後經歷實驗處理（B），最後受試者重返基線情況（A）。假使研究人員發現受試者的行為反應確實隨著 A-B-A 設計而有所改變的話，就可以推斷 B 階段的實驗變項確實對受試者的行為產生了作用。

　　我們迄今所描述的研究方法論都涉及對自變項的操弄，以觀看這對依變項產生的影響。雖然這種實驗法通常容許研究人員對於變項之間的因果關係提出最有力的聲稱，但是幾種情況可能使得這種方法不太適宜。首先，在實驗期間，行為通常是在人為環境中接受觀察及測量，但因為各種情境因素受到嚴格的控管，這樣的環境可能本身就扭曲了行為，使得行為不同於它自然發生的方式。許多評論家指出，在控制的實驗中，自然行為模式所蘊含的豐富性和複雜性已大量流失了，它們在只處理一個或幾個變項及反應的實驗中，已淪為簡易性的犧牲品。第二，受試者典型地知道自己置身於實驗之中，正接受實驗及測量。針對這份意識，他們的回應可能是試圖取悅研究人員、嘗試「揣測」研究的目的，或改變他們的行為方式（使之不同於假使他們沒有察覺自己正被監看時的情形）。第三，基於倫理及道德的考量，若干重要議題不適合於實驗處理。例如，就虐待兒童的傾向是否會世代傳遞的議題而言，我們不可能為了尋找解答就安排一個實驗組的兒童接受虐待，然後安排另一個控制組的兒童不接受虐待。這些議題通常是訴諸另一類研究方法，我們接下來加以討論。

三、相關法

　　人們的智力是否與壽命有關聯？樂觀者是否會比悲觀者較為健康些？童年遭受虐待是否與日後的心理疾病有關聯？這些問題所涉變項是心理學家不容易操弄或道德上不容許的。為了解答這些問題，相關法（correlational methods）需要被派上用場。當心理學家想要知道兩個變項、特質或屬性之間的關聯程度時，他們需要借助相關法。

　　為了決定存在於兩個變項之間的相關程度，心理學家利用兩組分數來計算出一個統計數值，稱之為相關係數（correlation coefficient，簡寫為 r）。這個數值的變動範圍從 +1.0 到 −1.0 之間。+1.0 表示完全的正相關；−1.0 表示完全的負相關；0.0 則

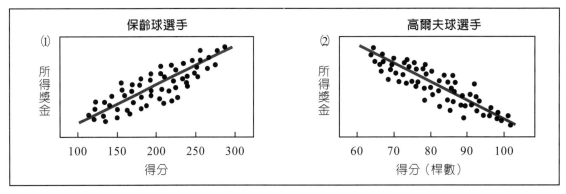

圖 2-3　正相關與負相關

這些想像的資料顯示正相關與負相關之間的差異。每個黑點代表一位保齡球選手或高爾夫球選手：⑴一般而言，一位職業保齡球選手的平均得分愈高，他將可賺得愈多的獎金；因此，這兩個變項之間存在正相關；⑵高爾夫球的相關則是負的，因為當桿數（得分）愈少時，高爾夫球選手賺到的獎金愈多。

表示完全沒有相關。正相關係數表示，隨著一組分數增高，另一組分數也增高。負相關則是相反的情況，即第一組分數增高時，另一組分數卻下降；或是第一組分數下降時，第二組分數增高（參考圖 2-3）。當相關係數接近零時，這表示兩組測量所得分數之間只存在微弱的關係或沒有關係。隨著相關係數愈接近 ±1.0 的最大值，那麼根據其中一個變項的訊息來預測另一個變項的準確性就愈高。

　　舉例而言，假定研究人員感興趣於探討大學生的睡眠習慣與他們的學業成績之間的關係。他可以操作性地界定「睡眠習慣」為每晚的平均睡眠數量。「學業成績」可以被界定為累積的成績點數平均值（grade-point average, GPA）。研究人員可以就某適當樣本的學生評定每個變項的量數，然後計算它們之間的相關係數。強烈的正相關將是表示，大學生睡眠愈多的話，他們的 GPA 就可能愈高。當知道某學生的「每晚睡眠時數」時，這將使得研究人員能夠對該學生的 GPA 做合理的預測。

　　研究人員可能想更進一步表示，增進學生的 GPA 的方法就是迫使他們多睡些。但是這項干預是誤導的。強烈相關只是表示兩組資料以有系統的方式發生關聯；相關不能保證其中一方引起另一方。我們始終要記住：相關並不意味著因果（correlation does not imply causation）。相關可能反映幾種因果可能性中的任何一種，或全然不反映。這些可能性中，許多涉及第三變項（third variable），它們在背景中運作而引起該相關。例如，睡眠與 GPA 之間的正相關可能意味著：⑴對於讀書較有效率的學生而言，他們較早上床睡覺；⑵對於對學業成績感到焦慮的學生而言，他們較難以入眠；或 ⑶學生當認為所選修的課程容易時，他們有較良好的睡眠。你可以從這個實例看出，相關通常需要研究人員再探究更深入的解釋。

　　有時候，相關也可能是假性的（似是而非的）。當研究人員不能從事適當的控制

比較時，往往會誤把「巧合」視爲是因果。考慮這樣的一個實例：1965 年紐約市的大停電被認爲與 9 個月之後嬰兒出生率的驟升之間有所關聯。「紐約佬極爲浪漫，那是燭光的關係。」一位初爲人父者這樣表示。一位家庭計畫中心的官員也提出他的解釋：因爲停電，「所有跟『性』有關的替代品——各種聚會、演說、晚宴、電影、酒吧——在那個夜晚都被取消了。他們還能做些什麼？」在世界各地，在暴風雪或颱風夜等天災之後，也經常有這樣的相關資料被報導出來。「地震造成了灣區的嬰兒潮」，這是較近期在《舊金山紀事報》上的一則頭版標題。然而，當任何人花些時間比較這些似乎驟升的出生率與多年以來出生率的例行性季節變動的話，就會發現這樣的相關只是巧合（coincidence）而已，卻被冒充爲因果。這也就是說，眞正的相關是存在於季節與出生率之間。顯然，就如同我們應用實驗法的研究結果一樣，當應用相關法的研究結果時，我們也務必審愼以對。

第二節　心理測量

　　因爲心理歷程如此富於變化而複雜，它們對於想要加以測量的研究人員而言提出了重大挑戰。雖然一些行動和歷程輕易可見，但另有些則否，諸如焦慮或作夢。因此，心理學研究人員的任務之一是使得看不見的東西被看見、使得內在事件和歷程外在化，以及使得私人的經驗公開化。你已經看到，研究人員爲他們所探討的現象提供操作性定義有多麼重要。這樣的定義普遍提供了一些程序，以便爲不同水準、數量、大小或強度的變項指派數值——即所謂的量化（quantifying）。心理學家已提供許多測量方法來達成這個任務，每種方法各有其優點及缺點。

一、獲致信度與效度

　　心理測量的目標是提出既可靠而又有效的研究發現。信度（reliability）是指源自心理測驗或實驗研究之行爲資料的一致性或穩定性。如果研究結果是可靠的，那麼它應該在不同的時間、在相似的條件下測試都可以被重複取得。這就像是一台值得信賴的測量儀器，當重複測量同樣的事物時，應該取得大致上近似的數值。信度是測驗的必備條件之一，顯示測驗的可靠程度。

　　效度（validity）是指從研究或測驗所取得的訊息準確地測量出預定加以測量的一些心理變項或特性。例如，「快樂」的有效測量應該使得我們能夠預測你在特定情境中可能會多麼快樂。正當有效的實驗意味著研究人員能夠據以類推到更廣泛的環境中，通常是從實驗室類推到眞實世界。這表示有效的測驗容許研究人員根據測驗分數

預測受試者在另一個相關情境中的表現。例如，一般而言，SAT（學術性向測驗）分數是大學成績的一個相當有效的指標（假定當事人的學術動機水平從高中到大學之間沒有重大變動的話），但是 SAT 分數對於預測你的創造力、親和性或健康狀況就不具什麼效力了。這表示測驗和實驗可能是可靠的，但卻是無效的。

二、自陳式測量

研究人員經常感興趣於取得關於受試者經驗的一些資料，但這樣的經驗卻無法直接加以觀察。有時候，這些經驗是一些內在心理狀態，諸如信念、態度及情感。另有些時候，這些經驗是一些外在行為，但是大致上不能任憑心理學家在場觀察，像是性活動或犯罪行為。在這些情況下，研究只能依賴自我報告。自陳式測量（self-report measures，或自我報告測量法）是受試者透過言詞（不論是手寫或口說的）回答研究人員提出的問題。研究人員然後設計可靠的方式以量化這些自我報告，以便他們能夠對不同個體的應答進行有意義的比較。

自我報告包括受試者在問卷上和在晤談期間的應答。問卷（questionnaire）或調查表（survey）是指一組書面的問題，它在內容上牽涉廣泛，從關於事實的問題（「你是否擁有投票權？」），到關於過去或現在行為的問題（「你每天吸多少菸？」），以迄於關於態度和情感的問題（「你對自己目前的工作有多滿意？」）。開放式題目（open-ended questions）容許受試者以自己的措辭自由答題。還有些題目可能列出幾個固定的選項，諸如「是」、「否」及「不一定」。

晤談（interview）是指研究人員與受試者之間面對面的交談，以期獲得受試者的詳細資料。不像問卷那般被完全地標準化，晤談較是互動性的（interactive）。訪談者可能更動他的提問，以追問受訪者所說的一些特殊訊息。除了對受訪者所吐露的訊息保持靈敏外，良好的訪談者也應該對社交互動的過程保持靈敏。他們通常受過訓練，致力於跟受訪者建立起一種契合而融洽（rapport）的社交關係，以激發對方的信任，願意分享他私人的訊息。

雖然研究人員依賴廣泛的各種自陳式測量，但是這些方法的實用性及有效性有所限制。顯然，許多自陳的方法不適用於還不會說話的幼兒、不識字的成年人、使用其他語言的人士、若干智能障礙的人們，以及動物。即使當自陳方法適用時，它們可能不是可信賴或有效的。受試者可能誤解問題，或無法清楚記得他們的實際經歷。再者，自我報告可能受到社會期許性（social desirability）的影響。為了製造自己的良好印象（或有時候是不良印象），人們可能不實作答或有意誤導。受試者也可能對於報告自己的真實感受或經驗感到困窘。最後，假使受試者知道問卷或訪談者的目的，他們可能故意說謊或捏造事實，以便得到工作、從精神病院被釋放，或達成其他任何

目標。訪談的情境也可能牽涉到個人的成見和偏見，因而影響了訪談者如何發問問題，以及影響受訪者如何回答問題。

三、行為測量與觀察

心理學研究人員對於廣泛的各種行為感到興趣。他們可能探討老鼠跑迷津、兒童畫圖、學生背誦詩篇，或是工人反覆地執行作業。行為測量（behavioral measures）是指心理學家用以探討外顯行動和可觀察（及可記錄）反應的各種方法。

觀察（observation）是探討人們做些什麼的最主要方式之一。研究人員以有計畫、精確及有系統的手法使用觀察法。觀察可能對準於行為的歷程（process），也可能對準於行為的產物（products）。例如，在關於學習的實驗中，研究人員可能觀察受試者複誦一列字詞多少次（歷程），然後觀察受試者在最後的測驗中記住多少字詞（產物）。

對直接觀察法（direct observations）而言，所研究的行為必須是清楚可見、外顯及容易記錄的行為。例如，在關於情緒的實驗研究中，隨著受試者注視各種誘發情緒的刺激，研究人員可以觀察他們的臉部表情。值得注意的是，隨著科技的進步，研究人員能夠直接觀察的行為範圍已大為擴增。例如，新式科技已使研究人員能夠看到胎兒的活動情形，或看到運作中的大腦的圖像。

在自然觀察法中（naturalistic observations），研究人員觀察的是一些自然發生的行為，不試圖改變或干擾該行為。例如，研究人員可能坐在單向鏡（one-way mirror）後面，觀看兒童的遊戲情形，但兒童並不知道自己正受到觀察。人類的若干行為只能透過自然觀察法進行探討，因為採取其他方式將是不道德或不能實行的。例如，假使在兒童早期生活中施行嚴重的剝奪，以觀看它對於兒童日後發展的影響，這樣的實驗將是不道德的。

在研究的早期階段，自然觀察法特別具有用處。它有助於研究人員發現某一現象所涉範圍，或有助於認識研究的重要變項及關係可能是什麼。從自然觀察所蒐集的資料通常提供了有益的線索，以供研究人員提出特定的假設或研究方案。

最後，有些研究方案不打算囊括大量的受試者；反而，它們把所有測量集中於單一個體（或一小組人）身上，這稱之為個案研究（case study）。透過對特定個體的密集分析，這有時候可以產生重要的洞察力，以洞悉人類經驗的一般特性。

第三節　人類與動物研究上的道德爭議

在前面所提的安慰劑效應上，研究人員為了檢視受試者對藥效的預期是否影響了治療結果，他們有意地欺瞞受試者。欺騙總是有道德上的嫌疑，但是在這種案例上，假使不這樣做，研究人員還有什麼辦法評估受試者所持不實信念的寬心效應呢？

每項研究計畫都有其「可能的獲益」，但是當實驗程序涉及風險、痛苦、壓力或欺騙時，受試者也勢必付出「適度的代價」，研究人員如何在這二者之間作適度的權衡呢？心理學家一直在問自己這些問題（*Rosenthal, 1994*）。

所有研究人員的一個根本義務是要尊重人類和動物的基本權益。為了使得這些權益受到保障，「美國心理學會」（APA）最先在 1953 年發表了「心理學專業人員的倫理信條和守則」——最新近的修訂版是在 2002 年所頒布。我們以下對一些重要準則作個說明：

一、充分告知的同意書（informed consent）

在幾乎所有以人類為受試者的研究中，在實驗展開之前，主試者應該告訴受試者，他們將會經歷的程序、潛在的風險及預期的利益。主試者也需要擔保，受試者的個人隱私將受到保護：所有他們行為的紀錄將被嚴格地保持機密，任何公開的發表將需要取得他們的同意。受試者被要求簽署同意書，指出他們在這些事項上已獲得充分告知，而且同意繼續進行。最後，主試者還要事先擔保，受試者可以在任何時候請求退出實驗，沒有任何罰則。研究單位必須留給受試者接洽的電話和姓名，以供受試者有任何不適或疑慮時儘快聯絡。

二、風險／獲益的評鑑（risk/gain assessment）

大多數心理學實驗不會為受試者帶來什麼風險，特別是當受試者僅是被要求執行一些例行作業時。然而，有些實驗探討人性較隱私的層面，諸如情緒反應、自我形象、從眾性、壓力或攻擊行為等，這就可能造成受試者的心理不安或煩亂。因此，當研究人員從事這樣的實驗時，他務必把風險減至最低程度、告訴受試者可能的風險，以及採取適當的預防措施來處理過激的反應。當牽涉到任何風險，負責的審查單位應該謹慎地權衡，考慮該研究是否在獲致對受試者、科學及社會的利益上有其必要性。

三、有意的欺瞞（intentional deception）

對於一些性質的研究而言，假使事先告訴受試者所有的情節安排，這將勢必會造成研究結果的偏差。例如，假使你想要探討電視上暴力節目對於攻擊行為的影響，你將不希望你的受試者預先知道你的研究目的。但是，你的假設足夠辯護你的欺瞞嗎？許多評論家堅持，任何形式的欺騙都不能被正當化，因為它已違反了受試者有被充分告知的基本權利。

「美國心理學會」（2002）的倫理信條（ethical principles）對於欺瞞的使用提出了明確的指示。APA 提供了幾項限制：(1) 該研究必須在科學和教育上有特殊重要性，足以說明欺瞞的正當性；(2) 關於研究有高度可能性會引起身體疼痛或重大情緒苦惱，研究人員不得欺瞞受試者；(3) 研究人員必須證明，除了欺瞞的方式外，找不到其他同樣有效的實驗程序；(4) 當完成實驗後，研究人員必須根據研究的結論對受試者解釋欺瞞的必要性；及 (5) 一旦說明真相後，受試者必須有機會撤銷他們的資料。在涉及欺瞞的實驗上，審查委員會可能會施加一些約束條件、堅持觀察實驗程序的初步示範，或直接加以駁回。

四、聽取簡報（debriefing）

心理學研究應該始終是研究人員與受試者之間一種相互的資訊交流。研究人員可能從受試者的反應中學得關於行為現象的一些新觀念，而受試者則應該被告知該研究的目的、假設、預期的結果及期待的效益。在實驗結束之後，研究人員應該讓每位受試者參加「聽證報告」，研究人員盡可能提供關於該研究的資訊，而且確定沒有人還留有混淆、不安或困窘的情緒。假使在研究的任何階段有必要誤導受試者，研究人員在這時候應該詳細說明欺騙的理由。最後，假使受試者覺得自己的資料有可能被誤用，或認為自身權益以任何方式受到不當對待的話，他們有權撤銷自己的資料。

五、動物研究上的爭議

動物應該被使用於心理學和醫學研究上嗎？這個問題通常引起非常兩極化的反應。我們先略述心理學家在他們研究中以動物為對象的幾個理由：(1) 動物較易在控制的條件下繁殖和培育，因此較可能在動物身上辨別遺傳因素與環境因素對各種行為及功能的影響；(2) 許多動物的繁衍速度很快，這才使心理學家有機會探討發生在好幾個世代間的發展歷程；(3) 許多動物的基本歷程（如感覺、學習、記憶，甚至社會地位）可比擬於人類，但動物的這些歷程在形式上較不複雜且較易於研究，有助於我們了解

人類的功能；(4) 許多心理學家探討動物行為，不是為了人類的利益，只是為了獲知不同物種的特殊習性。

　　動物研究的利益包括了藥物的發現及測試，以便治療焦慮和心理疾病；也包括獲致關於藥物成癮的重要知識（*Miller, 1985*）。另一方面，動物研究也有益於動物本身。例如，心理學研究已顯示如何緩解動物園中許多動物被監禁的壓力。關於動物學習和社會組織的研究也已導致了對各種隔離設計及動物設施的改良，以促進動物的良好健康（*Nicoll et al., 1988*）。

　　儘管有這些成果，對於擁護動物權利的人士而言，他們認為這仍不能消除深層的錯誤，即認為「人類與其他生物之間存在道德方面的差異」（*Bowd & Shapiro, 1993*）。他們不認為對人類有益之事，就足以辯護動物研究的正當性。為了補救這項錯誤，他們建議不再從事以實驗室為基地的侵犯性研究，轉為在自然或半自然的環境中施行盡量不加操縱的研究。

　　近些年來，心理學和生物醫學的研究上愈來愈重視對實驗動物的關照和處置，也訂定了研究人員必須遵循的一些嚴格準則。實驗室的設施必須有足夠的空間、良好的飼養環境，及雇用合格人員來照顧動物。動物的健康和福利也應妥善對待。所有措施都應盡量減少動物可能遭遇的不安、疾病及痛苦。

第四節　成為一位聰明的研究消費者

　　這一節中，我們將論述你需要具備的各種批判性思考技巧，以成為心理學知識的一位聰明的消費者。在這個資訊爆發的時代中，我們社會充斥各種對真理的聲稱、各種不實常識的迷思，及各種為了特殊利益而導致的偏頗結論。在這個蓬勃的社會中，任何負責的個人都有必要磨利這些思考工具。為了成為一位有批判力的思考者，個人需要超越表面的訊息、探究光鮮外觀的內襯，致力於了解事物的實質內容，不被頭銜或排場所誘惑及欺瞞。

　　雖然心理學牽涉的是我們日常生活的一些長存的層面，但是不幸地，我們關於心理學的資訊通常不是來自合格從業人員的書籍、論文及報告。反而，這方面資訊普遍來自報紙、雜誌、電視、收音機、通俗心理學、自助書籍，以及所謂的「偽科學企業」（像是占星學、命理及風水等）。

　　研究心理學將有助於你根據自己或他人所蒐集的證據做出較為明智的決定。下列是你應該謹記的一些通則，以便你在旅經知識的超市時，成為一位較為世故老練（sophisticated）的消費者。

　　．避免把相關推斷為因果。

- 要求對關鍵字詞和重要概念作操作性的定義，以便對它們的意義保有一致的看法。
- 因為當你要為理論、假設或信念尋找正當化的理由時，你總是較容易找到支持性的證據。所以在尋求肯定的證據之前，你應該首先思考如何加以反駁（即提出反證）。
- 不要輕信他人提出看似明顯的解釋，特別是當該解釋有利於當事人時；總是尋求另外解釋的可能性。
- 認識個人偏見如何能夠扭曲對現實的知覺。
- 對於複雜問題的簡易答案保持質疑；或是對於複雜結果的單一起因、對於複雜病症的單一治療保持質疑。
- 許多治療、藥物或產品會宣稱它們的有效性，對這樣的聲稱保持質疑。找出它們所稱效果的對照基礎：是跟什麼比較？
- 保持開放的心胸，但同時有所質疑——認識到大多數結論只是暫時性的，不是絕對不移的；尋求新證據以減低你的不確定性，但也願意接納變動，從事必要的修正。
- 當有專家在獲致結論上不依循證據，只以個人意見為本，而且沒有開放空間給建設性的批評時，你需要挑戰這種權威的公正性。

第三章

行為的生物與進化基礎

對許多學生而言，這一章將會比起本書的其餘章節提出更重大的挑戰。它將需要你學習一些解剖構造和許多專門用語，但這些似乎不是你所預期會在這本心理學導論的教科書中遇到的資訊。無論如何，隨著你了解自己的生物本質，這將使你能夠更充分認識到大腦、心智、行為與環境之間複雜的交互作用。這些交互作用就塑造了你身為人類的獨特經驗。

這一章的目標是協助你了解，心理學作為一門學科是如何探討生物系統與外在世界的關聯。為了達成這個目標，我們首先論述進化和遺傳如何決定你的生物特性及行為。然後，我們將看看實驗室研究和臨床研究如何透視大腦、神經系統及內分泌系統的運作情形。最後，我們將描述你的神經系統中各個細胞之間信息傳達的基本機制，這製造了全面範圍之複雜的人類行為。

第一節　遺傳與行為

為了讓你較為理解行為的生物層面，我們將首先討論塑造物種潛在的行為劇本的一些基本原理——即進化論的一些要素。然後，我們將討論行為變異（variation）如何從一代傳遞到下一代。

一、進化與自然淘汰

1831 年，達爾文（Charles Darwin）剛從劍橋大學拿到神學的學位，經過學校教授的推薦，他有機會以博物學者的身分參與英國皇家海軍兵艦獵犬號周遊世界。從 1831 至 1836 年這五年的航程中，達爾文完全改變了他的學術追求，也改變了整個科學史。在這段航程中，達爾文蒐集他途經的每一種事物，像是海上動物、鳥類、昆蟲、植物、化石、貝殼和石塊。他廣泛的記載成為他後來許多著作的基礎，所涉主題更是從地質學、情緒，以迄於動物學。他最著名的一本書是 1859 年發表的《物種起源》（*The Origin of Species*）。在這本著作中，達爾文提出了科學上最重要的理論之一：進化論。

(一) 自然淘汰

還在海上航程的時候，達爾文只是偶爾在心中浮現導致進化論的一些概念。當回到英國之後，他開始涉獵「選擇性養殖」（selective breeding），也就是透過人為手段使若干植物或動物相互交配，以便所繁殖的下一代能夠擁有所預期的一些特質。從這方面研究中，達爾文開始思考，假使人類可以透過選擇性養殖在植物和動物身上「挑

選」所要的特質，或是「淘汰」所不要的特質，那麼自然界以它更崇高的力量沒有理由辦不到。達爾文因此獲致他的結論：在物種爭取生存的過程中，有些特質較具優勢，得以在自然界保存下來；另有些特質處於不利地位，因此被滅絕。這個過程的結果是，「一種新的物種的形成」。

一般而言，自然淘汰（natural selection）理論指出，良好適應所處環境（不論那剛好是什麼環境）的有機體將會產下較多的子孫——相較於那些適應較不良的有機體。長期下來，對於那些擁有較有利於生存之特質的有機體而言，牠們後代成員的數量將會超過那些不擁有該特質的有機體。就進化的角度來看，個體的成敗是從他／她產下後代的數量加以衡量。

(二) 基因型與表現型

雖然環境是自然淘汰背後的驅動力量，但是它並不是唯一的因素。另有兩個因素也扮演關鍵的角色，即突變和競爭。

突變是指在同一物種之內，不同個體在生理特性和心理特質上的差異。同一物種內，每個個體在表現型（phenotype，即基因實際表現的遺傳特徵）上彼此有所差異。表現型（或稱現象型）是指個體可以被辨識的各種特徵，包括身體和行為方面的特徵。但是個體之間還有更深層的差異，即每個個體也各自擁有不同的基因型（genotype，指個體的基因排列形式或基因組合）。基因型是指個體從父母繼承而來的遺傳構造。在特定環境的背景中，這個基因型決定了個體的發展及行為。這也就是說，個體的基因型在跟環境的交互作用之下產生表現型。最終，自然淘汰在基因型的層面上發生作用；假使表現型不能良好適應所處環境，那麼產生這種表現型之特有基因型也將是不良適應的。

因為同一物種的成員通常占有相同的生態活動範圍，所以很容易在食物、領域及配偶方面產生強烈競爭。例如，當食物匱乏的時候，競爭會變得空前激烈，而只有那些擁有最適應之表現型的族群才能夠存活下去，進而使得牠們對應的基因型傳承下去——這也就是為什麼達爾文描述進化過程的特色是「適者生存」（survival of the fittest）。圖 3-1 提供了自然淘汰過程的簡化模式。

(三) 人類進化

自然淘汰在人類進化上扮演什麼角色呢？我們經常忘紀，最初和最重要的，我們也是生物體。大部分時候，現代文明的舒適使我們容易無視於自己的生物本質。在達爾文時代，很多人仍然堅持，自然淘汰只適用於動物，但不適用於我們人類。顯然，我們還不太認識，我們的生活方式（儘管其便利和奢華）是從我們古代祖先傳承給我們的一些基因型自然淘汰的結果。

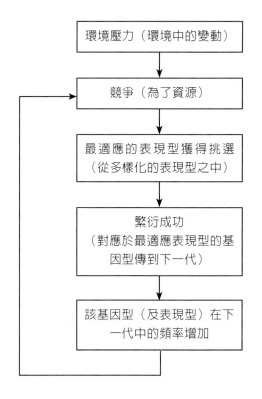

環境壓力（環境中的變動）

↓

競爭（為了資源）

↓

最適應的表現型獲得挑選
（從多樣化的表現型之中）

↓

繁衍成功
（對應於最適應表現型的基
因型傳到下一代）

↓

該基因型（及表現型）在下
一代中的頻率增加

圖 3-1　自然淘汰如何運作

環境變動引致物種成員之間競爭資源。只有那些擁有有助於因應這些變動之特徵的個體，才得以生存和繁衍下去。下一代將有較大數量的個體擁有這些築基於遺傳的特質。

　　我們現在已經清楚，在人類的進化過程中，自然淘汰有利於兩項重大適應——直立化和腦容量擴大。它們二者的結合使得人類文明的產生成為可能。直立化（bipedalism，或稱兩足化）是指直立行走的能力；腦容量擴大（encephalization）是指腦部尺寸的增大。這兩項適應負責了人類進化上大部分（如果不是全部的話）的其他重大進展，包括文化的發展。隨著我們祖先演化出直立行走的能力，他們得以探索新環境和開發新資源。隨著腦容量增大，我們祖先變得較為聰明，發展出各種能力以從事複雜的思考、推理、記憶及策劃。然而，腦部外型擴大的進化不能保證人類將會變得更為聰明——重要的是腦內各種組織的開發及擴展（*Gibbons, 2002*）。對於登錄著機動而聰明之表現型密碼的基因型而言，它們逐漸地把其他較不良適應的基因型從人類基因庫中排擠出去，只提供聰明的兩足類有繁衍的機會。

　　在直立行走和腦容量擴大之後，人類最重要的進化里程碑或許是語言的來臨（*Sherwood et al., 2008*）。想像一下語言所授予早期人類重大的適應優勢。語言提供了簡單的指示，關於如何製造工具、何處找到狩獵或捕魚的良好地點，以及如何避開危險，這些都有助於早期人類節省時間、力氣及生命。人類不用再第一手學習每一個生

活的教訓（透過嘗試－錯誤的學習），人類可以從分享他人的經驗中獲益。對於自然聚居的族群而言，交談（甚至幽默）將有助於增強成員之間的社交連繫。最重要的是，語言的來臨提供了累積智慧的傳遞工具，從這一代傳承給未來的世代。

語言是文化進化（cultural evolution）的基礎，也就是文化透過學習而適應性地應對環境變動的傾向（*Ramachandran, 2011*）。文化進化促成了工具製造的重大進展、改良了農業實施，以及促進了工業和科技的開發和精益求精。相對於生物進化，文化進化使得我們人類能夠對環境條件的變動做出非常快速的調適（adjustments）。例如，人類適應個人電腦的使用只不過是過去幾十年來才發生的事情。即使如此，假使沒有基因型登錄了各種學習和抽象思維的能力，文化進化將不會發生。完全因為人類基因型的潛力，文化（包括藝術、文學、音樂、科學知識及慈善活動）才是可能的。

二、人類基因型的變異

你已經看到，人類演化的處境有利於那些對人類重要的生物潛能進化出來，像是直立行走，以及思維與語言的能力。然而，在這些共同具有的潛能之內，仍然存在大量的變異（variation）。你的母親和父親把他們的部分基因授予你，他們的基因又是得自他們的父母、祖父母，以及所有歷代祖先所傳承的基因，這就導致了你在發展上所擁有獨特的生物藍圖和預定表。遺傳學（genetics）就是在探討個體透過怎樣的機制從祖先之處繼承各種身體特徵和心理特質。

㈠基本遺傳學

我們每個細胞的細胞核中含有稱為 DNA（deoxyribonucleic acid，即去氧核糖核酸）的遺傳物質。DNA 組成一些微小的單位，稱為基因（genes）。基因含有製造蛋白質的一些指令。這些蛋白質調節身體的生理歷程，也調節表現型特質的展現，像是體格、力氣、智力及許多行為模式。

基因位於染色體上（chromosomes），染色體是當細胞分裂時，你在細胞核內可看見的桿狀構造。就在你被受孕的那一瞬間，你從你父母那裡繼承了 46 個染色體，23 個來自母親，另 23 個來自父親。每個染色體都包含好幾千個基因，每個精子與卵子的結合所造成的只是好幾十億可能的基因組合中的一種。「性染色體」是指它們所包含的基因上登錄有男性或女性身體特徵發展的密碼。你從你的母親之處繼承一個 X 染色體，且從你的父親那裡繼承一個 X 或 Y 染色體。XX 的組合登錄女性特徵發展的密碼；XY 的組合則登錄男性特徵發展的密碼。

從 1990 年起，美國政府提供資金召集分子生物學界的專家以執行「人類基因組解讀計畫」（Human Genome Project, HGP）。基因組（genome）又稱基因組合，它是

指特定種類的生物體細胞核內的整套染色體。2003 年，HGP 達成了目標，它為人類基因組提供了完整的定序（sequencing，指利用分子生物學方法，檢定 DNA 鹼基排列順序的技術）。隨著這份資訊的得手，研究人員現在把他們的注意力放在檢定所有 20,500 個人類基因上（*Clamp et al., 2007*）。最終的目標是對整套基因的定位和功能提供完整的解釋。

(二) 基因與行為

我們已看到，進化過程容許大量的變異保存在人類基因型中；這些基因型與特定環境的交互作用就產生了人類表現型上的變異。人類行為遺傳學（human behavior genetics）領域的研究人員正嘗試結合遺傳學和心理學，以探討遺傳與行為之間的因果關聯（*Kim, 2009*）。

人類行為遺傳學的研究通常把重點放在估計特定人類特質和行為的可遺傳性上（heritability）。可遺傳性是在從 0 到 1 的量尺上加以衡量。假使估計值接近 0，那表示該屬性大致上是環境影響力的產物；假使估計值接近 1，那表示該屬性大致上是遺傳影響力的產物。為了使得環境與遺傳的影響力區隔開來，研究人員通常採用領養研究（adoption study）或雙胞胎研究（twin study）。對領養研究而言，兒童在領養家庭被撫養長大，研究人員取得儘可能多關於兒童生身父母的資訊。隨著兒童發展，研究人員評估兒童與他們親身家庭（代表遺傳），以及兒童與他們領養家庭（代表環境）的相對類似之處。

在雙胞胎研究中，研究人員檢視同卵雙胞胎（monozygotic twins, MZ twins）之間和異卵雙胞胎（dizygotic twins, DZ twins）之間，在特定特質或行為上各自的相似程度。同卵雙胞胎源自單一受精卵。傳統上，研究人員相信，同卵雙胞胎共有 100% 他們的遺傳物質。然而，近期的證據指出，出生前和出生後的一些因素經常使得「同卵」雙胞胎在遺傳上並非「完全相同」（*Silva et al., 2011*）。即使如此，同卵雙胞胎比起異卵雙胞胎擁有較多遺傳重疊性，後者共有大約 50% 的遺傳物質（異卵雙胞胎在遺傳上的相似性一如任何成對的兄弟及姊妹的情形）。研究人員透過決定同卵雙胞胎在某特定屬性上比起異卵雙胞胎更為相似的程度，以之計算可遺傳性的估計值。

為了使人類行為遺傳學更為完備，另兩個領域也已興起，它們對於自然淘汰的力量如何影響人類和其他物種的行為劇本採取更為寬廣的透視。社會生物學（sociobiology）領域的研究人員，對於人類和其他動物的社會行為和社會系統提供進化上的解釋。進化心理學（evolutionary psychology）的研究人員，擴展這些進化上的解釋以囊括人類經驗的其他層面，諸如心智如何發揮功能。

最後，你有必要記住，基因並未登錄有命運的密碼；基因只是登錄了潛能。雖然只有女性可以懷孕，但她們也擁有是否懷孕的決定權。這正如同你長得很高，但並不

意味你將會打籃球。另外也要記住的是，基因型是在特定的環境背景中展現出來。例如，體型或體格是由遺傳因素和養育環境（營養）所共同決定；力氣或體力則可透過特殊訓練計畫加以促進。智力成長是由遺傳潛力和教育經歷二者所決定。不論是基因或環境，任何單獨因素都不足以決定你的現狀，也不足以決定你最終將會成為怎樣的人。基因支配的只是環境在塑造你的表現型上可能發揮的有效範圍。

第二節　神經系統的作用

　　早期生理學家的主要目標之一是更佳理解神經系統的運作方式。現代神經科學家在這個目標上已有穩定的進展，但他們繼續致力於解決這塊拼圖的更細緻部分。今日，神經科學（neuroscience）是最快速成長的研究領域之一。重大發現不斷地推陳出新。什麼因素促成神經科學這般快速的進展呢？廣泛而言，這個問題的答案是「文化的進化」。科學上幾百年來累積的知識和智慧，再結合研究科技上的進展，已賦予今日的神經科學家所必要的知識資源和技術手段以探索行為的生物層面。

一、神經元

　　神經系統的基本單位是神經元（neuron）。神經元是身體內用來接收、處理及／或傳遞信息給其他細胞的一種特化細胞。神經元在形狀、大小、化學特性和功能等方面各有所異——在哺乳動物的腦部中已發現超過 200 種不同類型的神經元。但不論如何，所有神經元都具有相同的基本結構（參考圖 3-2）。你的腦部擁有 1,000 億個到 1 兆個之間的神經元。

　　神經元典型地從一端接收訊息，並從另一端送出訊息。神經元接收輸入信號的部位是由一套分枝的纖維所構成，稱為樹突（dendrites）。樹突從細胞體向外延伸，它的基本工作是接收來自其他神經元或感官受納器的刺激。神經元的細胞體（cell body or soma）含有細胞核及維持其生命所需的細胞質。細胞體整合關於樹突所接收之刺激的訊息（或在某些情況下，直接接收來自另一個神經元的訊息），然後把該訊息傳給一條向外伸展的長纖維，稱為軸突（axon）。軸突沿著它的長度繼續把訊息傳導下去——軸突的長度在脊髓中可能長達好幾呎，但在腦部則短於 1 公釐。軸突的末端是膨大、球根狀的結構，稱為終止扣（terminal buttons）。神經元透過終止扣得以激發鄰近的腺體、肌肉或其他神經元。神經元通常只以一種方向傳遞訊息：從樹突經由細胞體到軸突，然後再到終止扣（參考圖 3-3）。

　　一般而言，我們可以把神經元分為三大類別。感覺神經元（sensory neurons）也

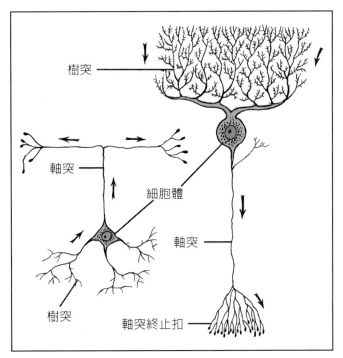

圖 3-2　兩種類型的神經元

注意它們在形狀和樹枝狀分枝上的差異。箭頭指出訊息傳動的方向。這兩種細胞都是屬於中間神經元。

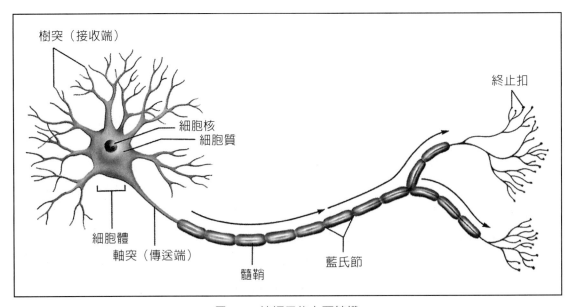

圖 3-3　神經元的主要結構

神經元透過其樹突接收神經衝動。然後它透過其軸突把神經衝動傳送到終止扣，在那裡釋放出神經傳導物質而激發其他神經元。

稱為傳入神經元，它把所攜帶來自感官受納器細胞（receptor cells）的信息向內傳送到中樞神經系統。受納器細胞則是指高度特化而對像是光線、聲音及身體位置等相當敏感的細胞。運動神經元（motor neurons）也稱為傳出神經元，它把所攜帶來自中樞神經系統的信息向外傳送到肌肉和腺體。然而，感覺神經元很少跟運動神經元直接連繫起來。腦部有龐大數量的神經元是屬於中間神經元（interneurons），它把來自感覺神經元的信息轉送到其他中間神經元，或轉送到運動神經元。對體內的每一個運動神經元而言，在大型中介網路中就有高達 5,000 個中間神經元與之對應，以建立起腦部的操作系統。

讓我們舉個「疼痛縮回反射弧」的實例，以之說明這三種神經元如何共同合作（參考圖 3-4）。當靠近皮膚表面的疼痛受納器受到尖銳物件的刺激時，這些受納器會透過感覺神經元把信息傳送到脊髓中的中間神經元。中間神經元的回應是激發運動神經元，運動神經元接著引發身體專責部位之肌肉的收縮，以使該部位迅速脫離尖銳的物件。只有直到這序列性的神經事件已發生，而且身體部位已移離該尖銳物件之後，腦部這時候才接收到關於該處境的訊息。在類似這種情況中，生存有賴於迅速的行動，你對疼痛的知覺通常是在你身體上已應付了該危險之後才會發生。當然，來自意外事件的訊息隨後被貯存在大腦的記憶系統中，以便下一次你將會全然避開有潛在危險性的該物件，在它可能傷害你之前。

1990 年代中期，Giacomo Rizzolatti 及其同事意外發現了一種新型式的神經元（*Rizolatti & Sinigaglia, 2010*）。他們當時正在獼猴腦部探討運動神經元的功能，證實當猴子實際執行一些運動動作時，牠們腦部的一些神經元處於活化狀態。然而，令人訝異的是，他們發現當猴子只是觀察研究人員執行相同的動作時，牠們的一些神經元也會放電（fired）！研究人員稱這些神經元為鏡像神經元（mirror neurons），因為當個體觀察另一個體執行某一動作時，它們會產生反應。雖然該證據是間接的（因為研究人員不能以人類施行同一性質的研究），但有實質的證據顯示，鏡像神經元也在人類腦部中起作用。鏡像神經元可能使得我們能夠理解他人行為的「意向」（intentions）。想像你看到你的朋友 Josh 的手移向一顆籃球。當那種情形發生時，「你自己伸手拿籃球的神經元開始放電。經由運轉這種身為 Josh 的虛擬模仿，你獲得立即的印象，即他正意圖伸手拿籃球」（*Ramachandran, 2011, P. 128*）。因此，鏡像神經元使你能夠利用你自己的經驗以理解他人的行為。這些神經元可能已提供人類重要能力，透過模仿進行學習，而這容許了有效率的文化進化。

散布在腦部浩瀚的蜘蛛網狀神經元之間的是為數大約五倍到十倍多的膠質細胞（glial cells），或稱神經膠質（neuroglia）。膠質細胞的主要任務是保持神經元在固定位置上。在脊椎動物身上，膠質細胞還具有其他幾種重要功能。第一種功能是在發育時期派上用場，膠質細胞有助於引導新生細胞到腦部的適當位置。第二種功能是廢

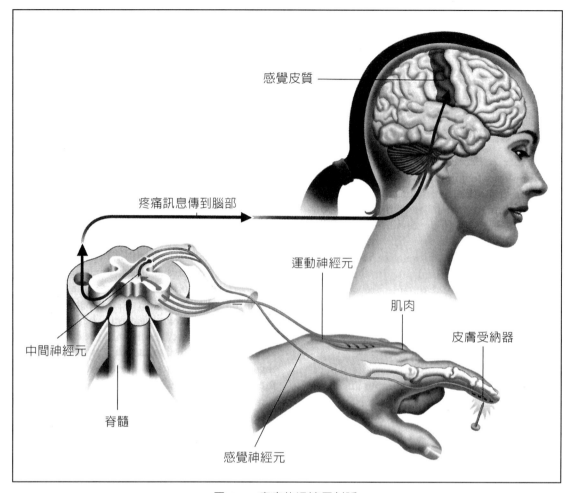

感覺皮質

疼痛訊息傳到腦部

運動神經元

肌肉

中間神經元

皮膚受納器

脊髓

感覺神經元

圖 3-4　疼痛的退縮反射弧

物排除。當神經元受損及死亡時，該區域的膠質細胞將會增殖，清除所留下的細胞廢物；它們也可以在神經元之間的縫隙吸收過量的神經傳導物質和其他物質。第三種功能是隔離，膠質細胞在某類軸突的周壁上形成一層絕緣的外鞘，稱爲髓鞘（myelin sheath）。這層脂肪性的隔離組織大幅增加神經信號傳導的速度。膠質細胞的第四種功能是防止血液中的有毒物質直抵腦部的纖弱細胞。特化的一些膠質細胞──稱爲星狀細胞（astrocytes）──組成一道血腦屏障（blood-brain barrier），也就是脂肪物質環繞腦部的血管形成一層連續的外壁，使得不溶於脂肪的物質就無法通過這道屏障。因爲許多有毒和有害的物質不溶於脂肪，它們就無法穿透屏障而進入腦部。最後，神經科學家們相信，透過影響離子的濃度而容許神經衝動的傳遞，膠質細胞可能在神經信息傳導上扮演主動的角色（*Henneberger & Rusakov, 2010*）。

二、動作電位

　　每個神經元都會被探問的一個基本問題是：它在某特定時間中應該或不應該放電（fire，也就是發動、產生反應的意思）？以較不嚴謹的用語，神經元做出這個決定是經由結合所有抵達它的樹突和細胞體的訊息，然後決定這些輸入是否占優勢地說「放電」或「不放電」。以較為正規的用語，每個神經元將會接收到興奮性輸入（excitatory inputs，即放電！）與抑制性輸入（inhibitory inputs，即不放電！）之間的順（逆）差。在每個神經元上，興奮性輸入在時間或空間上的正確型態將會導致動作電位的產生：神經元放電。

(一) 動作電位的生化基礎

　　為了說明動作電位（action potential）如何運作，我們需要描述神經元收集所輸入訊息的生化環境。所有神經傳導都是透過荷電粒子（稱為離子——ions）穿過神經元薄膜（這層薄膜分隔了細胞的內外部環境）的流動而產生。神經細胞內外的液體中都含有各種離子，如鈉離子（Na^+）、氯離子（Cl^-）、鈣離子（Ca^+）及鉀離子（K^+），有些是帶正電荷，有些則是帶負電荷。細胞表面的薄膜在使得這兩種液體的成分保持適當平衡上扮演關鍵的角色。當細胞不活化時（即處於靜止狀態時），細胞內鉀離子的濃度約為細胞外鈉離子濃度的十倍。這層薄膜不是一個完美的屏障；它有點「漏水」，容許某些鈉離子溜進細胞內，同時容許某些鉀離子溜出細胞外。為了矯正這種情形，造物主在薄膜內提供了運輸機制，以便把鈉離子抽出去以及把鉀離子抽進來，就像幫浦的作用一樣。這些幫浦的順利運作使得神經元內部的液體稍帶負電壓（70/1,000 伏特）——相對於細胞外部的液體。這表示相對於細胞外的液體，細胞內部的液體被極化（polarized），這種輕度極化的狀態被稱為靜止電位（resting potential）。它提供了電化學的環境，以便神經細胞能夠產生動作電位。

　　神經細胞針對抑制性輸入和興奮性輸入的型態展開從靜止電位到動作電位的轉變。每種輸入都影響了離子從細胞內到細胞外的平衡將會改變的可能性。它們造成離子通道（ion channels）功能的轉變。離子通道是指細胞膜上容易興奮的部位，它們選擇性地容許若干離子流進和流出。抑制性輸入導致離子通道更致力於保持細胞內部呈現負電荷——這將使得細胞免於放電。興奮性輸入導致離子通道開始容許鈉離子流進——這將使得細胞放電。因為鈉離子帶有正電荷，它們的湧入開始改變細胞膜內外之正電荷與負電荷的相對平衡。當興奮性輸入達到足夠的強度（相對於抑制性輸入而言）而使得細胞從 $-70/1,000$ 伏特到 $-55/1,000$ 伏特被去極化（depolarize）時，動作電位便展開了。這表示充分的鈉離子已進入細胞內而引致這種轉變。

　　一旦動作電位展開，鈉離子湧入神經元。如此一來，神經元內部相對於外部變成

正電荷，表示神經元已充分地去極化。然後，骨牌效度（domino effect）促使動作電位沿著軸突傳導下去。去極化的前導效應引起該軸突鄰近部位之離子通道的開啓，且容許鈉離子的湧入。以這種方式——透過連續的去極化——神經信號沿著軸突傳送下去。

在放電之後，神經元如何回復它原先極化的靜止狀態呢？當神經元內部變成帶正電荷的狀態時，容許鈉離子流入的通道便關閉了，而容許鉀離子流出的通道開啓了。鉀離子的流出使得神經元恢復負電荷。因此，即使當信號正抵達軸突的遠端時，細胞中動作電位起源的部位也正回復它們的靜止平衡，以便它們能夠爲自己下一次的激發做好準備。

(二) 動作電位的特性

動作電位被傳導的生化（biochemical）方式導致了幾個重要特性。動作電位遵循全有或全無律（all-or-none law）：只要超過閾限水平，動作電位的大小不受刺激強度增減的影響。一旦興奮性輸入總計達到閾限水平，齊一的動作電位就產生了。假使沒有達到閾限，就沒有動作電位發生。全有或全無特性的一個附帶結果是，動作電位的大小不會隨著軸突的長度而遞減。就這方面來說，動作電位被說爲是自我傳播的（self-propagating）；一旦啓動了，它就不再需要外在刺激來維持它自身的運轉——就像是爆竹被點燃了引信一樣。

不同的神經元以不同的速度沿著它們的軸突傳導動作電位。最快的信號以每秒200公尺的速度移動；最慢的以每秒10公分的速度沉重前行。對於速度較快的神經元而言，它們的軸突覆有一層緊緊包裹的髓鞘——如前面提過，髓鞘是由膠質細胞所組成——使得這個部分的神經元看起來像是一長串的短管。短管之間的小裂縫稱爲藍氏節（nodes of Ranvier）（參考圖 3-3）。在軸突覆有髓鞘的神經元上，動作電位實際上是從一個節點跳躍到下一個節點——節省了離子通道在軸突的每個位置上開啓和關閉所需要的時間及能量。髓鞘的損傷會破壞動作電位微妙而細緻的傳導節奏，爲當事人帶來重大困擾。多發性硬化症（multiple sclerosis, MS）就是髓鞘的衰退引起的一種嚴重病症。它的特徵是複視、震顫，最終變成癱瘓。在多發性硬化症中，來自身體免疫系統的特化細胞實質上侵害有髓鞘的神經元，使得軸突暴露出來，破壞了正常的突觸傳遞（*Wu & Alvarez, 2011*）。

在動作電位已傳給軸突的下一個分節後，神經元的這個部位進入不反應期（refractory period）（參考圖 3-5）。在絕對不反應期，任何進一步的刺激（不論多麼強烈）都無法引起另一個動作電位的產生；在相對不反應期，神經元將只針對較強烈的刺激（超過它平常必要的強度）才會再度放電。以抽水馬桶的例子來說，剛沖過之後，水箱正開始填水時，你可能怎麼壓桿都不會再有反應。直到水箱中的水達到某臨

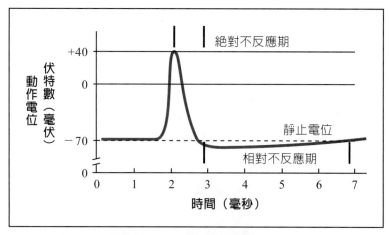

圖 3-5 神經元在動作電位期間的帶電變化時間表

鈉離子進入神經元，引起神經元的電位從極化期間（或靜止期間）稍帶負性的狀態，轉變為在去極化期間稍帶正性的狀態。一旦神經元去極化後，它進入短暫的不反應期，這期間任何進一步的刺激都將無法引起另一個動作電位。只有當細胞內外液體之間的離子平衡恢復之後，另一個動作電位才可能發生。

界水平面時，你才能夠再度沖水。同樣的，為了讓神經元能夠產生另一個動作電位，它必須自行「復位」，直待下一個超過其閾限的刺激。這個不反應期部分地擔保動作電位將只會朝著一個方向沿著軸突傳送下去——它無法往後傳送，因為該軸突的「較早先」部位正處於不反應狀態。

三、突觸的傳遞

當動作電位沿著軸突完成它背跳式的旅程而抵達終止扣時，它必須把所攜帶的訊息傳給下一個神經元。但是神經元之間從不曾實際接觸，它們是透過突觸（synapse）進行連繫。突觸是指位於突觸前細胞膜（傳送神經元的終止扣）與突觸後細胞膜（接收神經元的細胞體或樹突的表層）之間的小空隙。當動作電位抵達終止扣時，它啓動一系列事件的運轉，稱為突觸傳遞（synaptic transmission），也就是跨越突觸空隙而把訊息從上一個神經元轉送到另一個神經元（參考圖 3-6）。

當動作電位抵達終止扣而引起突觸小泡（synaptic vesicles）往前移動，而且把自己貼附在終止扣的內層膜時，突觸傳遞便展開了。每個突觸小泡內貯存有神經傳導物質（neurotransmitters），即用來激發其他神經元的生化物質。動作電位也引起離子通道開啓，以容許鈣離子進入終止扣。鈣離子的流入導致突觸小泡破裂，小泡內所含的任何神經傳導物質就被釋放出來。一旦突觸小泡破裂，神經傳導物質就迅速散布到突觸裂中，突觸裂（synaptic cleft）是指位於某個神經元的終止扣與下一個神經元的細

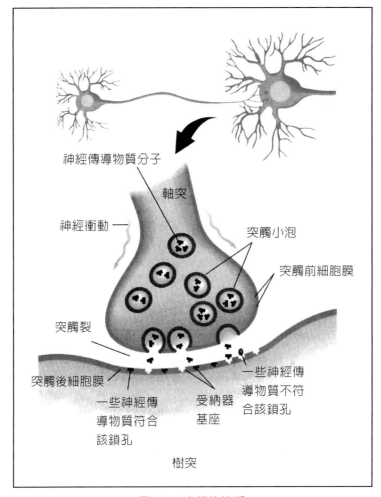

神經傳導物質分子

軸突

神經衝動

突觸小泡

突觸前細胞膜

突觸裂

突觸後細胞膜

一些神經傳
導物質符合
該鎖孔

受納器
基座

一些神經傳
導物質不符
合該鎖孔

樹突

圖 3-6　突觸的傳遞

胞膜之間的小空隙。為了完成突觸的傳遞，神經傳導物質接合於埋置在突觸後細胞膜
上的受納器分子（receptor molecules）。

　　神經傳導物質在兩種條件下將使自己結合於受納器分子。首先，沒有其他神經
傳導物質或其他化學物質可以接合於該受納器分子。其次，神經傳導物質的形狀必須
吻合受納器分子的形狀，就如同鑰匙恰好插入（貼合）鎖孔那般準確。假使有任一條
件無法達成，神經傳導物質將不會接合於受納器分子。這表示它將無法激起突觸後細
胞膜的興奮。假使神經傳導物質確實接合於受納器分子，那麼它可以提供「放電」或
「不放電」的訊息給這下一個神經元。一旦神經傳導物質完成了它的工作，它脫離
於受納器分子，退回到突觸空隙中。在那裡，它要不是被特定的酶（enzymes，即酵
素，一種生物催化劑）所分解，要不就是被再回收到突觸前的終止扣，以供迅速再度
使用。

　　你可能感到好奇，為什麼我們在神經系統上談論到這麼深入的地步。畢竟，這是一門心理學課程，而心理學被認定應該是探討行為、思考及情緒等方面事情。但事實上，突觸是所有這些活動之所以發生的生理媒介。假使你改變了突觸的正常活動，你就改變了人們如何展現行為、如何思考及如何感受。隨著我們理解突觸的運作方式，這已導致我們在一些探討上的重大進展，包括學習與記憶、情緒、心理疾患、藥物成癮，以及心理健康的化學處方等。你在本書隨後的討論中將會不斷應用到你在這一章所獲得的知識。

四、神經傳導物質及其功能

　　在我們腦部中，許多化學物質已被確知或揣測是作用為神經傳導物質。對於已接受最密集探討的一些神經傳導物質而言，它們都符合一些技術標準。首先，每種都是在突觸前終止扣被製造出來，而且當動作電位抵達該終止扣時被釋放出來。其次，神經傳導物質在突觸裂的出現引起了突觸後細胞膜的生理反應，而且假使它的釋放被防止的話，就不會有後續反應發生。為了讓你認識不同神經傳導物質對於調節行為的效應，我們將討論幾種物質，它們已被發現在大腦的日常運作上扮演重要的角色。

(一) 乙醯膽鹼

　　乙醯膽鹼（acetylcholine, ACh）在中樞神經系統和周圍神經系統中都可發現。阿茲海默氏症（Alzheimer's disease）是一種退化性的疾病，正逐漸地經常發生在老年人身上。這種疾病的症狀之一是記憶喪失，它被認為是由於分泌 ACh 的神經元衰變所引起。ACh 在神經與肌肉之間的接合點上也具有興奮作用，它在該處引起肌肉的收縮。有些毒素會影響 ACh 的突觸作用。例如，肉毒桿菌毒素經常在不正確防腐的食物中發現，它經由防止 ACh 在呼吸系統的釋放而危害人們。這種中毒可能導致人們因為窒息而死亡。箭毒（curare）是亞馬遜族土人用來塗在吹箭箭尖上的一種毒藥，它具有麻痺肺部肌肉的作用——經由占據關鍵性的 ACh 受納器，因而妨礙了傳導物質的正常活動。

(二) GABA

　　GABA（gamma-aminobutyric acid，伽瑪－胺基酪酸）是腦部最普遍的抑制性神經傳導物質。在腦部的所有突觸中，高達三分之一可以使用 GABA 作為信差（messenger）。對於 GABA 敏感的神經元特別集中在一些大腦部位，諸如視丘、下視丘及枕葉。透過抑制神經活動，GABA 似乎在一些心理病態上扮演關鍵角色；當這種神經傳導物質在腦部的水平偏低時，人們可能把額外的神經活動體驗為焦慮或憂鬱

的感受（*Croarkin et al., 2011*）。焦慮性疾患通常是以 benzodiazepine 藥物加以治療，諸如 Valium 或 Xanax，因為這些藥物增進了 GABA 的活動。benzodiazepine 藥物不會直接貼合於 GABA 受納器。反而，它們是使得 GABA 本身能夠較有效地跟突觸後受納器分子結合。

(三) 麩胺酸鹽（glutamate）

麩胺酸鹽是腦部最常見的興奮性神經傳導物質。因為麩胺酸鹽有助於在腦部內傳遞訊息，它在情緒反應、學習及記憶的歷程上扮演重要角色（*Morgado-Bernal, 2011*）。當麩胺酸鹽受納器未能適當發揮功能時，學習的進行較為緩慢。此外，腦部麩胺酸鹽水平的失常與各種心理疾患有關聯，包括精神分裂症（*Bustillo et al., 2011*）。麩胺酸鹽在藥物、酒精及尼古丁成癮上也扮演一定角色。研究人員正開始探討，如何透過改變腦部麩胺酸鹽的使用以矯治這些不良成癮（*Markou, 2007; Myers et. a., 2011*）。

(四) 多巴胺、正腎上腺素和血清素

兒茶酚胺類（catecholamines）這一類化學物質包括兩種重要的神經傳導物質：多巴胺（dopamine, DA）和正腎上腺素（norepinephrine, NE）。這兩種物質已被顯示在一些心理疾患上扮演顯著的角色，諸如焦慮性疾患、情感性疾患和精神分裂症。正腎上腺素顯然涉及若干形式的憂鬱症。任何藥物提高了大腦這種神經傳導物質的水平的話，也將會提升心境和減輕憂鬱。反過來說，精神分裂症患者已被發現有高於正常水平的多巴胺。如你可以預期，這種病症的治療方式之一就是給予病人有助於降低大腦多巴胺水平的藥物。在藥物治療的早期年代，一種引人興趣但不幸的問題發生了。當使用高劑量的藥物治療精神分裂症時，卻引起了巴金森氏症（Parkinson's disease）的一些症狀。巴金森氏症是一種漸進性而最終有致命性的疾病，牽涉到運動機能的衰退。這種病症是由於製造腦部大多數多巴胺的神經元退化所引起。這項發現導致了兩方面研究，一是設法改良關於精神分裂症的藥物治療，另一是集中於找出可以用來治療巴金森氏症的藥物。

另一種重要的神經傳導物質是血清素（serotonin，或稱 5- 羥色胺，5-HT）。所有製造血清素的神經元都位於腦部——腦幹牽涉到醒覺和許多自律系統的歷程。迷幻藥 LSD（lysergic acid diethylamide）之所以產生效果就是透過壓制血清素神經元的作用。這些血清素神經元在正常情況下抑制其他神經元，但是 LSD 導致了抑制的不足或缺乏，使得服用者產生鮮明而怪異的感覺經驗，有時候延續好幾個小時。許多抗鬱藥物（諸如百憂解——Prozac）的作用就是防止血清素被排出突觸裂外，以之增強血清素的效能（*Barondes, 1994*）。

(五) 腦內啡

腦內啡（endorphins）這一類化學物質經常被歸類為是神經調節物（neuro-modulator）。神經調節物是指任何能夠調整突觸後神經元活動的物質。腦內啡（它是 endogenous morphines 的縮寫，內生性嗎啡的意思）在情緒行為（焦慮、恐懼、緊張、愉悅）和疼痛的控制上扮演重要的角色——像是鴉片和嗎啡等藥物也是結合於腦部相同的受納器基座。腦內啡曾經被稱為「天堂之鑰」（keys to paradise），因為它們具有快樂－痛苦的支配特性。我們知道針灸（acupuncture）和安慰劑具有減輕疼痛的效果，研究人員已發現，腦內啡至少部分地負責了這種效果（*Han, 2011; Pollo et al., 2011*）。他們的檢驗是依賴奈洛松（naloxone）這種藥物。奈洛松唯一已知效應是阻擋嗎啡及腦內啡跟受納器結合。當注射奈洛松之後，任何透過激發腦內啡的釋放以減輕疼痛的手段都將會失效。事實上，隨著奈洛松的注射，針灸和安慰劑確實失去它們的效能——這表示在一般情況下是腦內啡在協助它們發揮效果。

第三節　生物與行為

現在，你已經了解神經細胞如何傳達訊息的一些基本機制。我們接著討論這些神經元如何組裝為更大系統以引導你的身體和心靈。

一、探索腦部的奧秘

神經科學家在一些不同層次上試圖理解大腦如何發揮功能——從肉眼可見之一些大型結構的運作，以迄於只能在電子顯微鏡下觀察之個別神經細胞的特性。研究人員針對他們的分析層次採用一些專門的技術。

(一) 介入大腦

神經科學上的幾種研究方法牽涉到直接介入大腦的構造。這些方法的歷史根源是在一些意外事件中對於腦部受傷的病人進行研究，以之探討特定大腦構造所負責的功能及行為。

Phineas Gage 便是歷史上一個著名的案例。他是一位 25 歲的鐵路工人。1848 年 9 月，因為炸藥意外地提早引爆，使得一根鐵棒剛好穿過他的頭部。Gage 在送院後的兩個星期中瀕於死亡邊緣，但是他最後還是痊癒了，而且還令人難以置信地繼續活了 12 年，被視為是一次醫療奇蹟。

Gage 的身體損傷可說相當輕微，他失去了左眼的視力，臉的左半側局部地麻痺。但是他的姿勢、動作和談話都沒有受損。儘管如此，他在「心理上」已是不一樣的人。

在受傷之前，Gage 被認為「擁有理智的心靈、伶俐而有腦筋，完成任務上堅決而有衝勁」。但是當他再度回到工作崗位後，根據他的醫生的報告：

> 他在理性與野性之間的平衡似乎被破壞了。他變得暴躁、易怒、無禮，有時候沉迷於說些粗鄙的髒話（這不是他先前的習慣）。此外，他也變得誇大、不肯聽他人的勸告、不尊重工作夥伴。他有時候相當固執，有時候卻又猶豫不決而反覆無常。他在理性表現上就像個小孩子，但卻持有強壯男人的野性。因為他心理上這種徹底而堅決的轉變，他的親人和朋友都表示他不再是以前的 Gage 了。（*Harlow, 1868, pp.339-340*）

Gage 的案例是最早有文獻記載之關於大腦額葉受到廣泛傷害的實例。它說明了腦傷與心理症狀之間存在微妙的關係。這也激起了科學家們的好奇心，開始提出各種關於「大腦功能與複雜行為之間關係」的假設。

在大約同一時間，一位法國的神經手術學家布洛卡（Paul Broca）也正在探討大腦在語言上的角色。他研究許多語言能力缺損的人們，當施行死後的腦部檢驗時，發現他們在大腦的同一區域都有類似的損傷，這個區域顯然與語言行為有關聯，後來就被稱為布洛卡區（Broca's area）。

自此之後，除了繼續探討意外腦傷對行為的影響外，研究人員也開始有意地以審慎及有技巧的方式損毀正常動物（通常是老鼠或另一些小型動物）的部分腦組織，然後有系統地測量這對行為造成的影響。損毀（lesions）是指高度集中化（局限於特定的位置及範圍）的腦部損傷。研究人員已開發多種技術來造成損毀。例如，他們可能透過手術切除特定的大腦部位、切斷與那些部位的神經連繫，或是應用高熱、低溫、電燒或雷射等手段破壞那些部位。隨著研究人員對動物施行損毀實驗，再反覆拿實驗結果與關於腦傷對人類行為影響的大量臨床發現從事對照及統整，我們對於大腦的概念已徹底改變了。

近些年來，科學研究人員已開發一種程序，稱為重複式穿越頭顱磁性刺激（repetitive tanscranial magnetic stimulation, rTMS），它是利用磁性刺激的脈動以在人類受試者腦部製造暫時、可逆轉的「損毀」——不用對腦組織施加任何傷害，但一些腦區將會短暫地失去活性化。除了研究用途外，這項新科技也已被用來治療憂鬱症。

在另一些場合中，神經科學家是經由直接「刺激」腦部以認識大腦各個部位的功

能。例如，在 1950 年中期，Walter Hess（1881-1973）首創應用電刺激以探索腦部的結構深處。例如，Hess 把電極放進自由走動的貓的腦內特定部位。經由按鈕，就有一股微弱電流送進大腦中放置電極的部位。然後他記錄這對於行為的影響。Hess 發現，取決於電極的定位，只要輕觸按鈕，貓立即就被引發了睡眠、性興奮、焦慮或恐懼——就如同鬆開按鈕，這些反應就陡然消失一樣。例如，對大腦特定部位施加電刺激，導致原本溫馴的貓憤怒地豎起背毛，撲向鄰近的物體。

(二) 大腦活動的紀錄和造影

另一些神經科學家應用電極以記錄大腦針對各種環境刺激的電活動，他們繪製了大腦功能的地圖。大腦的電輸出可以在不同的精密水平上進行監測。在最專對性的水平上，研究人員在大腦中植入超靈敏的微電極，然後記錄單一腦細胞的電活動。

對人類受試者而言，研究人員通常把一些電極貼附在頭皮表面，以便記錄較大型而統合的電活動型態。這些電極提供的大腦活動訊號被擴大，描繪在定速移動的紙帶上，或呈現在儀器螢幕上，就稱為腦波圖（electroencephalogram, EEG）。EEGs 可以被用來探討心理活動與大腦反應之間的關係。它特別有助於探討涉及睡眠和作夢的歷程。

在大腦的研究上，最令人興奮的技術革新是一些掃描儀器的發明。這些儀器原本的開發是為了協助神經手術醫師偵測腦部異常，諸如中風或疾病引起的傷害。這些儀器提供活動的腦部的影像，卻不必借助侵入性的程序，因此避免了可能損害腦組織的風險。

為了取得腦部的三維（立體）圖像，研究人員可以利用電腦斷層攝影（computerized axial tomography, CAT）。這種技術涉及運用 x 光射線光束，從幾個不同角度穿透個體腦部的各個區域，然後利用電腦分析以繪製神經學家能夠判讀的影像資料。研究人員經常使用 CAT 掃描以決定腦部傷害或腦部異常的部位和範圍。

在正子放射斷層攝影（positron emission tomography，或稱 PET 掃描）的研究中，它先為受試者注射一些不同性質的放射性（但安全的）物質，這些物質最終行進到腦部，在那裡被活性的腦細胞所吸收。頭顱外的掃描裝置可以偵測出活動中的腦細胞（像是受試者從事不同的行為或認知活動的期間）所發出的放射能。這份資料然後被輸入電腦，組成對於腦部的動態描繪圖。它顯示了受試者從事不同類型的心理活動時，大腦各個部位的神經活動情形。

核磁共振造影（magnetic resonance imaging, MRI）是利用磁場和輻射性電波在腦內產生能量脈衝。隨著脈衝被調整到不同頻率，有些原子伴隨磁場排成一行。當磁脈衝被關掉時，原子在返回原來位置的過程中發生振動（共振）。這種共振可被特設的輻射性電波接收器所捕捉，然後把這方面資料輸入電腦，電腦接著就會繪製出不同

原子在大腦各個部位中的位置圖像。透過檢視這些圖像，研究人員可以建立起大腦結構與心理歷程之間的關聯。

MRI 最大的用途是提供解剖構造的清楚圖像；PET 掃描則是提供關於功能的較良好資訊。功能性 MRI（functional MRI, fMRI）是更新式的技術，它結合了這兩種技術的一些益處，以偵測血液在大腦細胞之間流動的磁性變化；fMRI 同步對於結構和功能二者提供更準確的資訊。研究人員已開始利用 fMRI 探索負責你許多最重要認知能力（諸如注意、知覺、語言處理及記憶等）的各個腦區的分布情形（*Spiers & Maguire, 2007*）。

二、神經系統

神經系統是由好幾十億高度特化的神經細胞（即神經元）所組成。這些神經元組成了腦部和遍及全身的神經纖維。神經系統再被分為兩個主要類別：中樞神經系統（central nervous system, CNS）和周圍神經系統（peripheral nervous system, PNS）。CNS 是由腦部和脊髓的所有神經元所組成；PNS 則是由形成神經纖維以連繫 CNS 與身體的所有神經元所組成（參考圖 3-7）。

CNS 的工作是統整及協調所有的身體功能、處理所有輸入的神經信息，以及傳送指令到身體的不同部位。CNS 透過脊髓（spinal cord）來接收和傳送神經信息，脊髓是神經元的一條主幹線，藉以連繫腦部與 PNS。這條主幹線本身位於脊柱所形成的中空管狀物之內。脊神經從脊柱上每對脊椎之間的脊髓延伸出去，最後與遍及全身的感官受納器連繫起來，或是與肌肉和腺體連繫起來。脊髓也協調身體兩側的活動，且負責不涉及腦部之簡易而快速的動作反射。例如，有機體的脊髓雖然已被切斷與腦部的連繫，但碰到疼痛刺激時仍能縮回肢體。雖然健全的腦部在正常情況下將也會被通知這樣的行動，但有機體可以透過脊髓而完成該行動，不需要來自上層的指令。脊髓神經若受到損傷，這可能導致腿部或軀幹的癱瘓。癱瘓的範圍則視該損傷發生在脊髓多高的部位而定；損傷的部位愈高，造成的癱瘓愈廣延。

儘管 CNS 居於發號命令的位置，但它被隔離而跟外在世界沒有任何直接的接觸，所以若沒有 PNS 的話，CNS 將無從知道外界的情況。PNS 的角色是把來自感官受納器（像是在眼睛、耳朵及皮膚等各處所能發現的）的訊息提供給 CNS，而且把來自腦部的指令轉送到身體的器官和肌肉。PNS 實際上是由兩套神經纖維所組成，即軀體神經系統（somatic nervous system）和自律神經系統（autonomic nervous system, ANS）。軀體神經系統調節身體骨骼肌的行動。例如，想像你正在打一封信，你的手指在鍵盤上的移動就是受到你的軀體神經系統的管控。

自律神經系統的功能是在維持基本的生命歷程。這個系統一天 24 小時不停地工

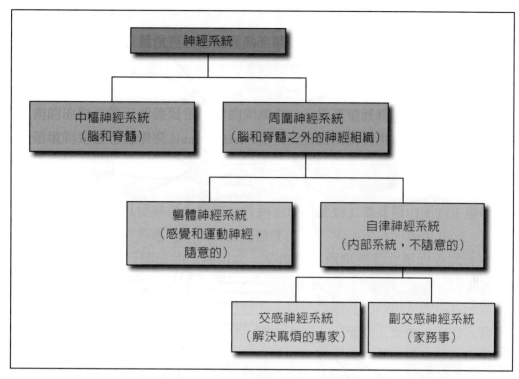

圖 3-7　人類神經系統的階層組織

作，調節你通常意識上不加以控制的身體功能，諸如呼吸、消化及醒覺。即便當你入睡時，ANS 仍然必須工作；它也在麻醉和長期昏迷狀態的期間維持生命歷程。

　　自律神經系統處理兩種攸關生存的事項：一是那些涉及威脅有機體的事項，另一是那些涉及自體維持的事項。為了執行這些功能，自律神經系統進一步分為交感神經系統（sympathetic nervous system）和副交感神經系統（parasympathetic nervous system）（參考圖 3-7）。這兩種系統基本上以「拮抗」的方式共同完成它們的任務。交感系統掌管對緊急情境的反應；副交感系統監控身體的內部功能的例行運作。交感系統可被視為是解決麻煩的專家——在緊急或高壓的情境中，它喚起大腦為「戰鬥或逃離」做好準備。在這樣情況下，消化作用中止、血液從內部器官流向肌肉、氧氣輸送量增加及心跳加速。在危險已結束後，副交感系統開始接管，而當事人逐漸平靜下來。這時候消化重新恢復、心跳減緩下來，呼吸也逐漸緩和。基本上，副交感系統執行身體非緊急情況時的家務事，諸如身體廢物的排除、視覺系統的維護（透過眼淚和瞳孔收縮），以及身體能量的長期保存。交感和副交感神經系統各自的職責列舉在圖 3-8 中。

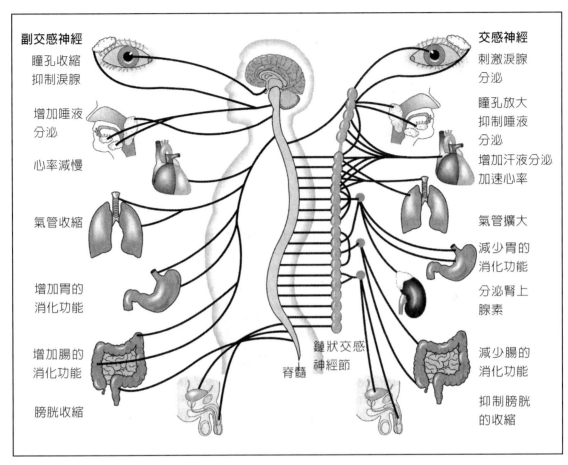

副交感神經

瞳孔收縮
抑制淚腺

增加唾液
分泌

心率減慢

氣管收縮

增加胃的
消化功能

增加腸的
消化功能

膀胱收縮

交感神經

刺激淚腺
分泌

瞳孔放大
抑制唾液
分泌

增加汗液分泌
加速心率

氣管擴大

減少胃的
消化功能

分泌腎上
腺素

減少腸的
消化功能

抑制膀胱
的收縮

脊髓

鏈狀交感
神經節

圖 3-8　自律（自主）神經系統

三、腦部結構及其功能

　　腦部是你的中樞神經系統最重要的成分。人類腦部有三個相互連繫的分層。腦部的最深處是一個叫腦幹（brain stem）的區域。這裡的結構主要涉及自律系統的作用，諸如心率、呼吸、吞嚥和消化。包圍這個中央核外面的是邊緣系統（limbic system），它牽涉到動機、情緒及記憶歷程。圍繞這兩個區域的是大腦（cerebrum）。人類心智的世界就是存在於這個地方。大腦及其表層（即大腦皮質〔cerebral cortex〕）統合感官的訊息、協調你的動作，以及促成抽象思考和推理（參考圖3-9）。

（一）腦幹、視丘與小腦

　　所有脊椎動物身上都可以發現到腦幹。腦幹包含幾個構造，它們共同調節身體的內部狀態（參考圖3-10）。延髓（medulla）位於脊髓的最頂端，它是呼吸、血壓及心跳的中樞。因為這些歷程是維持生命基本所需，因此延髓的損傷可能具有致命性。來

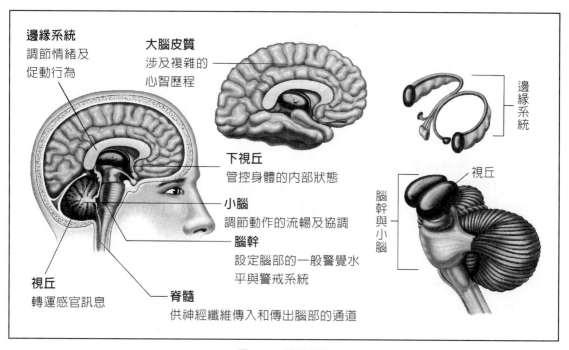

邊緣系統
調節情緒及
促動行為

大腦皮質
涉及複雜的
心智歷程

邊緣系統

下視丘
管控身體的內部狀態

小腦
調節動作的流暢及協調

腦幹
設定腦部的一般警覺水
平與警戒系統

視丘

腦幹與小腦

視丘
轉運感官訊息

脊髓
供神經纖維傳入和傳出腦部的通道

圖 3-9 腦部構造

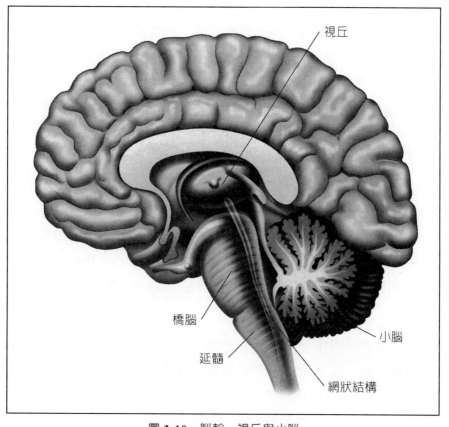

視丘

橋腦

延髓

小腦

網狀結構

圖 3-10 腦幹、視丘與小腦

自軀體的神經纖維（向上）和來自腦部的神經纖維（向下）在延髓處交叉而過。這表示左邊軀體是連接到大腦右側，右側軀體則連接到大腦左側。

直接位於延髓上方的是橋腦（pons），它提供輸入給腦幹中的其他構造，也提供給小腦。網狀結構（reticular formation）是由神經細胞的密集網絡所組成，它的作用是擔任腦部的哨兵。它喚起大腦皮質注意新的刺激，且使得腦部即使在睡眠期間也保持警覺。這個區域的大量損傷經常會導致昏迷。

網狀結構擁有長型的纖維管束伸入視丘（thalamus）。視丘的作用像是轉運站，它把輸入的感覺訊息傳送到專責的大腦皮質，訊息就在該處接受處理。例如，視丘把來自雙眼的訊息轉運到大腦皮質的視覺區。

神經科學家早已知道小腦（cerebellum）的存在。小腦貼近位於頭顱基部的腦幹，它協調身體的運動、控制姿勢及維持平衡。小腦的損傷將會妨礙運動（動作）的流暢性，導致動作顯得不協調而笨拙（急動）。較近期的研究顯示，小腦在學習和執行序列性身體動作的能力上扮演重要角色（*Bellebaum & Daum, 2011; Timmann et al., 2010*）。證據也正在累積，小腦牽涉一些高級認知功能，諸如語言處理和疼痛經驗（*Moulton et al., 2010; Murdoch, 2010*）。

(二) 邊緣系統

邊緣系統（limbic system）調節動機行為、情緒狀態和記憶歷程。它也調整體溫、血壓、血糖濃度，以及執行其他的家務活動。邊緣系統包含三個構造：海馬迴、杏仁核和下視丘（參考圖 3-11）。

海馬迴（hippocampus）是邊緣系統中最大的構造，它在記憶的獲得上扮演重要的角色。大量臨床證據支持這個結論，包括對於病人 H. M. 著名的研究，這或許是心理學上最著名的個案之一。

> 當 H. M. 27 歲時，他接受手術以試圖降低癲癇發作的頻率和嚴重性。在手術過程中，他部分的海馬迴被不慎切除了。這造成的結果是，H. M. 只能記得非常遙遠的過去事件；他把新訊息輸入長期記憶的能力消失了。海馬迴的損傷也重大影響他生成語言和理解語言的能力（*Mackay et al., 2011*）。在他手術很久之後（他在 2008 年過世），他繼續認為自己正生活在 1953 年，也就是他接受手術的那一年。

然而，在海馬迴受損後，當事人仍然能夠形成一些類型的新記憶。例如，H. M. 能夠獲得新的技能。這表示如果你發生意外事故，造成你的海馬迴受損，你將仍然能夠學習一些新的作業，但你將無法記得自己做了這些事情！

杏仁核（amygdala）在情緒控制和情緒記憶的形成（及提取）上扮演部分角

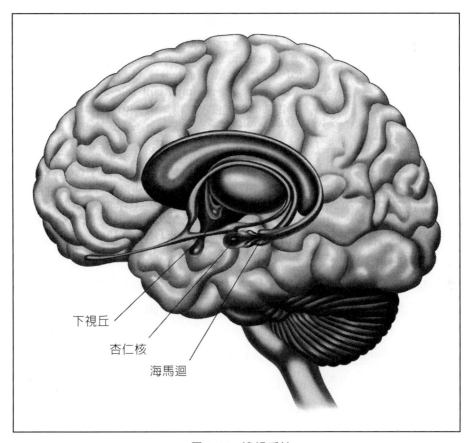

下視丘

杏仁核

海馬迴

圖 **3-11**　邊緣系統

色。因為這種控制功能，毀損杏仁核的部位可能對於原先不易駕馭的人具有鎮定作用。然而，杏仁核若干區域的毀損也將會損害當事人辨識臉部表情之情緒內容的能力（*Adolphs et al., 1994*）。對那些杏仁核受到損傷的人們而言，他們最嚴重減損的是關於負面情緒的表達，特別是恐懼。研究人員推斷，杏仁核可能在人們關於威脅和危險之知識的獲得和使用上扮演特別的角色（*Adolphs et al., 1999*）。

　　下視丘（hypothalamus）是腦部最小的構造之一，但是它在你許多最重要的日常行動上扮演核心的角色。下視丘實際上是由幾個神經核和幾小束的神經元所組成，主要是調節牽涉到動機行為（包括進食、飲水、體溫調整及性興奮）的一些生理歷程。下視丘維持身體內部的均衡（或恆定性，homeostasis）。當身體的能量保存偏低時，下視丘涉及激發有機體覓食和攝食。當體溫下降時，下視丘引起血管收縮，或引起你通常稱之為「打顫」的微小不隨意動作。下視丘也調節內分泌系統的活動。

（三）大腦

　　人類的大腦（cerebrum）占據了腦部總容量的三分之二，它的角色是調節腦部高

級的認知功能和情緒功能。大腦的外層由為數數十億的細胞所組成，大約十分之一英吋厚，稱為大腦皮質（cerebral cortex）。大腦也被分成幾乎相稱的兩半部，稱為大腦半球（cerebral hemispheres）。這兩半球透過一條厚實的聯合纖維束連接起來，被集體地稱胼胝體（corpus callosum）。這個通道在兩半球之間往返地傳送信息。

神經科學家已繪製了每個半球的地圖，以垂直的中央溝（central sulcus）和水平的外側裂（lateral fissure）作為經緯，他們在每個半球上界定了四個區域，稱為腦葉（參考圖 3-12）。額葉（frontal lobe）位於外側裂上方和中央溝之前，它涉及運動控制和認知活動，諸如策劃、從事決定及設立目標。頂葉（parietal lobe）直接位於中央溝後方，趨近頭頂；它負責觸覺、痛覺及溫度覺等的控制。枕葉（occipital lobe）位於頭部的背面；它是視覺訊息最後的目的地。顳葉（temporal lobe）位於外側裂下方，在每個大腦半球的側邊；它主要是負責聽覺的歷程。

但我們不要被誤導而認為單憑任何腦葉本身就足以控制任何一種特定功能。腦部的各個構造是以協同方式完成它們的職責；就像交響樂團那般，這些構造形成統整的單位而流暢地運轉。

我們身體的隨意肌超過 600 條，這些隨意肌的活動受到位於額葉中央溝正前方的運動皮質（motor cortex）所控制。我們需要記住，來自腦部左側的指令是被傳達到身體右側（即對側）的肌肉上；反之亦然。軀體感覺皮質（somatosensory cortex）位

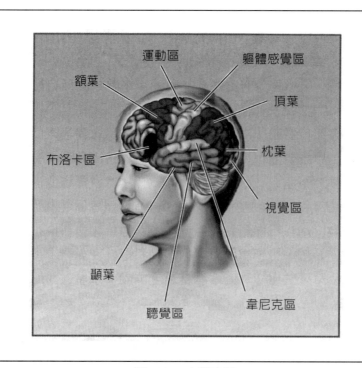

圖 3-12　大腦皮質

於左、右頂葉中央溝的正後方。這個部位的皮質處理關於溫度覺、觸覺、壓覺、痛覺及身體位置的訊息。

聽覺皮質（auditory cortex）位於兩個顳葉上，主要是處理聽覺訊息。每個半球上的聽覺皮質接收來自兩耳的訊息。聽覺皮質的一個區域涉及語言的產生，另一個不同區域涉及語言的理解。視覺皮質（visual cortex）位於腦背後的枕葉，主要是處理視覺輸入。這裡，最大的區域是供應給來自視網膜（retina）中央部位的輸入，這個部位傳達了最詳盡的視覺訊息。

不是所有大腦皮質都是針對於處理感官訊息和命令肌肉採取行動。事實上，大腦皮質有很大部分涉及「解讀」（interpreting）和「整合」（integrating）所輸入的訊息。像是策劃和決策的歷程被認為是發生在聯合皮質（association cortex）。聯合區（或聯合中樞）分布在皮質的好幾個區域中。聯合皮質使你能夠結合來自各種感覺通道的訊息，以針對環境中的刺激規劃適宜的反應。

四、大腦半球的側化

什麼類型的訊息最初導致研究人員猜疑，大腦的兩半球可能具有不同的功能？研究兩半球差異的機會，首先來自治療有嚴重癲癇的病人，他們接受了切除胼胝體的手術。胼胝體是由大約二億個神經纖維所組成的神經束，它在大腦兩半球之間往返地傳送訊息（參考圖3-13）。這項手術的目標是防止伴隨癲癇發作的強烈電節奏在兩半球之間穿梭。這種手術通常頗為成功，病人在大部分情況下的隨後行為顯得正常。這樣的醫療通常被稱為裂腦手術（split-brain operation）。

從裂腦研究和其他多樣化探討中，我們現在已清楚，對大多數人而言，許多與語言有關的功能是由左半球所主宰。當某一大腦半球在完成某一功能（身體或心理的功能）上扮演主要角色時，該功能就被視為側化（lateralized）。言語（speech，即產生有條理之口頭語

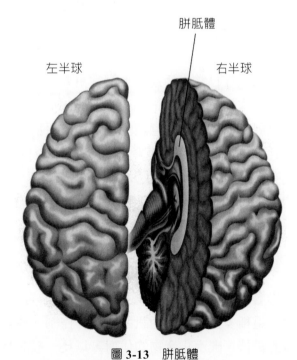

圖 3-13　胼胝體

胼胝體是神經纖維組成的一個集體網路，可在兩半球之間輸送訊息。切斷胼胝體將會破壞訊息的傳遞。

言的能力）或許是所有功能中最高度側化的。神經科學家已發現，只有大約 5% 的右利手者（right-handers）和 15% 左利手者的言語功能是受到右半球的支配；另外 15% 左利手者的言語歷程是發生在大腦的兩側（*Rasmussen & Milner, 1977*）。因此，對多數人而言，言語是一種左半球的功能。這樣一來，多數人腦部左側的傷害可能導致言語障礙。

你不應該因此認定，左半球總是優於右半球。雖然左半球在言語上居於優勢地位，右半球則在其他作業上扮演支配角色。例如，當從事關於空間關係和臉部表情的判斷時，大多數人顯現較大的右半球活動（*Badzakova-Trajkov et al., 2010*）。更何況，右半球和左半球的聯合行動通常才能授予你的經驗更具豐富性。例如，你可能不致於訝異，左半球以它在語言使用上較大的天賦，它在大部分形式的問題解決上扮演關鍵角色。然而，當問題需要洞察力的迸發時，右半球的功能變得較為突顯。有些人的右半球顯現相對上較高度活化，這些人較可能擁有那些突發的洞察力（*Kounios et al., 2008*）。

五、內分泌系統

除了神經系統外，你還擁有另一種高度複雜的調節系統——即內分泌系統（endocrine system）——以輔佐神經系統的工作。內分泌系統是由無管腺組成的一種網絡。腺體製造和分泌化學傳訊物質——稱為激素（hormones）——直接注入血液中（參考圖 3-14）。

激素在日常生活運作上相當重要。激素影響身體成長，它們啓動、維持及停止主性徵和次性徵（primary and secondary sexual characteristics，或稱第一和第二性徵）的發展；影響警覺和意識的水平；作用為心境變化的基礎；以及調節新陳代謝（身體消耗它的能量貯存的速率）。經由協助有機體對抗各種感染原和疾病，內分泌系統促進有機體的生存。它也透過性興奮的調節、生殖細胞的製造和母乳的分泌等增進物種的存活。因此，假使缺乏有效的內分泌系統，你將無法生存下去。

內分泌腺感應血液中化學成分的水平、受到其他激素的促發，或受到來自腦部之神經衝動的激發。激素然後就分泌到血液中，前進到遠方具有特定感受器的目標細胞。只有在遺傳上預先決定對激素起反應的處所，激素才能對身體的化學調節活動發揮影響力。透過影響多種特定的目標器官或組織，激素調節範圍相當廣泛的生化歷程。這種多重行動的通訊系統容許控制一些緩慢而連續的歷程，諸如血糖濃度和鈣濃度的維持、碳水化合物的代謝，以及一般的身體成長。但是在危機期間又會怎樣呢？內分泌系統也釋放腎上腺素到血液中；腎上腺素授予你的身體能量，以便你能夠迅速地應付挑戰。

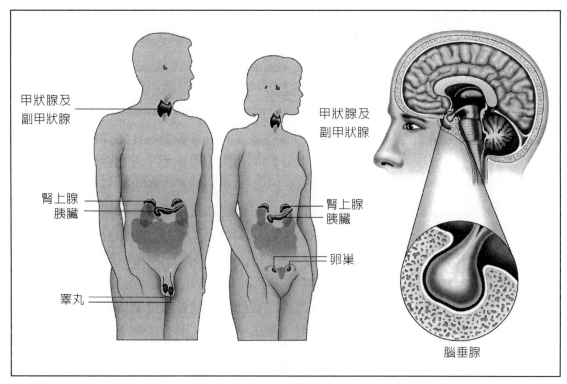

圖 3-14　女性和男性的內分泌腺

　　如我們先前提過，下視丘這個腦部構造擔任內分泌系統與中樞神經系統之間的轉運站。下視丘中特化的細胞接收來自其他腦細胞的信息，命令下視丘釋放一些不同的激素到腦垂腺，腦垂腺接著激發或抑制其他激素的釋放。激素在身體的幾個不同部位製造。這些激素「工廠」製造多種激素，每種調節不同的身體歷程，如表 3-1 所列舉。

　　腦垂腺（pituitary gland，或稱腦下垂體）通常也稱為主宰腺（master gland），因為它製造大約 10 種不同性質的激素，這些激素影響所有其他內分泌腺的分泌。此外，腦垂腺也製造將會影響個體成長的激素，這種成長激素的缺乏將會造成侏儒症（dwarfism），它的過量則會造成巨人症（gigantism，腦垂腺功能過度亢進所導致的體型過大症）。在男性身上，腦垂腺的分泌催化睪丸分泌睪固酮（testosterone），這接著激發精子的製造。腦垂腺也涉及男性第二性徵的發育，諸如鬍鬚、聲音低沉及身體成熟。睪固酮甚至可能提升攻擊性和性慾望。在女性身上，腦垂腺激素催化雌性激素（estrogen，或稱動情激素）的製造。雌性激素在促發女性卵巢釋放卵子（使得女性具有受精能力）的激素連鎖反應上是不可或缺的。若干避孕藥的作用就是在阻斷腦垂腺支配這種激素流程的機制，因此防止卵子被釋放出來。

　　這一章中，我們已簡要窺見一個三磅重的神奇宇宙──你的頭腦。但是，認識到

表 **3-1** 主要的内分泌腺和它們所製造激素的功能

腺體	所製造的激素調節
下視丘	腦垂腺激素的釋放
腦垂腺前葉	睪丸和卵巢 母乳製造 新陳代謝 對壓力的反應
腦垂腺後葉	水分保存 母乳分泌 子宮收縮
甲狀腺	新陳代謝 成長和發育
副甲狀腺	鈣濃度
十二脂腸黏膜	消化
胰臟	葡萄糖代謝
腎上腺	戰鬥或逃離的反應 新陳代謝 女性的性慾望
卵巢	女性性特徵的發展 卵子的製造
睪丸	男性性特徵的發展 精子的製造 男性的性慾望

頭腦控制你的行為和心理歷程是一回事，理解頭腦如何發揮所有這些功能又是另一回事。神經科學家正投入這引人入勝的探討，以便理解頭腦、行為與環境之間的交互作用。

第四章

感覺與知覺

你是否曾經感到好奇，你的大腦被禁錮在一個黝暗、寂靜的頭顱之內，它如何感受梵谷（van Gogh）畫作上斑斕的色彩、搖滾樂撼動人心的弦律及節奏、大熱天中西瓜的清涼滋味、情人嘴唇的輕觸，或春天時野花的芳香？這一章中，我們的任務是說明你的身體和大腦如何理解不斷環繞你之蜂擁而至的刺激——如各種影像及聲響等。你將看到，進化如何賦予你能力以偵察許多不同維度的經驗。

這一章中，我們將描述你如何依賴感覺和知覺的歷程以體驗這個世界。你將會發現，這些歷程具有生存（survival）和官能享受（sensuality）的雙重功能。

第一節　感覺、組織、檢定及辨認

廣義而言，知覺（perception）是指理解環境中的物體和事件的整個歷程——感覺它們、理解它們、檢定及標示它們，以及準備回應它們。知覺表象（percept）是指當事人所知覺到的，也就是知覺歷程之現象的（或經驗的）結果。它不是一種物理實體，也不是感受器上的影像；反而，它是知覺活動的心理產物。為了獲致更透徹的理解，我們最好把知覺歷程分成三個階段：對於物體的感覺、知覺組織以及檢定／辨認。

感覺（sensation）是指感官感受器（sensory receptors，即我們眼睛及耳朵中的一些構造）的刺激引起神經衝動以反映身體內外體驗的歷程。例如，感覺提供了視野（visual field）的基本事實。你眼睛中的神經細胞一路傳達訊息給你大腦皮質中的細胞，以便從這份輸入中抽取初步的特徵。

在知覺組織（perceptual organization）的階段中，當事人形成對於物體的內在表徵（internal representation），同時也發展對於外在刺激的知覺表象。這樣的表徵為知覺者的外在環境提供了工作性描述（working description）。就視覺而言，知覺歷程提供了物體的各種估計，像是物體的可能大小、形狀、移動、距離及方位。這些估計是建立在心理計算上，這樣的計算整合了三者，一是你過去的知識，二是從你感官所接收的現存證據，三是位於感官的知覺背景內的刺激。知覺牽涉到把簡單的感覺特徵（諸如顏色、邊界及線條）綜合（synthesis，組合及統整）為物體的知覺表象，以便稍後可被辨認。這些心理活動通常迅速而有效率地發生，不需要意識的覺察。

檢定（identification）和辨認（recognition）是知覺歷程的第三個階段，它們的作用是指派意義給知覺表象。圓形物體「成為」棒球、硬幣、時鐘、橘子和月亮；人們可能被檢定為男性或女性、朋友或敵人、親戚或搖滾明星。在這個階段，「該物體看起來像什麼？」的知覺問題已轉換為「這個物體是什麼？」的檢定問題，以及轉換為「該物體有什麼功能？」的辨認問題。為了檢定及辨認某物體是什麼、它的名稱、

以及如何最妥當加以回應，這涉及較高層次的認知歷程，包括你關於該物體的理論、記憶、價值觀、信念和態度。

一、近側刺激和遠側刺激

你不妨先闔上這本書，手持著在手臂遠的距離，以各種角度翻轉這本書，或是逐漸朝著你的臉部移動。這本書的影像在形狀或大小上是否有任何變動？大概沒有，你始終知道它是怎樣形狀及大小的一本書。然而，書本（三次元）在翻轉及移動的過程中，它投射在你視網膜上的成像（二次元）不斷地變換，你如何掌握它不變的特性呢？當你考慮到環境中的物體與它們在你網膜上的影像之間有如此大的差異時，你可能會訝異於自己為什麼能夠知覺到那般完整的景物。

有鑑於外界物體與它在你視網膜上的視覺影像之間的差異如此深切及重要，心理學家將之識別為知覺上兩種不同的刺激。外界的實際物體稱為遠側刺激（distal stimulus，遠隔於觀察者），網膜上的視覺影像則稱為近側刺激（proximal stimulus，迫近於觀察者）。

我們討論的關鍵點現在可以更簡明地陳述為：你想要「知覺」的是「遠側刺激」（即環境中「真實」的物體），但是你必須從中推衍出你的訊息的刺激卻是「近側刺激」（網膜上的影像）。知覺運作的主要任務就是從包含在近側刺激中的訊息來判定遠側刺激。這種情形適用於許多知覺領域。對於聽覺、觸覺及味覺等而言，知覺所涉歷程都是利用近側刺激中的訊息來告訴你關於遠側刺激的特性。

二、現實、曖昧性和錯覺

我們已把知覺的任務界定為從近側刺激中檢定出遠側刺激。在我們討論如何使得這個任務順利達成的一些知覺機制之前，我們想要再討論一下環境刺激的另一些層面，它們使得知覺趨於複雜，包括曖昧的刺激和知覺的錯覺。

(一) 曖昧性

知覺的主要目標之一是在外界中取得準確的「定位」（fix）。生存有賴於你對自己環境中的物體和事件的準確知覺（「那個在樹林中移動的身影是一隻老虎嗎？」），但是環境不一定很容易解讀，曖昧性（ambiguity）在理解知覺上是一個重要概念，因為它顯示了在感覺水平上的單一影像可能導致在知覺和檢定水平上的多重解讀（multiple interpretations）。

圖 4-1 顯示了曖昧圖形的兩個實例。每個實例容許兩種不含糊但有所衝突的解

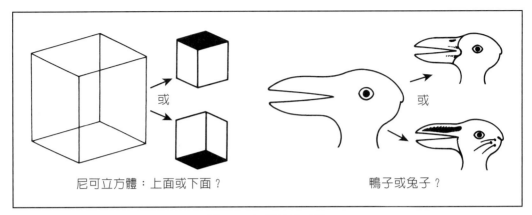

圖 4-1　知覺的曖昧性

讀。你不妨檢視每個圖形，直到你能夠看出兩種不同的解讀。值得注意的是，一旦你已看出這兩種解讀，隨著你再注視該曖昧圖形時，你的知覺將會在這二者之間往復地跳動。這種知覺不穩定性（instability）是曖昧圖形最重要的特性之一。在尼可立方體的圖形中，它呈現的是知覺組織階段上的曖昧性。至於在鴨子／兔子的圖形中，它是發生在辨認階段上的曖昧性的樣例。

(二) 錯覺

　　當你的知覺系統實際上欺騙了你，使你以不正確的方式感受刺激型態時，你就是發生了錯覺（illusion）。「illusion」這個字跟「ludicrous」（荒唐）具有共同的字根，二者都是源於拉丁字「illudere」，表示「愚弄」的意思。因為感覺系統上共同的生理機能和對於這世界共通的經驗，大多數人處於相同的知覺情境中都會產生錯覺。（如我們在第 5 章將會解釋，這使得錯覺有別於幻覺。幻覺是非共有的知覺扭曲，這樣經驗是起因於不尋常的身體或心理狀態）。檢視圖 4-2 關於錯覺的經典實例。雖然我們在這裡只能呈現視覺的錯覺，但是錯覺也存在於另一些感覺通道，諸如聽覺（*Deutsch et al., 2011; Zheng et al., 2011*）、味覺（*Todrank & Bartoshuk, 1991*）及觸覺（*Tsakiris et al., 2010*）。

　　考慮圖 4-2 的第一個實例，它被稱為繆氏錯覺，是由 Franz Müller-Lyer 在 1889 年探討視錯覺時首度舉例說明。Richard Gregory（1966）表示，人們把標準箭頭感受為建築物的外部角落，凸起迎向自己；至於開放箭頭則感受為內部角落，內凹遠離自己。因為大小（size）與距離（distance）之間關係，人們就把看似內部角落的箭頭知覺為較為深遠（儘管相同的視網像大小）。在這項解釋上，繆氏錯覺提供一個平常的實例，即深度（depth）知覺如何導致不正確的知覺表象。研究人員經常利用錯覺來檢驗他們的理論。這些理論解釋為什麼知覺系統通常相當準確地發揮功能，但在一些

Which vertical line is longer?

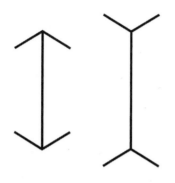

Müller-Lyer 錯覺

這條斜線是否筆直？

垂直線是否平行？

帽簷的寬度同帽子的
長度何者較長？

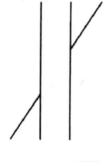
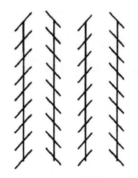

Poggendorf 錯覺　　　　　Zöllner 錯覺　　　　　禮帽錯覺

圖 4-2　揶揄你大腦的六種錯覺

特殊情況中會產生錯覺。

(三) 日常生活中的錯覺

　　錯覺也是你日常生活的基本部分。舉例而言，即使你已知道太陽座落於太陽系的中心，絕對地靜止不動，但你仍然在晴朗的日子看到太陽「升起」和「落下」。認識到這點，你或許較能激賞哥倫布（Christopher Columbus）等早期航海家的智慧和勇氣。為了反駁「地球是平的」這個看似再明白不過的錯覺，他們毅然航向這個平面的邊緣。同樣的，當滿月高掛在你頭頂上的夜空時，不論你走到何處，月亮似乎都跟著你走，即使你已知道月亮並未尾隨你。你所經歷的是一種錯覺，那是因為月亮跟你眼

晴之間的遙遠距離所造成。當月亮的光線抵達地球時，這些光線基本是平行的，而且不論你走到哪裡，光線始終跟你前進的方向保持垂直。

人們也可以控制錯覺以獲致想要的效果。建築師和室內裝潢師就常利用知覺原理來擺設物體，以使空間看起來似乎比起實際情形大些或小些。例如，在小型公寓中漆上明亮的顏色，稀疏地在客廳中央布置一些低矮的小型沙發和桌椅，而不是靠著牆壁擺設，這些做法可使得空間看起來較爲寬敞。參與於「美國航空暨太空總署」（NASA）外太空計畫的心理學家們也著手於環境對知覺的影響，以便所設計的太空艙具有舒適的感覺特性。此外，電影或劇場之布景及燈光的設計也會特意地製造錯覺，以使電影或舞台更具戲劇化效果。

第二節 你對世界的感官認識

你對於外界現實的經驗必須相當準確而避免失誤。否則，你可能無法生存下去。你需要食物來維生、需要住處以保護自己、需要跟他人互動以滿足社交需求，以及需要意識到危險以免於傷害。爲了實現這些需求，你必須獲得關於世界之可信賴的訊息。最早期關於感覺的心理學研究，就是在檢視環境中的事件與人們對那些事件的體驗之間的關係。

一、心理物理學

工廠中的消防警報器需要多大聲響才能蓋過機器的喧嘩而被工人聽到？飛行員儀器板上的警示燈需要多麼閃亮才能顯得在亮度上勝過其他燈號達兩倍？你需要在一杯咖啡中放進多少糖才會開始感到有甜味？爲了回答這些問題，我們必須能夠測量感覺經驗的強度。這是心理物理學（psychophysics）的主要任務，這門學科是在探討物理刺激與（它們所引發的）行爲或心理經驗之間的關係。

德國物理學家費希納（Gustav Fechner, 1801-1887）是心理物理學歷史上最重要的人物。他提出一套程序，以之建立起物理刺激的強度（以物理單位加以測量）與感覺經驗的幅度（以心理單位加以測量）之間關係（*Fechner, 1860/1966*）。不論是針對光亮、聲響、味道、氣味或碰觸的刺激，費希納的技術都是一樣的，即研究人員決定閾限（thresholds）並建立心理物理的量尺，然後探討感覺強度與刺激強度之間的關聯。

(一) 絕對閾和感覺適應

　　有機體能夠察覺之最小、最弱的物理刺激能量是多大呢？例如，聲響需要微弱到怎樣程度才能不為耳聞？這些問題指稱的是刺激的絕對閾（absolute threshold）──引起感覺經驗所需要最低限度（最小量）的物理能量。在測量絕對閾上，研究人員採取的程序是要求受試者保持警覺以執行偵察刺激的作業，諸如嘗試在暗房中觀看黯淡的燈號，或嘗試在防音室中傾聽微弱的聲音。在一連串的許多嘗試中，刺激以不同的強度呈現，受試者被要求在每次嘗試中指出他們是否察覺到刺激。

　　絕對閾研究的測量結果可以整理出一個心理計量函數（psychometric function）：以刺激強度為 X 軸，以對每個刺激強度的偵察率為 Y 軸，據以畫出的函數圖形。圖4-3 所顯示的是一個典型的心理計量函數。對非常黯淡的燈光而言，它的偵察率是0；對明亮的燈光而言，它的偵察率是 100%。所以假定存在單一、真正的絕對閾，你可以預期，當刺激強度正好達到絕對閾時，受試者對刺激的偵察率會瞬間從 0 變成100%。但是這種情形並沒有發生，這至少是出於兩個原因：首先，受試者每次嘗試偵察刺激時，他們本身稍有變動（因為注意力及疲倦等方面的變化）；其次，受試者有時候甚至當未呈現刺激時也加以反應（一種假警報，我們稍後討論信號偵測理論時將會說明）。因此，心理計量曲線通常是一條平滑的 S 形曲線。這表示我們對刺激的偵察是漸進性的，隨著刺激強度漸增，我們從完全未能發覺刺激，前進到偶爾能夠偵察到刺激，最後才達到百分之百察覺到刺激。

　　因為刺激不是在某特定強度上就突然變得在所有次數中都可被清楚偵察到，所以絕對閾的操作性定義是：「感覺信號在半數的嘗試次數中可被偵察到的刺激強度」。不同感官的絕對閾都可以使用同樣的程序測量出來，只要改變一下刺激維度。表 4-1 列

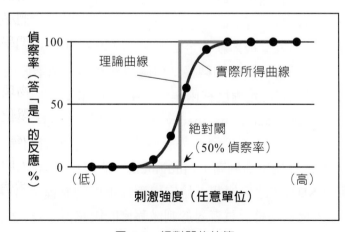

圖 4-3　絕對閾的估算

表 4-1　一些熟悉事件的大約閾限

感覺通道	察覺的閾限
光亮	在黑暗、無霧的夜晚，看到 30 哩外的燭焰
聲音	在安靜的情況下，聽到 20 呎外手錶的滴答聲
味道	一茶匙的糖放入 2 加侖的水中
氣味	一滴香水擴散在有三個房間的公寓中
碰觸	蜜蜂的翅膀從 1 公分的距離掉落在你的臉頰上

出了幾種常見的自然界刺激的絕對閾值。

　　另外，還需要注意的是，你的感覺系統顯然對於感官環境中的「變動」較為敏感——相較於對環境中的穩定狀態。感覺系統的進化使得它們偏好新奇的環境輸入，這是透過一種稱為「適應」的歷程。感覺適應（sensory adaptation）是指感覺系統對於長時間的刺激輸入的感應性逐漸減弱。例如，你應該已注意到，在室外待一陣子之後，陽光似乎就不那般刺眼。「入鮑魚之肆，久不聞其臭」即為嗅覺適應的另一個實例。你的環境總是充滿多樣化的感覺刺激，適應的機制使得你能夠較迅速地注意及應對新奇訊息來源的挑戰。

(二) 反應偏差與信號偵測理論

　　在我們迄今的討論中，我們一直假定所有受試者是生而平等的。然而，閾限的測量也可能受到反應偏差的影響。反應偏差（response bias）是指基於一些跟刺激的感覺特徵無關的因素，造成受試者產生一種系統化的傾向，偏好以某特定方式加以反應。例如，假設你參加一次實驗，你必須偵察微弱的燈號。在實驗的第一個階段，每當你正確地說「是，有燈號呈現」時，主試者就給你美金 5 元。在第二個階段，每當你正確地說「否，沒有燈號呈現」時，主試者也給你美金 5 元。但在每個階段中，每次你的應答不正確時，你就會被罰款美金 2 元。你是否看出來，這種獎賞結構如何造成反應偏差從第一階段到第二階段的轉移？你應該會在第一個階段較常說「是」——即使你對於刺激是否呈現的肯定程度在兩個階段中完全相同。

　　信號偵測理論（signal detection theory, SDT）是對反應偏差問題的一種有系統的探討（*Green & Swets, 1966*）。不再嚴格強調感覺歷程，信號偵測理論強調的是對於刺激事件的呈現或不呈現從事「判斷」（judgment）的歷程。當傳統的心理物理學構思單一的絕對閾時，SDT 在感覺偵測上檢定出兩種不同的歷程：⑴ 初始的感覺歷程（sensory process），反映的是受試者對於刺激強度的敏感性；及 ⑵ 後繼的決策歷程（decision process），反映的是受試者的反應偏差。

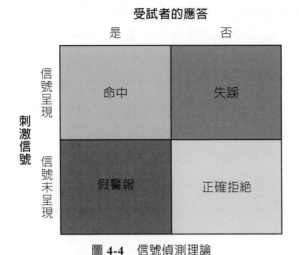

圖 4-4　信號偵測理論

　　SDT 提供的程序可以同時評估感覺歷程和決策歷程二者。圖 4-4 顯示了它的基本設計。在整個實驗過程中，半數的嘗試呈現的是微弱刺激；另半數的嘗試則未呈現刺激。在每次嘗試中，受試者如果認為信號有呈現就答「是」；如果認為沒有呈現就答「否」，如圖 4-4 的矩陣所顯示，每個應答被評定為下列四種方式之一：

・當信號呈現而受試者答「是」時，這樣的反應是「命中」（hit）。
・當信號呈現而受試者答「否」時，這樣的反應是「失誤」（miss）。
・當信號未呈現而受試者答「是」時，這樣的反應是「假警報」（false alarm）。
・當信號未呈現而受試者答「否」時，這樣的反應是「正確拒絕」（correct rejection）。

　　我們如何能夠看出受試者的決策歷程帶來的影響呢？假使 Kay 是偏好答「是」的受試者（她習慣性地做「是」的應答），當刺激呈現時，她將總是必然地答「是」，因此她將會有許多的「命中」次數。然而，因為當刺激未呈現時，她也將會經常地答「是」，所以她也將會有偏高的「假警報」次數。假使 Thomas 是慣常答「否」的受試者，他將會有較低的「命中」次數，但是他也將會有較低的「假警報」次數。

　　根據命中率和假警報率的資料，研究人員運用數學程序以計算出兩種不同量數，一是受試者的敏感性，另一是受試者的反應偏差。這個程序使得我們能夠找出兩位受試者是否擁有同樣的敏感性，儘管他們在應答標準上有很大差異。透過提供一種把感覺歷程與反應偏差劃分開來的方式，信號偵測理論容許研究人員檢定及區隔二者所占的角色，一是感覺刺激本身，另一是受試者在決定最後應答上的基準水平。

　　SDT 研究途徑提供了一種決策模式，它也適用於其他情境。許多日常決策牽涉到對每次的命中和正確拒絕提供不同獎賞，以及對每次的失誤和假警報施加懲罰。例如，假使你拒絕一次邀請晚餐的約會，你是避免了一個沉悶的夜晚（正確拒絕）？抑

或你錯過了一生難逢的愛情機會（失誤）？你的決定可能因爲你對損益的出（入）超的預期而產生偏差。這樣的偵測矩陣被稱爲酬賞矩陣（payoff matrix）。例如，假使當刺激呈現時說「否」（失誤）的成本高於當刺激未呈現時說「是」（假警報）的成本，那麼說「是」的偏差將會占優勢。外科醫師經常面臨這樣處境。當他們不能完全肯定病人的腫瘤是否爲惡性時，他們往往較偏向於動手術，也就是願意承擔假警報的風險，但不願意承擔萬一是惡性腫瘤的失誤風險——這可能導致病人死亡。一般而言，決策者必須考慮現存的證據、每種錯誤的相對成本，以及每種正確決定的相對收益。信號偵測理論爲決策的分析提供了一種重要工具。

(三) 差異閾

想像你受僱於一家飲料公司，你的老闆想要製造一種新產品，它要比現存的可樂嚐起來顯著甜些，但是（爲了省錢）老闆指示你添加到可樂中的額外糖分要儘可能地少。你這時候就是被要求測量差異閾（difference threshold），也就是兩個刺激可以被辨別爲不同所需的最小物理差異量。當測量差異閾時，你每次呈現一對刺激，要求受試者判斷這兩個刺激相同或不同。差異閾的數值被稱爲恰辨差（just noticeable difference，或最小可覺差異，JND）。恰辨差是測量任何兩個感覺之間的心理差異大小的計量單位。

1834 年，韋伯（Ernst Weber）率先從事 JND 的研究，他發現了我們在圖 4-5 所說明的重要關係。假設你施行一項差異閾的研究，以 10 公釐（mm）長度的線條作爲標準刺激，然後拿各個長度稍有不同的線條與之配對，呈現給受試者進行判斷。你發現差異閾是大約 1 公釐，這也就是說在 50% 的次數中，10 公釐的線條被判斷爲不同於 11 公釐的線條。然而，當標準線條是 20 公釐長時，1 公釐的增加量就不夠了。爲了達到恰辨差，你需要增加大約 2 公釐，對於 40 公釐的標準線條，你需要增加 4 公釐。圖 4-5 顯示，隨著標準線條長度的增加，JND 也穩定地增加。

在長線條和短線條兩種情況下，依然維持不變的是產生恰辨差的增加量與標準線條的長度之間的比率。例如，1mm/10mm = 0.1；2mm/20mm = 0.1。這種關係被概述爲韋伯定律（Weber's law），即刺激之間的 JND 是標準刺激強度的一個常數比率（固定比率）。因此，標準刺激愈大或愈強，就需要愈大的增加量以獲致恰辨差。這是所有感覺系統一個相當普遍的特性。韋伯定律的公式是 $\triangle I / I = k$，I 是標準刺激的強度；$\triangle I$ 是產生 JND 所需的增加量。韋伯發現，每種刺激維度在這個比率上各有特定的數值。在這個公式中，k 是不同刺激維度所特有的比率，或稱爲韋伯常數（Weber's constant）。關於 JND 的大小如何隨著強度而增加，韋伯定律提供了一個良好的近似值，但不是完全符合實驗資料（這個定律的大部分疑難是發生在當刺激強度趨於極度高時）。

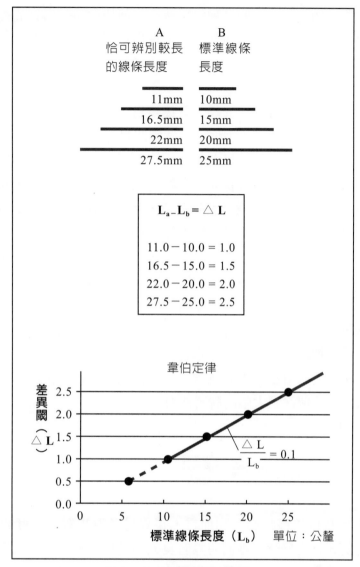

圖 4-5　恰辨差和韋伯定律

　　韋伯常數（k）針對不同感官維度具有不同的數值——較小的數值表示人們能夠偵察較小的差異。因此，你能夠較準確地辨別兩種聲音頻率——相較於你辨別光線強度的能力；光線強度接著又要比氣味差異或味道差異在較小的 JND 之下就可偵測出來。因此，你的飲料公司將需要相當大量的額外糖分才能製造顯著較甜些的可樂！

二、從物理事件到心理事件

　　我們對心理物理學的概述應該已使你大致了解感覺的核心奧祕：物理能量如何產

生特定的心理經驗？例如，光線的各種物理波長如何使你產生彩虹的經驗？在我們討論特定的感覺領域之前，我們希望讓你對於訊息從物理事件（光波、聲波及複雜的化學物質等）到心理事件（你對於景象、聲音、味道及氣味的經驗）的流程擁有基本認識。

從某種形式的物理能量（諸如光線）轉換為另一種形式的能量（諸如神經衝動）被稱為換能作用（transduction）。因為所有感官訊息都是被轉換為相同形式的神經衝動，所以你的大腦針對每個感覺領域有專責的皮質區域，以之區辨各種不同的感覺經驗。針對每個領域，研究人員試圖探討，從物理能量轉換為神經系統的電化學活動，究竟如何導致不同性質的感覺（為什麼是紅色，而不是綠色），以及如何導致不同數量的感覺（為什麼是宏亮聲音，而不是輕柔聲音）。

各個感覺系統具有相同的基本訊息流程。任何感應系統的發動是因為偵察到環境事件（或刺激）。我們身體是透過特化的感覺感受器（sensory receptors）以偵察環境刺激。感覺感受器把物理形式的感覺信號轉換為可以被神經系統處理的細胞信號。這些細胞信號供應訊息給較高層次的神經元，後者統合來自各個不同偵察單位的訊息。在這個階段，神經元抽取關於刺激之基本特性的訊息，諸如它的大小、強度、形狀及距離。在感覺系統的更深層部分，訊息被結合成甚至更複雜的密碼，然後被傳送到大腦特定的感覺區，以及傳送到大腦的聯合皮質。

第三節　視覺系統

對人類和大多數可以移動的動物而言，視覺是最為複雜、高度開發及重要的感官。當動物擁有良好的視覺時，牠們將具有莫大的進化優勢。良好視覺協助動物在相當距離外就偵察到牠們的獵物或天敵。視覺也使得人類能夠察覺物理環境上一些變動的特徵，以便據以調整他們的行為。視覺在所有感官中受到最多的研究。

一、人類的眼睛

眼睛是腦部反映外界動態的照相機（參考圖 4-6）。照相機透過一個可以蒐集光線且使之集中於焦點的透鏡來觀察外界。同樣的，你的眼睛也蒐集光線且使之聚焦——光線首先進入眼角膜（cornea），這是在眼睛前面一個透明凸起部分。光線接下來抵達前眼室（anterior chamber），裡面充滿了清晰的液體，稱為水樣液（aqueous humor）。光線然後穿過瞳孔（pupil），這是不透光的虹膜（iris）上的一個圓孔。為了使照相機對準焦點，你轉動它的透鏡，使之距離所觀察的物體近些或遠些。為了使

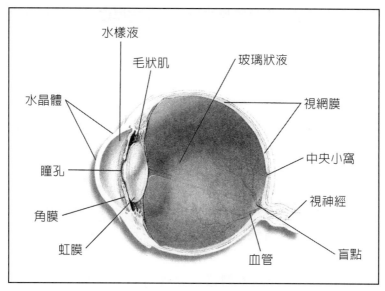

圖 4-6　人類眼睛的結構

眼睛對準焦點,扁豆狀的水晶體(lens)會改變它的形狀,變薄以使遠物聚焦,或變厚以使近物對準焦點。為了控制進入照相機的光線數量,你會調整透鏡開啟的程度。在眼睛方面,虹膜的肌肉盤會改變瞳孔的大小,光線穿過這個孔徑而進入眼球。在照相機主體後部的是感光軟片,記錄下穿過透鏡的光線變化情形。同樣的,在眼睛方面,光線穿透玻璃狀液(vitreous humor),最後撞上視網膜(retina),即襯貼於眼球後壁的一個薄層。

二、瞳孔與水晶體

瞳孔是虹膜中央的通路,光線在這裡穿過。虹膜使得瞳孔放大或縮小,以便控制進入眼球的光線數量。光線穿過瞳孔後,經由水晶體聚焦於視網膜上,這時候水晶體會反轉和倒置實際的光線型態。水晶體特別重要是因為它對於近物和遠物的變焦能力(variable focusing ability)。毛狀肌(ciliary muscles)的伸縮可以改變水晶體的厚度,因此在所謂的調適(accommodation)的歷程中改變水晶體的光學特性。

當人們擁有正常的調適作用時,他們的聚焦範圍從他們鼻子前方的大約 7.5 公分以迄於他們所能看到最遠的地方。然而,許多人受擾於調適的問題。例如,近視的人把他們的調適距離較為移近自己,以至於他們無法良好對準焦點於遠物上;至於遠視的人則把他們的調適距離較為移離自己,以至於他們無法正常地對準焦點於近物上。老化(aging)也導致了調適上的困擾。水晶體開始時是清澈而透明的凸狀物。然而,隨著人們的年齡漸增,水晶體變得較為扁平、稍帶黃褐色而混濁,它也逐漸失去彈

性。這些變化造成的效應是，水晶體無法形成足夠的厚度以看清楚近物。當人們跨過45 歲的界標後，近點（near point）——他們能夠清楚地對準焦距的最近點——漸進地變得愈來愈遠。

三、視網膜

你用你的眼睛注視（look），但卻用你的大腦看見（see）。眼睛蒐集光線、對準焦距，然後啟動神經信號沿途傳回大腦。因此，眼睛的關鍵功能是把關於外界的訊息從光波（light waves）轉換為神經信號——這個歷程是發生在視網膜（retina）。在顯微鏡下，你可以看到視網膜具有幾個高度組織化的分層，各由不同類型的神經元所組成。

從光線能量到神經反應的基本轉換，是在你的視網膜中由桿狀細胞（rods）和錐體細胞（cones）所執行——它們是對光線敏感的感受細胞，稱為光感受器（photoreceptor）。因為你有時候在幾近黑暗的環境中活動，有時候在明亮光源下活動，自然界提供了兩種處理光線的方式，即桿狀細胞和錐體細胞（參考圖 4-7）。為數

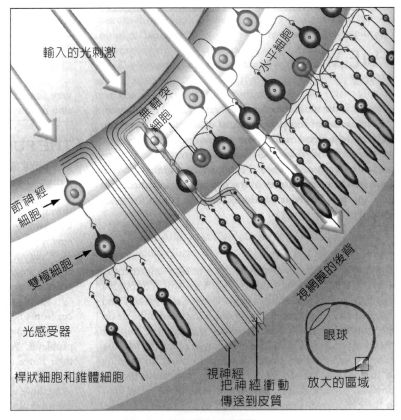

圖 4-7　視網膜神經通道

1 億 2,000 萬細長的桿狀細胞在幾近黑暗時有最良好運作。為數 700 萬肥大的錐體細胞則是特化來處理明亮而充滿色彩的白天環境。

　　每次你在夜間熄燈就寢時，你所經歷的就是你的桿狀細胞與錐體細胞的功能之間的差異，你應該已多次注意到，你剛開始在剩餘的昏暗光線下似乎無法看清任何東西，但是經過一段時間後，你的視覺靈敏性就再度恢復。你正經歷的是暗適應（dark adaptation）的歷程——當照明強度從強光系統轉為微光系統後，眼睛靈敏性逐漸恢復的過程。暗適應的發生是因為，隨著長時間處身於黑暗，你的桿狀細胞變得比起你的錐體細胞更為靈敏；長時間下來，你的桿狀細胞就比起錐體細胞更能夠感應環境中的微弱照明。

　　在視網膜的最中央部分，只含有高度密集的錐體細胞，這個微小區域稱為中央小窩（fovea）。中央小窩中完全沒有桿狀細胞，它也是你視覺最敏銳的部位，它能夠最準確地偵察顏色和空間二者的詳細資料。你視網膜上另有一些細胞負責統合來自各個區域之桿狀細胞和錐體細胞的訊息。雙極細胞（bipolar cells）結合來自許多感受器的神經衝動，再把所得結果傳送到節神經細胞（ganglion cell）。每個節神經細胞然後匯集來自一個或多個雙極細胞的神經衝動，統合為單一的放電速率。中央小窩的錐體細胞傳送它們的衝動到位於該部位的節神經細胞；另一方面，在視網膜的較外圍之處，桿狀細胞和錐體細胞則匯集於相同的雙極細胞和節神經細胞。節神經細胞的軸突組成了視神經（optic nerve）。視神經把這種視覺訊息攜出眼球之外，傳送到大腦。

　　你的水平細胞（horizontal cells）和無軸突細胞（amacrine cells）統合整個視網膜的訊息。這二者的作用不是把神經信號傳送到大腦，反而，水平細胞是使得感受器相互連繫起來；至於無軸突細胞則是使雙極細胞相互連繫起來，以及使節神經細胞相互連繫起來。

　　在視網膜的解剖設計上，視神經離開每雙眼睛之處存在一種引人好奇的特性。這個區域稱為視盤（optic disk），或稱盲點（blind spot），沒有任何感受細胞分布在這裡。但除非在非常特殊的情況下，你不會感受到盲點的存在。這是基於兩個原因：首先，兩眼的盲點有特定的位置，以至於每雙眼睛的感受器登錄有另一雙眼睛所錯失（遺漏）之處；其次，大腦會以來自鄰近部位適宜而相稱的感覺訊息「填補」這個區域。

　　如何找出你的盲點呢？正視著圖 4-8，把書本放置在手臂長的距離之處，閉上你的右眼（或用手遮住），以你的左眼凝視著銀行的圖案，然後把書本緩慢地移近眼睛。當左邊的金錢符號落在你的盲點上時，它將會消失不見。但是，你在視野上將感受不到「漏洞」。反而，你的視覺系統以鄰近部位的白色背景填補這個區域，因此你會「看到」白色（這實際上不存在於那裡），卻看不到你的金錢——你應該在你失去之前把它存進銀行才對！

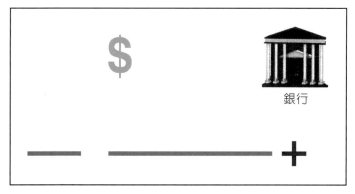

圖 4-8　找出你的盲點

作爲你的盲點的另一個例證，你不妨應用相同的程序把你的視線集中在圖 4-8 的
「＋」號上。隨著你逐漸把書本移近自己，你是否看到線條的空隙消失而連成一線？

四、看見顏色

自然界的物體很奇妙地塗抹著繽紛的顏色。你經常對於有明亮色彩的物體留下深
刻印象，像是紅色的情人卡、綠色的樅樹，或藍色的知更鳥蛋。但是，你對顏色的鮮
明經驗有賴於這些物體反射在你感覺感受器上的光線。當你的大腦處理那些登錄在光
源上的訊息時，顏色就被製造出來。

(一) 波長和色調

你看到的光線僅是電磁波光譜（electromagnetic spectrum）（參考書末的彩圖
1）這個物理維度的一小部分而已。你視覺系統的裝備偵察不到這個光譜中其他形式
的光波，諸如 X 光、微波及無線電波。區分各種電磁波能量（包括光線）的物理屬
性是波長（wavelength），也就是兩個鄰近波峰之間的距離。可見光的波長是以奈米
（nanometers，即 1 公尺的十億分之一，$10^{-9}m$）作爲測量的單位。你所能看到的光
線是位於從 400 至大約 700 奈米的波長範圍內。特定物理波長的光線引起特定顏色的
經驗——例如，紫色－藍色位於光譜的較低端，紅色－橙色則位於較高端。因此，光
線在物理上是根據波長加以描述，而不是根據顏色；顏色只存在於你的感覺系統對於
波長的判讀。

所有顏色經驗可以根據三個基本維度加以描述：色調、飽和度及明度。色調
（hue）這個維度捕捉的是光的色彩的定性經驗（qualitative experience）。在只包含
一種波長的純光中（如雷射光束），色調的心理經驗直接對應於光波長的物理維度。
彩圖 2 呈現了各種色調排列而成的色環，那些位於相鄰位置的色調被認爲最爲相似。

這個順序反映了色調在光譜中的順序。飽和度（saturation）這個心理維度捕捉的是顏色感覺的純度和鮮明度。未稀釋的顏色具有最高的飽和度，漸暗、混合及淺淡的顏色具有中間程度的飽和度；至於灰色的飽和度為零。明度（brightness）這個色彩經驗的維度捕捉的是光線的強度；白色具有最高的明度，黑色的明度最低。當顏色依據這三個維度進行解析時，這產生了一個驚人的發現：人類在視覺上能夠分辨大約 700 萬種不同的顏色！然而，大部分人只能標明少數這些顏色的名稱。

你的科學教育或許告訴過你，陽光結合了所有波長的光線。為了加以證明，你可能還利用三稜鏡把陽光分隔為彩虹的整套色彩。三稜鏡所反映的事實是：波長的正確組合將會產生白光。波長的各種組合稱為相加混色（additive color mixture），例如，紅色光與綠色光混合會產生黃色感覺。這是因為在兩種色光刺激下，每一種色光本身的波長並未消失，造成視網膜上感受到兩種不同波長的光互相重疊所致。

你是否想要證明一下互補色的存在？考慮彩圖 2 的「愛國心測驗」，這面綠－黃－黑的旗子應該會引起你負後像（negative afterimage）的經驗。後像之所以稱為「負」，乃是因為它對立於原來的顏色。當我們討論顏色視覺理論時，就會說明箇中原因。無論如何，當你凝視任何顏色足夠長的時間而使得你的光感受器有些疲倦時，再注視一個白色的平面，這將會讓你感受到原來顏色的互補色。

從你日常接觸顏色的經驗中，你或許已注意到後像。然而，你大部分的顏色經驗不是來自於互補的光線。反而，你很可能是把時間花在調弄顏色上，也就是使得不同色調的蠟筆或顏料混合起來。當你注視蠟筆的塗色或其他任何塗上色彩的表面時，你看到的顏色是沒有被表面吸收的光波長。雖然黃色蠟筆看起來幾乎都是黃色的，它仍然讓一些波長洩出而引起綠色的感覺。同樣的，藍色蠟筆也讓一些波長洩出而引起藍色和一些綠色的感覺。當黃色和藍色蠟筆被混在一起時，黃色吸收藍色而藍色吸收黃色——唯一沒有被吸收的波長看起來是綠色！這種現象稱為相減混色（subtractive color mixture）。所剩餘沒有被吸收的波長——被反射的波長——就授予了你所知覺的蠟筆混合的顏色。相減混色是以不同顏料相混合而產生的單色視覺，這是平常繪畫所應用的混色方式。

這些關於顏色經驗的規則中，許多並不適用於那些天生就有顏色缺陷的人們。色盲（color blindness）是指區辨顏色上局部或完全地失能。如果你是色盲，你觀看綠－黃－黑三色旗子的負後像效果將會失靈。色盲通常是一種性連（sex-linked）的遺傳缺陷，與位於 X 染色體上的基因有關。因為男性只有一個 X 染色體，他們比起女性較可能出現這種隱性的特質。女性需要兩個 X 染色體上都有缺陷基因才會成為色盲。根據估計值，白種人男性的色盲發生率是大約 8%，但是女性的發生率則低於 0.5%（Coren et al., 1999）。

大多數色盲涉及難以辨別紅色與綠色，特別是在低飽和度的情況下。有些人會把

黃色與藍色弄混，但這種個案較爲少見。最爲罕見的是有些人完全看不到顏色，只能看到明度的變化。爲了檢驗你是否有顏色的缺陷，注視彩圖 3。假使你從點狀圖案中看到數字 7 和 4，你的顏色視覺是正常的。對於有紅－綠色盲的人們而言，他們將看不清這些數字。

(二) 色彩視覺理論

第一個關於色彩視覺（color vision）的科學理論是由楊氏（Sir Thomas Young）在 1800 年左右所提出。他表示正常人類的眼睛中有三種色彩感受器，它們引起了三種主要顏色的心理感覺，即紅、綠和藍。他相信所有其他顏色都是這三種原色（primary color）相加或相減所混合而成。後來，赫姆霍茲（Hermann von Helmholtz）對楊氏理論進行改善及擴展，就成爲所謂的楊赫二氏的三色論（trichromatic theory）。

關於人們的色彩感覺和色盲，三色論提供了似乎合理的解釋（根據三色論，色盲的人只擁有一種或兩種感受器）。然而，三色論無法良好解釋另一些事實及觀察。爲什麼對一種顏色的適應會引起具有互補色調的顏色後像？爲什麼色盲的人總是無法分辨成對的顏色，像是紅色與綠色，或藍色與黃色？

爲了解答這些問題，Ewald Hering 在 1870 年提出了第二個色彩視覺理論。根據他的對抗歷程理論（opponent-process theory），所有顏色經驗起源於三個基本系統，每個系統包括兩種對立的元素：紅色對綠色，藍色對黃色，以及黑色（沒有顏色）對白色（所有顏色）。Hering 推斷，顏色之所以引起互補的後像，乃是因爲該系統的一個元素變得疲倦（來自過度刺激），因此增進了它的對立元素的相對貢獻。根據 Hering 的理論，因爲顏色系統實際上是依據成對的對立元素建立起來，而不是依據單一的原色，所以色盲不能分辨的顏色總是成對發生。

多年以來，科學研究人員一直在爭論這些理論的功過。最終，他們才了解這兩個理論實際上沒有衝突之處；它們僅是描述兩個不同階段的訊息處理，這兩個階段對應於視覺系統中接續的生理結構（*Hurvich & Jameson, 1974*）。例如，我們現在已經知道，實際上存在三種錐體細胞。雖然這三種錐體細胞都能對一系列的波長產生反應，但它們各自對於特定波長的光線最爲敏感。這些錐體類型的反應證實了楊赫二氏的預測，即色彩視覺有賴於三種顏色感受器。色盲的人則缺乏一種或多種這種感受錐體細胞。

我們現在也已知道，符合 Hering 的對抗歷程理論，視網膜的節神經細胞結合這三種錐體細胞的輸出（*De Valois & Jacobs, 1968*）。根據現代版的對抗歷程理論，每對顏色的兩個成員經由神經抑制（neural inhibition）的方式進行對抗的運作（它們互爲敵手）（*Conway et al., 2010; Shapley & Hawken, 2011*）。有些節神經細胞從呈現紅色的光線接受興奮性輸入，而且從呈現綠色的光線接受抑制性輸入；在該系統中，另一些細胞在興

奮性和抑制性上有著相反的安排。協力之下，這兩種節神經細胞建立起紅色／綠色對抗歷程系統的生理基礎。另有些節神經細胞組成了藍色／黃色對抗系統。至於黑色／白色系統則促成了你對於顏色飽和度和明度的知覺。

第四節　聽覺

在你對這個世界的經驗中，聽覺和視覺扮演互補的功能。你通常在看到刺激之前，就先聽到刺激，特別是當刺激是發生在你背後，或是發生在不透明物體（如牆壁）的另一邊時。雖然一旦物體出現在視野之後，視覺在確認物體上優於聽覺，但是你通常是因為你已應用你的耳朵對你的眼睛指出正確方向後，你才看到物體。

一、聲音的物理特性

擊掌、吹口哨，或拿鉛筆敲打桌面。為什麼這些動作會製造聲響？原因在於它們引起物體的振動。隨著振動的物體往返地推動媒質（通常是空氣）的分子，振動的能量被傳遞到周遭的媒質。這所造成的細微空氣壓力的變化以正弦波（sine waves）的組合形式從振動的物體向外擴散，以大約每秒 1,100 呎的速率前進（參考圖 4-9）。聲

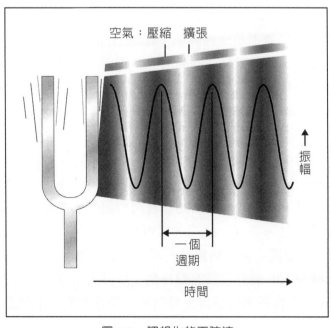

圖 4-9　理想化的正弦波

音無法在完全眞空（如外太空）中被製造出來，因爲眞空中沒有空氣分子可作爲傳遞的媒質。

正弦波具有兩個基本物理特性，即頻率和振幅，它們決定了你聽到怎樣的聲音。頻率（frequency）是測量聲波在既定時間中所完成的週期數。如圖 4-9 所示，週期（cycle）是指從一個波的波峰到下一個波的波峰之間由左至右的距離。聲音的頻率通常是以赫茲（hertz, Hz）表示，也就是每秒的週期數。振幅（amplitude）測量的是聲波強度的物理特性，以波峰到波谷的高度作爲表示。振幅是以聲音的壓力或能量的單位加以界定。

二、聲音的心理維度

頻率和振幅的物理特性引起了聲音的三個心理維度：音調、響度及音質。讓我們看看這些現象如何運作。

(一) 音調

音調（pitch）是指聲音的高或低，它是由聲音的頻率所決定。高頻率產生高音調，低頻率產生低音調。人類對於純音的感受範圍可從低至 20Hz 的頻率，以迄於高至 20,000Hz 的頻率（低於 20Hz 的頻率可由觸摸振動來感受，但已非聲音）。在我們所能感受之全部範圍的頻率中，鋼琴上的 88 個音鍵只涵蓋從大約 30Hz 到 4,000Hz 的範圍。

如你從我們先前關於心理物理學的討論中可能預期的，頻率（物理現實）與音調（心理效應）之間的關係並不是線性關係。在低頻部分，只要增加幾個 Hz 的頻率，就可以相當顯著地提升音調。但是在高頻部分，你需要增加遠爲多的頻率才能聽出音調上的差異。例如，鋼琴上最低的兩個音階只相差 1.6Hz，但是最高兩個音階則相差 235Hz。這是心理物理學上的恰辨差的另一個實例。

(二) 響度

聲音的響度（loudness）或物理強度是由它的振幅所決定。當聲波具有較大振幅時，它將被感受爲響亮；至於較小振幅的聲波則引起柔和的感受。人類聽覺系統可以感應廣泛範圍的物理強度。在其一極端，你可以在 20 呎外聽到手錶的滴答聲，這是聽覺系統的絕對閾——假使它再更爲靈敏的話，你將可聽到你的耳朵中的血液流動。在另一極端，噴射機在 100 碼外起飛的聲音是這般巨大聲響，它會引起疼痛感，就聲壓（sound pressure）的物理單位而言，噴射機所製造的聲波能量是手錶滴答聲的 10 億倍。

　　因為聽覺的範圍這般寬廣，聲音的物理強度通常是以比率（ratios）表示，而不是以絕對數量表示。聲壓（振幅大小的指標，它引起響度的感受）是以稱為分貝（decibels，簡稱 dB）的單位加以測量。圖 4-10 顯示了一些代表性的自然聲音的分貝量數。它也列出對應的聲壓作為比較。你可以看到，當兩個聲音相差 20dB 時，它們的聲壓呈現 10：1 的比值。需要注意的是，當聲音的響度超過大約 90dB 後，就可能造成聽力受損，視當事人暴露的時間長短而定。

（三）音質

　　聲音的音質（timber，或稱音色）反映的是它的聲波的複雜成分。例如，就是音質使得鋼琴的聲音有別於橫笛的聲音。很少數的物理刺激（諸如音叉）會產生純音，它是由單一正弦波所組成。純音（pure tone）只含有一個頻率和一個振幅。真實世界中的大多數聲音並不是純音。它們是複雜的聲波，包含許多頻率和許多振幅的合成。

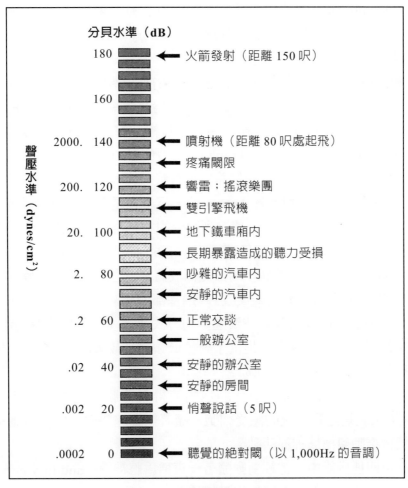

圖 4-10　熟悉聲音的分貝水準

　　你稱爲噪音（noise）的聲音不具有清楚、簡單的頻率結構。噪音包含許多頻率，但這些頻率缺乏系統化的關聯。例如，你在廣播電台頻道之間聽到的靜電雜訊包含了所有可聽見頻率上的能量；但因爲它不具有基本頻率，你感覺到它缺乏音調。

三、聽覺的生理基礎

　　現在，你已經大致了解你對聲音的心理經驗的物理基礎。接下來，我們將檢視這些經驗如何起源於聽覺系統的生理活動。

(一) 聽覺系統

　　你已經知道，感覺歷程把外在能量的形式轉換爲你大腦內的能量形式。如圖 4-11 所示，爲了讓你聽到，聽覺系統必須發生四種基本的能量轉換：⑴ 空氣中傳送的聲波必須在內耳的耳蝸（cochlea）處被轉換爲液體波動；⑵ 液體波動接著必須激發基底膜（basilar membrane）的機械性振動；⑶ 這些振動必須被轉化爲電脈衝（神經衝動）；及 ⑷ 這些脈衝必須被傳送到聽覺皮質（auditory cortex）。我們以下較詳盡檢視這些換能歷程。

　　在第一種換能中，振動的空氣分子進入耳朵裡（參考圖 4-11）。有些聲音直接進入耳朵的外聽道，另有些則是被外耳（或稱爲耳翼——pinna）反射後進入外聽道。聲波沿著外聽道前進，直到抵達末端。在這裡，聲波遇到一層薄膜，稱爲耳鼓（eardrum）或鼓膜（tympanic membrane）。聲波的壓力變化啓動耳鼓的振動。耳鼓把振動從外耳傳送到中耳，中耳是一個腔室，含有三塊人體內最小的骨頭，稱爲錘骨（hammer）、砧骨（anvil）和鐙骨（stirrup）。這些骨頭形成了一種機械連鎖，它傳遞和集中來自耳鼓的振動，然後將之傳送到聽覺的主要器官，即位於內耳的耳蝸。

　　第二種換能發生在耳蝸。「空氣傳送」（airborne）的聲波變成「海上運送」（seaborne）。耳蝸呈現蜷曲的管狀，內部充滿液體，它含有稱爲基底膜的一層薄膜，沿著它的長度直抵中耳。當鐙骨靠在位於耳蝸基部的卵圓窗（oval window）產生振動時，耳蝸中的液體引起基底膜以波浪運動的方式運行（因此是「海上運行」）。研究人員推斷，耳蝸特有的螺旋形狀提供了對於低頻聲音較大的靈敏度——相較於假使不是螺旋的形狀（*Manoussaki et al., 2006*）。

　　在第三種換能中，基底膜波浪狀的運動使得與薄膜相連的微小毛細胞（hair cell）彎曲。毛細胞是聽覺系統的感受細胞。隨著毛細胞彎曲，它們激發神經末稍，把基底膜的機械振動轉換爲神經活動。

　　最後，在第四種換能中，神經衝動隨著一束稱爲聽神經（auditory nerve）的神經纖維離開耳蝸。這些纖維然後在腦幹的耳蝸核（cochlear nucleus）會合。聽覺信號沿

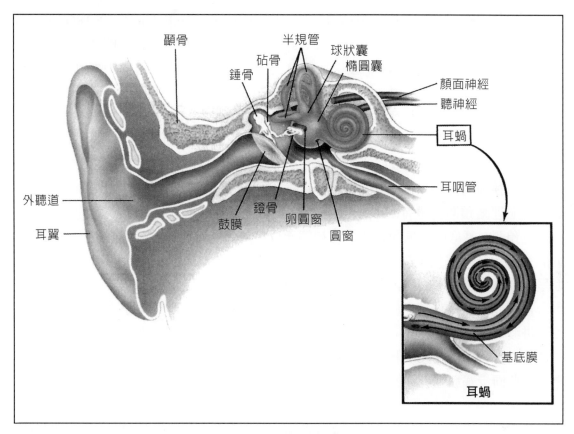

圖 **4-11** 人類耳朵的結構

途穿過一系列其他神經核，最終抵達聽覺皮質（auditory cortex）——位於大腦半球的顳葉。這些信號的較高層處理就在聽覺皮質展開。

　　這四種轉換發生在充分發揮功能的聽覺系統。然而，數以百萬人受擾於若干形式的聽力損害。聽力損害概分為兩大類型，各自是由聽覺系統的一個或多個成分的缺損所引起。第一種損害是傳導性耳聾（conduction deafness），它較不嚴重，主要是把空氣振動從中耳傳導到耳蝸方面發生了問題。在這種聽力損害中，常見的問題是中耳的小聽骨無法適當發揮功能，這可以透過植入人工的砧骨或鐙骨的顯微手術加以矯正。第二種損害是神經性耳聾（nerve deafness），它較為嚴重，主要是在耳朵中製造神經脈衝或是把脈衝傳送到聽覺皮質的神經機制缺損所致。聽覺皮質的損傷也可能造成神經性耳聾。

(二) 音調知覺的理論

　　為了解釋聽覺系統如何把聲波轉換為音調的感覺，研究學者提出兩種不同的理論：位置論和頻率論。

位置論（place theory）是由赫姆霍茲（Hermann von Helmholtz）在 1800 年代首先提出，後來為貝凱西（Georg von Békésy, 1899-1972）加以修正、闡述及驗證，他並因為這方面研究而在 1961 年獲得諾貝爾獎。位置論是建立在這樣的事實：當聲波被傳導到內耳時，基底膜隨之運行；不同頻率的聲波在沿著基底膜的各個特定位置上產生最大的動作。對高頻音而言，聲波的最大活動發生在耳蝸的基部，這裡是卵圓窗和圓窗的所在地。對低頻音而言，聲波在基底膜上的最大活動是發生在另一遠端。因此，位置論主張，音調知覺取決於最大的激發（振動）在基底膜上發生的特定位置。

第二種理論是頻率論（frequency theory），它是以基底膜振動的速率來解釋音調。這個理論預測，帶有 100Hz 頻率的聲波將會啟動基底膜每秒 100 次的振動。頻率論也預測，基底膜的振動將會引起神經元以相同的速率放電，因此放電的速率是音調的神經代碼。這個理論的一個疑問是，個別神經元無法那般快速放電，因此不足以呈現高頻的聲音，因為沒有任何神經元能夠每秒放電超過 1,000 次。這項限制使得單一神經元不可能分辨高於 1,000Hz 的聲音——當然，你的聽覺系統完全不缺這項本領。併發律（volley principle）就是在克服這項限制，它說明了在這麼高頻時所發生的情形。併發律指出，幾個神經元在聯合的行動中（以齊發的方式）針對高頻聲音放電，因此同步齊發地發揮對高頻聲波（如 2,000Hz、3,000Hz 等）辨別的功能（*Wever, 1949*）。

如同色彩視覺的三色論和對抗歷程理論，位置論和頻率論各別良好解釋了你不同層面的音調經驗。頻率論良好解釋低於大約 5,000Hz 的登錄頻率。在更高的頻率上，神經元無法快速而準確地放電，因此不足以適當地登錄神經信號，即使是以併發的方式。位置論良好解釋高於 1,000Hz 頻率的音調知覺。當低於 1,000Hz 時，整個基底膜如此廣泛地振動，它不再能為神經感受器提供足夠清楚的信號，因此不能作為辨別音調的媒介。至於在 1,000Hz 到 5,000Hz 之間，這兩種機制都能夠產生作用。因此，複雜的感覺任務被分成兩個系統，它們攜手之下供應了更大的感覺準確度，這是任一系統單獨所無法提供的。

(三) 聲音定位

假設你正走在校園中，你聽到有個人叫你的名字。在大部分情況下，你能很快地找到那個人的空間位置。這個實例說明你的聽覺系統在執行聲音定位（sound localization）的任務上很具效率——你能夠判定聽覺事件的空間起源。你完成這個任務是經由兩種機制：你評估聲音抵達每隻耳朵的相對時間差和相對強度（*Recanzone & Sutter, 2008*）。

第一種機制所涉神經元將會比較進來的聲音抵達每隻耳朵的相對時間。例如，有個聲音發生在你的右側外，它將先抵達你的右耳，然後再抵達你的左耳（參考圖 4-12

的 B 點）。你聽覺系統中的神經元已特化而極活躍地針對兩耳之間特定的時間差產生放電。你的大腦就利用這份關於抵達時間的差異的訊息，而對聲音在空間中的可能起源從事精確的估計。

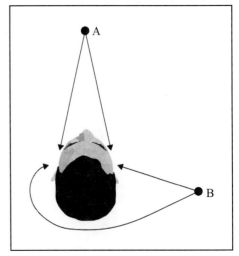

圖 4-12 時間差和聲音定位

第二種機制所依賴的原理是：聲音當抵達你第一隻耳朵時，它具有稍微大些的強度——因為你的頭部本身構成了一種「聲音屏障」，因而減弱了信號。這些強度差異取決於聲音的波長對照於你的頭部的相對大小。長波而低頻的聲音實際上產生不了太大的強度差異；至於短波而高頻的聲音就會產生適度的強度差異。再度地，你的大腦擁有特化細胞以偵測抵達你雙耳的信號的強度差異。

但是，當聲音既沒有造成時間差，也沒有造成強度差異時，這該怎麼辦呢？在圖 4-12 中，當聲音源自 A 點時，便具有這種特性。這也就是說當聲音正對著你或正背著你，而且跟你每隻耳朵的距離相等時，假使你閉上眼睛，你將無法分辨它的準確位置。因此，你必須轉動你的頭部（重新部署你的雙耳）以打破左右對稱的局面，為聲音定位提供必要的訊息。

值得一提的是，海豚和蝙蝠在黝暗的海水或洞穴中並不是利用視覺系統來找出物體的位置。反而，牠們是利用聽覺系統的回聲裝置（echolocation）——牠們發出高頻的聲音，然後從反射回來的聲波中獲知物體的距離、位置、大小、紋理及移動等訊息。事實上，有一種蝙蝠能夠利用回聲裝置辨別相隔僅 0.3 毫米的兩個物體（*Simmons et al., 1998*）。

第五節　你的其他感官

我們已把大部分注意力投注在視覺和聽覺上，因為科學研究人員對之施行了最徹底的研究。然而，你在這世界中生存和官能享受的能力仍需仰賴你整套感官的演出。

一、嗅覺

氣味最先被察覺存在是因為它們與嗅覺纖毛（olfactory cilia）薄膜上的感受器蛋白質產生交互作用（參考圖 4-13）。物質只需要 8 個分子就足以啟動這些神經脈衝

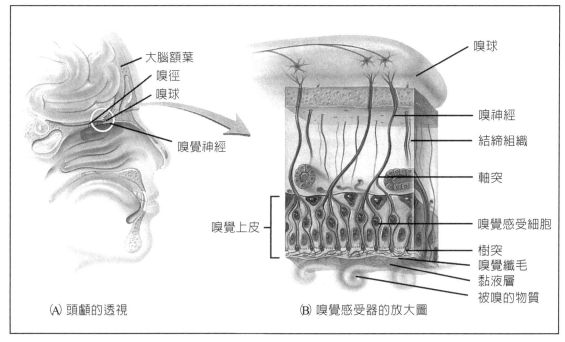

大腦額葉
嗅徑
嗅球
嗅覺神經

嗅球
嗅神經
結締組織
軸突
嗅覺感受細胞
樹突
嗅覺纖毛
黏液層
被嗅的物質

嗅覺上皮

(A) 頭顱的透視　　　　　　　　　(B) 嗅覺感受器的放大圖

圖 4-13　嗅覺的感受器

之一，但是在你能夠嗅到該物質之前，至少有 40 個神經末稍必須被激發。一旦啟動之後，這些神經脈衝把氣味訊息傳送到嗅球（olfactory bulb），嗅球正位於感受器之上，且正位於大腦額葉之下。氣味刺激發動了嗅覺歷程，它是透過促發化學物質湧入嗅覺神經元的離子通道，這樣的事件就引發了動作電位。

嗅覺的重要性在不同物種之間有很大變異。嗅覺被認為是演化作為偵察食物和找出食物的位置的系統（*Moncrieff, 1951*）。人類似乎主要是利用嗅覺與味覺的結合來尋找食物及試嚐食物。然而，對許多物種而言，嗅覺也被用來偵察潛在的危險來源，它發揮這種功能是因為嗅覺是一種有距離的感官，有機體不必直接接觸其他有機體就能發揮嗅覺的作用。對於狗、老鼠、昆蟲及其他許多生物而言，嗅覺是牠們生存的核心所在，牠們的嗅覺遠比人類來得靈敏。相較之下，牠們腦部有較大部分是負責嗅覺之用。

此外，嗅覺也可以是一種強力的主動通訊方式。許多物種的成員互通信息是藉由分泌和偵察被稱為費洛蒙（pheromones）的化學信號。費洛蒙屬於化學物質，在既存物種之內被使用來發出性接納（sexual receptivity）、危險、領土界限及食物來源等信號（*Thomas, 2011; Wolf, 2011*）。例如，每個昆蟲物種的雌性成員會製造性費洛蒙以發送信號，表明牠們已準備好進行交配（*Herbst et al., 2011; Yang et al., 2011*）。

二、味覺

　　雖然一些美食家能夠分辨極為微妙而複雜的味道差異，但他們的許多感覺真正而言是嗅覺，而不是味覺。當你進食時，你的味覺和嗅覺密切地共同起作用。事實上，當你感冒時，食物似乎淡然無味，這是因為你的鼻道被阻塞了，使得你嗅不到食物的氣味。你不妨實證一下這個原理：捏住你的鼻子，試著分辨有類似紋理但不一樣味道的食物之間的差異，諸如切片的蘋果和生的馬鈴薯。

　　你的舌頭表面覆蓋著乳頭狀突起（papillae），使得舌頭的外觀崎嶇不平。這些突起中，許多含有成群的味覺感受細胞，稱為味蕾（taste buds）（參考圖 4-14）。根據味覺感受器的單一細胞紀錄，個別感受器細胞各自對於四種主要味道中的一種有最靈敏感應，這四種味覺特性是甜味、酸味、苦味及鹹味（*Frank & Nowlis, 1989*）。近些年來，研究人員已發現第五種基本味覺特性的感受器，這種味覺稱為 umami（*McCabe & Rolls, 2007*）。umani 也就是味精（monosodium glutamate，麩胺酸單鈉，MSG）的味道，這種化學物質經常被添加在亞洲食物中，以及天然出現在富含蛋白質的一些食物中，諸如肉類、海鮮及熟乳酪。各種證據顯示，這基本的五種味道似乎存在各自的換能系統（*Carleton et al., 2010*）。

　　你放進嘴裡的許多東西可能會損傷味覺感受器，諸如酒精、香菸及酸性食物。幸好，你的味覺感受器大約每隔十天就會更換一次──甚至要比嗅覺感受器更為頻繁（*Breslin & Spector, 2008*）。實際上，在所有你的感覺系統中，味覺系統最能抗拒傷害。我們極少看到有人受害於全面而永久的味覺喪失（*Bartoshuk, 1990*）。

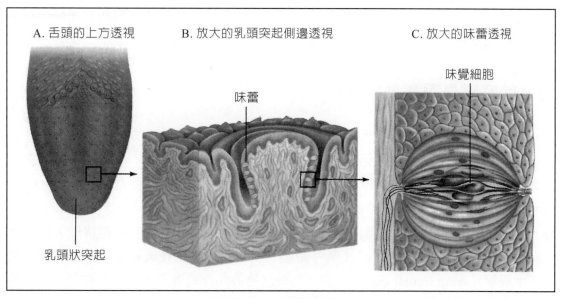

A. 舌頭的上方透視　　B. 放大的乳頭突起側邊透視　　C. 放大的味蕾透視

味蕾

味覺細胞

乳頭狀突起

圖 4-14　味覺受納器

三、觸覺與膚覺

皮膚是一種相當多用途的器官。皮膚除了保護你抵抗外界傷害、保存體液，以及有助於調節體溫之外，它也包含神經末梢以產生壓覺、溫覺及冷覺等。這些感覺被統稱為膚覺（cutaneous senses）。

考慮你如何察覺某刺激正在你皮膚上製造壓力。因為你透過皮膚接收這麼多的感覺訊息，你身體接近表層之處有許多不同類型的感受細胞在產生作用。每種感受器各自對於略為不同型態的皮膚接觸產生感應（*Lumpkin & Caterina, 2007*）。此外，皮膚對於壓力的敏感性在身體各部位有很大變異。例如，在感受刺激的位置上，你的指尖的準確度高於你背部的準確度達 10 倍。一般而言，當身體某部位的敏感性較大時，這個部位通常有較高密度的神經末梢，大腦中也有較多數量的感覺皮質負責這個部位，像是你的臉部、舌頭及雙手等部位。來自身體這些部位準確的感覺回饋，使得你能夠有效地進食、說話及抓握。

假設有人拿著冰塊磨擦你的手臂，你大致上了解你如何感受冰塊產生的壓覺。但是你如何感受冰塊的溫度是冷的？你可能有些訝異地知道，你對於熱與冷擁有不同的感受器。你不是只擁有一種感受器而像溫度計那般地運作；反而，你的大腦整合來自冷纖維（cold fibers）和溫纖維（warm fibers）的各自信號以監視環境溫度的變化。

皮膚敏感性也在人類關係上扮演核心角色，特別是觸摸的層面。透過觸摸，你傳達給他人你的願望，像是安慰、支持、關愛及激情等方面的施與受（*Gallace & Spence, 2010*）。然而，你被觸摸或你觸摸他人的什麼部位會造成很大差別。在皮膚表面上，那些會產生情慾或性慾感覺的部位被稱為性感帶（erogenous zones）。另有些對觸摸敏感的性慾部位則在它們的激發電位上隨著不同人們而有所變異，取決於所學得的聯結，也取決於感覺感受器在該部位的密度。

四、前庭感覺與運動感覺

我們接下來討論的兩種感官可能較為不一樣，因為不像眼睛、耳朵或鼻子，它們不具有你能直接看到的感受器。前庭感覺（vestibular sense）也就是一般所謂的平衡覺；它告訴你，你的身體（特別是你的頭部）相對於地心引力在這世界上的方位。這種訊息的感受器是位於內耳中充滿液體的囊袋和管道中的毛細胞。當液體流動時，這些毛細胞受到壓迫而彎曲——當你快速轉動頭部時就會發生這種情形。球狀囊（saccule）和橢圓囊（utricle）（參考圖 4-11）告訴你關於在直線上加速或減速的訊息。半規管（semicircular canals）的三個管狀物彼此互成直角，因此，它們可以告訴你關於任何方向上的運動。例如，當你點頭、轉頭或傾斜時，半規管通知你，你的頭

部正如何移動。

　　許多人因為意外事件或疾病而喪失前庭感覺，他們初始會呈現定向力障礙，且容易跌倒及昏眩。然而，大部分人最終可以彌補過來，透過更大量倚重視覺訊息。當來自視覺系統的信號與來自前庭系統的信號有所衝突時，當事人可能發生暈動現象（motion sickness，或運動暈眩）。當在行進中的汽車內閱讀文字時，當事人經常感到噁心，這是因為視覺信號是關於靜止的物體，但是前庭信號卻是關於移動的物體。汽車駕駛員很少發生暈動現象，因為他們既看到移動，也感受到移動。

　　不論你直立站著、繪畫或做愛，你的大腦需要擁有準確的訊息，關於你身體各部位相對於彼此的當前位置及移動。運動感覺（kinesthetic sense，或 kinesthesis）就是在提供經常不斷的感覺回饋，關於身體在運動活動期間正在做些什麼。缺乏這種回饋，你將無法協調你大多數的自主動作。

　　你擁有兩方面運動訊息的來源，一是關節中的感受器，另一是肌肉和肌腱中的感受器。對位於關節中的感受器而言，它們感應的是伴隨肢體的不同位置而來的壓力，以及感應伴隨關節的活動而來的壓力變化。對位於肌肉和肌腱中的感受器而言，它們感應的是伴隨肌肉縮短及拉長而來的張力變化。

　　大腦通常會把來自運動感覺的訊息與來自觸覺的訊息整合起來。例如，假使你的大腦不知道你各個手指之間的相關位置，它就無法掌握來自你每個手指的信號的完整意義。想像你閉上眼睛拾起一個物件，你的觸覺可能使你猜得到該物件是一塊石頭，但是你的運動感覺才使你能夠知道那塊石頭有多大。

五、痛覺

　　疼痛（pain）是身體對有害刺激——即那些強烈到足以造成組織傷害或具有這樣威脅性的刺激——的反應。你對於自己擁有痛覺應該感到高興嗎？你的答案或許應該是「既贊成也反對」。在「贊成」的一面，你的痛覺攸關生存。有些人天生對疼痛不敏感，感受不到傷害。這造成的結果是他們身體經常傷痕累累，他們四肢也因為受傷而扭曲變形——假使他們大腦能夠警告他們危險的存在的話，這些情形應該可以避免（Cox et al., 2006）。他們的經驗讓你知道，疼痛是一種必要的防禦信號，它警告你潛在的傷害。在「反對」的一面，你一定曾經在若干時候，你多麼希望能夠關掉你的痛覺。在一項針對 4,090 個成年人的調查中，26% 報告他們受苦於慢性疼痛——「經常發生或屢次爆發的疼痛」（Toblin et al., 2011, p.1250）

　　科學研究人員已開始檢定感應疼痛刺激的各組感受器。他們已發現，有些感受器只感應溫度、有些只感應化學物質、有些只感應機械刺激，還有些則是感應各種疼痛刺激的組合。這個疼痛纖維的網路是一種精巧的網狀組織，覆蓋你整個身體。周圍神

經纖維把疼痛信號傳送到中樞神經系統是透過兩種途徑，第一組是包覆著髓鞘之快速傳導的神經纖維，另一組是沒有包覆任何髓鞘之較緩慢、較小的神經纖維。起始於脊髓，這些衝動被轉送到視丘，然後再傳送到大腦皮質——在這裡，疼痛的位置和強度被檢定出來，傷害的嚴重性接受評估，行動計畫也被擬定出來。

在你的大腦內，腦內啡（endorphins）影響了你的疼痛經驗。我們在第 3 章提過，像嗎啡這類鎮痛劑在大腦中結合於相同的受納器基座。大腦中腦內啡的釋放控制了你的疼痛經驗。研究人員相信，腦內啡至少局部負責了針灸和安慰劑之減輕疼痛的效果（Han, 2011; Pollo et al., 2011）。

在決定你感到多麼疼痛上，你的情緒反應、背景因素，以及你對情境的解讀可能也跟實際的物理刺激同等重要（Gatchel et al., 2007; Hollins, 2010）。疼痛感覺如何受到心理背景的影響？關於疼痛如何受到調節，Ronald Melzack（1973, 1980）提出了一種閘門控制理論（gate-control theory）。這個理論主張，神經系統在任一時間只能處理有限容量的感覺訊息，脊髓中的一些細胞就充當神經閘門，以便遮斷及封鎖若干疼痛信號，而讓其他信號通過以進入大腦。大腦和皮膚上的感受器傳送信息到脊髓以開啓或關閉那些閘門。例如，假設因為趕著去接電話，你的脛骨撞上桌腳，隨著你搓揉痛點附近的皮膚，你傳送抑制性信息到你的脊髓——關閉該閘門；從大腦往下傳送的信息也能夠關閉該閘門。例如，假使你在電話中接到緊急的消息，你的大腦可能就關閉該閘門，以防止你因為疼痛而心不在焉。Melzack（2005）還提出更新版的神經矩陣理論（neuromatrix theory），它納入了一些事實，即人們經常感到疼痛，但卻很少或沒有身體的起因。在這些情況中，疼痛的經驗完全是起源於大腦。

第六節　知覺的組織歷程

假使你無法把得自你好幾百萬視網膜感受器的輸出所供應的訊息綜合和組織起來，你可以想像這世界對你將是多麼混亂。你將感受到萬花筒般不連貫的片段在你眼前波動及飛舞。這種把感覺訊息結合起來以使你產生連貫知覺的歷程，就被集體地稱為知覺組織（perceptual organization）的歷程。如前面已提過，經過這樣的知覺處理之後，個人所體驗的就稱為知覺表象（percept）。

一、注意歷程

一般而言，你愈是密切注意環境中的一些物體或事件，你就愈能夠知覺它和認識它。注意（attention）的重要功能之一是選擇特定部分的感覺輸入，以供更進一步的

訊息處理。

　　什麼力量決定特定物體成爲你注意力的焦點？這個問題的答案具有兩個成分，我們將稱之爲目標引導的注意和刺激驅策的注意（*Chun et al., 2011*）。目標引導的注意（goal-directed attention）反映了你在自己試圖注意的物體上所做的選擇，這跟你自己的目標有連帶關係。例如，假使你正凝視一個擺滿糕餅的禮盒，你可能引導你的注意力只放在那些裏有巧克力的點心上。你或許視爲理所當然，即你總是能夠明確地選擇物體作特別的審視。

　　刺激驅策的注意（stimulus-driven attention）是發生在當刺激（即環境中的物體）的特徵本身自然地捕捉你的注意力時，無涉於你身爲知覺者的局部目標。例如，假使你開車四處逛逛，遇到紅燈時你停下車來，腦袋裡淨想些有的沒的事情，當交通號誌突然從紅燈轉爲綠燈時，這通常將會捕捉你的注意力，即使你並未特別留意之——這便是發生了刺激驅策的注意。

　　你可能好奇，這兩個歷程之間存在什麼關係。研究已顯示，至少在某些情況下，刺激驅策的注意可能勝過目標引導的注意。這表示你的知覺系統已經過組織，以便你的注意力自動地被吸引到在環境中顯得新奇的物體（*Yantis & Jonides, 1996*）。

二、知覺群集的原則

　　考慮圖 4-15 左側的圖畫。假使你就像大部分人，你將會看到作爲圖形的花瓶浮現於黑色的背景之上。形象（figure）被視爲是位於前方物體狀的區域；背景（ground）被視爲是位於後方使得圖形突顯的背幕。如你在圖 4-15 的右側圖畫所能看到，你也可能倒轉形象與背景之間的關係——看到兩個側臉，而不是看到一個花瓶。你的知覺歷程所執行的初始任務之一是決定何者在情景中被看作形象，何者則被看作背景。

　　你的知覺歷程如何決定什麼因素應該被集結爲形象？知覺群集（perceptual grouping）的原則受到完形心理學（Gestalt psychology）擁護者的廣泛探討，如 Kurt Koffka（*1935*）、Wolfgang Köhler（*1947*）及 Max Wertheimer（*1923*）。這個心理學派主張，只有當視之爲有組織及有結構的整體（wholes）時，我們才能夠理解心理現象；當把心理現象解析爲原始的知覺元素時，我們至多只是一知半解。完形

圖 4-15　形象與背景

（gestalt）的字眼大致上是指稱型態（form）、整體（whole）、構型（configuration）或本質（essence）等意思。在他們的實驗中，完形心理學家探討知覺陣列（perceptual arrays）如何產生完形。他們以實例說明，整體往往極為不同於它的各部分的總和（the sum of its parts）。透過變更單一因素，然後觀察它如何影響受試者察覺陣列結構的方式，他們歸納出一組「群集法則」：

1. **接近律（the law of proximity）**：當所有其他條件都相等的情況下，最鄰近（最接近）的元素被共同組合起來。這就是為什麼你會把這個陣列看成是由 5 個直行的黑點所組成，而不是看成四個橫列。

$$\begin{matrix} \bullet & \bullet & \bullet & \bullet & \bullet \\ \bullet & \bullet & \bullet & \bullet & \bullet \\ \bullet & \bullet & \bullet & \bullet & \bullet \\ \bullet & \bullet & \bullet & \bullet & \bullet \end{matrix}$$

2. **相似律（the law of similarity）**：所有其他條件相等的情況下，最相似的元素被共同組合起來。這就是為什麼你會把這個陣列看成是○所組成的正方形被包圍在╳的場地中，而不是看成混合著╳和○的許多行列。

$$\begin{matrix} \times & \times & \times & \times & \times \\ \times & \bigcirc & \bigcirc & \bigcirc & \times \\ \times & \bigcirc & \bigcirc & \bigcirc & \times \\ \times & \bigcirc & \bigcirc & \bigcirc & \times \\ \times & \times & \times & \times & \times \end{matrix}$$

3. **完善連續律（the law of good continuation）**：人們會把線條看成具有連續性——當線條實際上中斷時。這就是為什麼你會把這個陣列解讀為一隻箭穿透心臟，而不是視為三個獨立而無關的片段所組成的圖案。

4. 閉合律（**the law of closure**）：人們會傾向於填補微小的空隙，以把物體看成是完整的。這就是爲什麼你會填滿缺失的部分，以將之看成是完整的圓圈。

5. 共同命運律（**the law of common fate**）：所有其他條件相等的情況下，朝著相同方向而且以相同速率移動的元素將會被共同組合起來。這就是爲什麼你把這個圖形看成是交錯的橫列在各自移動。

::::::::::

三、運動知覺

運動知覺（motion perception）是需要你從對外界的不同瞥視之間進行比較的一種知覺。假設你看到一位朋友在教室的另一端。假使他站住不動，隨著你逐漸走近他，他的影像在你視網膜上的大小也將隨之擴展。這個影像擴大的速率就讓你感受到自己趨近的速度有多快（*Gibson, 1979*）。

然而，假設你靜止不動，但是其他物體正在移動，那麼就像形狀和方位的知覺，運動知覺經常也需要依賴參考架構（reference frame）。如果你坐在暗室中，凝視牆壁上一個靜止光點，這個光點位於一個明亮的長方形之內，而長方形正緩慢地往返移動。這種情形下，你將反而是感受到一個「移動」的光點在「靜止」的長方形之內來回前進。這種錯覺就稱爲誘動現象（induced motion），也就是靜止不動的刺激因爲受到另一移動刺激的影響，看起來像是在移動的現象。

視覺系統似乎有一種強烈的傾向，即把較大、圍繞圖形看作是位於它之內較小圖形的參考架構。你或許已經歷過多次誘動現象，但你卻不知道。月亮（幾乎是靜止不動）經常看起來像是在雲層之間穿梭，但實際上是雲層正飄過月亮。你應該搭過火車，火車剛起動時的速度很慢，你這時候從車廂內看出去，反而像是月台上的樑柱或鄰旁的靜止火車正在倒退移動？

另一種運動錯覺也可例證運動知覺上較高層次組織歷程的存在，稱之爲似動現象（apparent motion）。φ現象（phi phenomenon）是一種最簡單形式的似動現象，當

位於視野中不同位置上的兩個靜止光點以大約每秒 4 到 5 次的速率一明一滅交替呈現時，就會發生這種現象。即使在這種相當緩慢的交替速率下，你仍然感到像是單一光點在兩個位置之間來回移動。夜市霓虹燈的廣告招牌就是利用似動現象的原理。

四、深度知覺

直到目前為止，我們所討論只是平面上二次元的刺激型態。然而，你每天的知覺所涉物體是位於三次元空間中。這樣的知覺需要關於深度（depth，你與某物體之間的距離）的準確訊息，也需要關於物體相對於你的方向（direction）的訊息。你的耳朵可以協助你決定方向，但是對於決定深度卻沒有太大助益。你對於深度的解讀需要依賴關於距離的許多不同訊息來源，通常稱之為深度線索（depth cues），其中包括雙眼線索、運動線索和圖畫線索。

(一) 雙眼線索和運動線索

你是否感到好奇，為什麼你擁有兩隻眼睛，而不是一隻呢？第二隻眼睛不僅是作為備件，它提供一些最佳、最強力之關於深度的訊息。雙眼深度訊息的兩個來源是網膜像差和輻合作用。

因為兩眼之間大約有 2 到 3 吋的水平距離，它們所接收的外界影像多少有些不同。你雙眼中對應的影像在水平位置之間的位移稱為網膜像差（retinal disparity）。因為像差的大小取決於物體跟你的相對距離，它就提供了深度的訊息（參考圖 4-16）。

當你睜開雙眼注視外面世界時，你看到的大部分物體將會激發你雙眼視網膜上的不同位置。假使兩個視網膜上對應影像之間的像差足夠小的話，視覺系統將能夠把它們融合為在深度上對單一物體的知覺。然而，假使像差太大的話，你實際上是看到雙重影像。這也就是說，你的視覺系統接收兩個不同的網膜影像，對照它們各個對應部分的水平位移（稱之為雙眼視差——binocular disparity），然後產生在深度上對單一物體的統一知覺。事實上，視覺系統把兩個影像之間的水平位移解讀為在三次元世界中的深度。

另一種關於深度的雙眼訊息來自輻合作用（convergence）。每當凝視某物體時，雙眼會在某種程度上轉向內側（參考圖 4-17）。當物體極為接近時（在你眼前幾吋之處），雙眼必須各自作較大的內轉，才能使得相同的影像落在兩個中央小窩上。假使你觀看一位朋友首先把視線焦點放在遠物上，然後把焦點移到 1 呎左右的近物上，你實際上可以看到雙眼的輻合作用。你的大腦利用來自你眼睛肌肉的訊息，以便對深度進行判斷。然而，作為深度知覺的有益線索，來自眼睛肌肉的輻合訊息其有效距離只能達到 10 呎左右。在更遠的距離上，角度差異已太小而難以偵察——因為當你注視遠

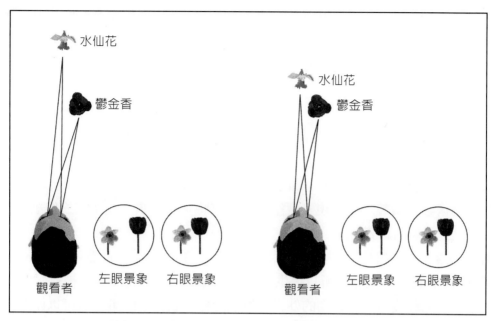

圖 4-16　網膜像差（隨著兩個物體之間深度距離的增加，網膜像差也增大）

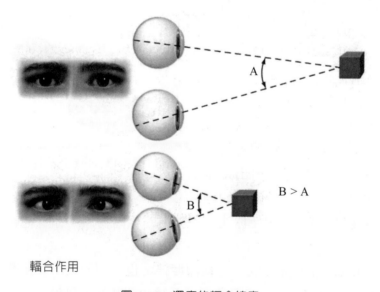

圖 4-17　深度的輻合線索

當某一物件接近你時，你的雙眼必須做較大的輻合（會聚）——相較於當該物件在較遠距離時。你的腦部利用來自你的眼睛肌肉進行輻合的訊息作為深度線索。

方的物體時，雙眼已幾近平行了。

　　相對運動視差（relative motion parallax）是深度訊息的另一個來源。運動視差之所以提供關於深度的訊息，乃是因為隨著你的移動，外界物體的相對距離決定了它們

在你對該景物的網膜影像上相對運動的速度和方向。下次當你在汽車旅遊中身為乘客時，你不妨看一下窗外景物以體驗運動視差的運作。對於離行駛中的汽車遠些的物體而言，它們將會顯得遠為靜止不動——相較於那些離你較近物體的流動性。

(二) 單眼線索

但是假定你只是一隻眼睛擁有視力，你就不能知覺深度嗎？事實上，你可以僅從一隻眼睛獲得關於深度的進一步訊息。這些來源被稱為單眼深度線索（monocular depth cues），或圖畫線索（pictorial cues），因為它們包含了在圖畫中發現的各種深度訊息。藝術家當繪製一些呈現三度空間的圖畫時（在一張二度空間的畫紙上），就是有技巧地運用圖畫線索。

當某不透明物體擋住第二個物體的一部分時，這就造成了重疊（interposition）或遮蔽（occlusion）。重疊之所以提供你深度訊息，乃在於它指出了被遮蔽的物體必然位於遮蔽物的較後方。遮蔽物的外表也擋住光線，製造了陰影，這可以作為深度訊息的額外來源。

另外還有三種圖畫訊息的來源，它們都與光線如何從三次元的世界投射在二次元的平面上（如視網膜）有關。它們是相對大小、直線透視和結構梯度。相對大小（relative size）牽涉到光線照射的一個基本法則：同樣大小的物體當位於不同距離時，將會投射不同大小的影像在視網膜上。最接近的物體投射出最大的影像；最遠離的物體投射出最小的影像。這個法則稱為大小／距離的關

圖 4-18　相對大小作為一種深度線索

係。如你在圖 4-18 所看到，假使你注視一整列的相同物體，你會把較小的物體解讀為較為遠離。

直線透視（linear perspective）這種深度線索也有賴於大小／距離的關係。當平行線（定義上是兩條直線之間始終保持相同距離）朝著遠方倒退時，它們在你網膜影像的水平面上最終匯合於一點（參考圖 4-19）。你的視覺系統對匯合線條的解讀導致了龐氏錯覺（Ponzo illusion）。因為你根據直線透視把匯合的兩側斜線解讀為朝著遠方倒退的平行線，所以上面的線段看起來較長些。在這樣背景中，你把上面線段解讀為像是它較為遠離，所以你把它看成較為長些——較遠的物體比起較近的物體必須更為長些，這才能使二者產生相同大小的網膜影像。

圖 4-19　龐氏錯覺（T: Michael Dwyer/Stock Boston）

結構梯度（texture gradients）之所以提供深度線索，乃是因為隨著表面愈往深處後退，它的質地的密度變得愈大。你可以將之視為是大小／距離關係的另一個結果。在這個案例中，隨著結構朝著遠處倒退，組成結構的單位變得愈小，而你的視覺系統把這種遞減的紋理（grain）解讀為在三次元空間中較遠的距離。

五、知覺恆常性

一般而言，你把外界視為不變、恆常及穩定的，儘管你的感覺感受器上的刺激不斷變化。心理學家指稱這種現象為知覺恆常性（perceptual constancy）。大致而言，它是指你知覺的是遠側刺激的特性（通常是恆定不變的），而不是近側刺激的特性（每次你移動你的頭部或眼睛就發生變化）。知覺的重要任務是找出你環境中那些不變的特性，儘管你視網膜上的環境成像不斷地變動。

(一) 大小和形狀的恆常性

什麼因素決定你對物體大小的知覺？你的視覺系統完成這項任務是依賴兩方面訊息的結合，一是物體在你視網膜上成像大小的訊息，另一是物體跟你眼睛的距離的訊

息。我們已提過，關於距離的訊息是由各種來源的深度線索所提供。這樣所產生物體大小的知覺通常符合（相稱於）遠側刺激的實際大小。大小恆常性（size constancy）就是指儘管物體的網膜成像在大小上有所變異，但你仍然能夠知覺該物體的真正大小。

知覺系統用來推斷客觀大小的另一種方式是利用先前關於類似造形物體之特有大小的認識。例如，一旦你認識房屋、樹木或狗的形狀，你就對它們應該多大擁有清楚的概念，即使你不知道它們與你的距離。但是當過去經驗無法讓你認識熟悉物體在極端距離下看起來像什麼時，大小恆常性可能就瓦解了。假使你曾經從摩天大樓的樓頂往下注視人群，且認為他們看起來像螞蟻時，你就是發生了這種困擾。

形狀恆常性（shape constancy）跟大小恆常性有著密切關聯。即使當物體被傾斜擺放，使得網膜影像上的形狀實質上不同於該物體的自然形狀時，你仍然能夠正確地知覺該物體的實際形狀。例如，矩形被斜擺將會在你的網膜上投射出梯形的影像；圓形被斜擺將會投射出橢圓形的影像（參考圖 4-20）。儘管如此，你通常仍能準確地知覺該形狀為在空間中斜擺的圓形和矩形。當被供應良好的深度訊息時，你的視覺系統只要考慮你與物體各部位的距離就能夠決定該物體的真正形狀。

(二) 定向和亮度的恆常性

當你傾斜頭部以觀看物體時，整個外界並未跟著傾斜，傾斜的只是你的頭部。定向恆常性（orientation constancy）是指儘管物體在網膜影像上的方位有所變動，但你仍然能夠辨認該物體在真實世界中的真正方位。定向恆常性有賴於來自你內耳的前庭系統的輸出——這供應你關於你頭部傾斜程度的訊息。透過把前庭系統的輸出與網膜影像的方位結合起來，你的視覺系統通常為你提供了物體在環境中的定向的準確知覺。

亮度恆常性（lightness constancy）是指儘管照明度的變動不定，你仍然傾向於知覺物體的白色、灰白或黑色為恆定的。如同我們所描述的其他恆常性，你在日常生

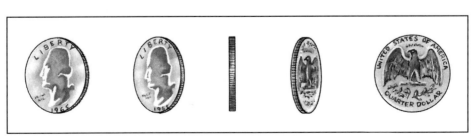

圖 4-20　形狀恆常性

隨著錢幣的轉動，它的影像變成橢圓形，然後愈變愈窄，直到成為一個薄的長方形，再度成為橢圓形，最後恢復圓形。然而，在每個方位上，它仍然被知覺為圓形錢幣。

活中也經常發生亮度恆常性。例如，假設你穿著一件白色運動衫，然後從微暗的房間走到外頭晴朗的天空。在耀眼的陽光下，運動衫反射了遠為多的光線到你的眼睛中——相較於它在微暗房間中所反射的光線。但是在這兩種情境中，運動衫在你看起來仍然大約同樣明亮。事實上，亮度恆常性之所以產生作用，乃是因為物體所反射光線的「百分比」保持大約相同，即使光線的「絕對」數量有所變動。不論供應什麼光線，你的白色運動衫將會反射 80-90% 的光線；你的黑色牛仔褲將會反射只有大約 5% 所供應的光線。這就是為什麼——當你在相同情境中看見它們時——運動衫將總是看起來要比牛仔褲顯得明亮。

　　這一節中，我們已描述知覺的一些組織歷程。在本章的最後一節，我們將考慮檢定和辨認的歷程，它們為環境的物體和事件授予意義。

第七節　檢定和辨認的歷程

　　你可以把迄今討論的所有知覺歷程視為提供了關於遠側刺激之物理特性的相當準確認識——即物體在三度空間環境中的位置、大小、形狀、結構及色彩等。然而，你還是不知道那些物體是什麼，或你是否以前看過它們。你的經驗就彷彿你是外星球的一位訪客，那裡的每件事物在你看起來都是新奇的；你將不知道吃些什麼，穿些什麼，逃避什麼危險，或尋求什麼庇護。但你的環境顯然不是外星球，因為你能夠辨認及檢定大部分物體為你以前看過的東西，視之為你從經驗中所獲知各種有意義分類的成員。檢定和辨認為你所知覺的事物（知覺表象）貼上意義。

一、由下而上與由上而下的歷程

　　當你檢定物體時，你必須拿它與你所貯存的知識作個對照。透過感受器把感覺資料從環境中攝入，然後向上傳送到大腦以抽取並分析切題的訊息，這個歷程稱為由下而上的處理（bottom-up processing）（參考圖 4-21）。由下而上的歷程是以實徵的現實為基礎，處理片段的訊息，然後把各種刺激之具體、物理的特徵轉換為抽象的心理表徵。這種訊息處理也被稱為資料引導的處理（data-driven processing），因為你從事檢定的起始點是你從環境所取得的感覺證據——資料。

　　然而，在許多情況中，你可以利用你已經擁有關於環境的訊息以協助你從事知覺的檢定。例如，假使你參觀動物園，你可能會比在其他情況下更有一點準備打算辨認一些類型的動物。你較可能假定你會在那裡看到一頭老虎——相較於你假定會在自家後院看到。當你的預期影響了知覺時，這現象稱為由上而下的處理（top-down

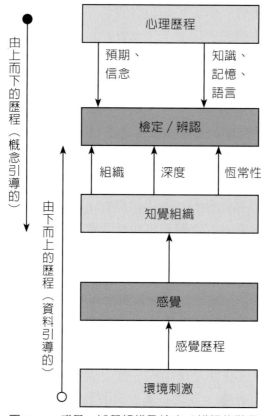

圖 4-21　感覺、知覺組織及檢定／辨認的階段

processing）。由上而下的歷程牽涉到你在知覺外界上的過去經驗、知識、動機及文化背景。隨著由上而下的處理，較高層的心理運作影響你如何理解物體和事件。由上而下的處理也被稱爲概念引導的處理（conceptually driven processing）或假設引導的處理（hypothesis-driven processing），因爲你貯存在記憶中的概念影響了你對感覺資料的解讀。

二、情境和預期的影響

　　我們在本章的開頭提過，這世界經常提供你曖昧的訊息進行知覺。考慮圖 4-22 的黑白圖形。你看出那是什麼景物嗎？假使我們告訴你，那是對我們鄰居後院的眺望，它顯示有一 棵樹，而一條大麥町狗（dalmatian，白底有黑點的狗）正在樹旁例行地嗅些東西。現在，你看出那條狗嗎？（提示：狗位於圖形的右邊，牠的頭部朝著圖形的中央）。爲了察覺大麥町狗，你需要由上而下地利用來自記憶的訊息。假使你不曾有過任何關於嗅東西的狗的先前經驗，你可能從來無法擁有對這幅景像之不含糊的知覺表象。

圖 4-22　一幅曖昧圖形

　　情境和預期在你整個日常生活中扮演重要的背景角色。你是否有過這樣的經驗，即你在一些不預期的地方（諸如在另一個城市，或在另一個社交團體中）看到你認識的人們？在這樣的場合中，你需要花較多時間才能認出他們，有時候你甚至不確定他們就是你所認識的人。這裡的問題不在於他們外觀有什麼不一樣，而是在於「情境」（context）不對勁——你沒有「預期」（expect）他們會出現在那裡。物體被辨認的空間和時間脈絡提供了重要的訊息來源，因為你會根據情境而產生預期——關於你在附近可能和不可能看到什麼物體。

　　知覺檢定有賴於你的預期，也有賴於你所觀看物體的物理特性——物體檢定是一種建構及解讀的歷程（constructive and interpretive process）。取決於你已經知道的、你所處場合，以及你在鄰近看到些什麼，你的檢定可能有所變動。閱讀下列的文字：

THE CAT

　　你會讀成「THE CAT」，對嗎？現在，再度看看每個字的中間字母。就物理特徵而言，這兩個字母完全相同，但你會把第一個字母看作「H」，卻把第二個字母看作「A」。為什麼？顯然，你對英文文字的認識影響了你的知覺。T_E 所提供的情境使得「H」成為高度可能的字母，而「A」則不可能。同樣的，C_T 的情境使得「A」浮現出來，而「H」則不可能（*Selfridge, 1955*）。

　　研究人員經常透過探討心向（set）以說明情境與預期對知覺（及反應）的影響。心向是一種暫時的預備狀態，使得你以特定方式知覺刺激或應對刺激。心向概分為三種，即運動心向、心理心向和知覺心向。運動心向（motor set）是指個體從事迅速、

預定的反應的一種準備狀態。例如，短跑選手已接受訓練以便完成一種運動心向，即開跑的槍聲響起後，盡快地從起跑架起身以跑完賽程。心理心向（mental set）是指個體在面對一些處境（諸如問題解決作業或益智遊戲）上的一種預備狀態，這使得個體以學得的規則、指令、預期或一般習性所決定的方式加以處理。當舊有規則似乎不適合新的處境時，心理心向實際上可能妨礙你解決問題——如我們在第 9 章討論問題解決時將會看到。知覺心向（perceptual set）是指個體傾向於在既定情境中偵察到特定刺激的一種預備狀態。例如，初為人母者在知覺上已設定好聽見她的嬰兒的哭聲。

通常，心向會導致你改變對曖昧刺激的解讀。考慮這兩系列的單字：

FOX；	OWL；	SNAKE；	TURKEY；	SWAN；	D?VE
（狐狸）	（貓頭鷹）	（蛇）	（火雞）	（天鵝）	

BOB；	RAY；	TONY；	BILL；	HENRY；	D?VE
（巴布）	（雷）	（湯尼）	（比爾）	（亨利）	

在每種情況下，D?VE 讓你想起哪個單字？假使你想起的是 DOVE（鴿子）和 DAVE（戴夫），那是因為這一系列單字製造了一種心向，引導你以特定方式搜尋記憶。

標籤（label）可以提供背景，使得個體對曖昧圖形產生知覺心向。例如，仔細看一下圖 4-23，這個圖形有兩個標籤，一是「一位美麗的少女」，另一是「一位老婦人」。你不妨找一些朋友試驗一下，當呈現不同的標籤時，他們分別看到什麼？事實上，這幅畫像可以看成「少女」，也可以看成「老婦人」，但是標籤影響了他們的知覺。

圖 4-23　A. 一位美麗的少女；B. 一位老婦人

　　所有情境對於知覺的影響很清楚地需要你的記憶以特定方式被組織起來，以便跟既存處境切題的訊息能夠在恰當時機被派上用場。換句話說，為了產生適當（或不適當）的預期，你必須能夠利用先前貯存在記憶中的知識。有時候，你是以你的記憶「看見」事情，就如你使用你的眼睛那般。第 7 章中，我們將討論記憶的一些特性，它們使得情境對知覺的影響成為可能。

第五章

心理、意識與交替的狀態

這一章中，我們將首先探討你日常意識的內容和功能。然後，我們將轉到伴隨你從清醒到睡眠的每天週期中所發生的例行意識變化。最後，我們將檢視意識如何在催眠、靜坐、宗教儀式和藥物的作用下產生戲劇性的變動。

第一節　意識的內容

我們首先必須承認，「意識」（consciousness）這個詞語是含糊不清的。我們可以應用這個詞語來指稱一般心理狀態，也可以是指稱它的特定內容。有時候，你說你是「有意識」的，只是為了對比於「無意識」的狀態（例如，處於麻醉或睡眠的情況下）。另有些時候，你卻是在說你意識到──覺知到──特定訊息或動作。事實上，這裡還是存在若干一致性──為了意識到任何特定訊息，你必須是有意識的。這一章中，當我們提到意識的「內容」時，我們意指的是你所覺知的許多訊息。

一、覺知與意識

心理學上一些最早期的研究所關涉的是意識的內容。隨著心理學在 19 世紀逐漸脫離哲學範疇，它成為一門心理的科學。馮德和鐵欽納採用內省法探索有意識的心理的內容，而威廉·詹姆斯則觀察他自己意識的流動（參考第 1 章）。事實上，就在他 1892 年的經典之作《心理學》的第一頁上，詹姆斯認定心理學的定義為「對於意識狀態本身的描述和詮釋」。

你平常的清醒意識包括你在既定時刻的知覺、思想、情感、意象和欲望──所有你正集中自己注意力的心理活動。你不但意識到你正在做什麼，你也意識到你正在做這件事情的事實。有時候，你意識到「他人正在觀察、評價及回應你正在做的事情」的這份認識。自我感（sense of self）就是從這種「從這個特權局內人（insider）的立場觀察自己」的經驗中發展出來。總而言之，這些各式各樣的心理活動就形成了意識的內容──你在特定時間中意識上覺知的所有經驗（Legrand, 2007）。

我們已界定你在特定空間和時間中可能意識到之綜合類型的訊息。但是，什麼因素決定你目前的意識內容？例如，你是否覺知你現在的呼吸？或許沒辦法；呼吸的控制是「無意識歷程」的一部分。你是否正想起你上一次假期，或正想起《哈姆雷特》的作者？再度地，或許沒有；這樣思想的控制是「前意識記憶」的一部分。你是否覺知到背景噪音，諸如掛鐘的滴答聲、往來車輛的低鳴聲，或日光燈的嗡嗡聲？你很難在覺知所有這些聲音的同時仍然能夠把充分注意力放在你正閱讀文字的意義上；這些刺激是「未被注意訊息」的一部分。最後，若干類型的訊息可能是「潛意識的」（不

容易接近意識的覺知），諸如使你能夠理解這個句子的一套文法規則。讓我們各別檢視這些類型的覺知（awareness）。

(一) 無意識歷程（nonconscious processes）

你的許多軀體活動是屬於無意識歷程，血壓的調節就是無意識歷程在產生作用。你的神經系統監視生理訊息，以便不斷地偵察和引起生理變化，不需要你的覺知。在若干時候，通常無意識的一些活動可以被提升到意識層面。例如，你可以決定對你的呼吸模式行使意識的控制。即使如此，你的神經系統掌管許多重要功能，不需要你的意識資源。

(二) 前意識記憶（preconscious memories）

前意識記憶不存在於你當前的意識上，但是當一些事情引起你對這些記憶的注意時，它們就進入意識層面。記憶的貯藏室充滿著不可思議的龐大訊息，諸如你對於語言、運動或地理的綜合知識；也充滿著所有你個人所經歷事件的回憶。前意識記憶在你心理的背景中默默地蟄伏，直到它們被需要時才浮上意識層面——就如當我們請你回想一下你小學的畢業典禮時。

(三) 未被注意的訊息（unattended information）

在任何特定時刻，你總是被龐大數量的刺激所籠罩。如我們在第 4 章所描述，你只能集中你的注意力於其中一小部分的刺激。你所集中的部分，再結合它所喚起的記憶，就在很大程度上決定了你的意識內容。儘管如此，對於不位於你注意力焦點的訊息，你有時候仍然懷有對之的潛意識表徵（unconscious representation）。例如，考慮你自己的名字。人們經常報告，在人聲鼎沸的舞會中，即使他們已把全副注意力都放在自己正進行的交談上，似乎對旁人的談話置若罔聞，但他們仍能聽到自己名字被提起，這種情形通常被稱為雞尾酒會現象（cocktail party phenomenon）。因此，那些未被注意頻道中的訊息仍然在某種程度上接受處理，但是還不足以達到意識的覺知（*Wood & Cowan, 1995b*）。只有當未被注意訊息的特性足夠突顯時（例如，憑藉作為當事人的名字），這樣的訊息才會成為意識注意力的焦點。

(四) 潛意識（the unconscious）

當你無法憑靠意識的作用力來解釋一些行為時，你通常只好承認潛意識訊息的存在。佛洛依德（Sigmund Freud）最先提出潛意識力量的理論，他表示若干生活經驗（創傷的記憶和禁忌的欲望）太具有威脅性，個體只好透過特殊心理歷程（我們將會在第 13 章加以描述）試圖將之永久驅逐於意識之外。佛洛依德相信，雖然原來不

被接受的想法或動機的內容被壓抑下來（被排除於意識之外），但是與那些想法相關的強烈情感仍然存留下來，持續地影響行為。佛洛依德關於潛意識的「發現」違背了西方思潮長期以來的傳統。自從英國哲學家洛克（John Locke, 1690/1975）談論心理的經典之作《*An Essay Concerning Human Understanding*》發表以來，大部分思想家堅定相信，理性的人類理解他們自己心理的所有活動。佛洛依德率先提出「人類存在潛意識歷程」的假設，卻被他同時代的學者視為是傷風敗俗而違反倫常（*Dennett, 1987*）。無論如何，佛洛依德相信成年人的許多行為受到源於早年生活之潛意識歷程的影響。我們在第13章當討論你獨特人格的起源時，將會再度論述佛洛依德的一些觀念。

二、探討意識的內容

為了探討意識，研究人員已設計一些方法以使得深層的私人經驗能夠被公開化測量。其中一種方法是馮德和鐵欽納所採用內省法（introspection）的變化形式。隨著實驗受試者從事各種複雜作業，他們被要求大聲說出自己所經歷的序列性思維，也就是儘可能詳盡地報告自己的思想脈絡。受試者的報告被稱為出聲思考的原始紀錄（think-aloud protocols，或自語式思維法），它們可被用來佐證受試者在執行作業時所使用的一些心理策略和知識表徵。例如，研究人員收集出聲思考的紀錄，以便理解專家和新手在產品設計上，為了獲致判斷所使用的不同策略（*Locher et al., 2008*）。

在經驗取樣法（experience-sampling method）中，研究人員要求受試者隨身攜帶電子呼叫器，當呼叫器響起時，受試者就要立即寫下（或以袖珍型錄音機錄下）他們當時的情緒感受和思想內容。例如，在一項實驗中，主試者在每天的不定時間和不定次數打通呼叫器，為期一星期以上。每當呼叫器響起時，受試者可能被要求回答一些問題，諸如「你現在的專注程度如何？」透過這種方式，研究人員能夠對受試者的思想、覺知、情感和注意焦點保持「流動的記錄」──隨著受試者著手於自己的日常生活（*Hektner & Csikszentmihalyi, 2002*）。

第二節　意識的功能

當我們提出意識的「功能」的問題時，我們是嘗試理解為什麼我們「需要」意識──它為我們人類經驗增添了什麼？這一節中，我們將論述意識對人類生存和社會功能的重要性。

所有生物之中，人類的崛起可以歸功於人類意識的發展。人類的意識是通過與其

他人類（人類進化環境中最爲敵對的力量）互相競爭的考驗而鍛造出來。人類心智的進化可能是源於人類祖先極爲好交際（sociability），或許原先是作爲對抗掠奪者的一種團體防衛，以及作爲較有效率開發資源的一種手段。然而，密集的團體生活接著製造了新的需求，也就是個體與其他人類既競爭又合作的能力。自然淘汰特別眷顧那些能夠思考、策劃及想像另一種現實的人們，他們有能力促進跟親族的結盟，也有能力戰勝敵手。那些發展出語言和工具的人們贏得了心智上適者生存的大獎品——而且，很幸運地將之傳遞給我們（*Ramachandran, 2011*）。

　　因爲意識的進化，你應該不至於訝異，它提供了一系列功能以協助物種的生存（*Bering & Bjorklund, 2007*）。意識也在容許個人現實和文化共同現實二者的建構上扮演重要角色。

一、協助生存

　　從生物的觀點來看，意識或許是進化出來的，因爲它協助個體理解環境訊息，且利用該訊息來策劃最適宜而有效的行動。通常，你會面對感官訊息的過度負荷。詹姆斯把龐大訊息衝擊你的感官受納器描述爲「像是吵雜不休的蜂群從四面八方攻擊你」。意識通過三種方式釐清這場「大混亂」，以協助你適應所處環境。

　　首先，透過限定你的察覺範圍和你專注的對象，意識減少刺激輸入的流動。意識的這個「設限」（restrictive）功能，協助你濾除了大量與你當前目標無關的訊息。假設你決定散個步，享受春天的時光，你留意樹木在開花、鳥兒在歌唱，而兒童在嬉戲。突然之間，假使一隻咆哮的狗出現在現場，你利用意識以限定你的注意力在這隻狗身上，評估危險的程度。意識的設限功能也適用於你從自己內在的訊息貯藏室所提取的訊息。在本章的開頭，當我們請你回想一下你小學的畢業典禮時，我們就是要求你利用你的意識以限定你的心理注意力於單一的過去記憶上。

　　意識的第二種功能是「選擇性貯存」（selective storage）。即使在你意識上注意的訊息範疇之內，不是所有訊息都跟你進行中的關心事項有持續的關聯。在你遇到那隻咆哮的狗後，你可能停止不前，然後告訴自己「我應該記住不要再走這條紅磚道」。意識容許你有選擇性地貯存（交付記憶）你打算分析及解讀（以及你在未來加以奉行）的訊息；意識也容許你對事件和經驗進行分類，視之爲跟個人需求相關或不相關——透過選擇一些事件和經驗，對其他則置之不顧。當我們在第 7 章討論記憶歷程時，你將會看到，不是所有你加進記憶中的訊息都需要意識上的處理。仍然，意識記憶具有不同的特性，也涉及不同的大腦區域——相較於其他類型的記憶。

　　意識的第三種功能是使你停頓下來，進行思考，然後根據過去的知識考慮替代的途徑，而且想像各種可能的結果。這個策劃（planning）的功能使得你能夠壓抑自己

強烈的欲望,當這些欲望與道德、倫理或現實的事項發生衝突時。具備這種意識,你可以爲你下一次散步策劃另一條路線,以避開那隻咆哮的狗。因爲意識授予你廣延的時間透視以構思可能的行動,你可以徵召過去的知識和對未來的期待以影響你當前的決定。基於所有這些原因,意識賦予你莫大的潛力,以便有彈性地、適當地應對你生活中各種變動的要求。

二、個人和文化的現實建構

我們找不到兩個人以完全相同的方式解讀情境(*Higgins & Pittman, 2008*)。你個人的現實建構(personal construction of reality)是你對當前情境的獨特解讀,這樣的解讀是建立在你的綜合知識、你對過去經驗的記憶、你目前的需求、價值觀及信念,以及你未來的目標上。每個人會較爲注意刺激環境的若干特徵(相較於其他特徵),這完全是因爲他個人的現實建構已經從對特定刺激輸入的選擇中被塑造出來。當你個人的現實建構保持相對上穩定時,你的「自我感」(sense of self)才具有長期的連續性。

當人們成長在不同文化中,生活在某文化的不同環境中,或面對不同的生存任務時,他們的個人現實建構可能會有很大的個別差異。反過來說也是正確的──因爲既定文化的人們分享許多相同的經歷,他們通常擁有相似的現實建構。文化的現實建構(cultural constructions of reality)是指特定團體的大多數成員所共有之對於世界的思考方式。當社會的某成員所發展的個人現實建構貼合文化的建構時,它被文化所認肯,且在這同時,它也認肯文化的建構。第 13 章中,我們將會更充分描述個人的自我感與文化的自我感之間的關係。

第三節　睡眠與作夢

幾乎在你生活的每一天中,你都會經歷意識上相當深切的變化。當你決定那是結束你一天的時候,你會把自己交付睡眠──而當你睡眠時,你無疑地將會作夢。你一生的三分之一時光是花在睡眠上,你的肌肉在這時候處於一種「良性麻痺」(benign paralysis)的狀態,而你的大腦則忙碌於一些活動。這一節中,我們首先考慮清醒和睡眠的一般生理節律。然後,我們更直接把焦點放在睡眠的生理層面上。最後,我們檢視伴隨睡眠的主要心理活動,即作夢,且探索夢境在人類心理層面上扮演的角色。

一、晝夜節律

所有生物都受到白天和黑夜的大自然律動的影響。你的身體也在配合一種時間週期，稱爲晝夜節律（circadian rhythm），即大約每 24 小時重複一次的規律型態。你的激發水平、新陳代謝、心跳速率、體溫及激素活動的起伏都是依循你內部時鐘的走動。大部分情況下，人類的這些活動在白天（通常是在下午時候）達到頂峰，然後在你夜晚入睡後落到最低點。研究已顯示，你的身體所使用的時鐘不完全與牆壁上的時鐘具有同時性（不完全同步化）：在沒有外在時間線索的校準作用下，人類內部「生理時鐘」設定以 24.18 小時爲一週期（Czeisler et al., 1999）。如果你把自己禁閉在一個黝暗的房間中，不許接觸外界，房間中也沒有任何計時裝置，你的身體不久就會接受它自然的晝夜節律的控制。

你每天所接觸的陽光協助你對 24 小時週期進行輕微的調整。關於陽光的訊息是透過你的眼睛蒐集而來，但是調整晝夜節律的感受器不同於使你能夠看見世界的感受器（Guido et al., 2010）。例如，許多動物缺乏桿狀細胞和錐體細胞，牠們仍然以一些方式感受光線，以使牠們能夠維持自己的晝夜節律（Freedman et al., 1999）。

任何生活變動當造成你的生理時鐘（biological clock）與你的環境時鐘之間失去配合（失同步）時，這將會影響你的感受和行爲方式（Blatter & Cajochen, 2007; Kyriacou & Hastings, 2010）。想想你熬夜念書（或值夜班）之後第二天的感受。但是這種失同步的最生動實例或許是來自長程航空旅行。當人們搭乘飛機跨越許多時區（time zones）後，他們可能發生「飛行時差」（jet lag），它的症狀包括疲倦、不可抗拒的睡意，以及隨後不正常的睡眠－清醒作息表。時差的發生是因爲內在的晝夜節律與正常的作息環境失同步（不協調）所致（Sack, 2010）。例如，你的身體說它的時間是凌晨 2 點（因此，許多生理量數正位於低點），但是當地時間卻要求你的舉動彷彿正處於中午 12 點。

什麼變項會影響時差？飛行方向和穿越的時區數目是最重要的兩個變項。朝東飛行要比朝西飛行造成較大的時差，這是因爲你的生理時鐘較容易延長，較不容易縮短（如朝東飛行造成的情形）——這類似於你較容易維持清醒久些，較不容易搶先入睡。

如果你曾受擾於飛行時差，你可能接受過建議，不妨試服一劑褪黑激素（melatonin）。褪黑激素作用於腦部，有助於調節你清醒和睡眠的週期。研究已顯示，在長程飛行後，服用褪黑激素有助於減少睡眠障礙（Arendt & Skene, 2005）。最好是在抵達新時區當天，以及隨後 4 或 5 天的就寢前服用（Pandi-Perumal et al., 2007）。褪黑激素也有助於夜班人員調整他們睡眠和清醒的週期。最後，夜班工人經常受擾於難以集中注意力，研究已發現，當經歷幾個小時的明亮光線後，這有助於他們過渡到（適應）夜班工作，降低注意力表現上的負面影響（Santhi et al., 2008）。

二、睡眠週期

你晝夜節律的大約三分之一是致力於稱為睡眠（sleep）的行為靜止期。我們關於睡眠的大部分知識是來自對大腦電活動的研究。1937 年，方法論的突破開啟了對睡眠的研究，也就是應用科技以記錄睡眠者的腦波活動──以腦波圖（electroencephalogram, EEG）的形式。當人們清醒或入睡時，他們的腦活動如何變化？EEG 在這方面提供了一種客觀、進行中的測量。根據 EEG，研究人員發現腦波的形式在睡眠開始時就呈現變化，然後在整個睡眠期間顯現更進一步之有系統而可預測的變化（*Loomis et al., 1937*）。

快速眼動（rapid eye movements, REM）是睡眠研究上另一個重大發現，它在睡眠期間以固定間隔出現好幾次（*Aserinsky & Kleitman, 1953*）。至於睡眠者沒有顯現 REM 的時間就被稱為非 REM 睡眠（non-REM sleep，或 NREM）。你在稍後將看到，REM 和 NREM 睡眠對於夜間的主要活動之一（即作夢）有著重要意味。

讓我們追蹤你整個夜晚的腦波。隨著你準備就寢，你的 EEG 顯示你的腦波以大約每秒 14 週期（14cps）的速率移動。當你舒適地躺在床上，開始放鬆下來之後，你的腦波減緩到大約 8-12cps 的速率。當你終於入睡，你進入了睡眠週期（sleep cycle），它的每個階段都顯現不一樣的 EEG 型態。在階段 1 的睡眠中，EEG 顯示腦波大約是 3-7cps。在階段 2 的睡眠中，EEG 的特色是睡紡錘（sleep spindles），即大約 12-16cps 的一種猝發波。在階段 3 和階段 4 的睡眠中，你進入一種非常深沉放鬆睡眠的狀態，你的腦波減緩到大約 1-2cps，你的呼吸和心跳的速率也降低下來。在最後階段中，你腦部的電活動開始增加；你的 EEG 看起來非常類似於階段 1 和階段 2 期間的波形。就是在這個階段中，你將經歷 REM 睡眠，而且你將開始作夢（參考圖 5-1）。因為 REM 睡眠期間的 EEG 型態類似於個人清醒時的 EEG，所以 REM 睡眠最初被稱為反常睡眠（paradoxical sleep）。

前四個階段的睡眠就是 NREM 睡眠，完成整個週期需要大約 90 分鐘。REM 睡眠持續大約 10 分鐘。在整個夜晚睡眠的過程中，你度過這個 100 分鐘的週期 4 次到 6 次。隨著每次週期，你花在深沉睡眠（階段 3 和 4）的時間數量漸減，而花在 REM 睡眠的時間數量漸增。在最後一次週期中，你花在 REM 睡眠的時間可能幾近 60 分鐘。在全部睡眠時間中，NREM 睡眠占有 75-80%，REM 睡眠則支配睡眠時間的 20-25%。

每個人的睡眠時間數量不完全相同。雖然人類有先天設計好的（遺傳上的）睡眠需要，但每個人達成的實際睡眠數量受到有意的行動的高度影響。人們以一些方式主動地控制睡眠長度，諸如熬夜或使用鬧鐘。睡眠長短也受到晝夜節律的控制；這也就是說，個人「何時」才入睡也將會影響睡眠的長短──因為 REM 睡眠隨著睡眠長度

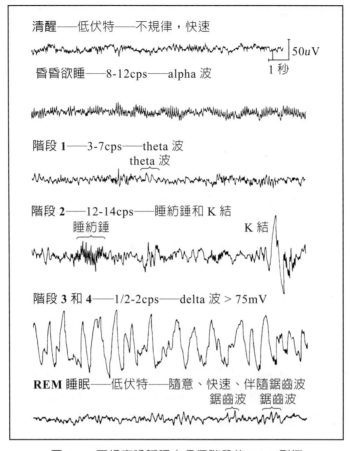

圖 5-1 正規夜晚睡眠中各個階段的 EEG 型態

而增加。只有當你在整個星期中（包括週末）標準化你的就寢時間和起床時間，你才可能獲得適當數量的 NREM 和 REM 睡眠。以這種方式，你花在睡覺的時間可能密切相稱於你晝夜節律的睡眠階段。

研究人員也感興趣於睡眠型態在個人一生中的變動情形。你在這世界剛邁開步伐時，每天大約睡眠 16 小時，其中幾近半數時間是花在 REM 睡眠上。到了 50 歲時，你可能每天睡眠 6 小時，其中只有大約 15% 時間是花在 REM 睡眠上。年輕人通常每天睡眠 7-8 小時，其中大約 20% 是 REM 睡眠。

儘管睡眠型態隨著年齡而變動，這並不表示隨著你年紀老邁，睡眠就不再那般重要。一項研究追蹤身體狀況良好的老年人，從他們 60 多歲直到進入 80 多歲，以看看他們的睡眠行為與他們活得多久之間是否存在關係（*Dew et al., 2003*）。研究人員發現，對那些擁有較高睡眠效率（這個數值是建立在他們睡眠的時間數量除以他們花在床上的時間數量）的人們而言，他們可能活得較為長久。這個結果直接導致我們下一個問題：為什麼人們需要睡眠？

三、為什麼需要睡眠？

人類和其他動物在睡眠階段上依序的進展，說明了睡眠具有進化的基礎和生理的需求。人們當獲得由來已久的每晚 7-8 小時的睡眠時，他們的功能運轉相當良好（*Foster & Wulff, 2005; Hublin et al., 2007*）。假使你在一段時間中獲得太少的睡眠，你通常將需要取得額外的睡眠加以補償。人們也在特定類型的睡眠上顯現反彈。例如，假設你被剝奪一個夜晚的 REM 睡眠，那麼你在下一個夜晚將會比起平常出現較多的 REM 睡眠。這些睡眠模式說明，關於人們取得睡眠的數量和類型，應該存在一些重要的意味。在這樣的脈絡中，讓我們考慮睡眠擔任的功能。

睡眠的兩個最普遍功能是保存（conservation）和復原（restoration）（*Siegel, 2009*）。睡眠可能經過演化，因為當動物無須四處搜尋食物、尋找配偶或工作時，睡眠使得牠們能夠保存能量。然而，睡眠也置動物於有被掠奪者攻擊的風險。研究人員推斷，整個睡眠期間的腦活動週期（參考圖 5-1）可能經過演化，以協助動物把被捕食的風險降到最低——某些型態的腦活動可能容許動物保持對於環境的動靜相對上有較大的察覺性，即使在牠們已入睡後（*Lesku et al., 2008*）。

睡眠可能也在學習和記憶上扮演關鍵角色（*Diekelmann & Born, 2010*）。特別是，研究人員指出，睡眠協助新記憶的凝固（consolidation）。凝固作用是一種神經生理歷程，使得新進、脆弱的記憶能被較持久編碼（登錄）在頭腦中。考慮下面的研究。

在一項實驗中，受試者的主要任務是記住一些詞對（*Wilhelm et al., 2011*）。例如，受試者可能學習在呈現線索詞「男孩」時，應該提出「女孩」的應答。在花費大約 1 個小時學習詞對後，有些受試者被告知，他們在 9 個小時後將會接受另一次詞對的考試。對這一組而言，記憶考試是預期的。對其餘受試者而言，該記憶考試是不預期的（沒有預料到的）。記憶考試之所以在 9 個小時後舉行，乃是因為有些受試者接著進行夜晚睡眠。其餘受試者則在接下來 9 個小時中保持清醒（這項實驗的學習階段有時候是在早上開始，有時候是在夜晚）。記憶考試顯現了清楚的樣式：當受試者預期記憶考試的舉行，而且當他們在學會詞對後立即進行睡眠時，這樣受試者的表現最佳。在沒有預期考試的情況下，考試成績偏低，而且進行睡眠和保持清醒的受試者的表現大致相同。在沒有睡眠的情況下，考試成績也偏低，而且不論是預期或不預期考試的受試者，他們的表現大致相同。

這項實驗結果提醒你，當你為未來考試作準備時，你應該擬定行動方案。幾乎所有你接受的考試都將是「預期的」。基於這個原因，你應該認真考慮就在你就寢之前讀書。你獲得的睡眠應該有助於你凝固你所學得的東西。需要一提的是，REM 和 NREM 二者都在凝固作用上扮演角色，但它們在記憶形成的物理歷程上影響不同部位

（*Diekelmann & Born, 2010*）。

在閱讀睡眠達成的這些重要功能後，你或許不會訝異，當人們的睡眠太少時，將會造成一些嚴重後果。睡眠剝奪會對認知表現產生一連串負面效應，包括注意力和工作記憶方面的障礙（*Banks & Dinges, 2007*）。睡眠剝奪也損害人們執行運動技巧的能力。例如，睡眠不足的駕駛人較可能發生車禍。這個事實已導致一些評論家提議，工程師應該為過度睡意（excess sleepiness）研發測量裝置，就像他們為過量酒精（excess alcohol）發明酒測儀器一樣（*Yegneswaran & Shapiro, 2007*）。

四、睡眠性疾患

如果你一直擁有良好的夜間睡眠，那是一件值得恭賀的事情。不幸地，許多人受擾於睡眠性疾患（sleep disorders），這對他們的個人生活和職業生涯造成重大負擔。隨著你閱讀下去，你有必要記住，睡眠性疾患的嚴重性有很大變異。同樣的，它們的起源牽涉到生物、環境及心理等方面因素。

(一) 失眠症

當人們對自己睡眠的數量或品質感到不滿意時，他們就是受擾於失眠症（insomnia）。失眠使得人們長期得不到適當睡眠，它有多種形式，有些是就寢後久不成眠；有些是入睡後頻頻醒過來；還有些是太早醒過來，醒後就很難再入睡。在美國包含 3,643 個成年人的一個樣本中，52.5% 受訪者報告他們至少每個月一次發生過失眠；7% 報告他們幾乎每個夜晚經歷失眠（*Hamilton et al., 2007*）。該研究也證實，失眠對於人們的幸福感產生一致的負面衝擊。

失眠是一種複雜的疾患，它是由多種心理、環境及生理的因素所引起（*Bastien, 2011*）。許多理論經常集中在人們無能力擺脫清醒的生活上。有些人發生失眠，這可能是當試圖入睡之際，他們較無法從意識上驅逐侵入性的思想和情感。然而，當失眠病人在睡眠實驗室中接受研究時，他們實際睡眠之客觀的數量和品質卻有很大變異——從失常的睡眠到正常的睡眠。研究已揭示，有些失眠病人抱怨自己缺乏睡眠，實際上卻顯現完全正常之睡眠的生理型態——這種情況被稱為反常失眠症（paradoxical insomnia）。例如，在一項研究中，20 位病人被診斷為反常失眠症，他們和 20 位控制組成員（沒有睡眠障礙）在睡眠實驗室中花費整個晚上（*Parrino et al., 2009*）。研究已發現，這兩組的實際睡眠非常類似：病人組的 447 分鐘 vs. 控制組的 464 分鐘。然而，這兩組對他們睡眠數量的主觀估計卻有很大落差：病人組的 285 分鐘 vs. 控制組的 461 分鐘。研究人員表示，不尋常型態的睡眠腦部活動可能有助於解釋病人的知覺與現實之間的差距。

(二) 昏睡症

昏睡症（narcolepsy）是一種睡眠性疾患，它的特色是在白天期間間歇的睡眠。昏睡症通常伴有猝倒症（cataplexy），即因為情緒激動（諸如大笑、憤怒、恐懼、驚嚇或飢餓）引起的肌肉無力或失去肌肉控制，這導致病人猝然倒下。當昏睡症病人入睡時，他們幾乎立即就進入 REM 睡眠。這種 REM 的突進使得病人經歷（而且意識上察覺到）鮮明的夢境景象，或有時候感受到令人驚恐的幻覺。根據估計，美國每 2,000 人中就有一人受擾於昏睡症。因為昏睡症傾向於在家族中流傳，研究人員認為這種病症具有遺傳基礎（*Raizen & Wu, 2011*）。昏睡症經常為當事人帶來負面的社會和心理衝擊，因為當事人試圖避免突然睡眠發作所引起的困窘（*Jara et al., 2011*）。

(三) 睡眠窒息

睡眠窒息（sleep apnea）是一種上呼吸系統的睡眠障礙，使得病人在睡眠中停止呼吸。當這種情形發生時，血液中的氧含量顯著下降，緊急的激素被釋放出來，引起睡眠者清醒過來，再度開始呼吸。雖然大部分人在一個夜晚中都會有幾次這樣的窒息發作，但是對於有睡眠窒息疾患的病人而言，有些人每晚發生上百次這樣的週期。有時候，窒息發作令睡眠者感到驚嚇，但是通常這樣的發作太過短暫，睡眠者沒有把累積的昏昏欲睡（睏倦）歸之於是它們所致（*Pagel, 2008*）。在成年人中，睡眠窒息影響大約 2% 的女性和 4% 的男性（*Kapur, 2010*）。

睡眠窒息也經常發生在早產的嬰兒；早產兒有時候需要物理刺激以促使他們再度呼吸。因為他們的呼吸系統尚未發育完全，只要困擾仍然存續，這些嬰兒必須在加裝有監測器的育嬰室中接受照護。

(四) 夢遊症

對於受擾於夢遊症（somnambulism，或 sleepwalking）的人們而言，他們離開床舖而四處走動，卻仍然保持在入睡狀態。夢遊較常發生在兒童身上——相較於成年人。例如，研究已發現，大約 7% 的兒童出現夢遊（*Nevéus et al., 2001*），但只有大約 2% 的成年人有這種現象（*Bjorvatn et al., 2010*）。夢遊與 NREM 睡眠有關聯。當在睡眠實驗室中進行監看時，在整個夜間睡眠前三分之一的階段 3 和階段 4 的期間，成年的夢遊者顯現突然的激發狀態，包含一些動作或言語（*Guilleminault et al., 2001*）。有違於一般人的觀念，被喚醒的夢遊者並不特別具有危險性——他們只是可能對於突然的甦醒感到困惑。仍然，夢遊本身可能具有危險性，因為當事人在他們的環境中到處行走，卻沒有意識的覺知。

(五) 惡夢與睡眠驚恐症

當夢境驚嚇到你，使你感到無助或失控時，你便是發生惡夢（nightmare，或夢魘）。大部分人報告每年有 6 到 10 次的惡夢（Robert & Zadra, 2008）。然而，在兒童期直到成年後期的期間，女性相較於男性經歷略為多的惡夢（Schredl & Reinhard, 2011）。這項差異可以被解釋，部分是因為女性較可能憶起她們的夢境。惡夢的尖峰時間是在 3 歲到 6 歲之間，大部分兒童在這時候至少會有偶爾的惡夢（Mason & Park, 2007）。此外，人們當經歷過創傷事件時，諸如強暴或戰爭，他們可能會有反覆的惡夢，迫使他們再度體驗自己創傷的一些情節和畫面（Davis et al., 2007）。大學生當經歷過舊金山灣區的大地震後，他們發生惡夢的可能性是配對組（matched troup，即沒有經歷過地震）大學生的兩倍高。如你可能預期的，他們的許多惡夢是關於地震的毀滅性後果（Wood et al., 1992）。

睡眠驚恐症（sleep terror disorder）是指重複地從睡眠中突然醒來，通常伴隨一聲驚惶的尖叫（DSM-IV-TR, 2000）。這些發作典型地發生在夜間睡眠前三分之一的 NREM 睡眠期間。當事人發作期間會有心跳加快、呼吸急促及冒汗等徵狀，但是大部分人不能回憶自己的夢境，也完全不記得自己發作過。睡眠驚恐症最常出現在兒童期，主要是發生在 5 到 7 歲之際（Mason & Pack, 2007）。從 4 歲到 12 歲之間，大約 3% 兒童經歷過睡眠驚恐症，成年人的發生率則不到 1%。研究人員已開始探討不同型態的腦活動，以之鑑別有睡眠驚恐症之特殊風險的兒童（Bruni et al., 2008）。

五、夢：心靈的劇場

在你生命每個尋常的夜晚，你經歷人類心靈所上演最奇妙的事件——夢（dreams）。逼真、鮮明而荒誕的幻覺占據了你睡眠的劇場；夢的情節完全顛覆了事件的時間、順序及場所。然而，這個一度只屬於預言家、靈媒及精神分析家的領域，現在已成為科學研究人員的重要研究範疇。

許多關於夢的研究是在睡眠實驗室中展開；在實驗室中，研究人員可以監視睡眠者的 REM 和 NREM 睡眠。雖然人們當從 REM 期間被喚醒時，他們報告較多的夢（在大約 82% 他們被喚醒的時候），但是作夢也發生在 NREM 期間（在大約 54% 被喚醒的時候）（Foulkes, 1962）。當作夢是發生在 NREM 狀態時，這樣的夢所含故事內容較不可能涉及情緒。它較類似於白天的思維，較少伴隨感官意象。

因為夢在人們的心理生活中這般突顯，幾乎每個文化都曾提出相同的問題：夢具有意義嗎？所浮現的答案幾乎總是肯定的。這也就是說，大部分文化抱持這樣的信念：無論透過怎樣方式，夢具有重要的個人意義和文化意義。

(一) 佛洛依德學派之夢的解析

當代西方文化中，最為著名之夢的理論是創始於佛洛依德。他把夢稱為「暫時性的精神病」，也稱之為「通往潛意識的捷徑」。佛洛依德以他的經典著作《夢之解析》（*1900/1965*）為精神分析學派的夢的分析奠立了里程碑。他把夢的意象視為是強力之潛意識、壓抑的願望的象徵性表達。這些願望只能以偽裝的形式出現，因為它們埋藏著禁忌的欲望，諸如對異性父母的性渴慕。因此，夢境中有兩個動態力量在運作，一是願望（wish），另一是防備該願望的稽查作用（censorship）。夢境分為兩個層面，一為潛性夢境（latent content），屬於潛意識境界；另一為顯性夢境（manifest content），屬於半意識境界。從潛性夢境轉換為顯性夢境後，當事人才能陳述他作夢的經驗——佛洛依德指稱這個轉換歷程為夢程（dream work）。夢的顯性內容是該故事可被接受的版本；夢的潛性內容則表徵（represent）不被社會或個人所接受的版本，但也是真實而「未經剪接」的版本。

根據佛洛依德的理論，夢的解析需要致力於從夢的顯性內容回溯到潛性內容。對於應用夢的分析以理解及治療病人問題的精神分析師而言，夢透露了病人的潛意識願望、附隨於這些願望的恐懼，以及病人所採取特有的防衛（用以處理所引起的願望與恐懼之間的精神衝突）。

精神分析師必須依據當事人的整個生活背景來解析夢境所蘊含的象徵和暗喻。儘管如此，佛洛依德仍然提出一些普遍的象徵（大多含有性的意味），通常在各個夢境之間被授予同樣的意義。例如，所有長條狀的物體，像是手杖、樹幹和雨傘都代表男性生殖器；所有武器和工具也用來象徵男性性器官，諸如犁、鐵鎚、來福槍、短劍和軍刀等。至於箱子、盒子、碗櫃、爐灶和房間等則代表子宮（*Freud, 1900/1965*）。

(二) 夢的內容的當代理論

佛洛依德的觀點受到許多生物學本位的理論的重大挑戰。例如，激活－整合模式（activation-synthesis model）指出，所有的夢都是起源於腦部深處的放電。這樣的神經信號是從腦幹發放出來，然後激活前腦和皮質的聯合區，這引起一些隨機的記憶，再進一步跟作夢者的過去經驗連結起來。（*Hobson, 1988; Hobson & McCarley, 1977*）。根據這個觀點，這些隨機突發的電「信號」沒有邏輯上的關聯、沒有實質的意義，也不具有連貫的型態。需要注意的是，這個觀點並不是說夢的內容是沒有意義的，它只是說夢的來源是一些隨機的刺激，而不是潛意識的願望。最後，你的大腦／心智透過它被設計的原意來支配這個隨機的事件；它試圖合理解釋所收到的所有輸入，在混亂之中施加秩序，經由製造所謂的夢境把個別突發的電刺激「整合」為連貫的故事。

然而，當代研究反駁「夢的內容是起源於隨機信號」的觀點（*Nir & Tononi, 2010*）。

事實上，神經學的證據顯示，就如你在作白日夢和思緒漫遊期間的清醒經驗那般，夢的運作也是源自相同的基本歷程（*Domhoff, 2011*）。腦部造影研究指出，海馬迴（大腦構造之一，在若干類型記憶的獲得上極為重要）在 REM 睡眠期間保持活化（*Nielsen & Stenstrom, 2005*）。另一個在情緒記憶上扮演重要角色的大腦構造——杏仁核——在 REM 睡眠期間也相當活躍。這種生理層面的探討支持下列的主張：夢的功能之一是「沿著當事人的目標、欲望及困擾等方向，拉攏當事人過去幾天中的新近經驗」（*Paller & Voss, 2004, p.667*）。根據這個觀點，夢的情節反映了大腦試圖以當事人新近的生活片段編成一篇故事，就成為 REM 睡眠期間最突顯的部分。

　　另有些研究針對於探討夢的內容，它們證實夢的內容跟當事人清醒時的關切事項呈現密切的關聯（具有重大的連貫性）（*Domhoff, 2005*）。這就是所謂的「日有所思，夜有所夢」。然而，夢境極少呈現來自清醒生活的事件的完全複製。反而，夢的內容通常來自於一些斷簡殘篇的記憶。例如，當人們花較多清醒時間從事特定活動時（諸如運動或閱讀），他們報告了較高比例的夢包含那些活動（*Schredl & Erlacher, 2008*）。夢境經常呈現來自前一天的記憶元素。夢境也會顯現延遲效應：它們較可能包含來自作夢之前 5 到 7 天期間的記憶元素——相較於作夢之前的 2 到 4 天（*Blagrave et al., 2011*）。這種夢境延遲可能是 REM 睡眠在新記憶凝固上擔任著角色，所導致的另一個結果。

　　你可能考慮為自己的夢境保存日誌——每個清晨你一醒過來，就試著寫下你的夢境——以看看你的夢境跟日常關心事件有怎樣關聯，以及你的夢境內容如何隨著時間發生變動或保持穩定。然而，需要注意的是，有些人較難以回憶夢境（*Wolcott & Strapp, 2002*）。例如，假使你在 REM 期間醒過來，你將較容易回想夢境。假使你想要記起你的夢境，你可以考慮更動你設定鬧鐘的時間。此外，人們若對作夢持著較正面態度的話，他們顯然發現較容易回想自己的夢境。在這層意味上，你經由著手夢境日誌而顯現對作夢的興趣，這可以協助你增進你回憶夢境的能力。

　　當你在作夢之際，你有可能察覺自己正在作夢嗎？答案為「是」！事實上，探討清晰作夢（lucid dreaming）的研究人員已實證，個人意識上察覺自己正在作夢是一種學得的技巧，可以隨著有系統的練習而精進（*LaBerge, 2007*）。多種方法已被使用來誘導清晰作夢。例如，在一些清晰作夢的研究中，睡眠者戴上特別設計的護目鏡，這種護目鏡當偵測到 REM 睡眠時，便會閃現一道紅光。主試者先前已告訴過受試者，那道紅光是變成意識上察覺自己正在作夢的一個線索（*LaBerge & Levitan, 1995*）。一旦察覺到正在作夢，但仍未甦醒過來，睡眠者就進入一種清晰作夢的狀態，他們在這種狀態中能夠控制自己的夢，根據個人的目標引導夢的方向，以及使得夢的結果符合自己當前的需求。即使沒有特殊的訓練，人們有時候也會變得察覺自己正在作夢。研究人員已開始探討，使得清晰作夢成為可能的腦部歷程（*Neider et al., 2011; Voss et al., 2009*）。

第四節　不尋常的意識狀態

　　在每個文化中，有些人不滿意於他們清醒意識的尋常變換。他們訴諸一些手段以使自己擺脫一成不變的意識方式，進而體驗不尋常的意識狀態。這些手段中，有些是屬於個別的行動，諸如靜坐；另有些則是共同的行動，以試圖超越意識經驗的正常界限，諸如若干宗教儀式。

一、催眠

　　催眠（hypnosis）的字眼是源於「Hypnos」，後者是希臘神話中的睡眠之神。然而，睡眠遠不同於催眠，除了在一些情況中，被催眠者的「外觀」很像是正處於深度放鬆、睡眠似的狀態。假使人們已真正入睡的話，他們無法對催眠產生反應。催眠的寬廣定義是：它是透過一些技術誘導的一種不同的覺知狀態，當事人在這種狀態下容易對外界的暗示（suggestion）起反應，而且伴隨知覺、記憶、動機和自我控制感等方面的變化。在催眠狀態下，當事人產生對於催眠者的暗示增高的感應性——他們通常感到自己的行為很自然就表現出來，不需要特別的意圖或任何意識的努力。

　　研究人員往往對於催眠所涉的心理機制持有不同的意見（Lynn & Kirsch, 2006）。有些早期的理論家表示，被催眠者進入一種恍惚（trance）狀態，遠不同於清醒的意識；另有些人表示，催眠不過是高漲的動機；還有些人認為，它只是一種社會角色扮演，一種試圖取悅催眠師的安慰劑反應。事實上，關於催眠牽涉到意識上一種特殊恍惚似的變化，研究已大致上排除這樣的觀念。然而，催眠似乎仍存在一些附加效應——在動機或安慰劑的作用之外。

㈠ 催眠誘導和入催眠性

　　催眠起始於催眠誘導（hypnotic induction），它是一套預備好的活動，以儘量減低外界干擾（令人分心）的刺激，鼓勵被催眠者只專注於所提示的刺激，而且相信自己即將進入一種特殊的意識狀態。誘導活動包括一些暗示，要求被催眠者想像若干體驗，或想像一些事件和反應。當重複施行之後，誘導程序作用為學得的信號，以便被催眠者能夠迅速進入催眠狀態。典型的誘導程序是應用一些深沉放鬆的程序，但是有些人能夠在活躍、警覺的誘導下進入催眠——諸如想像自己正在慢跑或騎單車（Banyai & Hilgard, 1976）。

　　入催眠性（hypnotizability，或催眠感應性）是指當事人容易感應標準化的暗示以產生催眠反應的程度。這種入催眠性存在廣泛的個別差異，從完全缺乏感應性以迄

於全面的感應性。圖 5-2 所顯示的是大學年齡受試者所呈現各種入催眠性水平的百分比——當他們首度接受催眠誘導的測驗時。當在這個量表上擁有「高度」或「極高」的評分時，這代表什麼意思呢？當該測驗被施行時，催眠師提出一系列受催眠後的暗示，指示每位受試者可以擁有的一些經驗。當催眠師暗示他們伸展的手臂已變成鐵棒時，高度催眠感應性的受試者可能發現自己無法彎曲手臂。隨著特定的暗示，他們可能伸手揮趕不存在的蒼蠅。作為第三個實例，高度催眠感應性的受試者可能無法點頭表示「不」——當催眠師暗示他們已失去該能力時。至於在入催眠性量表上拿到「低度」評分的受試者，他們只呈現很少（假使有的話）的這些反應。

　　入催眠性是一種相對上穩定的屬性。當 50 位男女受試者在大學時期接受入催眠性的評鑑，然後在 25 年之後再度接受測試時，發現兩者之間存在相當高的相關係數，達到 0.71（*Piccione et al., 1989*）。兒童傾向於要比成年人較易接受暗示；催眠感應性的尖峰出現在剛要進入青少年期之前，然後就逐漸下降。雖然入催眠性相對上穩定，但是它與任何人格特質沒有相關，不論是容易受騙性格（gullibility）或從眾性（conformity）（*Fromm & Shor, 1979; Kirsch & Lynn, 1995*）。事實上，跟入催眠性具有最高正相關的人格特質是專注（absorption），它是使個體「高度傾注想像或感官的經驗的一種傾向」（*Council & Green, 2004, p.364*）。例如，當觀看電影時，假使你經常發現自己忘卻了「真實」的世界（也就是你太投入電影的世界），你可能也是高度催眠感應性。

　　若干證據指出入催眠性的遺傳決定因素。早期的研究已證實，同卵雙胞胎要比異卵雙胞胎在入催眠性分數上更為相似（*Morgan et al., 1970*）。較為近期，研究已開始把焦點放在作為個別差異之基礎的特定基因上。例如，研究人員已檢定出稱為 COMT

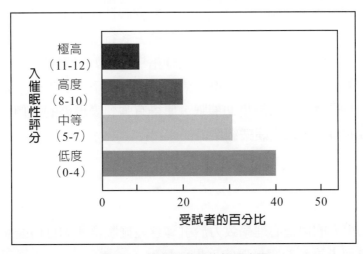

圖 5-2　首度誘導下的催眠水平

圖形所顯示是 533 位受試者首度接受催眠的結果。入催眠性是依據在「史丹福催眠感受性量表」上測量所得，總共由 12 個項目所組成。

的基因，它影響大腦如何使用神經傳導物質多巴胺。這個基因的變異跟入催眠性的個別差異有關聯（*Szekely et al., 2010*）。

(二) 催眠的效應

在描述入催眠性如何被測量上，我們已經提到催眠的一些標準效應：在催眠狀態下，當事人感應關於運動能力的暗示（例如，他們的手臂變得不能彎曲），也感應關於知覺經驗的暗示（例如，他們產生蒼蠅的幻覺）。但無庸置疑的，催眠的最大用途之一是它減輕疼痛（稱為催眠性止痛——hypnotic analgesia）的能力。你的心靈可以透過預期和恐懼而擴大疼痛刺激；你也可以借助催眠以降低這種心理效應（*Dillworth & Jensen, 2010*）。疼痛控制的達成是透過多種催眠暗示：想像身體的疼痛部位是非器質性的（是由木材或塑膠所構成）；或想像該部位脫離（絕緣）於身體其餘部位，因此讓自己的心思離開身體去渡個假；或者以各種方式扭曲時間。人們可以透過催眠以控制疼痛，即使當他們排除所有思想和意象於意識之外時（*Hargadon et al., 1995*）。

你或許不會感到訝異，當你知道高度入催眠性的人們能夠經由催眠獲得較大的疼痛減除。研究人員正試圖理解這項差異的腦部基礎。例如，腦部造影研究已證實，入催眠性較高的人們也在胼胝體的前部擁有較大的區域（*Horton et al., 2004*）。胼胝體的這個部位在注意力和在多餘刺激的抑制上扮演一定角色，這表示高度催眠感應性的人們可能擁有較多腦部組織，以容許他們利用催眠來抑制疼痛。EEG 測量方面的研究也已證實（在催眠的疼痛減除的背景中），高度和低度催眠感應性的人們在大腦反應上有所差異（*Ray et al., 2002*）。

最後，我們有必要提醒你，催眠的力量絕不在於催眠師的一些特殊能力或技巧，反而是在於被催眠當事人的相對入催眠性。處於催眠狀態並不涉及放棄自己的個人控制；反而，被催眠的經驗容許當事人學習以新的方式行使控制力。催眠師在這過程中就像是教練，被催眠者則像是選手，然後教練指導選手如何運用及發揮自己的一些控制力。至於催眠的舞台秀方面，為什麼人們在催眠狀態下會展現一些奇特的舉止？你有必要記住，那只是舞台催眠師借助催眠，使得有強烈表現慾的人們當眾做一些大多數人不曾這樣做的事情，以之娛樂觀眾而已。

二、靜坐

許多宗教和東方的傳統心理學致力於引導意識擺脫當前的世俗憂慮。它們尋求在心靈和精神的層面上達到無窒無礙的境界。靜坐（meditation，或冥想）是一種意識的變動，它的意圖是透過獲致一種深沉的寧靜狀態以增強自我認識和幸福感。在靜坐期間，當事人把注意力從周遭紛擾的環境中收斂回來，調整呼吸、採取若干身體姿勢

（瑜珈的姿勢）、摒棄外界刺激、冥想特定的心像，或讓心靈不拘泥於任何思慮。

關於靜坐的實徵效果仍存在一些爭議。批評者指出，平常「閉眼」的休息狀態與靜坐的特定程序之間似乎沒有太大的生理差異。然而，靜坐的支持者指出，靜坐真正之生理機能的特色是平靜的機敏（restful alertness），一種低度身體激發但高度洞察的狀態。因此，靜坐至少減低了焦慮，特別是對於那些生活在高度壓力下的人們。例如，在一項研究中，受擾於心臟病的婦女被提供 8 個星期的靜坐訓練；在這項干預結束之際，婦女們一致地報告較低的焦慮感——相較於她們在該研究之前的報告（*Tacon et al., 2003*）。控制組的婦女在她們的焦慮報告上沒有顯現任何改善。因為焦慮感在心臟病的發展上扮演一定角色，這項結果提供了證據，即心靈有助於身體的療養。

腦部造影技術已開始揭露靜坐如何影響腦活動的型態（*Cahn & Polich, 2006*）。事實上，近期的證據顯示，長期下來，靜坐可能為大腦本身帶來良性影響。更具體而言，MRI 掃描顯示，靜坐似乎造成大腦皮質的聽覺區和軀體感覺區有增厚的組織（*Lazar et al., 2005*）。隨著人們年齡的增長，他們通常會失去皮質的厚度。因此，研究人員推斷，靜坐可能有助於減緩這方面神經元的自然流失。

許多擁護者也提出，當有規律地實行時，靜坐可以提升你的意識；透過使你能夠以新穎方式看待熟悉的事物，靜坐也有助於你獲致一些啟發。Nhat Hanh（*1991*）是佛教界關於靜坐的一位領導人物，他建議以對自己呼吸的意識、對所處環境的直觀（單純的欣賞）以及記錄每天的行動，作為通往心理寧靜之路。

第五節 改變心理狀態的藥物

從古代開始，人們就已服用各種藥物以改變他們對現實的知覺。考古學上的證據顯示，美國西南部和墨西哥地方的人們不曾間斷地食用 sophora 種子（一種稱為梅司卡的小仙人掌的豆子）已達 1 萬年之久。古代的阿茲特克族人把梅司卡豆子（mescal bean）發酵為啤酒。從遠古時代，北美洲和南美洲的人們也服用神蕈（teonanacatl，一種裸蓋菇，可用來製迷幻藥）作為祭祀儀式的一部分。這些蕈菇類少量服用會產生鮮明的幻覺。

在今日的西方文化中，藥物較少與獻祭儀式有關，而較與尋歡縱慾有關。全世界各地人們服食各種藥物，他們的目的不外乎尋求娛樂、放鬆自己、應付壓力、避免面對當前不愉快的現實、在社交情境中使自己感到舒適些，或為了體驗不一樣的意識狀態。隨著赫胥黎（Aldoux Huxley）在 1954 年發表《知覺之門》（*The Doors of Perception*）這本書，人們服食藥物以改變意識的情形漸趨普遍。赫胥黎甚至親自服食梅司卡林（mescaline，從仙人掌提煉出來的一種迷幻藥）以體驗意識的變化。

如我們在第 15 章將會看到，許多藥物對個人的心理狀態產生影響，但這經常也正是它們有助於治療心理疾患的關鍵成分。事實上，如我們在表 5-1 所揭示，許多類型的藥物具有重要的醫療用途。仍然，許多人服用的藥物不屬於處方上用來增進身體或心理健康的藥物。在 2009 年針對 68,700 個美國公民（年齡都在 12 歲以上）的一項調查中，發現 8.7% 報告在過去一個月中服用至少一種非法藥物（物質濫用暨心理健康管理局〔SAMHSA〕, 2010）。隨著青少年進入十幾歲年齡的後期，這個數值還要更高些——16 到 17 歲青少年的 16.7%，以及 18 到 20 歲青少年的 22.2% 報告了某種非法藥物使用。此外，在這個樣本中，51.9% 的人們在調查的前一個月中曾經攝食酒精，27.7% 有吸菸行為。這些數值說明了理解藥物使用的生理後果和心理後果的重要性。

一、依賴與成癮

心理促動藥物（psychoactive drugs）是指一些化學物質，它們經由暫時地改變意識覺知而影響你的心理歷程和行為。一旦進入腦部，這些化學物質使自己貼附在突觸受納器上，阻斷或促發若干反應。透過這種方式，它們深刻地改變腦部的通訊系統，進而影響了知覺、記憶、心境及行為。然而，持續服用特定藥物將會產生耐藥性（tolerance），使用者將需要更大的劑量才能達到同樣的效果。隨著耐藥性而來的是生理依賴（physiological dependence）。生理依賴是指身體逐漸適應和依賴某物質的過程，部分是因為該藥物的頻繁呈現導致神經傳導物質的不足或枯竭。耐藥性和生理依賴的悲劇性結果是藥物成癮（drug addiction）。當個人藥物成癮時，他隨時需要有藥物在他的身體內，而且當該藥物不再呈現時，他將會受苦於戒斷症狀（withdrawal symptoms），諸如發抖、盜汗、噁心及甚至死亡——在酒精戒斷的個案上。

無論是否成癮，當個人發現藥物服用是如此令人想望或愉快時，他就是發展出對藥物的渴望（craving），這種狀況被稱為心理依賴（psychological dependence）。幾乎任何藥物都可能引起心理依賴。藥物依賴的結果是個人的生活方式逐漸繞著藥物使用而打轉，當趨於嚴重時，他生活運作的能力大為受限或缺損。此外，為了維持服藥的習慣（劑量還需要逐步增加），所需花費的金錢相當驚人，這往往使得成癮者走上搶劫、偷竊、賣淫或販毒之路。最初只是藥物在小小突觸上的化學作用，後來竟然演變為嚴重的個人和社會問題。

二、心理促動藥物的分類

表 5-1 所列是常見的一些心理促動藥物。第 15 章中，我們將會討論被用來緩解心理疾病的另一些心理促動藥物。我們以下簡要說明這每類藥物如何對個人的生理和

表 5-1　心理促動藥物的醫療用途

藥物	醫療用途
・迷幻藥（hallucinogens）	
LSD	沒有
PCP（phencyclidine）	獸醫用的麻醉劑
大麻素（marijuana）	化學治療造成的噁心和反胃
・鴉片劑（麻醉劑）（opiates）	
嗎啡（morphine）	止痛劑、咳嗽壓抑劑
海洛因（heroin）	沒有
・鎮靜劑（depressants）	
巴比妥酸鹽（例如，Seconal）	鎮定劑、安眠藥、麻醉劑、抗痙攣劑
benzodiazepines（例如，Valium）	抗焦慮劑、鎮定劑、安眠藥、抗痙攣劑
Rohypnol	安眠藥
GHB	昏睡症的治療
酒精（alcohol）	防腐劑
・興奮劑（stimulants）	
安非他命（amphetamines）	過動症、昏睡症、體重控制
去氧麻黃鹼（methamphetamines）	沒有
MDMA	有協助心理治療的潛在性
古柯鹼（cocaine）	局部麻醉劑
尼古丁（nicotine）	供戒菸用的尼古丁口香糖或貼劑
咖啡因（caffeine）	體重控制、急性呼吸衰竭的興奮劑、止痛劑

心理產生影響。

(一) 迷幻藥

　　最具戲劇性的意識變化是由稱爲迷幻藥（hallucinogens 或 psychedelics）的藥物所引起。這些藥物改變了個人對外界環境的知覺，也改變了個人的內在覺知。如它的名稱所意指的，這類藥物通常製造了幻覺（hallucinations）——在缺乏客觀刺激下發生之鮮明而逼眞的知覺。幻覺可能導致個人喪失自我（self）與非自我（nonself）之間的界限。LSD 和 PCP 是在實驗室中合成之兩種常見的迷幻藥。迷幻藥物典型地作用於大腦特定的受器座上，這些受器座原本專供化學神經傳導物質血清素（5- 羥色胺）所使用（Fantegrossi et al., 2008）。例如，LSD 非常緊密貼合於血清素受納器，以至於神經元產生長時間的活化。

　　大麻素（cannabis）是一種具有心理促動效果的植物鹼。它的活化成分是THC（四氫大麻酚），這種成分在印度大麻（hashish，植物凝結的樹脂）和大麻（marijuana，植物曬乾的葉子和花）中都可發現到。吸食 THC 所產生的體驗取決於

它的劑量，低劑量產生溫和、歡樂的快感（highs），高劑量則會造成長時間的迷幻反應。固定服用者報告有陶醉感、幸福感、對空間和時間的扭曲，以及偶爾脫離於身體之外的體驗。然而，視所處情境而定，大麻的效果也可能是負面的——恐懼、焦慮和混淆。

研究人員多年以來就已知道大麻酚（cannabinoids，它是大麻之所以產生作用的化學成分）的存在，它只跟腦部特定的受納器結合。這些大麻酚受納器特別密集出現在海馬迴（hippocampus），海馬迴是大腦掌管記憶的部位。較近期的研究已發現 anandamide 的存在，它是結合於相同受納器的一種神經傳導物質（*Di Marzo & Cristino, 2008*）。這也就是說，大麻酚是在對 anandamide（腦部中天然生成的物質）感應的大腦部位達成它們改變心境的效果。這些內源性大麻酚發揮神經調節物（neuromodulators）的機能。例如，它們壓制神經傳導物質 GABA 在海馬迴的釋放（*Lee et al., 2010*）。這些腦部大麻酚似乎在調節食慾和進食行為上扮演重要的角色（*Kirkham, 2005*）。這項正常的功能可能有助於解釋為什麼大麻使用者經常發現自己強烈地飢餓。

(二) 鴉片劑

鴉片劑（opiates）（如海洛因和嗎啡）壓抑身體對於刺激的感覺和反應。我們在第 3 章中提到，大腦含有腦內啡（endorphins，它是 endogenous morphines 的縮寫），它對於心境、疼痛及愉悅產生強力的效應。這些內源性鴉片劑在大腦對身體壓力源和心理壓力源二者的反應上扮演關鍵的角色（*Ribeiro et al., 2005*）。像是鴉片和嗎啡這類藥物就是在腦部結合於跟腦內啡相同的受納器基座（*Trescot et al., 2008*）。因此，鴉片劑和大麻這二者之所以產生效果是因為它們擁有活性的成分，這些成分跟在腦部天然生成的物質具有相似的化學特性。

海洛因透過液化而注射到靜脈中，它最初的效果是一種愉悅感的衝擊。欣快而陶醉的感受取代了所有憂慮和對於肉體需求的覺知。然而，海洛因使用很容易導致成癮。當內源性鴉片劑系統的神經受納器以非天然的方式被激活時，大腦就失去了微妙的平衡。大腦會對抗藥物的效應，因而愉悅感逐漸退潮，然後被強烈的負面情緒狀態所取代（*Radke et al., 2011*）。這些負面情緒誘使人們再度尋求原先愉悅感的衝擊，這個從正面到負面的循環，就是海洛因經常導致成癮的原因之一。當試圖戒除鴉片劑時，當事人經常經歷嚴峻的身體症狀（諸如嘔吐、疼痛及失眠），也會產生對該藥物的強烈渴望。

(三) 鎮靜劑

鎮靜劑（depressants）包括巴比妥酸鹽（barbiturates）、benzodiazepines 和最為

知名的酒精。這些物質傾向於壓抑（減緩）身體的心理活動和生理活動——透過抑制或減退神經衝動在中樞神經系統的傳導。鎮靜劑達成這個效果部分地是透過促進突觸上的神經傳遞——這些突觸特別是使用 GABA 這種神經傳導物質（*Licata & Rowlett, 2008*）。GABA 的普遍功能是抑制神經傳遞，這解釋了鎮靜劑的抑制效果。過去，人們經常以巴比妥酸鹽為處方藥（諸如 Nembutol 和 Seconal）充當鎮靜劑，或用以治療失眠。然而，因為巴比妥酸鹽有成癮和服藥過量的潛在性，人們現在較可能被開 benzodiazepines 的處方，諸如 Valium 或 Xanax。第 15 章中，你將看到這些藥物也普遍被用來對抗焦慮。

近些年來，Rohypnol 和 GHB 這兩種鎮靜劑博得了「約會強暴丸」（date rape drugs）的狼藉名聲。這兩種物質可以被製成無色的液體，因此很容易被添加在酒精或其他飲料中而不被察覺。以這種方式，受害人可能在鎮靜狀態（昏昏欲睡）下受到強暴。此外，Rohypnol（更普遍被稱為 roofies）引起記憶缺失或失憶，以至於受害人在該藥物的作用下可能不記得所發生的事件。

酒精顯然是最先被早期人類廣泛使用的心理促動物質之一。在酒精的作用下，有些人變得天真、喧嘩、友善及愛說話；另有些人變得辱罵、凌虐而有暴力傾向；還有些人則變得沉默而意志消沉。酒精似乎激發了多巴胺的釋放，這增進了愉快的感受。此外，就如其他的鎮靜劑，酒精似乎影響了 GABA 活動（*Pierucci-Lagha et al., 2005*）。在低劑量下，酒精可以帶來鬆弛，而且略微增進成年人的反應速度。然而，身體只能以緩慢的速率分解酒精，這表示短期間內攝取大量酒精將會造成中樞神經系統的過度負荷。當人們血液中的酒精含量達 0.10% 時，他們開車發生事故而致死的可能性是血液中酒精含量只有 0.05% 人們的 6 倍高。喝醉酒造成車禍的另一種方式是使得眼睛的瞳孔擴大，這會引起夜間視覺的困擾。當酒精在血液中的含量達到 0.15%，這對於思考、記憶及判斷都會帶來重大的負面效應，而且伴隨情緒的不穩定性和失去運動協調性。

在美國，過量酒精攝取是一個重大的社會問題。對於從 15 歲到 25 歲之間的人們而言，酒精相關的車禍是他們死亡的首因。當飲酒的數量和次數妨礙了工作表現、損害了社交關係和家庭關係，以及製造了嚴重的健康問題時，這就符合了酒精中毒（alcoholism）的診斷。隨著長期的重度飲酒，生理依賴、耐藥性及成癮都會陸續成形。對有些人而言，酒精中毒與沒有能力完全戒除飲酒有關。對另一些人而言，酒精中毒是表明為一旦當事人喝了幾杯酒後就沒有能力中止下來。在 2009 年的一項調查中，18 歲到 25 歲的人有 13.7% 報告重度飲酒——界定為在一個月的期間，至少有 5 天以上在相同時機每次至少喝 5 杯酒（*SAMHSA, 2010*）。在 18 到 22 歲而且就讀大學的青年人中，重度飲酒的比率是 16.0%；至於在 18 到 22 歲但沒有就讀大學的青年人中，與之比擬的數值是 11.7%。

(四) 興奮劑

興奮劑（stimulants，如安非他命、去氧麻黃鹼和古柯鹼）使得藥物服用者保持清醒，而且引發欣快（euphoria）的狀態。興奮劑之所以發生效果是透過提升一些神經傳導物質在大腦中的分泌量，諸如正腎上腺素、血清素和多巴胺。例如，興奮劑作用於腦部以防止一些分子的活動，這些分子平常的作用是把多巴胺排出突觸之外（*Martin-Fardon et al., 2005*）。伴隨興奮劑的使用，經常會發生嚴重的追加劑量，這是因為神經傳導物質系統的長期變化所致（*Collins et al., 2011*）。近些年來，研究注意力已集中在去氧麻黃鹼（methamphetamines）的濫用上。從 1993 年到 2003 年的 10 年期間，因為接受去氧麻黃鹼（一種快速發揮作用並長期持續的安非他命）成癮的治療而住進各式機構的人數，增加了 400%（*Homer et al., 2008*）。如同其他興奮劑，去氧麻黃鹼會對腦部的多巴胺使用產生影響。當服用這種藥物後，當事人體驗欣快感、降低焦慮，以及增強性渴望。然而，去氧麻黃鹼使用很快就產生負面後果：在只經過幾天或幾星期的連續服用後，當事人開始發生可怕的幻覺，而且相信他人正打算加害自己。這樣的不實信念被稱為妄想性偏執（paranoid delusions）。去氧麻黃鹼是高度成癮的。長期服用會引起腦部的幾種傷害，包括多巴胺系統之神經終端的流失（*Rose & Grant, 2008*）。腦部涉及決策和計畫之區域的損傷，這可以解釋為什麼去氧麻黃鹼使用者變得具過度攻擊性，而且受擾於社交孤立（*Homer et al., 2008*）。

MDMA（更普遍被稱為搖頭丸──ecstasy）是一種興奮劑，但也會引起迷幻藥似的對時間和知覺的扭曲。該藥物的興奮特性給予使用者無限的能量感；幻覺的特性使得聲音、色彩和情緒更為強烈。搖頭丸導致這些效應，是經由改變一些神經傳導物質的運轉，諸如多巴胺、血清素和正腎上腺素。搖頭丸經常被當作轟趴藥物，這表示它通常結合酒精被使用。研究已發現這樣併用在老鼠腦部造成一些負面後果，這是單獨使用搖頭丸所不會發生的（*Cassel et al., 2005*）。

興奮劑具有服用者尋求的三種主要效果：增強的自信心、提升的能量和過度警覺性，以及接近於欣快的心境變化。如你在去氧麻黃鹼所獲知的，重度服用者經常發生幻覺和妄想性偏執。古柯鹼服用的一項特殊危險是，藥效初期湧現的欣快高潮與藥效消退後的抑鬱低潮之間落差太大，這導致服用者無法控制地增加藥物使用的次數和劑量。快克（crack）是一種結晶化的古柯鹼，更增加了這些危險性。快克引發立即的高潮，但很快就消退下去；對這種藥物的渴望極為強烈。

關於咖啡因（caffeine）和尼古丁（nicotine）這兩種興奮劑，你通常不會視之為心理促動藥物。但你應該有過這樣的經驗，喝下兩杯濃咖啡或濃茶後，它們所含的咖啡因就足以對你的心臟、血液和循環功能產生重大的影響，使得你難以入眠。尼古丁是菸葉中的一種化學物質。就像其他的成癮藥物，尼古丁也模擬腦部所釋放的一些天

然化學物質。事實上，研究已揭露了在尼古丁和古柯鹼的成癮上，腦部活化的一些共同區域（*Vezina et al., 2007*）。尼古丁中的化學物質是作用於腦部的一些迴路，這些迴路是每當你達成有益的目標，它們就使你感覺良好（*DeBiasi & Dani, 2011*）。通常，這些腦部迴路有助於協助生存。不幸地，尼古丁戲弄那些相同的大腦受納器以起反應，就好像吸菸對你是有益的事情。但絕不是這樣，如你所知道，吸菸對你的健康有莫大害處。

第六章

學習與行為分析

心理學家長期以來就對學習（learning）深感興趣，也就是有機體如何從在外界中的經驗獲得學習。這一章中，我們將檢視兩種基本形式的學習，即古典制約學習與操作制約學習。如你將看到，這每種學習代表了有機體以不同方式獲得和運用關於所處環境結構的訊息。針對每種形式的學習，我們將描述兩個重要層面，一是在實驗室中掌管其運作的基本機制，另一是它在眞實生活情境中的應用。

第一節　學習的研究

在展開對學習的探索之前，我們將首先爲學習本身下個定義，然後對心理學在這個主題上的研究歷史作個概述。

一、什麼是學習？

學習是指造成行爲或行爲潛能上相當一致變化的一種歷程，它是建立在經驗上。我們以下更進一步檢視這個定義的三個關鍵部分。

(一) 行爲或行爲潛能的變化

當你能夠示範學習的結果時，諸如當你開車或使用微波爐時，學習就顯然發生了。你無法直接觀察學習本身——你通常無法看到你大腦中的變化——但是你可以從你「表現」（performance）的增進上知道學習已發生了。然而，你的表現不一定會反映你所學得的每一件事情。同樣的，你有時候學得全面的態度，像是對於現代藝術的鑑賞力，或是對於東方哲學的理解力，但可能無法顯現在你可測量的行動上。在這樣情況下，你獲致的是行爲變化的潛在性，因爲你已學得一些態度和價值觀，它們可能影響你將會閱讀什麼性質的書籍，或是你將會如何消磨你的休閒時間。因此，學習的定義包括「行爲潛能」（behavior potential）的術語，因爲儘管當時沒有顯現在表現上，但稍後卻顯示學習實際發生了。

(二) 相當一致的變化

爲了符合學習的定義，行爲或行爲潛能的變化必須是在不同場合中相當一致。因此，一旦你學會游泳，你日後下了水將總是能夠浮起來。但需要注意的是，一致的變化不一定就是永久的變化。例如，隨著你每天的練習，你可能已成爲一位相當穩定的飛鏢選手。然而，假使你放棄這項運動，你的技巧可能會退回到原先的水準。但是，假使你一旦已學會成爲頂尖的飛鏢選手，你再度的學習應該就會容易些。換句話說，

從你先前的經驗中，一些東西已被「節省」（saved）下來。就這層意義而言，該變化可能是永久的。

(三) 建立在經驗上的歷程

學習能夠只透過經驗而發生。經驗包括接收訊息（以及加以評估和轉換）和從事一些影響環境的反應。學習包括了受到記憶的運作所影響的反應。但是學得的行為並不包括因為身體成熟或腦部發育（隨著有機體的年齡增長）而產生的一些變化，也不包括那些由疾病或腦傷所引起的變化。有些行為上的持久變化在達到成熟預備性後需要有經驗的配合。例如，考慮決定嬰兒在什麼時候準備爬行、站立、走路、跑步及接受大小便訓練的時間表。在幼兒尚未充分成熟之前，再多的練習和訓練也無法引發這些行為。心理學家特別感興趣的是發現「行為的哪些層面可以透過經驗加以改變？」和「這樣的變化如何產生？」

二、行為主義與行為分析

大部分現代心理學的學習觀點都可在華森（John Watson, 1878-1958）的研究工作中找到根源。華森奠立了所謂行為主義（behaviorism，或行為論）的心理學學派。自從華森在 1919 年發表他的著作《從行為論者的立場看待心理學》後，幾近 50 年之中，行為主義成為支配美國心理學的第一大勢力，它的假設和方法論已深刻介入各個領域的心理學研究中，特別是學習的領域。華森表示，內省法（受試者對自己的感覺、意象和情感的口頭報告）不是探討行為的正當手段，因為它太過於主觀。科學研究人員如何證實這樣私人經驗的準確性呢？但是，一旦內省法被否決，什麼才是心理學的研究主題呢？華森的答案是「可觀察行為」（observable behavior）。以華森的用語，「意識狀態，就像是所謂超自然的現象，它們不是客觀上可驗證的；基於這個原因，它們從不能成為科學的資料。」（*Watson, 1919, p.1*）華森也界定心理學的主要目標為「行為的預測和控制」（*Watson, 1913, p.158*）。

華森的觀念對一位名叫史基納（B. F. Skinner, 1904-1990）的年輕人產生重大影響，後者成為當代最著名的心理學家之一。史基納在閱讀華森 1924 年的著作《行為主義》之後，他開始著手他的哈佛大學心理學的研究論文。史基納採納華森的主義，且擴充他的議題。長期下來，史基納有系統地論述了一種立場，稱為急進的行為主義（radical behaviorism）。史基納除了質疑把內在狀態和心理事件視為研究資料的正當性外，他也懷疑把它們視為行為起因（causes of behavior）的正當性（*Skinner, 1990*）。在史基納的觀點中，心理事件（諸如思考和想像）並不引起行為。反而，它們是環境刺激所引起行為的樣例。

假設我們剝奪鴿子的食物達24小時，然後把牠放在一套裝置前，牠只要啄一個小圓盤就可以取得食物，結果發現牠很快就學會這麼做。史基納將會表示，動物的行為可以根據環境事件（食物剝奪和食物供應作為強化之用）加以充分解釋。主觀的飢餓感無法被直接觀察或測量，它並不是行為的起因，而是食物剝奪的結果。鴿子為什麼啄小圓盤？假使你說那是因為牠感到飢餓，或因為牠想要取得食物，這並沒

史基納擴展華森的觀念，將之應用到廣泛範圍的行為上。為什麼史基納的心理學強調環境事件，而不是內在狀態？
（Ken Heyman/Woodfin Camp & Assoc.）

有增加我們對該行為的理解。在解釋鴿子的行為上，你不需要理解關於牠內在心理狀態的任何事情——你只需要理解簡單的學習原理，它們使得鴿子能夠獲得行為與獎賞之間的聯結。這是史基納品牌的行為主義的精髓所在（Delprato & Midgley, 1992）。

行為分析（behavior analysis）這個心理學領域是針對於探索學習與行為的環境決定因素（Cooper et al., 2007）。一般而言，行為分析家主張，人類本質可以利用自然科學的方法和原理的延伸加以理解。行為分析師嘗試在學習中找到規律性，這樣的規律性是普遍一致的，發生在所有物種的動物身上（包括人類）——當處於類似的情境下。這也就是為什麼動物方面的研究在這個領域的進展上如此重要。複雜形式的學習代表的是較簡單歷程的結合和精巧化，而不是「性質」上不同的現象。再度地，它們主要關涉的是行為與環境事件之間的關係，而不是行為與心理事件之間的關係。

第二節　古典制約：學習可預測的信號

古典制約作用（classical conditioning）是一種基本形式的學習，也就是某個刺激或事件預測了另一個刺激或事件的發生。有機體所學得的是兩個刺激之間新的聯結（association）——這兩個刺激中，其中一個是中性刺激，原先並不能引發該反應；另一個是具有誘因的刺激，本身天然能夠引發該反應。當發生古典制約學習之後，原先的中性刺激也將能夠引發該反應。

一、巴卜洛夫的實驗

　　巴卜洛夫（Ivan Pavlov, 1849-1936）是一位蘇俄的生理學家，他最先發現古典制約的原理。巴卜洛夫因為研究唾液和胃液分泌在消化作用中的角色，他在 1904 年獲得諾貝爾獎。為了了解唾液在各種狀況下的分泌情形，他把一根小管子直接插入動物（他是以狗為實驗對象）唾液腺體的部位，這樣就可以直接測量唾液的實際分泌量（參考圖 6-1）。

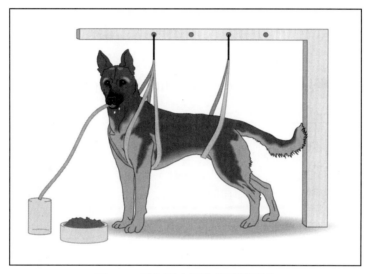

圖 6-1　巴卜洛夫原先的實驗程序

在巴卜洛夫最初的實驗中，他利用各種刺激作為中性刺激，諸如鈴聲、燈光，或節拍器的滴答聲，實驗人員首先呈現中性刺激，隨即呈現食物。狗的唾液則透過管子加以蒐集。

　　為了引起唾液的分泌，巴卜洛夫的助手把食物直接送入狗的嘴中。當這樣的程序重複施行好幾次之後，巴卜洛夫注意到一種有趣的現象。他發現唾液的分泌在食物送到狗的嘴中之前就已經開始，狗後來只要看到食物、看到餵牠食物的助手、聽到助手走近的腳步聲，或甚至助手開門的聲音，都會引起牠的唾液分泌。實際上，任何有規律地出現在食物呈現之前的刺激（狗能夠知覺的刺激）都將可以引發唾液分泌。從單純生理學的觀點來看，這些觀察結果並不合理。巴卜洛夫相信有另一些原理在運作，才能引起這般前後一貫的現象。

　　巴卜洛夫把這種分泌稱為是「心理性分泌」（psychic secretions），他知道這種現象在生物體的行為中占有重要角色，所以在他 50 歲那年，他重新修正自己的研究方向，專注於這種形式的學習，結果也永久改變了心理學的演進（*Pavlov, 1928*）。在巴卜洛夫的餘生中，他繼續探討影響古典制約行為的一些變項。因為他的貢獻，古典制約

也被稱爲巴氏制約（Pavlovian conditioning）。

巴卜洛夫所研究的行爲是反射反應（reflex responses），也就是一種不必學習的反應，諸如唾液分泌、瞳孔收縮、膝關節跳動和眨眼反應等。反射動作是由特定刺激（對有機體具有生物性關聯的刺激）所自然引發的反應。反射動作有助於有機體對環境的生物性適應。例如，分泌唾液有助於食物的消化、眨眼保護眼睛免受外來的傷害。但是在制約學習中，巴卜洛夫的實驗動物所學得的是對新刺激（不具生物性關聯的刺激）從事反射反應。

圖 6-2 說明了巴卜洛夫古典制約程序的主要特性，它顯示有機體如何學得配對的刺激事件之間的關係。任何刺激當能夠自然引發反射行爲時，這樣的刺激（諸如巴卜洛夫實驗中所使用的食物）便稱爲非制約刺激（unconditioned stimulus，簡稱 UCS），因爲在這項「刺激控制行爲」的關係中，學習並不是必要條件。至於非制約刺激所引發的行爲便稱爲非制約反應（unconditioned response, UCR）。

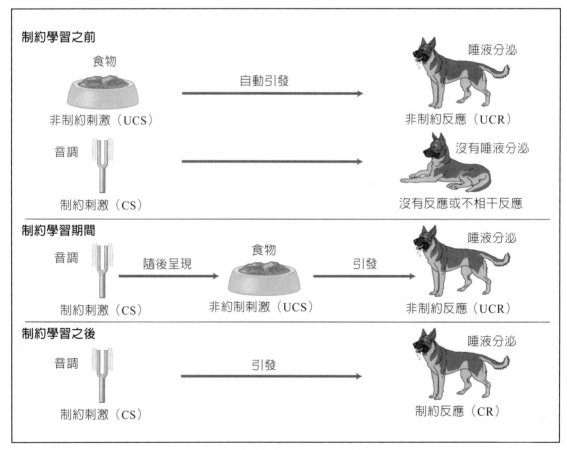

圖 6-2　古典制約學習的基本特性

在制約學習之前，UCS 可以自然地引發 UCR，但中性刺激則沒有這樣的引發效果。在制約學習期間，中性刺激與 UCS 配對呈現。透過中性刺激與 UCS 的聯結，中性刺激成爲 CS，且引發類似於 UCR 的 CR。

在制約發生之前，像鈴聲這種中性刺激可能會引起轉向反應（orienting response，注意刺激來源的一種普遍反應），但不會引起非制約反應。例如，狗會豎起耳朵聆聽或轉頭尋找聲音來源的位置，但鈴聲並不會引起牠分泌唾液。在制約歷程中，中性刺激（鈴聲）和非制約刺激（食物）二者配對重複呈現多次；不久之後，鈴聲單獨呈現也將可以引起唾液分泌，也就是說不能食用的物件獲得了一些可以影響行為的力量，這種影響力原先只限於食物才擁有。因為學習已經發生了，所以原來的中性刺激現在便稱為制約刺激（conditioned stimulus, CS），而制約刺激所單獨引起的反應便稱為制約反應（conditioned response, CR）。通常，制約反應類似於非制約反應。對巴卜洛夫的狗而言，這二者反應都是唾液分泌。但是在若干案例上，CR 就較不相似於 UCR；制約反應是制約刺激所引發的任何反應——作為學習的成果。我們複習一下：自然界提供了 UCS-UCR 聯結，但是古典制約歷程所引起的學習製造了 CS-CR 聯結。

二、制約學習的歷程

自巴卜洛夫以來，大量的研究注意力已投入這方面的實驗，以求了解制約歷程的一些特殊層面。CS 和 UCS 的時間安排如何影響古典制約的成敗？學習是否容易消失？所建立的聯結是否準確？

(一) 獲得與消退

圖 6-3 呈現一個假設性的古典制約實驗。第一個方格中顯示的是獲得（acquisition）。也就是 CR 最初被引發，然後隨著重複嘗試而發生次數逐漸增加的歷程。一般而言，CS 和 UCS 必須被配對好幾次，CS 才能夠可靠地引發 CR。隨著有系統的 CS-UCS 配對呈現，CR 以遞增的頻率被引發，我們就可以說有機體已獲得制約反應。

在古典制約歷程中，就像擅長說笑話一樣，時間的安排（timing）極為重要。CS 和 UCS 的呈現在時間上必須足夠接近，如此有機體才能把它們視為是相關的（我們稍後將會描述這個規則的一個例外——在談論味覺嫌惡學習時）。隨著兩個刺激（CS 和 UCS）呈現時間的開始和結束，這組成了四種時間排序（Hearst, 1988）。最普遍被採用的制約形式是前向制約（forward conditioning），也就是制約刺激出現在前。前向制約有兩種可能組型：⑴ 延宕制約（delay conditioning）——CS 先開始，UCS 接著出現，但二者同時結束；⑵ 痕跡制約（trace conditioning）——CS 先開始，UCS 在 CS 結束之後一陣子才開始。痕跡是指有機體被假定擁有對於 CS 的記憶，雖然當 UCS 顯現時，CS 已不再呈現；至於 ⑶ 同時制約（simultaneous conditioning）

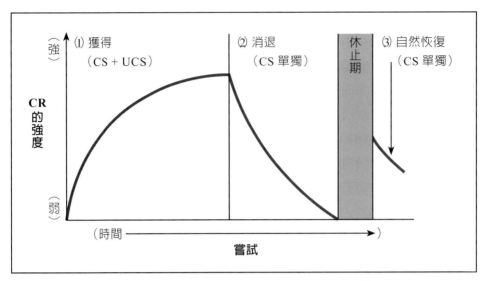

圖 6-3　古典制約學習中的獲得、消退和自然恢復

在獲得期間（CS + UCS），CR 的強度快速增加。在消退期間，當 UCS 不再跟隨於 CS 之後呈現時，CR 的強度將降為零。經過短暫的休止期之後，即使當 UCS 仍然未呈現時，CR 可能再度顯現。CR 的重現被稱為自然恢復。

是指 CS 和 UCS 二者同時呈現，也同時結束；最後還有一種 (4) 逆向制約（backward conditioning），這是指 UCS 先開始，而 CS 則開始於 UCS 結束時。

　　延宕制約的範式（即 CS 的起始與 UCS 的起始之間有短暫的間距）通常最具有效果。CS 與 UCS 之間以怎樣的間距（time interval）才能產生最良好的制約效果，這取決於幾個因素，包括 CS 的強度和所被制約的反應。就肌肉反應而言，諸如眨眼反射（eye blinks），1 秒或更短的間距（即兩個刺激呈現之間的時間間隔）會有最好效果。然而，就內臟反應而言，諸如心跳速率或唾液分泌，較長之 5 秒到 15 秒的間距有最佳效果。

　　當採用同時的程序時，制約效果普遍不佳；但逆向制約的學習效果甚至還更差。在幾次 UCS 和 CS 的配對後，逆向制約的跡象可能顯現出來，但隨著進一步的訓練，當動物知道 CS 發生之後會有一段期間不會呈現 UCS 時，制約作用就消失了。在這兩種情況中，制約作用之所以微弱是因為 CS 實際上不能預測 UCS 的出現。

　　在延宕和痕跡的制約學習中，CS 先出現，然後才是 UCS。所以假使個體在 UCS 出現之前就有 CR 反應的話，我們就知道制約學習已經形成。至於在同時和逆向的制約學習中，我們可以使得 CS 單獨出現，以觀察制約學習是否已發生。

　　但是當 CS（如鈴聲）不再能預測 UCS（如食物）的出現時，這會發生什麼情形？在這樣情況下，CS 所單獨引發的 CR（唾液分泌）將會變得愈來愈弱，最後甚至會停止出現，這種歷程被稱為消退作用（extinction）（參考圖 6-3，第二個方格）。因此，

制約反應不必然是有機體行為劇本的永久層面。然而，消退的反應只是不再顯現（就行為的層面而言），但並沒有完全脫離心理的劇本（就認知的層面而言）。所以經過一段休止期之後，當 CS 再度被單獨呈現時，CR 將會以微弱的形式再度顯現，不需要再進一步暴露於 UCS，這種現象便稱為自發恢復（spontaneous recovery，或自然恢復）（參考圖 6-3，第三個方格）。

在消退之後，假使有機體再度接受制約學習的訓練，那麼只需要幾次嘗試（不需要原先學習時那般多的嘗試次數），就又可以建立同樣強度的制約反應，這便稱為保留作用（saving）。因此，原先制約的一些層面必然被有機體保留下來，即使當實驗性消退作用似乎已排除 CR 之後。換句話說，消退只是減弱了行為表現，它並沒有完全抹去原先的學習。這就是為什麼最初關於學習的定義中，我們會在學習與表現之間劃下分野。

(二) 刺激類化

隨著制約學習的形成，CS 將會引發 CR 的產生。但是，另一些類似於 CS 的刺激也可能引發相同的反應。例如，假使 CS 是高頻的信號音，那麼稍微低頻的信號音也可以引發同樣的反應。當幼童被一隻大狗追咬後，他可能甚至對小狗也會產生恐懼反應（俗諺所云「一朝被蛇咬，十年怕草繩」）。像這種跟 CS 類似的刺激（儘管這些刺激從不曾與原先的 UCS 配對呈現過）也可以引發 CR 的現象，便稱為刺激類化（stimulus generalization）——有機體應對刺激上的一種自動化延伸。新的刺激愈類似於原來的 CS，所引發的 CR 就愈強。

刺激類化的存在說明了古典制約歷程如何在你日常經驗中發揮功能。因為自然界的重要刺激很少每次都是以完全相同的樣式發生，所以刺激類化透過把學習範圍延伸到原來的特定經驗之外，以之建立起相似性安全係數（safety factor）。當擁有這項特性時，新式但相容（足堪比擬）的事件可以被認定為具有相同的意義（或行為重要性），儘管外觀上的差異。例如，即使當掠奪者（如獅子、老虎）發出稍微不同的吼聲，或是從不同角度被看到時，牠的獵物仍然能夠辨認出來，且迅速採取反應。

(三) 刺激區辨

然而，在若干情況下，有機體更重要的是只對非常狹小範圍的刺激產生反應。例如，有些動物只是外觀上類似於天然掠奪者，假使有機體太經常逃避這些動物，牠將會把自己弄得筋疲力竭。透過刺激區辨（stimulus discrimination）的歷程，有機體學會對於在一些維度上（例如，色調或音高上的差異）不同於 CS 的刺激採取不一樣的反應。有機體區辨相似刺激的能力可以透過訓練使之敏銳化：例如，在所呈現之 1,000、1,200 及 1,500Hz 三種頻率的聲音中，只有一種頻率（如 1,200Hz）預測 UCS

的出現，另外兩種則在多次呈現中都不曾出現 UCS。經過充分的練習，有機體將學會只針對與 UCS 配對的頻率產生反應，另兩種不同頻率聲音的呈現將不會引起反應。

在制約學習的早期階段，類似於 CS 的刺激將會引發類似的反應，雖然反應強度可能稍微弱些。隨著區辨訓練的進行，有機體對於另一些不相似刺激的反應將會減弱下來。換句話說，有機體逐漸學得哪個事件－信號（event-signal）預測 UCS 的出現，哪些事件－信號則否。

為了使有機體在環境中有最良好的運作，類化作用和區辨作用二者必須達成平衡。你不希望過度挑選（假使錯失了掠奪者的出現，所付出的代價太大了），你也不希望過度反應（假使你害怕每個黑影，你將花費太多時間和精力以澄清你的憂慮）。古典制約提供了必要的機制，以使得生物能夠有效率地應對所處環境的結構（*Garcia, 1990*）。

三、制約反應的獲得

到目前為止，我們已「描述」了古典制約反應的獲得，但我們尚未加以「解釋」。巴卜洛夫認為，古典制約作用是起因於 CS 與 UCS 的單純配對。根據他的觀點，為了使反應接受古典制約，CS 和 UCS 的呈現必須在時間上緊密相連——也就是在時間上是接近的（temporally contiguous）。但是，如我們接下來將看到，當代研究已經修正了他的觀點。

巴卜洛夫的理論一直支配古典制約方面的研究，直到 1960 年代中期，Robert Rescorla（*1966*）以狗為受試者執行一項極具啟發性的實驗。Rescorla 所設計的實驗是對受試者的兩種不同處境進行對照。第一種處境中，信號音（CS）和電擊（UCS）僅是接近地出現——假使巴卜洛夫的觀點正確的話，這將足以引起古典制約。第二種處境中，信號音還有一個附加功能，它可靠地預測電擊的出現。

在實驗的第一個階段，Rescorla 訓練狗從穿梭箱的一端越過障礙跳到另一端，以之避免電擊——經由柵欄地板傳送的電擊（參考圖 6-4）。如果狗沒有跳過去，牠們就會受到電擊；如果牠們跳過去，電擊就被擱置。Rescorla 以狗跳過障礙的頻度作為恐懼制約的測量。

圖 6-4　穿梭箱

　　當狗接受訓練而有規律地跳過障礙後，Rescorla 把他的受試者分成兩組，讓牠們接受另一套訓練程序。對隨機組而言，UCS（電擊）完全獨立於 CS（信號音）而被隨機傳送（參考圖 6-5）。雖然 CS 和 UCS 經常在時間上緊密相連地出現——它們碰巧地（偶然地）在時間上接近——但是 UCS 的傳送無關於 CS 出現或不出現。因此，CS 不具有預測的價值。然而，對於關聯組而言，UCS 始終跟隨在 CS 之後。因此，對這組受試者來說，信號音的響起是電擊傳送的一個可靠的指標。

　　一旦這項訓練完成之後，這些狗再被送回穿梭箱中，但這次情況有點轉折。現在，第二套訓練程序中所使用的信號音不定時響起，預示電擊的到來。這時候發生什麼情形呢？如圖 6-6 所顯示，當信號音響起時，那些暴露於關聯的（contingent）（可預測的）CS-UCS 關係的狗跳越障礙的頻度顯著高於那些只暴露於接近的（contiguous）（聯結在一起）CS-UCS 關係的狗。究竟什麼信號才會被狗當作是電擊的有效線索？關聯性（contingency，或依存性）才是關鍵因素。

　　因此，除了 CS 的出現在時間上接近 UCS 外，為了產生古典制約學習，CS 也必須「可靠地預測」UCS 的出現（*Rescorla, 1988*）。這項發現有重大的意義。畢竟，在自然情境中（學習使得有機體能夠適應所處環境的變動），刺激是成群地到來，而不是以整齊、簡易的單位呈現——如它們在實驗室研究中的情形。

　　關於刺激要被當作古典制約的基礎，最後還有一個必要條件：該刺激必須在環境中具有通報性（informativeness）。考慮一項實驗情境，老鼠已先學得聲號預測電擊的出現。現在，燈號被添加到情境中，以至於燈號和聲號二者都居先於電擊。然而，當燈號隨後被單獨呈現時，老鼠並未顯現牠們已學得燈號預測電擊的出現（*Kamin, 1969*）。對這些老鼠而言，牠們先前在實驗的第一個階段中對聲號的制約已阻斷（block）任何隨後可能發生之對燈號的制約。從老鼠的觀點來看，燈號很可能從不曾存在過：燈號並未提供額外的訊息——它所能提供的訊息，聲號都已經提供了。

　　通報性的必要條件說明了為什麼當 CS 突顯於可能也存在於環境中的其他許多刺激時，這時候的制約作用最迅速發生。隨著刺激愈為強烈，愈為對比於其他刺激，它就愈容易被注意到。為了促成良好的制約作用，你可以在不熟悉（陌生）的情境中呈現強烈而新奇的刺激，或是在新奇的背景中呈現強烈而熟悉的刺激。

　　你可以看到，古典制約歷程遠為複雜，它已不是巴卜洛夫原先所認識的那般簡單。中性刺激只有當具有適當的關聯性和通報性二者時，它才會成為有效的 CS。我們接下來檢視一些真實生活的情境，古典制約被認為在其中扮演一定角色。

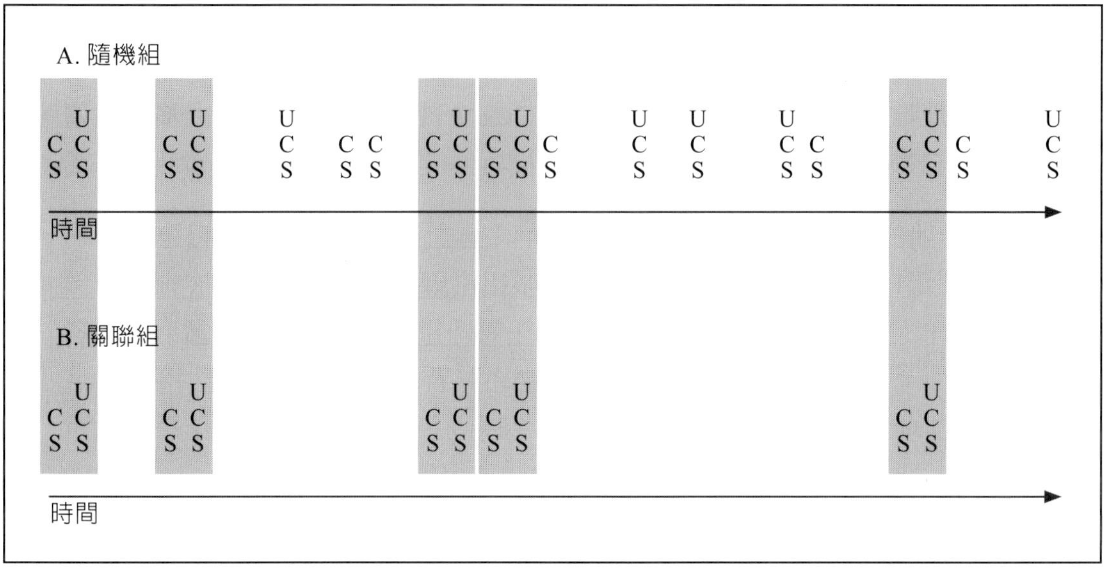

A. 隨機組

時間

B. 關聯組

時間

圖 6-5　Rescorla 證明關聯性之重要性的程序

對隨機組而言，5 秒鐘的信號音（CS）和 5 秒鐘的電擊（UCS）隨機分布在整個實驗期間。對關聯組而言，狗只經歷一小部分的信號和電擊，但是以預報性的關係出現（CS 的出現要比 UCS 的出現居先 30 秒鐘左右）。結果只有關聯組的狗學會把 CS 與 UCS 聯結起來。

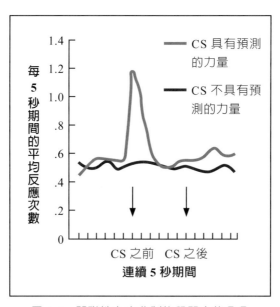

圖 6-6　關聯性在古典制約學習中的角色

四、古典制約的應用

你對古典制約的認識有助於你了解一些重要的日常行為。在真實世界中，一些情緒和偏好（preferences）的實例便是這種學習的產物。我們也將探索古典制約在藥物成癮的發展上所扮演的角色。

(一) 情緒和偏好

假使你仔細注意你生活中的事件，你將會發現你無法充分解釋，為什麼你在許多情況下會有那般強烈的情緒反應，或為什麼你對一些事情會有那般強烈的偏好。你不妨稍退一步，然後問問自己，這是古典制約的產物嗎？

考慮下列這些情境（*Rozin & Fallon, 1987; Rozin et al., 1986*）：

‧你是否想過，你會願意吃奶油巧克力軟糖，但是已製成狗大便的形狀？

‧你是否想過，你會願意飲用糖水溶液，但是方糖是從你知道被不正確地標示為「毒藥」的容器中倒出？

‧你是否想過，你會願意飲用一杯果汁，但是你知道才剛從該飲料中撈起一隻消毒過（無菌）的蟑螂？

假使這每種情境都使你說「我辦不到！」你並不孤單。古典制約反應（嫌惡或危險的感受）戰勝你知道「該刺激實際上無害」的認識。因為古典制約反應不是透過有意義的思考建立起來，它們也很難透過意識上的推理加以排除！

關於古典制約在真實世界中的產物，最受到廣泛探討的是恐懼制約作用（fear conditioning）。在行為主義發展的最早期，華森和他的同事 Rosalie Rayner 試圖證明，許多恐懼反應可被視為是中性刺激與一些天然引發恐懼的事物配對所致。為了檢驗他們的觀念，他們對一位被稱為小亞伯特的嬰兒進行實驗。

小亞伯特最初喜歡小白鼠，華森和 Rayner（1920）想訓練他害怕小白鼠。他們的做法是使得小白鼠的出現與一個嫌惡的 UCS（在小亞伯特背後製造一個巨大聲響）配對起來。小亞伯特對有害噪音的非制約驚嚇反應和苦惱情緒就形成了基礎，以供他學得對小白鼠的出現產生恐懼反應。他的恐懼只經過 7 次的制約嘗試就發展出來。隨著小亞伯特學會逃避所害怕的

華森和 Rayner 如何制約小亞伯特，使得他害怕小型而毛茸茸的物件？（BL: Bill Aron/PhotoEdit）

刺激，他的情緒制約就進一步延伸到行為制約。小亞伯特學得的恐懼然後類化到另一些毛茸茸的物件上，諸如兔子、狗及甚至聖誕老人的面具！這裡順帶一提的是，早期的心理學研究有時候沒有充分注意到實驗對於受試者可能造成的潛在傷害。事實上，小亞伯特的母親在施行研究的醫院中擔任授乳奶媽，她帶走了小亞伯特，使得研究人員來不及解除小亞伯特在實驗中建立的制約恐懼。因此，我們不知道小亞伯特後來的情況——他會不會因為害怕聖誕老人的大鬍子，進而變得痛恨聖誕節？（*Harris, 1979*）。

我們現在已經清楚，制約恐懼很難以消除。制約恐懼反應可能延續好多年，即使原來令人驚恐的 UCS 從不曾再被經歷過。例如，研究已經證實，第二次世界大戰結束的 15 年後，海軍退伍老兵仍然對「危險信號」產生明顯的反應。在大戰期間，軍艦以每分鐘響 100 下的電鈴聲召喚水手就戰鬥位置。這個特定的聽覺刺激——它曾經可靠地預測危險的逼近——繼續引發當事人強烈的情緒反應。

引人注意的是，當涉及強烈的恐懼時，只要經過中性刺激與 UCS 的一次配對，制約作用就可能發生。許多創傷事件只要發生一次，就足以制約你，使你產生強烈的身體、情緒及認知反應——或許終其一生。例如，我們的一位朋友在一次暴風雨中發生重大車禍。現在，每次當他正在開車而天空開始下雨時，他就變得驚慌失措，有時候他甚至必須把汽車停靠路邊，直到大雨停歇下來。有一次，這位理性而明智的男士甚至爬到後座，蜷縮在地板上，臉部朝下，直到風雨平息。我們在第 15 章將看到，治療師已針對這些類型的恐懼設計一些治療法，試圖反擊古典制約的效應。

我們不希望留給你這樣的印象，認為只有負面反應才會受到古典制約。事實上，你生活中有一些快樂或興奮的反應，你可以將之解讀為是古典制約的實例。當然，廣告商特別擅長運用古典制約作為正面的力量。例如，他們致力於在你的心理製造他們的產品（例如，牛仔褲、跑車及蘇打飲料）與熱情之間的聯結。他們期待他們廣告的要素（「性感」的主角或場面）將可作為 UCS，以之引致 UCR（性興奮的感受）。然後，他們希望產品本身將可以作為 CS，因而興奮的感受將會與之聯結起來。

(二) 學習成為藥物成癮者

考慮這樣的情節。一位男子的屍體躺在曼哈坦的一條暗巷中，半空的注射器懸擺在他的手臂上。死因呢？法醫稱之為服藥過量，但是這名男子平常注射的劑量遠高於這次被認為造成他死亡的劑量。這種意外令檢察官感到困惑。為什麼有高度耐藥性的成癮者會死於過度劑量，當他甚至還未完成這次注射時？

多年之前，巴卜洛夫（*1927*）及後來他的同事 Bykov（*1957*）指出，當個人期待某藥物的藥理作用時，他就是已發展出對該藥物的耐藥性。當代的研究學者 Shepard

Siegel 精緻化這些觀念。Siegel 表示，藥物使用所發生的背景充當制約刺激，以供身體在該情境中學會透過防止該藥物發揮它平常的效果以保護自己。當人們服用藥物時，該藥物（UCS）引起若干生理反應，身體將會對之採取一些對付措施，試圖重建均衡狀態。身體對抗該藥物的措施就是非制約反應（UCR）。長期下來，這個代價反應（compensatory response）也成爲制約反應。這也就是說，在平常與藥物使用（CS）聯結起來的背景中，身體在生理上讓自己爲該藥物的預期效果做好準備（CR）。耐藥性的產生是因爲在該背景中，當事人所攝取的藥物劑量必須足以克服該代價反應，如此才能獲致任何「正面」的效果。隨著被制約的代價反應本身的擴展，當事人漸增地需要更高的劑量。

爲了在實驗室中檢驗這些觀念，Siegel 在實驗老鼠身上製造對海洛因的耐藥性。

在一項研究中，Siegel 及其同事們對老鼠施行古典制約以期待在第一種背景中（CS_1）接受海洛因注射（UCS），而且期待在另一不同背景中（CS_2）接受葡萄糖溶液注射（*Siegel et al., 1982*）。在訓練的第一個階段，所有老鼠發展出海洛因耐藥性。在檢驗的那一天，所有老鼠接受高於平常劑量的海洛因——幾近原先劑量的兩倍高。牠們半數是在海洛因原先被施加的背景中接受注射；另半數則是在葡萄糖溶液原先（即制約期間）被施加的背景中接受注射。研究結果顯示，在葡萄糖溶液的背景中，老鼠的死亡率是平常海洛因背景中老鼠的兩倍高：64% vs. 32%！

想必，那些在平常背景中接受海洛因的老鼠較能爲這個有潛在危險性的處境做好準備，因爲該背景（CS_1）引起生理反應（CR）以對抗該藥物的典型效果（*Poulos & Cappell, 1991*）。

爲了獲知類似的歷程是否可能在人類身上運作，Siegel 及其同事訪談一些海洛因成癮者，對方已因爲認定的過度劑量而接近死亡。在所訪談的 10 個個案中，7 位成癮者曾經在新奇而不熟悉的背景中注射毒品（*Siegel, 1984*）。雖然這項自然實驗不能提供決定性的資料，它卻暗示著，當成癮者在某特定背景中已發展出對一定劑量的耐藥性，這個劑量在不熟悉的背景中可能成爲過度劑量。這項分析容許我們指出，我們在前面所援引的那位成癮者，他之所以暴斃可能是因爲他從不曾在那條暗巷中注射毒品。

雖然我們提到的是關於海洛因的研究，古典制約作用在關於多種藥物的耐藥性上是重要的成分，包括酒精（*Siegel, 2005*）。因此，巴卜洛夫在狗、鈴聲及唾液分泌上所觀察到的相同原理也有助於解釋引起人類藥物成癮的一些機制。

第三節　操作制約：對行為結果的學習

關於我們接下來將要討論之這種形式的學習，你應該在打開這本心理學教科書之前已大致思索過。假使你思考過獎賞和懲罰如何改變當事人的行為，那麼你在「操作制約」這個主題上已有良好的起步。

一、效果律

正當巴卜洛夫研究古典制約如何引起蘇聯的狗對鈴聲分泌唾液的同時，桑戴克（*Edward L. Thorndike, 1898*）則正在注視美國的貓如何試著逃離迷籠（puzzle boxes）（參考圖 6-7）。桑戴克把一隻餓貓關進籠子裡，然後觀察牠如何學會打開迷籠以取得籠外的食物。實驗一開始時，被關在籠子內的餓貓會亂抓亂咬籠子中的任何東西，但看起來牠似乎不是很注意放在外面的食物，牠只是本能地想逃離被監禁的狀態。在所有這些混亂的動作中，牠偶然會踩到籠內的踏板，於是門閂落下，餓貓就取得籠外的食物。當同樣的程序重複若干次之後，貓在籠內的混亂動作會逐漸減少，踩碰踏板的次數則會增多。最後，當貓一被放進籠子後，牠就會以一種很明確的方式踩碰踏板。

桑戴克的貓跟巴卜洛夫的狗所學得的有何不同呢？在桑戴克的學習模式中，學習不是如巴卜洛夫所說的那種「兩個刺激之間的聯結」，而是「情境中的刺激與動物所學會從事的反應之間的聯結」──也就是刺激－反應（S-R）的聯結。桑戴克認為，假

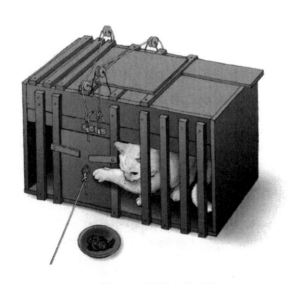

圖 6-7　桑戴克的迷籠

使反應跟隨可帶來「滿足」的一些酬賞的話，這次反應就會被重複，因此該反應也就被增強了；至於那些沒有獲得酬賞的反應就會漸漸減弱。桑戴克制約學習的模式容許動物隨意地反應，但只有其中一種反應可帶來滿足的效果。

　　根據桑戴克的分析，隨著動物透過盲目的嘗試錯誤（trial and error）而經歷自身行動的結果，這些 S-R 聯結的學習就以一種機械性的方式逐漸而自動地發生。漸進地，當行為帶來滿足的結果時，它們的出現頻率將會增加；當動物被放進迷籠後，這些行為最終成為優勢反應。桑戴克把這種行為與其結果之間的關係稱為效果律（law of effect）。這種學習模式就被稱為工具制約學習（instrumental conditioning）。

二、行為的實驗分析

　　史基納（B. F. Skinner）的理論雖然是建立在桑戴克工具性學習的原理之上，但是規模卻大多了。他反對桑戴克關於「因為動物對酬賞感到滿足，所以強化物才能改變隨後的反應」的解釋。事實上，史基納的最大分歧是在於，他主張甚至連解釋都是不必要的。他認為動物是否覺得「滿足」在學習歷程中是無關緊要的。研究人員所需要做的首先是分析環境因素和有機體的外顯行為，然後再檢定它們之間可預測的關係；但不需要知道有機體的內在活動或狀態（諸如滿足）。史基納認為只有這樣的研究方法才能成為一門真正的行為科學。

　　史基納把自己的研究取向稱為「行為的實驗分析」，它是指透過有系統地操弄刺激情境的變動，以便發現各種環境條件如何影響既定反應的發生機率。因此，史基納的分析是根據實驗的，而不是基於理論（這種研究取向是根據理論來推衍和預測行為），他拒絕對內在狀態或任何不能觀察事件進行推論。

　　為了透過實驗分析行為，史基納開發了操作制約（operant conditioning）的程序，他操弄有機體行為的結果（consequences），以便觀察這對於隨後行為產生的效應。操作性行為（operant）是指有機體自發的任何行為，我們可以根據它對環境產生之可觀察的效應來描述它的特徵。就字面上而言，「操作性」意指「影響環境」或在環境中起作用（Skinner, 1938）。操作性行為是自發的（emitted），而不是由特定刺激所引發（這是古典制約行為的情形）。所以像是鴿子啄食、老鼠覓食、嬰兒啼哭或發出咕咕聲，以及有些人說話時的手勢或結結巴巴等，這些都是屬於自發行為。這些行為在未來將會發生的機率可以透過操弄它們對環境產生的作用加以提升或降低。例如，假使嬰兒的咕咕聲促成所合意的父母撫摸，嬰兒在未來將會更常發生咕咕聲。因此，操作制約改變不同類型的操作性行為的發生機率——隨著這些行為在環境中所造成的結果。

　　為了施行他新的實驗分析，史基納設計了一套儀器——操作箱（operant

chamber）——以使得他能夠操弄行為的結果。圖 6-8 顯示了操作箱的運作方式。在展現了實驗人員所界定的特有行為後，當老鼠壓桿時，這套裝置便會遞送食物。這樣的設計容許實驗人員探討是怎樣的變項使得老鼠學會或揚棄他們所界定的行為，進一步探討後效強化對動物行為的影響。

三、後效強化

後效強化（reinforcement contingency）是指某反應與它引起的環境變化之間一致的關係。例如，假使鴿子的啄鍵（反應）通常跟隨穀粒的呈現（環境中對應的變化），這種一致的關係（或後效強化）通常將會帶來啄鍵發生率的提高。但是，為了使穀粒的遞送所提高的只是啄鍵的機率，它必須只跟啄鍵反應產生關聯——即穀粒的遞送必須有規律地發生在反應之後，但不發生在其他反應之後，諸如轉頭或彎身。建立在史基納的研究工作上，現代行為分析學家尋求從後效強化的角度理解行為。

㈠ 正強化物和負強化物

強化物（reinforcer）是指任何刺激，當它附隨於某行為之後出現，將會增加該行為在未來繼續發生的機率。強化（reinforcement）則是指在某反應之後施加強化物。強化物在操作制約上的功用就類似於非制約刺激在古典制約上的功用，但不同之處是

槓桿　食杯　食物分送器

圖 6-8 操作箱

強化物出現在反應之後，而且是附隨在所要建立的反應之後。

　　強化物總是從實徵上加以界定，也就是根據它們在改變反應機率上的效果。強化物可概分爲兩種：⑴正強化物（positive reinforcer），它的呈現提高了反應將會繼續發生的機率；例如，鴿子啄鍵後就給予牠穀粒，這就是在強化牠的啄鍵反應，穀粒是正強化物；⑵負強化物（negative reinforcer），它的撤除或停止使得反應繼續發生的機率增加；例如，老鼠必須不停地在轉輪上跑動，才能阻斷電源而不被電擊到，這個電擊便是負強化物。另外，有些汽車的安全帶加裝了蜂鳴器，這也具有負強化的功能。當駕駛人扣上安全帶之後，惱人的蜂鳴聲才會停止下來。

　　當某一行爲之後，跟隨著欲求刺激的遞送，這樣事件便稱爲正強化（positive reinforcement）。如果你的寵物老鼠轉動滾輪的結果是被遞送合意的食物，牠將會繼續轉動滾輪。假使 Thomas 講笑話的結果是引起滿堂喝彩，而他感到愉悅，他將會繼續講笑話。

　　當某一行爲之後，跟隨著嫌惡刺激的撤除，這樣事件便稱爲負強化（negative reinforcement）。負強化可概分爲兩種。在逃脫制約作用中（escape conditioning），動物學得某一反應將使得牠們能夠逃脫某一嫌惡刺激。逃脫制約作用的一個普通實例是，當傾盆大雨時，你會撐起一把雨傘。你學得利用雨傘以逃脫「被淋得一身濕」的嫌惡刺激。在迴避制約作用中（avoidance conditioning），動物學得的反應使得牠們能夠在嫌惡刺激開始之前加以迴避。前面所提汽車加裝蜂鳴器即爲實例之一。

　　爲了清楚分辨正強化與負強化，試著記住下列事項：正強化和負強化二者都是在提高居先反應繼續發生的機率。正強化是透過在反應之後呈現欲求刺激（appetitive stimulus，泛指能夠滿足有機體動機的所有刺激）以提高反應機率。負強化則是透過在反應之後撤除、減低或防止嫌惡刺激（aversive stimulus，泛指有機體試圖逃離或迴避的所有刺激）以提高反應機率。

　　當然，在這樣的構思中，外界還有一類刺激是所謂的中性刺激（neutral stimuli）。最後，所謂欲求或嫌惡顯然是因人而異（由個別有機體的行爲加以界定）。以草莓來說，雖然許多人認爲草莓相當美味，仍有人認爲草莓簡直難以入嚥。因此，對後者而言，草莓就是嫌惡刺激，而不是欲求刺激。

　　你應該記得，在古典制約中，當非制約刺激不再呈現時，制約反應將會消退下來。這同樣原理也適用於操作制約——假使強化被撤除了，操作性消退（operant extinction）將會發生。因此，假使某行爲不再能引起可預測的結果，它將會回復到操作制約之前的水準——它被消除了。你是否有過這樣的經驗，當你把硬幣投進自動販賣機後，卻沒有任何東西滾出來？假使你有一次踢一下販賣機，你所要的飲料果然掉了下來，踢的舉動將會受到強化。然而，假使在接下來幾次中，你踢了販賣機後，卻沒有任何東西掉下來，只是引起腳的疼痛，那麼踢的舉動將很快就被消除。

如在古典制約中的情形，「自發恢復」也是操作制約的特性之一。假設你對鴿子施加強化，每當呈現綠燈而鴿子啄鍵時，你就給予牠食物。然後你不再施加強化，啄鍵行為將會消除。然而，當你偶爾把鴿子放進該裝置中，而且打開綠燈時，鴿子仍有可能會自發地再度啄鍵。這就是自發恢復。在人類行為上，從你初始消退經驗後，經過一些時間，你仍偶爾會踢一下自動販賣機。

(二) 積極懲罰和消極懲罰

你或許熟悉另一種降低反應機率的技術，也就是懲罰（punishment）。懲罰物（punisher）是指任何刺激，當它附隨於某反應之後出現，將會降低該反應繼續發生的機率。懲罰則是指在某反應之後施加懲罰物。正如我們能夠檢定出正強化和負強化，我們也可以檢定出積極懲罰和消極懲罰。當行為之後伴隨嫌惡刺激的呈現，這樣事件稱為積極懲罰（positive punishment）。例如，碰觸熱爐子會產生灼痛感，這種疼痛懲罰了居先的反應，以至於你下次較不可能再去碰觸爐子。當行為之後附隨欲求刺激的撤除，這樣事件稱為消極懲罰（negative punishment）。因此，當姊姊打了年幼的弟弟之後，父母撤消她的零用錢，她就學會以後不要再打弟弟了。

雖然懲罰與強化在運作上密切相關，它們在許多方面有重大差異。辨別這二者的良好方法是從它們各自對行為的效應加以考慮。就定義上，懲罰總是降低反應再度發生的機率；強化則總是提高反應繼續發生的機率。例如，有些人喝下含有咖啡因的飲料後產生嚴重頭痛。頭痛是積極懲罰喝咖啡行為的刺激，它降低了在未來喝咖啡的行為。然而，當頭痛發作時，人們經常服用阿斯匹靈或另一些止痛劑以消除頭痛。阿斯匹靈的止痛效果是負強化服藥行為的刺激。

(三) 體罰與懲罰

你是否相信「孩子不打不成器」（spare the rod, spoil the child）這句格言？假使你相信，你跟美國的大多數父母持有相近的看法。在包含 991 位父母的一個樣本中，35% 報告曾經對他們 1-2 歲的小孩施加一些形式的體罰（例如，打屁股、打耳光），94% 曾經對他們 3-4 歲的小孩施加體罰（*Straus & Stewart, 1999*）。在另一個包含 449 位父母的樣本中，93% 曾經自己被打過屁股，87% 贊成以打屁股作為懲罰方式。但這會造成什麼後果呢？

許多專家設法檢視父母施行體罰與兒童的攻擊行為之間的關係。這些研究幾乎都指出，父母對他們子女的身體攻擊（即使是在嘗試矯正不當舉止的情況下）剛好提供了一種「楷模」（model），使得兒童從他們父母身上學會使用身體攻擊。顯然，體罰從來無法達成它原先預定的效果——「教導壞孩子變好」。

在另一項包括 6,002 個美國家庭的大規模研究中，研究人員特別感興趣的是，對

那些在他們十幾歲時受到體罰的人而言，體罰對他們日後的發展帶來什麼影響。研究結果相當令人印象深刻：大約 50% 的樣本報告在十幾歲時受過體罰（58% 的男性和 44% 的女性）。那些受過體罰的人們較可能在日後產生許多困擾；他們有憂鬱、自殺、酒精濫用、虐待自己子女，以及（對男性而言）毆打妻子等方面的較大風險。這顯然值得我們慎重以對。

專家學者們一再提醒大眾注意在家庭和學校中使用及濫用懲罰的問題。他們提出，爲了消除不良行爲，最好的方法始終是在於強化良好的行爲（以之作爲替代），而不是在於懲罰不良行爲。然而，我們無意排除所有形式的懲罰。我們必須承認，在許多情況下，爲了迅速阻止兒童的不當舉動，懲罰可能成爲唯一的途徑。但是，研究已指出，懲罰應該符合一些條件：

- ·懲罰應該迅速而簡短。
- ·懲罰應該在該不良行爲發生時立即施加。
- ·懲罰的強度應該適度設限。
- ·懲罰應該針對該特定反應，不要推拖到當事人的人格上。
- ·懲罰應該限定在該反應發生的情境中，不要蔓延到其他的空間和時間。
- ·不要提供當事人混淆的訊息，不要在懲罰的同時又顯現同情或關懷的模樣（或隨即拿糖果給他們吃），這反而施加了強化。
- ·懲罰最好訂定各種罰則（如不准當事人看電視），而不是施行體罰。

最後需要注意的是，許多父母採取懲罰的原因通常是因爲它可以立即阻止兒童的不當行爲。因爲父母達成了他們的短期目標，兒童當下的反應就強化了父母的處罰行爲（*Grant & Evans, 1994*）。但是，這裡的教訓是「治得了標，卻治不了本」（short-term gain, long-term pain）。父母必須有耐性地揚棄那種當場的高壓手段，採取較有益於自己子女長期發展的做法。

四、強化物的特性

強化物在操作制約上占有相當重要的地位，它們能夠影響、改變或維持行爲。強化物具有一些引人興趣而複雜的特性。它們可以透過經驗而學得，而不是生物上決定的；它們可以是一些活動，不一定是物件。

㈠ 制約強化物

當你來到這個世界時，它就已存在許多原級強化物（primary reinforcers），諸如食物和水，它們的強化性質是生物上決定的。然而，長期下來，原本中性的刺激逐漸與原級強化物聯結起來，然後就作用爲操作性反應（operant responses）的制約強化

物（conditioned reinforcers）。制約強化物可能逐步地以自身作為目的（自給自足）。事實上，人類有大量行為反而較少受到生物性原級強化物的影響，而較是受到廣泛之各種制約強化物的影響。例如，我們的大部分行為是受到許多強力的制約強化物的影響，像是金錢、成績、贊許的微笑、獎狀，以及各種的地位象徵等。

實際上，透過與原級強化物的配對呈現，任何刺激都可以成為制約強化物。在一項實驗中，簡單的代幣（tokens）被使用在動物學習者身上。

在一項早期的研究中，以葡萄乾作為原級強化物，黑猩猩接受訓練以解決問題。然後，代幣隨著葡萄乾一起遞送。稍後，當只呈現代幣時，黑猩猩仍然為了牠們的「金錢」而繼續工作，因為牠們可以把辛苦賺來的代幣貯存在一個麻袋中，稍後就以代幣來交換葡萄乾（Cowles, 1937）。

代幣不能食用，但仍然可以被作為制約強化物（Yerkes Regional Primate Research Center, Emory University）

教師和實驗人員經常發現，制約強化物要比原級強化物更具效力，也較容易實施，這是因為：⑴教室不容易供應原級強化物，但是教師支配下的幾乎任何刺激事件都可以被用來作為制約強化物；⑵制約強化物可以迅速施行；⑶制約強化物（如代幣）便於攜帶；及⑷制約強化物的強化效果較為立即而直接，因為它只需要依賴當事人的知覺，不需要依賴生物性歷程（如原級強化物的情況）。

在一些機構中，如精神療養院、老人安養中心或藥物矯治中心，代幣制度（token economies）已根據這些原理而被建立起來。這種制度首先是清楚界定什麼是良好行為（如整理自己的床舖、主動服藥、協助其他病人，或參加團體活動等），當病人展現這些行為時，就由護士或職員給予若干數量的代幣。病人稍後可以利用這些代幣來交換各種獎賞和特權（Dickerson et al., 2005; Matson & Boisjoli, 2009）。這些強化系統對於矯正病人的一些行為特別有效，像是關於自我照顧、生活環境的維護，以及最重要的，他們良性社交活動的促進。

(二) 反應剝奪與正強化物

假設你想要讓子女做一些事情，你不一定要提供一些實質的獎賞。反而，你可以跟對方達成這項交易：「當你完成你的家庭作業，你就可以玩你的電玩遊戲。」為

什麼這個策略會奏效呢？根據反應剝奪理論（response deprivation theory），隨著某行為變得被喜愛而且被防止從事，動物從事該行為便具有強化的效果（*Klatt & Morris, 2001*）。例如，對於被剝奪飲水（water-deprived）的老鼠而言，當牠們跑動之後就有機會喝水的話，老鼠將學會在轉輪活動中提升牠們的跑動行為。反過來說，對於被剝奪轉輪活動的老鼠而言，當牠們喝水之後就有機會跑動的話，牠們將學會提升自己的喝水行為（*Premack, 1965*）。這種現象就被稱為普墨克原則（Premack principle），它是指個體較喜愛的活動（也就是，在平常情況下具有較高發生機率的行為）可以被用來強化較不喜愛的活動。根據普墨克原則，強化物不一定是指環境中的基本物質，強化物也可以是個體所重視的任何事件或活動。

這項分析提出兩個重要課程。首先，這些實例提醒你，為什麼你不應該認定同一活動在所有時間對動物而言都將可作用為強化物。例如，在你試圖利用食物作為強化物之前，你需要知道該動物是否正處於食物剝奪。其次，這些實例告訴你，為什麼幾乎任何活動都終究能夠作用為強化物。這也就是說，強化是相對的，而不是絕對的；你可能在任何數量的維度上發生剝奪。以你跟你子女達成的交易而言，在某段期間中，你的子女處於電玩遊戲被剝奪的狀態，也就是說他平常玩電玩遊戲的發生率被限定到低於正常水平。為了克服這種剝奪，他將學會做好他的家庭作業。另一方面，假使你在某段期間中不容許你的子女從事家庭作業，他將會學習其他行為以克服家庭作業被剝奪的狀態。

五、強化時制

年輕時候的史基納在週末和週日經常把自己隔絕在實驗室中進行研究。有一次，他發現用來獎勵鴿子練習行為的食物已所剩無多。為了節省起見，他只好每當鴿子做了幾次反應後才給牠們一次強化物，而不是每次都給牠們食物。所以從鴿子的角度來看，有一些次數牠們展現反應，也得到了強化物；在另一些次數中，牠們展現了反應，卻沒有得到食物。

即使在這種部分強化（partial reinforcement）的情況中，鴿子依然學得操作性反應，雖然學習速度似乎慢一些。然而，一種引人興趣的現象卻發生在消退訓練的階段。史基納發現，當強化物被完全撤除後，先前接受部分強化（也稱間歇強化〔intermittent reinforcement〕）的動物卻在較長的期間中繼續反應，而且反應活力也勝過原先每次都得到酬賞的鴿子。這表示間歇強化的經驗似乎促成了一種較為耐久的反應。行為原理中的「部分強化效應」就是指，透過部分強化所獲得的反應比起透過連續強化（continuous reinforcement，即每次反應都得到酬賞的強化方式）所獲得的反應將較不易消退。這種效應在以各種動物為實驗對象的研究中一再被重複發現。

　　因爲部分強化效應的發現，這導致行爲學家對於不同強化時制（schedules of reinforcement，或強化程式）所造成的效應進行廣泛的研究（參考圖 6-9）。他們的研究通常以強化物被遞送的「比率時制」（ratio schedule，即每隔幾次反應後就給予一次強化物）爲一個維度，以「間距時制」（interval schedule，即在指定的時間間隔後才給予強化物，而不管有機體的反應速率）爲另一個維度。在每種情況下，強化的施行可能是規律的（固定的——fixed），或不規律的（不定的——variable），這就組成了四種主要的強化時制。

(一) 固定比率（fixed-ratio, FR）時制

　　在固定比率的時制中，只有當有機體已展現固定次數的反應後，強化物才會出現。以 FR-25 而言，前面 24 次反應都不被強化，強化物只有每做完 25 次反應後才給予一次。FR 時制引起高速率的反應，因爲反應與強化之間存在直接的相關——只要鴿子的啄鍵足夠頻繁的話，牠可以在某期間內取得儘可能多地想要的食物。圖 6-9 顯示了 FR 時制，它在每次施加強化物之後產生一個停頓。隨著比率愈高。每次強化後的停頓就愈長。許多推銷員的薪資給付就是基於 FR 時制：他們必須賣出一定數額的商品後，才能拿到報酬。

(二) 不定比率（variable-ratio, VR）時制

　　在不定比率（或變動比率）的時制中，兩次強化物之間的平均反應次數是預先決定的。以 VR-10 而言，有機體可能展現一次反應後就有強化物，也可能展現了 20 次反應後才有強化物，但是平均而言是每展現 10 次反應就接受一次強化。不定比率時制引起最高速率的反應，也最爲抗拒消退作用，特別是當 VR 的數值很大時。

　　假使你開始時以較低的 VR 數值（例如，VR-5）訓練鴿子，然後進展到更高的數值。對於已接受 VR-110 時制的鴿子而言，即使不再被提供強化後，牠仍然顯現每小時高達 12,000 次的啄鍵反應，而且將會持續好幾個小時。這正是賭博行爲不容易戒除的原因，因爲它似乎處於 VR 時制的控制下。以吃角子老虎而言，投入代幣的反應被報酬維持在高度而穩定的水平上，這乃是因爲報酬只有在未知、不定數額的代幣被投入後才會出現。VR 時制使得你猜測酬賞什麼時候將會來臨——你賭它在下一次反應後就會出現，而不是許多反應之後才出現（*Rachlin, 1990*）。

(三) 固定間距（fixed interval, FI）時制

　　在固定間距的時制中，從上一次強化物的遞送，再經過某固定期間後，強化物針對有機體的第一次反應傳送。以 FI-10 而言，受試者在接受強化之後，他必須等待 10 秒鐘，然後他的另一次反應才會再受到強化；但是在這個間距結束之前，所有反應都

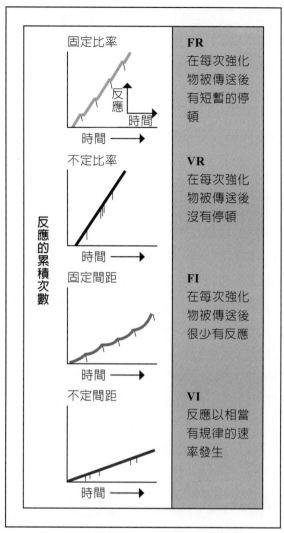

圖 6-9　強化時制

不同的強化時制引起不一樣的行爲型態。圖中的短斜線指出施加強化的時刻。

徒勞無功，都不能獲得強化。在 FI 的時制下，反應速率顯現一種扇形摺皺的型態。這是因爲緊接在每次強化過後，動物幾乎就不做任何反應。隨著報酬時間的趨近，動物才會展現愈來愈多的反應。假使你是月領薪水的階級的話，你就是接受 FI 的強化方式。再舉個實例，當你爲一片披薩重新加熱時，你也是經歷 FI 時制。假設你設定烤箱的時間爲 2 分鐘，你在前 90 秒鐘幾乎不會加以察看，但是在倒數 30 秒鐘中，你將會較頻繁察看。

㈣ **不定間距（variable interval, VI）時制**

在不定間距（或變動間距）的時制中，平均間距是預先決定的。以 VI-20 而言，

強化物可能在上一次傳送的 2 秒後就再度出現，也可能是 30 秒後才再度出現，但是平均起來是每 20 秒強化一次。這種時制產生一種適度但非常穩定的反應速率。在 VI 的強化方式下，反應的消退是漸進的，而且遠比 FI 時制下的消退緩慢多了。在一個案例中，鴿子在強化被撤除後的前 4 個小時期間，繼續啄鍵高達 18,000 次；然後直到 168 個小時後，牠的反應才完全被消除（*Ferster & Skinner, 1957*）。假使在你選修的一門課程上，你的教授會偶爾而不定期地舉行隨堂考試，你便是歷程了 VI 時制。你是否會在每次上課之前先複習一下你的筆記呢？

六、行為塑造

　　如同古典制約學習，操作制約學習通常也無法在一次嘗試中就建立起來。當區辨刺激呈現時，只對行為施加一次或兩次的強化往往不足以產生學習。在實驗室中，研究人員透過行為塑造（shaping）的技術來訓練動物獲得新行為。行為塑造是指利用操作制約原理以連續漸進法（successive approximation method）強化實驗對象的行為，以之建立起最終想要達成的行為。

　　許多動物心理學家經常採用這種方法，以便訓練海豚投球或鴿子彈琴等技能。它是把所要訓練的行為再做進一步的細分，依序排定各個步驟，然後透過差別強化（differential reinforcement）的方式，對動物出現的適切行為及時施加強化，對無關的行為則使之消弱，就這樣連續而漸進地，最終建立起複雜的行為反應。

　　行為塑造不僅在動物身上有效，它在人類行為上也有重要的實用意涵。考慮下面的實例，看看行為塑造如何被用來改善一位自閉症幼童的生活。

　　　　病人是一位 3 歲大的男孩，他被診斷為自閉症。他缺乏正常的社交行為和言語行為，有時候會失控地發脾氣，甚至導致自殘的舉動。動過一次白內障的手術後，他必須戴上眼鏡才能使視覺有正常的發展，但是他拒絕了。最初，當有一種玩具發出滴答的聲音時，醫生就給予他少許糖果或水果；透過它與食物的聯結，這種聲音很快就成為一種制約強化物。然後，醫生以空的眼鏡框作為訓練之用。首先，當幼童展現撿起眼鏡框的動作時，玩具就發出滴答聲以強化他這個動作。然後，只有當他把眼鏡框放在手中把玩，再稍後只有當他攜帶眼鏡框四處走動時，滴答聲才會響起。緩慢地，透過這種連續漸進的方式，幼童被獎勵把鏡框擺在愈來愈接近他眼睛的地方。幾個星期之後，他已經把鏡框以不尋常的角度擺在他的頭上；最後，他終於以正確方式戴在他的鼻樑上。隨著進一步的訓練，幼童學會每天達 12 個小時以上戴著他的眼鏡（*Wolf et al., 1964*）。

第四節 生物性限制與學習

自 1960 年代以來,許多心理學家陸續發現,制約學習的通則似乎存在一些限制(*Bailey & Bailey, 1993; Garcia, 1993; Todd & Morris, 1992, 1993*)。第 3 章中,我們提到這樣的觀念,即動物是針對生存的需求而進化出來——我們可以把物種之間的許多差異解釋為是牠們為了適應自己特有環境棲息地的要求。這同樣的進化觀點也適用於動物的學習能力(*Leger, 1992*)。學習的生物性限制(biological constraints on learning)是指因為動物的遺傳天賦所造成學習上的任何限制。這些限制可能加諸於動物的感官、行為及認知能力上。我們將檢視兩個研究領域,它們顯示行為-環境關係如何可能因為有機體的基因型而產生偏差。這兩個領域是本能性飄移和味覺嫌惡學習。

一、本能性飄移

你一定在電視上或在馬戲團中看過動物表演各種特技。有些動物玩棒球或桌球,另有些則駕駛小型賽車。多年以來,Keller Breland 和 Marion Breland 利用操作制約技術訓練了數以千計的許多種動物表演各式各樣的行為。他們相信,從實驗室研究(採用了幾乎任何類型的反應或酬賞)所推衍出的一般原理可在實驗室之外直接應用於動物行為的控制。

儘管如此,在訓練後的若干時候,有些動物開始「舉止失措」。例如,浣熊被訓練把硬幣撿起,把它投入一個玩具撲滿中,然後就有美味的東西吃。然而,浣熊卻不肯立即把硬幣投入撲滿。更糟的是,當有兩枚硬幣需要被放入時,制約作用完全崩潰——浣熊堅決不肯放棄任何一枚硬幣。反而,牠會把兩枚硬幣拿來相互摩擦,把它們放入撲滿,隨後又把它們倒出來,再度摩擦一番。但是,這真的很陌生嗎?浣熊當剝掉牠們所喜愛食物(如小龍蝦)的外殼時,牠們通常會從事摩擦和清洗的行為,搓揉一番才肯進食。

同樣的,當豬接受訓練以把辛苦賺來的代幣投入一個大型撲滿時,牠們卻不肯這樣做。反而,牠們把代幣丟到地板上,拿自己鼻子刺探一下,把代幣翻轉過來,再拋到空中。再度地,你應該認為這很陌生而奇怪嗎?豬刺探和翻動食物是牠們繼承而來之採集食物行為劇本的天然一部分。

這些經驗使得 Brelands 相信,即使當動物已學會完好地展現操作性反應時,「所學得的行為還是會隨著時間飄向本能性行為」,他們稱這種傾向為本能性飄移(instinctual drift)(*Breland & Breland, 1951, 1961*)。這些動物的行為無法以一般操作制約的原理加以解釋,但假使你視之為是由先天的基因型所施加之物種特有的行為傾

向，那麼它們也不是不能理解。這些傾向凌駕了操作制約所引起的行為變化。

在關於動物學習的大量傳統研究中，它們的焦點通常是放在動物對近便供應的刺激之任意選定的反應上。Brelands 的理論和關於本能性飄移的實際示範清楚說明了，不是學習的所有層面都是受到實驗人員的強化物的控制。視動物在所處環境中之正常、基因上編排的反應而定，各種行為將會或多或少易於改變。當你能夠設計目標反應具有生物關聯性時，制約學習的發生將會特別有效率。例如，你可以改變什麼事項以使得豬願意把牠們的代幣放入撲滿中？當豬口渴時，假使代幣與水的獎賞配對呈現，代幣因此就不會被當作食物那般刺探，而是被視為有價值的商品（液體的財產）存入撲滿中。

二、味覺嫌惡學習

假設我們請求你設想一種策略，以便品嚐多種未知的物質。如果你擁有老鼠的遺傳天賦，你將會非常慎重安排這件事情。當呈現新的食物或味道時，老鼠只攝取非常少量的樣品。只有當這個樣品不會造成牠們不舒服時，牠們才會再返回以攝取更多量。反過來說，假使食物中含有一種物質，它具有新的味道，也確實使得老鼠生病，那麼老鼠將再也不會攝取這種味道的食物——這就是為什麼毒餌不易奏效的原因。這種現象被稱為味覺嫌惡學習（taste-aversion learning）。你應該不難看出，為什麼動物具備這種遺傳能力（即試飲試吃以學得什麼食物是安全的，什麼食物則是有毒的）將很明顯具有重大的生存價值。

味覺嫌惡學習是一種極為強有力的機制。不像其他大部分古典制約的實例，味覺嫌惡只需要 CS（新奇味道）與它的後果（潛在 UCS 的結果——即實際上引致生病的成分）的一次配對就被學得了。甚至在很長間距（從老鼠攝取該物質直到牠們開始生病之間）的情況下，如長達 12 個小時或以上，味覺嫌惡還是產生了。最後，不像許多古典制約的聯結顯得相當脆弱，這種味覺嫌惡在一次經驗後就永久不褪色。再度地，為了理解這些違反古典制約常態的現象，你應該考慮這種機制如何重大地協助生存。

John Garcia 是第一位在實驗室中佐證味覺嫌惡學習的心理學家。他的同事 Robert Koelling 則援引這種現象說明，動物一般而言在生物上已準備好學習若干聯結。研究人員發現，有些 CS-UCS 組合可以在特定物種的動物身上產生古典制約作用，但另一些組合卻不能。

在 Garcia 和 Koelling 的實驗的第一個階段，口渴的老鼠首先熟悉實驗情境，當牠們舔一個管狀物之時呈現三個 CS：糖水、噪音和閃光。在第二個階段，當

老鼠舔管狀物時，半數老鼠只接受糖水，另半數只接受噪音、閃光和清水。這兩組各自再度被分組：每組中有半數接受引起疼痛的電擊，另半數則接受 X 光照射而引起噁心及不舒適。

　　然後，實驗人員比較老鼠在第一階段的飲水量與第二階段（當涉及疼痛及不舒適時）的飲水量（參考圖 6-10）。研究結果顯示，當味道與不舒適聯結起來（味覺嫌惡），以及當噪音和閃光與疼痛聯結起來時，老鼠的飲水量大為降低。然而，在另兩種情況下——當味道預測疼痛，或當「閃亮－吵鬧的水」預測不舒適時——老鼠的行為卻幾乎沒有變化。

　　這些結果說明了，老鼠擁有一種先天偏見以把特定刺激與特定結果聯結起來（*Garcia & Koelling, 1966*）。因此，對一些制約的案例而言，它們的建立不僅依賴刺激與行為之間的關係，也有賴於有機體在遺傳上如何預先偏好地環境中的一些刺激（*Barker et al., 1978*）。在牠們遺傳的天賦中，動物似乎已登錄了特定類型的感官線索（如透過味覺、嗅覺或視覺），這是牠們最可能用來傳送酬賞或危險信號的維度。味覺嫌惡學習就是研究學者所謂「生物預備性」（biological preparedness）的一個實例。生物預備性是指特定物種已進化出來的一種傾向，以便該物種的成員只需要（比起正常情況下）較少的學習經驗就能獲得制約反應。以老鼠而言，因為牠們依賴味覺選擇食物，所以味道就成為牠們最信賴的一種警告系統，牠們因此會把在自己生病之前所吃的任

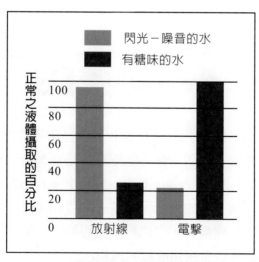

圖 6-10　先天的偏見

Garcia 和 Koelling 的研究結果（*1966*）顯示，老鼠擁有一種先天的偏見，傾向於把若干線索與若干結果聯結起來。當具有糖味的水預測不舒適時，老鼠將會避開糖水，但是當糖水預測電擊時，老鼠卻不會避開。反之，當「閃光－噪音的水」預測電擊時，老鼠將會避開之，但是當這樣的水預測不舒適時，老鼠卻不會避開之。

何食物與疾病（不舒適）聯結起來──這樣的天賦能力有利於生存。實驗人員假使試圖武斷地打破這些遺傳環節的話，似乎成功的勝算不大。第14章中，我們將看到，研究學者認爲人類在生物上已準備好獲得對一些刺激（如蛇類和蜘蛛）的強烈恐懼（稱爲恐懼症──phobias），因爲這些刺激在人類進化的過程中提供了危險的信號。

研究人員已把關於味覺嫌惡學習機制的知識付諸實際用途。爲了防止土狼殺害牧場中的綿羊（也是爲了防止牧場主人射殺土狼），John Garcia 及其同事們把有毒的羊肉三明治包裹在綿羊的毛皮之內，然後丟在大牧場籬笆內的邊緣地帶。土狼進食這些羊肉三明治後身體不舒適並嘔吐，立即發展出對羊肉的厭惡。土狼隨後甚至只要看到綿羊就感到嫌惡，這使得牠們遠離羊群，不再進行攻擊。

古典制約作用也解釋了爲什麼癌症病人變得不能忍受他們餐飲中的正常食物。他們的嫌惡部分地是化學治療所造成，因爲化學治療經常被安排在病人進餐之後，引起病人的噁心及反胃。

經由了解味覺嫌惡是透過古典制約的機制而獲得，研究人員可以設計一些措施以抵消這種作用（Bernstein, 1991）。例如，他們已安排癌症病童不要在接受化學治療之前進餐。他們也製造「替罪羔羊」（scapegoat）的嫌惡。在接受治療之前，他們讓病童吃一些不尋常味道的糖果或冰淇淋，以至於味覺嫌惡只針對那些特殊味道產生制約，但是不針對他們平常喜歡的味道。

你現在應該清楚，爲什麼現代行爲分析師必須留意每種動物最適合學習的反應類型（Todd & Morris, 1992）。假使你想要教一隻老狗玩新把戲，你最好讓這些把戲適合狗所繼承的行爲劇本！

第五節　認知對學習的影響

從前面關於古典制約和操作制約的論述中，它們說明了各式各樣的行爲可以被理解爲是簡易學習歷程的產物。然而，你可能好奇，是否有若干類型的學習需要較爲複雜、較爲認知層面的歷程。認知（cognition）是指牽涉到心理表徵（representation）和知識處理的任何心理活動，諸如思考、記憶、知覺和語言使用。這一節中，我們將檢視在動物和人類身上的幾種學習，它們無法只根據古典制約或操作制約的原理加以解釋。因此，這些行爲部分地是認知歷程的產物。

一、比較認知

我們已提過，我們從老鼠或鴿子的研究中所獲得的學習法則，也適用於（除

了各種動物所特有的限制外）狗、猴子和人類。對於探討比較認知（comparative cognition）的研究學者而言，他們考慮甚至更廣泛的行爲，以便追溯不同物種之認知能力的發展，以及探索從動物到人類之認知能力的連續性（*Wasserman & Zentall, 2006*）。這個領域稱爲比較認知，因爲研究人員經常比較各個不同物種的能力。但因爲焦點是放在非人類的物種上，該領域也被稱爲動物認知（animal congition）。在他關於進化論的原始論述中，達爾文表示，動物的認知能力伴隨身體外形一起進化。事實上，這方面研究已實證，不僅古典制約和操作制約的原理可從動物類推到人類身上，動物與人類在認知能力上也存在進一步的連貫性。

　　心理學家托爾曼（*Edward C. Tolman, 1886-1959*）在多年前就指出了認知歷程在學習上的重要性。他設計許多實驗情境，使得特定的刺激與反應之間機械式、一對一的聯結無法解釋所觀察到的動物行爲。因此，托爾曼（*1948*）主張，學習應該包括兩個成分：⑴認知地圖（cognitive map），也就是對整個學習情境的一種內在表徵；⑵對個人行動結果的一種預期。

　　爲了顯示動物所學得的不只是被強化所烙印的一種固定反應，托爾曼和他的學生們施行一系列有關方位學習（place learning）的研究。他們例證了在迷津作業中，當原先抵達目標的途徑被堵塞後，老鼠將會採行最短的迂迴路線以繞過障礙物，即使這個特定反應先前從不曾被強化過（*Tolman & Honzik, 1930*）。

　　托爾曼的迷津實驗共分兩個階段（參考圖 6-11）。在第一階段的開始，老鼠有機會走遍迷津中的每一條通道。當經過幾次的練習後，老鼠會捨棄通道 2 和 3，而選擇距離最近的通道 1 來抵達食物箱，這表示老鼠對通道 1 有較高的偏好。這時候，我們若是在 A 處把通道 1 阻塞，老鼠很快地就學會選擇通道 2。然後，我們再在 B 處把通道封鎖起來，老鼠只好選擇路途最長的通道 3。在實驗的第二個階段中，先在 A 處堵塞起來，老鼠進入通道 1，當發現不能通行時會改走通道 2 以抵達食物箱。這時候我們把堵塞處從 A 移到 B，且把老鼠放回出發處。結果卻發現，老鼠當選擇通道 1 而在 B 處遇到阻礙，因而退回出發處後，牠會逕行選擇偏好度最低的通道 3，而不會嘗試走通道 2。這顯示老鼠知道 B 處的

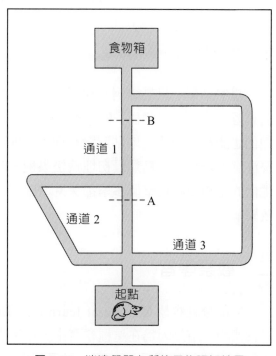

圖 6-11　迷津學習上所使用的認知地圖

障礙物會同時阻塞通道 1 和通道 2。根據托爾曼的解釋，老鼠在第一階段中就對迷津的方位建立起認知地圖，老鼠知道 B 處被封鎖起來後，通道 2 同時無法通行，所以牠只好選擇最不喜歡的通道 3。老鼠這樣的作為彷彿牠們是對照內在的認知地圖（也就是對迷津整體布置情形的心理表徵）在採取行動，而不是透過嘗試錯誤（trial and error）以盲目地摸索迷津的各個部位（*Tolman, 1948*）。

托爾曼的實驗結果說明了，制約學習所涉及的不僅是在幾組刺激之間建立簡單的聯結，也不僅是在反應與強化物之間建立簡易的聯結。它還包括了對整個行為背景的其他層面的學習及表徵（*Lew, 2011*）。

自托爾曼之後，許多研究已一致地證實，鳥類、蜜蜂、老鼠、人類及另一些動物在空間記憶上擁有令人印象深刻的能力（例如，見 *Joly & Zimmermann, 2011; Menzel et al., 2011*）。為了理解空間認知地圖的效能，考慮它們所發揮的功能（*Poucet, 1993*）：

· 動物利用空間記憶以辨認及檢定牠們環境的特徵。
· 動物利用空間記憶以找出牠們環境中重要的目標物件。
· 動物利用空間記憶以規劃牠們穿越環境的路徑。

你可以在許多鳥類身上看到認知地圖的這些不同功能在起作用，牠們在四處散布的許多地方貯藏食物，當需要時又能夠十分精準地找出這些食物。

> 星鳥是最擅長貯存食物的一種鳥類。在夏季後期，這些星鳥把松果種子埋藏在美國西南部山區高達 6,000 個隱密之處。直到來年春天之際，牠們仍能相當準確地找出這些種子，以之補充牠們在繁殖早期額外所需的食物（*Shettleworth, 1993, p.180*）。

這些鳥類不只是徘徊在牠們環境中，然後僅靠運氣就跟種子不期而遇。反而，牠們重返自己先前埋藏種子的好幾千個地點中，準確率高達 84%（*Kamil & Balda, 1990*）。牠們也能夠辨別哪些地點還藏有種子，哪些地點則會空手而歸（*Kamil et al., 1993*）。需要注意的是，這些鳥類最初埋藏松果種子時，牠們的貯臧行為並未受到強化。只有當牠們的認知地圖在整個冬季都保持準確的情況下，牠們後來才能找回種子，以便生存及繁殖。

二、觀察學習

大部分社會學習（social learning）所發生的情境是你無法以傳統的制約理論加以預測的，這是因為在這種學習中，學習者並未採取積極的反應，也未接受實質的強化物。從單純地觀看另一個人展現行為，也看到對方因為該行為而受到強化或懲罰

後，個人後來可能也會以大致相同的方式展現行爲，或是約束自己不要那樣舉止。這種個人透過觀察另一個人的行動及這些行動的後果以引導他自己行動的現象，我們便稱之爲觀察學習（observational learning）。認知通常是以「預期」（expectation）的形式加入觀察學習。基本上，在觀看楷模（model）的行爲後，你可能會這樣設想：「假使我完全依照對方的方式行動的話，我將會得到相同的強化物，或避免相同的懲罰物。」這就是所謂的替代性強化（vicarious reinforcement）和替代性懲罰（vicarious punishment），即前車之鑑的意思。

這種從觀察以及從行動中學習的能力極爲重要，它使你能夠獲得廣延及統整的行爲模式，而不必親身經歷冗長乏味的嘗試錯誤過程才能逐漸排除錯誤反應和獲得正確反應。你能夠立即從他人的成功和失敗中獲益良多。研究人員已經證實，觀察學習不是人類的專利。在許多物種中，像是狐猴（*Carlier & Jamon, 2006*）、大烏鴉（*Schwab et al., 2008*）及鳴蛙的蝌蚪（*Ferrari & Chivers, 2008*），都有能力在觀察牠們物種另一位成員的表現之後，就據以改變自己的行爲。

人類的觀察學習的一個經典範例發生在班都拉（Albert Bandura）的實驗室中。他先讓兒童觀看成人楷模（models）對一個大型塑膠玩偶施以拳打腳踢，結果發現這些兒童比起控制組兒童（他們沒有觀看楷模的攻擊行爲）稍後顯現較高頻率的同樣行爲（*Bandura et al., 1963*）。後繼的研究指出，兒童僅從觀看影片中各種身分的楷模（甚至是卡通人物）的攻擊行爲，稍後也將會模仿這樣的行爲。

我們現在已經清楚，我們是透過對楷模的觀察而學得大部分行爲，包括利社會（援助）行爲和反社會（傷害）行爲二者，但是，這世界存在許多可能的楷模。在決定怎樣的楷模將最可能影響你這方面，什麼是重要的變項呢？研究已提出下列的四個歷程（*Bandura, 1977*）。當具備這樣條件時，楷模的行爲將最具有影響力：

- 注意（attention）。觀察者必須注意到楷模的行爲和行爲的後果。當觀察者認爲自己在許多特徵和特質上跟楷模有相似之處時，這種情況更可能發生。
- 保留（retention）。觀察者必須在記憶中貯存關於楷模行爲的表徵。
- 複製（reproduction）。觀察者必須擁有身體能力或心理能力以複製（再現）楷模的行爲。
- 動機（motivation）。觀察必須有理由複製楷模的行爲。例如，楷模的行爲應該被視爲具有強化效果。

因爲人們如此有效率地從楷模身上學到行爲，你可以理解，爲什麼大量心理學研究已針對於評估電視對行爲的影響。當電視上的楷模受到獎賞或懲罰時，這對觀眾造成什麼影響呢？這方面的研究焦點特別是放在：兒童和青少年觀看電視上的暴力舉動（如謀殺、強暴、攻擊、搶劫、恐怖活動及自殺等）與他們後來行爲之間的關聯。個人接觸到暴力舉動是否會助長模仿行爲？根據許多心理學研究的結論，答案是肯定的

——對許多人而言確實如此，且特別是在美國（*Comstock & Scharrer, 1999*）。

這項方案起始於 1977 年，當時一組研究人員對 557 位兒童（他們正就讀小學一年級或三年級）觀看電視的情形進行兩年的測量，特別是，研究人員取得兒童觀看含有暴力內容的電視節目程度的數值。15 年後，研究人員設法對這些兒童中的 329 位施行訪談，受訪者現在已是 20 歲到 22 歲（*Huesmann et al., 2003*）。研究人員嘗試決定，當事人在兒童期所觀看電視暴力的數量是否與他們身為年輕人時的攻擊水平之間存在正相關。他們長大後的攻擊水平是通過二者加以測量，一是他們的自我報告，另一是他人的報告，諸如配偶。如圖 6-12 所顯示，對於在兒童時觀看最多暴力電視節目的男性和女性而言，他們在成年時也展現最高的攻擊水平。這些資料暗示，早期觀看電視暴力節目引起後來的攻擊行為。然而，你可能好奇，為什麼因果關係不會是以相反的方向運轉：會不會有些兒童先天注定有偏高的攻擊性，他們在兒童時已經較感興趣於暴力內容？幸好，研究人員所蒐集的資料容許他們反駁這種可能性。例如，該資料發現，兒童期攻擊行為與當事人長大後觀看電視暴力節目之間只有微弱的相關。

這項研究強烈支持，對於觀看暴力電視節目的兒童而言，他們長大成年後有變得過度攻擊的風險。

幾十年來的研究已證實，電視暴力透過三種方式對觀眾的生活產生不良影響（*Smith & Donnerstein, 1998*）。首先，如我們才剛提到，透過觀察學習的機制，觀看電視暴力導致攻擊行為的升高。這項因果關係特別對於兒童具有重要意涵：當攻擊習慣是出自於在生活早期過度觀看電視時，這可能充當日後生活中反社會行為的基礎。其

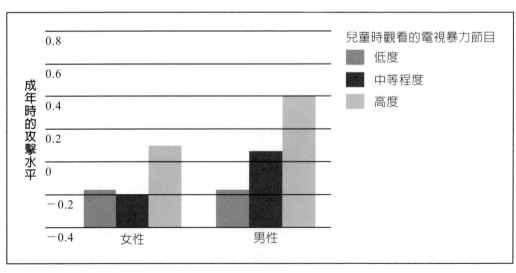

圖 6-12　電視暴力節目與攻擊水平

次，觀看電視暴力導致觀眾高估暴力在日常世界中的發生率。電視觀眾可能不當地害怕自己會成為眞實世界暴力的受害人。第三，觀看電視暴力可能導致「減敏感作用」（desensitization），也就是看到暴力行為時的不安感和情緒激發大爲降低，或稱爲心靈麻木（psychic numbing）。

最後，我們有必要指出的是，研究也已顯示，當所觀看的電視節目提供了利社會行爲的楷模時，兒童也能學得利社會、助人的行爲（*Mares & Woodard, 2005*）。顯然，兒童從他們觀看的電視節目中學到不少東西，你豈能不愼重以對。當身爲父母或代理人時，你應該協助兒童挑選合宜的電視楷模。

第七章

記　憶

你不妨想像一下，假使你突然失去對你的過去的任何記憶，你不記得你曾經認識的人，也不記得曾經發生在你身上的事件，那會是怎樣情況呢？你將不記得你母親的臉孔、不記得初吻的情景，不記得你的畢業旅行。缺乏這樣的「時間的錨」（time anchors），你如何維持對你自己身分（或你的自我統合）的認識？或者，假設你失去形成任何新記憶的能力，這對你才剛發生的經驗會有怎樣影響？你能否領會跟他人進行中的交談？或你能否理解電視節目的情節？每一件事情都將憑空消失，就彷彿它們不曾存在過，就彷彿你心中不曾出現過任何思想。你能否想起有任何活動是不受記憶的影響？

這一章中，我們的目標是解釋你通常如何記住那麼多事情（根據估計，一般人類大腦可以貯存 100 兆則訊息），以及為什麼你會遺忘一些你已經知道的事情。我們將探討你如何讓你的日常經驗進出記憶之中。我們也將論述一些不同類型的記憶，以及這些記憶如何運作。

第一節　什麼是記憶？

首先，我們將界定「記憶」（memory）為登錄、貯存及提取訊息的能力。這一章中，我們將把記憶描述為一種訊息處理（information processing）。因此，這方面的研究注意力主要是放在訊息如何「流進」和「流出」你的記憶系統。

一、記憶的功能

當你想到記憶時，你最可能想起的是在若干場合中，你應用你的記憶試著回想一些特定的事件或訊息：你所喜愛的一部電影、第二次世界大戰爆發的日期，或你的身分證號碼。事實上，記憶的重要功能之一是使你能夠意識上接觸「個人的過去」和「集體的過去」。但是，記憶的功能不僅如此，它也使你毫不費力地擁有經驗的連續感，從這一天延續到下一天。例如，當你在住家附近走動時，就是記憶的這第二種功能使得沿路的住宅或商店看起來很熟悉。

㈠ 內隱記憶與外顯記憶

當你被問到過去的經驗，像是「你高中是念哪一所學校？」或「陳先生是不是你小學的老師？」時，你必須從事回憶（recall）或再認（recognition）的工作以找到答案。在這種情況下，你所提取的是外顯記憶（explicit memory）。但是，提取不一定都是外顯的。例如，當鋼琴家彈奏樂曲時，他不會特別記起這首曲子是在什麼時候或

什麼地方學會的。同樣的，籃球選手也不會記起他是在什麼時候或什麼地方精練這些球技。因此，當他們彈琴或打球時，他們所提取的是內隱記憶（implicit memory），因為他們沒有自覺自己正在「記起」如何做這些事情。

這表示當使用你貯存在記憶中的知識時，有時候你使用的是內隱記憶（不需要任何意識努力就可取得的訊息），另有些時候你則是使用外顯記憶（你從事意識上的努力以恢復該訊息）。但是，我們必須指出，在大部分情況下，你對訊息的編碼（encode）或提取（retrieve）呈現了內隱記憶和外顯記憶的混合運用。

(二) 陳述性記憶與程序性記憶

你會不會吹口哨？你不妨試一下。或者，如果你不會吹口哨，試一下用你的手指彈出聲音。什麼性質的記憶使你能夠做這類事情？你或許記得過去必須努力學習這些技巧，但現在你完成這些動作（如游泳或騎單車）似乎毫不費力。當牽涉到對若干事實和事件（facts and events）的回憶時，這稱為陳述性記憶（declarative memory）。但除此之外，你也擁有對「如何做一些事情」（how to do things）的記憶，這稱為程序性記憶（procedural memory）。

程序性記憶是指你記得如何完成一些事情的方式。這種記憶是用來獲得、保存及運用關於知覺、認知和運動方面的技能。它是一種「知道如何做」（knowing how）的記憶；相對之下，陳述性記憶是「知道做些什麼」（knowing what）的記憶。程序性記憶雖然起初是按照程序逐步學習所得，但是一旦熟練之後，記憶的提取自動展現，不需刻意按照程序，也就是達到自動化的地步，這時候如果蓄意注重程序，反而表現不佳。

以撥電話號碼而言，長期下來，你會變得非常熟悉。但是最初，你可能必須思考如何依序去按每一個數字，每次只按一個。你必須通過一系列的陳述性事實加以運作：「首先，我必須按（撥）2；接下來，我必須按0；然後，我再按7；依序下去。」

然而，當你已經撥電話號碼足夠多的次數後，你可以開始視之為一個單位來完成，也就是在電話按鍵上一連串快速的動作。這樣的運作過程稱為製作編輯（production compilation）：一些心理的指令，以「製作」個別的行動被「編輯」在一起（*Taatgen & Lee, 2003*）。隨著充分的練習，你將能夠執行較長序列的活動，不需要意識的介入。但是，你通常也未能意識上接近這些編輯單位的內容。回到電話按鍵上，你不難看到，如果不假裝在鍵盤上按壓，有些人實際上無法記住電話號碼。一般而言，製作編輯使得你不容易跟他人共享你的程序性知識。例如，當你父母嘗試教你駕駛汽車時，你就可注意到這種現象。雖然他們本身可能是良好的駕駛人，他們卻不見得善於傳達他們所編輯良好駕駛程序的內容。你不妨試著描述如何繫鞋帶或游泳，你會發現描述的工作要比實際執行難多了。

　　你可能也已注意到，製作編輯可能導致失誤，如果你是一位熟練的打字員，你或許曾經困擾於「the」的問題：每次當你打了「t」和「h」的鍵後，你的手指可能就自動移到「e」的鍵，即使你真正想打的字是「throne」或「thistle」。一旦你已充分使得「the」的動作技巧交付於程序性記憶，你幾乎不得不完成整個程序。如果缺乏程序性記憶，生活將會極為費力——你將需要一步接一步地完成每一項活動。然而，每次你錯打「the」時，你不妨衡量一下「效率」與「可能失誤」之間交易的得失。這樣的交易其實相當划算。

二、記憶歷程的概論

　　不論是什麼類型的記憶，為了能夠在後來利用知識，這需要三種心理歷程的運作：編碼、貯存及提取。編碼（encoding，也稱登錄）是初始的訊息處理，它導致記憶中的心理表徵。貯存（storage）是把已登錄的資料保留一段時間。提取（retrieval）則是在一段時間之後恢復所貯存的訊息。簡而言之，編碼使得訊息流入記憶系統，貯存是保留訊息到你需要的時候，提取則是使得訊息流出。

　　編碼需要你對來自外界的訊息形成心理表徵（mental representations）。所謂心理表徵是指把外在現實世界轉換為心理事件的歷程，也就是以抽象的概念（或符號的方式）代表實物的歷程。心理表徵以大致相同的方式運作，它們以某一方式保存過去經驗的一些重要特徵，使你能夠對自己再呈現（re-present）這些經驗。

　　假使訊息被適當編碼，它將在某個期間中被保留在貯存狀態。貯存需要你的大腦結構的一些短期變化和長期變化。在本章的結尾，我們將看到研究人員如何試著找出分別負責貯存新記憶和舊記憶的大腦結構的位置。我們也將看到嚴重失憶個案的情況，這些病人變得無法貯存新記憶。

　　提取是所有你先前努力的回報。當它奏效時，你就得以接近——通常是在一瞬間——你早先所貯存的訊息。許多心理學家想要知道記憶如何運作，以及如何增進記憶，他們所面對的挑戰就是探討你如何能夠從你記憶貯藏室浩瀚的訊息中，提取你所需要的一小片段的訊息。

　　雖然我們很容易界定編碼、貯存及提取為各自不同的記憶歷程，但是這三個歷程之間的交互作用卻是相當複雜（參考圖 7-1）。我們以下對訊息的編碼、貯存和提取作更詳盡的檢視，以之說明你如何記住事情，以及你為什麼會遺忘。

圖 7-1　訊息流入和流出長期記憶

記憶理論指出，訊息最初在感官記憶和工作記憶中編碼，訊息然後被移交到長期記憶以供貯存，訊息也從長期記憶被移轉到工作記憶以供提取。

第二節　短期的記憶使用

你所經歷的大部分訊息從不是安全可靠地收容在你的記憶中。反而，你只是短期地擁有和使用這些訊息。這一節中，我們將檢視較短期間使用的三種記憶的特性：映像記憶、短期記憶及工作記憶。

一、映像記憶

心理學家們假定，對你的每一種感覺通道（sensory modalities）而言，你都擁有一種感官記憶（sensory memory）。每種感官記憶保存了對感覺刺激之物理特徵的準確表徵，雖然不到幾秒鐘的時間。這些記憶擴展了你從環境中獲得訊息的效能。

研究人員把視覺領域內的感官記憶稱為映像記憶（iconic memory），也就是指視覺刺激消失後感覺上暫時留存的記憶。映像記憶容許大量的訊息被貯存非常短暫的期間（*Neisser, 1967*）。視覺記憶（或映像）只持續大約半秒鐘。在這期間，映像記憶所貯存的訊息也正在迅速消退之中。因此，為了利用對視覺世界的這個「瞥視」，你的記憶歷程必須非常迅速把訊息移轉為較持久的貯存。電影和卡通節目就是利用這視覺暫留的原理設計而成。假使沒有映像記憶，你可能就無法更進一步處理稍縱即逝的訊息。

需要注意的是，映像記憶不等同於有些人宣稱擁有的照相記憶（photographic memory）。照相記憶的正式術語是「全現心像」（eidetic imagery）。有些人擁有全現心像，他們能夠回憶圖畫的各個細節，持續期間遠長於映像記憶，就彷彿他們仍然注視照片一般。在這種情況中，所謂「有些人」真正而言是指兒童。研究人員估計，大約 8% 的兒童（青少年期之前）是屬於全現心像型的人，但是幾乎沒有任何成年人擁有這種能力（*Neath & Surprenant, 2003*）。為什麼全現心像的能力會隨著時間而減退，至今仍沒有人提出令人滿意的理論（*Crowder, 1992*）。無論如何，假使你閱讀這本書時是身為高中生或大學生，那麼你幾乎肯定擁有映像記憶，但不太可能擁有全現心像。

聲音的感官記憶稱爲餘音記憶（echoic memory），也就是聽覺刺激（聲音）消失後感覺殘留的短暫記憶。正如映像記憶，餘音記憶可以短暫保存較多訊息，至少要多於受試者在訊息消失之前所能報告的。然而，餘音記憶的延續期間遠比映像記憶來得長，或許達 5 到 10 秒左右。餘音記憶較長的延續期間可能與聲音隨著時間延展的方式有關。例如，當你試圖理解交談的語句時，聲音的增量（increments）一波接一波抵達你的耳朵。餘音記憶有助於你蒐集那些增量而成爲連貫的完整句子。

感官記憶顯然具有「短暫」和「容易被置換」（容易被新的訊息所取代）這兩個基本特性。爲什麼呢？答案相當簡單，因爲這些特性符合你與環境互動的實際情形。你不斷地經歷新的視覺刺激和聽覺刺激，這些新的訊息也必須加以處理。感官記憶只持續到足以使你對你的世界產生一種連續感（sense of the continuity），但沒有強烈到干擾了你新的感覺印象。我們現在轉向另一些類型的記憶歷程，它們使你能夠形成較爲持久的記憶。

二、短期記憶

在你開始閱讀本章之前，你或許不知道你擁有映像記憶或餘音記憶。然而，你很可能知道，你所擁有的一些記憶只是爲了短期所需。考慮查閱電話簿這件事情，你有時候會去翻電話簿以找出某家公司的電話號碼，你然後只記住這個號碼到你撥完電話後。如果你所撥的電話正在忙線中，你通常需要再去翻一次電話簿，再查一次這個同樣的號碼。當你考慮這樣的經驗時，你不難理解，爲什麼研究人員假定一種特殊記憶的存在，稱之爲短期記憶（short-term memory, STM）。

你不應該把短期記憶視爲記憶通過的一個特定處所，而應該視爲一種固有的機制，以供集中認知資源於一些較小組群的心理表徵上（*Shiffrin, 2003*）。但是，STM 的資源是變動不定的。如同你在電話號碼上的經驗所顯示的，你必須花些特別心力，才能確保該記憶被登錄爲較持久的形式。

(一)STM 的容量限制

無論何時，你的身邊幾乎總是充斥著大量新的訊息。從這些大量的訊息中，你集中你的意識獲得的立即結果就是你的短期記憶。第 4 章中，我們提到你的注意資源如何用於挑選外界的物體和事件，以供你付出你的心理資源（mental resources）。就如你的注意容量有所限制，無法同時集中於太多訊息一樣，你讓太多訊息在 STM 中保持活性化的能力也有所限制。因此，STM 的有限容量要求你的心理注意力的高度集中。

爲了估計 STM 的容量，研究人員最初試著測量記憶廣度（memory span）。你過

去或許也曾被要求執行像下面這樣的作業：

> 讀一遍下列這行隨機排列的數字，然後蓋起來，再依照它們的呈現順序寫出你所能記得的所有數字。

$$8 \quad 1 \quad 7 \quad 3 \quad 4 \quad 9 \quad 4 \quad 2 \quad 8 \quad 5$$

> 你能夠正確記住多少數字？
>
> 現在，讀一遍下列這行隨機排列的字母，然後執行如上的記憶測驗。

$$J \quad M \quad R \quad S \quad O \quad F \quad L \quad P \quad T \quad Z \quad B$$

> 你能夠正確記住多少字母？

假使你如同大多數人們一樣，你能夠記得的項目應該從 5 個到 9 個之間。George Miller（*1956*）指出，7（±2）是一個「魔術數字」（magic number），也就是說人們在不相干（即隨機排列）的熟悉項目上的平均記憶容量大約是 7 個單位，這些項目包括字母、單字、數字，或幾乎任何性質的有意義項目。

然而，記憶廣度的測驗過度高估了 STM 的真正容量，因為受試者能夠利用另一些來源的訊息以執行該作業。例如，如先前提到，當大聲讀出列表時，餘音記憶將可幫助你增進你對列表最後一些項目的回憶。當其他來源的記憶被排除後，研究人員估計，在你 7 個項目左右的記憶廣度中，STM 的純粹貢獻只有 3 個項目到 5 個項目之間（*Cowan, 2001*）。但如果這就是你必須著手於新記憶獲得的所有容量，為什麼你通常並未察覺到這樣的限制？儘管 STM 的容量限制，你在生活中仍能有效率地運作，這至少是基於兩個原因。首先，如我們接下來將看到，STM 的訊息編碼可被進一步增強——透過複誦和意元集組這兩種方式。其次，從 STM 中提取訊息相當迅速。

(二) 複誦

不論是任何類型的記憶，增進記憶的最佳方式之一是精心地（更勤勉地）登錄訊息。以先前電話號碼的例子而言，你想要使某電話號碼保存在心裡的一個良好方法，就是不斷在你腦海中重複背誦它的數字。這種記憶技巧稱為維持性複誦（maintenance rehearsal）。至於不被複誦的訊息的下場，我們以下面精巧的實驗加以說明。

> 在這項實驗中，受試者將會聽到由三個子音所組成的無意義單字——諸如 F、C 和 V——被大聲唸出來。然後受試者在某不定間距後會收到信號，這時候他被要求把先前聽到的無意義單字拼出來。這個延遲的間距從 3 秒以迄於 18 秒。為了防止受試者複誦。實驗人員在刺激輸入與信號呈現之間實施一項分心作業（distractor task），也就是提出一個百位數的數目，然後受試者按照節拍對這個

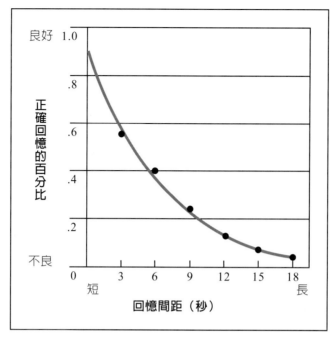

圖 7-2　沒有複誦情況下短期記憶的回憶

數目作每次減 3 的運算（如 743-740-737-734……），直到信號呈現爲止。

　　實驗結果如圖 7-2 所示，當延遲的間距（也就是保留訊息的時間）增長時，回憶的成功率也隨之降低。即使是經過 3 秒鐘後，記憶就已顯著減失了；當經過 18 秒鐘後，幾乎完全失去了對原先項目的記憶。可見當沒有機會複誦訊息時，短期回憶將隨著時間經過而迅速消退（*Peterson & Peterson, 1959*）。

　　因爲訊息無法被複誦，受試的記憶表現顯著受損。此外，因爲來自分心作業之競爭性訊息的干擾，記憶表現也會受損（我們在本章稍後將會討論到，干擾被視爲遺忘的起因之一）。你可能也注意到，當一位新朋友告訴你他的姓名，你經常隨即就忘記了。這種情形的最常見原因之一是，你因爲分心而沒有從事爲了獲得新記憶所需要執行的那種複誦。作爲補救措施，下次在你繼續進行交談之前，先嘗試用心地登錄及複誦那位新朋友的姓名。

　　我們到目前爲止的結論是，複誦將有助於你保存訊息，避免從 STM 中消失。但假使你希望獲得的訊息過於龐雜（至少最初看起來是如此）而很難複誦，那麼你可以轉向意元集組的策略。

（三）意元集組

　　意元（chunk）是指有意義的訊息單位（*Anderson, 1996*）。意元可以是單一的字母或數字、一組字母或其他項目，或甚至是一組單字或整個句子。它是指短期記憶所

能夠暫時貯存的資料單元，或意義單元。例如，以 1-9-8-4 這四個數字組成的排序而言，你可以視爲是四個個別的意元，因此幾乎耗盡你的 STM 容量。然而，如果你把這四個數字視爲一個年份，或視爲喬治‧歐威爾（George Orwell）著名的寓言小說《1984》的書名，那麼這四個數字只構成一個意元，因此空出你大部分的記憶容量以接納其他意元的訊息。意元集組（chunking）就是指重新建構一些項目的歷程，也就是根據相似性或另一些組織法則以組合各個項目，或者是根據貯存在長期記憶中的訊息以把各個項目結合爲較大的型態（Cowan et al., 2010）。

　　在下列這個由 20 個數字組成的排序中，你不妨試一下你可以發現多少個意元：19411917186518121776。假使你把這個排序視爲一列沒有關聯的數字，你的答案是「20」個意元。但假使你把這個排序解析爲美國歷史上最重要的幾場戰爭的年代，你的答案將是「5」個意元。如果你以後者的方式組合數字，那麼你只要很快看過一眼，你就能輕易地依照特有順序回憶出所有的數字。但如果你視它們爲 20 個無關的項目，你將不可能從短暫的接觸中就記住所有的數字。

　　這表示假使你能夠找到方法以把所呈現的大量訊息組織爲較小的意元，你的記憶廣度總是能夠被大爲擴寬。S. F. 是一位著名的受試者，他能夠記住 84 個阿拉伯數字——透過把它們組合爲各項跑步時間。

　　　　S. F. 的原始報告使我們對他驚人記憶能力的奧秘獲致初步的理解。因爲他是一位熱衷長跑的選手，他注意到許多隨機數字可被組合爲不同距離的跑步時間。例如，對於「3，4，9，2，5，6，1，4，9，3，5」這個排序而言，他將會重新編碼爲「3：49.2，接近一哩的跑步紀錄；56：14，長跑 10 哩的時間；9：35 慢跑 2 哩的時間」。後來，S. F. 也利用年齡、重大事件的年代，以及特殊的數字型態以集組隨機的數字。以這種方式，他能夠利用他的長期記憶以把一長串的隨機輸入轉換爲容易處理而有意義的意元。然而，S. F. 對於字母的記憶仍然只有 7 個左右（上下加減 2 個），因爲他尚未發現出任何意元集組的策略以便回憶一長串的字母（Chase & Ericsson, 1981; Ericsson & Chase, 1982）。

　　就像 S. F.，你可以根據訊息對你個人的意義來建構輸入的訊息（例如，設法使得訊息與你的朋友或家人的年齡掛勾起來）；或者，你可以使新刺激與你已貯存在你長期記憶中的各種符碼（codes）建立起配對關係。即使你實在無法使新刺激與你長期記憶中的各種法則、意義或符碼產生關聯，你仍然可以利用意元集組。你可以簡易地應用「律動型態」或「時間分組」的方式組織所要記憶的項目。例如，181379256460 可以組成「181，中頓，379，中頓，256，中頓，460」，這樣的效果應該優於整體依序記憶的方式。你從日常經驗中應該了解，這樣的組合原理頗有助於你記住電話號碼。

㈣STM 的提取

複誦和意元集組二者都與你如何編碼訊息以增進訊息被保存在 STM 中的機率有關聯。然而,即使沒有這些策略性的手段,你從 STM 中的提取仍然非常有效率。在一系列的研究中,Saul Sternberg 每次呈現給受試者一個記憶組,每個記憶組由 1 個到 6 個項目所組成,如「5,2,9,4,6」。主試者接著隨即指定一個數字,諸如「6」,要求受試者決定該數字是否出現在剛才看過的記憶組中。因為記憶組的項目長度少於短期記憶的容量(7±2),所以受試者不難完成這項作業。但根據受試者的辨認速度,Sternberg 推算受試者登錄所指定刺激大約需要 400 毫秒(1 毫秒等於 1/1,000 秒),然後拿指定刺激去對照記憶組中的每個項目大約需要 35 毫秒。這表示在 1 秒鐘之內,個人大約可以從事 30 次這樣的對照。因此,從 STM 中的提取被證實非常有效率。

雖然不同理論曾被提出以解釋 Sternberg 的實驗結果,但它們都同意 STM 的提取非常迅速。現在,根據這項發現,我們以大型圖書館的類喻來下個結論。假定在圖書館豐富收藏的書籍中(就像你被供應之豐富的感官印象),你發現館方在任何既定時間只讓你借閱三本書籍(STM 的有限容量),你可能會感到氣餒。但假設每位顧客都能以閃電般的速度(從 STM 中提取訊息的速度)讀取書籍中的訊息,當擁有這種高度的工作效率時,你自然能夠有效率地使用圖書館,幾乎察覺不到受限於三本書籍的規定。你的短期記憶在貯存容量與處理效率之間提供了同樣的交易。

三、工作記憶

我們迄今的重點都放在短期記憶上,特別是 STM 在新記憶的外顯獲得上所扮演的角色。然而,STM 在既存記憶的提取上也扮演同等重要的角色。在 STM 中,不論是來自感官記憶或長期記憶的資料(也就是不論是新訊息或先前獲得的訊息),都可以在這裡被操作、處理、思考及組織。這就是為什麼短期記憶經常也被稱為工作記憶(working memory)(*Baddeley, 1986*)。工作記憶也就是你用來完成像是推理和語言理解等任務的記憶資源。工作記憶為思想和行動從這一刻到下一刻的流暢性提供了基礎。

我們把短期記憶併入工作記憶的更廣泛背景中,這應該有助於加強一種概念:STM 不是一個處所(place),而是一種歷程(process)。換句話說,這個新的定義著重於記憶的歷程,而不是記憶的結構。為了完成認知的工作(以便執行像是語言處理或問題解決等認知活動),你必須迅速而連續地使得大量的不同元素聚合起來。你可以把工作記憶視為短期之特別聚焦(集中注意力)於一些必要元素上。假使你希望更

清楚檢視一個物理客體，你可以照射一束較明亮的光線在它身上。工作記憶就是照射一束較明亮的心理光線在你的心理客體上，即你記憶表徵上。工作記憶也協調一些活動，以針對那些客體採取所需的行動。

　　工作記憶也有助於維持你的心理現在（psychological present）。它為新事件設立了發生背景，而且組合個別的情節成為連續的故事。工作記憶使你能夠維持且不斷更新你對變動的處境的心理表徵，以及在交談期間使你不偏離主題（保持在與主題有關的內容上）。所有這些的發生是因為工作記憶充當導管（conduit），以供訊息流出及進入長期記憶。

第三節　長期記憶：編碼與提取

　　當心理學家提及長期記憶（long-term memory, LTM）時，它所附帶的認識是，這種記憶通常將會持續一輩子。因此，任何理論當試圖解釋記憶如何長期獲得時，它也必須解釋記憶如何在持續一生之後仍可被接觸（讀取）。長期記憶是你從感官記憶和短期記憶所獲得之所有經驗、事件、訊息、情感、技巧、文字、範疇、規則和判斷的貯藏室。LTM 構成每個人對世界和對自我的全面認識。

一、提取線索

　　在展開我們關於編碼與提取之間關係的探討之前，我們先考慮這個一般問題：你如何「找出」記憶？基本答案是你利用提取線索。提取線索（retrieval cues）是指當你搜尋特定記憶時，你所能取得（或被供應）的一些刺激。這些線索可能是外在提供的，諸如猜謎方面的問題（「牛頓看到蘋果從樹上掉落而提出什麼科學概念？」）；也可能內在產生的（「我以前究竟在哪裡見過她？」）。每次你嘗試提取某外顯記憶，你是為了某目的才這麼做，而該目的通常就供應了提取線索。你應該不會訝異，有些記憶較易於提取，另有些記憶則較難提取，視提取線索的性質而定。假使一位朋友問你，「誰是那一位我記不起的清朝皇帝？」你可能捲入一場猜謎遊戲。但假使他問你的是，「誰是康熙之後繼任的皇帝？」你或許就能立即回答「雍正」。

　　你可能認為，你要不然知道一些事情，要不然就不知道，而任何測試你知道些什麼的方法都將得到相同的結果。但實際情形並非如此。讓我們考慮關於外顯記憶的兩種測驗，回憶法和再認法。

(一) 回憶與再認

當你回憶（recall）時，你是再現（reproduce）你先前接觸過的訊息。例如，「什麼是序列位置效應？」便是一個回憶問題。再認（recogniton）則是指辨認某一刺激事件是否為你先前看過或聽過的事件。例如，「下列何者是視覺感官記憶的專門用語：⑴ echo；⑵ chunk；⑶ icon；⑷ abstract code？」便是一個再認問題。

回憶法和再認法提供你不同的提取線索，因此你需要運作的心理歷程也不相同。舉例而言，當試著辨認罪犯時，如果警察要求受害人根據記憶描述暴徒在面貌、身材或口音等方面的特徵時（「你是否注意到暴徒有任何不尋常的特徵？」），警察所採用的是回憶法。但是，警察也可能採用再認法以協助受害人辨認暴徒。第一種方式是給受害人觀看一些照片，一次一張，看看暴徒是否被列在犯罪嫌疑犯的檔案照片中。另一種方式是安排七、八個人排成一列，然後要求受害人從中指認涉案的暴徒。

你不難發現，再認測驗通常要比回憶測驗來得容易，為什麼呢？提取線索是關鍵因素之一。對回憶法而言，你必須指望該線索本身將可協助你找出你想要的訊息。但對再認法而言，這樣的工作已部分地完成了。這可以解釋為什麼學生通常喜歡是非題或選擇題的考試（再認法），較不喜歡填充題或問答題的考試（回憶法）。這也說明為什麼再認法的測驗通常將會獲致較良好的測驗表現——因為再認的提取線索較為直截了當，提供了較多的訊息。

(二) 情節記憶與語意記憶

我們已對記憶類型作了兩種區分：一是將之區別為內隱記憶及外顯記憶，另一是將之區別為陳述性記憶及程序性記憶。但是根據從記憶中提取訊息所需要線索的不同，我們還可以在陳述性記憶之內區別出兩種記憶，稱為情節記憶（episodic memory）和語意記憶（semantic memory）。這項區分是由加拿大心理學家 Endel Tulving（1972）最先提出（參考圖 7-3）。

情節記憶是保存（分別地）關於你個人經歷過的特定事件的記憶。情節記憶所貯存的是自傳式的訊息；例如，關於你最快樂的生日，或關於你初吻的記憶，便是貯存在情節記憶中。為了恢復這樣的記憶，你需要的提取線索應該指出關於該事件發生的時間的一些事情，以及指出關於該事件的內容的一些事情。取決於訊息當初如何被編碼，你可能有辦法或可能沒辦法提出對事件特定的記憶表徵。例如，你對於從現在倒算回去第 10 次與第 11 次刷牙情節的差異，你是否還存有任何特定記憶？

你所有的記憶最初都是以情節記憶的形式存在——因為你知道的每件事情，你剛開始都是在一些特定背景中獲得。然而，長期下來，有大量類別的訊息是你在許多不同背景中都會遇到。逐漸地，這些類別的訊息供應你的提取，不需要你訴諸它們多次

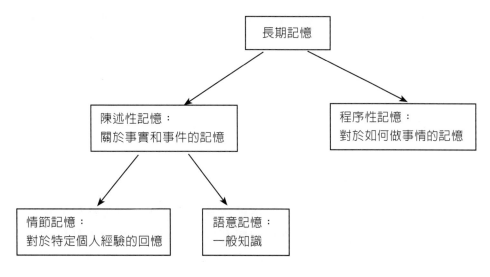

圖 7-3　長期記憶的一些維度

發生的時間和地點。這些語意記憶是屬於普遍通用而無條件的記憶，也就是說所貯存的訊息或事實對他人來說也是正確的，無關於個人的經驗，諸如各種概念和文字的意義。對大多數人而言，像是 $E = MC^2$ 的公式和法國首都這類事實在提取時顯然不需要訴諸情節的線索，也不需要訴諸該記憶被獲得時原先的學習背景。就某一角度來看，語意記憶較像是一本百科辭典（encyclopedia），而不是一本自傳（autobiography）。

　　當然，這並不表示你對語意記憶的回憶是絕不會失誤的。你應該相當清楚，當若干事實逐漸脫離於你當初學習的背景時，你可能會忘記這些事實。當你無法提取某語意記憶時，良好策略之一是再度視之為像是情節記憶。透過告訴自己，「我知道我在中國歷史的課程上學過清朝皇帝的稱號」，你或許能夠提供自己額外的提取線索，以解開你的記憶。

二、背景與編碼

　　你是否發生過這樣的經驗，當你參加一場晚宴時，你看到一位男子穿過擁擠的客廳，你知道你認識這個人，但你就是想不起來在哪裡見過他。最後，經過注視更長的時間後（遠超過禮貌性的程度），你才記起他是誰──而這時候你了解到，你的困擾是在於這個人完全處於不對勁的背景。這位遞送你的郵件的人怎麼會出現在你最好朋友的晚宴上？每次當你有這類的經驗時，你又再一次發現了編碼特異性（encoding specificity）的原理。

　　你在編碼階段組織資料的方法不僅將會直接影響貯存的方式，另外也將會影響你提取時所運用的線索。當提取的背景符合編碼的背景時，你想要提取的記憶將會最有效率地浮現出來，這稱之為編碼特異性。換句話說，當你登錄訊息的環境與你嘗試提取該訊息的環境之間有良好配合時（good match），你的記憶能力將會大為增進。

(一) 編碼特異性

　　編碼特異性也意味著，當你學習新資料時，你也會登錄那個時候周遭相關的物理環境和心理環境的細節——也就是登錄時的環境背景。當你後來嘗試提取所研讀過的資料時，如果你也處於相似的環境中，那麼這種背景學習將可提供你額外的提取線索。換句話說，學習時的背景或情境，無論是與學習材料相關或不相關的外界環境，抑或個人的生理及心理狀態，都可能成為日後回憶時的提取線索，因此增進個人的記憶。

　　Gooden 和 Baddeley（1975）曾經以下列實驗證實「背景依賴」（context dependence，或情境依賴）的效能。他們要求潛水人員在海深 20 呎的地方學習 40 個不相關的單字。後來的記憶測驗發現，在同樣水深的地方測試記憶時，所得成績優於在另一些地點（如海邊或教室）測試的成績，即使所學習的材料與海水或潛水完全沒有關聯。這表示當你將要在一個安靜的教室中接受測試時，你先前若是在一個喧鬧的環境中讀書，所得效果將會打個折扣，背景依賴即為原因之一。同樣的，Schab（1990）發現，當登錄的時候和回憶的時候都呈現巧克力氣味的話，受試者的記憶表現將會大為增進，這顯然也是出於背景依賴的效應。在另一項研究中，當背景音樂的節奏在登錄與回憶之間保持相同時，受試者在記憶作業上的表現較為良好（Balch & Lewis, 1996）。再者，不僅在字詞的記憶上，當鋼琴學生最初學習某一短曲和後來接受測試時，都是在同一台鋼琴上進行的話，他們的彈奏將會較為準確（Mishra & Backlin, 2007）。

　　在迄今所舉的實例中，記憶的登錄是相對於外在環境中的背景——例如，測試的教室或鋼琴的型式。然而，針對人們的內在狀態，編碼特異性也可能發生。例如，在一項研究中，針對某一自由回憶作業，受試者在研讀之前或在測試之前，他們或者飲用酒精，或者飲用安慰飲料（Weissenborn & Duka, 2000）。一般而言，酒精會損害記憶表現。然而，對於在研讀和測試兩個階段中都有飲酒的受試者而言，他們在提取訊息上的表現卻優於只在研讀或只在測試階段飲酒的受試者。當內在狀態為編碼特異性提供了基礎時，這樣的效應稱為狀態依賴的記憶（state-dependent memory）。研究人員已實證，狀態依賴的記憶發生在另一些藥物上，諸如大麻和安非他命。此外，假使你因為過敏症而服用抗組織胺劑，你可能很感興趣於知道，它們也會導致狀態依賴的記憶（Carter & Cassaday, 1998）。當過敏季節來臨時，你可以如何利用這份訊息？

(二) 序列位置效應

我們也可利用背景的變動來解釋記憶研究上的經典效應之一：序列位置效應（serial position effect，也稱序位效應）。假使我們要求你學習一份無關單字的列表。然後，如果我們要求你依序回憶這些單字，你的測驗結果將幾乎總是接近如圖 7-4 所顯示的型態，也就是你對列表最前面幾個單字記得很好（初始效應〔primacy effect〕），且對列表最後幾個單字也記得很好（新近效應〔recency effect〕），但是對於列表中間部分的單字卻記得很差。圖 7-4 顯示了這個型態的普遍情形，包括當學生被要求嘗試記住各種長度的單字列表（6、10 及 15 個單字），以及採用依序回憶法（serial recall——依照你聽到的順序背誦那些單字）或自由回憶法時（free recall——背誦出你所能記得的所有單字）（*Jahnke, 1965*）。

研究人員已在各種不同的測驗情境中發現了初始效應和新近效應（*Neath & Surprenant, 2003*）。例如，當回答「今天是星期幾？」這個問題時，你是否相信，如果你是在該星期的開頭和結尾的時候發問，回答所需的時間幾乎不用 1 秒鐘；但是在該星期的中間天數發問時，所需考慮時間就相對長多了（*Koriat & Fischoff, 1974*）。同樣的，在學習英文字母方面，兒童最常犯錯的就是中間那些字母（從 I 到 M），以單字而言，人們最常拼錯的也是單字中間的那些字母。

背景在序位曲線（serial position curve）的形狀上所扮演的角色，與不同項目在列表上（或不同經驗在你的生活中）的時間區辨性（temporal distinctiveness）有關（*Guérard et al., 2010; Neath et al., 2006*）。時間區辨性是指某一特定項目在時間上突顯於（或有所別於）其他項目的程度。我們不妨以鐵路軌道的空間區辨性作為類比。當你

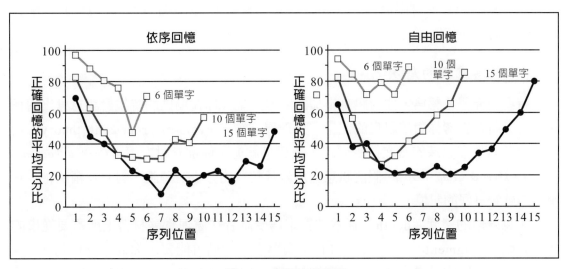

圖 7-4　序列位置效應

站在鐵軌上，遠處的橫木看起來像是在地平線上凝聚起來——即使你知道它們就如同近處的橫木，也保持相等的間隔。遠處的橫木不具區辨性，它們顯得一片模糊。對照之下，最接近的那些橫木最為突顯；它們最具區辨性。現在，想像你正試圖記起你看過的最近十部電影。電影就像鐵軌的橫木。在大部分情況下，你最記得的應該是最近幾部電影（提供你新近效應），因為它們在時間上最清楚突顯。

標準的新近效應之所以產生，乃是因為最後面幾個項目幾乎是自動地具有區辨性。這個相同原理也可以解釋初始效應——每次你開始學習新的東西，你的活動建立了新的時間背景。在這個新的背景中，最初的一些經驗特別具有區辨性。因此，你可以把初始和新近視為同一條鐵路軌道的兩個視野——各從一端進行眺望。依照這個邏輯，如果設法使「中間」訊息較具區辨性的話，這些訊息將會較易被記住。

這樣的研究發現如何應用到你的實際學習上呢？在一項以大學生為對象的實驗中，研究人員在教授上完課後，立即就授課內容舉行隨堂考試；授課內容分為前、中、後三段，每段各出 10 個考題。實驗結果發現，大學生在中段內容上表現較差，在前段和後段上的成績較好。所以你在考試前應該就各段內容適當分配自己的念書時間和注意力。你或許也應該注意，你現在正在閱讀的「記憶」這一章大約位於這本教科書的中間部分。如果期末考的範圍涵蓋整本書的內容，那麼你在考試前應該特別重視本章的溫習。

三、編碼與提取的歷程

你迄今已看到，編碼的背景與提取的背景之間的配合將有益於良好的記憶表現。我們現在將稍微雕琢這個結論——透過考慮被用來輸入訊息到長期記憶中，以及從長期記憶中輸出訊息的實際歷程。你將會看到，當編碼歷程與提取歷程也能良好配合時，記憶將有最佳的運作。

㈠ 訊息處理的層次

有些研究學者認為，你對訊息施加的處理類型（你在編碼的時候對訊息付出何種注意力）將會影響你對該訊息的記憶。處理層次論（levels-of-processing theory）指出，隨著訊息在愈深的層次接受處理，該訊息就愈可能被交付記憶（*Craik & Lockhart, 1972; Lockhart & Craik, 1990*）。假使訊息處理涉及較多的分析、解讀、對照及精緻化，它應該導致較良好的記憶。

訊息處理的深度（depth）通常被界定為受試者在處理實驗材料上所需要從事的各種判斷（judgment）。考慮 GRAPE 這個單字。我們可能要求你從事物理判斷——該單字是以大寫字母書寫嗎？或從事押韻（聽覺上）的判斷——該單字是否與 tape 押

韻？或從事意義的判斷──該單字代表一種水果嗎？你可以看到，這每一個問題都要求你對 GRAPE 做更深層一些的思考。事實上，受試者所執行的原始訊息處理愈深層的話，他們將能記住愈多的單字（*Lockhart & Craik, 1990*）。

為什麼處理深度會產生影響？一種解釋是，人們在「深層」水平從事的處理類型提供了較良好的配合──即符合當提取時所需要的歷程（*Roediger et al., 2002*）。當你利用外顯記憶歷程以記住某一單字時，你通常運用關於它的意義的訊息（而不是，例如，它的物理外形）。以這種方式，編碼時的意義判斷提供了跟提取歷程較良好的配合。根據這些建立在處理立平上的記憶表現，它證實了訊息被交付記憶的方式（你用來編碼訊息的心理歷程）將會影響你後來是否能夠提取該訊息。

四、為什麼我們會遺忘

大部分時候，你的記憶很順暢地運作。但有時候，你剛認識的一位朋友正迎面而來，你卻發現無法從記憶中提取他的姓名。這是如何發生？除了我們已提過，你可能是在一個非常不同於你原先獲悉的背景中嘗試回憶該姓名外，研究人員已探討遺忘的另一些解釋。

(一) 艾賓豪斯的量化記憶

你應該同意這個陳述：「如果只是為了應付考試而死記一些材料，這些材料既未建立在足夠的認識上，事後也未充分地溫習，那麼這些填鴨式的材料在考試後將很快消失。」換句話說，如果你為了考試而填鴨式死記一些材料，你在幾天後將不可能還記得太多。德國心理學家艾賓豪斯（Hermann Ebbinghaus）於 1885 年首先注意到這種現象，他規劃一系列研究以對記憶進行量化的測量，因而開啟了記憶的科學研究。

艾氏所使用的記憶材料是無意義音節（nonsense syllables），也就是由「子音－母音－子音」三個字母所組成之不具意義的音節，諸如 CEG 或 DAX。艾氏之所以使用無意義音節（而不是有意義的單字，如 DOG）是希望提供一種「純粹」的記憶測量方式。他認為這種方式的研究可以控制經驗的因素，不致讓受試者把先前的學習或聯想帶進記憶作業中。

艾氏指派給受試者的作業是記住各種長度的列表（lists）。他選定利用機械式學習（rote learning，透過機械式的背誦來獲得記憶）以完成該任務。首先，受試者一次唸出一個項目，直到讀完整個列表。然後，受試者再度依同樣順序讀完列表，一遍又一遍，直到能夠以正確順序背誦所有的項目為止──這稱為基準表現（criterion performance）。然後，艾氏要求受試者學習其他許多列表，以使他們分心，避免複誦原來的列表。經過各種時間間隔後，艾氏測量受試者還能記得多少。但是艾氏是以節

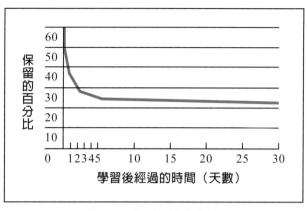

圖 7-5　艾氏的遺忘曲線

省法（saving method）來測量受試者的記憶，也就是看看受試者這一次需要多少次練習次數才能再學習（relearn）原來列表到完全無誤的地步。

　　舉例而言，假使受試者花費 12 個練習次數才學會一個列表，而且幾天之後，再度學習時需要花費 9 個練習次數，那麼他在這段時間經過後的節省分數（savings score）將是 25% ——（12－9/12）× 100 = 25%。

　　利用節省法，艾氏記錄受試者經過不同間距後的記憶保留程度。他所取得的曲線如圖 7-5 所示。你可以看到，在學習完成後，該曲線起先快速下降，然後下降速率逐漸緩和下來。因為該曲線所代表的是基於不同間距而產生之不同的學習保留量，所以這種曲線稱為保留曲線（retention curve），有時候也稱為遺忘曲線（forgetting curve）。

關於艾賓豪斯的遺忘曲線所揭露的記憶型態，你在自己生活中也已經歷無數次。例如，在你念完書的一個星期後才參加考試的話，你將會較沒有把握。你從經驗中知道，你所學習的材料屆時將已大量流失，不再能夠接近。這就是為什麼補習班經常會在考前舉行重點複習。同樣的，你可能發現，在你才剛獲悉一位新朋友的姓名後，你較容易想起這個姓名；但假使一個星期過去，而你未使用到時，你可能發現自己在想著，「我知道我認識他的姓名！」

(二) 干擾

干擾（interference）是指學習或記憶上新舊訊息交互抑制的現象，也就是提取線索不能有效地指出特定的記憶。前面當我們要求你嘗試區別你對兩次刷牙情節的回憶時，我們已提供你關於干擾問題的一個真實生活例子。所有特定的記憶都會彼此干擾。當新學習干擾我們對原先學習的保留或記憶時，這種干擾稱為逆向干擾（retroactive interference）。但如果是先前學習的內容妨礙了我們對新材料的學習和

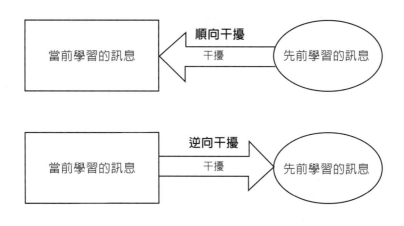

圖 7-6　順向與逆向干擾

記憶時，這種干擾稱爲順向干擾（proactive interference）（參考圖 7-6）。假使你曾經搬家而必須更改你的電話號碼，你便經歷過順向干擾和逆向干擾二者。最初，你或許發現很難記住新的電話號碼——舊號碼不時地浮現心頭（順向干擾）。然而，當你終於能夠可靠地記起新號碼後，你可能發現自己反而無法記住舊號碼——即使你曾經使用那個號碼那麼多年（逆向干擾）。

　　干擾理論最重要的預測是，當訊息未被新資料所干擾時，它們將最能夠被順利回憶出來。Jenkins 和 Dallenbach 所執行的一項傳統研究支持這個假設。在這項研究中，A 組受試者在學習新材料後立即入睡，B 組則在學習後花費同樣時間從事他們平常的活動，結果 A 組在第二天早上的回憶測驗中的表現顯著優於 B 組。當你爲某次考試而念書後，你或許無法在考試之前把所有時間都花費在睡眠上，但你可以適度處理干擾的問題。你應該安排你的工作時間表，以使得在等待考試前的這段期間所需學習或從事的其他事情在性質上顯著不同於測驗材料，以避免干擾的產生。

五、增進對非結構性訊息的記憶

　　讀完前面幾節後，你應該對於如何增進你的日常記憶表現已擁有一些具體概念。特別是，你已知道，你最好試著在相同背景中，或透過執行相同類型的心理運作（如你當初獲得該訊息那般）以從記憶中找出你想要的訊息。但關於非結構性的訊息（或任意組合的訊息），你可以做些什麼來增進你的記憶呢？

　　舉例而言，想像你正在一間五金店擔任店員，你必須試著記住每位顧客所要的幾項商品：「穿綠色罩衫的那位女士想要樹籬剪刀和菜園水管。穿藍色襯衫的中年男子想要一把鉗子、六根四分之一英吋的螺絲釘，以及一支刮泥器。」事實上，這樣的情

節非常類似你在實驗中被要求記住許多配對的事物。當配對的事物對你並不特別具有意義時,你在記憶上就會有點麻煩——因為不具意義的訊息較難以記憶。為了找到方法以使每位顧客取得正確的商品。你需要從事一些聯想的工作,以使得商品之間看起來較不是那般任意呈現。讓我們看看如何做到。

(一) 精心的複誦

為了增進登錄,經常採用的一種策略稱為精心的複誦(elaborative rehearsal)。這種技術的基本概念是,當你複誦訊息時(當你最初試著將之交付記憶時),你應該精心設計及安排所要記住的材料,以加強(充實)你的登錄。實際做法之一是創設一種關係,以使得事物(項目)之間的聯結似乎較不是任意的。例如,如果你想要記住「老鼠-樹木」的詞對,你可以想像一個畫面——老鼠匆忙爬上樹木以尋找乾酪。當你把不相干的幾份訊息登錄為這類簡易的故事情節,這將可增強你的回憶。在店員的處境中,你能否快速編造一個故事(一幅畫面)以使每位顧客與他們所要的商品連繫起來?這樣的想像可以經由練習來加強。當然,如果你能夠以心理畫面(視覺意象)來輔佐故事情節的話,這通常對你的回憶會有相得益彰的效果。視覺意象之所以有助於你的回憶,乃是因為它同時提供你語文和視覺二者記憶的編碼(*Paivio, 2006*)。

精心的複誦也有助於你避免掉入所謂的「下一位效應」(next-in-line effect)。例如,當人們輪到自己下一位準備說話時,他們往往無法記住上一位那個人所說的話。如果你曾經跟別人圍成一圈,每個人需要輪流介紹自己的姓名,你或許就很熟悉這種效應。你上一位那個人的姓名是什麼?這種效應的起源似乎是你的注意力轉移到準備發表你的談話,或準備介紹自己的姓名(*Bond et al., 1991*)。為了對抗這種轉移,你應該運用精心的複誦。讓你的注意力集中在你上一個人,然後充實你對他/她姓名的編碼:「Lisa——她笑起很像 Mona Lisa(達文西著名的少婦畫像——臉帶微笑)。」

(二) 記憶術

為了幫助自己記憶,你也可以採用一些特殊的心理策略,稱為記憶術(mnemonics,源於希臘字,表示記憶的意思)。記憶術是用來登錄一長串事實的一些設計或裝置,透過把這些事實與你所熟悉、先前已登錄好的訊息聯結起來。許多記憶術之所以奏效是因為它們授予你現成的提取線索,以協助你組織似乎隨意排列的訊息。

考慮一下「位置法」(method of loci),它最先是由古希臘的演說家所採用。loci 的單數是 locus,表示「場所、地點」的意思。位置法是記住一長串名稱或物件(或對演說家而言,一場冗長演講的各個段落)之順序的一種手段,實際做法是把你想要記住的事物與你很熟悉的一系列位置聯想在一起。當需要回憶的時候,你只要依序去

想這些熟悉的位置,那麼你心像中放在那些位置上的事物就被回憶出來了。例如,為了記住你到食品店的採買清單,你可以在心理上把每項食品依序放在你從家裡到學校固定所走路線的一些熟悉位置上。稍後當你需要記起這張清單時,你就心理上走一遍這條路線,前往每個位置找出與之聯想在一起的食品(參考圖 7-7)。

　　字鉤法(peg-word method)就類似於位置法,只不過你是把想要記住的事項與一系列線索聯想在一起,而不是與熟悉的位置。在實際做法上,個人首先建立一套自己熟悉的「記憶掛鉤」,像是 one is a bun(小圓麵包),two is a shoe(鞋子),three

圖 7-7　位置法

在位置法的記憶術中,你把想要記住的事項(如食品清單上的項目)與沿著你熟悉的一條路線(如你上下學的路途)上的一些位置聯想在一起。

is a tree（樹），four is a door（門），five is a hive（蜂巢）等等（注意它們都具有押韻的效果）。這等於是編了號的許多掛鉤。然後你把想要記住的事項依序掛在鉤上。當你稍後試圖回憶這些事項時，你的掛鉤就可以提供你有效率的提取線索。

另一些記憶策略還包括運用有組織的基模，或依賴字序或字音的聯想以使想要記住的事項組合為易於記憶的型態。在離合式記憶術中（acrostic-like mnemonic），每個單字的第一個字母作為特定反應的線索。例如，記住高音部記號的五個音符 E、G、B、D、F 的離合式記憶術是將之轉換為一個熟悉的句子：（Every Good Boy Does Fine）。在字頭式記憶術中（acronym mnemonic），特定單字的每個字母各代表一個名稱或一件訊息。例如，記住太陽光譜的七種顏色的方法之一是把它們轉換為一個姓名，Roy G Biv，依序是 red、orange、yellow、green、blue、indigo、violet（紅、橙、黃、綠、藍、靛、紫）。同樣的，HOMES 可以作為美國五大湖（the Great Lakes）的字頭語，依序是 Huron、Ontario、Michigan、Erie、Superior。你可以把這些技術混合起來，以之記憶五大湖的位置順序，從西到東依序是 Sergeant Major Hates Eating Onions（士官長討厭吃洋蔥）。你應該還記得，記住「八國聯軍」的方法是將之編為一句口訣：餓的話，每日熬一鷹（俄、德、法、美、日、奧、義、英）。你可以看出，在學習隨意排列的訊息上，關鍵所在是以某種有組織的方式登錄該訊息，以便你能提供自己有效率的提取線索。

現在，關於如何使訊息進出你的記憶，你已獲致不少認識。你知道所謂的登錄環境與提取環境之間的「良好配合」是什麼意思。下一節中，我們將把討論重心從你的記憶歷程轉移到你的記憶內容。

第四節　長期記憶的結構

在迄今所提的大部分實例上，我們要求你嘗試獲得及提取的是孤立或不相關的片段訊息。然而，你在記憶中所表徵的大部分是龐大體系之有組織的知識。例如，假使我們要求你考慮「葡萄」（grape）是否為一種水果，你可能非常迅速地答「是」。那麼「番茄」呢？它是一種水果嗎？馬鈴薯呢？這一節中，我們將檢視你從事這類判斷的難易程度與訊息在你記憶中的組成方式之間的關聯。我們也將討論記憶組織如何使你能夠適當推測你無法完全記住的經驗內容。

一、記憶結構

記憶的基本功能之一是汲取許多類似的經驗，以使你能夠從你與環境的互動中找出特有的型態。你居住的這個世界充滿了無數的個別事件，你必須從中不斷地抽取訊息，將之結合為較小、較簡易的樣式，以便你能夠在心理上加以處理。但是，你似乎不需要付出任何特別的意識努力以從世界中找出結構。透過你在世界中的日常經驗，你已獲得心理結構（mental structures）以反映環境結構。我們以下檢視你從對世界逐刻的體驗中已形成的各種記憶結構。

(一) 分類與概念

為了獲得「小狗」（doggie）這個字詞的意義，兒童必須能夠貯存這個字詞被派上用場的每種情況（場合），以及貯存關於該背景的訊息。以這種方式，兒童發現「小狗」所指稱的共同核心經驗是什麼——四隻腳而覆有毛皮的動物。兒童還必須獲得這樣的認識：「小狗」不是只適用於某特定動物，而是適用於整個類別（whole category）的動物。這種「對個別經驗加以分類」的能力——以及對它們採取同樣的行動，或為它們貼上相同的標籤——是有思想的有機體的最基本能力之一（*Murphy, 2002*）。

你所形成對各種分類的心理表徵稱為概念（concepts）。例如，「小狗」的概念指稱幼童在記憶中所蒐集關於狗的經驗的一套心理表徵。當然，如果幼童尚未精緻化他對於「小狗」的意義的話，他的概念中可能也包括一些特性，但成年人不認為這些特性是適宜的。無論如何，透過生活經驗，你已獲得龐大的一系列概念。你擁有關於各種物件和活動的分類，諸如穀倉和棒球。概念也可能是表徵一些特性（properties），諸如「紅色」或「大小」；表徵一些抽象觀念（abstract ideas），諸如「真理」或「愛」；以及表徵一些關係（relations），諸如「A 比 B 聰明」或「A 是 B 的妹妹」。每個概念代表你對外界經驗的一種簡要、概括的單位。

考慮到你在生活中看過很多狗，那麼當你讀到像「那隻狗把骨頭藏起來」這樣的句子時，你腦海中浮現的是什麼模樣的狗？你會想像一些特定的狗？抑或你會想像一些典型的狗？隨著你考慮你在外界經驗中的許多分類，你將會認定該分類的一些成員為較為典型（typical），另一些則較不具典型。假使你想一下像是「鳥類」（bird）的分類時，你就知道自己已發展出這種直覺（intuition）。什麼因素使得你認為知更鳥是較典型的鳥類，但鴕鳥和企鵝則較不典型？這個答案顯然與這些動物跟你已在記憶中歸類為鳥類的所有應該具備特徵的符合（重疊）程度有關，這稱之為家族相似性（family resemblance）（*Rosch & Mervis, 1975*）。知更鳥具有大部分你與鳥類聯想在一起的屬性——牠們體型適中，牠們飛行等等。對照之下，鴕鳥不尋常地高大，而且牠們

不能飛行。這些實例說明，家族相似性在典型性（typicality）的判斷上扮演一定角色。

各個分類的成員的典型性程度具有實際生活的影響。例如，傳統研究已顯示，人們對某分類的典型成員的反應速度較快——相較於對該分類較不尋常成員的反應。你決定知更鳥是否為鳥類的反應時間將會快於你決定企鵝是否為鳥類的反應時間（*Rosch et al., 1976*）。顯然，這個效果的產生是因為你在記憶中保存了你跟鳥類各種成員過去接觸的經驗。你當然較容易找到知更鳥的經驗，而不是企鵝的經驗（除非你是長期生活在南極地帶）。

(二) 基本層次與階層

各種概念——以及它們的原型（prototypes）——並不是孤立存在。如圖 7-8 所顯示，概念通常可被安排成有意義的組織。像是「動物」這個廣泛分類含有幾個次層分類，諸如鳥類和魚類，這些次層分類接著囊括許多樣例，諸如金絲雀、鴕鳥、鯊魚及鮭魚等。「動物」分類本身則是另一個更大分類「生物」（living beings）的次層分類。概念也與另一些類型的訊息有關聯；例如，你貯存這樣的認識：有些鳥類是可食

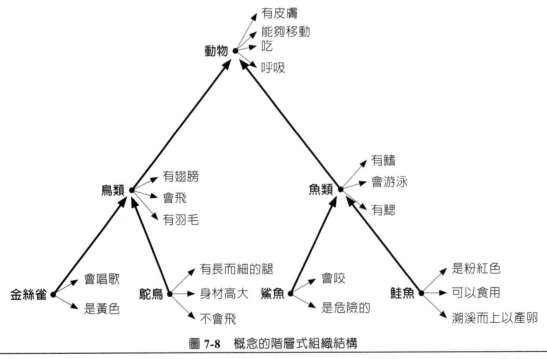

圖 7-8　概念的階層式組織結構

動物的分類可被畫分為一些次層分類，如鳥類和魚類。同樣的，每個次層分類可再被進一步畫分。有些訊息（如「有皮膚」）適用於該階層上的所有概念；另一些訊息（如「會唱歌」）只適用於較低層次上的概念（例如，金絲雀）。

用的，有些即將瀕臨絕種，還有些則是國家標誌（國鳥）。

在這樣的階層中，通常有一種最普遍、最簡潔而又最能表達概念之特性的層次，我們稱之為基本層次（basic level）（*Rosch, 1973, 1978*）。概念中的這個基本層次是我們往往從記憶中最快想到，而且在溝通上最具效能的層次。例如，當你在超市買了一粒蘋果，你可以把它視為一種水果，但這似乎不夠精確；或你也可以視之為「五爪金龍」（蘋果的品種之一），但這似乎過於特定或狹窄。因此，它的基本層次就是「蘋果」。假使有人對你顯示這樣物件的一張照片，「蘋果」也正是你最可能稱謂之的用語。此外，你也將較快說出它是「蘋果」──相較於你將會說它是「一種水果」（*Rosch, 1978*）。基本層次是通過你對外界的經驗而浮現。你較可能接觸「蘋果」的用語──相較於你對蘋果的另一些更特定或更不特定的用語。然而，假使你成為一位栽種蘋果的果農，你可能發現自己平常交談經常提到一些蘋果的品種。擁有那些經驗後，你的基本層次可能移到更低的階層上，也就是使用更精確的用語。

(三) 基模

我們已看到，概念是記憶階層的建築磚塊。但概念也作為更複雜心理結構的建築磚塊。基模（schemas）是指個人關於物體、人們及情境的概念架構（conceptual frameworks）。換句話說，基模是有組織的知識單位，或知識套裝（knowledge packages），它們登錄了你關於環境結構之經驗的一些複雜的概判及論斷。你擁有關於廚房和臥室的基模，關於賽車選手和教授的基模，或關於驚喜派對和畢業典禮的基模。例如，你的「颱風」基模可能包括狂風、暴雨、淹水、氣象報告、停電、手電筒及蔬菜漲價等等。劇本（script，或腳本）是更特定型式的記憶表徵，詳細陳述各種事件如何隨著時間而開展（*Schank & Abelson, 1977*）。例如，你可能已登錄了一些劇本，逐項指出當你前往餐館或牙醫診所時，什麼事情將會發生。在後面幾章中，我們將會提供更多各型基模的實例，它們塑造了你日常的經驗。例如，第 10 章中，你將看到，幼兒跟他們父母建立起的依附關係為日後的社交互動提供了基模。第 13 章中，你將看到，你也擁有自我基模（self-schema），也就是使你夠組織關於自己訊息的記憶結構。

你可能已猜想到的一件事情是，你的基模並未包含所有你各式各樣經驗的所有個別細節。基模代表了你對環境中各種處境的平均經驗。因此，你的基模不是永久不褪色的，而是隨著你變動的生活事件而轉移。你的基模為你所注意到的世界提供了準確的反映。我們接下來檢視你如何應用你的概念和基模。

(四) 應用記憶結構

心理學家經常訴求於記憶結構。任何時候當他們試圖解釋系統化知識對人們經驗

的影響時，他們通常訴諸概念或基模的作用。我們可以檢定出這類記憶結構的五種一般功能。

- 分類（classification）。記憶結構使你能夠對知覺環境中的物體和情景進行分類，看看它們是否屬於熟悉類別（或範疇）的樣例。例如，你以往關於示威遊行的經驗有助於你了解，正在街道上走動的那一群人究竟是在示威遊行，還是屬於特別慶典的遊行活動。

- 解釋（explanation）。因為記憶結構登錄了過去經驗，它們有助於解釋當前經驗。例如，因為你擁有關於「上餐館」將會發生什麼的基模，所以當服務生遞給你菜單或為你倒一杯茶時，你將不會覺得訝異，你對這樣事件擁有現成的解釋。

- 預測（prediction）。記憶結構也使你能夠擁有準確的預期，如關於什麼性質的事物將會結合起來，或關於事物未來將會呈現的樣態。再度地，你關於「上餐館」的基模說明了有人必須在進餐後付錢。這樣預期使得你決定點多少道菜，以便你（或另一個人）付得起費用。

- 推論（reasoning）。你經常也應用記憶結構來從事推論，以便能夠超越外界的直接表明。例如，你幾乎願意推斷你的心理學教授不但學識豐富，也熱心教學，雖然你可能尚未獲得任何直接證據來支持這樣的假設。

- 互通信息（communication）。記憶結構使你能夠擁有適度的信心，以便在許多主題上能夠跟他人互通信息。雖然你跟你的最好朋友似乎不可能接觸過完全相同的一群狗——儘管你是根據這一群狗而建立了你對「狗」的概念——但你仍能順利地跟你朋友傳達關於狗的事情，因為你們可能擁有大致相同的平均概念。

我們在第 4 章提過，有時候這世界提供一些曖昧的刺激，而你應用先前的知識以協助解讀那些刺激。你是否還記得圖 7-9？你看到的是鴨子或兔子？讓我們假設，我們設法讓你預期你即將看到一隻鴨子。假使你拿該圖畫的特徵比對在你記憶的樣例（exemplars）中所呈現鴨子的特徵，你可能相當感到滿意。但假使我們告訴你預期那是一隻兔子，同樣的事情也將會發生。你應用來自記憶的訊息以產生預期，而且證實預期。

你也擁有另一些記憶表徵，它們可能影響你對人們的知覺及記憶。例如，你或許已獲得了對牙醫、政客、宗教領袖、環境保育專家、藝術家、風塵女子及二手

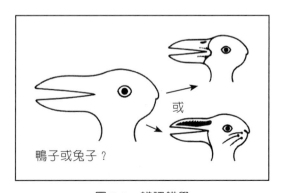

圖 7-9 辨認錯覺

車推銷員的概念。假使某位你不認識的人被描述屬於這些類別之一，你的刻板印象（stereotypes）可能導致你假定那個人應該具有怎樣的人格特徵，或將會以怎樣的方式展現行為。

總之，許多研究已證實，記憶表徵的便利性（availabilty）可能影響你如何思考這個世界。你的過去經驗使你的現在經驗染上色彩，而且提供你對未來的預期。你稍後將看到，基於大致相同的原因，概念和基模有時候可能妨礙你的正確記憶。

二、記憶是一種再建構的歷程

我們現在探討你應用記憶結構的另一種重要方式。在許多情況中，當你被要求想起一件訊息時，你無法直接記得該訊息。反而，你是根據較為綜合型式的貯存知識以再建構（reconstruct）該訊息。為了領會再建構記憶（reconstructive memory），考慮下列這三個問題：

　・第 3 章的內容中是否有「the」這個單字？
　・1991 年是否含有 12 月 9 號這一天？
　・你昨天下午在 2：05 到 2：10 之間是否呼吸過？

針對這每一個問題，你或許將會毫不遲疑地回答「是！」，但我們可以肯定，你幾乎不可能在這些事件上擁有特定、情節的記憶以協助你（當然，除非剛好發生一些事情以使得這些事件被銘印在記憶中──或許 12 月 9 號是你的生日，或你剛好拿筆劃掉第 3 章所有的「the」以排解你的無聊）。為了回答這些問題，你必須應用較為綜合的記憶以再建構可能已發生的事情。

(一) 再建構記憶的準確性

假使人們再建構一些記憶，而不只是復原所發生事情的特定記憶表徵，那麼你可以預期，你將會發現有些時候再建構記憶有所不同於真正發生的事情，也就是產生了扭曲（distortions）。早在 80 多年前，英國心理學家 Sir Frederic Bartlett（*1932*）就描述了這樣的歷程，他所著手的一系列研究例證了人們先前的知識如何影響他們記住新訊息的方式。Bartlett 以英國大學生為受試者，要求他們記住主題和措辭取材自另一個文化的一些簡短故事。他的最著名故事是「鬼之戰爭」，一則美國印地安文化的傳說。

Bartlett 發現，由於缺乏文化理解，他的受試者往往重新編排那些故事，經常大幅度改變了原來的情節和用字。Bartlett 發現記憶扭曲涉及三種再建構歷程：

　・趨平作用（leveling）──簡化故事情節。
　・銳化作用（sharpening）──過度側重及強調若干細節。

・同化作用（assimilating）──改變故事的細節以便較為符合受試者自身的背景
　或知識。

　　因此，受試者重新編造該故事，採用他們文化中熟悉的字詞來取代原來故事中不
熟悉的字詞；例如以「船」取代「獨木舟」，或以「釣魚」取代「獵海豹」。Bertlett
的受試者通常也會更動故事的情節，以避免提到他們文化中所不熟悉的超自然力量。

　　自 Bartlett 之後，當代研究學者已例證當人們應用建構歷程以重製記憶時所發生
的各種記憶扭曲（*Bergman & Roediger, 1999*）。例如，你如何記得你在童年時做過什麼？
在一項實驗中，受試者被要求指出，在 10 歲之前，他們是否曾經「在主題樂園中跟
所喜愛的電視卡通人物碰面及握手」（*Braun et al., 2002, p.7*）。在回答這個問題後（作為
更大的生活經驗問卷的一部分），有些受試者閱讀一份迪士尼樂園的廣告單，它意圖
誘發你闔家前往遊玩的念頭：「回歸你的童年 …… 記起那些你年幼時的卡通人物，米
老鼠、唐老鴨及兔寶寶等。」稍後，廣告提到在一些情況下，訪客有機會跟童年時的
英雄人物握手：「粉紅豹，你在電視上崇拜的人物，離你只有幾呎遠 …… 你可以上前
握住他的手。」（*p.6*）在讀過這類廣告後，受試者現在較可能指出他們握過卡通人物
的手（儘管他們從不曾）。再者，他們也較可能報告他們懷有曾在迪士尼樂園跟粉紅
豹握手的特定記憶。在這個廣告組中，16% 的受試者記得這樣的情節──相較之下，
沒有讀過這份廣告的受試者，只 7% 提出這樣的報告。當然，任何這些記憶都不可能
是準確的，因為粉紅豹不是迪士尼的卡通人物！

　　這項研究提出，即使是關於你自己生活事件的記憶，它們也可能是從各種來源再
建構而成。該研究也說明了一項事實，即人們在回想他們記憶的各種成分的原始來源
上不一定是準確的（*Mitchell & Johnson, 2009*）。事實上，研究人員已證實，受試者有時
候將會逐漸相信自己實際上著手了一些行動，但事實上，他們只是在自己想像中完成
這些行動（*Thomas & Loftus, 2002*）。例如，假設你不斷提醒自己，在上床睡覺前，務必
設定好你的鬧鐘。每次你這樣提醒自己，關於你必須經歷的那些步驟，你就在自己腦
海裡形成一幅畫面。如果你想像自己設定鬧鐘足夠次數的話，你可能錯誤地開始相信
你實際上已做過這件事！

(二) 閃光燈式記憶

　　關於你大部分的過去生活經驗，你或許會同意，你需要再建構該記憶。例如，如
果有人問你，你如何慶祝你三年前的生日，你可能會倒數回去，試著再建構該情境。
然而，在一些情況中，人們相信他們的記憶仍然完全忠實於原來的事件。這類記憶被
稱為閃光燈式記憶（flashbulb memories），它們起源於當人們經歷一些情緒上重大負
荷的事件：人們的記憶是如此鮮明而生動，它們幾乎就像是原來事件的一些照片。當
事人記得事件發生時，自己在哪裡，他當時在做什麼，還有什麼人在場等等。最初關

於閃光式記憶的研究是集中在人們對公共事件的回憶上（*Brown & Kulik, 1977*）。例如，研究人員發問受試者，他們對於自己如何初次獲知「約翰·甘迺迪總統遭到暗殺」是否保存特定記憶。除了一人外，所有 80 位受試者都報告了鮮明的回憶。

　　閃光燈式記憶的概念適用於私人事件和公共事件二者。例如，人們可能對自己經歷的交通事故，或對於他們如何獲知 911 攻擊事件持有鮮明的記憶。然而，大部分研究注意力還是針對公共事件。為了執行這些研究，研究人員徵募受試者，要求他們分享關於情緒共鳴（迴盪）事件的記憶。針對不同的年齡組，這樣事件可能是「挑戰者號」太空梭爆炸，黛安娜王妃的死亡，或珍珠港偷襲。閃光燈式記憶的內容反映了人們如何獲知該事件。例如，對於從媒體獲知消息的人們而言，他們的記憶報告中傾向於包括較多事件的實情——相較於從另一個人獲知消息的人們（*Bohannon et al., 2007*）。美國公民擁有較多關於 911 攻擊的特定回憶——相較於其他國家的公民，諸如義大利、荷蘭及日本（*Curci & Luminet, 2006*）。

(三) 證人記憶

　　證人在法庭中宣誓，「所說的話句句屬實，絕無虛僞」。然而，從本章前面的討論中，我們已看到，記憶是否準確不但取決於它被登錄時所花費的心思，也取決於登錄狀況與提取狀況之間的配合。因為研究人員了解，人們可能無法報告「真相」（the truth）（即使他們真心希望自己能夠做到），所以他們把大量注意力放在「證人記憶」（eyewitness memory）的主題上。他們的目標是協助司法體系找出最適當的方法，以確保證人（或目擊者）記憶的準確性。

　　關於證人記憶，最具影響力的研究是由羅芙特（*Elizabeth Loftus, 1979, 1992, 2003*）。及其同事們在實驗室中所執行。他們獲致的普遍結論是，證人對他們所看到事件的記憶相當容易受到「事件後訊息」（postevent information）的扭曲。例如，在一項研究中，受試者先觀看一段交通車禍的影片，然後被要求估計事故發生時，汽車的速度大概有多快（*Loftus & Palmer, 1974*）。然而，有些受試者被問到，「當汽車猛撞（smashed）在一起時，你估計兩車的車速有多快？」另有些受試者則被問到，「當汽車相碰（contacted）在一起時，你估計兩車的車速有多快？」實驗結果發現，當使用「猛撞」作為動詞時，受試者認為車速超過每小時 40 哩（65 公里）；但是當使用「相碰」作為動詞時，受試者認為車速大約是每小時 30 哩（48 公里）。一個星期之後，所有目擊者被問到，「你有看到任何玻璃碎片嗎？」事實上，影片中並未出現玻璃碎片。但是「猛撞」組的受試者中大約三分之一表示有看到玻璃碎片，「相碰」組的受試者則只有 14% 表示看到。顯然，探問時使用的動詞類型改變了受試者對目擊事件的記憶。再者，這些受試者將會利用合理的推斷來填充情節中間的空隙，以符合該「動詞」所意涵的一般概念（*Loftus, 1979*），因此。事件後訊息將會實質影響證人對自己所

經歷事件的報告。

這項實驗說明了大部分目擊者在眞實生活中可能發生的情況：在既定事件發生後，他們有很多機會獲得新訊息，這些新訊息可能與他們原來的記憶產生交互作用。事實上，羅芙特及其同事們證實，受試者經常屈服於錯誤訊息效應（misinformation effect）（*Frenda et al., 2011*）。例如，在一項研究中，受試者觀看一則交通事故的彩色幻燈片展示。主試者然後對他們發問一系列問題。對半數的受試者而言，其中一個問題是，「當汽車停在停止號誌前，是否有另一輛車越過紅色禁區？」對另半數而言，這個問題是，「當汽車停在讓行號誌前，是否有另一輛車越過紅色禁區？」原來的幻燈片展示所呈現的是停止號誌。仍然，當受試者被要求從一些幻燈片中辨認原來的幻燈片，而且在停止號誌與讓行號誌之間做個決定時，那些先前被發問停止號誌的受試者有75%的正確率，至於那些先前被發問讓行號誌的受試者則只有41%的正確率（*Loftus et al., 1978*）。這就是錯誤訊息的重大衝擊。如羅芙特（*1979*）所指出的，車禍或犯罪行爲的目擊者幾乎避免不了將會在法庭判決前接受質問。從這些交談中，律師可能很容易說一些事情就改變了證人對事件的回憶。

關於目擊者記憶，這方面研究已開展以捕捉眞正目擊者更廣泛範圍的經驗。例如，研究人員已把注意力轉向另一些情況，即在提供證詞之前，他們能夠跟其他看過同一事件的人們（共同目擊者）討論該事件。調查資料已認肯這個問題的重要性：在一個樣本中，86%目擊過嚴重事件（諸如人身襲擊和搶劫財物）的人們曾經跟共同目擊者討論該事件（*Paterson & Kemp, 2006*）。當人們跟警方報告案情前，他們只有14%的時候沒有進行這樣的討論。這是很有問題的，因爲共同目擊者可能充當訊息的來源，污染了目擊者自己的記憶。

一組研究人員試圖證明，如果人們跟共同目擊者討論事件，他們的記憶表現可能受損（*Paterson et al., 2011*）。每位受試者觀看搶劫影片的兩種版本之一。兩種版本在幾個細節上有所差別（例如，盜賊稱自己爲 Joe，或稱自己爲 James）。在觀看影片後，受試者被配對以討論他們看到些什麼。在某些配對中，兩位受試者觀看的是相同影片。在另一些配對中，受試者觀看的是有差別的影片。在有差別的影片中，這種情況應該會增加受試者將會從他們共同目擊者獲得錯誤訊息的可能性。一個星期之後，受試者接受晤談以引出他們對搶劫事件的記憶。在晤談的尾聲，受試者簽署他們的聲明書，表示他們的陳述是「準確而完整的」（P. 46）。然後研究人員拿受試者的陳述跟他們觀看的原先影片作個對照。在有差別影片的情況中，42%受試者報告了錯誤訊息；相較之下，在相同影片的情況下，只有19%受試者發生錯誤。

晤談者實際上提醒一些受試者，他們的共同目擊者可能觀看的是稍微不同的影

片。然而，這樣的提醒幾乎沒有影響受試者從他們的陳述中排除錯誤訊息的能力。這項實驗說明了，在跟共同目擊者討論事件後，人們可能發現難以使自己的目擊記憶隔絕於他們從別人之處獲知的訊息。這樣的結果是重要的，因爲當人們在法庭上作證時，他們宣誓所報告的僅是他們從該事件的親身經驗中獲得的訊息。無論如何，關於目擊者針對事件後訊息而產生的記憶變動，這已在各類研究中被廣泛發現。這方面研究建立了一個觀念：你的記憶通常像是美術拼貼，依據你過去經驗的不同成分而再建構起來。

第五節　記憶的生物層面

　　當心理學家以訊息處理的理論模式解釋記憶形成和經驗貯存的同時，神經科學家也在大腦之內尋找解開記憶之謎的關鍵所在。我們以下檢視神經科學家在記憶研究上的一些發現。

一、尋找記憶痕跡

　　在浩瀚如同星河的大腦中，記憶痕跡（engram 或 memory trace，即物理的記憶表徵）位於何處呢？生理心理學家 Karl Lashley（*1929, 1950*）首創記憶的解剖學研究。他試著探討特定記憶究竟是位於大腦皮質的特定區域，抑或廣泛分布在大腦皮質的不同區域。他先訓練老鼠學會走迷津，接著切除老鼠各種大小的大腦皮質部位，然後再重測牠們對迷津的記憶。Lashley 發現，大腦損傷造成的記憶缺損與腦組織被切除的數量成正比。換句話說，隨著愈多大腦皮質受到損傷，記憶缺損將愈爲嚴重。然而，記憶並不受到大腦皮質什麼部位的組織被切除所影響。因此，Lashley 的結論是，捉摸不定的記憶痕跡並不存在於大腦任何局部區域，而是廣泛分布在整個大腦中。

　　Lashley 之所以無法找出記憶痕跡位於哪一個特定區域，部分是因爲即使在似乎相當簡易的作業上，也都需要各種不同類型的記憶共同發揮作用。事實上，迷津學習涉及空間、視覺及嗅覺信號之間複雜的交互作用。神經科學家現在相信，雖然不同類型的知識是被分開處理，而且只配置在大腦有限的幾個區域中，但是關於較複雜的整組訊息的記憶則是廣泛分布在許多神經系統中（*Markowitsch, 2000; Rolls, 2000*）。

　　四個重要的腦部結構涉及記憶功能：

- 小腦（cerebellum）。程序性記憶不可或缺的構造；記憶獲得是經由重複練習，以及經由古典制約反應。
- 基底核層（striatum）。前腦中一些結構的綜合體，它是習慣形成和刺激－反應

聯結的可能基礎。

- 大腦皮質（cerebral cortex）。負責感官記憶和各種感覺之間的聯結。
- 海馬迴（hippocampus）。主要是負責關於各種事實、日期及名稱的陳述性記憶，也負責空間記憶的凝固。
- 杏仁核（amygdala）。關於帶有情緒意味的記憶，它在這樣記憶的形成和提取上扮演關鍵角色。

腦部的其他部位——如視丘、前腦基底及前額葉皮質——也涉及作爲一些特定類型的記憶形成的中途站（way stations）（參考圖 7-10）。

第 3 章中，我們直接探討腦部解剖結構。這裡，我們將檢視神經科學家採用什麼方法以探討特定腦部結構在記憶上所扮演的角色。我們將論述兩方面的研究。首先，我們考慮「自然實驗」（experiments of nature）——也就是有些人在意外情況下發生腦傷，他們志願接受進一步的記憶研究——所提供的洞察力。其次，我們描述研究人員如何應用腦部造影的新技術以增進他們對腦部記憶歷程的理解。

二、失憶症

1960 年，Nick A. 這位年輕的空軍雷達技師發生了一場奇特的傷害，永久改變了

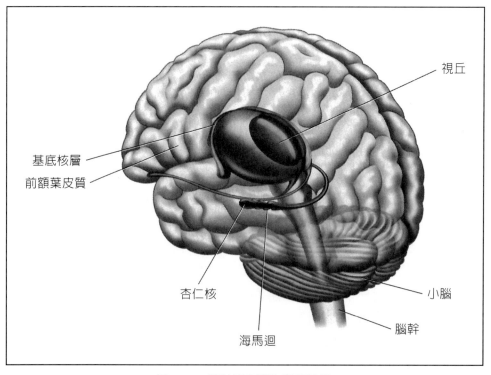

圖 7-10　與記憶有關的腦部結構

他的生活。有一天，Nick 坐在他的桌子上，他的室友這時正玩著一把小型的鈍頭劍。然後，Nick 突然起身轉過來，他的室友正好也把劍刺出去。這把劍刺入 Nick 的右鼻孔，且繼續插入他的大腦左側。這場意外使得 Nick 產生嚴重的定向力障礙。他最嚴重的困擾是失憶症（amnesia），即長期地失去記憶。因為他的失憶症，Nick 在許多事件發生之後就立即忘記。當他讀過一篇文章的幾個段落後，他隨即忘掉最前面的句子。他無法記住電視節目的情節，除非在廣告期間，他積極地思考並複誦他剛才所看到的內容。

Nick 所受苦的這種失憶稱為前行性失憶症（anterograde amnesia，或近事失憶症）。這表示 Nick 對於物理傷害之後發生的事件，他不再能形成對那些事件的外顯記憶。長期酒精中毒的一個後果是柯氏症候群，它的顯著症狀是前行性失憶。另有些病人受苦於倒行性失憶症（retrograde amnesia，或前事失憶症）。在這些個案中，腦傷使得他們無法接近受傷時刻之前的記憶。如果你曾經不幸頭部受到劇烈撞擊（例如，在撞車時候），你可能對於導致車禍的事件會發生倒行性失憶。

研究人員很感激像 Nick 這樣的病人，因為他們供應自己作為「自然實驗」的研究對象。經由建立腦傷（像 Nick 這類）位置與記憶表現缺失型態之間的關聯，研究人員已開始了解各種類型的記憶與不同腦區之間的對應關係（*O'Connor & Lafleche, 2005*）。Nick 仍然記得如何做一些事情，他的程序性知識似乎健全，即使他顯然缺乏陳述性知識。例如，如此一來，他記得如何混合、攪拌及烘焙食譜中的各種材料，但是他卻記不起需要哪些材料。

這種外顯記憶的選擇性缺損強烈暗示著，大腦的不同腦區可能涉及不同類型的登錄和提取。基於這個原因，單一腦區的損傷可能毀害了一種記憶歷程，但不會波及另一種歷程。研究人員已發現，海馬迴的損傷通常將會破壞外顯記憶，但無損於內隱記憶，這是與不同解剖結構有關的另一項記憶劃分。

在一系列實驗中，受試者是因為罹患柯氏症候群（Korsakoff syndrome，長期酗酒的後遺症）而海馬迴受損的病人。這些失憶病人和控制組受試者（沒有失憶症）先被呈現一份單字列表，且被要求判斷他們多喜歡或多不喜歡每個單字。為了測試他們的記憶，受試者被提供字首，諸如 uni __。在線索回憶（cued recall）作業中，受試者被告知，該字首必須以曾經出現在列表中的單字填寫完成，因此他們應該試著回憶列表中的單字。在字尾填空（stem completion）作業中，受試者被要求只要填上他們第一個想起的單字即可。實驗結果顯示，對線索回憶作業而言，失憶受試者的表現遠不如沒有失憶的控制組受試者。然而，失憶受試者在字尾填空作業上的表現卻不輸給控制組受試者。

這樣的研究結果說明了，柯氏症候群引起的腦傷將會影響外顯記憶，但是內隱記

憶卻保持健全。另一項研究也顯示，即使海馬迴受到實質的損傷，但內隱記憶仍能發揮相當良好的功能。這方面研究已使研究人員能夠區隔這兩種記憶在登錄和提取上的特定貢獻，更進一步對於記憶的腦部基礎和記憶歷程的組織有更良好理解。

三、腦部造影

根據對失憶病人施行的實驗，心理學家在關於腦部解剖結構與記憶之間關係上已獲致大量知識。然而，腦部造影（brain-imaging）技術的進展已使研究人員能夠直接探討一般人們的記憶歷程，不必訴諸腦傷的病人（*Nyberg & Cabeza, 2000*）。例如，利用正電子放射斷層掃描（PET），Endel Tulving 及其同事們（*Habib et al., 2003*）已檢定出大腦兩半球在登錄和提取情節訊息期間的活化差異。他們的實驗就類似於施行標準的記憶研究，除了在登錄或提取的期間，他們透過 PET 掃描以監視受試者的大腦血液活動情形。如你在圖 7-11 中所看到，這些研究人員發現，在登錄情節訊息的期間，大腦左半球前額葉皮質有不成比例的高度活動；至於在提取情節訊息的期間，大腦右半球前額葉皮質顯現高度活動。因此，這些歷程顯示一些解剖結構上的區別——除了認知心理學家所提出概念上的區別之外。

另有些研究採用功能性核磁共振顯像（fMRI）的技術，它們也提供了關於記憶運作如何在大腦中分布的詳情。例如，採用 fMRI 的研究已檢定出當新記憶形成時被活化的特定腦區。在這些研究中，受試者被要求觀看一些情景或單字，且從事簡易的

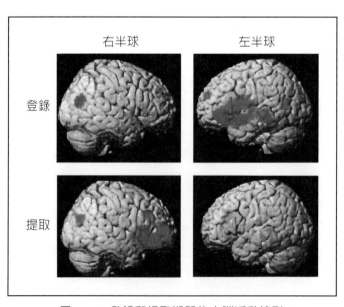

圖 7-11 登錄和提取期間的大腦活動情形

判斷（例如，該單字是表徵一些抽象或具體的事物）。在受試者執行這些作業的同時，他們接受 fMRI 掃描以顯示大腦活化的區域。這些 fMRI 掃描發現了一種引人興趣的型態：在掃描期間，前額葉皮質和海馬迴旁側皮質（大腦皮質接近海馬迴的部位）的區域愈為保持明亮的話，受試者稍後就愈能夠辨認該情景或單字。這項研究似乎捕捉到了新記憶在皮質中誕生及凝固的生物基礎。

　　這些腦部造影研究的結果說明了，為什麼來自不同學科的研究人員應該密切合作，以尋求對於記憶歷程更充分的理解。心理學家提供關於人類記憶表現的資料，這成為動力來源，以供神經生理學家偵測特化的大腦結構。在這同時，生理機能的事實則適度約束心理學家的理論（在推斷關於訊息的登錄、貯存及提取的可能機制上）。在協力合作之下，這些學科領域的科學研究人員已為記憶歷程的探討帶來了新曙光。

第八章

認知歷程

人類使用語言的能力和以抽象方式思考的能力，經常被援引爲人類經驗的精髓所在。但你傾向於視認知爲理所當然，因爲它是你在大部分清醒時間中不斷從事的一種活動。認知（cognition）是對所有形式的認識作用的一個通稱。如圖 8-1 所顯示，認知的研究是在探討你的心理生活。認知包括內容（contents）和歷程（processes）二者。認知的內容是指你知道些「什麼」——概念、事實、命題（propositions）、規則及記憶，諸如「狗是哺乳類動物」、「紅燈表示停止通行」、「我在 18 歲那年初次離開家門」。認知的歷程是指你「如何」操縱這些心理內容，以使你能夠解讀周遭的世界，以及爲你生活中的各種困境找出有創意的解決方法。

在心理學之內，認知的探討是由認知心理學（cognitive psychology）領域的研究人員所施行。過去 30 多年來，認知心理學的領域已逐漸擴展爲一門新的科際整合的領域，稱爲認知科學（cognitive science），它嘗試整合認知心理學、哲學、語言學、電腦科學（特別是人工智慧）及神經科學等領域的研究（參考圖 8-2）。

這一章中，我們將首先描述研究人員如何試著測量與認知功能有關的一些內在、隱蔽的歷程。然後，我們將檢視認知心理學上的一些主題，包括語言使用、視覺認知、問題解決、推理，以及判斷與決策，這些主題促成了大量的基本研究和實際應用。

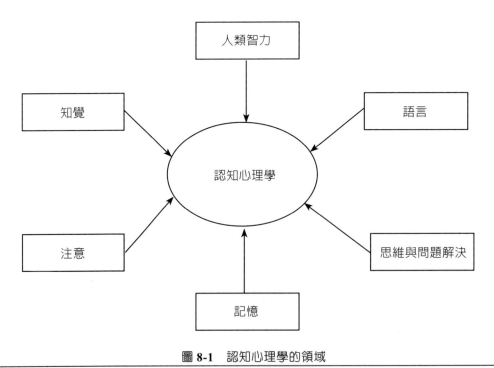

圖 8-1　認知心理學的領域

認知心理學家探討高級心理功能，特別是強調人們如何獲得知識，以及如何運用知識以塑造及理解他們在世界中的經驗。

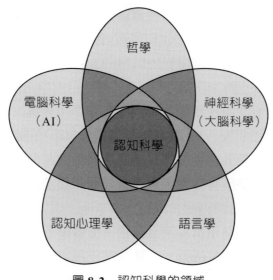

圖 8-2 認知科學的領域

第一節 研究認知

　　你如何研究認知？當然，你面對的挑戰是它發生在你的頭部之內。在認知活動中，你可以看到刺激輸入，也經歷了反應輸出，但你如何決定在其間連繫二者的一系列心理步驟？這也就是說，你如何揭露你的行動所依賴的認知歷程和心理表徵？這一節中，我們將描述各種邏輯分析，它們使得認知心理學得以跨入科學領域。

一、探索心理的歷程

　　荷蘭生理學家 F. C. Donders 於 1868 年創設了研究心理歷程的基本方法之一，稱為減算法。為了研究「心理歷程的速度」，他設計一系列實驗作業，而完成這些作業所涉心理步驟有所差別（*Brysbaert & Rastle, 2009*）。以下列這段文章為例：

> TO Be,oR noT To BE: tHAT Is thE qUestionN:
> WhETher'Tis noBIEr In tHE MINd tO SuFfER
> tHe SLings AnD ARroWS Of OUtrAgeOUs forTUNe, or To TAke ARmS agaINST a sEa Of tROUBleS,
> AnD by oPPOsinG END theM.

　　你試著當第一次測驗時，在所有大寫字母的上方寫個「C」，且記錄下所花的時間。第二次測驗時，在大寫的母音字上方寫個「V」，且在大寫的子音字上方寫個「C」，同樣記錄下所花的時間，結果如何呢？

根據測驗結果，受試者通常在第二次測驗時，需要多花半分鐘以上，爲什麼呢？這是因爲當第二次測驗時，你需要添加兩個心理步驟，你可以稱之爲「刺激分類」（母音字或子音字？）和「反應選擇」（寫 C 或寫 V？）。第一次測驗只需要一次「刺激分類」的步驟（決定每個字體是大寫字母，還是小寫字母？）。第二次測驗則需要兩次這樣的分類，也需要在兩種反應之間進行選擇。因爲第二次測驗需要你執行的步驟多於第一次測驗所需的步驟，它自然花費你較多時間。因此，Donders 的基本洞察力是：當你執行作業時，額外的心理步驟通常將導致你花費較多時間。再根據他的減算法，你從完成第二次測驗所需時間中減去完成第一次測驗所需時間，所得即爲執行「刺激分類」和「反應選擇」所需的時間。

目前，認知心理學家雖已不再採用減算法，但實際上還是遵循 Donders 的基本邏輯，即採用反應時間（reaction time，受試者完成特定作業所需的時間長度）作爲測試方式，以之驗證若干認知歷程究竟如何被執行。Donders 關於「額外心理步驟將會導致額外時間」的基本前提仍然是大量認知心理學研究的基礎信念。

二、心理歷程與心理資源

認知心理學家經常把高層心理活動（像是語言使用或問題解決）解析爲它們的成分歷程（component processes），以便探討這些成分歷程如何共同配合以組成整體的活動。對於 Donders 的作業而言，它需要依序地完成至少三種歷程，每個步驟緊接在另一個步驟之後（參考圖 8-3，A 部分）。對另一些作業而言，受試者可能需要同時（同步）執行不只一種歷程（參考圖 8-3，B 部分）。心理學家把它們劃分爲依序歷程和平行歷程。

依序歷程（serial processes）是指每個成分必須分開處理，一個接著另一個。平行歷程（parallel processes）則是指所有成分整列呈現，同一時間接受處理。

認知心理學家經常採用反應時間以決定既定歷程究竟是被平行執行，還是被依序執行。然而，如圖 8-3 的 C 部分所顯示，這往往不是一件容易的事情。假使有一項作業，我們相信它可以被解構爲兩個歷程，X 和 Y。假設我們擁有的唯一訊息是完成該歷程所需的全部時間，那麼我們將無法確定 X 和 Y 歷程究竟是平行發生，還是依照順序發生。

因此，在許多案例上，爲了決定既定歷程究竟是依序或平行，理論家設法評估各個歷程要求付出的心理資源（mental resources）的程度。例如，假設你正跟一位朋友走向教室。平常情況下，你應該很容易以筆直路線行走，還能夠同時跟你的朋友進行交談。你的走路（領航）歷程與你的語言歷程可以平行地進行。但是，假使你突然轉進一條坑坑洞洞的人行道，那麼會發生什麼情況呢？隨著你在這些坑洞之間選定前進

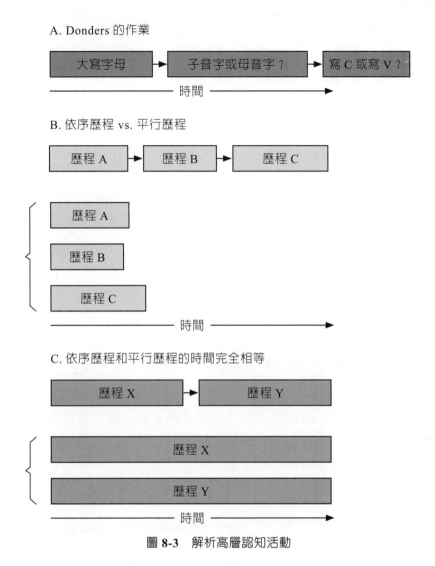

A. Donders 的作業

```
大寫字母  →  子音字或母音字？  →  寫 C 或寫 V？
```
────────────── 時間 ──────────────▶

B. 依序歷程 vs. 平行歷程

```
歷程 A  →  歷程 B →  歷程 C
```

```
歷程 A
歷程 B
歷程 C
```
────────── 時間 ──────────────▶

C. 依序歷程和平行歷程的時間完全相等

```
歷程 X  →  歷程 Y
```

```
歷程 X
歷程 Y
```
────────── 時間 ──────────────▶

圖 8-3　解析高層認知活動

的路線，你可能必須停止交談。現在，你的走路歷程要求你付出額外資源以便規劃路線，因此你的語言歷程就暫時受到排擠。

　　這個實例說明了，你只擁有「有限」的處理資源，它們必須被分配在不同的心理作業上（*Daffner et al., 2011; Wyble et al., 2011*）。你的注意歷程（attentional processes）就在負責分配這些資源。但需要附加說明的是，不是所有歷程都要求你付出同樣程度的資源。事實上，我們可以界定從控制性歷程到自動化歷程的一個維度，這些歷程需要的資源依序遞移（*Shiffrin & Schneider, 1977*）。控制性歷程（controlled processes）需要注意力；自動化歷程（automatic processes）通常並不需要。我們通常很難同一時間執行一種以上的控制性歷程，因為控制性歷程要求付出較多資源。自動化歷程通常可以配合另一些作業同時執行，不會造成干擾。

　　我們以認字自動化的實例作個說明，即所謂的史初普效應（Stroop effect）。史初

普（1935）把指稱顏色的單字（例如，紅、黃、綠、白等單字）塗上不同色彩，諸如「紅」字塗上綠色、「黃」字塗上紅色等等，然後要求受試者說出單字的顏色，而不是說出單字的字義。結果發現受試者往往受到字義本身的干擾而不自覺地讀出字義，或者受試者的反應時間將會變慢，這表示認字已達到自動化的地步。

LaBerge 和 Samuels 認為，認字除了準確外，還需要達到自動化的地步，這對我們的閱讀才有幫助。因為閱讀牽涉到一系列需要付出注意力的成分技巧，包括從認字、把單字組成片語、句子，直到想出整句的意思。假使這些成分技巧不能達到自動化的地步，還需要耗費資源，那麼所有成分技巧的資源總需求將會超過個人所能負荷，以至於整體工作無法完成，造成閱讀困難，或閱讀速度大受影響。因此，許多低層次的工作必須達到自動化的地步，不需耗損任何資源，以便挪出更多資源去處理較高層次的工作。你或許能夠想出另一些實例，也就是經過充分的練習後，你已使得一些作業自動化──像是學習彈奏樂器，或是不用注視鍵盤就能打字。

第二節　語言使用

當你聽到一個句子時，這個句子的「字面意義」與「談話者意義」之間可能存在落差。當研究語言使用時，心理學家想要了解的是談話者的意義如何生成，以及如何被理解。換句話說，談話者如何生成正確的單字以傳達他們想要表達的意思？聆聽者如何掌握談話者想要傳達的訊息？

一、語言生成

這裡，為了方便起見，我們將把語言生成者稱為「談話者」，且把語言理解者稱為「聆聽者」──雖然語言生成（language production）也包括「手語」和「手寫」兩種形式。現在，想像你為一位視力正常的人描述「蒙娜麗莎的微笑」的畫像，你會說些什麼？再想像你為一位瞎子描述該畫像。你是不是發現第二次描述需要花費較多心力？可見，每次當你說話時，你心中必然擺有聽眾（也就是你說話針對的對象），這就是語言生成上的「聽眾設計」（audience design）。

聽眾設計的一個最重要法則是「合作原則」（cooperative principle），它讓你在交談中的貢獻或分擔能夠「恰如其份，適得其所」，遵循談話交易中雙方接受的目的或方向。換句話說，你所說的每一件事情應該適合交談的情境和意義。哲學家 H. Paul Grice（1975）界定了合作的談話者應該遵守的四個準則：

・**數量**。讓你在交談中貢獻的訊息量恰如其份（針對當前交談的目的），不要讓

你提供的訊息量超過實際所需。

工作內容：你必須試著判斷你的聽眾實際需要多少訊息，這通常需要你評估你的聆聽者可能已知道些什麼。

・**質量**。試著讓你提供的訊息真實無偽，不要說一些你缺乏適當證據的事情。

工作內容：當你談話時，聆聽者將會假定你能夠以適當證據來支持你的見解。因此，隨著你規劃每段談話，你必須對這段談話的證據在心中有個底子。

・**關係**。切題而中肯。

工作內容：你必須確定你的聆聽者了解你現在所說的內容如何與先前的談話產生關聯。當你想要轉移交談的主題時，也必須清楚讓雙方意識到這點。

・**風格**。敏銳而有洞察力，避免晦澀或語意不清，談話盡量簡短、井然有序而層次分明。

工作內容：你有責任在談話時保持清晰、暢快的風格，雖然你將難免會失誤或犯錯，你要確定你的聆聽者能夠了解你的信息。

如上所述，作為一位合作的談話者，很大部分有賴於你能夠正確預期你的聆聽者可能知道及了解些什麼。因此，如果你沒有良好理由相信你的朋友知道 Alex 是誰，你自然不會告訴她，「我剛才跟 Alex 共進午餐」。你也必須確定，在所有你的朋友可能認識而且她也知道你認識叫 Alex 的男性中，只有一位特定對象是她認為你在這些情況下將會提到的 Alex。更正式而言，這表示必然有一位 Alex 是在你與你朋友所分享的共同基礎（common ground，即共同認識）上突顯出來。

Herbert Clark（1996）表示，語言使用者關於共同基礎的判斷是建立在三方面的證據來源：

・**團體成員身分**（community membership）。語言生成者通常會假定交談雙方相互可能知道些什麼——基於他們在各種大小團體中共有的會員身分。例如，你與你的朋友是同一公司的同事，而你們公司只有一位叫 Alex 的男子。

・**行動共存**（copresence for actions）。語言生成者通常假定，他們與其他交談者分享的一些行動和事件已成為共同基礎的一部分。這包括在交談的較早先部分（或在過去的交談中）談論過的訊息。例如，你們在先前的談話中已引入 Alex 的存在。

・**知覺共存**（perceptual copresence）。當談話者和聆聽者分享同樣的知覺事件（景象、聲音等等）時，這便是發生了知覺共存。這包括交談的環境背景和交談者周邊的所有人們。例如，當你們交談時，Alex 也正在同一客廳中。

你從這個例子可以看出，為什麼共同基礎的判斷通常有賴於你的記憶歷程的能力，以提供關於個人和團體的訊息（*Horton & Gerrig, 2005a, 2005b*）。對於你說「我剛才跟 Alex 共進午餐」這句話而言，你必須適度地確定，「Alex」對你特定聆聽者而言將

是充分會被記起的。

二、語言理解

　　「bank」這個單字代表什麼意思？你或許可以想到至少兩種意義：一種與河流有關（即堤防）；另一種則與金錢有關（即銀行）。假使你聽到這個話語，「He came from the bank」，你如何知道它想要傳達什麼意思？這時候你需要解決兩種意義之間的字義曖昧性（lexical ambiguity）。如果你想過這個問題，你將發現你擁有一些認知歷程，它們使你能夠利用周遭背景以排除字詞的曖昧性（也就是澄清字詞的字義）。你們剛才是否正談論關於河流或金錢的事情？這個較寬廣的背景應該能夠讓你在這兩種意義之間做個選擇。但如何做到呢？

　　在回答這個問題前，我們先引進另一類的曖昧性。「The mother of the boy and the girl will arrive soon」這個句子是什麼意思？你當下大概只能發覺一種意思，但這個句子有其結構上的曖昧性（structural ambiguity）（*Akmajian et al., 1990*）。你不妨先看一下圖 8-4。語言學家通常以樹狀圖來呈現句子結構，以顯示各個單字如何組合為文法單位。在 A 部分，它的結構分析顯示，整個片語「of the boy and the girl」都是針對「the mother」；因此只有一個人（這兩個孩子的母親）將很快抵達。在 B 部分的文法分析中，顯示總共有兩個名詞片語，即「the mother of the boy」和「the girl」。因此，總共有兩個人將會很快抵達。你最初閱讀時獲致的是哪一種理解？現在，你可以看出這兩種意思都是可能的。我們在字義曖昧性上也出現同樣的問題：當存在一種以上的意義時，先前的背景如何使你能夠選定一種意義。

　　我們再回到字義曖昧性上。考慮這個句子：

　　　　Nancy watched the ball.

　　當你讀到這個句子時，你如何解讀「ball」這個單字？如果你想像你的腦海中有一本字典，它對「ball」的登記可能是這個樣式：

定義 1：一種在遊戲或運動中使用的圓形物體。
定義 2：一種安排有特別餘興節目之大型、正式的舞會。

　　「Nancy watched the ball」這個句子所包含的訊息不足以使你在這兩種定義之間作個決定。事實上，研究已顯示，在你讀到這類句子之後，這兩種定義都有可能在記憶中浮現（*Vu et al., 1998*）。你需要求助於周遭背景以決定「ball」指稱哪個意思。但是，背景（前後關係及脈絡）如何協助你決定可能的意義呢？研究顯示，背景提供各種不同的證據（*Vu et al., 1998, 2000*）。考慮這些實例：

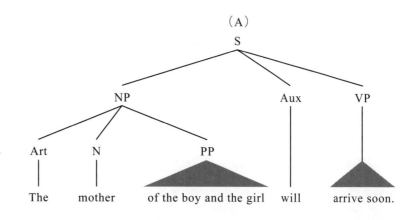

（A）

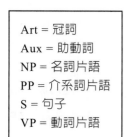

Art = 冠詞
Aux = 助動詞
NP = 名詞片語
PP = 介系詞片語
S = 句子
VP = 動詞片語

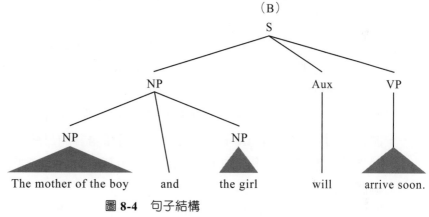

（B）

圖 8-4 句子結構

1. She catered（承辦）the ball.

2. The juggler（魔術師）watched the ball.

3. The debutante（初進社交界的少女）sat by the door. She watched the ball.

在實例 1 中，動詞「catered」有助於指出「ball」的哪一個定義是適當的；在實例 2 中，名詞「juggler」也有同樣效果。在實例 3 中，第一個句子喚起的情節為第二個句子「She watched the ball」製造了故事似的背景。這些實例說明了，每次你遇到曖昧的字詞時，你迅速而有效率地使得各種證據派上用場；背景隨即影響聆聽者考慮曖昧字詞的意義（*Gorfein, 2001*）。背景也對結構上的曖昧性施加類似的影響力（*Filik et al., 2005; Spivey et al., 2002*）。當你必須在不同的可能文法結構之間作個選擇時，背景的訊息加速你的決定。

三、語言、思想與文化

你是否有機會學習一種以上的語言？假使如此，你是否相信你在兩種語言中有不

一樣的思考？語言是否影響思想？研究人員已透過多種方式探討這個問題。爲了使這個問題更爲具體些，我們提供你一個跨語言的實例。想像這樣的畫面，一位小女孩觀看她父親在擲球。假使這個小女孩所說的是英語，她可能說出這樣的句子，「Daddy threw the ball」。對照之下，假使小女孩所說的是土耳其語，她將會說，「Topu babam atti」。這只是字詞的不同組合但表達相同的觀念嗎？不完全如此。當你在土耳其語句子的字尾附加－ti，這表示該事件是談話者自己所目擊。假使該事件不是談話者自己所目擊，那麼就必須在 at（就等於 threw）上添加不一樣的接尾語（miş）而形成 atmiş。身爲英語談話者，你不被要求把世界畫分爲「你自己目擊的事件 vs. 你透過其他來源而獲知的事件」；但身爲土耳其語談話者，你必須這樣表達（*Slobin, 1982; Slobin & Aksu, 1982*）。那麼，這兩種語言的不一樣文法結構是否將會影響（以非常基礎的方式）人們對世界的思考態度？這方面問題尚未有肯定的答案，但是這樣的差別提供了良好樣例，說明了人們爲什麼經常對於「語言對思想的潛在影響」的問題深感興趣。

關於這個問題的學術性研究，最早是由 Edward Sapir 和他的學生 Benjamin Lee Whorf 所著手進行。他們的跨語言探討導致了他們略爲急進的結論：語言的差異將會製造思想的差異（*Sapir, 1941, 1964*）。根據他的研究資料，Whorf 提出了兩種假說：

· 語言相對論（linguistic relativity）。對兩種語言的母語者而言，語言結構上的差異普遍地將會伴隨認知上的差異。換句話說，個體所說語言的結構將會影響個體如何思考這個世界。

· 語言決定論（linguistic determinism）。語言結構強烈影響或充分決定它的母語者如何知覺及推斷這個世界。

語言決定論顯然是這兩種假說中較爲急進的主張，因爲它宣稱語言對於思想強烈的因果關係。當代研究人員（包括心理學、語言學及人類學等領域）已試著對這些觀念施行嚴格的檢驗（*Gentner & Goldin-Meadow, 2003*）。我們在這裡檢視一個特定領域，研究人員已證實語言在這個領域上對思想的影響。

你可能會感到訝異，世界各地語言在關於基本顏色用語的數量上各有所異。如語言學分析所指出的，英語有 11 種顏色，即 black、white、red、yellow、green、blue、brown、purple、pink、orange 及 gray。但世界上有些語言——如巴布亞新幾內亞（Papua New Guinea）的 Dani 族人所說的語言——只有 2 種顏色，也就是「黑色」與「白色」（或明亮與黑暗）之間的簡單畫分（*Berlin & Kay, 1969*）。Whorf 就曾表示，語言使用者「沿著他們母語所擬定的路線以解剖自然界」（*1956, p.213*）。研究學者推斷，顏色用語所隱含的分類結構可能影響不同語言的使用者如何思考世界的顏色。

然而，更進一步的研究已顯示，兩種語言的使用者在不同顏色判斷作業上的表現大致相等。因此，研究結果反駁了語言決定論的急進主張——也就是說語言絕不是命運。但是，研究結果支持稍微溫和的主張，即語言差異造成對應的認知差異。換句話

說，在某些情況下，語言可能影響思想。

　　無論如何，這世界上有數以千計的語言，至今所提出關於語言與思想之間關聯的許多引人興趣的假說仍有待進一步檢驗（*Slobin, 2003*）。很可能的情況是，不同語言在字義和文法上的大部分差異（即語彙和結構上的差異）將不會對思想產生影響。即使如此，隨著我們在這整本書中描述各種文化差異，你有必要對語言相對論保持開放的心胸。考慮到不同文化的成員在許多情境中談論非常不同的語言，我們可能好奇，語言以怎樣的程度在導致文化差異上扮演致因的角色。

第三節　視覺認知

　　除了根據以語言為基礎的命題來進行思考之外，你是否還能以另一些形式進行思考呢？這一節中，我們將探索視覺意象和視覺歷程如何促成你的一些思考方式。

一、視覺表徵

　　除了以語言為基礎的心理表徵外（mental representation），人們可能擁有其他形式的表徵嗎？至今所獲得的多方面證據顯然支持多種形式之表徵的存在。

　　先舉個簡單例子，你可能發現具象名詞（如書桌）要比抽象名詞（如正義）較容易記住。為什麼呢？Allan Paivio 提出二元登碼理論（dual-coding theory），它主張具象名詞是以兩種不同符碼（codes）作為心理表徵，一種是語文的，另一種是圖像的。抽象名詞則只能在語文上登碼。因此，具象名詞勝過抽象名詞之處是在於具有額外符碼，這有助於導致更為精緻的表徵。

　　研究人員利用事件相關電位（event-related potential, ERP）的技術，已為 Paivio 的二元登碼找到腦活動方面的證據，它說明受試者在具象名詞上的表現勝過抽象名詞是源於大腦中的表徵。另一些 ERP 研究則顯示，當人們產生視覺意象時，他們所運用的大腦結構大致上對應於當他們從事視知覺活動時的大腦結構。例如，當人們被要求想像一隻貓時，他們的若干腦區有極高比例的活動；而當他們實際注視一隻貓時，這些相同的腦區也將會活躍起來。這表示在神經歷程方面，大腦內的圖像（意象）就如同大腦外的圖像。這種對應性支持了視覺表徵的存在。更為近期，研究人員採用 fMRI 掃描以施行類似的實驗，所得結果完全證實上述的發現。換句話說，在大腦活動方面，就如同你在想像中複製視覺表徵，你運用大致相同的資源以登錄視覺世界——即大致相同的腦區被用來從事知覺和意象二者。

二、使用視覺表徵

　　歷史上很多著名的發現顯然是建立在心理意象（mental imagery）的基礎上（*Shepard, 1978*）。例如，F. A. Kekulé 是在作夢中彷彿看到蛇狀的分子鏈突然咬住自己的尾巴，因此發現「苯」的環狀化學結構。法拉第（Michael Faraday）幾乎不懂數學，他透過心像思考而發現磁力場的許多特性。愛因斯坦（Albert Einstein）聲稱他有些思維完全是以視覺意象的方式進行，只有當以視覺為基礎的工作完成之後，他才開始把他的發現轉換為數學符號和文字。

　　我們告訴你這些實例是為了鼓勵你不妨試著悠遊於視覺思考。但即使你沒有嘗試，你平常也會應用你操縱視覺意象的能力。考慮下面經典的實驗，受試者被要求在他們頭腦中轉換意象。

　　在這項實驗中，主試者給受試者觀看各種不同迴轉角度（0°至180°）的字母，例如字母 R 和 R 的鏡像（參考圖 8-5）。隨著字母的呈現，受試者必須指出他所看到的是正 R，或是 R 的鏡像。實驗結果發現，當圖形的迴轉角度愈大時，受試者將需要愈長時間來從事判斷。這說明受試者在他們「心理的眼睛」（mind's eye）中彷彿看到圖形，然後當決定圖形是否為 R 或 R 的鏡像時，他們會以固定速度把心中圖像旋轉到直立的位置，因而迴轉角度愈大的圖形所需要的反應時間將愈長。這個結果支持思考歷程運用心像的說法，而且心理旋轉的歷程非常類似於真實世界中物理旋轉的歷程（*Shepard & Cooper, 1982*）。

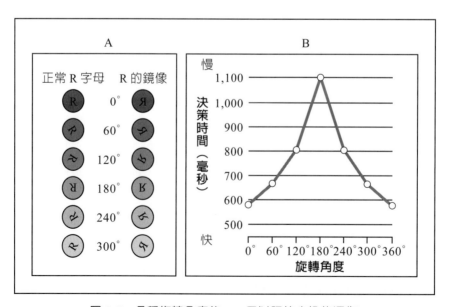

圖 8-5　各種旋轉角度的 R，用以評估心像的運作

　　你在實際生活中對這種心理旋轉的能力付諸非常良好的應用。你經常從不熟悉的角度觀看環境中的物體。心理旋轉使你能夠轉換景物的角度，以便形成的心像符合你貯存在記憶中的表徵（*Lloyd-Jones & Luckhurst, 2002*）。

　　有些研究顯示，人們審視他們對物體之心像的方式，大致上類似於他們審視實際知覺的物體。在 Kosslyn（*1980*）的研究中，受試者首先記憶陳列有一些物件的圖畫，如一艘汽艇（參考圖 8-6），他們然後被要求回想他們對汽艇的視覺心像。當回想時，受試者首先對準焦點在汽艇的一個位置上，如船尾的發動機。接著，受試者當被問到該圖形中是否含有另一個物件時，諸如船中央的擋風玻璃或船頭的錨（二者都出現在圖形中），他們「看到」錨所需的時間長於他們「看到」擋風玻璃所需的時間，這顯然是因為擋風玻璃要比錨更為接近船尾的發動機。這種反應時間的差異提供了證據，說明人們掃描視覺心像的方式就像是他們正在掃描實際物體。當物體之間的距離愈遠時，所需的掃描時間就愈長。

　　當然，你視覺想像的應用有其限制，也就是說有一些問題很難以視覺心像的方式加以處理。考慮這個問題：

　　　　想像你有一張很大的空白紙，大約 0.028 英吋厚。在你的心中，你先把它對摺，這張紙就變成兩層；然後再對摺一次，這張紙成為四層。如果你繼續對摺 50 次後，這張紙會變成多厚呢？（*Adams, 1986*）

圖 8-6　心像的視覺掃描

你實際上不可能把一張紙對摺 50 次，但你不妨先想像自己能夠做到，而且把你估計的厚度寫在手邊的紙條上。

如果你如同大部分人們，你不難在心中想像一張紙被對摺一次，再被對摺一次，直到對摺 50 次的模樣。但是你對厚度的估計絕對會偏離正確答案非常遠。正確答案是大約 5,000 萬哩（$2^{50} \times 0.028$ 英吋），這幾乎是地球到太陽之間距離的一半。所以，你如果只運用視覺心像來處理這個問題，將幾乎不可能得到近似的答案（將會遠遠低於正確答案）。你雖然看過紙張被對摺幾次後的樣子，然而對摺 50 次後的樣子卻是難以想像的。對於這種問題，你最好還是把它轉換為數學符號來處理。

視覺思考（心像思考）可以增進我們思考的複雜性和豐富性。研究學者們相信，我們也可以運用另一些感官以進行思考，如聽覺、味覺、嗅覺及觸覺等。但是，這些形式的思考很少被研究。無論如何，除了透過語文敘述外，如果我們有時候也能結合圖表的方式來處理問題的話，往往更能清楚掌握各個因素之間的作用關係。

第四節　問題解決與推理

這一節中，我們將討論問題解決（problem solving）和推理（reasoning）。這二者活動都需要你結合當前的訊息與你貯存在記憶中的訊息，以致力於達成一些特定目標，即獲致「結論」或「解決方法」。

一、問題解決

「什麼動物在清晨以四隻腳行走，在中午時以兩隻腳行走，到了夜晚卻以三隻腳行走？」

根據希臘神話，這是邪惡的史芬克斯（Sphinx——人頭獅身而具有翅膀的怪物）所提出的謎題。凡是有路人經過他居住之處，他即提出謎題讓他們猜，猜不中即撲殺之。後來，伊迪帕斯（Oedipus）解開了這個謎題，而成為底比斯（Thebes）族人的英雄。想要解開這個謎題，你需要認識它是以暗喻（metaphor）的方式提出。「清晨」、「中午」和「夜晚」所代表的並不是一天之中的三個時候，而是指人們一生中的三個不同時期。嬰兒以雙手和雙膝著地爬行，因此有四隻腳。成年人以兩隻腳行走。老年人則除了雙腳外，再加上一枝拐杖，因此有三隻腳。所以這個謎題的解答是「人類」。

　　問題解決的活動可說是你日常生活的一個基本部分，你每天都需要面對或大或小的許多問題，諸如如何在有限的時間中完成指定的工作或課業；如何在求職面試中有優異表現；以及如何斷絕不良的關係等等。「問題」之所以存在乃是因爲我們目前的狀態與我們所要達成的狀態之間存有距離或差距。問題解決就是設法排除這中間的距離或差距，以達到我們想要的目標。爲了體驗一下問題解決的精神，你不妨先試做圖8-7 的問題。在你完成之後，我們再探討心理學研究如何有助於你的表現。

(一) 問題空間

　　「問題」的正式定義包括了下面這三個要素：⑴ 初始狀態（initial state）——剛接手問題時，你所擁有不完整的訊息或不充足的條件；⑵ 目標狀態（goal state）——你希望取得的訊息或達成的狀態；⑶ 一組操作程序（operations）——你可以採取的步驟，以從初始狀態移到目標狀態（*Newell & Simon, 1972*）。整體而言，這三個部分界定了所謂的問題空間（problem space）。你可以把解決問題視爲是在一個迷津（問題空間）中尋找出路，你經由採取一系列的轉向（合乎規定的操作），以從你目前所在的地方（初始狀態）移動到你想要抵達的地方（目標狀態）。

　　當解決問題時，最初的大部分阻礙是源於有任何上述這些要素沒有被良好界定（*Simon, 1973*）。定義良好的問題（well-defined problem）應該清楚指示它的初始狀態、目標狀態、可以利用的物件或資源、可以使用的操作規則，以及不可違犯的限制等。數學上的問題大多是定義良好的問題。以 $ax + b = c$ 的代數問題而言，「$ax + b = c$」是初始狀態；目標狀態是只有 x 在等號左邊，其他數值在右邊；物件是有關的代數符號；操作規則是各種代數定理；主要限制是只能使用正當代數運作以解決方程式。

　　對照之下，定義不良的問題（ill-defined problem）是其初始狀態、目標狀態、及／或操作規則等模糊不清，或沒有被明確指定。在若干情況下，問題甚至沒有單一的正確解答。例如，房屋的裝潢設計、寫小說，或爲 AIDS 找出治療方法等都是屬於定義不良問題的樣例。當面對這樣問題時，問題解決者的首要工作是儘可能確認問題究竟是什麼——認識清楚當前的處境、最適當的解答，以及各種可能的抵達途徑。只有當預先完成這些工作，讓問題具有較良好定義，我們才能找到有效的操作規則加以解決。

　　隨著我們認識愈多事物、更具有能力，以及更爲了解如何解決問題，對別人來說仍然是定義不良的問題，但我們可能已知道如何明確地界定問題。例如，小學生面對雞兔同籠問題往往不知從何處著手，但國中生學過以某符號來代表未知數的運算方式後，問題就變得很容易解決。

　　在問題解決上，另一個重要因素是找出解決的程序。這可以概分爲兩大類，即定

程式法和捷思法。

定程式法（algorithms）是一種隨機的尋求方式，也就是電腦解決問題的一種方法，它是把所有步驟一步一步全部排列出來，直到找出正確答案為止。例如，你是否忘記過號碼鎖的數字排列？如果你系統化地嘗試每一種排列（諸如 1，2，3；1，2，4；⋯⋯），你絕對可以找出正確的數字組合。這就是定程式法，但是這樣太缺乏效率了。

捷思法（heuristics）是運用問題中的訊息以找出正確或較可能的途徑，也就是利用從過去經驗獲得的一些技巧或規則，將之套用於當前的問題——所以這種認知策略也被稱為是經驗法則（rules of thumb）。我們舉個拼字的例子，你如何把 ENRLA 五個字母組成有意義的單字？如果採用定程式法，你就要排列出 120 種可能的組合方式，這樣顯然太費時了。但如果你運用英文的知識，知道 EA 經常一起出現，然後再把 R 放在 EA 後面，想起有 LEARN 這個單字，很快就找出答案。這就是捷思法，它較有效率，但不保證一定會找到答案。

為了探討問題解決者採取的步驟，研究人員經常採取自語式思維法（think-aloud protocol）。在這種程序中，受試者被要求以「自言自語」方式，說出他們正在進行中的思維（Fox et al., 2011）。研究人員經常利用受試者對自己思維的敘述作為起點，以之探討較為正規的問題解決模式。

(二) 增進你的問題解決

你在日常生活中是不是經常碰到「需要同時考慮太多事情」的困擾。問題解決上的研究也導致大致相同的結論，也就是經常使得問題難以解決的是，你解決特定問題所需的心理能量踰越了你的處理資源（Cho et al; 2007; Kirschner et al., 2011）。為了解決問題，你需要規劃你將要採取的一系列操作程序。假使這一系列程序過於複雜，或假使每項操作本身過於複雜，你可能無法看到你如何從初始狀態直達目標狀態。你如何克服這種潛在的限制呢？

在增進問題解決上，重要步驟之一是找到良好方式來表徵問題，以使每項操作能夠配合你的處理資源。假使你必須經常地解決一些類似的問題，那種你可以採取的一種有效程序是不斷練習該解決方法的每個成分，以便長期下來，這些成分將只需要較少的資源（Kotovsky et al., 1985）。例如，假設你是紐約市的計程車司機，面對每天的交通阻塞。你可以在心理上練習你在該城市各個地點遇到交通阻塞的反應，以便你對整個問題（如何從搭車地點順利抵達目的地）的各個成分擁有現成的解決方法。透過練習這些成分的解決方法，你可以使自己把較多注意力放在安全駕駛上！

但有時候，「找到有效的表徵」意指找到一種全新的思考方式來處理問題（Novick & Bassok, 2005）。考慮下列這個問題：

　　某日日出時，有一位和尚開始爬山，經由一條羊腸小徑到山頂的寺廟朝拜。和尚以不同的速度爬山，沿路停下來休息幾次，且進食自己隨身攜帶的乾果。他正好在日落時分抵達寺廟。在廟內禪修數日之後，他沿著相同路徑下山，也是在日出時出發，以不等速度下山，且幾次略作休息。當然，他下山的平均速度快於他上山的平均速度；不過，他仍然正好在日落時分抵達山下。請證明這位和尚在上山和下山兩段行程中，曾經在一天中的某一相同時間正好都經過山道中的某一點。

　　你如何證明呢？許多人看到「證明」這個字眼，便試圖以數學公式來解決這個問題，但大概很難有太大進展。當思考這個問題時，良好的方式之一是想像有兩位和尚，他們在同一天一位上山，另一位下山，那麼他們必然會在山道中的某一點相遇，也就是在一天中的某一相同時間正好都經過山道中的某一點，如此就獲得證明（參考圖 8-7）。什麼因素使得這個問題突然變得相當容易？關鍵在於表徵這個問題的方式：你應該使用視覺表徵，而不是使用語文表徵或數學表徵。

　　總之，每當你被某問題困住時，你應該問自己，「我如何較有效表徵這個問題？是否有不同或較良好方式使我能夠思考這個問題？或思考它的解答的一些成分？」假使文字無法奏效的話，不妨試一下畫圖的方式。或者，試著檢驗你的假設，然後看看你可以透過怎樣新穎的結合（或聯想）來打破常規。

　　通常，當你試著解決問題時，你需要從事一些特別形式的思考，稱之為推理（reasoning）。我們接下來轉向你用來解決問題的兩種推理，即演繹推理和歸納推理。

圖 8-7　和尚謎題的「證明」

二、演繹推理

假設你正要去餐廳吃飯，你想知道能否使用你身上僅有的一張「美國運通卡」刷卡付費。所以你先撥電話到餐廳問他們：「你們接受美國運通卡嗎？」餐廳的總機小姐回答你：「我們接受市面上所有重要的信用卡。」你於是欣然前往，你知道他們接受美國運通卡。爲什麼呢？我們以三段論法（syllogism，希臘哲學家亞里斯多德於 2,000 多年前最先提出）的結構來重述你所做的推理：

> 前提 1：該餐廳接受所有重要的信用卡。
> 前提 2：美國運通卡是重要的信用卡。
> 結論：該餐廳接受美國運通卡。

亞里斯多德關切的是如何界定陳述（statements）之間的邏輯關係，以便導致「正當有效的」（valid）結論。演繹推理（deductive reasoning）涉及正確應用這樣的邏輯規則。我們舉信用卡的實例是在告訴你，你相當勝任於獲致結論，而這些結論具有邏輯、演繹論證的形式。即使如此，心理學研究的重點是放在這個問題上：你是否確實擁有演繹推理的形式規則表徵在你心中（*Schaeken et al., 2000*）。這方面研究顯示，你可能擁有一些綜合、抽象意味的形式邏輯（formal logic），但是你眞實世界的演繹推理受到兩種因素的影響，一是你所擁有關於這世界的特定知識，另一是你能夠使之與特定推理問題產生關聯的表徵資源（representational resources）。我們進一步檢視這些結論。

知識如何影響演繹推理？考慮下列這個三段論法：

> 前提 1：所有有馬達的用具都需要石油。
> 前提 2：汽車需要石油。
> 結論：汽車具有馬達。

這是一個「正當」的結論嗎？根據邏輯的規則，它不是正當的，因爲前提 1 不是完全正確的，即有些不具馬達的用具也需要石油。因此，儘管在邏輯推理上是不正當的，它不必然在眞實生活中就是「不實的」。但許多人因爲它的結論爲「眞」（true），就誤判它是正當有效的。相較之下，當以「A 事物」這個無意義用語替代原先三段論法中的「汽車」時，卻發現受試者較不可能誤判該結論爲正當的（*Markovitz & Nantel, 1989*）。換句話說，假使你把前提 1 和 2 視爲你所擁有的全部訊息（就如你單純地視這項推理爲形式邏輯的一個練習題，你所會做的那般），你將較不可能犯錯。爲什麼

呢？因爲這避免了你受到特定知識的干擾——你的判斷就較能夠完全依照邏輯進行。

　　這個結果例證了一種普遍的信念偏見效應（belief-bias effect），也就是人們傾向於把他們認爲合意（可信）的那些結論判斷爲正當的，而且把他們認爲不合意（不可信）的那些結論判斷爲不正當的（*Janis & Frick, 1943*）。研究已顯示，因爲人們當面對「可信 vs. 不可信」結論時從事不同類型的處理，這造成了信念偏見的發生。當你看到你相信的某結論時，諸如「汽車具有馬達」，你傾向於從事「證實性」（confirmatory）的檢驗，以至於你在心態上試圖找出一些符合該結論的情況。假使你能夠找到證實性的證據，你就認爲通過了推理。這解釋了爲什麼你不停留久一些，以看看是否有可能（在關於該前提的邏輯結構上）汽車需要石油是基於它具有馬達之外的原因。另一方面，當你看到你不相信的某結論時，你傾向於從事「反駁性」（disconfirmatory）的檢驗，你致力於找出一些使得該結論無效的情況。當你嘗試評估結論的邏輯時，試著不要讓自己產生偏差，無意中偏袒了你預先所持的信念。你也應該提醒自己，不要因爲他人的結論符合我們的心意，因此就放鬆了對它的前提的檢核。

　　在另一些情況下，你應用眞實世界知識的能力協助你在推理作業上有較良好表現。在圖 8-10 上一列的四張卡片中（屬於抽象推理的作業），卡片的正面分別印有 A、D、4 和 7，你的工作是決定你必須翻開哪幾張卡片（以最少次數），以便驗證這個規定：「如果卡片的正面是母音字，那麼卡片的另一面必定是偶數」（*Johnson-Laird & Wason, 1977*）。大多數人表示，他們將會翻 A 和 4 兩張卡片，A 是正確的，但 4 則不正確。沒有必要翻 4 的卡片乃是因爲不管背面是子音字或母音字，都將不會違反規定（因爲並沒有規定子音字背面不可以是偶數）。反而，你應該翻開的是卡片 7 的背面，因爲背面如果是母音字的話，那就違反了規定。

　　這種作業被稱爲「華生挑選作業」（Wason selection task）。最初所得結果（只有 4% 的受試者順利解決該推理作業）使得研究人員大爲懷疑人們有效推理的能力。然而，後繼的研究設法使得受試者能夠應用他們眞實世界的知識於這個作業上，結果大爲改善了這種負面看法（*Holyoak & Spellman, 1993*）。假設你被要求完成一個邏輯上類似的作業，如圖 8-8 下一列的卡片所顯示的。然而，在這個案例上，你所要評估的規定是：「如果顧客飲用含有酒精的飲料，那麼他必定已年滿 18 歲」（*Cheng & Holyoak, 1985*）。現在，你或許較容易看出你應該翻開的正確卡片，那是「17 歲」和「喝啤酒」。假使你檢視圖 8-8，你會發現「7」和「17 歲」具有相同的邏輯功能。你需要翻開「17 歲」跟你需要翻開「7」是基於邏輯上相同的原因。然而，在這個喝酒年齡的問題上，73% 的受試者答對了（*Griggs & Cox, 1982*）。這表示人們日常的推理非常依賴先前的知識和眞實世界的經驗，至於抽象推理的能力則較爲貧乏。

　　這個「年齡與酒精」的樣例來自更普遍的「允許情境」（permission situations）

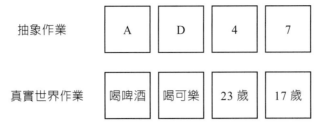

圖 8-8　抽象推理 VS. 真實世界的推理

在上一列卡片中，請以最少翻動次數確認「如果卡片上一面是母音字，那麼另一面必定是偶數」。在下一列卡片中，同樣以最少次數確認「如果一個人喝含有酒精的飲料，那麼他必然已年滿 18 歲」。人們典型地在第二個作業上表現較好──因為他們能夠利用真實世界的知識。

的範疇。如我們在第 7 章提過，你從長期生活經驗中獲致你的各種基模。你已擁有大量關於這類情境的經驗──回想一下有多少次，你的父母提出這樣的條件，「除非你做完你的家庭作業，否則不准看電視。」但你或許從不認為有任何演繹推理涉及這樣的情境！有些研究學者表示，人們根據自己在「允許情境」中的早期生活經驗而登錄了實用推理基模（pragmatic reasoning schema）（*Chao & Cheng, 2000*）。這個基模使得人們能夠對發生在他們環境中的各種允許情境進行有效的推理。因此，關於「年齡與喝酒之間關聯」的真實生活情境使你想起了這個基模；但是關於「偶數與母音字之間關聯」的抽象情境則未引發你的基模。所以，抽象推理作業低估了你從事正確演繹的能力。換句話說，具體事例才使得你能夠應用允許基模──如果你完成了條件 A，那麼你就被允許去做條件 B──以進行理解。

　　需要注意的是，有些研究人員對人類認知採取進化的透視，他們對於「人們如何獲得關於允許的基模」提出了另一種觀點。在翻轉卡片作業的兒童版本中，受試者只有 3 歲大，他們依然能夠順利地推理什麼是規則所允許的，什麼則是規則所不允許的。這個結果說明了，人們關於允許情境的推理可能是天生的（*Cummins, 1996*）。這也就是說，關於決定你的行動是否遵循社會規範，這種能力可能是你繼承而來的，作為你身為高度社會化的人類成員之基因套裝的一部分（*Cummins, 1999*）。

三、歸納推理

　　考慮你透過一組事實所導出的一般性結論：

　　　　前天烏雲密布，結果下雨。

　　　　昨天烏雲密布，結果下雨。

　　　　今天烏雲密布，結果下雨。

　　歸納：天空烏雲密布，就會下雨。

　　這說明歸納推理（inductive reasoning）是透過特定情形以推斷普遍規則的過程。這種推理應用現存的證據以提出可能的結論，但不是必然無疑的結論。換句話說，你的結論是建立在或然性上，而不是建立在邏輯的必然性上。例如，你顯然也曾碰過天空烏雲密布，甚至打雷，你於是帶著雨傘出門，結果卻沒有下雨。因此，歸納的結論永遠無法完全確定，隨後的經驗可能就加以推翻。在日常生活中，我們的決策往往不是演繹推理的結果，而是歸納推理所得來。

　　雖然歸納推理似乎是新出現的名詞，但我們已描述過它的幾個實例。在第 4 和第 7 章中，我們多次提到，人們利用過去的訊息（貯存在基模中）以產生對於現在和未來的預期。例如，假使你斷定空氣中的特定氣味表示有人正在爆玉米花，你就是在應用歸納推理。或者，假使你同意這一書頁上的文字不可能突然消失不見，你也是在應用歸納推理。

　　在真實生活環境中，你的問題解決能力有很大部分是依賴歸納推理。假設你不小心把自己鎖在宿舍房間外，你怎麼辦呢？第一個適當步驟是回想一下，是否有什麼解決方法在過去曾經奏效。這個歷程被稱為類比的問題解決（analogical problem solving），也就是你在當前情境的特徵與先前情境的特徵之間建立起類推關係（*Christensen & Schunn, 2007; Lee & Holyoak, 2008*）。在這個案例上，你過去「被鎖在門外」的經驗可能已使得你建立起類推（generalization，或概判）——「找那些也持有鑰匙的人們」（*Ross & Kennedy, 1990*）。當懷有這樣的概判，你就可以開始設想什麼人也持有鑰匙，以及如何找到他們。如果你認為這個問題似乎太容易，那是因為你已習慣於讓你的過去提供訊息（inform）給你的現在：歸納推理使你能夠提取經過考驗的有效方法，以加速當前的問題解決。

　　在歸納推理方面，我們需要提醒你的是，人們往往傾向於重複採用先前成功的解題經驗來解決新問題，而不管過去的解法在目前是否恰當，或是否已有更具效率的新方法，這就是所謂的心向（mental set）。在和尚上下山的問題上，許多人答不出來是因為過去解決類似問題都是利用數學公式，所以他們的思考一直繞著找出山道中的一點打轉，殊不知問題中並未要求你指出哪一點。無法突破這種心向，你將難以解決該問題。

　　「心向」是指個體預存的心理狀態、習慣或態度，它在某些情況下能夠增進知覺和問題解決的素質及速度。然而，同樣的心向有時候可能壓抑或扭曲你的心理活動的素質——當舊式的思維和行動在新的情境中不具建設性時。

　　當你發現自己在問題解決情境中受挫時，你可以稍退一步，然後問自己：「我是否正使得過去的成果太窄化了我的焦點？」試著使你的問題解決較具創造性——透過

考慮更寬廣層面的過去情境和先前的解決方式。

最後，PET 掃描已顯示，受試者在執行演繹推理和歸納推理這兩種作業時，他們大腦活化的型態有很大差別。更具體而言，演繹推理引起大腦右半球較大的活化；歸納推理則引起大腦左半球較大的活化（*Parsons & Osherson, 2001*）。如何合理說明這項結果？我們在第 3 章提過，你的左半球在語言處理上扮演主要角色，至於你的右半球則否。這項關於推理的研究結果說明了，演繹推理所涉及的這種邏輯分析相對上獨立於語言。至於歸納推理則需要以語言為基礎的理解和推斷歷程。

第五節　判斷與決策

你居住在一個充滿「不確定性」（uncertainty）的世界中。因為你只能揣測未來，且因為你幾乎從不曾充分認識你的過去，所以你很少能夠完全確定你已做了正確的判斷或決定。因此，判斷和決策的歷程必須以某種方式運作，以使你能夠有效率地處理不確定性。如 Herbert Simon（認知心理學的創立者之一）所指出的，因為「當相較於人類所居住環境的複雜度，人類的思考力量應該懂得謙遜」，所以人們必須滿足於為他們的問題找到「適度良好」（good enough）的解決方法，以及採取「適度良好」的行動過程（*1979, p.3*）。有鑑於此，Simon 表示，思考歷程受到有限度理性（bounded rationality）的引導。你的判斷或決定可能無法始終保持良好或合乎理性，但你應該能夠了解，它們是如何源於在需要迅速行動的情境中，你只能運用有限的資源。

我們先對判斷和決策這兩個歷程作個區別。判斷（judgment）是指你基於所得訊息而對一些事件及人們形成意見、獲致結論，以及從事批判性評價的歷程。你通常自發地從事判斷，不必他人的催促或提醒。決策（decision making）則是指在多個選項之間從事選擇的歷程，也就是在既存的一些途徑或方案之間作個取捨。判斷與決策是交互關聯的歷程。例如，你可能在晚宴上遇見某個人，經過簡短的交談和共舞後，你「判斷」這個人聰明、有趣、誠實及正直。然後，你可能「決定」在晚宴的後半段時間都維持在這個人身邊，且設法安排下週末跟他約會；決策跟個人行動有較密切關聯。

一、捷思法與判斷

你如何做出最佳判斷？假使有人問你是否喜歡某部電影。為了回答這個問題，你可以設計一份表格，一欄供你填寫「我喜歡這部電影的什麼東西」，另一欄則是填寫「我不喜歡這部電影的什麼東西」，然後看看哪一欄所填寫的事項較長些。或者，為

了更準確些，你還可以根據每個事項（如「主角的演技」）的重要性對之進行加權。假使你完成這整套程序，你或許會對自己的判斷相當有信心。但你也知道，你幾乎很少從事這樣的分析工作。

在真實生活環境中，你必須頻繁而快速地從事判斷，你通常沒有足夠時間，也沒有足夠訊息以採取這樣的正式程序。那麼你有其他方法嗎？Amos Tversky 和 Daniel Kahneman 開創了這方面的研究，他們指出人們的判斷所依賴的是捷思法（heuristics），而不是依賴正式的分析法。如我們在問題解決的討論中提到的，捷思法是非正式的一些經驗法則（rules of thumb），它們提供你心理捷徑，以降低從事判斷的複雜性，且有助於提高你思考歷程的效率。在 Tversky 和 Kahneman（他們從事許多判斷與決策的認知心理學研究，後者還榮獲 2002 年的諾貝爾經濟學獎）的領導下，研究學者表示，人類已演化出適應工具箱（adaptive toolbox）——從事判斷之一整套「快速而節儉」（fast and frugal）的捷思法（*Gigerenzer & Gaissmaier, 2011*）。這表示個體在擁有有限資源（節儉）的情況下，迅速地（快速）做出正確判斷的能力是適應性的——該能力具有生存的價值。我們接下來討論三種捷思法：便利性、代表性及定錨捷思法。

(一) 便利性捷思法（availability heuristic）

我們估計事件的可能性受到它的例證是否能夠輕易浮上心頭所影響，這稱為便利性捷思法。例如，你不妨先作個簡單判斷：如果我們從某本書中隨機摘錄一段文章，你認為這段文章中，以 k 為首的單字（如 kangaroo）和以 k 為第三個字母的單字（如 duke）何者較多呢？如果你一如 Tversky 和 Kahneman（1973）研究中的受試者，你可能也會判斷 k 較常出現在字首，較少出現在單字的第三個位置。但事實上，k 出現在第三個字母的次數約為出現在字首的兩倍。

為什麼大多數人會誤判呢？這個答案與記憶中訊息的便利性有關。換句話說，你較容易想起以 k 為字首的單字——相較於想起 k 居於第三位置的單字。因此，你的判斷源於你利用了便利性捷思法：你的判斷是建立在你從記憶中較迅速而容易取得的訊息上。這種捷思法合情合理，因為大部分時候從記憶中取得的訊息將可導致準確的判斷。例如，如果你判斷保齡球比起高空滑翔是較不危險的運動，這便是便利性捷思法在發揮良好作用。但是當記憶歷程所產生的是有所偏差的訊息樣本時，或是當你貯存在記憶中的訊息不準確時，你在這些情況下採用便利性捷思法將會產生麻煩。

我們對生活事件的估計也常發生這種情形。研究人員讓受試者估計 41 種死亡原因的或然率，包括疾病、謀殺、意外事件、自殺、天然災害等。結果發現大多數人過度高估意外事件、癌症、龍捲風等死亡原因，主要是因為這些事件較常被媒體報導。但事實上，像中風、糖尿病及心臟病等實際奪走更多人命，只因為較少被報導，就被

過分低估。這種情形便是因為媒體的大幅報導，加深人們印象，使得人們較容易提取這部分訊息所致。你是不是認為外勞經常鬧事？你是不是認為精神病患經常無故傷人？這大致上也是基於同一原因。

再舉另一個例子。考慮人們對各個國家的人口所做的判斷（*Brown & Siegler, 1992*）。例如，看看你能否依序排列這四個國家，從人口最少排到人口最多？

    a. 瑞典
    b. 印尼
    c. 以色列
    d. 奈及利亞

研究人員預測，受試者將會依據他們對各個國家的普遍認識程度來估計人口數。因此，他們要求受試者在一份從 0（毫無所悉）到 9（極為熟悉）的量表上評定他們對 98 個國家的認識程度，而且大略估計每個國家的人口數。研究結果顯示，這兩項判斷之間存在頗高的正相關。換句話說，一般而言，受試者愈是認識某國家，他對這個國家人口數的估計值將愈高。但受試者的認識源自何處呢？研究人員也發現，受試者所評定對各個國家的認識與這個國家於該年度在《紐約時報》評論中被提到的次數之間存在頗高的相關。

事實上，上述四個國家的實際人口數（根據 1990 年的統計值）是瑞典 800 萬人口，印尼 1 億 8,000 萬人口，以色列不到 500 萬人口，奈及利亞則是 1 億 1,000 萬人口。這跟你的估計值是否有很大落差呢？

如果你答錯了，你沒必要為自己的認知歷程感到沮喪，因為媒體提供你的是有瑕疵的基本資料。即使如此，你仍可對抗這種便利性的效應，實際做法是在從事重要判斷之前，務必先檢驗你的訊息來源。

(二) 代表性捷思法（representativeness heuristic）

當估計某事件的可能性時，個人可能受到衡量它與母群體之基本特性的相似度所影響，這稱為代表性捷思法。代表性捷思法反映了實際生活的一個基本層面，即人們利用過去訊息以對當前的類似情況進行判斷——這也正是歸納推理的本質所在。在大部分情況下，依循「相似性」的路線進行判斷是相當合理的。因此，如果你正決定是否開始著手一項新活動，像是高空滑翔，那麼你根據該運動在你過去所喜愛的活動類別中具有多大代表性以進行判斷，這將是很合理的方法。然而，當代表性捷思法使得你忽略了另一些類型的相關訊息時，它將導致你發生差錯。例如，考慮這個問題：

　　Jack，45 歲，已婚，有四個孩子。一般而言，他顯得木訥、保守、謹慎、有進取心。他對社會、政治議題沒有任何興趣。他把大部分休閒時間花在一些嗜好上，像是家庭木工、駕船及解答數學謎題。（*Kahneman & Tversky, 1973*）

　　第一組受試者被告知，這份描述是從 70 位工程師和 30 位律師組成的樣本中隨機抽取的。受試者然後被要求判斷 Jack 是一位工程師的可能性有多高。第二組受試者則被告知，這份描述是從 70 位律師和 30 位工程師組成的樣本中隨機抽取的，同樣也被要求判斷 Jack 是工程師的或然率。

　　實驗結果顯示，兩組受試者都認為 Jack 是工程師的或然率達 90% 以上。他們顯然認為 Jack 的嗜好和興趣較像是工程師，而不是律師。因此，第二組受試者即使知道工程師在該樣本中只占有 30% 的比例，但還是對這份統計訊息置之不顧，所考慮的只是代表性的問題。換句話說，受試者因為發現這份人格描述符合他們對工程師的刻板印象，就將之歸屬於工程師的分類，沒有考慮工程師在該樣本中所占的比例。這表示我們經常忽略了（或是未充分利用到）「基礎率」（base rate）的訊息，因而容易發生差錯。事實上，基礎率的訊息要比代表性的訊息更值得信賴。

　　讓我們再檢視另一個代表性的例子。假設你被提供機會玩「樂透」的遊戲。為了贏錢，你選定的三個數字必須在順序上完全符合主辦當局所開出的號碼（即三星彩）。現在，下列這些號碼中，你認為自己最可能押注在哪一個號碼上？

859	101	333
574	948	772

　　我們在這個問題上真正想問的是，這些號碼中你認為何者是贏走這類樂透彩金最具代表性的號碼？如果你像大多數客串性質的賭徒那樣，你將會避免選擇有重複數字的號碼──因為這些號碼似乎不能代表開獎的「隨機」程度。但事實上，三個數字的號碼中（每個數字都是從 0 到 9 的彩球中隨機抽取），將會出現重複數字的機率是 27%。儘管如此，在印第安納州每隔 15 天開出的「挑三個數字彩票」中，只有 12.6% 的賭徒把賭注押在有重複數字的號碼上（*Holtgraves & Skeel, 1992*）。一般而言，你應該注重的是大多數賭博情境被建構的方式，但你往往更常被代表性所牽引，所以你將選擇看起來較可能獲勝的選項，而沒有仔細考慮勝負的統計機率。在一般人的觀念中，「隨機」就是不規則或混亂的意思，所以他們傾向於選擇三個數字都不同的號碼，但其實每個數字的抽取都是獨立事件，彼此互不干涉。

(三) 定錨捷思法 (anchoring heuristic)

為了介紹這種捷思法,你不妨先嘗試下列的思考實驗,首先花 5 秒鐘估計下列的乘式,然後寫下你的答案:

$$1 \times 2 \times 3 \times 4 \times 5 \times 6 \times 7 \times 8 = \underline{\qquad\qquad}$$

只有 5 秒鐘,你大概只能完成前幾項運算,得一個局部答案,或許 24,然後據以向上調整。現在,再試算這列乘式,同樣是 5 秒鐘:

$$8 \times 7 \times 6 \times 5 \times 4 \times 3 \times 2 \times 1 = \underline{\qquad\qquad}$$

即使你注意到這是同樣的一列乘式,只是倒轉過來而已,你仍可看到,運算這樣的乘式如何使你有相當不同的感受。你首先運算 $8 \times 7 = 56$,然後嘗試 56×6,這時候時間已到了,但你覺得數目相當大。再次地,你只能得局部答案,然後適度向上調整。當 Tversky 和 Kahneman(1974)要求受試者回答這個相同問題的兩種排列時,從「1 到 8」的排列所得估計值的中數(median)是 512,但「從 8 到 1」所得估計值的中數是 2,250(真正答案是 40,320)。顯然,當受試者根據 5 秒鐘期間所得的局部答案向上調整時,假使局部答案的數值愈大,他們最後的估計值也將愈大。

人們的這種表現稱為定錨偏誤(anchoring bias),它是指當判斷一些事件或結果的機率值時,你根據初始的數值所做的調整(不論是向上或向下調整)往往不充分,以至於產生了偏誤。換句話說,你的判斷太堅定地「定錨」於最初的估計值。當最初的推測是由準確的訊息所組成時,運用定錨捷思法使你不用花費太多心力。然而,人們傾向於太容易受到定錨的影響,即使當該訊息很清楚不具有效益時。「第一印象」(first impression)即為一例;當第一印象不佳時,往往需要日後許多良性的接觸才能矯正過來。

在另一項研究中,有些學生被問到,他們認為發生核戰的可能性是高於或低於 1%,這些學生後來設定的可能性平均值是 10%。另有些學生則是先被問到,他們認為核戰的可能性是高於或低於 90%,結果這些學生提出的估計值平均是 26%。你是否看出,假使有策略地使用定錨法的話,這將會如何影響大眾意見?在日常生活中,當推銷員試圖說服你購買產品時,他們就經常利用定錨法。例如,假設你正在考慮是不是要買一台新的立體音響,推銷員可能會說,「你可能認為你這下子要花上美金 1,000 元或 2,000 元,對不對?」一旦你被定錨在那個高價位上,當他說實際價錢只要美金 599 元時,你就會覺得那似乎很划算。

這在真實生活中的意味是，當你必須根據任何他人提供的估計來從事判斷時，你務必保持戒慎。在你可能定錨於該估計之前，試著檢驗它的基礎，以避免不當的定錨效應。

二、決策心理學

你的生活充滿了各種決定，包括重大決定（「我應該跟這個人共度一生嗎？」）和輕微決定（「我應該搭計程車或搭捷運前往？」）。我們在這裡將探討決策（decision making）的一些重要心理層面。你將看到，問題被陳述及表達的方式可能對你的決策產生重大影響。此外，你也將看到，你的決定如何受到你所預期和你所體驗的後果二者的影響。

(一) 決定的架構方式

當從事決策時，最自然的方式之一是判斷哪種選擇將可帶來最大獲益，或哪種選擇只會造成最小損失。因此，如果有人答應給你台幣 500 元或 1,000 元，你當然確定 1,000 元是較好的選擇。但問題不會都是這麼簡單。你對獲益或損失的感受通常取決於這個決定被「架構」的方式。架構（frame）是指對選擇的特定描述。例如，你的經理告訴你，你將被每月加薪台幣 1,000 元，你覺得快樂嗎？如果你完全沒有預期將會被加薪，這似乎是不錯的獲益，你將感到高興。但假設你已被告訴好幾次，你可以預期將會每月被加薪 10,000 元。現在，你的感受如何呢？突然之間，你可能覺得自己像是丟了錢，因為 1,000 元遠少於你的預期，你一點也高興不起來！客觀而言，你在這兩種情況中的境遇完全相同（都是加薪 1,000 元），但是其心理效應卻非常不同。這就是為什麼參照點（reference points）在決策上相當重要（*Kahneman, 1992*）。所謂的獲益或損失沒有絕對的標準，將是部分地取決於決策者所參考的預期。

我們再看一個稍微複雜些的例子，它的架構方式對人們的決策造成相當大的衝擊。在表 8-1 中，你被要求在肺癌的手術治療與放射治療之間作個選擇。首先閱讀「生存架構」的呈現方式，你會選擇什麼治療法？然後閱讀「死亡架構」的呈現方式，你是否覺得想要改變原先的選擇？需要注意的是，就客觀而言，這兩種架構所供應的資料是相同的，唯一的差異是一種是從「存活率」的角度呈現關於每種治療結果的統計資料，另一種是從「死亡率」的角度呈現。當這樣的決策呈現給受試者時，問題陳述中關於相對獲益和損失的強調重大影響了受試者對治療的選擇。當呈現「生存架構」時，只有 18% 的受試者選擇放射治療；但是當呈現「死亡架構」時，有 44% 的受試者選擇放射治療。你或許認為這種效應只發生在一般人身上，但是研究人員各以一組臨床病人、精於統計的商學院大學生，以及資深的醫師為測試對象，發現這樣

的效應依然不悖（*McNeil et al., 1982*）。

　　現在，你已知道架構方式，你應該開始在你日常生活中尋找一些實例。當人們正試圖使得你購買他們產品時，你特別可能遇到這樣的情況。考慮一項研究，它檢視人們在購買豬肉時如何選定肉販。

　　　　受試者在實驗中閱讀一份簡短的說明書，描述鄰近地區的兩位肉販（*Keren, 2007*）。A 肉販宣傳他的豬肉有 25% 肥肉；B 肉販宣傳他的豬肉有 75% 瘦肉。受試者想像他們正在籌備一場大型烤肉晚會，而有必要從這兩位肉販之一購買肉品。他們會選擇哪一位？大多數受試者（82%）選定 B 肉販。你或許能夠看出為什麼：75% 瘦肉的肉品聽起來遠為有益健康。當然，兩位肉販實際上供應的是相同的產品（因為 75% 瘦肉的肉品勢必有 25% 肥肉）。儘管這麼簡單的數學，架構方式產生重大衝擊。現在，考慮第二組受試者所做的判斷：他們被要求指出兩位肉販中，他們會較為信任哪一位。在「信任」的判斷上，受試者的選擇倒轉過來：大多數人（73%）表示，他們較為信任願意表明自己肉品有多少肥肉的肉販！

　　這項實驗說明，相同的架構方式可能對不同的判斷產生相反的影響。你認為肉販在哪種情況下會較為快樂，是被他的消費者所信任？抑或賣出他的產品？隨著你思考真實世界中的架構方式，你應該考慮人們正試圖影響你的什麼判斷。

　　這些結果應該鼓勵你，當從事重要決定時，不妨試著從「獲益架構」和「損失架構」兩種角度加以思考。例如，假設你想要買一輛新車。推銷員將傾向於從獲益的角度敘述每一件事情：「78% 的 Xenons 汽車在第一年不需要進廠修理」。作為一位聰明

表 8-1　架構的效應

生存架構
手術治療：100 個接受手術治療的病人中，手術完後有 90 個人可以存活下來，有 68 個人可以活過第 1 年，有 34 個人可以活過第 5 年。
放射治療：100 個接受放射治療的病人中，所有人在治療後都存活下來，有 77 個人可以活過第 1 年，有 22 個人活過第 5 年。
你選擇什麼治療法：手術治療或放射治療？

死亡架構
手術治療：100 個接受手術治療的病人中，有 10 個人於手術時或手術後死亡，有 32 個人於手術後的第 1 年死亡，有 66 個人於手術後的 5 年內死亡。
放射治療：100 個接受放射治療的病人中，沒有人於治療期間死亡，有 23 個人於治療後的第 1 年死亡，有 78 個人於治療後的 5 年內死亡。
你選擇什麼治療法：手術治療或放射治療？

的消費者，你應該把它重新敘述為：「22% 的 Xenons 汽車在第一年需要進廠做一些修理」。這樣的重述方式是否改變了你對該情境的觀感？這種訓練值得你在真實生活中嘗試一下。

因此，下一次選舉，當候選人為了包裝自己的議題而說，「我相信我們應該堅持一直以來都帶領我們渡過困境的這些政策」時，你應該反問，「他是不是害怕新觀念？」當候選人說，「這個政策將會帶來經濟成長」時，你應該反問，「該政策是否將會造成環境破壞？」通常，這兩種聲稱都是正確的——同樣的政策經常將會帶來經濟利益和環境危害二者。就這個角度而言，哪種架構似乎較具說服力，這可能大致上是個人生活史的事情（*Tversky & Kahneman, 1981; Vaughan & Seifert, 1992*）。因此，你關於架構效應的認識可以協助你理解，當人們面對完全相同的證據時，如何可能獲致如此不同的決定。假使你想要了解他人的一些行動，試著考慮這些人如何架構他們的決定。

(二) 決策的後果

當你從事決策之後，接下來會發生什麼？最好的可能情況是，一切都進展順利，而你不用再回顧當初的決定。然而，如你可能知道，不是所有決定都會產生最佳的可能結果。當決定變成很差勁時，你可能會感到後悔（regret）。研究已顯示，在所有範疇中，人們表達最大後悔（遺憾）的是他們關於自己教育和生涯的決定（*Roese & Summerville, 2005*）。為了解釋這項發現，研究人員指出一個事實，即這兩個領域提供了特別廣大範圍的機會：你有許多方式追求教育，你也可以投向許多生涯（careers）。這般機會使得人們很容易提問：「我是否做了正確的決定？」

當某一決定所帶來的成本（代價）很清楚時，人們也會感到較為悔恨（*van Dijk & Zeelenberg, 2005*）。想像一下在猜謎節目中，當競賽者必須在 A 箱子與 B 箱子間作個選擇時。如果競賽者選定的箱子中只有 1,000 元，而不是 100,000 元，你很容易理解他為什麼會感到後悔。生命中的一些決定就像是猜謎遊戲。你有蘋果派，而你的朋友有胡桃派。在你各自嚐了一口後，你知道你做了錯誤的決定。你感到後悔，因為你清楚了解你所放棄的東西。在另一些情況下，你只是模糊地領會你的決策的後果。如果你選定獅子狗作為寵物，你從不會清楚知道，假如你選的是牛頭犬的話，你的生活將會有多大差別。在這類處境中，你將較不可能感到後悔。

再提一項觀察：不是所有決策者是天生一樣。假設你到錄影帶出租店挑選一片 DVD，以供你度過週末夜晚。如果你是一位滿意者（satisficer），你可能會瀏覽那些 DVD，直到你找到一片，而它引起你足夠的興趣。如果你是一位極大化者（maximizer），你可能會瀏覽所有的 DVD，直到你確信你找到的正是最好的一部影片。研究已顯示，世界上有「滿意者」和「極大化者」這兩個類型的人，而決策的風格會產生重要的後果（*Parker et al., 2007; Schwartz et al., 2002*）。

　　一項研究追蹤來自 11 所大學的一組 548 位學生，他們正要進入工作市場（*Iyengar et al., 2006*）。學生們填寫一份問卷，以揭示他們是滿意者或極大化者的程度：他們指出自己是否同意這樣的陳述——「當購物時，爲了找到我眞正喜愛的衣物，那眞是很辛苦的事情。」研究人員在學生塡完初始問卷的 3 個月後和 6 個月後，再度跟他們接觸，那時候學生們正在進行面談，然後接受工作。研究人員收集各種資料以判定學生們對該過程有怎樣的感受。所得資料顯現清楚的型態：極大化者所接受的工作，平均而言被提供 20% 較高的薪水——但他們是悲慘的。如研究人員所敘述的，「儘管他們相對的成就，極大化者較不滿意工作尋求的結果，他們在整個過程中較爲悲觀、壓迫、疲倦、焦慮、煩惱、慌張及抑鬱」（*Iyengar et al., 2006, P. 147*）。追求難以捉摸的「最佳」結果爲極大化者帶來了大量的心理負擔。

我們認爲大部分人喜歡擁有良好的工作，但不用把自己搞得那麼悲慘。隨著你著手你自己的工作尋求，你不妨回想一下極大化者與滿意者之間的這項差別——考慮你如何能夠獲致一個決定，以提供你的生活一種平衡感。

第九章

智力與智力評鑑

根據估計，目前商業機構發行的心理測驗大約超過 2,500 種，它們針對於測量各式各樣的心理能力、學業成就、職業興趣、人格及心理疾患。許多心理學家花費大量時間於心理測驗（psychological test）的編製、評鑑、施行及解讀上。心理測驗在美國已成為一項龐大企業。在現代社會中，每個人只要就讀學校、應徵工作、加入軍事機構，或住進心理健康中心，幾乎沒有不曾接受過若干性質的心理測驗。

這一章中，我們將檢視智力評鑑的基礎和應用。我們將回顧心理學家在智力領域之個別差異（individual differences）的理解上做出的一些貢獻。我們也將討論當人們開始解讀這些差異時，幾乎不可避免會產生的各種爭議。我們的重點將放在：智力測驗如何運作、什麼因素使得任何測驗發生效益，以及為什麼它們有時候不能達成預定的目的。最後，我們將提供你個人建議——透過考慮心理評鑑在社會中的角色。

第一節　何謂評鑑？

心理評鑑（psychological assessment）是指運用特殊化的測驗程序以評定人們的各種能力、行為及個人特質。心理評鑑通常也被稱為「個別差異」的測量，這是因為大多數測驗涉及描述個人在特定維度上如何不同於（或類似於）他人。

一、評鑑的歷史

在西方心理學中，正式測驗和評鑑程序的發展是相當近代的事情，直到 1900 年代早期才被廣泛應用。然而，早在西方心理學開始設計各種測驗以評估人們之前，評鑑技術和制度在古代中國早已是司空見慣的事情。事實上，中國在 4,000 年前開始採用一套複雜的文官考核制度。當時的官吏每隔三年都需要接受一場口試，以證明自己有良好的行政能力。2,000 年後，在漢朝時期，政府開始以紙筆測驗來評估能力，從而甄選法律、軍事、農業及地理等領域中的人才來擔任官員。到了明朝的時候（A. D. 1368-1644），政府根據一套客觀的甄選程序（科舉制度）分三個階段以選拔人才。第一個階段的甄試是在各個縣城舉行，大約只有 4% 的應試者可以通過這些測試。這些人接著前往京城參加一場九天九夜的論文考試，這是第二階段的甄試，大約只有 5% 的應試者可以通過。在最後階段中，這些通過論文考試的人才參加所謂的「殿試」，以決定最後的名次。

1800 年代早期，英國的外交官員和傳教士在中國觀察到這套選拔人才的制度。不久，這套制度的修訂版就被英國所採用，隨後又傳到美國，作為政府機構人事甄選

之用（*Wiggins, 1973*）。

在西方社會，英國人高爾頓（Sir Francis Galton, 1822-1911）開啓了智力測驗的新紀元。高爾頓是當時著名生物學家達爾文（Charles Darwin）的表弟，他試著應用達爾文的進化論於人類能力的研究上，他感興趣的是人們的能力「如何」及「爲什麼」有所差異。在智力評鑑上，高爾頓最先提出四個重要觀念。首先，智力差異可以根據智力程度加以「量化」（quantifiable）；換句話說，我們可以指定各個數值以辨別不同人們的智力水平。第二，人們在智力上的差異形成一種鐘形曲線（bell-shaped curve），或稱爲常態分配（normal distribution）；在鐘形曲線上，大多數人的分數聚集在中間地帶，只有極少數人位於曲線的兩端，這些人通常被稱爲天才或心智缺陷。第三，智力可以經由客觀測驗而測量出來。第四，兩組測驗分數之間的關聯程度可以經由一種稱爲「相關法」的統計程序加以決定。這些觀念已被證實具有持久的價值。

不幸的，高爾頓所主張的另一些觀念卻被證實有很大的爭議性。例如，他相信天才是遺傳的。根據他的說法，才能（talent）或高尚（eminence）在家族中流傳；後天對智力只有極輕微的影響，他相信智力與達爾文學說所謂物種的「適者生存」有關，且最終也跟個人的道德價值（moral worth）有關。高爾頓試圖根據人們遺傳上優劣的觀念以推動公共政策。他推展所謂的優生學（eugenics）運動，也就是提倡以進化論的觀念來增進人類品質，實際做法是鼓勵生物上優異的人們交互繁殖，同時防止生物上低劣的人們產下子女。

這些有爭議的觀念後來受到許多人的贊同及擴展，這些人強力主張智力優異的種族應該繁殖下去，甚至不惜犧牲智力低劣的種族作爲代價。這些觀念的擁護者包括美國心理學家 Goddard 和 Terman（我們稍後將會評閱他們的理論），另外當然也包括納粹獨裁者希特勒（Adolf Hitler）。我們在本章稍後也將看到，這些精英分子（elitist）觀念的殘餘在今日仍然爲一些人所倡議。

二、正式評鑑的基本特徵

爲了有效把人們分類，或是爲了挑選具有特定特質的人們，正式評鑑（formal assessment）的程序應該符合三個條件，即評鑑工具必須是：(1) 可信賴的；(2) 有效力的；及 (3) 標準化的。假使它無法符合這些條件，我們不能確定評鑑的結論是否可被信任。雖然這一章強調的是智力評鑑，但正式評鑑的程序適用於所有類型的心理測驗。

(一) 信度

信度（reliability）是指評鑑工具在產生一致的分數上可被信任的程度，也就是

就測驗所得分數的可靠性或穩定性。當我們使用某測量工具以度量「人」或「物」的某特性時，如果所測結果具有相當程度的穩定性，這種工具才是可信賴的。例如，你買來一台磅秤（體重計），但是你每次站上去時，磅秤的讀數都不一致，有時高有時低；甚至你在兩次測量之間只有很短間隔，這中間你既未進食，也未添加衣物，但磅秤的指數依然相差很大時，這種測量工具就不具有信度，你將不會信賴它。

各種測驗的信度都是以兩個變項分數之間的相關係數加以表示。最常用來求取測驗信度的方法有下列三種：

重測信度（test-retest reliability）。同一種測驗在前後兩次不同時間中對同一群受試者施測，再以兩次測驗所得分數求其相關，所得相關係數即為重測信度係數。採用重測法時，兩次施測的時間間隔最好不要太久，否則身心的變化、學習經驗的累積，以及遺忘等因素可能影響重測分數。但另一方面，間隔太短的話，受試者將容易受到記憶和練習因素的影響。一般而言，重測法較適用於速度測驗，較不適用於難度測驗。隨著相關係數愈高（趨近於理想的 +1.00），該測驗就愈值得信賴。

複本信度（alternate-forms 或 parallel forms reliability）。當編製測驗時，同時編製具有類似性質及內容的兩份測驗，然後以這兩個複本交替施測，再根據受試者在兩個複本測驗上的分數求其相關，所得即為複本信度係數。複本信度可以同時施測，不受練習和記憶因素的影響；也可用來從事追蹤研究。此外，複本也可以減少作弊，防止受試者為了想在前後兩次測驗中顯現一致而產生的不當影響。可信賴的測驗應該在測驗的複本上取得相近的分數。

折半信度（spilt-half reliability）。折半法是把受試者的測驗結果，依據題號（即按照題號分為奇數和偶數兩組）分為兩半來計算分數，再依個人在兩半測驗上的得分求其相關，所得即為折半信度係數。折半信度係數因為是在測量測驗題目的一致性，而不是測量分數的時間穩定性，所以又被稱為內部一致性係數（coefficient of internal consistency）。當測驗只能施行一次而且沒有複本時，就可以採用折半法求取信度係數。

(二) 效度

效度（validity）是指一份測驗能夠測量到它想要測量之特質的程度。一份測驗的效度愈高，就表示該測驗愈能達到它測量的目的。例如，智力測驗就應該真正是在反映智力程度，以之來測量興趣，便沒有效度可言。一般而言，效度反映了該測驗準確預測一些行為或結果（與該測驗的目的或設計有關的行為或結果）的能力。

評定測驗效度的方法，通常是以一群人在某測驗上的得分與另一個效度標準（validity criterion，簡稱效標）求取相關，所得相關係數即為該測驗的效度係數。所謂的效標則是指能夠代表該測驗所想測量之特質的某些東西。隨著採用效標的不同，

我們大致可以把效度分爲以下幾種：

內容效度（content validity）。內容效度是指對測驗內容進行有系統的審查，以決定該測驗是否涵蓋了想要測量之行爲範圍的代表性樣本。換句話說，這也就是指測驗題目是否包括有我們想要測量的行爲。內容效度主要用於成就測驗上。

表面效度（face validity）。表面效度是指某測驗就表面上看來，受試者認爲它是在測量什麼的有效程度。當測驗題目似乎與所感興趣的屬性有直接關聯時，該測驗就具有表面效度。嚴格而言，表面效度不能算是一種效度，但每一種測驗都應該具有表面效度，這樣當施測時，才較可能獲得受試者的信任和合作。

同時效度（concurrent validity）。同時效度是指測驗分數與現有效標之間相關的高低。假使相關頗高，這就表示該測驗確實可以估計受試者在某作業上的能力。例如，以一份高中數學成就測驗施測於具有代表性的一群學生，然後拿所得分數與這群學生的在校數學成績（現有的效標）求取相關，如果達到統計上的顯著水準，便表示該份數學測驗的同時效度頗高。大部分測驗手冊裡所指的效度，便是屬於同時效度。

效標關聯效度（criterion-related ralidity）。我們先對受試者實施一份測驗，然後把所得分數與他們日後在學業、工作或生活適應等有關方面的行爲表現進行比較，兩者之間相關的程度便稱爲效標效度。例如，假使大學聯考分數愈高的學生，他們進入大學後的成績（作爲效標）也愈高的話，這就表示大學聯考測驗具有良好的效標關聯效度。效標關聯效度也被稱爲預測效度（predictive validity）。因爲一旦評鑑工具的效標效度已被證實，研究人員才覺得較有信心利用該工具以從事未來的預測。

構念效度（construct validity）。構念效度是指測驗題目的選擇具有理論上的依據的程度。例如，假使我們想要測量憂鬱，那麼我們應該問：⑴憂鬱究竟是怎樣的特質或特性（構念）？ ⑵測驗題目究竟測量了這樣的構念沒有？因此，構念效度也是內容效度的一種，只是內容是以理論爲依據而已。假使一份憂鬱測驗所得分數與界定憂鬱構念的一些特質的有效量數之間具有高度相關的話，我們便說這份測驗具有構念效度。此外，這份測驗不應該跟落在憂鬱構念之外的特質顯現關係。

考慮一下效度與信度之間的關係。如前所述，信度測量的是某測驗與它自身相關的程度（在不同時間施測，或採用不同題目）。至於效度測量的是某測驗與若干外在事物（另一份測驗、某行爲效標，或教師的評定）相關的程度。通常，一份測驗不可信賴（缺乏信度）的話，它也將是無效的（缺乏效度）──因爲該測驗無法預測自己的話，它也將無法預測其他任何事情。另一方面，即使某測驗具有很高的信度，它也未必就具有效度。例如，假設我們決定利用你的成年身高作爲智力的測量。你可以看出，這個數值是可靠的，但卻是無效的。

(三) 標準化與常模

測驗想要成為有用的工具，就必須先標準化（standardization）。標準化是指測驗過程、測驗情境及測驗記分等方面都必須維持一致，才能獲得真實的測驗結果。為了使測驗情境達到一致性，主試者本身的因素相當重要。在標準化的測驗中，施測材料、程序及答題時間等都有一定的規格和限制。此外，施測之時，主試者唸指導語的聲音高低、說話速度、臉部表情及對發問的處理方式等都可能會影響測驗結果。因此，主試者每次施測時應該維持完全一致的測驗程序，避免無意中對受試者產生暗示作用，因而影響了測驗的準確性。

測驗標準化的另一個重要步驟是建立常模（norm）。心理測驗不像一般學科測驗都以 100 分為滿分。因此，個人在心理測驗中拿到的原始分數本身不具任何實質意義，唯有把它與其他受試者的分數互相比較，才能顯現意義。例如，你在一份測量你的憂鬱程度的測驗上拿到 18 分。這代表什麼意思？你是稍微憂鬱、全無憂鬱，抑或一般憂鬱呢？為了了解你的分數的意義，就必須使用常模。這表示你需要拿你的個別分數與其他學生的典型分數（或統計常模）進行比較。你需要核對測驗常模，以看看針對跟你同樣年齡和性別的學生而言，他們所得分數的一般範圍是什麼，以及平均數是什麼。這樣才能提供你脈絡和背景，以便解讀你的憂鬱分數。

建立常模的第一個步驟是先選定一個母群（根據測驗在未來所適用對象的一些特性，如年齡、性別、種族或文化背景等），然後從具有這些特性的母群中，依據隨機取樣的原則，選出一群受試者作為樣本，接著讓他們接受測驗，所得分數的平均數（mean）和標準差（standard deviation）就可作為該母群在這份測驗上的常模。最後，我們拿受試者的分數（轉換為標準分數）跟常模進行比較，就可以看出受試者的分數代表的意義。

第二節　智力評鑑

你或你的朋友有多高智力？為了回答這個問題，你首先必須界定智力（intelligence）。這不是一件容易的工作，但是 52 位智力研究人員組成的一個團隊同意這個綜合定義：「智力是非常廣泛的一種心理能力，它特別是包括了推理、策劃、解決問題、抽象思考、理解複雜觀念、迅速學習，以及從經驗中學習等能力。」（*Gottfredson, 1997, p.13*）考慮到這一系列的能力，你不難了解，為什麼關於「智力如何被測量」始終存在大量的爭議。

理論家們對於智力和高層心理功能的構思方式，重大影響了他們如何嘗試評鑑智

力（*Sternberg, 1994*）。有些心理學家相信人類智力可以被量化，而且可被化約爲單一分數；另有些表示智力具有許多成分，它們應該被個別加以評鑑；還有些則認爲實際上存在幾種不同性質的智力，各自跨越不同領域的經驗。

一、智力測驗的起源

1905 年，第一份可以實際操作的智力測驗正式問世。這是源於比奈（Alfred Binet）應法國教育部之邀，設法編寫一套適合智力障礙兒童的教材。比奈及其同事西蒙（Théophile Simon）於是先編製一份智力測驗（被稱爲比西量表），嘗試以客觀方式區分正常學童與低能學童。他們希望這樣的測驗可以取代過去完全依賴教師的評定，後者難免主觀，且可能有所偏差。爲了量化（quantify）智力表現，比西設計適合年齡的一些測驗題目，許多兒童在這些題目上的應答可被拿來比較。比西量表的題目在作答時需要兒童運用判斷和推理的能力，而不是只依賴機械性記憶（rote memory）（*Binet, 1911*）。

比西量表被拿來對不同年齡的兒童施測，然後計算每個年齡組正常兒童的平均分數。因此，每個兒童的智力表現可以跟其他同齡兒童的平均數進行比較，所得數值就是該兒童的心智年齡（mental age, MA）。例如，當一位兒童的分數相等於 5 歲組兒童的平均分數時，他就被認爲擁有 5 歲的心智年齡，而不論他真正的實足年齡（chronological age, CA，指個人從出生之日算起的年齡）是多少。

比奈的取向具有四個重要特徵：(1) 他認爲量表分數顯示的是對「現存表現」的估計值，而不是作爲「先天智力」的數值；(2) 他希望量表分數是被用來鑑定需要特殊教育的兒童，而不是用來對他們烙印（stigmatize）；(3) 他強調訓練和機會可以影響智力，他因此致力於探討特殊教育在哪些行爲領域能夠協助這些不利的兒童；(4) 他實徵地建構他的量表——他蒐集資料以看看測驗題目是否有效——而未訴求於任何的智力理論。

比西量表傳到美國後，帶來了極大的衝擊。20 世紀初，因爲全球經濟、社會和政治情勢的不安穩，好幾百萬移民湧入美國。這顯然需要有一些評鑑以對大量移民（包括成年人和學童）進行檢定、考核及分類（*Brysbaert & Rastle, 2009*）。特別是在 1917 年，隨著第一世界大戰的爆發，好幾百萬志願者湧向徵兵站。徵兵中心需要知道這些人的學習能力，才能把他們分發到適當的訓練單位。「美國心理學會」（APA）於是成立一個委員會，不到一個月的時間就編製出團體智力測驗，包括語文和非語文的測驗，前後總共施測了 170 多萬新兵之多（*Thorne & Henley, 2005*）。

這項大規模測驗計畫造成的結果是，美國大衆逐漸接受「智力測驗可以鑑別人們之領導能力和其他重要特質」的觀念。這導致學校和企業界也廣泛採用測驗。評鑑被

視爲是在混亂社會中建立起秩序的一種方法；也被視爲是一種不昂貴而民主的方式，以之決定什麼人能夠受惠於教育，或適合被挑選來擔任什麼職務。從這個時候起，智力測驗的結果不只被用來鑑別有學業困擾的兒童，也被用來作爲組織整個社會的一把「量尺」。

二、IQ 測驗

雖然比奈在法國首先展開對智力的標準化評鑑，但美國的心理學家很快就取得領先地位。他們發展出 IQ（intelligence quotient，智力商數）的概念，以 IQ 作爲智力之數量化、標準化的數值。我們以下介紹今日廣被使用的兩種 IQ 測驗。

(一) 斯比智力量表（the Stanford-Binet Intelligence Scale）

美國斯丹福大學教授托孟（Lewis Terman）曾經是一所公立小學的行政主管，他以比西量表爲藍本，挑選適合美國學童的測驗題目，使得施測程序標準化，再根據成千上萬學童的測驗結果，建立起各個年齡的常模。1916 年，托孟發表比西量表的斯丹福修訂版，通稱爲「斯比智力量表」。

在斯比量表中，托孟採用「智力商數」的概念，也就是以心智年齡除以實足年齡，所得的商數再乘以 100，即爲智商。其數學公式如下：

$$智商（IQ）=[心智年齡（MA）/ 實足年齡（CA）]×100$$

這表示對於實足年齡 8 歲的一位兒童而言，如果他的測驗分數等於 10 歲足齡兒童的表現，那麼他的智商是 125（10/8 × 100）。一位 8 歲兒童如果表現出 6 歲的智力水準，那麼他的智商是 75（6/8 × 100）。至於心智年齡等於實足年齡的人們，他們的智商將是 100，這被認爲是平均的智商。

這份新的斯比量表很快在臨床心理學、精神醫學及教育諮商等領域內成爲一種標準的評鑑工具。斯比量表隨後進行幾次修訂，主要是爲了達成三個目標： (1) 擴展該量表的適用範圍，以便測量非常年幼兒童和非常聰慧成年人的 IQ； (2) 更新許多字彙題目，因爲字彙的難易度會隨著社會的變遷而變動；及 (3) 更新常模，即更動相稱於每個年齡的平均分數（*Terman & Merrill, 1937, 1960, 1972; Thorndike et al., 1986*）。例如，在 1972 年的修訂版中，發現整個人口的測驗分數向上提升，每個年齡組的常模向上移動大約二分之一歲。這可能是由於大眾傳播工具的普及化、師資的提升、教育設備的充實及父母教育水準的提高等因素所造成。這說明了心理測驗的常模不具有絕對或永久的標準。在許多年之後，就必須再度修正新的常模。

(二) 魏氏智力量表（the Wechsler Intelligence Scales）

　　魏克斯勒（David Wechsler）曾經擔任紐約貝律文精神醫院的心理學部主任，為了鑑定個人的特殊能力，他在 1939 年編製了一套新的智力測驗，稱為「魏貝智力量表」。1955 年，他把原來量表重新修訂，以供成年人使用，稱為「魏氏成人智力量表」（WAIS）。魏氏智力量表主要有兩個特點：第一，根據智力理論，人類智慧是由數種不同的能力組合而成，所以魏氏量表依據題目的性質可被組成幾個分測驗，各自計算分數。第二，魏氏智力量表包含語文（verbal）和實作（performance）兩個量表，前者包括常識、理解、算術、類同、詞彙和記憶廣度等六個分測驗；實作量表則包括符碼代換、圖畫完成、積木設計、連環圖系和物件組裝等五個分測驗。根據測驗結果，你將可求得三種分數，即語文智商、實作智商及全量表智商。最新版本的魏氏成人智力量表（WAIS-IV）是在 2008 年發行。

　　WAIS-IV 有 10 個核心分測驗和 5 個補充分測驗，擴及 IQ 的好幾個層面。表 9-1 提供了你在該測驗中將會發現之各類問題的樣例。如你在該表中可看到，WAIS-IV 組織各個分測驗成為四個量表，分別測量語文理解、知覺推理、工作記憶及處理速度。

　　目前的 WAIS-IV 適用於滿 16 歲以上的人們，但類似的測驗也已針對兒童而發展出來。「魏氏兒童智力量表－第四版」（*WISC-IV, 2003*）適用於 6 歲到 16 歲的兒童，而「魏氏學前兒童智力量表－第三版」（*WPPSI-III, 2002*）則適用於 2 歲半到 7 歲半的兒

表 9-1　類似於在 WAIS IV 中所見的一些題目

語文理解量表（**Verbal comprehension scale**）	
類同（similarities）	飛機與潛水艇有何相似之處？
詞彙（vocabulary）	「emulate」是什麼意思？
知覺推理量表（perceptual reasoning scale）	
積木造形（block design）	受測者利用各種形狀的積木以複製主試者提出的模型。
圖畫完成（picture completion）	受測者鑑定圖畫，說出缺失的部分（例如，一匹馬卻沒有鬃）
工作記憶量表（working memory scale）	
數字廣度（digit span）	複誦下列數字：3　2　7　5　9
算術（arithmetic）	假使你有美金 20 元，看電影花了 8.50 元，買爆米花花了 2.75 元，那麼你還剩下多少元？
處理速度量表（processing speed scale）	
符號查找（symbol search）	受測者試著決定兩個抽象符號之一是否出現在另一長串符號中。
刪除（cancellation）	受測者注視視覺陳列，然後執行主試者的指示（例如，畫掉每個藍色正方形和綠色三角形）。

童。

WAIS-IV、WISC-IV 和 WPPSI-III 形成了智力測驗的一個家族，它們提供了可資比較的分測驗分數，使得研究人員能夠追蹤較特定的一些智能的長期發展情形。基於這個原因，當同一個人將會在不同年齡接受測試時，魏氏量表特別具有價值——例如，當為了追蹤兒童針對不同教育方案的進展時。

三、智力的兩極端

1960 年開始，斯比量表修訂版捨棄早期比率智商（ratio IQ，即心智年齡除以實足年齡）的做法，而以離差智商（deviation IQ）來解釋測驗分數。以斯比量表而言，離差智商是平均數 100，標準差 15 的一種標準分數，能夠據以來比較不同年齡兒童的智商。智商分數 100 是各年齡組的平均數，它指出同一年齡的人們各有 50% 高於及低於這個平均數。分數介於 85 與 115 之間表示是正常的智力；130 分以上屬於極優異；低於 70 分則表示智能不足。

(一) 智能不足與學習障礙

當個人低於 18 歲，而在智力測驗上取得的有效 IQ 分數低於平均數大約兩個標準差時，這就符合了智能不足（intellectual disability）的分類準則之一。對 WAIS 而言，該準則將是代表 IQ 分數 70。然而，如表 9-2 所示，為了符合智能不足的診斷標準，個人還必須顯現跟生活運作有關之幾種適應技巧（adaptive skills）有顯著失能的

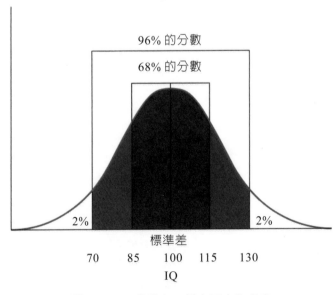

圖 9-1 IQ 分數在一般人口中的分布

表 9-2　智能不足的診斷

為了作出「智能不足」的診斷，當事人必須：

· 個人在智力測驗上的 IQ 位於平均數大約兩個標準差以下。

· 個人在適應行為上顯現一些缺陷，諸如：

　概念技巧→語言使用、閱讀與書寫、金錢概念。

　社會技巧→遵守規則／服從法律、社會責任、避免被欺騙或犧牲。

　實用技巧→自我照顧、健康維護、職業技能。

· 初發年齡低於 18 歲。

資料來源：摘自 AAMR, 2010, P. 44

情形（美國智能不足協會，2010）。在較早期，「mental retardation」的用語被用來指稱 IQ 分數低於 70 到 75 分的人們。然而，因為擴充的定義，以便把適應行為的考量囊括進來，「intellectual disability」成為較適宜的用語（*Schalock et al., 2007*）。當臨床醫師診斷一個人為智能不足時，他們嘗試盡可能理解當事人在適應技巧方面有怎樣的缺陷。不是僅根據 IQ 來歸類人們，當今的目標是在提供環境和社會的支援，以密切符合每個人的需求。

　　智能不足可能是由一些遺傳因素和環境因素所引起。例如，有些人罹患唐氏症候群（Down syndrome），這是第 21 對染色體有三個（造成染色體總數為 47 個）所引起，經常呈現偏低的 IQ。另一種遺傳疾患稱為苯酮尿症（phenylketonuria, PKU），也對於 IQ 有潛在的不良影響（*Gassió et al., 2005*）。然而，透過嚴格奉行特殊的飲食，目前已可控制 PKU 的不良效應——假使在嬰兒期就診斷出來的話。在環境方面，智能不足最關鍵的因素通常是產前環境。懷孕母親感染像是德國麻疹和梅毒的話，將使得她們子女冒有智能不足的偏高風險。此外，懷孕母親攝取酒精或另一些藥物的話（特別是在懷孕前幾個星期的期間），也將會提高她們子女有認知缺陷的可能性（*Bennett et al., 2008; Huizink & Mulder, 2006*）。

　　IQ 分數提供關於「人們在各種語文和非語文作業上能夠表現多好」的綜合資訊——相關於特定年齡的常模。在某些案例上，你有正當理由考慮，為什麼 IQ 分數與實際表現不能配合起來。有些人在他們的成就與他們測得的 IQ 之間呈現很大的落差，他們可能被診斷為有學習障礙（learning disorder）。但在臨床醫師作出「學習障礙」的診斷之前，他們需要排除可能導致不良表現的另一些因素，諸如低度動機、低劣的教學或身體困擾（如視力受損）。對於被診斷有學習障礙的學生，許多學校提供特殊的教學輔助。

(二) 資賦優異

假使個人擁有高於 130 的 IQ 分數，他就可能被認定為「資賦優異」（giftedness）。

然而，如同智能不足的定義發生變動，研究人員指出，資賦優異的概念無法僅透過 IQ 作適當的捕捉。例如，Joseph Renzulli（2005）提出資賦優異的「三環」（three-ring）概念，他沿著能力、創造力及工作傾注（task commitment）這三個維度描述資賦優異的特色所在。根據這個觀點，個人擁有高於平均的 IQ 可被視爲優良，但不必然是資賦優異。另外，個人也需要顯現高水平的創造力，以及在一些特定的問題或成就領域上展現高度的傾注（投入）。這個關於資賦優異的擴大定義，解釋了爲什麼人們通常不是在全面的學術範圍內都資賦優異（Winner, 2000）。例如，能力、創造力及工作傾注可能在語文領域與數學領域之間都各有差異。

資賦優異的兒童普遍擁有什麼特性？對資優兒童的正式研究是在 1921 年開始，當時托孟（Lewis Terman, 1925）對超過 1,500 位的一群男孩和女孩展開長期研究，這些兒童的智力分數都位於他們學校人口最頂尖的 1% 之內。這群兒童被追蹤直到進入他們 80 多歲（Holahan & Sears, 1995）。托孟及他的後繼者想要了解這些兒童一生中的進展情形。托孟所發問的問題繼續設定了研究議程。例如，托孟探討「資優兒童有社交及情緒適應上的困擾」的迷思（myth）。托孟獲致的結論剛好相反：他發現他的樣本比起他們較不資優的同伴有較良好適應。然而，更多的當代研究支持這項結論：資優兒童比起他們同伴較爲內向（introverted）（Sak, 2004）。這種朝向自己內在生活的取向（orientation）部分地支持前面所提之界定資賦優異的工作傾注。仍然，資優學生報告適度地參與於學校活動。例如，以參加暑假資優方案的 230 位學生樣本而言，他們報告運動爲他們最經常從事的課外或校外活動（Olszewski-kubilius & Lee, 2004）。他們也參加許多學術社團及競賽，特別是在數學方面。

托孟也援引資料指出，這些資優兒童大致上在生活方面是成功的。這並不令人訝異，因爲如我們稍後在本章將會再度提到，IQ 是職業地位和經濟收入的良好指標。因此，關於資賦優異的人們，所關心的已不是他們進展不順利。反而，所關心的是他們沒有得到適度的教育支援以使得他們充分發揮自己的天賦（Reis & Renzulli, 2010）。當資賦優異被檢定爲是一種多維度的構念時，資優生的教育也應該具有變通性，以針對個別學生的特定才能而採取對策。

第三節　智力理論

比西量表和魏氏智力量表的計分方式，分別代表了心理學家對人類智慧組成因素的不同觀點。自魏氏之後，隨著因素分析（factor analysis）之統計方法的廣泛使用，心理學家們更進一步發展出各種智力結構理論。我們分述如下。

一、智力的心理計量理論

　　智力的心理計量理論發源於跟導致 IQ 測驗大致相同的理念氛圍。心理計量學（psychometrics）是指專門研究心理測驗之理論和方法的一門學科，包括了人格評鑑、智力評估及性向測量等。因此，心理計量的研究途徑可以說跟測驗方法息息相關。這些理論檢視不同的能力測量之間的統計關係，諸如 WAIS-III 的 14 個分測驗，然後根據這些關係推斷人類智力的本質。最常被應用的技術稱爲「因素分析」，也就是從較大數目的一組自變項中找出較小數目的維度、群集或因素的一種統計程序。因素分析的目標是鑑定所研究概念的基本心理維度。當然，統計程序只在檢定統計的規律性。至於對這些規律性作怎樣的解讀及辯護則是心理學家的工作。

　　在智力領域中，史皮曼（Charles Spearman）執行了一項早期且很具影響力的因素分析研究。他發現在一系列的智力測驗中，個人在不同測驗上的表現之間呈現高度相關。根據相關的型態，他認爲人類智力是由兩種因素所構成。普通因素（general factor，g 因素）是個人的基本能力，也是一切智力活動的共同基礎。雖然每個人都擁有這種能力，但所擁有的「量」卻各不相同。特殊因素（specific factor，s 因素）是個人學習各種特殊知識或技能必須具備的能力；個人具備某種特殊能力，不一定就具備他種特殊能力。換句話說，每個人的 s 因素不僅有「優劣」之別，也有「有無」之異。但不論個人具備幾種 s 因素——這些 s 因素之間可能彼此獨立，也可能彼此部分重疊——它們一定都含有一部分的 g 因素。例如，個人在詞彙或算術測驗上的表現將是取決於他的普通智力和特殊領域能力二者。研究人員已運用 MRI 掃描檢定出 g 因素在大腦的基礎。研究還發現，對於普通智力相對較高的人們而言，他們普遍擁有較多的大腦組織——相較於普通智力較低的人們（*Haier et al., 2004*）。

　　卡泰爾（*Raymond Cattell, 1963*）採用較先進的因素分析技術，他發現普通智力可再被解析爲兩個相對上獨立的成分，他稱之爲固定智力和流動智力。固定智力（crystallized intelligence，或結晶智力）是指個人已獲得的知識和他存取該知識的能力；這種智力是經由詞彙、算術及常識等測驗所測量出來。流動智力（fluid intelligence）是指透視複雜關係和解決問題的能力；這種智力是經由積木設計和空間視覺化等測驗所測量出來。固定智力使你能夠良好應付你生活中重複發生的具體挑戰，流動智力則有助於你處理新奇及抽象的問題。

　　基爾佛（*J. P. Guiford, 1961*）採用因素分析以檢驗許多智力相關作業所提出的要求，進而提出了沿著三個維度組成的一種智能結構模型。他認爲智力測驗的題目不僅「內容」（content，即訊息的類型）不同，它要求受試者對每個題目從事的「運作」（operation，即所執行心理活動的類型）也不同，且受試者對不同內容的題目從事某種運作後的「產物」（product，即訊息被表徵的形式）也有所不同。因此，基爾佛對

智力結構採取動態的觀點。如圖 9-2 所示，這個模型中有五種內容、五種運作及六種產物。

　　基爾佛相信，智能所執行的每個任務可以根據所涉之特定類型的內容、產物及運作檢定出來。他更進一步指出，每個「內容─產物─運作」的結合（該模型中的每個小立方塊）就代表了一種不同的心智能力。例如，詞彙測驗在內容上是語意，在運作上是認知，而其產物則是單位；因此，它是在評估你對具有語意內容之單位的認知能力。對照之下，學習舞蹈的特有步伐則需要你對「行為的」「系統」的「記憶」。

　　這個理論模式就類似於化學上的元素週期表。透過這種系統化的架構，智力因素（就像化學元素）可以在它們被發現之前就先被假定存在。從這個模型可以推知，如果有系統地更動上述三個維度，我們應該可以設計出 5 × 5 × 6 = 150 種智力測驗來測量各種不同的智能。1961 年，當基爾福提出這個模型時，幾近 40 種智力已被檢定出來。直到現在，研究學者已清楚交代 100 種以上的智力，這顯示基爾佛的智力概念具有預測的價值（*Guiford, 1985*）。

　　自基爾佛之後，許多心理學家已擴寬他們的智力概念，他們認為智力所涵括的遠多於人們在傳統 IQ 測驗上的表現，我們接下來檢視超越 IQ 的兩種理論。

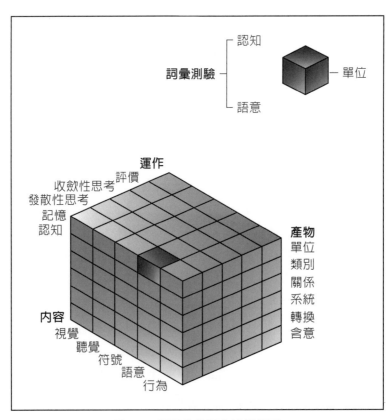

圖 9-2　基爾佛的智力結構模型

二、史坦柏格的智力三元論

史坦柏格（*Robert Sternberg, 1999*）揚棄傳統之心理計量取向的因素分析法和智力結構的概念。他的理論試圖理解人類解決問題上的認知歷程，以便擴展 IQ 的概念，使得創造力和有效操作環境的能力也被囊括進來。史坦柏格提出三種智力，即分析性智力、創造性智力及實務性智力。

分析性智力（analytical intelligence）提供了基本的訊息處理技能，以便人們應用在自己生活中的許多熟悉作業上。這種智力被界定為是作為思考和問題解決之基礎的那些智力成分（或心智歷程）。史坦柏格檢定出三種智力成分，它們是訊息處理（information processing）的核心所在：⑴ 知識獲得的成分，以供學習新的事實；⑵ 運作的成分，以供執行問題解決的策略和技能；及 ⑶ 後設認知的成分（metacognitive components），以供挑選策略和監督進展情形。例如，在字母重組遊戲中，你如何把「T-R-H-O-S」在心理上轉換為有意義的單字？為了解決這個字謎，你將需要應用運作成分和後設認知成分。前者使你能夠在頭腦中操作那些字母，後者使你能夠擁有策略以找出解答。你可以著手的一個良好策略是試一下在英文中可能成立的一些子音群——諸如 S-H 和 T-H。然後你就可逐步找到正確解答的「SHORT」。挑選策略需要後設認知的成分；執行這些策略則需要運作的成分。

透過把各種作業解析為原本的成分，研究人員就可以確切地找出是什麼歷程使得不同 IQ 的人們產生不同的運作結果。例如，研究人員可能發現高 IQ 學生的後設認知成分促使他們挑選不同的策略以解決特定類型的問題——相較於他們 IQ 較低的同伴所選定的策略。策略挑選上的差異解釋了高 IQ 學生在問題解決上較良好的表現。

創造性智力（creative intelligence）捕捉的是人們處理「新奇 vs. 例行」兩極端問題的能力。例如，假設一群人在意外事件後發現他們迷失了方向，這時候如果其中一個人能夠迅速協助這群人找到回家的路徑，你應該會承認這個人的智力。在另一種情況中，如果一個人能夠自動化地完成例行的工作，你也會承認這個人的智力。總之，創造性智力是指個人善於運用觀察、建立起新觀念、處理新事物能夠很快進入情況，以及展現高度工作效率的能力。

實務性智力（practical intelligence）反映在你對日常事物的實際管理上。它包括你「適應」新而不同情境的能力，你「選擇」適宜情境的能力，以及你有效「塑造」你的環境以符合你的需求的能力。實務性智力也就是人們通常所稱的「生活智慧」（street smarts）或「生意頭腦」（business sense）。研究已顯示，有些人可能擁有高度的實務性智力，卻不一定擁有高度的 IQ。

史坦柏格的理論指出，IQ 測驗不能捕捉到全部範圍的智力行為，只不過是為人們貼上「高智商」或「低智商」的標籤而已。換句話說，傳統智力測驗所取得的智商

不能代表智力，它至多只能代表三元論中的分析性智力。史坦柏格相信，就如同分析性智力可以被加強，人們也可設法加強他們的創造性智力和實務性智力。總之，史坦柏格的理論改變了我們對智力只是知識測量的狹隘觀點，大為擴展了智力的內涵。

三、葛納的智力多元論和情緒智商

葛納（*Howard Gardner, 1999, 2006*）所倡導的理論也試圖擴展智力的定義，以囊括 IQ 測驗之外的另一些技能。葛納檢定出許多智力，涵蓋了廣泛的人類經驗。至於每種智力的價值則隨著不同人類社會而異，取決於哪種能力是既存社會所需要的、有用處的，以及被獎勵的。葛納檢定出的八種智力是：數學邏輯、語言、大自然、音樂、空間、身體動感、人際，以及自我認識的能力（參考表 9-3）。

葛納認為西方社會提倡前兩種智力，但不同社會重視不同的能力。例如，在 Micronesia 的卡洛林群島，水手在沒有地圖的情況下，必須在幾百個小島之間穿梭航行，所依賴的只是他們的空間智力和身體動感智力。這樣的能力在該社會中被認為相當重要，遠勝於寫一篇期末論文的能力。在峇里島，藝術表現是日常生活的一部分，音樂的智力和才能因此受到高度重視，因為它們是精準而協調的舞蹈步伐所須的能力。集體主義的社會（如日本）重視公共生活和合作行為，因此人際智力較是核心所在——相較於個人主義的社會，如美國（*Triandis, 1990*）。

在評鑑這些性質的智力上，所需要的不僅是紙筆測驗（paper-and-pencil tests）和簡單的量化數值。除了傳統智力測驗所測到的行為樣本資料外，葛納的智力理論也需要受試者在各式各樣生活情境中接受觀察及評鑑。

近些年來，研究學者已開始探討另一種智力，稱為情緒智商（emotional intelligence），它與葛納的「人際智力」和「自我認識智力」的概念有關。情緒智商被界定為具有四種主要成分（*Mayer et al., 2008a, 2008b*）。

‧準確而適宜地感知情緒、評估情緒及表達情緒的能力。
‧利用情緒以促進思考的能力。
‧理解及分析情緒的能力，以及有效應用情緒知識的能力。
‧調節個人情緒以促進情緒成長和智能成長的能力。

這個定義反映了一種新的觀點，即認為情緒在智能發展上具有積極角色——情緒可以使得思考較為敏捷，而且人們可以靈活地思考自己的情緒和他人的情緒。

研究人員已開始以實例說明，情緒智商對於日常生活具有重要的影響。考慮運動選手的情緒經驗，隨著他們預期及參加運動賽事。較高的情緒智商（EQ）可以協助運動選手應付壓力來源。

表 9-4　葛納的多元智力

智力形式	定義	適合的職業
數學邏輯（logical-mathematical）	操弄抽象符號的能力	科學、電腦程式設計
語言（linguistic）	良好使用語言的能力	新聞界、法律界
自然界（naturalist）	仔細地觀察自然環境之各個層面的能力	森林保育
音樂（musical）	創作及鑑賞音樂的能力	音響工程、音樂界
空間（spatial）	對空間關係進行良好推理的能力	建築、外科手術
身體動感（bodily-kinesthtic）	規劃及掌握動作次序的能力	舞蹈、運動競技
人際（interpersonal）	理解他人和社交互動的能力	政治界、教學
自我認識（intrapersonal）	認識及理解自己的能力	宗教界、神職

一組研究人員假定，當面對高壓之與競賽有關的刺激時，高 EQ 的運動選手將較能妥善控制他們的情緒（*Laborde et al., 2011*）。研究人員徵召 30 名男性手球選手，且測量他們的 EQ。為了提供選手高壓的經驗，研究人員要求他們聆聽 20 分鐘的錄音帶，內容是一些負面的陳述（例如，「你的鬥志正在流失」p. 24），以及觀眾喝倒彩的聲音。研究人員評估這種高壓經驗的影響，方法是測量選手們在聆聽錄音帶之前和之後的心跳速率。依據心跳速率的變化情形，它指出該錄音帶引起低 EQ 選手感受到壓力。對照之下，高壓經驗對於高 EQ 選手的心跳速率顯現很少的影響。

這項研究說明，高 EQ 選手如何能夠應用他們的能力以理解及調節情緒，以便應付所面對的壓力來源。你可以想像該能力在激昂的競賽中多麼有益及有效！

第四節　智力的政治議題

我們已看到，當前的智力概念不再狹隘地認為個人的智力就是他在 IQ 測驗上的表現。即使如此，IQ 測驗在西方社會仍然是最常被使用的一種測量「智力」的工具。因為 IQ 測驗的盛行，且因為 IQ 分數的便利性，人們往往喜歡拿不同團體的「平均」IQ 以比較它們的優劣。在美國，這種民族和種族的團體比較經常被援引為證據，以說明少數種族成員的先天（遺傳上）低劣性。我們將簡要論述這段歷史，即關於 IQ 測驗分數如何被用來指證若干團體所謂智力上的低劣。然後，我們將檢視關於智力和 IQ 測驗成績之先天和後天因素的一些當前證據。你將看到，這是心理學上最富有政治爭議的問題之一，因為許多公共政策就是建立在團體 IQ 資料如何被解讀上，諸如移民配額及教育資源分配等。

一、團體比較的歷史

在 1900 年代早期，心理學家戈達德（*Henry Goddard, 1866-1957*）主張對所有移民施行智能測驗，以便「選擇性地排斥」那些被發現有「心智缺陷」的人們。這樣的觀點助長了一種全國性的敵對氛圍，即反對一些移民團體的入境（*Zenderland, 1998*）。實際上，美國國會在 1924 年通過了「移民限制法案」，硬性規定當移民抵達紐約港灣的 Ellis 小島（設有移民檢疫所）時需要接受智力測驗。根據 IQ 測驗的得分，大批的猶太人、義大利人、蘇聯人及另一些國家的移民被歸類為「低能者」（以美國中產階級的常模為標準）。有些心理學家解讀這些統計資料，認為這說明了來自南歐和東歐的移民在智力繼承上低劣於來自北歐和西歐的移民（*Ruch, 1937*）。然而，這些所謂「低劣」的團體相對上對於深植在 IQ 測驗中的優勢語言和文化也較不熟悉，因為他們是較近期才開始移民。事實上，這樣的差異與各個族群在美國生活期間的長短有關。在不過二、三十年內，這種 IQ 測驗上的團體差距便完全消失了，但是關於「各個種族繼承了智力差異」的論調卻延續下去。

隨著第一次世界大戰爆發，美國政府對新兵施行「陸軍智力測驗」，這進一步助長了戈達德關於遺傳優劣的論證。這項測驗發現，美國黑人和另一些少數種族的得分低於多數種族的美國白人。我們前面提過托孟推動了 IQ 測驗在美國的廣泛使用。他對蒐集自美國少數種族的資料提出下列不科學的評論：「他們的愚魯似乎是種族上的 …… 目前似乎沒有可能性說服社會相信他們不應該被容許生殖，雖然從優生學的角度來看，因為他們不尋常地多產，他們正在構成嚴重的社會問題。」（*Terman, 1916, pp.91-92*）

名目已經改變了，但是問題仍然一樣。在今日的美國，非裔美國人和拉丁美洲人在標準化智力測驗上的分數，平均而言低於亞裔美國人和白人。當然，在所有團體中，都有一些人的分數是位於 IQ 量表的最高端（及最低端）。那麼，IQ 分數上的這些團體差距如何被解讀呢？傳統方式之一是把這些差距歸之於遺傳的低劣性（先天）。在我們討論過 IQ 之遺傳差異的證據後，我們將考慮第二種可能性，即環境上的差異（後天）也會對 IQ 產生重大影響。任一種解釋（或它們的若干結合）的正當性都將會在社會、經濟及政治層面上帶來重大衝擊。

二、遺傳與 IQ

研究人員如何評估智力在怎樣程度上是遺傳決定的？他們通常訴之於家族研究，即探討 IQ 是否在家族譜系內相當類似？為了回答這個問題，研究人員需要把共有基因與共有環境的效應區分開來。最常採用的方法就是設法比較同卵雙胞胎

（monozygotic, MZ）、異卵雙胞胎（dizygotic, DZ），以及擁有遺傳上各種重疊程度的親屬之智力表現。圖 9-3 呈現了一些人 IQ 分數之間的相關——根據這些人遺傳關係的程度（*Plomin & Petrill, 1997*）。如你可看到，遺傳相似性愈高的話，IQ 的相似性也愈高。從領養的兄弟到親兄弟到異卵雙胞胎再到同卵雙胞胎，隨著共有的遺傳基因愈多，他們之間的相關也跟著提高。此外，親生父母與親生子女之間的相關也要高於養父母與養子女之間的相關。但你也應該注意，這些資料中，共同被養大的人們之間有較高的 IQ 相似性，這也顯露了環境的影響力。

　　研究人員利用這類研究結果試著估計 IQ 的遺傳率。關於任一特質（如智力）的遺傳率估計值（heritability estimate），它是建立在該特質之測驗分數的變異性（variability）中有多少比例可被追溯於遺傳因素。為了取得這個估計值，我們需要先就既存母群（例如，大學生或精神病患）計算出所有測驗分數的變異情形（variation），然後檢定出總變異數（total variance）中有多少比例可以歸之於遺傳因素。為了完成這項工作，我們需要對擁有遺傳上不同重疊程度的人們進行比較。研究人員已審查各種關於 IQ 遺傳率的研究，他們的結論是：IQ 分數上大約 30 到 80% 的變異數可被歸之於遺傳素質（*Deary et al., 2010a*）。

　　然而，使得事情更為引人興趣的是，遺傳率在生命全程中逐漸「增加」：在 4 歲到 6 歲時，遺傳率是大約 40%，但是在成年早期時，它增加至大約 60%，然後在老年期，它增加至大約 80%！許多人對這個結果感到訝異，因為隨著人們年齡愈大，環境似乎應該有更大（而不是更小）效應才對。對於這項違反直覺的發現，研究學者是這樣解釋：「很有可能遺傳素質輕推我們朝向那些突顯我們遺傳傾向的環境，因此導致在生命全程中遞增的遺傳率」（*Plomin & Petrill, 1997, p.61*）。

　　我們現在回到智力遺傳優劣說的一項大爭議上。美國的許多研究指出，黑人與白人之間存在 IQ 測驗分數上的差距。雖然在好幾十年前，這項差距是大約 15 分，但是黑人與白人的 IQ 分數長期下來逐漸趨同（converging），以至於從 1972 年到 2002 年這 30 年以來，這項差距已縮小到 4 分到 7 分之間（*Dickens & Flynn, 2006*）。雖然差距的接近說明了環境的影響力，但是殘存的差距已慫恿許多人主張，種族之間有難以踰越的遺傳差異（*Hernnstein & Murray, 1994*）。然而，即使 IQ 是高度可遺傳的，這項差距是否就反映黑人（較低得分的族群）遺傳上的低劣呢？答案是「不」。遺傳率是建立在一個既定團體「之內」的估計值，它不能被用來解讀團體「之間」的差異，不論這些建立在客觀測驗上的差異有多大。遺傳率估計值只適用於既定的一群人的平均情形。例如，即使我們知道身高具有高度的遺傳率估計值（大約在 0.93 到 0.96 的範圍）（*Silventoinen et al., 2006*），你仍不能決定你的身高有多少比例是出於遺傳影響力。同樣的論證也適用於 IQ：儘管有高度的遺傳率估計值，我們也不能決定遺傳因素以多少比例促成任何個人的 IQ，或促成團體之間的平均 IQ 分數。就以某一族群在 IQ

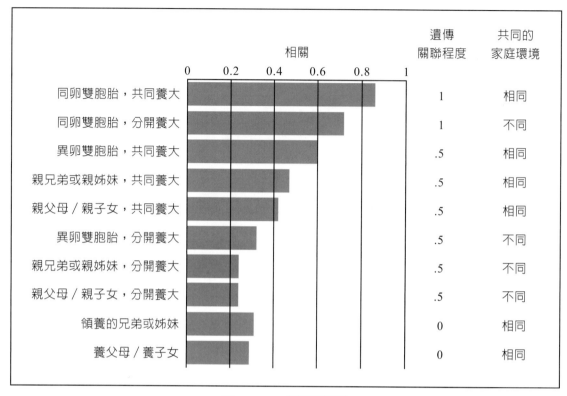

圖 9-3　IQ 與遺傳關係

測驗上的得分低於另一族群而言，這個事實並不表示這些族群之間的差異是起源於遺傳因素——即使當在團體內進行評鑑時，IQ 分數的遺傳率估計值很高（*Hunt & Carlson, 2007*）。

關於遺傳素質不能完全說明 IQ 的團體差距，另一個原因則與該差異的相對大小有關。儘管平均值的差異，但每個團體的分數在分配上仍有大量的重疊。相較於每個團體之內成員分數之間的差異，團體之間的差異相當小（*Loehlin, 2000; Suzuki & Valencia, 1997*）。一般而言，相較於同一團體之個別成員之間的遺傳差異，不同族群的基因庫之間的差異可說微不足道。再者，在美國地方，種族通常較是一種「社會」構念，而不是「生物」構念。考慮成就非凡的高爾夫球運動選手老虎·伍茲（Tiger Woods），他往往被認定為是美國黑人，即使他的實際繼承遠為複雜（他的祖先包括了白人、黑人、泰國人、華人及印第安人）。伍茲是一個絕佳的實例，說明了在一些情況下，社會判斷不一定依循生物現實。因此，我們如果把社會上不同團體之間的 IQ 差異視作臣服於內在的生物因素，這實在有很大風險（*Sternberg et al., 2005*）。

無疑地，就像在其他許多特質和能力上一樣，遺傳在影響個人的 IQ 分數上也扮演相當大的角色。然而，我們已論證了，關於族群之間的 IQ 差異，遺傳不足以構成

充分的解釋。換句話說，在 IQ 的表現上，遺傳是必要的角色，卻不是充分的角色。我們接下來討論環境在造成 IQ 差距上可能扮演的角色。

三、環境與 IQ

因為遺傳率估計值低於 1.0，這表示環境必然也會影響 IQ。但是，我們如何評估環境中的哪些層面是影響 IQ 的重要因素？你環境中的哪些特性影響你在 IQ 測驗上將有良好表現的潛在性（*Kristensen & Bjerkedal, 2007; van der sluis et al., 2008*）？環境是複雜的刺激套裝，它在許多維度上發生變動，包括物理和社會的維度，而且該環境下的人們可能以不同方式加以經歷。因此，即使兒童處於相同的環境背景中，他們也不必然就享有同樣關鍵性的心理環境。回想一下你在家庭中的成長經歷。假使你有一些兄弟或姊妹，他們是否都獲得父母同樣程度的關注？壓力狀況是否隨著時間有所變動？家庭的財政資源是否發生變動？你父母的婚姻狀況是否發生變動？顯然，環境是由許多成分所組成，這些成分呈現動態的關係，且隨著時間而更動。因此，心理學家不容易判斷什麼性質的環境——如關注、壓力、貧窮、健康及戰爭等——實際對 IQ 產生影響。

研究人員通常把重點放在較為全面性的環境量數上，像是家庭的社經地位。例如，在一項大規模的縱貫研究中，超過 26,000 個兒童接受調查，結果發現兒童 4 歲時 IQ 的最佳預測指標是家庭的社經地位和母親的教育水準——對黑人和白人兒童而言都是如此（*Broman et al., 1975*）。同樣的，圖 9-4 顯示了社會階級對 IQ 的綜合影響。

為什麼社會階級會影響 IQ？財富和貧窮可能以許多方式影響智力發展，身體健康和教育資源就是其中最明顯的兩個途徑。懷孕期間的不良健康和偏低的出生體重是兒童較低智力的具體指標。當兒童出生在貧窮家庭時，他們經常有營養不良現象，許多人可能餓著肚子上學，因此較為無法專注於課業的學習上。再者，貧窮家庭也較常缺乏書本、文字媒體、電腦，以及其他有助於啟發兒童智能的學習材料。貧窮父母（特別是在單親家庭中）全心全力於維持生計，使得他們幾乎沒有時間或精力陪伴子女，也無法在知性上激發他們子女，這些當然不利於兒童在像 IQ 測驗這類作業上的表現。最後，對那些生活在較貧乏條件下的人們而言，他們可能在社會層面上被打上烙印（stigmatized）。當族群蒙受這種社會烙印時，可能對所屬成員的自我勝任產生負面衝擊，進而不利影響了他們在測驗和學業上的表現。

幸好，許多研究已發現，當經濟狀況不良的美國黑人兒童被中產階級的白人家庭收養之後，他們發展出的 IQ 分數顯著高於平均值的 100 分。此外，更早（在 1 歲之內）被收養到富有知性刺激之環境中的兒童，通常發展出較高的 IQ 分數——相較於年齡較大才被收養的兒童。因此，當被提供機會接觸較多知性刺激時，這些先前來自貧窮家庭的黑人兒童在 IQ 測驗上的表現毫不遜色於他們新環境中的同伴。這似乎說明

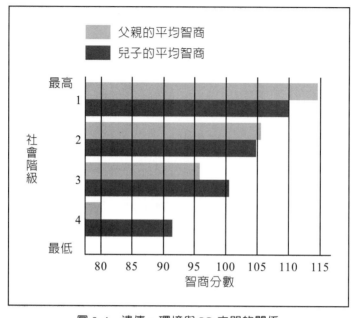

圖 9-4　遺傳、環境與 IQ 之間的關係

這個圖表顯示遺傳和環境二者共同促成了 IQ 分數。一般而言，父子之間有相近的 IQ 分數（遺傳的影響），但是他們兩人的 IQ 分數也與社會階級有關（環境的影響）。

造成 IQ 差距的並不是「種族」本身，而是在美國社會中跟種族相關的經濟、健康及教育資源等因素所致。

四、文化與 IQ 測驗的有效性

　　假使 IQ 分數不是那般具有有效的預測用途的話，人們或許就不會那麼在意 IQ 分數。然而，廣泛的研究顯示，IQ 分數是學業成績（從小學直到大學）、職業地位，以及在許多工作上的表現的有效指標（*Gottfredson, 2002; Nettlebeck & Wilson, 2005*）。這些研究結果說明了，智力（如 IQ 所測量的）直接影響成就，至少是西方文化所重視的那種成就；換句話說，IQ 測驗所測量出的能力對於這類成就是非常基本而重要的。IQ 差異也可能間接地影響學業和工作表現，也就是透過改變個人的動機和信念。對於那些擁有較高 IQ 分數的人們而言，他們可能在學校中有過較多成功的經驗，因此變得抱持較高的求學動機、培養出成就取向，以及對於自己良好表現的機會感到樂觀。當個人對自己的自我效能（self-efficacy）懷有信心，這絕對可以預測他在各種工作上的較佳表現。

　　另一方面，對那些在 IQ 測驗上得分較低的兒童而言，他們可能被分發到「較差」的學校或班級，這往往傷害了他們的自我勝任感。透過這一些方式，IQ 可能受

到環境的影響，這接著可能爲兒童塑造了新的環境——有些更好，有些則更差。IQ 評鑑因此可能成爲命運（destiny）——不論兒童在智力上的基本天賦是什麼。

即使 IQ 測驗已證實在主流用途上是有效的，許多研究學者仍然質疑它們用來對不同文化團體和族群進行比較的有效性（*Greenfield, 1997; Samuda, 1998; Serpell, 2000*）。許多形式的測驗和測試方式可能不符合特定文化關於聰明或適宜行爲的觀念。考慮在教室中受到負面評價的一個案例：

> 當拉丁美洲移民父母的子女開始上學後，他們的重點是放在理解上，而不是談話上；以及放在尊重教師的權威上，而不是表達自己的意見上——這些卻導致了負面的學業評價。因此，在一個文化中受重視的溝通模式（尊重地聆聽），卻在學校環境中成為相當總括性的負面評價的基礎，因為美國學校重視的溝通模式是有自信（自我果斷）的談話。（*Greenfield, 1997, p.1120*）。

這些移民的子女必須學習他們在美國教室中應該如何舉止，以使得他們老師了解他們的智力程度。

關於智力與文化的關係，我們最後再考慮一個面向。綜合而言，美國文化對於「個別差異」偏向於採取遺傳的解釋。Harold Stevenson 及其同事們（*1993*）已投入許多年追蹤中國、日本及美國兒童的數學成就。在 1980 年，亞洲兒童的數學成績平均而言遠勝過美國兒童。到了 1990 年，亞洲兒童的這種優勢仍然存在：「只有 4.1% 的中國兒童和 10.3% 的日本兒童的數學分數低於對應之美國兒童的平均分數。」（*p.54*）這表示亞洲兒童遺傳上較爲優異嗎？事實上，美國人較傾向於答「是」。當 Stevenson 及其同事要求亞洲和美國的學生、教師及父母衡量「用功念書 vs. 先天智力」的相對重要性時，亞洲受訪者強調「用功念書」的重要性；美國受訪者重視的則是「先天智力」。你是否看出，這樣的透視角度如何可能導致美國人斷定「亞洲人必然在數學上有較優異的天賦」？因為這樣的信念具有公共政策的意涵——假使美國人總是學不好數學，那麼應該動用多少經費於數學教育上？——我們有必要檢視一些嚴格的研究，以甄別哪些智力表現是可被改變，哪些則無從改變。

第五節　創造力

創造力（creativity）是指個人產生觀念或創作產品的能力，但這樣的觀念或產品不但需要是「新奇的」（novel），也需要是「適宜的」（appropriate）——針對於它們所產生的環境而言（*Hennessey & Amabile, 2010*）。缺乏適宜性，新的觀念或物件經常被視

為怪異或不相干。

我們把創造力的討論劃分在「智力」這個綜合標題下，乃是因為許多人相信，智力與創造力之間存在強烈的關係。為了決定情況是否如此，我們需要首先能夠測量出創造力，然後再決定創造力與智力之間的關係。

一、評估創造力及它與智力的關聯

你如何著手評定人們是否相對地擁有創造力？許多方法把焦點放在發散性思考（divergent thinking）上——也就是對某問題提出各式各樣不尋常解答的能力。為了測試發散性思考，所發問的問題必須讓受試者有機會展現他們的流動思考（fluid thinking，即敏捷的思考）和彈性思考（flexible thinking，即變通的思考）（*Torrance, 1974; Wallach & Kogan, 1965*）：

· 列出你所能想到所有正方形的事物。

· 列出儘可能多白色而可食用的東西。限定在 3 分鐘之內。

· 列出你所能想到「磚塊」的所有用途。

受試者的應答將沿著幾個維度接受評分，諸如流暢性（fluency），受試者所提出不同觀念的總數；獨創性（uniqueness），受試者提出的觀念中有多少是既有樣本的其他人所不曾提出；稀少性（unusualness），受試者提出的觀念中有多少在該樣本中只有不到 5% 的人提出過（*Runco, 1991*）。

當創造力以這種方式接受評估，該測驗就提供了個人表現的指標，可被用來求取與其他數值的相關情形。在許多場合中，研究人員已評估發散性思考的數值與 IQ 分數之間的關係。一種共同的型態已顯現出來：直到大約 120 的智力水準之前，這兩種數值之間存在微弱或適度的相關；高於 120 後，相關程度就降低下來（*Sternberg & O'Hara, 1999*）。為什麼會這樣？一位研究學者指出，「智力似乎在某種程度上使得創造力成為可能，但並不是促進創造力」（*Perkins, 1988, p.319*）。換句話說，適度水準的智力提供一個人有產生創意的機會，但是這個人不一定懂得利用該機會。

對於探討創造力的研究人員而言，他們經常關心的是發散性思考的測驗與傳統的智力測驗（以及與 IQ 測驗本身）有太密切的關聯——這可能解釋了二者在 IQ120 之前的相關（*Lubart, 1994*）。在判斷人們是否具有創造力上，另一種方式是要求他們具體地提出一些有創造性的產品——一幅畫、一首詩，或一短篇小說。裁判然後評定每項作品的創造性。研究已顯示，當裁判（鑑定家）評定作品的創造性時，他們的評分之間有很高的一致性（*Amabile, 1983*）。

二、創造力的兩極端

如果要求你列出你認為擁有超常創造力的人們，你最先想到誰？你的答案可能部分取決於你的專業領域及你本身的嗜好。心理學家可能推薦佛洛依德。至於對美術、音樂或舞蹈感興的人們可能推薦畢卡索（Pablo Picasso）、史特拉文斯基（Igor Stravinsky）或葛蘭姆（Martha Graham）。那麼，這些人在性格或背景上是否有一些共通之處，而能夠作為超常創造力的預測指標？葛納（1993）認為這些人在前面所描述八種智力的相關領域上擁有一些非凡的能力。透過對這些人的分析，葛納描繪了「典範創造者」（exemplary creator）的一些生活經驗：

> 他發現某問題領域特別引起他的興趣，雖然他未被保證可以找到源頭或出路。這是一個高度緊張的時刻。在這個關鍵點上，他隔離於同伴，大致上必須獨立完成工作。他意識到自己正處於突破邊緣，雖然他甚至也不清楚那會是什麼結局。令人訝異的，在這個決定性時刻，他渴望認知支持和情感支持，所以他可能保留一些重要人際關係。缺乏這樣的支持，他很可能產生某種程度的崩潰。（Gardner, 1993, p.361）

從這些關於超常創造力的描繪中，你可以學到什麼功課呢？你可以效法「風險承擔」（risk taking）的精神。高度創造力的人們願意涉入「未知的水域」（uncharted waters）（Gardner, 1993; Sternberg & Lubart, 1996）。你也可以效法「預備」（preparation）的精神。高度創造力的人們通常已沉浸多年以獲得專門知識——在他們終至於有卓越表現的那個領域（Weisberg, 1986）。最後，你還可以效法「內發動機」（intrinsic motivation）的精神。高度創造力的人們追求自己的工作，乃是因為他們對自己創作的成果感到愉悅及滿足（Collins & Amabile, 1999）。假使你能夠在自己生活中把所有這些因素結合起來，你應該能夠提升你個人創造性表現的水準。

最後，大眾對於超常創造力的人們經常持有一種刻板印象，即他們的生活經驗瀕臨於瘋狂（或包括了瘋狂的經驗）。長久以來，人們就認為非凡的創造力往往與瘋狂有密切關聯。較為近代，Kraepelin（1921）認為，當人們受擾於「躁－鬱精神失常」（或雙極性疾患）時，躁期（manic phases）為奔放不羈的思考歷程提供了背景，以促成不尋常的創造力。如我們在第 14 章將看到，躁症（mania）是在一些期間中持續的騷動不安，當事人通常在情感和舉動上興高采烈而自由奔放。無疑地，藝術和文化上的許多偉大人物曾受擾於這樣的心境疾患（Keiger, 1993）。但是，研究學者如何決定這些人的實際思考歷程是否受到他們心理疾患的影響？

為了回答這個問題，Robert Weisberg 檢驗德國知名作曲家舒曼（Robert

Schumann, 1810-1856）的藝術創作。舒曼曾被診斷罹患了雙極性疾患（bipolar disorder）。Weisberg 發現，舒曼處於狂躁狀態下的那些歲月中創作了顯著較多的作品（平均 12.3 件）；相較之下，他處於憂鬱狀態下的那些歲月中的作品較少（平均 2.7 件）。這似乎支持躁症與創造力之間的關聯。然而，假使也考慮「品質」因素的話，舒曼在狂躁的那些歲月中創作的曲子在品質上不見得高於他在憂鬱的那些歲月中創作的曲子。一般而言，在審慎檢視歷史上的個案後，發現創造力與瘋狂（以狂躁的形式）之間的相關偏低，這導致 Albert Rothenberg 這位專家下了這樣的結論：「關於人們必須自身承受苦楚才能夠理解人類的憂傷和他人的苦楚，這只是不切實和太過浪漫的想法。」

再者，儘管若干心理疾病與創造力之間存在微弱的相關（*Lauronen et al., 2004*），如我們一直強調的，相關並不表示存在因果關係。有可能情況是，若干心理疾病（如雙極性疾患）使得人們較具創造力；也可能情況是，人們致力於高度創造力，這提升了他們將會經歷心理疾病的可能性；還可能的情況是，人們腦部的一些特性使得他們有高度創造力，同時也較易於發生心理疾病——但是這兩種現象之間沒有因果關係（*Dietrich, 2004*）。

第六節　評鑑與社會

心理衡鑑的主要目標是準確地評鑑人們，以避免人為判斷的可能失誤。這個目標的達成是以較客觀的測量方法取代主觀的判斷。儘管如此，「評鑑」在心理學領域中始終是最具爭議性的話題之一。這主要反映在三個倫理的考量上：根據測驗結果從事決定的公平性、測驗在教育評估上的實用性，以及利用測驗分數作為標籤來為人們分類的正當性。

有些人批評測驗方法的公平性，他們認為測驗為一些受試者可能帶來了較高的代價（負面後果）——相較於為另一些人（*Helms, 2006; Hosp et al., 2011*）。例如，少數團體在一些測驗上拿到偏低的分數，假使根據測驗結果而排除他們從事若干工作的機會，它的代價將相當高。這些批評者指出，採用測驗分數（及武斷的取捨標準）來決定所就讀學校或所分發的工作，似乎只是為「淘汰不符合標準的分子」的決策製造科學正當性的錯覺。再者，過度依賴測驗將會使得人事甄選只是側重人們對既存工作的單向配合。反而，如果有時候稍微對掉角色，改變工作的一些特性以配合人們的需求及能力，這可能對社會更有助益。

第二個道德上的考量是，測驗不僅是在協助對學生進行評估，它可能也在教育的塑造上扮演一定角色。我們社會往往根據學生們在標準化成就測驗上的分數高低，來

評斷他們所就讀學校或所任教老師的素質。這造成的影響是，各種官方或民間機構對各所學校的資助，以及甚至個別教師的薪資都是以測驗分數爲憑據。測驗分數原本是被用來提供關於學生能力的客觀證據，以避免學校制度或若干教師的偏見造成的不當評分，但這樣的善意卻經常被誤用。例如，許多學校採取分班制度，它雖然標榜因材施教，卻造成了不公平的教育機會。

　　第三個道德上的考量是，測驗結果可能產生標籤效應。人們的測驗分數已被具體化爲個人的「不動產」，被授予絕對的定義，不再被視爲只是跟適當常模的一種相對比較。這表示人們往往認定自己是一個「IQ110」的人，或看待自己是一位「B成績」的學生，就彷彿該分數是貼在他們前額上的標籤，隨著人們開始相信自己的心理特質和個人特性是固定而不變的（他們不能改善自己的宿命），這樣的標籤將會成爲進步的阻礙。對那些受到負面評價的人們而言，該分數可能引起動機上的自我設限，不但貶低他們的自我效能感，也降低了他們所願意承受的挑戰。這也正是對IQ的種族差距進行大肆報導的另一個隱伏的後果。那些被公開烙印的人們就是以這種方式逐步相信「專家」對他們的預言，從而不認同學校和教育是提升他們生活的良好手段。

　　除了個人意涵外，這種授予測驗分數神聖地位的傾向也具有社會意涵。當測驗分數成爲鑑定個人內在特質、狀態、適應不良、衝突及病態等的標籤時，人們開始考慮的是個別兒童的「偏差情形」，而不是考慮教育體系可能需要更改教學方案以順應所有學習者。標籤使得聚光燈打在偏差的人格上，而不是打在他們環境的功能不良層面上。在抱持個人主義取向的社會中（就像美國），人們都太傾向於把成敗錯誤地歸因於個人，另一方面卻低估了行爲背景的衝擊。我們把失敗怪罪於受害人，因此使得社會擺脫了責任；我們把成功歸之於個人，因此沒有認識到許多社會影響力才使之成爲可能。我們有必要正確認識，個人現在的存在是他過去的存在、他預計自己未來的存在，以及當前正影響他行爲的情境等的共同產物。

第十章

生命全程的人類發展

這一章展開關於發展心理學（developmental psychology）的討論。發展心理學是心理學領域的一個分支，它主要涉及個人在成長的各個過程和階段中所發生之身體功能和心理功能上的變化，從懷孕開始以迄於整個生涯。發展心理學家的任務是找出有機體如何及為什麼隨著時間而變化。他們探討不同的能力和功能最初是在什麼時期出現，然後觀察這些能力如何演變。

這一章中，我們將檢視各個不同層面的生涯發展。我們的基本前提是：心智功能、社會關係及另一些重要層面的人類特質在整個生命週期中不斷發展及演變，你始終處於轉成（becoming）的過程中。表 10-1 呈現了一份關於生命全程（life span）之主要時期（或階段）的概略指南。

第一節　探討發展

當人們構思「生命全程」時，他們通常把兒童期視為大抵是獲益（gains），也就是朝良好方向演變。他們也把成年期的過程視為大抵是損失（losses），也就是朝不好方向演變。然而，我們在這裡將採取的發展觀點強調的是選擇（options）；因此，「有得有失」是所有發展的基本特徵（*Dixon, 2003; Lachman, 2004*）。例如，當人們選定一生的伴侶時，他們放棄多樣化的機會，但是得到了安穩及保障。當人們退休時，他們放棄了地位，但是獲得了悠閒時間。顯然，任何演變幾乎總是涉及公平交易（trade-offs）。

另外也很重要的是，你不要視發展為一種消極被動的歷程。你將會看到，許多發展的變化需要個人積極主動地參與他的環境（*Bronfenbrenner, 2004*）。

表 10-1　生命全程發展的各個階段

階段	年齡期間
產前期	受孕到出生
嬰兒期	足月出生到 18 個月左右
兒童早期	大約 18 個月到 6 歲左右
兒童中期	大約 6 歲到 11 歲左右
青少年期	大約 11 歲到 20 歲左右
成年早期	大約 20 歲到 40 歲左右
成年中期	大約 40 歲到 65 歲左右
成年後期	大約 65 歲及以上

　　為了佐證發展上的變化，第一個良好步驟是決定一般人在特定年齡是什麼模樣——在身體外觀及認知能力等方面。常模調查（normative investigations）試圖描述某特定年齡或發展階段所具有的特徵。透過有系統地檢驗不同年齡的個體，研究人員可以決定發展的界標。這些資料提供了常模（norms），也就是根據對許多人的觀察而建立起來之發展或成就的標準模式。這種資料指出了若干行為被展現時的平均年齡。因此，當我們評定一個兒童的表現時，我們就能以同年齡其他個體的典型表現作為標準來評定他的相對位置。

　　常模標準使得心理學家能夠對實足年齡（chronological age，從個人出生後算起的實際月數或年數）與發展年齡（developmental age，指個人發展——身體發育或心理發展——程度的年齡）加以區別。例如，當 3 歲兒童擁有大多數 5 歲兒童典型具有的語文技能時，他就被認定在語文技能上擁有 5 歲的發展年齡。常模為個體之間和團體之間的比較提供了基準。

　　發展心理學家採用幾種研究設計以理解發展演變的可能機制。在縱貫設計（longitudinal design）中，同一個人在不同時間中重複地接受觀察及測試，通常長達許多年（參考圖 10-1）。因為縱貫法實際追蹤個體隨著發展而發生的變化，它可以告訴我們當事人的發展對照於他人的情形，也就是鑑定「個別差異」。此外，為了了解不同人們的生活結果，研究人員可能評估生活早期的一些潛在的致因，然後觀察這些因素如何影響每個人的生活過程。

　　縱貫法的一般優點是研究人員可以分析個別受試者的發展，也可以確認成熟與經

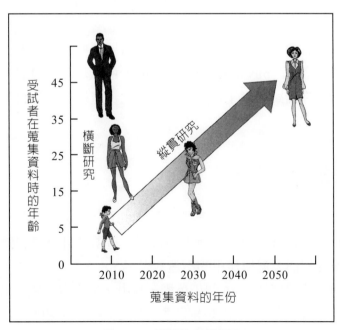

圖 10-1　縱貫法與橫斷法

驗之間的關係——既然受試者都活過相同的社會經濟時期，年齡相關的變化就不能再被歸之於是不同的社會情勢（或境遇）所致。然而，縱貫法的缺點是它的一些論斷只能適用於相同出生群（cohort）的人們——也就是跟研究受試者出生在同一時期的那些人們。縱貫法的另一些缺點還包括研究時間較長、花費龐大，以及受試者容易流失等。

大部分關於發展的研究是採用橫斷設計（cross-sectional design）。橫斷法的特色是對不同發展階段（年齡或年級）人們的一種或多種行為同時進行觀察及比較。研究人員因此可以把所觀察的行為差異歸之於可能是年齡變動所造成。橫斷法的優點是「迅速」和「簡易」，我們可以從這一年度開始著手，採集不同年齡人們的行為作為樣本，這樣就全部完成了——因為它可以在同一時間中調查整個年齡範圍人們的典型特徵。但是，這項設計的缺點是不能用來分析同一年齡團體內的個別差異，而且沒有考慮到不同時期所發生之社會、政治或文化的變動，因此無法對不同出生時期（或年代）的人們進行比較。

序列設計（sequential design）是把橫斷法和縱貫法的特徵結合起來使用，也就是同時找來幾群不同年齡的受試者，然後每隔一段時期就追蹤他們的發展狀況。這種研究設計兼有上述兩種方法的一些優點，研究人員不但可以比較不同組受試者在相同年齡時的發展狀況，也可以追蹤每一組在不同時期的發展狀況。

第二節　生命全程的身體發育

在像道德發展和社會發展這樣的領域上，你需要一些特殊知識才能偵察發展上的變化。然而，在身體發育（physical development）的領域上，發展上的變化通常清楚可見。從出生開始，你無疑經歷了巨大的身體變化。這樣的變化將會持續到你生命的終點。

一、產前和兒童期的發育

隨著精子與卵子相遇及結合而成為單一細胞的合子（zygote），再經過在母親子宮中 9 個月的孕育，最後就成為一位新生的人類。這項不可思議的轉換過程受到進化原理的引導，也是受到個人遺傳作用的塑造。

所有正常人類的體細胞都有 46 個染色體，其中一半來自母親，另一半來自父親。在男性和女性身上，有 22 對染色體是相同的，第 23 對染色體則決定嬰兒的性別。男性有一個 X 染色體和一個較小的 Y 染色體，即 XY 對。女性則有兩個 X 染色體，即

XX 對。

(一) 子宮中的身體發育

在合子形成之後，前兩個星期被稱為產前發育的胚種期（germial stage）。在這個階段中，細胞開始快速分裂；大約一個星期後，一團極微的細胞貼附在母親的子宮壁上。產前發育的第 3 到第 8 個星期稱為胚胎期（embryonic stage）。在這個階段中，細胞繼續快速分裂，但是細胞開始特化以形成不同的組織及器官。

個人最早出現之任何種類的行為是心跳，也就是心肌的活動。心跳在產前期（prenatal period）就已開始，當時胚胎的形成不過 3 個星期，長度只有六分之一英吋。第 6 個星期的時候，我們已可觀察到胚胎對刺激的反應，這時候胚胎還不足 1 英吋長。第 8 個星期的時候，我們可看到胚胎的自發動作（*Kisilevsky & Low, 1998*）。

第 8 個星期後，發育中的胚胎便稱為胎兒（fetus）。母親在懷孕的第 16 個星期左右可感覺到胎兒的活動。在這個時候，胎兒大約 7 英吋長（出生時的平均身高是 20 英吋）。隨著腦部在子宮中成長，它以每分鐘 25 萬個的速率產生新的神經元，直到出生時已達到全數超過 1,000 億個神經元（*Stiles & Jernigan, 2010*）。在人類和其他許多哺乳類動物身上，大部分的這種細胞增殖和神經元遷移到正確位置上是在產前發生；至於軸突和樹突之分枝歷程的發展大致上是在出生後才發生（*Kolb, 1989*）。

在懷孕的過程中，像是營養不良、傳染病、輻射線或藥物等環境因素可能阻礙各種器官和身體構造的正常形成。例如，當母親受孕後的前 6 個星期內感染德國麻疹（rubella）時，嬰兒將會出現不利後果的機率可能是 100%（*De Santis et al., 2006*），這些後果包括智能不足、視力受損、耳聾或心臟缺陷。但假使暴露於有害物質是發生在稍後期間，不良後果的機率將會大為降低下來（例如，在第 4 個月時是 50%；在第 5 個月時是 6%）（*Murata et al., 1992*）。同樣的，假使母親在敏感期（sensitive periods）攝取若干物質（如酒精）的話，這將置她們未出生的孩子有腦傷和另一些損害的高度風險（*Bailey & Sokol, 2008*）。例如，臉部畸形經常是源於母親在懷孕的前兩個月中飲酒（*Coles, 1994*）。懷孕婦女吸菸的話，經常也置她們子女有高度的危險，特別是在懷孕的後半段，它提高了流產、早產，以及嬰兒出生時體重偏低的風險。事實上，婦女在懷孕期間暴露於二手菸的話，她們也較可能產下體重偏低的嬰兒（*Crane et al., 2011*）。

有些物質在懷孕期間的幾乎任何時候都可能造成傷害。例如，古柯鹼將會穿過胎盤而直接影響胎兒的發育。在成年人身上，古柯鹼引起血管收縮；在孕婦身上，古柯鹼抑制胎盤的血液流動，也就降低了對胎兒的氧氣供應。假使造成嚴重缺氧的狀況，胎兒腦部的血管可能破裂。這種胎兒期的中風可能導致終身的智能障礙（*Koren et al., 1998; Singer et al., 2002*）。研究已顯示，古柯鹼最常損害的是那些負責支配注意力的大腦系統。因此，兒童在子宮中曾暴露於古柯鹼的話，他們可能一生都要致力於克服不相

干景象和聲音帶來的干擾。

透過這些實例，我們強調的是先天與後天的交互作用之下塑造了身體和腦部的發展——即使是在嬰兒出生之前。

(二) 適存的嬰兒

當嬰兒呱呱墜地時，他們的身體和腦部被編排了怎樣的能力？我們習慣於認爲，新生兒是完全無助的。然而，這幾十年來的研究改變了我們對新生兒的看法。嬰兒在展開生命之時顯然已具備了驚人的能力，他們能夠應用自己的感官以獲得訊息，而且應對那些訊息。他們可以被視爲「適存的」（prewired for survival），也就是良好適合於應對成年人的照顧，而且影響他們的社會環境。

首先，嬰兒出生就擁有反射的劇本，這提供許多他們對於環境最早期的行爲反應。反射（reflex）是由特定刺激所自然引發的一些反應，這樣的刺激對有機體具有生物關聯性。考慮兩種反射，它們相當實際地使得嬰兒適存。當某些東西輕觸嬰兒的臉頰時，嬰兒會朝著該方向轉移他們的頭部。這種求食反射（rooting reflex）使得新生兒能夠找到他們母親的乳頭。當某一物件被放進嬰兒的嘴中，嬰兒會開始吸吮。這種吸吮反射（sucking reflex）使得嬰兒能夠開始被餵食。這類反射維持嬰兒在他們生命的前幾個月生存下去。

例如，嬰兒甚至在出生之前就能夠聽到聲音。研究已證實，嬰兒當還在子宮中時聽到些什麼具有重要影響。新生兒較喜歡聽到他們母親的聲音——相較於其他女性的聲音（*Spence & DeCasper, 1987; Spence & Freeman, 1996*）。事實上，最新近的研究顯示，嬰兒甚至在出生之前已認得他們母親的聲音——當聽到母親的聲音時，胎兒的心跳加速（*Kisilevsky et al., 2003*）。

你可能好奇，嬰兒是否也較爲感應他們父親的聲音。不幸地，至今的研究指出，嬰兒似乎在他們父親方面沒有擁有足夠的聽覺經驗。新生兒對他們父親的聲音沒有顯現特別的偏好（*DeCasper & Prescott, 1984*）。即使在 4 個月大時，嬰兒仍然不特別偏愛他們父親的聲音——相較於陌生人的聲音（*Ward & Cooper, 1999*）。

嬰兒的視覺系統也幾乎立即就展開運作。新生兒的眼睛在出生後的幾分鐘就保持機警，朝著聲音的方向轉動，似乎好奇地尋找若干聲音的來源。即使如此，相較於其他感官，視力在出生時尚未充分發展。成年人的視敏度（visual acuity）優於新生兒的視敏度大約 40 倍（*Sireteanu, 1999*）。但是在嬰兒生活的前 6 個月中，視敏度迅速地增進。新生兒也尚未預備好經歷這世界爲三度空間的形式。直到大約 4 個月大時，嬰兒才能夠結合來自兩眼的訊息以察覺深度。我們在第四章提到，你運用各式各樣線索以感受深度。研究人員已開始佐證嬰兒能夠解讀每種線索的時間進展。例如，在 4 個月時，嬰兒開始能夠運用像是相對運動和重疊等線索，以之從物體二度空間的影像推

三度空間的結構（*Shuwairi et al., 2007; Soska & Johnson, 2008*）。

　　然而，即使沒有完美的視力，嬰兒仍有視覺上的偏好。先驅研究人員 Robert Fantz（*1963*）便觀察到，早在 4 個月大時，嬰兒就較喜歡注視有清楚輪廓的物體（相較於平坦的物體）、適度複雜的物體（相較於簡易的物體），以及完整的臉孔（而不是把各個特徵任意拼湊而成的臉孔）。較新近的研究指出，早在出生後的第 3 天，嬰兒就擁有對頭重腳輕圖案（top-heavy patterns）的偏好（*Macchi Cassia et al., 2004*）。為了感受頭重腳輕的圖案，你不妨找一面鏡子注視你的臉孔，你的眼睛及眉毛等遠比你的嘴唇占據了較大的空間。臉孔屬於頭重腳輕的圖案，這個事實可能解釋了為什麼嬰兒偏好注意人類臉孔──相較於其他形式的視覺陳列。

　　一旦兒童開始在他們環境中移動，他們很快就獲得其他知覺能力。例如，在吉布森和沃克（*Eleanor Gibson and Richard Walk, 1960*）的經典研究中，他們檢視幼童如何應對深度訊息。這項研究利用一種稱為視覺懸崖（visual cliff）的裝置。如圖 10-2 所示，視覺懸崖是四周圍起，中間平放一片厚玻璃，作為能供嬰兒爬行的平台。玻璃下面襯以黑白相間的方格布料，以便造成一邊是深端，一邊是淺端。在他們原來的研究中，吉布森和沃克實際示範，幼兒將會欣然離開玻璃平台的中央線，以便爬向淺端，但是他們不願意爬向深端。後繼的研究已證實，幼兒對深端的恐懼取決於爬行的經驗。當幼兒已開始爬行時，他們會感受到對深端的恐懼，至於他們尚未爬行之同一年齡的同伴則不會（*Campos et al., 1992; Witherington et al., 2005*）。因此，對高度的戒慎不完全是「先天編排的」，但是隨著幼童開始在自己的力量下探索這個世界，它很快速就發展出來。

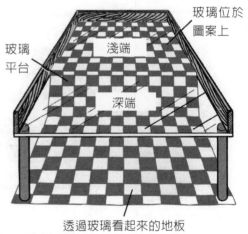

玻璃位於圖案上

玻璃平台　淺端

深端

透過玻璃看起來的地板

圖 10-2　視覺懸崖

一旦幼童已獲得在他們環境中爬行的經驗，他們顯現對視覺懸崖之深端的恐懼。

(三) 兒童期的成長與成熟

新生兒以驚人的速率演變，但是如圖 10-3 所顯示，身體成長不是在所有身體構造上都維持等速。你或許已注意到，嬰兒看起來似乎頭大如斗。出生之時，嬰兒的頭部已有成年時整體大小的 60%，且占有出生時全部身長的四分之一（*Bayley, 1956*）。嬰兒的體重在前 6 個月增加為出生時的 2 倍；在周歲之前已增加至原來的 3 倍。抵達 2 歲的時候，幼兒的軀幹已大約有成年時身高的一半。性器官的發育則依循一種極為不同的發展方案。在青春期之前，生殖器官幾乎沒有顯現變化，然後在青春期（puberty）這幾年中突然迅速發育，直達成年人的比例。

對大多數兒童而言，身體成長通常伴隨著運動能力的成熟。成熟（maturation）是指當某物種在平常的棲息地被養育長大時，該種族的所有成員典型經歷的成長過程。新生兒經歷之特有的成熟順序，取決於所繼承的生物界限（biological boundary）與環境輸入之間的交互作用。為了理解環境輸入的衝擊，發展心理學家在敏感期與關鍵期之間作出區分。敏感期（sensitive perid）是指最適宜的一個年齡範圍，以供兒童擁有跟正常發展有關聯的一些特定環境經驗。如果兒童在敏感期擁有這些經驗，發展的進行將會最為順暢。然而，如果他們在生命的較後期才擁有這些經驗，他們將仍然能夠經歷發展——只是有較高的難度。關鍵期（critical period）則對發展課以更強的限制：關鍵期是兒童必須獲得特定環境經驗的一個年齡範圍。假使在

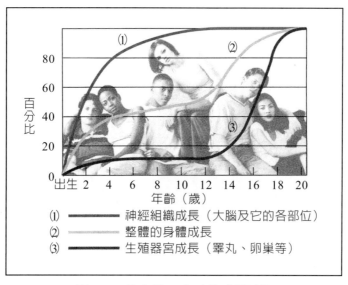

圖 10-3　生命前 20 年中的成長型態

在生命的第 1 年中，神經組織的成長非常快速，遠快於整體的身體成長。對照之下，生殖器官直到青少年期才趨於成熟。

關鍵期缺乏特定的經驗，兒童可能再也無法發展出某一特定功能。

　　讓我們考慮運動發展的一個特定例子。在行走動作的次序發展上，如圖 10-4 所顯示，幼兒不需要特別的訓練就學會走路。這樣的動作次序適用於絕大多數的幼兒；只有少數幼兒會跳過某步驟，或發展他們自己特有的次序。即使如此，在提供較少身體刺激的文化中，幼兒開始走路的時間將會落後些。在美國原住民的習俗中，幼兒被緊綁在背籃中而妨礙了走路；但是，一旦被釋放出來，幼兒將會經歷相同的發展次序。因此，你可以認定，所有健全的新生兒在身體成熟上都擁有同樣的潛能。

　　兒童的身體發育遵循兩個普遍的原則。首尾原則（cephalocaudal principle）是指發育的進展是依循從頭部到下肢的方向。例如，兒童典型地先發展出對他們手臂的控制，然後才發展出對雙腿的控制。先近後遠原則（proximodistal priniciple）是指身體接近中心的部分發展在前，末端則發展在後。例如，兒童軀幹的發展先於他們手臂，手臂先於雙手，雙手則又先於手指。最後，發育的進行典型地是從「大肌肉活動」（gross）到「小肌肉活動」（fine）。大型動作技巧涉及大型的肌肉，諸如當嬰兒踢腿或翻滾時。小型動作技巧需要小型肌肉較為精巧的協調。隨著他們發展出精細動作技巧，嬰兒變得能夠握住物件，或將之放入嘴中。

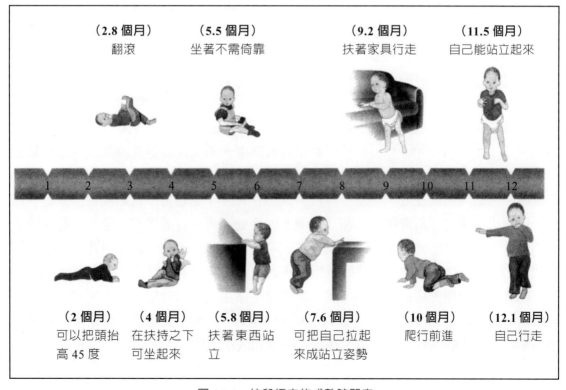

圖 10-4　幼兒行走的成熟時間表

二、青少年期的身體發育

兒童期結束的最初具體指標是青春期生長陡增（pubescent growth spurt）。女孩大約在 10 歲左右，男孩則大約在 12 歲左右，成長激素被分泌而在血液中流動。在接下來幾年中，青少年可能每年長高 3-6 英吋，同時體重也快速增加。青少年的身體不是同一時間都達到成年人的比例。首先是手和腳成長到成年人的大小。然後是手臂和大腿，軀幹的發育則最為緩慢。因此，在青少年的歲月裡，個人的整體外觀會改變好幾次。

生長陡增開始之後的 2 到 3 年就達到了性成熟，或稱青春期（puberty，*pubertas* 這個拉丁字意謂著「覆蓋毛髮」，表示毛髮在手臂和腿部、在腋下，以及在生殖器部位的生長）。對男孩而言，青春期起始於製造有活力的精子；女孩則起始於初潮（menarche），也就是月經期的開始。在美國地方，初潮的平均年齡是在 12 歲到 13 歲之間，雖然正常範圍可從 11 歲延伸到 15 歲。對男孩而言，製造有活力的精子且伴隨射精能力，平均而言初次是發生在 12 歲到 14 歲之間。但是同樣的，這個實際時機有很大變異範圍。這些身體變化通常帶來了性意識的覺醒。

另一些重要的身體變化發生在青少年的大腦之內。研究人員一度認為，在生命的前幾年，大部分腦部成長已完成了。然而，新近的研究採用腦部造影技術，它們已證實青少年的大腦內有持續的發育（*Paus, 2005*）。研究人員已佐證，特別重要的變化是發生在邊緣系統（調節情緒的歷程）和額葉（這個部位負責策劃和情緒的控制）。然而，邊緣系統的成熟居先於額葉的成熟。這些部位內發生變化的相對時機，可以解釋青少年期之社會發展的最顯著層面之一：青少年傾向於從事有風險的行為（*Andrews-Hanna et al., 2011*）。

研究人員推斷，邊緣系統的成熟使得青少年準備好前往世界闖一闖，以脫離家庭的保護（*Casey et al., 2008*）。至於在進化的脈絡中，額葉皮質是在控制及支配情緒衝動，它在生命的稍微後期才會成熟。為了脫離家庭而生存，青少年將必須冒著一些初步風險。但是問題就在於，在當今時代，人們在青少年期通常不再離開他們家庭。因此，所演化出來之「新奇尋求」和「冒險」的衝動不再具有適應的功能。幸好，隨著人們從青少年期發展到成年期，額葉獲致成熟（*Steinberg, 2008*）。額葉與邊緣系統之間形成新的連結。這些新的連結使得個體能夠對他們的情緒衝動行使更多的認知控制。

隨著青少年期的經過，你的身體再度抵達生命中的一個時期，即生理變化相對地極輕微。你可以透過多種方式（例如，節食和運動）影響你的身體，但是下一系列顯著的變化（老化的一致後果）發生在成年中期和成年後期。

三、成年期的身體變化

隨著年齡更大,最明顯的一些變化是發生在你的外貌和能力上。隨著你年老,你可以預期皮膚將會產生皺紋、頭髮將會變得稀薄和灰白,身高也將會減低 1 到 2 英吋。你也可以預期你的一些感官將會變得較不敏銳。這些變化並不是在 65 歲時才突然顯現,它們是逐漸發生,可能早在成年早期就已展開。然而,在我們描述一些年齡相關的共同變化之前,我們先提出一個較綜合性的論點:許多身體變化不是源於老化(aging),而是源於荒廢不用(disuse);換句話說,研究支持「用進廢退」(Use it or lose it)這句格言的普遍理念。假使老年人能夠維持健身的計畫,對於通常被認為是老化的一些不可避免的結果,他們可以經歷較少逆境(值得注意的是,當我們討論中年人和老年人的認知及社會層面時,我們也將獲致完全相同的結論)。

㈠ 視力

從大約 40 歲到 50 歲後,大部分人開始感受他們視覺系統的功能發生變化。他們眼睛的水晶體變得較不具彈性,而改變水晶體厚度的肌肉也變得不具效能。隨著年齡的增長,人們眼睛的水晶體逐漸失去彎曲性,且呈現黃褐色。水晶體的變黃被認為造成了一些老年人的顏色視覺有所減退。老年人特別難以分辨較低波長的顏色,如紫色、藍色和綠色。水晶體的硬化可能造成觀看近物相當困難。水晶體的硬化也會影響暗適應(dark adaptation),使得老年人的夜間視力發生麻煩。許多發生在老年人身上之正常視力變化可以透過鏡片矯正過來。

㈡ 聽力

60 歲以上的人們常有聽力減損的現象。老年人往往在高頻的聲音上聽力不足(*Mendelson & Rajan, 2011*),男性在這種缺損上通常比起女性來得嚴重。因此,老年人可能不容易聽清楚他人的談話——特別是出自高音調的聲音(但奇怪的是,隨著年齡的增長,人們說話聲音的音調將會趨高——出於聲帶的硬化)。聽力缺損可能是漸進的,個人直到相當嚴重之前不容易察覺。此外,即使當事人察覺聽力減損,他可能會加以否認,因為它被視為是老化之惹人嫌的徵兆。聽力減損的一些生理層面可以透過戴上助聽器加以克服。你也應該留意,隨著你進入老年或跟老年人交談時,你最好放低聲調、發音清晰,以及設法降低背景噪音,這有助於老年人更充分了解你的談話。

㈢ 生殖功能和性功能

我們看到春青期標記了生殖功能的初始。到了中年期和老年期,生殖能力逐漸減弱下來。在 50 歲左右,大多數婦女發生停經期(menopause,或稱更年期),也就是

月經和排卵的終止。對男性而言，他們的變化較不那般突兀，但到了 40 歲之後，精子能存活的數量開始減少，而且在 60 歲之後，精液的流量也減退下來。當然，這些變化主要與生殖功能有關聯。但年齡的遞增和身體變化不必然會損害另一些層面的性經驗（*De Lamater & Sill, 2005; Lindau et al., 2007*）。實際上，性行為是生命中「有益健康的享樂」之一，它可以促進順利地老化——因為性行為具有激勵的作用、提供了有氧運動、激發想像力，以及是一種重要形式的社會互動。

第三節　生命全程的認知發展

　　個人如何理解物理現實和社會現實在生命全程中的演變？認知發展（cognitive development）是指探討心理的歷程和產物，隨著這些歷程和產物在生活中顯現及演變。

　　你如何解釋新生兒跟 10 歲兒童之間的重大差異呢？在什麼程度上這樣的發展是由遺傳（先天）所決定？又在什麼程度上它是學得的經驗（後天）的產物？關於「先天－後天」的爭議已有長久的歷史，許多哲學家、心理學家及教育家們一直在爭辯「遺傳 vs. 學習」的相對重要性。在辯論的一方，許多人相信人類嬰兒生來不擁有知識或技能，嬰兒的心靈就像是一張白紙，然後各種經驗（以人類學習的形式）逐漸在這張白紙上留下色彩和痕跡。這種觀點最初是由英國哲學家洛克（John Locke）所倡導，稱為經驗主義（empiricism），它把人類發展歸因於經驗。經驗論者主張，引導人類發展的是人們在被養育過程中所接受的刺激。至於在反對經驗主義的陣營中，代表人物是法國哲學家盧梭（Jean-Jacques Rousseau）。他提倡先天論（nativism）的觀點，認為天性（nature）是塑造個人發展的鑄模。事實上，他認為人們在出生時是個「高貴的野蠻人」，人類善良的本性是在與社會接觸的過程中被寵壞及腐化了。我們關於認知發展的討論將可引導你看出，辯論的雙方都存在一些事實。兒童擁有先天的預備性，以便從他們在這世界中的經驗獲得學習。

　　關於人類認知系統的本質，這方面存在兩種主要的透視。第一種是訊息處理（information-processing）的探討方式，它以電腦的訊息處理作為模式，探討人們如何思考和處理訊息。第二種是瑞士心理學家皮亞傑（Jean Piaget）的先驅研究，我們以下加以論述。

一、皮亞傑關於心理發展的洞察力

　　關於兒童如何思考、推理及解決問題，皮亞傑在這方面知識的建立上可說居功厥

偉。在幾近 50 年的學術生涯中，他致力於觀察兒童的智能發展。皮亞傑把人類心智視為一個主動的生物系統，試圖尋找、選擇、解釋及重組環境訊息，以便能夠調適於自己既存的心智結構。

　　兒童如何把透過感官經驗所蒐集之特定而具體的訊息轉換為綜合而抽象的（不受限於任何當前的刺激情境）概念呢？為了回答這個問題，皮亞傑探討兒童如何知覺各種情境，以及如何認識物理現實。他的興趣不在於兒童所擁有的訊息數量，而在於他們的思考方式，以及他們關於物理現實的內在表徵如何在發展的不同階段發生演變。

　　皮亞傑關於認知發展的理論探討以三個要素為其核心：(1) 基模；(2) 同化和調適；(3) 四個階段的認知成長。

(一) 基模

　　基模（schemes）是指個人用以解讀這個世界的心理結構。基模是發展上的變化的建築磚塊。皮亞傑描述嬰兒初始基模的特色是感覺動作智力（sensorimotor intelligence），也就是引導感覺動作序列（諸如吸吮、注視、抓握及推開）的心理結構或程式。3 個月大的嬰兒就以非常實際的手部和嘴部的動作來應對感官刺激，這是他們思考和認識世界的方式。隨著進一步的練習，初步的基模被組合、統整及分化為不斷更複雜、多樣化的動作模式。

(二) 同化作用和調適作用

　　根據皮亞傑的說法，認知成長是透過兩種基本歷程的協力運作。在同化作用（assimilation）中，新的環境訊息要稍作變動以適合已知的。在調適作用（accommodation）中，已知的要稍作變動以適合新的環境訊息。換句話說，同化作用變更新的環境訊息以符合已知的訊息；兒童接觸既存的基模以建構所輸入的感官資料。調適作用則是重新建構或變更兒童既存的基模，以便新的訊息能夠更充分地被解釋。

　　考慮嬰兒從吸吮母親的乳頭，到吸吮奶瓶的奶嘴，再到經由吸管啜飲，以至於從杯子直接飲用，這整個過程所發生的轉變。最初的吸吮反應是一種反射動作，出生時就出現，但它必須稍作變更，以便嬰兒的嘴巴適合母親乳頭的形狀和大小。在適應奶瓶上，嬰兒仍然使用原先程序的許多部分（同化作用），但必須以多少不同於先前的方式掌握及汲取橡皮奶嘴，且學會以適宜角度托住奶瓶（調適作用）。從奶瓶到吸管再到杯子的步驟需要更多的調適，但是繼續依賴早先的一些技巧。

　　皮亞傑把認知發展視為同化和調適以一種上升盤旋的歷程不斷交織的結果。同化是在保存和增添既存的項目，因此把現在與過去連繫起來。調適是源於環境所提出的新問題。兒童存在於舊觀念與新經驗之間的差異是認知發展上演變的重要推動力，

它們促使兒童開發較適應之認知架構或認知歷程，進而能夠採取有創造性而適宜的行動以迎接未來的挑戰。因此，同化和調適二者都是個人所需要的，但是二者必須維持均衡的狀態。透過這兩種歷程，兒童的行為和知識變得較不依賴具體的外界現實，變得較依賴抽象的思維。心智成長總是依循這樣的途徑：從依賴「外觀」朝向依賴「規則」；從具體、物理的事項朝向抽象、符號的事項。

(三) 認知發展的各個階段

皮亞傑相信兒童的認知發展可被劃分為四個依序、不連續的系列性階段（參考表10-2）。所有兒童被認為都以相同的次序通過這些階段，雖然有些兒童在通過特定階段上可能花費較長時間，即他們在發展速率上可能有所不同。

1. **感覺運動期**（sensorimotor stage，大約從出生到 2 歲）

在最初幾個月中，嬰兒的大部分行為是建立在有限的一些與生俱來的基模上，像是吸吮、注視及抓握等。在第 1 年中，嬰兒的感覺運動序列不斷改善、結合、協調及統整（例如，吸吮與抓握，注視與操弄）。隨著嬰兒發現自己的行動可對外界事件產生影響，這些行為序列變得更為多樣化。

嬰兒期最重要的認知進展是對不在眼前的物體（即嬰兒沒有直接進行感覺運動接觸的那些物體）形成心理表徵的能力。到了第 2 年結束之時，兒童已發展出這種能力。「物體永存性」（object permanence）是指兒童理解物體的存在及運作可以無涉於（獨立於）他個人的行動和察覺。例如，在生命的第 1 個月中，嬰兒會以眼睛追蹤物體，但是當物體從視野中消失時，他們就轉頭不顧，彷彿該物體也已經從他們心裡消失了。然而，大約 3 個月大的時候，他們將會繼續注視物體消失的地方。許多實驗安排移動的物體消失在屏幕後，再從預期或非預期的位置出現，然後研究兒童對移動物體的視覺追蹤和驚訝反應，所得結果都支持上述的觀察。在 8 到 12 個月大之間，幼

表 10-2　皮亞傑的認知發展階段

階段／年齡	特性和主要的成就
感覺運動期（0-2）	兒童以少數一些感覺運動序列展開生活。兒童發展出物體永存性和符號思考的濫觴。
前運思期（2-7）	兒童思維的特色是自我中心主義和集中化。兒童運用符號思考的能力有所增進。
具體運思期（7-11）	兒童掌握了守恆（保留）概念。兒童可以就具體、實際的物體從事推理。
形式運思期（11 →）	兒童發展出抽象推理和假設性思考的能力。

兒開始尋找那些消失的物體。到了 2 歲大時，兒童已完全確認「看不到」的物體將會繼續存在（*Flavell, 1985*）。

2. 前運思期（preoperational stage，大約從 2 歲到 7 歲）

這個階段最重要的認知進展是表徵性思考（representational thought，或表象思維）的鞏固，兒童可在心理表徵當前不實存的物體。雖然表徵性思考在感覺運動期就已開始，但它直到前運思期才充分地發揮運作。在這個時期，兒童心智最主要的三個特徵是：⑴ 自我中心主義（自我本位的強調）；⑵ 沒有能力區別心理世界與物理世界；⑶ 集中化（只強調物體的核心特徵）。

在前運思階段，年幼的兒童只能從一種角度來想像世界，這個角度就是他們自我本位的觀點；他們還沒有能力採取另一個人的觀點。這種自我中心主義（egocentrism）很明顯地呈現在他們與其他兒童的交談上，他們看起來像是與自己談話，而不是在進行互動。

幼兒還無法區別他的心理世界不同於物理世界。因此，我們常可看到他們有把心理現象物理化（physicalize）的傾向，諸如他們常認為夢就像牆上的圖畫，每個人都可看見。他們也常對物理的、無生命的物體及事件賦予生命及心理歷程。

在前運思階段，兒童典型地忽略物體較不醒目的特徵，這是因為他們已被知覺上較顯著的特徵奪去了絕大部分的注意力。兒童這種特別強調單一知覺因素的傾向稱為集中化（centration）。這表示他們一次考慮兩個以上物理維度的能力還很薄弱。皮亞傑以檸檬水的經典實驗來例證兒童的集中化傾向。

當等量的檸檬水被倒進兩個完全相同的杯子時，所有 5 歲和 7 歲的兒童都報告杯子中含有相同數量的水。然而，當主試者把其中一杯檸檬水倒進另一個較高、較細的杯子時，他們的意見產生分歧。5 歲兒童知道較高杯子中的水是相同的檸檬水，但他們仍報告它現在含有較多的水。7 歲兒童則正確指出，兩個不同形狀杯子中的水量沒有差異。

在皮亞傑的實物示範中，幼童仍然依賴外觀的線索，他們只考慮到以高度的維度（知覺上較為突顯的維度）作為判斷多或少的標準。較年長的兒童則是依賴規則，他們同時考慮了高度和寬度兩個維度，所以正確推斷出兩個杯子中有等量的水。

3. 具體運思期（concrete operational stage，大約從 7 歲到 11 歲）

在這個階段，兒童已有能力從事心理運作（mental operations）——也就是在心理完成動作，以產生邏輯思考。具體運思使得兒童能夠以心理動作取代物理動作。例如，假使兒童看到小明比阿志高，稍後又看到阿志比小華高，兒童將可推理出小明在三個人之中最高——不用物理上實際操作這三個人。然而，假使問題僅是以言詞描述的方式呈現的話，兒童仍然無法導出適當的推論（「小明最高」）。兒童在缺乏直接、實際的觀察下便無法決定相對身高（及解決類似的問題），這說明抽象思考在具體運

思期仍然處於醞釀狀態。雖然這時期的兒童學會使用邏輯和推理來解決具體問題，但他們用於推理的符號依然是具體物件及事件的符號，而不是抽象的觀念。

在檸檬水的研究中，7 歲兒童已能掌握皮亞傑所謂的守恆（conservation，或稱保留）概念，他們了解物體的外觀儘管有所改變，但只要沒有被增添或取走什麼，物體的物理特性依然不變。檸檬水的例子顯示的是容量（液體）的守恆概念，兒童在具體運思期還可發展出另一些守恆概念，諸如面積、數目、質量及形狀的守恆（參考圖10-5）。

研究者常以「20 個問題」的遊戲來檢定兒童的心智運作方式。這項遊戲是主試者內心先設想一個物體，然後受試者的作業是儘可能發問最少的問題，以便確認主試者所設想的物體（以 20 個問題為限）。結果發現 7 歲或 8 歲的兒童通常墨守非常具體的問題，他們經常直接發問答案，諸如「那是一隻鳥嗎？」或「那是一隻貓嗎？」在具體運思期，兒童通常還不會發問抽象的問題，諸如「它會飛嗎？」或「它會獵食嗎？」

4. 形式運思期（formal operational stage，大約從 11 歲開始）

在這個認知成長的最後階段中，青少年的邏輯運作不再局限於具體問題上，他們現在已能處理一些抽象的觀念，以及考慮帶有假設性的問題。青少年已能看出，他們

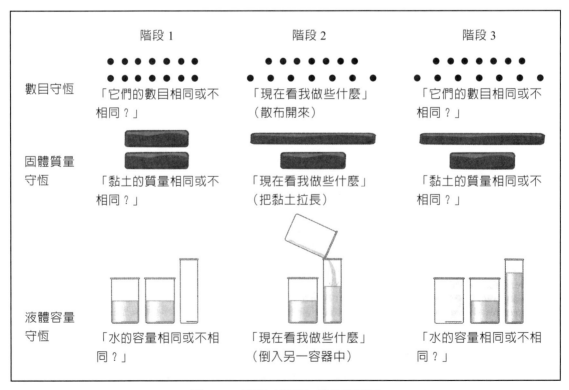

圖 10-5　守恆（保留）概念的測試

特有的現實如何只是幾個想像得到現實中的一個。他們也開始沉思眞理、正義及存在等問題。

　　青少年和成年人處理「20 個問題」遊戲的方式可以例證他們運用抽象觀念和採取訊息處理策略的能力，而不只是隨機猜測。他們在這項作業上會施加自己的結構，從較廣泛的範圍開始發問，然後再根據他們關於分類和關係的知識來陳述和測試所提出的假設。例如，他們的問題會從一般性分類（那是動物嗎？）移到次級的分類（在水中、空中或陸地上的動物？），然後才涉足具體的推斷（那是一隻鳥嗎？）。

　　青少年也已能開始運用各種高級的演繹邏輯。不像較年幼的兒童，青少年有能力從抽象的前提（「If A, then B」和「not B」）推導出它們合乎邏輯的結論（「not A」）。

二、關於早期認知發展的現代觀點

　　皮亞傑以同化和調適的動態性交互作用來說明兒童的心智發展，這個理論廣被發展心理學家所接受。他所檢定出的發展次序也受到另一些研究的支持。另外，皮亞傑在認知發展上提出的「階段」（stages）觀念也成爲一個典型的模式，許多發展心理學家據以了解另一些心理歷程和行爲歷程是如何發展出來。

　　然而，當代的研究人員已運用新式和較先進的方法以探討兒童認知能力的發展。他們的研究顯示，兒童在每個階段的智能表現遠比皮亞傑所了解的更爲微妙而複雜。研究人員也挑戰皮亞傑理論中關於感覺運動期的思想基礎，進而在認知發展上採取較爲訊息處理的模式。這些新式研究通常運用現代較優良的研究技術、較有效的指標變項，以及採用包含許多兒童的橫斷法實驗設計。

　　有些發展心理學家更改皮亞傑的階段以便符合這些新的證據，另有些則完全排斥階段論的觀點。後者偏向於採取訊息處理的探討模式，視兒童的心理爲一個複雜的認知系統，就像是一部高速的數位式電腦。根據這個模式，訊息是從環境中攝入，經過檢定後暫時貯存在短期記憶中。其中有些訊息被轉送到長期記憶中作較持久的貯存，以供日後的提取。從這個角度來看，兒童與成年人在認知方面的主要差異是在於記憶的運作功能。當克服了記憶上的早期限制之後，兒童也能夠適度地示範他們的概念能力。因爲記憶上的限制是逐漸克服的，因此有些研究學者認爲，認知發展是一種連續的歷程，即持續不斷地提升認知功能。另有些則認爲記憶容量的變動不是連續的，而是依循一種階段式、不連續的模式。訊息處理的模式正引導許多研究學者探討兒童用以解決概念問題的各種規則、兒童在特定領域內所擁有的知識，以及兒童如何組織既存的知識成爲有條理的次級工作單元，以便處理他們的知覺世界和認知世界。

　　最後，在皮亞傑的理論中，大部分認知發展是兒童內在成熟歷程的產物；關於

兒童的認知能力如何隨著時間而演變，環境似乎沒有太大影響力。然而，現今的研究學者已開始注重社會互動在認知發展上的角色。這方面的探討被統稱爲社會文化的觀點，以俄國心理學家 Lev Vygotsky 爲代表人物。Vygotsky 表示兒童的發展是透過一種內化（internalization）的歷程，兒童從他們的社會情境吸收知識，這對於認知如何隨著時間而展開有重大影響。

許多泛文化的研究支持社會文化的觀點。這些研究把皮亞傑所設計的作業施行於不同文化的兒童，所得結果卻質疑認知的階段性進展的普遍性（*Rogoff, 2003; Rogoff & Chavajay, 1995*）。例如，研究已發現，許多文化的人們從不曾達到形式運思。這導致皮亞傑後來也開始思索，他描述的形式運思所具有的特定成就可能較爲依賴兒童所接受特定類型的科學教育，而不是依賴生物上預先決定之認知發展階段的展開（*Lourenço & Machado, 1996*）。

Vygotsky 的內化觀念有助於解釋文化對認知發展的影響。兒童的認知是被培養來執行文化上重視的功能（*Serpell, 2000; Fleer & Hedegaard, 2010*）。這說明關於決定兒童在皮亞傑作業上的成就，學校教育方式經常扮演很大的角色（*Rogoff & Chavajay, 1995*）。心理學家有必要利用這些發現整頓出認知發展的先天和後天的層面。

三、成年期的認知發展

一般的刻板印象顯示，隨著人們邁入老年，他們的認知能力將會普遍衰退下來。事實上，直到進入生命的非常後期，他們仍然在一些認知表現上維持不墜，或甚至百尺竿頭，更進一步（*Dixon & de Frias, 2004*）。

(一) 智力

沒有什麼證據支持，健康良好老年人的一般認知能力將會減退下來。大約只有 5% 的人口在進入高齡後顯現認知功能方面的重大損失。當發生認知功能上跟年齡有關的衰退時，那經常也只限於一些能力。當把智力劃分爲固定智力（crystallized intelligence，跟知識的獲得及累積有關的能力）和流動智力（fluid intelligence，跟迅速而徹底地進行學習有關的能力）時，只有流動智力顯示隨著年齡有較大的減退（*Hertzog, 2011*）。流動智力的減退大部分是歸之於處理速度的普遍減緩：當在有限的時間中需要運用許多心智歷程時，老年人在這樣智力作業上的表現大爲減損（*Sheppard & Vernon, 2008*）。

但不是所有演變都朝著不良功能的方向。例如，心理學家目前正探討在智慧（wisdom，指生活的基本實務上的專門知識）方面跟年齡有關的獲益（*Staudinger & Glück, 2011*）。表 10-3 呈現了被界定爲智慧的一些類型的知識（*Smith & Baltes, 1990*）。你

表 10-3　智慧的特徵

・豐富的事實知識：關於各種生活狀況及其變奏曲之綜合及特定的知識。

・豐富的程序知識：關於各種判斷的策略和關於生活事件的建議之綜合及特定的知識。

・生命全程的背景透視：關於生活背景（前後脈絡）和它們的時間（發展上）關係的知識。

・相對論：關於價值、目標及優先次序的知識。

・不確定性：關於生活中的曖昧性和不可預測性的知識，以及關於如何加以管理的知識。

可以看到，每種知識都需要經過長期而深思的生活才能被良好掌握。

　　儘管如此，人們在生命後期的智力表現上有很大變異。研究已指出，對那些追求高水準環境刺激的老年人而言，他們傾向於維持高水平的認知能力。這說明你應該保持你的心智的積極運作。例如，有些研究採用 fMRI 掃描，它們指出當老年人擁有較多教育時，他們較能夠彌補自己老化的大腦自然產生的衰退——相較於他們教育程度較低的同輩（*Springer et al., 2005*）。這是你應該延續你的教育的另一個良好理由。

　　Warner Schaie 及其同事已經證實，訓練方案可以挽救（逆轉）老年人在一些認知能力上的衰退（*Schaie, 2005*）。這些研究都指出，在一些不要求處理速度的智力表現上，老年人之所以表現不佳，應該負責的是荒廢不用，而不是退化（*Hultsch et al., 1999*）。這裡，我們再度獲致同樣的結論：「用進廢退」是有智慧老年人的座右銘。

(二) 記憶

　　老年人常見的抱怨是感到他們記住事情的能力不再像過去那麼好了。在一些記憶測驗上，超過 60 歲的成年人的表現確實不如 20 多歲的年輕成年人（*Hess, 2005*）。人們隨著年事漸高而發生記憶的缺失，即使他們接受過高等教育，而且也擁有良好的知識技能（*Zelinski et al., 1993*）。關於綜合的知識貯存，以及關於發生在很久以前事件的個人訊息，老化似乎不會減弱老年人提取這方面記憶的能力。在一項姓名與臉孔辨認的研究中，中年人在畢業 35 年之後，仍然能夠從紀念冊中辨認出 90% 的高中同學；老年人則在大約 50 年後仍然能夠辨認出 70% 到 80% 的高中同學（*Bahrick et al., 1975*）。然而，老化影響了那些使得新訊息能夠被有效組織、貯存及提取的歷程（*Buchler & Reder, 2007*）。

　　迄今為止，關於引起老年人記憶缺損的基本機制，研究人員尚未能提出完全勝任的解釋——或許是因為記憶缺損具有多方面來源（*Hess, 2005*）。有些理論強調老年人與年輕人之間在致力於組織和處理訊息上的差異。另有些理論指向老年人專注於訊息的能力有所減退。另一類理論則訴求於大腦系統的神經生理變化——製造物理的記憶痕跡的那些系統。需要注意的是，這些腦部變化不等同於神經組織的異常糾結及斑點，後者引起了阿茲海默氏症的記憶喪失。最後，研究人員也認為，老年人相信自己的記

憶將會惡化，就是這樣的信念損害了他們的記憶表現（*Hess & Hinson, 2006*）。研究人員繼續評估這每一種因素的相對促成。

第四節　獲得語言

嬰兒初始完全不認識語言，但到了 6 歲的時候，兒童已能夠解析語言爲它的語音和意義的單位；他們也知道應用所發現的規則來組合聲音成爲字詞，組合字詞成爲有意義的句子，以及在有條理的交談中採取主動的角色。兒童驚人的語言成就已促使大多數研究學者都同意，學習語言的能力具有生物上的基礎──你生來就具有先天的語言能力（*Tomasello, 2008*）。

一、語言學習的先覺者

許多語言發展學家指出，在兒童掌握語言的過程中，有幾個因素特別重要，它們是兒童高度的社會興趣、兒童的語音知覺能力、兒童的語音構成能力、兒童的語言獲得裝置，以及兒童導向的談話。此外，如我們先前提過，出生之前的傾聽經驗也是有利於早期語言獲得的一個重要因素。我們以下論述這些因素如何共同促成兒童迅速地掌握語言。

㈠ 社會興趣

嬰兒是社交性的生物。對新生嬰兒而言，人類極爲有趣，而且在情感上是相當重要的刺激，遠勝於他們所接觸的其他任何刺激。例如，有些研究指出，嬰兒較喜歡有圓形輪廓和邊緣的圖案，也較喜歡會移動和發出聲響的刺激；換句話說，他們較喜歡外觀和功能類似於人們的物體。如果缺乏對社交互動以及跟他人互通信息的這份興趣，兒童將沒有學習語言的動機。再者，語言的獲得有賴於兒童在支持性的社會環境中的親身參與。

㈡ 語言知覺能力

音素（phonemes）是語音的最基本單位，每一個音素由一個單獨的符號代表，如 /p/、/t/、/d/、…… 等。每一種語言的音素有限，英語有 45 個音素，華語則有 37 個音素（注音符號），但是根據這些音素可組成無數個不同的字。想像你聽到一個人說出「right」和「light」的單字。假使你是以英語爲母語，你毫無困難聽出它們之間的差異──/r/ 和 /l/ 在英語中是不同的音素。然而，假使你唯一的語言經驗是日語，

你可能就無法聽出這兩個單字之間的差異，因為 /r/ 和 /l/ 在日語中不是各別的音素。這是說英語的人獲得這種辨別的能力？抑或說日語的人失去這種能力？

　　為了回答這類問題，研究人員以各個年齡的嬰兒為受試者，利用習慣化的範式（paradigm）探討他們對語音的知覺。研究結果顯示，直到 8 個月大之前，所有嬰兒（不論他們正學習哪種語言）都能聽出語音的差異。然而，超過這個年齡之後，對於沒有出現在他們開始學習的語言中的那些語音，幼兒很快就失去知覺差異的能力（*Werker & Tees, 1999*）。

（三）語音構成能力

　　嬰兒除了知覺語音的能力外，他們也擁有一種生物性的先天傾向以發出一些他們稍後將會在語言中使用到的聲音。語音構成的基本裝置（聲道）是天生的。再者，早在嬰兒開始使用真正字詞之前，他們先是牙牙學語（babble），這個階段的起始年齡似乎是生物上決定的，大約從 7 個月大到 10 個月大之時。

　　有些語言學家認為，牙牙學語是獲得語言所必要的前導，即使是生下來就重度耳聾的嬰兒，他們在前幾個月也會有牙牙學語的聲音，然後就停頓下來，假使沒有接受漸進的訓練將再也無法說話。這表示這個時期的嬰兒已準備好發出所有語言中的所有聲音，並不限於自己母語的聲音。然後，他們逐漸地才從環境中獲得回饋，逐步修正，發音愈來愈接近自己的母語。

（四）語言獲得裝置

　　有些語言學家和心理學家有感於人類快速獲得語言之複雜規則的共通性，他們提出生物─天賦的觀點以解釋語言的獲得。他們認為除了上述的先天能力外，也存在一種生物基礎之語言獲得裝置（language acquisition device, LAD），在兒童的語言學習上扮演重要的角色。心理語言學家 Noam Chomsky（*1965, 1975*）認為兒童生來就具有生物上預先決定的心理結構，這促成了他們對言詞的理解和形成。LAD 具有變通性，它能適用於各種語言結構，為人類所共有。你把任一幼兒置於世界上任一文化中，他在一段時間後都能夠學會當地的語言。

　　LAD 是抽象的，不容易證實它是否存在，但我們可從若干事實的觀察中找到支持的證據。首先，實際上所有人類都非常快速地學會語言。其次，事實上他們所依據的環境輸入並未提供足夠的訊息以讓他們學會如何抽取語法規則，但他們仍然能夠學會語言。最後，父母的回饋並不足以教會兒童語法規則，但兒童依然學會了語言。

(五) 兒童導向的談話

父母致力於維持嬰兒的興趣，且引入語言到嬰兒的生活中。在許多文化中，當成年人跟嬰兒及幼兒談話時，他們使用一種不同於成年人交談之特殊形式的語言，也就是一種誇大而高頻的語調，稱之為兒童導向的談話（child-directed speech），或俗稱的母親語（motherese）或父母語（parentese）。界定「兒童導向的談話」的特徵出現在許多文化中，但不是所有的文化（Fernald & Morikawa, 1993; Kitamura et al., 2002）。母親語有助於嬰兒獲得語言——透過使得嬰兒保持興趣及專注於他們父母所說的事情上。此外，母親語的聲音型態也加強情緒內容，這有助於培養嬰兒與他們父母之間的情感連結（Trainor et al., 2000）。然而，有一個特殊字詞的語音，它似乎最早突破幼兒對語音的辨認（像是 doggie 等語音通常是在 6 到 7 個月大時才被辨認出來），幼兒在 4 個月大時就已經顯現對自己名字的辨識偏好（Mandel et al., 1995）。

父母使用上揚的語調引起嬰兒注意，以下降的語調撫慰嬰兒，以及以短促的斷音作為禁令。嬰兒則學會利用姿勢（指向）和非言詞的發聲（如啼哭的嗚嗚聲）來傳達他們的願望和興趣。隨著嬰兒年紀較大些，父母逐漸要求嬰兒在交談中採取較主動的角色，最初是要求嬰兒發出聲音，稍後要求他們使用實際的字詞，再後來則要求他們使用的字詞要跟當前的話題有關。透過這種逐漸增加對嬰兒的要求和減少父母支援的教導方式，幼兒變得較不依賴他們父母作為表達意思的傳譯者。最終，幼兒學會使用他們最初的字詞以提出自己的聲明及要求。

二、學習字義

在兒童前幾年的生活中，他們的一項重要計畫是獲得基本字彙。無疑地，兒童是極為優異的文字學習者，在 18 個月大左右，幼兒的字彙學習通常以驚人的速度起飛。因為幼兒開始以快速遞增的速率獲得新的字詞，特別是一些物件的名稱，研究學者稱這個階段為命名爆發期（naming explosion）（參考圖 10-6）。到了 6 歲的時候，一般兒童據估計可以了解 14,000 個單字（Templin, 1957）。假定大部分單字是在 18 個月大到 6 歲之間學得，這表示每天大約要學 9 個新單字，或清醒時候幾乎每小時 1 個單字（Carey, 1978）。

初始，在一個字階段（one-word phase），兒童一次只使用一個單字。這些最先出現的單字通常是具體的名詞或動詞。兒童使用它們來命名可以移動、會發出聲響或可被操弄的物體，諸如媽媽、球和狗。在一個字階段，兒童的表現就像是科學家，他們對每個新單字的可能意義發展出「假設」（hypotheses）。但他們有時候「過度延伸」（overextend）單字的內容，不正確地使用它們涵蓋過於廣延的物體。例如，他們

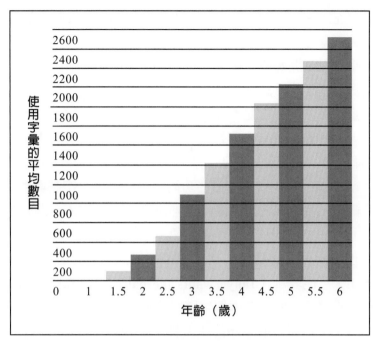

圖 10-6 兒童在字彙上的成長

可能使用「狗」這個單字來指稱所有動物，或使用「月亮」這個單字來指稱所有圓形的物體，包括時鐘和硬幣。另有些時候，兒童可能對單字「延伸不足」（underextend）——例如，他們可能認為「狗」只是指涉自己家裡的狗。

學習物體的名稱只是語言學習的第一個階段。隨著兒童年紀漸大，他們開始表達較抽象的意義。除了談論他們的物理世界外，他們也開始談論自己的心理世界。例如，大約在 2 歲的時候，兒童當談到自己的內在狀態時，他們開始使用像是作夢、遺忘、假裝、相信、猜想及希望等字詞。他們也會使用一些字詞來指稱情緒狀態，如快樂、悲傷和生氣。最後，當認知發展在兒童後期開始躍進後，他們也能了解及運用抽象的字詞，如真理、正義和理想等。

三、獲得文法

兒童如何獲得規則（也就是文法）以便把各種的意義單位組合為較大的單位？就如同字義的學習，兒童在文法的獲得上也像是科學家，他們提出各種假設，然後加以驗證。兒童在這裡面對的挑戰是，不同語言遵循不同的規則。例如，在英語中，句子典型的排序單位是「主詞－動詞－受詞」，但在日語中，句子的排序是「主詞－受詞－動詞」。兒童必須發現他們周遭所使用的語言中呈現了什麼排序。

考慮說英語的兒童，在一個字階段，幼兒使用一個字表達許多意思。例如，當幼

兒說「shoes」時，它可能表示「這是鞋子」、「我要穿鞋子」或「鞋子掉了」，你必須根據情境以判斷眞正意思。

在大約 2 歲時，兒童開始使用單字的組合，稱爲兩個字階段（two-word stage）。透過組合單字成爲兩個字的言詞，兒童可以表達更多的意義，而不只是在識別物體。在這個階段，兒童的言詞的特徵是電報語（telegraphic speech），因爲它只是一些簡短而單純的字序，使用許多具有內容性的字詞（大部分是名詞和動詞），但卻缺乏時態和複數——這種語句的表現形式仍不完整，就像是電報文件，所以稱爲電報語。電報語缺乏功能字，如 the、and 和 of，這些功能字有助於表達字詞與觀念之間的關係。在大部分語言系統中，當語言使用者漸趨成熟之後，功能字才會開始成爲他們習慣使用的字詞。例如，「Allgone milk」就是電報語。

成年人爲了理解兩個字的語句，他們必須知道該語句是在怎樣情境中被說出。例如，「Tanya ball」可能表示「Tanya wants the ball」或「Tanya throws the ball」。即使如此，已有證據顯示，兒童在兩個字階段已經獲得一些文法的知識。到了 2 歲的時候，英語地區的兒童漸漸了解字序的重要性，他們通常按照三個關鍵因素——行爲者－行動－受體（主詞－動詞－受詞）——來安排字序。然而，年幼的兒童過於重視字序，往往就忽略了功能字，以至於把像是「Mary was followed by her little lamb to school」這樣的句子錯誤解讀爲 Mary（行爲者）followed（行動）her lamb（受體）。顯然，兒童還必須更進一步發現，「行爲者－行動－受體」的規則存在許多例外。

第五節　生命全程的社會發展

直到不久以前，發展心理學的研究領域還是局限在三個主要的成長時期上：嬰兒期、兒童期及青少年期。至於成年期，則始終被視爲是介於青少年期的成長與老年期的衰退之間的一段穩定時期。但這個假設逐漸不被接受。許多研究學者最終認爲，發展是終身的歷程，從懷孕開始以迄於生命的終結。在生命的不同時期，我們會有新的課題、新的挑戰，也會有不同的喜悅及不同的挫折來源。

我們至今已看到，從出生到進入成年後期，你的身體層面和認知層面經歷多麼徹底的演變。這一節中，我們將探討社會發展（social development），也就是個人的社會互動和社會期待如何在生命全程中演變。我們將看到，社會環境和文化環境在跟生理層面老化的交互作用之下，如何爲每個生活時期提供它特殊的挑戰和報酬。

一、艾立克遜的心理社會階段

艾立克遜（*Erik Erikson, 1963*）曾接受安娜・佛洛依德（精神分析大師佛洛依德的女兒）的指導，他所提出之心理社會階段（psychosocial stages）的理論是建立在臨床觀察上，而不是依據實驗室的研究。艾氏認為個人在發展上所面臨的社會問題遠比生理問題來得重要。在生命過程中，個人必須跟社會不斷地接觸，而且經歷一系列的衝突，他稱之為社會心理危機（psychosocial crisis）。所謂成長就是克服衝突的過程，個人如果能夠克服每一階段的危機，那麼人格的發展就較為健全。心理社會階段是對自己和對他人陸續不斷地適應及定位，每個階段牽涉一種新的層次的社會互動，獲致那個階段目標的成功或失敗將會改變接下來的發展途徑。不同於佛洛依德的是，艾氏把發展視為一種終身演進的歷程。

艾立克遜在整個生活過程中檢定出八個心理社會階段，各個階段會有一種最主要的衝突。雖然每種衝突從不曾完全消失，它會以不同形式繼續存在，但假使每個人想要有效地處理隨後階段的衝突，那麼他在這個階段上就必須先有充分的解決。

在第一個階段中，嬰兒必須透過跟父母的互動來發展對環境的一種基本信任感（sense of trust）。假使父母提供了食物、溫暖及舒適的身體接觸，那麼嬰兒從強烈的依附關係中將可建立對環境的信任。但嬰兒的這些需求如果沒有得到滿足，可能會發展出一種普遍的不信任感，感到不安全和焦慮，因此將無法有充分準備以進行下一階段的探險。

隨著嬰兒學會走路和語言能力的進展，嬰兒探索的範圍將逐漸擴大，所能操弄的物件（有時候包括他人）也逐漸增多。這些活動使他建立一種自主感（sense of autonomy），覺得自己擁有自制的力量。但在這第二階段中，如果父母限制過多或批評過度嚴厲，很可能會導致嬰兒覺得羞怯和猜疑（諸如大小便訓練的要求過早或過度嚴厲），無法鼓足勇氣掌握新的技巧和完成新的任務。

在入學前的這段期間，兒童發展的主題是「創新進取」（initiative），包括在智力和運動這兩方面活動上。假使發展順利，兒童開始展現有方向性和有目標的行為，培養出邁進下一個階段所需的自在感和自信心。對於兒童自我發起的活動，父母的應對不當的話，兒童可能產生愧疚感，覺得自己在成年人的世界中是一位不適任的闖入者。

進入小學之後，兒童跨越了任意的探索及測試，開始有系統地開發自己的能力。學校的課業和運動使得兒童開始學習新的智能技巧和動作技巧；另外，他們也開始跟同學有所競爭及合作，這提供他們發展社交技巧的舞台。這些追求上的良好進展使得兒童產生「勝任感」（competencies）；假使發展不順利，兒童將會覺得自卑、缺乏自信心，無法迎接下一個生活階段的挑戰。

艾立克遜認為在一個擴展的社會世界中，青少年經常需要為不同的觀眾扮演許

多不同角色，因而容易產生角色混淆。因此，青少年期的基本任務是找到個人的真正認同（identity），所面臨的危機則是角色混淆。假使適當解決這個危機，這有助於青少年發展出一種自我連貫感；假使不能獲得適當解決，將會導致一種不良的自我意象（self-image），缺乏穩定的自我核心。

成年早期的基本任務是解決親密與孤立（intimacy and isolation）之間的衝突——發展出適當的能力，以便能夠跟他人在情感、道德和性方面有良好的互動和充分的承諾。為了達成這種承諾，個人需要在一些喜好上稍作讓步，也要能夠接納一些責任，以及放棄若干程度的隱私性和自主性。無法適當地解決這個危機，將會導致孤立，無力以心理上有意義的方式建立與他人的關係。

到了成年中期，另一個成長的重要時機又出現了，稱為生產力（generativity）。到了30多歲和40多歲，人們開始超越於把全部重心擺在自己和伴侶身上，他們擴展自己的參與和責任到家族、工作、社會和未來世代上。然而，假使未能解決先前生活階段中的認同危機和親密危機，人們可能經歷中年危機（mid-life crisis）。這些人仍然自我放縱、懷疑自己過去的決定和目標，試圖完全放棄他們的承諾和參與，以及不惜以安全為代價去追求自由。

成年後期的危機是存在於自我整合與失望（ego integrity and despair）之間的衝突。假使已適當解決先前每個階段的危機，這使得老年人準備好無悔無怨地回顧過去，享受一種統合感。當先前的危機仍留著尚未解決，抱負也尚未實現時，老年人將會感到徒勞一生、缺乏價值、失望及自我貶低。

表 10-4　艾立克遜的心理社會階段

危機	年齡	挑戰
信任對不信任 （trust vs. mistrust）	出生到 1 歲	發展出世界是安全而美好的感覺。
自主對自我懷疑 （autonomy vs. self-doubt）	1-3 歲	了解個人是個獨立的人，有能力從事決定。
主動對愧疚 （initiative vs. guilt）	3-6 歲	願意嘗試新的事物，願意對待失敗。
勝任對自卑 （competence vs. inferiority）	6 歲到青少年期	學習在基本技能上的能力，與他人協力合作。
認同對角色混淆 （indentity vs. role confusion）	青少年期	發展出對內在自我的一種連貫、統合的感覺。
親密對孤立 （intimacy vs. isolation）	成年初期	建立起跟另一個人在信任、鍾愛關係上的連繫。
生產對遲滯 （generativity vs. stagnation）	成年中期	透過有生產力的工作。找到自己在生涯、家庭及社區中的意義。
自我整合對絕望 （ego integrity vs. despair）	老年期	看待自己的生活為滿足的，值得生存。

艾立克遜的心理社會發展廣被接受，因爲他視發展爲一生的過程，幫助我們認識生命的演變和延續性。你將看到，艾立克遜的架構在追蹤個人生命全程的進展上非常具有用處。

二、兒童期的社會發展

兒童的基本生存有賴於跟他人建立起有意義、有效的關係。社會化（socialization）是一種終身的歷程，透過這種歷程，個人的行爲模式、價值、標準、技巧、態度及動機受到塑造，以便能夠符合特定社會的規範或要求。這整個歷程牽涉許多人們，包括父母、兄弟姊妹、親戚、朋友及教師；也牽涉許多機構和制度，包括學校、教會、軍隊及各種法律規章等，它們共同施加壓力以促使個人採取社會贊同的價值，以及順從既存的行爲規範。然而，社會化歷程最具影響力的塑造者和最主要的場所還是在家庭。家庭協助個人建立起在生活中應對進退的基本模式，這些模式接著成爲個人一生中跟他人互動風格的基礎。

(一) 氣質

當嬰兒展開社會化歷程時，他們的立足點不一定都相同。嬰兒展開生命時在氣質（temperament）上就有所差別。氣質是指在應對環境上，個人以生物爲基礎的情緒和行爲的反應水平（*Thomas & Chess, 1977*）。Jerome Kagan 及其同事們已證實，有些嬰兒「生來害羞」，另有些則「生來大膽」（*Kagan & Snidman, 2004*）。這兩組嬰兒在應對物理刺激和社會刺激的敏銳性上有所差異。害羞或抑制型（inhibited）嬰兒「當面對陌生的人物或情境時，他們一致地保持戒愼和情緒上拘謹」；大膽或不受抑制型（uninhibited）嬰兒「在同樣的陌生情境中，卻是一致地愛好交際、情感上自發，以及絕少膽怯」（*Kagan & Snidman, 1991, p.40*）。在一個樣本中，大約 10% 的嬰兒是抑制型，大約 25% 是不受抑制型，其餘的嬰兒則落在這兩個端點之間（*Kagan & Snidman, 1991*）。研究人員已開始探討氣質差異上的遺傳及腦部的基礎（*LoBue et al., 2011; Rothbart, 2007*）。

縱貫研究已證實早期氣質的長期衝擊。例如，一項研究追蹤一組兒童從 4 個月大到 5 歲（*Degnan et al., 2011*）。研究人員測量幼兒（4 個月大時）顯現之愛好交際的模式，以及他們對於新經驗之正面情緒反應的程度——研究人員稱這種行爲模式爲「蓬勃性」（exuberance）。研究已發現，當他們在 9、24 及 36 個月大接受測量時，幼兒高度或低度的蓬勃性保持相當穩定。在 5 歲的時候，當他們與不熟悉的同儕互動時，愈爲蓬勃的兒童展現較大的勝任能力。雖然如此，當他們受到挫折時，愈爲蓬勃的兒童較爲可能從事破壞的行爲。顯然，嬰兒的氣質爲日後社會層面的發展布置了舞台。

(二) 依附

社會發展是起源於幼童與一位主要照護者（他的母親、父親或其他經常性的撫養者）之間建立起一種親密的情感關係。這種強烈而持久的社會－情感的關係稱為依附（attachment）。因為嬰兒沒有能力餵食自己和保護自己，依附的最早期功能是確保生存。在一些動物身上，幼兒自動地對牠所看到或聽到第一個活動的對象產生銘印（*Bolhuis & Honey, 1998*）。銘印（imprinting）是指個體出生後不久的一種本能性特殊學習形式，它在發展的關鍵期（critical period）

勞倫茲是有關銘印作用的先驅研究學者。圖中的幼鵝對他產生銘印而追隨他的腳步。為什麼銘印對許多動物如此重要？（T: Nina Leen/Timepix）

迅速發生，然後就不容易再被更動。銘印的一個典型例子是孵化不久的小鴨將會追隨牠們母親的移動。因為母親通常是幼兒所看到第一個活動的對象，幼兒因此受到銘印，對母親產生依附行為。除了母親外，幼兒對自己物種中的任何適當成年成員也都可以產生銘印。但如果在關鍵性的銘印時期，物種中適當的成員（包括母親）都不在場時，那怎麼辦呢？如動物行為學家勞倫茲（*Konrad Lorenz, 1937*）所例證的，被人類所養大的幼鵝將會對人類產生銘印，而不是對牠們的同類成員之一。

你將不會看到人類嬰兒對他們父母產生銘印。即使如此，John Bowlby（*1973*）——人類依附研究上很具影響力的一位理論家——指出，嬰兒與成年人在生物上預先傾向於形成依附。這樣的依附關係具有廣泛的影響。在 Bowlby（*1973*）的帶頭下，許多理論家提出，導致依附關係的那些經驗為當事人的社會關係提供了一生的基模，稱之為內在工作模式（internal working model）（*Dykas & Cassidy, 2011*）。內在工作模式是一種記憶結構，蒐集了兒童跟他的照護者互動的歷史，這些互動造成了特定的依附型態。內在工作模式提供了模板，當事人用以產生對於未來社會互動的期待。

為了評估依附的品質，最被廣泛使用的研究程序之一是「陌生情境測驗」（Strange Situation Test），它是由 Mary Ainsworth 及其同事們（*1978*）所編製。這個測驗包含幾個標準情節，在第一種情節中，幼兒被帶進一個不熟悉的房間中，房間裡擺滿玩具。當母親在場時，幼兒被鼓勵探索房間及遊戲。幾分鐘之後，一位陌生人進來，跟母親交談，然後趨近幼兒。再接下來，母親離開房間。經過這次短暫的分離後，母親

返回現場，跟她的孩子重聚，然後陌生人離開。研究人員記錄下幼兒在分離及重聚時的行為。他們已發現，幼兒在這個測驗上的反應落在下列三個綜合範疇之一（*Ainsworth et al., 1978*）：

- 安全依附型。這類幼兒當母親離開房間時顯現一些苦惱；當重聚時尋求接近、撫慰和身體接觸；然後逐漸地重返遊戲。
- 不安全依附－迴避型。這類幼兒顯得疏遠；當母親返回時，幼兒可能主動避開或忽視之。
- 不安全依附－焦慮／矛盾型。這類幼兒當母親離開時顯得相當不安和焦慮；當重聚時，他們無法被安撫下來，顯現對母親的怒意和抗拒；但是在這同時，他們又表現對接觸的渴望。

在來自幾個不同國家的樣本中，大約 65% 的幼兒被歸類為安全依附型；至於在後兩種不安全依附型幼兒中，大約 20% 被歸類為迴避型，15% 則是屬於焦慮型（*Ein-Dor et al., 2010*）。關於依附關係的跨文化研究（包括像是瑞典、以色列、日本和中國等多樣化國家中）已顯示，依附類型的盛行率有適度的一致性（*van IJzendoorn & Kroonenberg, 1988*）。在每一個國家中，大多數幼兒是屬於安全依附型，大部分的文化差異是發生在兩類不安全依附型的盛行率上。研究人員也發現，一者是根據「陌生情境測驗」為依附施行分類，另一者是根據在家庭中對幼兒與母親的互動進行自然觀察，結果顯示這二者之間有很高的一致性（*Pederson & Moran, 1996*）。

根據「陌生情境測驗」所施行的分類已被證實對於幼兒日後的行為具有很高的預測力，包括在廣泛的各種環境中。例如，縱貫研究已顯示，對於在 15 個月大時在「陌生情境」顯現安全或不安全依附行為的幼兒而言，他們 8 歲到 9 歲時在學校行為上有很大差異（*Bohlin et al., 2000*）。對於那些在 15 個月大時屬於安全依附型的幼兒而言，他們入學後較受到歡迎，也較少有社交焦慮——相較於先前被歸類為不安全依附型的兒童。另外，在 10 歲兒童和青少年身上，同樣之依附品質從早期生活到日後歲月的連續性也已被證實（*Urban et al., 1991; Weinfield et al., 1997*）。這說明依附品質（如在「陌生情境」中所揭露的）確實具有長期的重要性（*Stams et al., 2002*）。我們在第 16 章將看到，研究人員也利用依附量數以預測成年人愛情關係的品質。

依附關係在幼兒生活中相當重要。當幼兒安全依附於成年人而被提供可信賴的社會支持時，這使得幼兒能夠學習各種利社會行為、願意承擔風險而投入新奇的處境，以及設法在人際關係中尋求及接納親密性。

(三) 父母管教風格

如前面所提，每個兒童擁有獨特的氣質，這將在他們與自己父母的互動上發生作用。兒童的氣質可能使得父母在管教上的努力產生不預期的結果，研究人員已認識

到，兒童的氣質與父母的行為相互影響之下導致了發展結果，諸如依附關係的品質。換句話說，就如父母改變他們子女，子女也改變他們父母（*Collins et al., 2000*）。

即使如此，研究人員已找出普遍而言最有助益的父母管教風格（parenting style）。這種風格建立在要求（demandingness）和感應（responsiveness）這兩個維度的交叉上（*Maccoby & Martin, 1983*）。「要求」是指父母願意擔任社會化的代理人，至於「感應」則是指父母對子女個性的認識（*Darling & Steinberg, 1993*）。如圖 10-7 所顯示，威信型父母（authoritative parents）對他們子女提出合宜的要求（他們要求兒童順從適宜的行為準則），但也對他們子女有良好感應（他們開放溝通的管道，以培養兒童自律的能力）（*Gray & Steinberg, 1999*）。這種威信的風格最有可能導致有效的父母－子女感情聯結。對照之下，專制型父母（authoritarian parents，他們只知道施加紀律，很少關心他們子女的自主性）、縱容型父母（indulgent parents，他們有良好感應，但卻沒有協助子女學習社會規則的結構）及疏忽型父母（neglecting parents，他們既不施加紀律，也無法感應自己子女的個性）的效果就要大打折扣。

兒童與關愛的父母之間親近的互動關係，是他踏上健康的身體成長和正常社會化的第一步。隨著最初對主要照護者的依附延伸到對另一些家庭成員的依附，這些成員也成為新的思考方式和行為方式的楷模。從這些早期的依附中，兒童發展出能力以應對自己的需求和應對他人的需求。

(四) 舒適接觸和社會經驗

幼兒從依附關係中獲得什麼？佛洛依德和另一些心理學家表示，嬰兒之所以依附

父母的感應性

	接納 有感應 以幼兒為中心	拒絕 缺乏感應 以父母為中心
要求， 控制	威信－互惠 高度的雙向溝通	專制 權力獨斷
不要求， 控制意圖低落	縱容 放任	疏忽 不理睬 冷漠

（左側縱軸標示：父母的要求）

圖 10-7　父母管教風格的分類

他們父母乃是因為父母提供他們食物——他們最基本的生理需求。這種觀點被稱為是依附的「麵包理論」（the cupboard theory）。假使麵包理論正確的話，只要兒童被適當餵食，他們就應該茁壯長大。這種說法正確嗎？

Harry Harlow（1965）不相信麵包理論足以解釋依附的重要性，他認為嬰兒也會依附那些只提供舒適接觸（contact comfort）的對象。Harlow 因此著手於測試麵包理論和他的假設。他在幼猴出生不久後就將之帶離母親身邊，然後在幼猴獨居的籠子中放置兩座人造的母親（artificial mothers），其中之一是由鐵絲網構成，另一則是由絨布所構成。Harlow 發現，幼猴在大部分時間中都是挨靠在絨布母親的身邊，很少花時間去碰觸鐵絲網做成的母親。即使當只有鐵絲網母親才會供應乳汁時，幼猴還是較喜歡提供舒適接觸的母親，遠勝於提供食物的母親。另外，幼猴受驚嚇時也以絨布母親作為安慰的來源；當探索新刺激時也以絨布母親作為安全基地。當令人害怕的刺激（例如，一個擊鼓的玩具熊）被引進時，幼猴會立即跑向絨布母親的懷中。當引入新奇而誘人的刺激時，幼猴會逐漸地放膽探索一下，然後在更進一步探索之前會先回到絨布母親的身邊。

Harlow 及其同事們的進一步研究發現，儘管幼猴對母親的替身形成了強烈的依附，但仍不足以促成健康的社會發展。最初，實驗人員認為，隨著跟絨布母親的相處，幼猴將會有正常的發展，但是當以這種方式被養大的雌猴自己身為母親時，整個畫面都走樣了。對於這些在早期生活中被剝奪跟另一些有感應的母猴互動機會的雌猴而言，牠們在成年期將很難以建立起正常的社會關係和性關係。

當這些被剝奪母親的雌猴產下自己孩子之後，牠們對自己子女要不是冷漠而不加理睬，要不就是虐待及搥打子女，甚至咬掉牠們的手指或腳趾，且幾乎加以殺害——直到實驗人員加以制止。此外，一種耐人尋味的現象是，儘管母猴一直施加懲罰，但幼猴仍然堅持牠們的嘗試，不斷地要求母猴的接觸。

Harlow 實驗中的幼猴及其絨布母親。他如何證實舒適接觸對正常社會發展的重要性？（Martin Rogers/Stone/Getty Images）

直到後來，「情況較像是幼猴在撫慰母猴，而不是母猴在撫慰子女」（*Harlow, 1965*）。幸好，接連幾次懷孕之後，這些母猴的母性行為有所增進，虐待行為則逐漸被排除在行為劇本之外。

(五) 人類剝奪

不幸地，人類社會有時候製造了一些情況，使得兒童被剝奪了舒適接觸。許多研究已顯示，假使在嬰兒期缺乏親密而關愛的人際關係，這將會影響身體成長，甚至危及生存。1915 年，Johns Hopkins 醫院的一位醫生報告，儘管有適當的身體照顧，但被送進 Baltimore 地方孤兒院的嬰兒中，有 90% 在第一年內死亡。對住院嬰兒進行接下來 30 年的研究，發現儘管有適度的營養，但這些兒童經常有呼吸系統方面的傳染病、不明原因的高燒、體重不足，以及顯現生理惡化的綜合徵兆（*Bowlby, 1969*）。另一項研究以美國和加拿大「棄嬰之家」的 91 位嬰兒為對象，發現這些嬰兒有嚴重的情感障礙、身體失調，以及偏高的死亡率，儘管他們獲得良好的食物和醫療照顧（*Spitz & Wolf, 1946*）。

當代的研究繼續證實這種不良的影響。例如，一項研究設法比較兩組兒童的依附結果，第一組兒童在家庭中長大，第二組兒童則大部分時間（他們生活的 90%）是在收容機構中長大（*Zeanah et al., 2005*）。研究人員發現，家庭養育的兒童有 74% 擁有安全的依附；對於在收容機構長大的兒童而言，只有 20% 擁有安全的依附。再者，缺乏正常的社會接觸可能對於兒童的大腦發育會有持久的不良效應。一項研究測量兒童對於臉部圖畫的大腦反應，這些臉部展現快樂、憤怒、恐懼及哀傷等表情（*Moulson et al., 2009*）。經由跟被自己家庭所撫養的兒童們進行比較，那些生活在收容機構中的兒童，顯現他們對於情緒表情的大腦反應有混淆的情形。

不幸地，不論兒童生活在什麼環境中，始終存有受虐待的可能性。在一項近期的分析中，美國政府發現單一年度大約有 125,000 位兒童蒙受身體虐待，且大約 66,700 位兒童蒙受性虐待（美國衛生暨人類服務部，2010）。一項研究檢視 2,759 位成年人的心理安適，他們在兒童時遭受過性虐待（*Cutajar et al., 2010*）。這一組人中，23% 的人曾經尋求心理健康輔導——相較於控制樣本（在性別和年齡上相符）只有 8% 的人如此。

三、青少年期的社會發展

我們在前面已討論過青少年期的身體變化和認知變化，這一節中，那些變化將充當為社會經驗的背景。因為青少年已達到適當程度的身體成熟和心理成熟，他們將會面對新的社會和人際的挑戰。

(一) 青少年期的經驗

傳統上認為青少年期充滿「風暴和壓力」（storm and stress），它是特別動盪不安的一個生活時期，其特色是極度的心境搖擺以及難以預測而執拗的行為。這種觀點可以追溯到 18 世紀後期和 19 世紀初期的一些浪漫主義作家，諸如哥德（Goethe，他的名著《少年維特的煩惱》）。較近期，賀爾（G. Stanley Hall, 1844-1924，他是近代第一位詳述青少年發展的心理學家）大力倡導有關青少年期「風暴和壓力」的觀念。在賀爾之後，這種觀點的主要擁護者是在佛洛依德旗幟下的一些精神分析學家（*如 Blos, 1965; A. Freud, 1946, 1958*）。他們之中，有些人主張，不僅極度動亂是青少年期正常的一部分，反而沒有展現這樣的動亂才是失常發展的徵兆。安娜·佛洛依德（Anna Freud）這樣寫著，「在青少年時期所謂的正常就是它本來就是不正常的」（*1958, p.275*）。

Margaret Mead（*1928*）和 Ruth Benedict（*1938*）是文化人類學上兩位早期的先驅，他們認為「風暴和壓力」的理論並不適用於許多非西方文化。這些文化中的兒童逐步承擔漸增的成年人責任，沒有任何突然的壓力轉變，也沒有搖擺不定而動盪的時期。當代研究已證實，青少年期的經驗隨不同文化而異（*Arnett, 1999*）。這些跨文化的差異顯示青少年經驗的嚴格生理理論不能成立。反而，研究人員把重點放在不同文化的兒童被期待達成的轉變上。

大部分研究人員不認為「風暴和壓力」是生物上編排（設計）的發展層面。儘管如此，當人們從兒童期進入青少年期時，他們通常確實經歷較極端情緒和較多衝突。前面關於身體發育的討論中提到，大腦中控制情緒反應的一些部位在青少年期顯現成長。這樣的腦部成熟可以解釋為什麼青少年經歷極端正面情緒和極端負面情緒二者（*Casey et al., 2008; Steinberg, 2008*）。

(二) 認同的形成

在艾立克遜對生命全程的描述中，青少年期的基本任務是找到個人的真正認同（identity）。在像美國這樣的文化中，這造成的結果之一是兒童試圖從他們父母之處爭取獨立自主（independence）。父母與他們青少年子女需要在他們關係上通過一種轉變，也就是從父母擁有不容置疑的權威，過渡到青少年被授予適度的自主性，以便從事重要的決定（*Daddis, 2011*）。

然而，青少年與他們父母的衝突通常不會導致傷害的結果。大多數青少年在大部分時候仍能依靠他們父母，作為實質支持和情緒支持的現成來源（*Smetana et al., 2006*）。基於這個原因，許多青少年跟他們父母發生衝突，卻無損於他們的基本關係，當衝突發生在原本正面關係的背景中，很少會造成負面後果。然而，在負面關係的

背景中，青少年的衝突可能導致另一些困擾，諸如社交退縮和青少年犯罪（*Adams & Laursen, 2007*）。因此，家庭背景可以解釋為什麼一些青少年感受不尋常水平的「風暴與壓力」。

(三) 同儕關係

關於青少年期的社會發展，大量研究把重點放在父母和朋友的變動角色上（*Smetana et al., 2006*）。我們已看到，嬰兒在出生後不久就形成對成年人的依附。兒童也在非常年幼時就開始結交朋友。然而，青少年期標示了同儕在塑造個人的態度和行為上開始跟父母競爭的第一個時期。透過跟同儕的互動，青少年逐漸界定他們發展中的認同的社會成分、決定他們想要成為怎樣的人，以及決定他們想要追求怎樣的人際關係（*Berndt, 1992; Hartup, 1996*）。

因為同儕逐漸成為重要的社會支持來源，青少年愈來愈擔憂將會被同伴所拒絕。因此，大約在 12 到 13 歲的時候，青少年對同儕的價值觀和行為的順從——即父母們所深感不安的同儕壓力（peer pressure）——達到尖峰。這時候的父母經常擔心他們必須跟自己子女的朋友競逐影響力，以避免自己子女發展出不良的態度或行為。然而，更為真實的情況可能是，青少年通常跟他們父母和跟他們同儕互通的是不同範疇的生活經驗。例如，青少年報告，他們通常會跟父母討論自己在學校的表現情形，但不會跟他們朋友討論這方面事情。至於在約會和性行為方面，青少年會跟朋友討論自己的觀點，但不會跟父母討論。因此，對於想要在一些領域上跟自己子女的朋友進行「競爭」的父母而言，他們必須設想一些方法，以便家庭中的青少年願意跟他們討論屬於「朋友」的話題。

隨著子女變得較不信賴他們父母的權威，親子關係在青少年期將會發生變化。雖然友誼在青少年歲月也會稍有變動，這些變動反映了朋友之間更大的相互依賴，而不是雙方平等關係上的變動。因此，親子關係可能先天就比起同儕關係更具有衝突的潛在性。

四、成年期的社會發展

艾立克遜界定成年期的兩個任務是「親密關係」和「生產力」。根據佛洛依德的說法，儘管成年人的生活方式有許多變異，但成年期的發展主要是受到兩種基本需要的推動：Lieben und Arbeiten，即「愛」和「工作」的意思。馬斯洛（*Abraham Maslow, 1968, 1970*）描述這個生活時期的需求為「愛和歸屬」（love and belonging）的需求，當得到滿足之後，就發展為對「成功和自尊」的需求。另有些理論家描述這些基本需求為親和（affiliation）或社會接納（social acceptance）的需求，以及成就或勝任能

力的需求。這些理論的共同核心是，在成年期這段時間中，社會關係和個人成就這二者特別居於優先地位。

(一) 親密關係

艾立克遜描述親密性（intimacy）為對另一個人展現充分承諾和傾注（包括性、感情和道德等層面）的能力。親密性可以發生在友誼和愛情關係中，它需要個人的開放、勇氣、道德力量，以及通常若干程度的犧牲和個人嗜好的妥協。

在成年早期，許多人進入婚姻或另一些穩定的關係中（如同居）。因此，所謂的家庭這個團體通常將會愈變愈大。傳統上，關於成年期的親密關係和家庭生活，大部分研究是針對「標準」的家庭結構，也就是一位母親、一位父親，以及屋中的幾位子女。然而，隨著家庭現狀的變動，研究人員已試著理解及佐證這些演變的結果。例如，許多研究現在已針對於探討同性戀伴侶如何進入及維持長期的關係（*Balsam et al., 2008; Roisman et al., 2008*）。研究已顯示，異性戀和同性戀採用來維持長期關係的基本策略有很多共通之處；例如，這兩種伴侶都試著透過共同分享一些任務和活動以保持親密性（*Haas & Stafford, 2005*）。然而，為了對抗同性戀關係所缺乏的社會接納，同性戀伴侶也需要採取特殊的措施以維持關係，諸如如何作為伴侶而公開地「外出」。有些異性戀伴侶也必須不屈不撓地面對社會接納上的持續阻礙。例如，研究已指出，不同種族間的伴侶也面對各種歧視，這將對維持關係的持久能力帶來負面影響（*Chan & Wethington, 1998; Gaines & Agnew, 2003*）。

隨著配偶決定讓小孩進入自己生活中，家庭也會成長。然而，你可能感到訝異，小孩的出生經常會對配偶的全面幸福感構成威脅。為什麼呢？研究人員把重點放在男性和女性在異性戀關係中如何過渡到父母身分上的差異（*Cowan & Cowan, 1998, 2000*）。在當今西方社會中，婚姻遠比過去更經常是建立在「男女平等」的觀念上。然而，小孩的出生可能帶來的效應是把丈夫和妻子推到較為傳統性別角色的方向上。妻子可能感到照顧子女的負擔太重了；丈夫可能感到養家的壓力太大了。這造成的實際效應是，在小孩出生之後，婚姻以配偶雙方都感到負面的方式演變（*Cowan et al., 1985*）。

對許多配偶而言，隨著子女通過青少年歲月，親子間的衝突使得他們對婚姻的滿意度繼續下降。有違於文化上的刻板觀念，許多父母事實上盼望最年幼子女離家時刻的來臨，以便留給他們一個清淨的「空巢」（empty nest）（*Gorchoff et al., 2008*）。當父母不需再跟他們子女共處同一屋簷下時，父母反而更能享受親子之樂（*Levenson et al., 1993*）。

大致上，當配偶進入成年後期時，他們的婚姻較為幸福些。但這是否表示，每個人應該試圖維持婚姻到進入生命後期？在美國地方，所有初次婚姻大約有半數是以離婚收場（*Bramlett & Mosher, 2001*）。研究人員希望能夠決定，哪些配偶基本上是屬於不當

配對（例如，關於他們的互動模式）？哪些配偶則能夠避免離婚（*Amato, 2010*）？許多研究長時間追蹤配偶，它們已檢定出置婚姻於風險的一些因素，包括經常的衝突、不忠貞，以及低度的關愛與信任。

老年人的社會互動重心多少從家庭轉移到朋友身上，老伴的過世顯然是重要原因之一。關於成年後期的一種刻板印象是，老年人變得較為社交孤立。雖然老年人可能實際上跟較少人發生社會互動，但是這些互動的本質有所變動，以至於親密性的需求繼續獲得滿足。選擇性社會互動理論（selective social interaction theory）就在捕捉這項公平交易。這個觀點指出，隨著年齡漸大，老年人在挑選社交同伴以滿足自己的情緒需求上變得更具選擇性。換句話說，老年人縮小社交對象的範圍，只限定於那些對他們最重要和最能夠滿足他們情感需求的人們（特別是家人和老友）。根據 Laura Carstensen（*1991, 1998*）的說法，這顯然是一種務實的手段，老年人藉以調節他們的情緒經驗，同時也能保存自己的體能。這表示老年人為了增進人際關係的「質」而犧牲它們的「量」。

(二) 生產力

對於那些已經為親密關係建立了適當基礎的人們而言，他們通常能夠把自己的焦點轉到生產力（generativity）的議題上。這是一種超越自身而投入於家庭、工作、社會或未來世代的付出。個人通常在 30 多歲到 40 多歲時跨出這關鍵性的一步（*Whitbourne et al., 2009*）。這種更大福利的取向（orientation）容許成年人建立起一種心理幸福感，以補償對青春的任何留戀。

George Vaillant 透過訪談和觀察以探討 95 位高智商男性受試者的人格發展。這項研究長達 30 年之久，從這些受試者在 1930 年代中期大學畢業時開始。許多受試者長期下來顯現很大的變化，他們後來的行為往往相當不同於他們大學時的行為。訪談的主題包括身體健康狀況、社交關係及事業成就。在 30 年期間結束時，研究人員找出最佳結果的 30 位受試者，也找出最差結果的 30 位受試者，然後比較他們各方面的差異（參考表 10-5）。到了中年的時候，最佳結果的受試者正在履行一些生產力的任務、承擔起對他人的責任，以及以若干方式貢獻於世界。他們的成熟度甚至似乎與他們子女的生活適應有關聯——父親愈為成熟的話，他們就愈能提供自己子女適應這世界所需要的協助（*Vaillant, 1977*）。

這項研究說明了生產力的先決條件：對於最佳結果的男性而言，他們生活的其他層面都已充分穩定下來，這容許他們引導自己的資源朝向未來的世代。當被問到「何謂良好適應」時，中年人（平均年齡 52 歲）和老年人（平均年齡 74 歲）最經常提出的答案大致上相同。這兩組成年人都表示，良好適應有賴於採取「他人取向」（others

表 10-5　在跟心理社會成熟度相關的因素上，最佳結果與最差結果受試者之間的差異

	最佳結果 （30 位男性）	最差結果 （30 位男性）
在大學時期，人格統合被評在最低的 5% 之內	0%	33%
成年生活受到母親的支配	0%	40%
50 歲時的友誼型態相當淒涼	0%	57%
沒有在 30 歲之前結婚	3%	37%
在 50 歲時悲觀、自我懷疑、消極及對性感到害怕	3%	50%
兒童期環境貧乏	17%	47%
目前的工作少有監督的責任	20%	93%
受試者的職業選擇反映了對父親的認同	60%	27%
子女的發展結果被認為良好或優異	66%	23%

oriented）——也就是身為一位關懷而有同情心的公民，而且擁有良好的人際關係（*Ryff, 1989*）。這就是生產力的精髓所在。

第六節　生理性別和社會性別的差異

　　大多數兒童在生命前幾個月開始獲得的一種訊息是，他們的社會世界存在兩個範疇的人們，即男性和女性。長期下來，兒童學得男性和女性在心理經驗的許多層面上相當類似。然而，當差異實際上發生時，兒童也逐漸了解，這些差異中有些是源於生物層面，另有些則是源於文化期待。若干以生理為基礎的特徵被用來區別男性與女性，它們被稱為生理性別差異（sex differences）。這些特徵包括不同的生殖功能，以及在激素和解剖構造上的差異。然而，兒童最初所察覺的差異完全是社會層面，他們早在理解任何解剖構造之前就開始意識到男女之間的差異。對比於生理性別，社會性別（gender）是一種心理現象，指稱所學得之與性別有關的行為及態度。社會性別與日常活動有多麼強烈的關聯，以及超出怎樣的容忍範圍將被視為跨性別行為（cross-gender behavior），這隨不同文化而異。這一節中，我們將討論生理性別差異和社會性別發展二者，也就是兒童對於男性和女性之意識的先天和後天層面。

一、生理性別差異

　　從懷孕後的大約 6 個星期開始，男性胎兒開始跟女性胎兒走上不同道路。男性的睪丸在這個時候發育出來，開始製造睪固酮（testosterone）激素。睪固酮在決定胎兒

出生時將會具有男性或女性解剖構造上扮演關鍵的角色。睪固酮也會影響腦部發育：以動物爲實驗對象，發現神經構造的性別差異大致上是這種激素所引起（*Morris et al., 2004*）。

在人類腦部的發育上，睪固酮的實際角色較不清楚。然而，腦部掃描已揭露男女之間有一致的結構差異（*Goldstein et al., 2001*）。男性典型地擁有較大的腦部——相較於女性。另一方面，MRI 掃描揭示，女性的額葉區域（在調節社會行爲和情緒功能上扮演重要角色）相對上較大——相較於男性（*Welborn et al., 2009*）。這些研究顯示，使得男性和女性有所不同的一些行爲差異可能溯源於生物差異，而不是文化角色所造成。

另一些生理性別差異的分析，則是把焦點放在男性和女性的腦部以有差別的方式完成認知和情緒的作業（*Canli et al., 2002*）。考慮當兩性觀看幽默圖畫時所從事的大腦歷程。

> 15 位男性和 14 位女性接受 fMRI 掃描，當他們觀看 80 張詼諧圖畫和 80 張中性圖畫時（*Kohn et al., 2011*）。在觀看每個畫面 7 秒鐘後，受試者在從 1 到 5 的量尺上回答：「這張圖畫有多詼諧？」綜合而言，女性認定那些詼諧圖畫較爲幽默——相較於男性（平均評定是 3.79 vs. 3.48）。女性和男性的腦部活動型態，說明了這些判斷上差異的起源：女性在腦部的一些區域顯現相對上較爲活躍，諸如杏仁核（在情緒反應上扮演一定角色）。男性的情緒區域相對上較低活化可能造成了他們對幽默較低的賞識。

關於性別差異的生理層面，大部分針對人類受試者的研究是把重點放在男女之間的全面差異上。然而，研究人員新近已開始檢視人們之間一些較爲細緻差異的生物起源。這些研究再度轉向睪固酮激素對後來發展的影響。在這方面，研究人員首先檢驗每位受試者羊水（羊膜液）中的睪固酮濃度，然後求取這些胎兒的睪固酮濃度與每位男孩或女孩（當他們 4 歲時）的社會關係品質之間的相關（*Knickmeyer et al., 2005*）。一般而言，男孩擁有較高濃度的胎兒睪固酮——相較於女孩。在這樣背景的襯托下，受試者較高濃度的胎兒睪固酮與他們較不良的社會關係有關聯，對男孩和女孩都是如此。這些結果顯示，當事人會在怎樣程度上順從社會對男性和女性行爲的期待，可能部分地取決於他們產前的激素環境（*Morris et al., 2004*）。產前暴露於睪固酮也在建立性別典型的行爲和特性上扮演重要的角色（*Hines, 2011*）。

二、性別認定和性別角色

你已看到，男性和女性行爲的一些重要層面是由生物差異所塑造。然而，文化期待也對於性別認定有重要影響。性別認定（gender identity）是指個人對自己身爲男

性或女性的意識，它包括對自己生理性別的覺知和接納。這種覺知在相當年幼時就發展出來；例如，10 到 14 個月大的幼兒已被證實較偏好「同一性別的兒童展現抽象動作」的錄影帶（*Kujawski & Bower, 1993*）。性別角色（gender roles）是指在既定文化中被認爲適合男性或女性的行爲模式。性別角色爲男性化特質和女性化特質提供了基本定義。

　　大量我們視爲男性化或女性化的事項是由文化所塑成（*Leaper, 2000*）。許多研究學者表示，性別角色的社會化歷程從出生就已展開。在一項研究中，父母被要求描述他們初生子女的模樣。結果發現儘管這些嬰兒在身高、體重及健康情況上沒有明顯差別，但父母通常使用像是「小巧」、「優雅」、「秀麗」及「柔弱」等字眼描述他們初生的女兒。對照之下，父母通常描述他們初生的兒子爲「強壯」、「敏捷」、「堅定」及「協調」（*Rubin et al., 1974*）。這些父母所使用字眼的差異，顯然反映了他們關於性別角色的刻板觀念。父母將會爲他們女兒和兒子做不同的打扮、提供他們不同性質的玩具，而且以不同方式跟他們進行溝通。對於只有 18 個月大的幼兒，當他們玩耍符合性別的玩具時，父母傾向於有較正面的應對。例如，在一項實驗中，當男孩正玩耍一些典型屬於女孩的玩具時，父親給予較少的正面反應（*Fagot & Hagan, 1991*）。一般而言，當兒童從事性別定型（sex-typed）的活動時，他們較常接受來自父母的鼓勵；至於不符合性別期待的行爲則可能受到懲罰（*Lytton & Romney, 1991; Witt, 1997*）。男孩當從事跨性別的行爲時，特別容易受到來自他們父親的強烈負面反應。此外，男孩也被給予較多自由以探索環境，可以離開家門遠一些；但女孩則被鼓勵跟在媽媽身邊，且應該協助做些家事（*Fagot, 1978*）。

　　幼童也很早就獲得性別刻板觀念（gender stereotypes）的知識，也就是在特定文化中，關於什麼屬性和行爲被視爲符合男性或女性所持的一套信念。研究人員已佐證大部分兒童獲得這些性別刻板觀念的時間進展（*Martin & Ruble, 2010*）。在整個學前歲月，兒童在世界上的經驗提供他們知識，關於文化對男性和女性的期待。在 5 歲到 7 歲之間，兒童鞏固這方面知識成爲性別刻板觀念。事實上，就是在這幾年中，兒童對待這些觀念極爲僵硬而不通融。直到年齡更大些，兒童在思考性別和行爲上才會較具彈性。這也就是說，他們較可能指出，男女兩性都會從事多樣化的行爲。因此，在大約 8 歲之時，兒童已開始理解，男孩與女孩之間也存在相似之處。

　　父母不是性別角色社會化的唯一代理人。例如，Eleanor Maccoby（*1998*）表示，父母在性別角色上還不能完全捺印。幼童是性別隔離主義者（segregationists）——即使當成年人沒有監督他們，或儘管成年人鼓勵男女混合的遊戲，他們還是尋求同一性別的玩伴。Maccoby 相信，幼童之間在性別行爲上的許多差異是同儕關係所造成。例如，她發現男孩團體比起女孩團體更爲關心支配（dominance）的問題——即誰的權力勝過誰。女孩團體通常對於共識（consensus）較感到興趣，較不關心權力的分配。

因此，男孩和女孩在不同的心理環境中成長，這些心理環境塑造了他們的世界觀，以及塑造了他們處理問題的態度或作風。

事實上，男孩和女孩在他們社交互動的模式上顯現一致的差異。有些差異跟這些互動的結構有關聯。例如，至少在 6 歲的時候，男孩偏好在團體中互動，至於女孩則偏好一對一的互動（*Benenson et al., 1997; Benenson & Heath, 2006*）。男孩與女孩之間的另一些差異與他們遊戲的內容有關聯（*Rose & Rudolph, 2006*）。女孩比起男孩較可能從事社交性談話，以及吐露關於自己的訊息。男孩比起女孩較可能從事粗野的遊戲。隨著兒童年齡大些，這些差異變得更為突顯——為性別角色的發展提供了依據。當進入青少年期，女孩的友誼可能展現較大的親密性，也較為自我表露（self-disclosure）；男孩的友誼可能展現較多的競爭和激動（*Perry & Pauletti, 2011*）。

第七節 道德發展

在許多場合中，你必須根據社會的需要判斷你的行為，而不是僅根據你自己的需求。這就是道德行為（moral behavior）的基礎。簡言之，道德（morality）乃是關於人類舉止對或錯的一套信念、價值觀和基本判斷。社會需要兒童長大後能夠接受既有的道德價值體系，而且在行為上受到道德原則的引導（*Killen & Hart, 1999*）。然而，如你所知道，在不一樣的情境中，何謂道德或不道德的行為可能有很大爭議空間。再者，道德理解與道德行為之間可能存在重大的落差。

一、柯柏格的道德推理階段

皮亞傑（*1965*）試圖在道德判斷的發展與兒童的綜合認知發展之間建立起關聯。根據皮亞傑的觀點，隨著兒童通過認知成長的各個階段。他們會對「行為的後果」（consequences）和「行為者的意圖」（intentions）指派不一樣的相對重要性。例如，對前運思期的兒童而言，A 兒童不小心打破 10 個杯子（行為的後果），B 兒童故意打破一個杯子（行為者的意圖），這二者相較之下，他們反而認為 A 兒童的行為「較為頑皮而沒有規矩」。隨著兒童年齡更大些，當從事道德判斷時，他們才會對「行為者的意圖」指派較大的重要性。

關於道德發展的研究，最著名的人物是哈佛大學的心理學家柯柏格（Lawrence Kohlberg, 1927-1987）。柯氏的理論是建立在皮亞傑早期的研究工作上，他界定了道德推理（moral reasoning）的發展階段。每個階段的特色是從事道德判斷所依賴的基礎各自不同（參考表 10-6）。最低層次的道德推理是建立在自我利益上；較高

表 10-6　柯氏的道德推理的各個階段

層次和階段	表現出道德行為的原因
1. 前俗例（preconventional）層次	
階段一：享樂／痛苦的取向	・為了避免痛苦而服從規範。
階段二：成本／利益的取向	・為了得到酬賞。互惠性──以德報德，以牙還牙。
2. 俗例（conventional）層次	
階段三：好兒童的取向	・為了獲得接納，避免他人的不贊同。
階段四：法律和秩序的取向	・為了遵守規則，避免受到權威者的譴責。
3. 後俗例（post-conventional）層次	
階段五：社會契約的取向	・為了促進社會的福祉。
階段六：倫理原則的取向	・為了追求正義，避免良心的苛責。
階段七：宇宙的取向	・為了追求放諸四海皆準的原則或真理，覺得個人是浩瀚宇宙的一部分，超越了一般的社會規範。

層次則是針對社會福祉，不考慮個人獲益。階段七的宇宙取向極為罕見，它是作為一個理想的上限。為了佐證這些階段，柯氏設計了一系列的道德兩難問題（moral dilemmas），以使得不同的道德原則互相拮抗。

在其中一個兩難問題中，一位叫漢思的男子急需一種特效藥以醫治他罹患癌症而垂死的太太。但發明這種特效藥的醫師卻索取極高的價格。漢思東挪西借的結果也只籌到一半的錢，他只好央求醫師減價或讓他賒帳，但不通人情的醫師硬是不肯。在這樣絕望的情況下，漢思闖入醫師的家中，偷走了特效藥。漢思應該這樣做嗎？為什麼？訪談者探問受試者對自己的決定所持的理由，然後對應答加以評分。

這些評分是建立在受試者對自己的決定所給予的「理由」上，而不是依據受試者做了怎樣的決定。例如，一位受試者表示，漢思應該偷藥，因為他有義務救他垂死的太太；另一位受訪者表示，漢思不應該偷藥，因為他有遵守法律的義務（儘管他迫切希望救他太太的性命）。儘管做了不同的決定，這兩位受試者都是在表達對「達成自己應盡的義務」的關心，因此都可被評為階段四。

柯柏格的道德階段模式依循四個原則：(1) 個人在既定時間只能處於一個階段中；(2) 每個人以固定順序通過這些階段；(3) 每個階段都比起先前的階段更為複雜，也更具包容力和理解力；及 (4) 每種文化都呈現這些同樣的階段。柯柏格從皮亞傑的研究中承襲不少這種階段理念。事實上，從階段一到階段三的進展似乎符合正常認知發展的過程。這些階段循序漸進，每個階段可被視為在認知上要比居先的階段更為世故及練達。幾乎所有兒童在 13 歲之前進展到階段三。

柯柏格理論的大部分爭議是發生在跨越階段三之後。根據柯柏格原先的觀點，人們將以穩定的進程延續他們的道德發展，前進到跨越階段三。然而，不是所有人都會

達到階段四至七。事實上，許多成年人從不曾達到階段五，而且只有少數人超越這個階段。柯柏格後幾個階段的內容似乎是主觀的，我們不容易理解每個接續的階段如何比起居先的階段更具包容力而世故。例如，「避免良心譴責」是階段六的道德判斷的基礎，它似乎就不是很明顯會比作爲階段五之基礎的「促進社會福祉」更具包容力。再者，不是在所有文化中都可發現較高的階段（*Gibbs et al., 2007*）。這些較高階段似乎與美國文化中的教育觀念和語文能力有關聯——但這些特性不應該是道德成就的先決條件。

二、道德推理之性別和文化的透視

　　道德推理上的性別差異一直存在大量的爭議。在柯氏早期的研究中，他採用道德困境問題的範式進行評定，結果發現女性的道德發展似乎不如男性——即大部分男性可以達到道德推理的階段四（法律和秩序的取向），大部分女性卻停留在階段三（爲了獲得接納，順從他人的期待）。這個結論受到許多研究學者的質疑。Carol Gilligan（*1982, 1993*）就指出，柯氏最初的研究工作是只從對男孩的觀察中發展出來，這造成各個階段的建立基本上偏袒男性。Gilligan 表示，男孩（父母傳統上希望培養男孩具有獨立、果斷及追求成就的特質）逐漸把道德困境視爲雙方（或多方）競逐權益上不能避免的衝突，而且視法律和其他社會協定爲解決這些衝突必要的手段——這種觀點反映了柯氏階段四的推理。但是，父母通常希望女孩長大後能夠養育子女、富有同理心及關心他人的需求，女孩因此從她們對別人的關懷來界定自己的「美德」——這種觀點近似於柯氏理論架構中的階段三。所以，Gilligan 認爲女性是在發展路線上有所不同，而不是在道德水平上較低。她主張女性的道德發展是建立在「關懷他人」（caring for others）的標準上，然後進展到自我實現的階段；至於男性則是建立他們的推理在「正義和公平」（justice）的標準上。

　　需要注意的是，我們迄今所提的研究大部分是關於西方文化中的道德推理。但是跨文化研究也對這整個體系的研究提出另一種重要批評。舉例而言，考慮這樣的情境，你看到一位陌生人站在路邊，他自行車的輪胎洩了氣。你應該停下來幫助他嗎？假設你說「不」。這是不道德嗎？如果你是在美國長大，你大概會認爲伸不伸援手（在這些情況下）是個人選擇的事情，所以它不是不道德的。但如果你是在印度長大的一位印度教信徒，這個文化極爲重視互相依賴和彼此援助，你或許將會把「沒有伸出援手」視爲不道德的（*Miller et al., 1990*）。

　　讓我們考慮下列的研究，它對道德推理進行跨文化的比較：

這項研究的受試者是徵募自兩個地方，一是康乃狄克州的 New Haven，另一是印度南部的 Mysore。這些西方文化和印度文化的代表性受試者被要求回答一些設想情況，這些情況在「正義公平」與「人際責任」之間形成對比。例如，假設你能夠把結婚戒指送到你最好朋友的婚禮上的唯一方法是偷錢，這樣你才有錢買火車票。「正義公平」的原則指出，你不應該偷錢；但「人際責任」的原則指出，你應該信守你的人際承諾。假使你在西方文化中長大，你大概不會從道德的角度來看待人際責任：不能送達結婚戒指固然令人遺憾，但不是不道德的。然而，我們前面提過，印度教文化的成員普遍認為人際承諾具有道德的性質。因此，研究人員預測，印度受試者將會比美國受試者較可能贊同人際責任。如圖10-7 所示，在三種不同年齡上，印度受試者都較可能選擇「贊成人際責任」的選項（*Miller & Bersoff, 1992*）。

從這個例子中，你可以看出文化在界定什麼是道德或不道德上所扮演的角色。如果你是在美國長大，你可能會感到訝異，為什麼印度人這般強烈認為對朋友的承諾必須被信守——甚至不惜偷錢也要送達結婚戒指。需要注意的是，這種文化規範上的差異很可能也適用於美國和印度之外的其他國家。如我們在後面幾章將會更充分探討的，關於不同文化側重「個人利益」或「集體利益」，美國和印度是西方國家和非西方國家的典型代表。

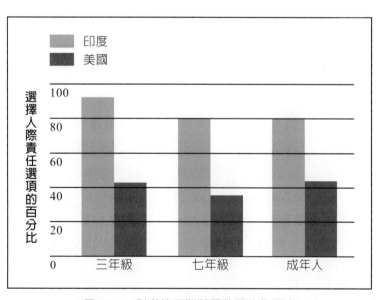

圖 **10-7**　對道德兩難問題的跨文化研究

第十一章

動　機

動機狀態如何影響運動競賽或考試的結果？為什麼有些人變得過度肥胖，另有些人則讓自己挨餓至死？我們的性行為是否取決於遺傳天賦？這一章中，你將看到人類行動如何受到各種需求（needs）所驅使──從基本的生理需求（如飢餓和渴）以迄於心理需求（如個人成就）。但你也將看到，生理狀態與心理狀態往往不容易區分。即使看起來似乎是生物性驅力（biological drive），諸如飢餓，它也需要與當事人的個人控制（personal control）和社會接納（social acceptance）的需求競爭之下，才能決定攝食的型態。

第一節　理解動機

動機（motivation）是對牽涉到啟動、引導及維持身體活動和心理活動之所有歷程的統稱。動機這個字來自拉丁語的「*movere*」，表示「行動」的意思。透過行動，所有有機體趨近一些刺激和活動，而且避離另一些刺激和活動──如牠們的欲求（appetites）和厭惡（aversions）所指示的。我們對動機的分析將首先考慮動機如何以不同方式被用來解釋及預測整個物種和個別成員的行為。

一、動機概念的功能

心理學家為了五個基本目的而使用動機的概念：

- 為了建立生物歷程與行為之間的關聯。身為生物性有機體，你擁有複雜的內在機制以調節你的身體功能，以及協助你生存。例如，你今天早晨為什麼起床？你可能感到飢餓、口渴或寒冷。在每種情況中，剝奪（deprivation）的內在狀態引發了身體反應，這驅使你採取行動以恢復你身體的均衡。

- 為了說明行為的變異性。為什麼在同樣的作業上，你有時候表現良好，另有時候卻很差勁？為什麼兩位兒童擁有大致相同的能力和知識，但他們在某競賽作業上的表現卻有很大落差呢？當人們在穩定情境中的表現有很大變異，而這樣的變異不能溯源於他們在能力、技巧、練習或運氣上的差異時，「動機」似乎是合理的解釋。假使你願意早點起床多讀些書，但你的朋友卻不肯，我們將樂於指出你跟你的朋友處於不同的動機狀態。

- 為了從公開行動推斷內心狀態。你看到一個人坐在公園的長椅上，暗自發笑。你如何能夠解釋這項行為？心理學家就跟一般人一樣，他們通常也從觀察他人的一些行為以推斷可能的內在起因。人們不斷地根據一些可能原因來解讀行為，以說明他人為什麼會發生該行為。這相同原則也適用於你自己的行為。你

經常試圖找出，你的行動應該被理解爲受到內在因素的驅使，抑或受到外在因素的驅使。

‧ 為了指定責任給一些行動。個人責任的概念是法律、宗教和倫理的基本所在。個人責任是以你的內在動機和你控制自己行動的能力作爲前提。所以，人們當處於下列三種情況時，他們往往被裁定較不需要爲自己的行爲負責：⑴ 當他們沒有存心會發生那些負面後果時；⑵ 當外在力量強大到足以激發該行爲時；或 ⑶ 當行動受到藥物、酒精或強烈情緒的影響時。因此，動機理論必須能夠辨別行爲的不同潛在起因。

‧ 為了解釋為何處於逆境仍能不屈不撓。心理學家研究動機的最後原因是爲了解釋當有機體不展現行爲反而較爲輕鬆時，爲什麼卻依然堅持到底。例如，想想馬拉松選手，當他們筋疲力竭時，爲什麼仍然堅持下去？想想句踐的臥薪嘗膽，怎樣的內心狀態在支撐他的行動？

你現在應該大致了解，心理學家在怎樣情況下可能訴諸動機的概念以解釋及預測行爲。我們接下來考慮動機的一般來源。

二、動機的來源

爲了協助你思考動機的來源，我們將探討內在力量（個人特質）與外在力量（情境因素）之間的區分。我們先從驅力論（drive theory）談起，它主張若干類型的行爲是起源於內在的生物性驅力。

㈠ 驅力與誘因

某些形式的動機似乎非常基本：假使你覺得飢餓，你就進食；假使你感到口渴，你就飲水。Clark Hull（*1943, 1952*）對這方面理論作最充分的闡述，他認爲有大量的重要行爲是受到這種內在驅力的促發。根據 Hull 的觀點，驅力（drives）是回應動物的生理需求而產生的內在狀態。有機體尋求在生理狀況方面（諸如體溫和能量補給）維持均衡的狀態，稱爲恆定作用（homeostasis）。考慮你的身體如何反應以維持你的體溫接近 98.6°F：如果你變得太熱，你開始流汗；如果你變得太冷，你開始打哆嗦。當剝奪製造了不均衡或緊張時，驅力就被喚起。這些驅力促發有機體朝向緊張減除（tension reduction）；當驅力獲得滿足或減除時（當均衡狀態恢復時），有機體就中止行動。因此，根據 Hull 的說法，當動物被剝奪食物好幾個鐘頭時，飢餓狀態將被喚起，以便促動覓食和進食的行爲。透過「獲致食物」的目標被達成，動物的這些反應將會受到強化，因爲它們與進食所產生的緊張減除聯結起來。

但緊張減除能夠解釋所有的動機行爲嗎？顯然不能。根據緊張減除的假說，當

老鼠被剝奪食物或水後，一旦被供應食物或水，牠們將會不顧代價地攝食或飲水。但是，當這樣的老鼠真的被提供機會，即被放置在滿布食物和水的新奇環境中時，牠們選擇的反而是「探索」（explore）行為。只有當牠們首先滿足了好奇心之後，牠們才開始滿足自己的飢餓和口渴（*Berlyne, 1960; Fowler, 1965*）。在另一系列研究中，幼猴花費大量時間和精力於操弄牠們環境中的各式裝置和新物件，似乎是出於「頑皮、好動」的純粹愉悅，不需要任何跟生理需求有關的酬賞（*Harlow et al., 1950*）。

這些實驗告訴我們，行為不是只受到內在驅力的促發，行為也受到誘因（incentives）的促發。誘因是指跟生物性需求沒有直接關聯的外在刺激或酬賞。當老鼠或猴子應對環境中的物件，而不是應對牠們自己的內在狀態時，這例證了牠們的行為是受到誘因的控制。人類行為也受到各式各樣誘因的控制。為什麼你通宵不眠漫遊於電腦網路而不願好好睡個覺？為什麼你會去看一場你知道自己將會感到慌張或驚恐的電影？為什麼你在宴會上不斷吃著垃圾食物，即使當你已經感到飽足？在每種情況中，環境的因素充當誘因以促動你的行為。

你已經看到，許多行為在內在動機來源和外在動機來源的合成中找到它們的起源。老鼠即使感受到攝食或飲水的生物性壓力，牠們仍然沉迷於探索新環境的衝動。

(二) 本能行為與學習

為什麼有機體以牠們固有的方式展現行為？部分答案是各個物種之一些層面的行為是由本能（instincts）所掌管。本能是指有機體預先編定的一些傾向，這是每個物種維持生存不可或缺的。本能提供了行為劇本，這是每種動物之遺傳素質的一部分。

在世界各地，各種動物都從事一些有規律的週期活動，使得種族得以生存和延續。例如，鮭魚游經數千里之遠，最後返回牠們當初被產下的那條溪流的入海口，開始逆流而上，有時候需要跳過一些小瀑布，直到抵達上游的正確地點。在那裡，存活下來的雄性和雌性鮭魚進行儀式化的求偶、交配及產卵。當受精卵孵化後，這些父母輩的鮭魚自然死亡。不久，年幼的小鮭魚開始順流而下，前往海洋中生活。幾年之後，輪到牠們回來，完成牠們在這個周而復始的生命劇本中的角色。同樣的，巴西外海的田綠龜例行地需要遷移 1,400 英哩之遠，返回當初牠們被孵化的海灘上產卵。在浩瀚的海洋中找出這片寬不到 5 英哩的海灘，這絕對不是一件容易的事情。事實上，大多數動物身上都被報告有這類令人驚訝的活動，諸如蜜蜂傳遞食物位置的信息、軍蟻（army ants，美洲熱帶地方所產之成群移動的大螞蟻）實施高度同步化的獵食行動、鳥的築巢、熊的冬眠以及蜘蛛的織網等──完全如同牠們的親代和祖先所做的那般。

人類有多少行為是出於本能？早期關於人類功能的理論傾向於高估了本能對人類的重要性。1890 年，William James 在他的著作中表示，他相信人類甚至要比其

他動物更爲依賴本能行爲，雖然人類本能普遍不是以固定動作模式（fixed-action patterns）的方式展現。除了跟動物一樣具有生物性本能之外，人類還擁有一大群社會性本能以發揮作用，諸如同情、謙虛、社交及關懷等。根據 James 的說法，人類和動物的本能都是「有意圖」的——它們在有機體對所處環境的適應上具有重要的目的，或發揮重要的功能。

到了 1920 年代，心理學家所蒐集人類本能的清單已超過 10,000 種（*Bernard, 1924*）。但在這同時，質疑及指責本能論的聲浪也愈來愈大，它們不認爲本能可用來作爲人類行爲的全面性解釋——因爲本能的觀念過於強調固著、天生的機制，但人類有很多行爲顯然可以透過學習加以變更。

在本能論的全盛時期，本能幾乎被用來解釋人類的每一項舉動。但這樣的解釋只是一種循環論證：它們並不是眞正在「解釋」行爲，只是在爲行爲「命名」而已。本能論學者從不曾提出歷程、機制或架構來說明所觀察的行爲，他們只是在提供便利的「標籤」。因此，「攻擊本能」被用來解釋人類爲什麼會有攻擊行爲，然後攻擊行爲又被視爲是人類有「攻擊本能」的證據。

在這期間，跨文化人類學家——如 Ruth Benedict（*1959*）和 Margaret Mead（*1939*）——發現不同文化之間有很大的行爲變異。他們的觀察反駁了「先天本能是人類普遍一致的現象」的觀點，因爲行爲模式還是會反映特定文化的經驗和價值。

然而，早期本能論受到的最大打擊還是來自行爲論。行爲論學者已實徵上證實，許多重要的行爲和情緒是學來的，而不是天生的。你在第 6 章中已看到，人類和動物同樣地對環境中刺激與反應的聯結方式相當敏感。假使你想要解釋爲什麼某一動物展現某一行爲，而另一動物則否，你只需要知道牠們的強化史即可，不必訴諸「動機」的觀念。

但我們在第 6 章中也看到，各種動物都有特別容易學得之特定類型的行爲，這部分地是取決於物種特有的本能（species-specific instincts）。這也就是說，每種動物都展現了學得行爲和本能行爲二者的結合。因此，假使你被要求解釋或預測某一動物的行爲，你將需要知道兩件事情：首先，你需要知道這個動物所屬物種的一些歷史（有哪些適應性行爲是該有機體遺傳素質的一部分）；其次，你需要知道這個動物本身的一些歷史（該有機體經歷了怎樣特有的一套環境聯結）。在這些情況下，所謂動機不過是過去史對當前行爲的影響。

然而，如我們在第 6 章也提過，認知取向的研究學者已挑戰「本能和強化史足以全面解釋動物行爲」的信念。我們接下來討論預期和認知在動機方面的角色。

(三) 預期與動機的探討途徑

許多心理學家採取認知的研究取向，他們的共同觀點是，深具意味的人類動機

不是來自於外界的客觀現實,而是來自於你對現實的主觀解讀。假使你沒察覺到你的行動獲得了酬賞的話,酬賞將會失去它的強化效果。所以,你當前的舉止通常受支配於: ⑴ 你認為什麼因素負責了你過去的成敗; ⑵ 你相信自己能夠據以採取怎樣的行動; 及 ⑶ 你預期所採取的行動將會造成怎樣的結果。認知的途徑認為是這些高級的心理歷程在掌管行動。換句話說,人類往往受到對未來事件的預期所驅使。

Julian Rotter（1954）在他的社會學習論（social-learning theory）中特別強調「預期」（expectations）在促發行為上的重要性。他指出你將會從事某特定行為的機率主要取決於兩個因素,一是你對該活動是否能夠達成你的目標的預期,另一是該目標對你的個人價值（personal value）。預期與現實之間的落差可能促發個人採取補救的行為（Festinger, 1957; Lewin, 1936）。假設你發現,你自己的行為不符合你所歸屬之某一團體的標準或價值觀,你可能被促發而改變你的行為以達成與該團體較良好的配合。例如,你可能被激發而改變你的服飾風格或所聽的音樂,以降低預期與現實之間的落差。

Fritz Heider（1958）的歸因理論也提出了相近的概念,他認為我們每個人會把自己行為的結果（例如,成績不好）歸之於性格力量（dispositional forces）使然（如不夠努力,或不夠聰明）,或歸之於情境力量（situational forces）使然（如考題不公平,或老師偏心）。這些歸因將會影響你未來的舉動。例如,如果你認為成績不好是因為自己不夠努力所致,那麼你下一次考試前可能會更用功些;但如果你認為成績不好是因為考試不公平或自己缺乏能力,那麼你可能就不願意再接再厲下去（Dweck, 1975）。因此,你對內在或外在動機來源的認定可能部分地取決於你自己對現實的主觀解讀。

三、需求的階層

人本主義心理學家馬斯洛（Abraham Maslow, 1970）在他的動機理論中主張,人類的基本動機形成一種需求階層（hierarchy of needs）,如圖 11-1 所示。根據馬斯洛的觀點,這些需求依序從原始排列到高深的,每個階層的需求先要獲得滿足,然後才能進入下一個階層。這個階層表的底層是基本的生物需求,如飢餓和渴。生物需求必須先得到滿足後,其他任何需求才可能開始運作。當生物需求被壓迫時,其他需求將先被「擱置」起來,不太可能影響你的行動;但是,當生物需求獲得適度滿足時,下一個層次的需求（安全需求）就將開始促發你的行為。當你不必再擔心安全問題時,你將開始被歸屬需求所促動。歸屬需求是一種依附、親近他人的需求,也就是愛人與被愛的需求。如果你身體飽足、安全舒適,而且擁有社會歸屬感,你的重心將會移到尊重需求,也就是喜歡自己、視自己為能幹而有成效的人,以及從事一些能夠贏得他人尊

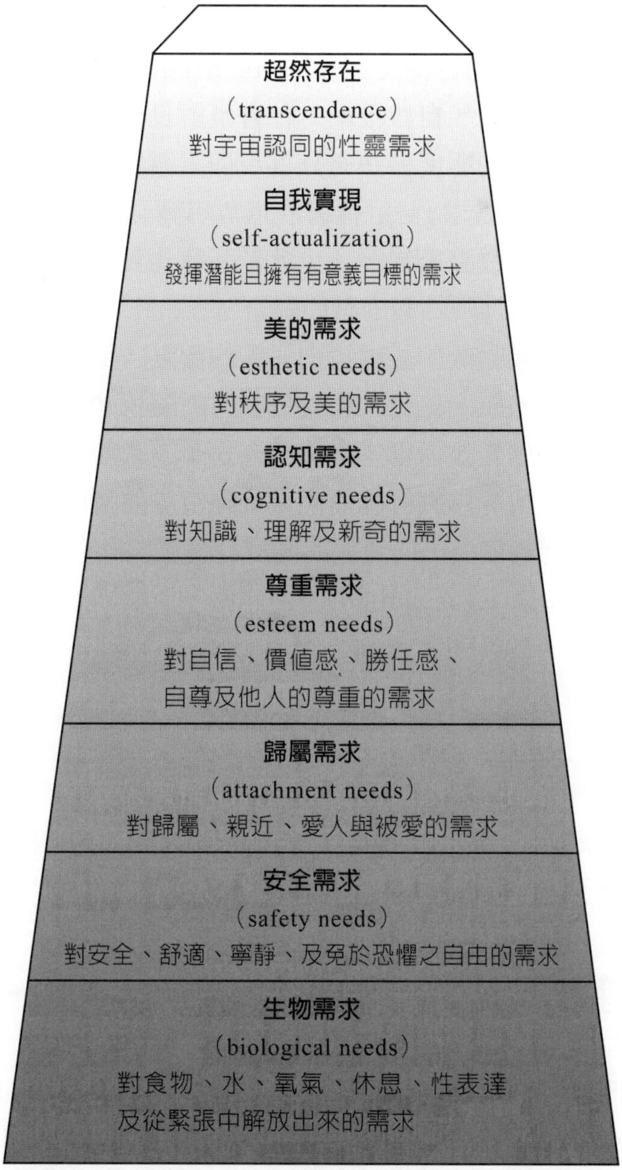

超然存在
（transcendence）
對宇宙認同的性靈需求

自我實現
（self-actualization）
發揮潛能且擁有有意義目標的需求

美的需求
（esthetic needs）
對秩序及美的需求

認知需求
（cognitive needs）
對知識、理解及新奇的需求

尊重需求
（esteem needs）
對自信、價值感、勝任感、
自尊及他人的尊重的需求

歸屬需求
（attachment needs）
對歸屬、親近、愛人與被愛的需求

安全需求
（safety needs）
對安全、舒適、寧靜、及免於恐懼之自由的需求

生物需求
（biological needs）
對食物、水、氧氣、休息、性表達
及從緊張中解放出來的需求

圖 11-1　馬斯洛的需求階層

根據馬斯洛的說法，當階層表上較低層次的需求尚未得到滿足前，這些需求將會支配著個人的動機。然而，一旦這些需求獲得適度滿足後，較高層次的需求才會開始占據個人的注意力和行動。

重的事情。

　　人類是思考的生物體，擁有複雜的大腦，渴求思想的刺激。因此，你被強烈的「認知需求」所促動以認識你的過去、理解當前存在之謎，以及預測你的未來。這種需求的力量使得科學家畢生投入於探索新知識。更進一步層次是人類對美與秩序的熱望，統稱為「美的需求」，它提升了人類創造性的一面。

　　當達到階層表的頂端時，這樣人們必然是豐衣足食、感到安全、愛人且被愛、受

到他人尊重、思考及富有創造力。這些人開始超越基本的人類需求，以便尋求最充分發揮他們的潛能，稱之爲「自我實現」（self-actualization）。除了另一些正面屬性外，自我實現的當事人是自我覺知、自我接納、社會應對良好、富有創造力、自動自發，以及對新奇和挑戰保持開放的態度。在充分實現個人潛能之上，馬斯洛還列有一個需求層次，稱爲「超然存在的需求」。這種需求可以導致更高的意識狀態，它是對於自己在萬有萬物中的角色的一種宇宙視野，也就是一種「天人合一」的狀態。但很少人能夠超越自我，達到這種精神及性靈力量的融合。

馬斯洛的理論是對人類動機的一種特別樂觀的觀點。他的理論的核心是每個人都需要成長及實現他的最大潛能。然而，你從自身的經驗也知道，馬斯洛嚴格的階層劃分不是那般經得起考驗。例如，你可能有時候會爲了追求較高層次的需求而忽略了身體的飢餓，或你可能爲了增進你的自尊而忍受荒野行腳的危險。即使如此，我們希望馬斯洛的架構將使你能夠爲自己不同層面的動機經驗帶來一些秩序。

第二節　攝食

爲了維持我們的身體健康，我們必須按時攝取至少 22 種不同的胺基酸、12 種維生素、一些礦物質及足夠的卡路里，如此才能滿足我們的能量需要。這使得涉及飢餓的生理歷程和心理歷程變得相當複雜。

一、攝食的心理機制

你的身體什麼時候告訴你應該進食？你已被提供多種機制以促使你的身體感到飢餓或飽足（Logue, 1991）。爲了有效調節食物的攝取，有機體必須具備多種機制以完成下列四個任務：⑴ 偵察自己內在的食物需求；⑵ 啓動及組織進食行爲；⑶ 監督所攝入食物的數量和品質；及 ⑷ 偵察什麼時候已攝入足夠食物，然後停止進食。爲了了解這些歷程，研究人員已試著在身體的不同部位建立它們與周圍機制（peripheral mechanisms）的關聯，諸如胃部收縮；或試著建立它們與中樞腦部機制（central brain mechanisms）的關聯，諸如下視丘的功能。我們下面分別檢視這些歷程。

㈠ 周圍反應

你的飢餓感覺來自哪裡呢？你的胃部是否會送出不適的信號以表示自己處於空乏狀態？Walter Cannon（1934）是這方面研究的一位先驅生理學家，他相信空胃的胃蠕動是飢餓的唯一基礎。爲了驗證這個假設，Cannon 的一位學生 A. L. Washburn 訓練

自己吞下一個未充氣的氣球到胃裡，氣球的開口連接一根橡膠小管直到嘴巴，然後再連接到一個儀器上，以記錄氣球中的氣壓變化。Cannon 然後把 Washburn 胃中的氣球灌滿空氣。隨著該學生的胃部收縮，氣球中的空氣被排擠出來，儀器上的指針也跟著移動。實驗結果顯示，當 Washburn 報告飢痛（hunger pangs，或饑餓感）時，也正是他胃部劇烈收縮的時候，但不是他的胃部膨脹的時候。Cannon 認為他已經證實胃痙攣是飢餓的起因（*Cannon, 1934; Cannon & Washburn, 1912*）。

雖然 Cannon 和 Washburn 的實驗程序富有創意，但後來的研究已顯示，胃收縮甚至不是飢餓的必要條件。例如，注射葡萄糖到動物的血液中，這將會中止胃的收縮，但卻無法中止空胃動物的飢餓感。對人類而言，病人有時候必須被動手術把整個胃割掉，但仍然會感受到飢痛（*Janowitz & Grossman, 1950*）。此外，老鼠的胃被動手術割除後，研究人員仍能以食物作為酬賞來建立牠們走迷津的行為（*Penick et al., 1963*）。因此，雖然源自胃部的感覺可能在人們經常感受的飢餓感上扮演一部分角色，但它們不能充分解釋身體如何偵察它對食物的需求以便促發進食行為。

你的空胃可能不是飢餓感的必要條件，但是「飽滿」的胃將會中止進食嗎？研究已顯示，食物引起的胃膨脹（但不是由充氣的氣球所引起）將會造成個人停止進食（*Logue, 1991*）。因此，身體對胃壁的壓迫來源保持敏感。此外，食物在口腔中的感受也提供了周圍來源的飽足線索。你可能已注意到，隨著你進餐的過程，你逐漸失去對食物味道的興趣，即使是你偏愛的食物，這種現象稱為感覺－專對的飽足（sensory-specific satiety）（*Remick et al., 2009*）。隨著你進食某類食物，你將會降低對這類食物的興趣，這可能是你的身體調節食物攝取的方式之一。然而「感覺－專對的飽足」中的「專對」意指該飽足適用於特定的食物味道，但不適用於食物本身。在一項實驗中，受試者進食特定食物（如鳳梨或黃瓜）已達到飽足程度。然而，當該食物的味道稍微變更時（透過添加香草精調味的攪拌乳脂，或添加食鹽和胡椒粉），受試者重新顯現對該食物的興趣（*Romer et al., 2006*）。這方面的研究顯示，食物味道的多樣化（如在很多道菜餚的餐飲中常見的情形）可能抵消了另一些身體信號，使你無法即時偵察自己已攝取不少食物。

（二）中樞反應

在攝食的腦部控制方面，早期研究發現，如果腹內側下視丘（ventromedial hypothalamus, VMH）被損毀（或是 LH 受到電刺激），動物將會攝取較多食物；反過來說，如果外側下視丘（lateral hypothalamus, LH）被損毀（或是 VMH 受到電刺激），那麼動物將會攝取較少食物。這些觀察使得研究學者提出「雙中樞模式」（dual-center model），LH 被認為是飢餓中樞（hunger center），VMH 則被認為是飽足中樞（satiety center）。

　　然而，後來的資料指出，這個簡易的理論是不完整的（*Gao & Horvath, 2007*）。例如，老鼠的 VMH 被損毀後，牠們只過度進食牠們認為美味的東西，但極力避開味道不美好的食物。因此，VMH 不可能只是用以發送「多吃一些」或「停止進食」之信號的簡單中樞——該信號也取決於食物的類型。事實上，VMH 的損毀可能局部地具有誇大對食物之普通反射反應的效果（*Powley, 1977*）。如果老鼠對美味食物的反射反應是加以進食，它的誇大反應將是過度進食。如果老鼠反射性地透過反胃或嘔吐以避開惡劣味道的食物，它的誇大反應可能使得老鼠完全拒絕進食。研究人員也已發現，下視丘的另兩區域——稱為弓狀核（arcuate nucleus, ARC）和室周神經核（paraventicular nucleus, PVN）具有輔佐的角色，以協助 VMH 和 LH 調節攝食。

　　如經常發生的情形，關於攝食之啟動和停止的腦部中樞，簡易的理論已讓步給較複雜的理論。VMH 和 LH 用以調節攝食的一些最重要信息來自你的血液（*Gao & Horvath, 2007*）。例如，一些感受器（receptors）監視血糖（以葡萄糖的形式）在你血液中的水平。胰島素（一種激素）協助調節葡萄糖在血液中的含量。葡萄糖是新陳代謝的能量來源之一。當所貯存葡萄糖偏低或不夠新陳代謝使用時，源自肝細胞感受器的信號被送到 LH，LH 的神經元就充當葡萄糖偵測器，改變自身的活躍性以啟動進食行為。下視丘的另一些神經元則對其他激素起反應，而在調節食慾上扮演對立的角色（*Schloeg et al., 2011*）。例如，一種稱為 leptin 的激素，其作用就是在抑制進食。我們在第 5 章提過，腦部大麻酚在刺激食慾上扮演一定角色。leptin 的作用正相反於那些大麻酚，它是維持食慾在控制之下（*Jo et al., 2005*）。最後，空胃會分泌激素 ghrelin，它促進對飢餓的覺知。對比之下，激素 cholecystokinin（CCK）是當你進食時由你的小腸所分泌。CCK 提供信息給你的腦部，讓你知道自己飽足了。

　　但你從自己大量的過去經驗中也應該了解，你對食物的需求不僅取決於你的身體所產生的線索，許多心理因素也將會促使你攝取較多或較少的食物。

二、飲食心理學

　　你現在知道，你的身體具備多種機制以調節你攝取食物的數量。但是，你只是因為飢餓才進食嗎？你可能會回答，「當然不！」你應該相當清楚，你對飲食的觀念（你是否為素食主義者？）和你對自己體型及體重的控制也將會影響你的攝食量。在飲食心理學的論述上，我們將把重點放在人們對自己飲食的控制上，也就是他們如何以自己或社會的理想人物為範本重塑自己的身材。

(一) 肥胖與節食

心理學家已花費大量時間於探討什麼情況促成了經常被稱為「肥胖流行病」

（epidemic of obesity）的發生。爲了決定什麼人過重，什麼人則屬於肥胖，研究人員通常利用稱爲「身體質量指數」（body mass index, BMI）的數值。BMI 的計算公式是把個人的體重（以公斤爲單位）除以他的身高（以公尺爲單位）的平方。例如，當事人的體重 154 磅，身高 5 呎 7 吋，他的 BMI 將是 24.2。（154 磅 = 69.8 公斤，5 呎 7 吋 = 1.70 公尺，$69.8/(1.70)^2 = 24.2$）。大部分情況下，當個人的 BMI 低於 18.5 時，他將被視爲體重不足，18.5 到 24.9 被視爲正常，25.0 到 29.9 是過重，至於 BMI 超過 30 則被界定爲肥胖。根據這些標準，美國成年人中，大約 34.2% 是屬於過重，39.5% 則屬於肥胖（*Ogden & Carroll, 2010*）。至於在兒童和青少年之中，31.6% 屬於過重，而 16.4% 屬於肥胖（*Singh et al., 2010*）。

　　爲什麼有些人變得過重？你或許不至於訝異，這部分地決定於先天，另有部分則決定於後天。在先天方面，愈來愈多證據顯示，人們生來就具有體重較輕些或較重些的先天傾向。例如，同卵雙胞胎的研究顯示，他們在體型的 BMI 和其他測量上顯現較高的相關——相較於異卵雙胞胎（*Schousboe et al., 2004; Silventoinen et al., 2007*）。這種相似性的部分原因在於，研究已發現個人身體燃燒卡路里以維持基本功能的速率（稱爲個人的靜止代謝率）有很高的可遺傳性（*Bouchard et al., 1989*）。因此，有些人先天傾向於僅透過一般的日常活動就能燃燒大量卡路里，另有些人則不能。後者顯然有較大的風險容易發胖。

　　研究人員已開始發現一些遺傳機制，它們可能造成一些人先天就容易肥胖（*Ramachandrappa & Farooqi, 2011*）。例如，一種基因（FTO）已被分離出來，它影響激素 leptin 的製造。如我們先前提過，leptin 在食慾控制上扮演一定角色。如果 leptin 不能擔起它的重要角色，人們可能過度攝食。因此，支配 leptin 的該基因顯然具有關鍵的影響力——關於體重調節和肥胖的潛在性（*Gautron & Elmquist, 2011*）。另一些證據也正在累積，即基因與環境的交互作用界定了肥胖的風險（*Ruiz et al., 2010*）。

　　無論如何，即使存在生物上的先天傾向，這可能仍不足以「引起」特定個體變得肥胖。另外也很重要的是個人對食物和飲食行爲的「思考方式」。關於飲食的心理層面，早期研究強調的是過胖人們如何在他們的「身體內部飢餓線索 vs. 外界環境中的食物」之間分配注意力（*Schachter, 1971a*）。這方面的提議是，當食物被供應而突顯時，過胖人們忽視他們身體所給予的線索。然而，這個理論已被證實不夠充分，因爲體重本身不一定能夠預測飲食模式。這也就是說，不是所有過胖的人們在飲食行爲上都擁有同樣的心理構成。讓我們看看爲什麼。

　　Janet Polivy 和 Peter Herman 提出，飲食行爲在心理層面上的關鍵性維度是「約束的飲食」對「不加約束的飲食」（*Polivy & Herman, 1999*）。約束的飲食者持續不斷地限制自己的攝食量，他們長期處於節食狀態；他們經常爲食物操心及煩惱。雖然肥胖人們較可能報告這類的想法和行爲，但任何體型的人都可能是約束的飲食者。如果人

們持續地節食，他們如何會體重上升呢？研究已顯示，當約束的飲食者變得去抑制（disinhibited）時——當生活處境造成他們放鬆自己的約束時——他們傾向放任自己於高卡路里的飲食。不幸地，有很多型式的生活處境容易導致約束的飲食者變得去抑制化。例如，「去抑制」經常發生在當約束的飲食者感到他們的勝任能力和自尊受到壓迫時（*Greeno & Wing, 1994; Tanofsky-Kraff et al., 2000*）。

約束飲食的理論有助於說明，為什麼人們一旦變得過胖後，將很難再減輕體重。許多過胖人們報告自己不斷處於節食狀態——他們通常是約束的飲食者。假使高度壓力的生活事件發生，使得這些飲食者變得去抑制化，接下來的暴飲暴食很容易就導致他們體重上升。因此，持續節食的心理效應是，它可能相當弔詭地製造一些情況，也就是較可能導致體重上升，而不是體重下降。

(二) 飲食性疾患與身體意象

研究人員在身體意象（body image）方面的一項發現是，認為自己過重的人數比例高於實際過重的人數比例（*Brownell & Rodin, 1994*）。當人們對自己身體意象的知覺與他們實際體型之間的偏離過大時，他們將有罹患飲食性疾患（eating disorders）的風險。根據《心理疾患診斷與統計手冊第四版》，當個人的體重低於他被期待體重的 85% 以下，但仍然表達對變胖的強烈恐懼時，他就可能被診斷為心因性厭食症（anorexia nervosa）（*DSM-IV-TR, 2000*）。另一方面，如果個人的行為特徵是無法控制而定期地暴飲暴食，再透過各種手段（包括自我誘導的嘔吐、禁食，以及不當使用瀉藥和利尿劑等）以排除體內過多的卡路里，則可能被診斷為心因性暴食症（bulimia nervosa）（*DSM-IV-TR, 2000*）。心因性厭食症的患者也可能有暴食的症狀，他們接著透過催吐以儘量減少卡路里的吸收。因為身體系統化地處於飢餓狀態，這兩種症候群都可能造成嚴重的醫療問題。在最不利的個案上，病人可能挨餓至死。

當人們出現常例的暴食發作，但沒有伴隨心因性暴食症的那些清除行為時（purges），就會被診斷為暴食疾患（binge eating disorder）——這是一種相對上較新的診斷分類。在暴食發作期間，這類患者感到自己像是失去控制，暴食引起他們的重大苦惱。

表 11-1 呈現了每種飲食性疾患的流行率。這些資料是得自對美國 9,282 位男性和女性的面對面訪談，年齡都在 18 歲以上（*Hudson et al., 2007*）。表 11-1 顯示，女性的罹患率遠高於男性。然而，在最近這幾年來，流行率的差異已逐漸變小。較早先的估計值指出，女性在厭食症和暴食症上的罹患率大約是男性的 10 倍高（DSM-IV-TR, 2000）。然而，表 11-1 的資料顯示女性與男性間只有 3 對 1 的比值。隨著你讀到飲食性疾患的起因，你將知道為什麼這項差距可能在接近中。

表 11-1　飲食性疾患的流行率

	女性	男性
心因性厭食症	0.9%	0.3%
心因性暴食症	1.5%	0.5%
暴食疾患	3.5%	2.0%

附註：在一個 9,282 位美國成年人的樣本中，他們報告在有生之年發生過該疾患的百分比。

　　關於飲食性疾患的起因，研究已證實遺傳因素的重要性。有證據指出，飲食性疾患的傾向可能是遺傳上傳遞的（*Calati et al., 2011; Campbell et al., 2011*）。一項縱貫研究追蹤成對的女性雙胞胎，從她們 11 歲到 18 歲（*Klump et al., 2007*）。所得資料揭露，隨著雙胞胎年紀漸大，遺傳扮演更大的角色：在 7 年的期間中，同卵雙胞胎傾向於保持相似，但是從青少年中期到後期，較大的差異出現在成對的異卵雙胞胎之內。這種型態說明，隨著年幼女孩通過青春期，遺傳風險有更重大關係。研究人員也已執行雙胞胎研究，以探討可能置人們於飲食性疾患的一些人格變項。例如，女性雙胞胎而抱持高度完美主義的話（諸如關切過失或懷疑行動），她們也較可能被診斷為厭食症（*Wade et al., 2008*）。如果這種追求完美的普遍驅策力導致人們尋求「完美」的軀體，飲食性疾患可能是隨之發生的後果。

　　事實上，高度的身體不滿意（body dissatisfaction，對於體重、體型及容貌感到不舒適）置人們於飲食性疾患的風險（*Lynch et al., 2008*）。對許多罹患飲食性疾患的人們而言，身體不滿意無關於他們的實際軀體，但是相關於他們對自己軀體不準確的知覺。有些厭食症女性被別人知覺為瀕臨危險地削瘦，但通常她們從鏡子中看著自己，仍然知覺自己為過重。

　　在關於體型的判斷上，針對身體不滿意的研究已提出一致的團體差異（*Roberts et al., 2006*）。例如，在一項針對 25 到 45 歲女性的研究中，白人女性透露她們較不滿意自己的軀體——相較於黑人女性。此外，當被要求挑選一幅畫像以代表他們合意的體型時，白人女性選擇較為苗條的身材——相較於黑人女性（*Kronenfeld et al., 2010*）。為了解釋黑人與白人女性間的這些差異，研究人員經常把注意力放在文化規範和傳播媒體所扮演的角色上，它們塑造了白人女性對自己理想體重和理想軀體的期待（*Durkin & Paxton, 2002; Striegel-Moore & Bulik, 2007*）。在一項研究中，黑人和白人的女性大學生在觀看「女性時尚雜誌」（呈現一些代表大眾媒體之完美典型的女性沙龍照）之前評定她們的身體不滿意度（*DeBraganza & Hausenblas, 2010*）。在觀看沙龍照後，大學生第二次評定她們的身體不滿意度。黑人大學生的評分保持不變。然而，在被提醒傳播媒體的理想人物後，白人大學生對自己身體不滿意度的評定升高了。

　　對照於這樣的背景，你應該不至於訝異，白人女性也要比黑人女性較可能罹患飲食性疾患。一項研究包含 985 位白人女性和 1,061 位黑人女性，她們都處於 21 歲左

右（*Striegel-Moore et al., 2003*）。在這個樣本中，1.5% 的白人女性在她們生活的若干時候曾經受擾於心因性厭食症；沒有任何黑人女性曾經發生該疾患。另一方面，2.3% 的白人女性罹患心因性暴食症，但黑人女性只有 0.4% 罹患該疾患。較少研究檢視另一些族群，但迄今的證據顯示，飲食性疾患也較少發生在亞裔美國人身上；但是在拉丁美洲裔女性身上的發生率則相等於白人女性。針對這些發現，研究人員正試著在關於體型的文化價值觀與節食行為之間建立關聯。

最後，我們回到「女性和男性在飲食性疾患的流行率上差距逐漸減少」的議題上。研究人員已開始探討媒體塑造的形象對男性的身體不滿意度的影響上。這樣的研究興趣之所以浮現，乃是因為在過去十上來，肌肉結實而外形瘦削男性的形象在媒體上的曝光率大增。一般而言，隨著男性觀看這些理想男人身體的形象，他們的身體不滿意度將會升高（*Blond, 2008*）。例如，針對歐洲裔和拉丁美洲裔的男性美國人，一項研究測量他們對這樣陳述的同意程度：「我相信穿在體格挺拔的男人身上，衣服看起來更為美好」和「我但願我看起來像雜誌上示範內衣褲的那些男性模特兒」（*Warren, 2008, P. 260*）。對兩組男性而言，當他們最為贊同媒體關於男性外表的標準時，他們也報告最多的身體不滿意度。另一些研究指出，當男性對他們的（特別是）體脂肪數值不滿意時，他們可能有失調的飲食（*Smith et al., 2011*）。雖然因果關係仍然有待證實，這些研究支持這樣的推斷：男性軀體之媒體形象的變動已導致男性飲食性疾患漸增的流行率。

第三節　性行為

你身體的生理機能使得你基本上每天都會想起食物。但是「性」（sex）又如何呢？如我們已知道，只有對生殖而言，性行為才是生物上必要的。因此，雖然攝食是個體生存所不可或缺的，但「性」卻不然。有些動物和人類一生抱持獨身狀態，且似乎不會損害他們的日常功能。但整體來說，生殖是物種生存的關鍵所在。為了確保有機體將會致力於生殖，大自然的設計是使得性刺激具有強烈的愉悅感。性高潮（orgasm）就是作為有機體在交配過程中所付出精力的終極強化物。

這種潛在的愉悅感授予性行為的促動力量遠超過生殖所需要。個體將會展現相當多樣化的行為以獲致性滿足。但是，有些性動機的來源是外在的。各種文化將會建立起一些規範或標準，以指出什麼是可被接受或被期待的性行為。儘管大多數人將會遵守這些規範，但有些人主要是透過違反這些規範以達到性滿足。

一、動物的性行為

動物之性行為的主要動機是生殖。對於利用「性」作為生殖手段的物種而言，進化一般提供了兩種性別，即雄性和雌性。雌性製造相對較大的卵子（其中含有供胚胎初步成長所需的能量貯存）；雄性則製造精子，精子已特化而具有能動性（以便游向卵子）。這兩種性別必須同步化牠們的活動，以便精子和卵子在適宜的條件下相遇，造成受孕。

動物的性興奮主要取決於生理歷程。腦下垂體所控制且由生殖腺（gonad，即性腺）所分泌的激素大致上決定了動物是否適合進行求偶及交配。在雄性身上，這些激素被稱為雄性激素（androgens），它們持續地保持充足供應的狀態，因此雄性幾乎任何時間在激素上都已準備好進行交配。然而，在許多物種的雌性身上，雌性激素（estrogen，也稱動情激素）是根據規律性的時間週期（可能幾天或幾個月），或是根據季節性變化而被釋放。因此，雌性不總是在激素上已準備好進行交配。

這些激素作用於腦部和性器官組織上，經常導致可預測之定型化性行為（stereotyped sexual behavior）的模式，這是該物種的所有成員都會展現的。例如，假使你曾看過一對老鼠求偶的程序，你大致上已看過所有老鼠的求偶行為。在求偶期間，雌鼠先在雄鼠身邊走動，直到引起雄鼠的注意。然後當雌鼠假裝跑開時，雄鼠追在後面。雌鼠突然停頓下來，拱起牠的背部，雄鼠很快進入牠裡面，衝刺幾下就拔出來。雌鼠接著短暫跑開，追逐又重新開始。在整個交配過程中，這樣的情節重複上演10次到20次，直到雄鼠最後射精。休息片刻之後，雄鼠又展開另一場性追逐。猿類的交配時間也相當短暫，前後大約只有15秒鐘。然而，黑貂的交配時間極為緩慢，可以持續達8個小時之久。一般而言，掠食性動物（如獅子）較能夠縱情於長久而緩慢的交配儀式（連續4天，每天可達30分鐘）。然而，被掠食者（如麋鹿、羚羊）的交配時間可能只有短短幾秒鐘，往往是匆忙完成（*Ford & Beach, 1951*）。

性興奮通常是由外界環境中的刺激所誘發。對許多動物而言，性伴侶所展現之儀式化行為中的特定景象和聲音是性反應的必要條件。再者，在像是綿羊、公牛及老鼠等多種動物身上，雌性伴侶的新奇性將會影響雄性動物的行為。雄性才剛在一位雌性伴侶身上達到性滿足不久後，當有新的雌性伴侶被引進時，雄性可以再度展開性活動（*Dewsbury, 1981*）。觸覺、味覺和嗅覺也都可作為性興奮的外在刺激物。有些動物分泌一種稱為費洛蒙（pheromones）的化學信號，以吸引合適的追求者，甚至來自很遠距離（*Herbst et al., 2011; Yang et al., 2011*）。在許多物種身上，雌性通常是當牠的生殖力處於最適宜狀態時（以及激素水平和性興趣達到尖峰時）散發出費洛蒙。對該物種的雄性而言，這些分泌物是性興奮和性吸引的無條件刺激——雄性似乎繼承了先天傾向，將會被該刺激所喚起。雄性恆河猴被捕獲後，當聞到鄰近籠子中正處於發春期的雌猴

所發出的氣味時，牠們將會發生多種與性有關的生理變化，包括牠們睪丸的容積大增（*Hopson, 1979*）。

關於性的氣味，人類的反應較不一致，決定因素通常是在於「誰」散發這個氣味，而不是取決於任何不經學習、無法抗拒之嗅覺上的化學特性。事實上，我們花了很多時間和努力以洗掉我們的天然氣味，然後噴上香水的氣味來吸引我們的意中人。

二、人類的性興奮和性反應

先前提過，激素對於調節動物的性行為相當重要。但對於大多數男性和女性而言，激素對於他們的性接納或性滿足並沒有明顯影響（*LeVay & Valente, 2002*）。當然，對女性而言，激素在排卵及月經週期的控制上扮演重要角色；但只要在正常範圍內，激素濃度的個別差異並不能預測性活動的頻率或素質。然而，當激素濃度降到正常水平之下（如因為疾病或老化），通常會對性慾望產生負面影響。這對於睪固酮（testosterone）激素特別是如此。對於男女而言，當他們接受治療以補充偏低的睪固酮濃度時，他們會感受復原的性慾望（*Davison & Davis, 2011; Allan et al., 2008*）。仍然，男性當接受閹割的手術後（因此，不再製造睪固酮），通常繼續會感受到一些程度的性慾望，這說明人類的性慾不僅是受到激素本身的促動（*Weinberger et al., 2005*）。

性興奮（sexual arousal）在人類身上是指一種衝動和緊張的動機狀態，它是由對情色刺激的生理反應和認知反應所引起。情色刺激（erotic stimuli）可以是物理或心理層面的，它們造成性衝動或激情的感受。隨著個體採取各種性活動（個體認為具有滿足性的活動，特別是藉以達到性高潮的話），情色刺激誘發的性興奮就消退下來。

研究人員探討動物的性慣例和性反應已長達好幾個世紀，但是在人類身上探討類似行為卻長久以來受到限制。William Masters 和 Virginia Johnson（*1966, 1970, 1979*）打破這個傳統禁忌。他們正式在實驗室條件下直接觀察及記錄人類進行中的性行為，以探討人類性表現所涉及的生理模式。透過這種方式，他們探討的不是人們對性行為「說些什麼」，而是人們在性方面的實際反應和表現。

為了直接探討人類對性刺激的反應，Masters 和 Johnson 施行控制性的實驗室研究，他們觀察好幾千位志願男女在上萬次性交和自慰（手淫）期間的性反應週期。從這些研究中，他們獲致的四個最重要的結論是：⑴ 男性與女性具有類似的性反應型態；⑵ 雖然兩性的性反應週期的階段順序大致類似，但是女性較為多變化、性反應較為緩慢，但通常維持性興奮較久；⑶ 許多女性可以經歷多次高潮，至於男性在短時間內很少有這種情形；⑷ 一般而言，男性陰莖的大小與任何層面的性表現無關（除非是男性對陰莖大小抱持不正確的觀念）。

Masters 和 Johnson 為人類的性反應週期檢定出四個階段：興奮期、高原期、高

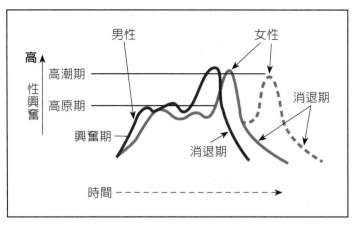

圖 11-2　人類性反應的階段

潮期以及消退期（參考圖 11-2）。

- 興奮期（excitement phase）。持續期間可從幾分鐘到超過 1 小時，骨盤部位的血液容量急遽變化，導致陰莖勃起及陰蒂膨脹，血液和另一些分泌液聚積在睪丸及陰道的地方。身體的一些部位有泛紅現象，即所謂的性暈紅（sex flush）。

- 高原期（plateau phase）。個人達到極高的（雖然因人而異）興奮水平；心跳、呼吸和血壓都急遽升高；腺體的分泌量大增；全身隨意肌和不隨意肌的張力增強。女性的陰道更為潤滑，乳房膨脹。

- 高潮期（orgasm phase）。男性和女性感受一種非常強烈的快感，這種歡愉感是源於從性緊張狀態中驟然解放出來。高潮的特徵是發生一種有節奏的收縮，性器官部位大約每五分之四秒收縮一次。男女的呼吸和血壓達到非常高的水平，心跳速率約為平常的 2 倍。在男性身上，律動性的收縮將會導致射精（ejaculation），即精液的一種「爆發」狀態。在女性身上，高潮可能有兩種不同來源，一是來自對陰蒂的有效刺激，另一是對陰道壁的有效刺激。

- 消退期（resolution phase）。身體逐漸恢復興奮之前的正常狀態，血壓和心跳也緩和下來。當經歷一次高潮後，大多數男性進入一種不反應期（refractory period）。這個期間的長短因人而異，可從幾分鐘到幾個小時；男性的陰莖在這期間不能充分勃起，因此不可能有另一次高潮。但只要有持續的性興奮，有些女性在很短期間內能夠經歷連續幾次性高潮。

　　雖然 Masters 和 Johnson 的研究是針對性反應的生理層面，但他們最重要的發現卻是在於「心理歷程」對性興奮和性滿足二者的重大影響。他們證實性反應的許多困擾通常具有心理起源，而不是生理起源，而且可以透過治療加以矯正或克服。這些困擾中，特別令人關心的是，有些人沒有能力完成性反應週期以獲得性滿足。這樣的

毛病通常是源於當事人太在意（執迷於）自己的困擾、害怕性活動的後果、擔心伴侶將會評估自己的性表現，或是源於潛意識的罪惡感及負面想法。此外，營養不良、疲倦、壓力，以及過量使用酒精或藥物也可能減損性驅力和性表現。

三、性行為的進化

我們已看到，動物性行為的模式大致上是進化所決定。牠們性行為的主要目標是生殖（種族的延續），而且性行為已經高度儀式化和定型化。那麼，人類性行為的綜合模式也發生同樣情形嗎？

進化心理學家設法探討，男性和女性是否已演化而擁有不同的策略（strategy）作為他們性行為的基礎（Buss, 2008）。為了描述這些策略，我們有必要先提醒你關於人類生殖的一些現實。目前，女性生產次數的世界紀錄還不到 50 次，但男性只要有「本事」，卻可以在血緣上身為極多子女的父親。例如，摩洛哥一位叫 Ismail 的獨裁君主，他妻妾成群，她們總共為他生下了 700 多個子女；中國的第一位皇帝據說身為 3,000 多個子女的父親，他也是後宮佳麗無數。這表示男性每年可以生殖上百次，只要他們能夠找到那麼多有意願的交配對象的話。在生殖方面，男性所需要投資的只是一茶匙的精液和幾分鐘的性交過程。對照之下，女性至多每年只能生殖一次，每個子女然後還需要她們投資大量的時間和精力。

因此，當以生殖作為目標時，女性的卵子是有限的資源，男性競逐有限的機會以使之受精。這表示雄性動物面對的基本問題是儘量擴大牠所生產子女的數量，透過跟所可能最大數量的雌性進行交配。但是雌性動物面對的基本問題是找到高素質的雄性，以確保牠有限貯存的卵子能夠產下最優良、最健康的子女。再者，人類子女需要很長時間才能成熟，成長期間軟弱無助，因此需要父母在生活上的實質照顧（Bell, 2001; Sear & Mace, 2008）；不像魚類或蜘蛛，牠們只是簡單下蛋，然後就遠走高飛。人類父母需要花費時間和精力以撫養子女。女性因此面對的問題不僅是要挑選最高大、最強壯、最聰明、最高地位及最令人怦然心動的伴侶，她們也要挑選最忠誠、最願意承擔的伴侶以協助她們撫養子女。

David Buss（2008）是一位知名的進化心理學家，他認為男性和女性演化出不同的策略、情感和動機以從事短期求偶（short-term mating）或長期求偶（long-term mating）。男性的短期策略是「引誘並離棄」儘可能多的女性——先顯現忠誠及負責的模樣，得手之後離去；男性的長期策略是信守對女性的承諾，且投注心血於子女。在女性方面，她們的長期策略是吸引忠實的男性，使男性願意留下來協助養育子女；女性的短期策略是獲得資源或贏得高地位的男性。因為這些關於「男性和女性抱持不一樣策略」的宣稱是建立在進化的分析上，研究人員已尋求跨文化資料試圖加以佐證。

例如，一項研究包含來自 52 個國家的 16,000 位以上受試者（*Schmitt, 2003*）。男性和女性在研究中被要求提供關於「他們對短期性關係的興趣」的資料。在整個樣本中，男性一致地報告對於性多樣化有較大的慾望——相較於女性。這個結果支持進化論的宣稱，即男性和女性不同的生殖角色影響了他們的性行為。

雖然研究支持進化論在解釋人類性行為上的許多預測，另一些理論家認為這樣的解釋重大低估了文化的角色（*Eastwick et al., 2006; Perrin et al., 2011*）。例如，女性被證實要比男性有較大的情慾可塑性（erotic plasticity）：女性在性反應和性行為上顯現較大的變異情形（*Baumeister, 2000*）。這些變異似乎很大部分是文化壓迫（束縛）的結果（*Hyde & Durik, 2000*）。考慮 1960 年代的「性革命」，隨著女性有較高意願從事偶然的性關係，它導致了性行為的變動。當然，這方面發生變動的不是女性的進化史，而是文化對於性慾表達的態度。

另外，考慮在一些情況下，人們可能欺騙他們伴侶而在外面有另一些性關係。進化論的分析提出，男性應該較可能從事欺騙行為（相較於女性）——因為他們被促動以尋求多樣的伴侶。然而，研究已顯示，欺騙較是視人們所擁有權力多寡而定，諸如他們在職場所擁有的權力（*Lammers et al., 2011*）。隨著男女兩性獲得權力，他們將較可能欺騙自己的伴侶。乍看之下，男性似乎較可能身為欺騙者，但這是源於「男性較可能擁有權力」的文化現實。

四、性規範

一般人的性生活是怎樣情形？對於人類性行為從事科學性調查，最初是由金賽（Alfred Kinsey）及其同事們在 1940 年代開始推動。他們訪談 17,000 多位美國人，請他們談談自己的性行為，結果頗令一般大眾訝異的是，若干以往被認為相當少見或甚至是「病態」的性行為，實際上已是相當普遍——或至少根據人們的報告是如此。性行為的規範（norms）在這些年來變動頗大，部分地是因為科學的進展。例如，避孕藥在 1960 年代早期的問世授予女性更大的性自由，因為它降低了懷孕的可能性；威而剛（Viagra）在 1998 年推出市場，它容許男性延長他們性活動的年歲。伴隨科學的衝擊，許多文化衍生一種全面的趨勢，即對於性議題抱持更為開放的態度。表 11-2 提供了來自一項研究的資料，它分別在 1950 年、1975 年及 2000 年調查美國東北部同一所高中的畢業生，關於他們在高中期間的一些性經驗（*Caron & Moskey, 2002*）。你可以看出存在一種普遍的趨勢，即人們較為公開地跟他們家人談論性的議題；另一方面，他們實際的性經驗也增加了。

這些性規範是你身為文化的成員所獲得的角色。我們已提過，性行為的一些綜合的「男性」和「女性」層面可能是人類進化的產物。即使如此，不同文化界定了行為

表 11-2　1950、1975 及 2000 年度畢業生的性經驗

	1950	1975	2000	x^2
在高中期間，你多常跟你的父母 / 家人談論關於性交、節育、性傳染病或懷孕等議題。				52.32*
・我們從不曾談論性的議題	65%	50%	15%	
・我們偶爾 / 少數幾次會談論性方面事情	25%	41%	45%	
・我們經常 / 很多次會談論性方面事情	10%	9%	40%	
哪一項敘述最妥當描述了你在高中期間的性經驗？				88.24*
・我不曾想過性的事情	25%	2%	6%	
・我跟某人發生過接吻	41%	9%	3%	
・我跟某人發生過性交	10%	24%	22%	
・我發生過 1-3 次的性關係	8%	13%	11%	
・我發生過 3 次以上的性關係	16%	52%	58%	

* $p < .001$

在怎樣範圍內被認為是表達性衝動所適宜的。性劇本（sexual scripts）是指個人從社會上學得之性方面應對進退的腳本，它包括了各種指示和規定（經常是不明說的），關於做些什麼、什麼時候做、什麼地方做，以及如何做；也包括跟什麼人做、使用什麼東西做，以及為什麼應該做（*Krahé et al., 2007; Seal et al., 2008*）。隨著你一生的社會互動，這些劇本的不同層面將會被適當組合起來。那些具體表現在你性劇本中的態度和價值觀是性動機的外在來源——劇本建議你可以或應該採取什麼樣式的行為。

　　性劇本是多種成分的結合，包括社會規範衍生的一些規定（關於什麼是適宜而被接受的）、個人期待，以及從過去學習中所偏好的行為程序。你的性劇本包含的不僅是在你這部分你認為適宜的情節，它也包含你對性伴侶的期待。當這些劇本未經認肯、未經討論或失去同步化時，不一致的劇本可能在性伴侶之間製造適應上的麻煩。

　　我們在這裡特別把重點放在大學生的性實踐上。研究人員經常感興趣於了解性冒險（sexual risk taking）：個人在什麼情況將會從事性行為，卻無視於可能懷孕或傳染性病的風險。考慮到我們關於「進化與性別差異」的討論，你或許不會感到訝異，男性大致上比起女性較可能從事冒險的行為（*Poppen, 1995*）。在一個大學生的樣本中，較多男性（相較於女性）報告他們曾經前往夜店以求邂逅有希望的性伴侶（77% vs. 14%），而且曾經跟他們才相遇不久的某個人發生性關係（47% vs. 24%）。此外，稍多的男性（相較於女性）報告曾經在沒有任何避孕措施的情況下發生過性行為（78% vs. 64%）。

　　關於大學生的性經驗，男性和女性的性劇本可能發生重大衝突的另一個領域是強暴（rape）。在一項研究中，4,446 位就讀 2 年或 4 年專科院校的女學生被要求提供她們遭受性攻擊的資料（*Fisher et al., 2000*）。在所探問的 7 個月在學期間，1.1% 的女學

生經歷過強暴未遂，1.7% 經歷過強暴。研究人員延伸這些數值以估計女學生在她大學生涯中將會經歷強暴或強暴未遂的或然率。他們的結論是，受害女學生的數值可能爬升到 20 至 25%。研究人員也檢視特定的一種強暴，即約會強暴（date rape）。約會強暴是指當事人被一位社交上相識的人強迫從事性活動。在這個女學生的樣本中，12.8% 的強暴和 35.0% 的強暴未遂是發生在約會中。

當被問到誰應該為約會強暴負責時，接受調查的男性要比女性較傾向於怪罪受害人（也就是被強暴的女性）（Bell et al., 1994; Ryckman et al., 1998）。約會強暴的研究顯示，女性和男性的性劇本在關於象徵性抵抗（token resistance）的發生率上有重大差異。象徵性抵抗是指女性會矜持地適度抗拒進一步的性要求，儘管最終還是有答應性交的意圖。極少女性（大約 5%）報告自己會從事象徵性抵抗，但大約 60% 男性表示他們遇到過（至少一次）象徵性抵抗（Marx & Gross, 1995）。這兩個數值之間的差異可能牽涉許多約會強暴的事故。研究已顯示，有些男性終至於相信象徵性抵抗是性遊戲的一部分；他們認為女性有意作象徵性抵抗，以免自己看起來顯得隨便而濫交，因此他們不必理會她們的抗議。男性顯然有必要了解，女性事實上很少報告自己是在玩一場遊戲——她們的抗拒是真實的，「不要」就是「不要」。

最後，我們有必要再度提醒的是，人類的性行為較是在滿足認知上的欲望，生理需求的色彩沒有其他動物那般濃厚。因此，性經驗的解讀、特殊性事件的意義、性的信念、性的價值觀、性的想像及性的期待等都在人類的性活動和性滿足上扮演一定角色。為了提升性行為的良性發展，我們必須記住，性不僅是一套學來的技巧、一種身體空間的展現，或是一種生理快感的施與受。我們必須先接受自己的身體，然後也要對伴侶的身體負責；我們應該真誠地給予，而且以開放的心情接納。事實上，最令人滿足的性經驗是建立在關心、憐愛和信任的基礎上。我們想要享有美滿的性生活，就必須先培養信任和分享的態度。

五、同性戀

大多數關於性行為的調查都曾試圖取得同性戀（homosexuality）發生率的準確估計值。在金賽早期的研究中，他發現他的樣本中有 37% 的男性至少發生過一些同性戀經驗，大約 4% 則是純粹的同性戀（女性的百分比略微低些）。一項大型研究發現，它的樣本中大約 4% 的女性在性方面是受到同一性別的人們所吸引，但該樣本中只有 2% 在過去一年中實際跟另一位女性發生過性關係。同樣的，在這項調查中，6% 的男性在性方面受到其他男性的吸引；但是再度地，該樣本中只有 2% 在過去一年中實際跟另一位男性發生過性關係（Michael et al., 1994）。近期在美國對超過 2,000 位成年人的調查中，3.2% 的男性和 2.5% 的女性報告在前一年中發生過同一性別的性活動（Turner *et al., 2005*）。這些數值正確嗎？只要我們社會對於「遵行同性戀慾望」仍存有敵意的話，因為人們不願意信任研究人員，我們就不可能取得同性戀發生率之完全準確的估計值。

(一) 同性戀的先天和後天

在我們討論過進化與性行為之後，你應該不至於訝異，研究證據顯示「性偏好」具有遺傳的成分。如通常的情形，這方面證據主要是來自對同卵雙胞胎（MZ twins，他們擁有相同的基因）的一致率（concordance rate）與異卵雙胞胎（DZ twins，就像兄弟姊妹，他們只共有半數的基因）的一致率進行比較。當一對雙胞胎的兩位成員擁有同樣的性取向（sexual orientation）──不論是同性戀或異性戀──他們就是一致的。關於男性和女性同性戀的研究已證實，同卵雙胞胎比起異卵雙胞胎在同性戀上有顯著較高的一致率（*Rahman & Wilson, 2003*）。例如，在一個大約 750 對雙胞胎的樣本中，同卵雙胞胎在非異性戀取向上的一致率是 32%；相較之下，異卵雙胞胎只有 8%（*Kendler et al., 2000*）。雖然同卵雙胞胎通常也要比異卵雙胞胎在較為相似的環境中被撫養長大（他們通常受到他們父母較為相似的對待），但這樣的研究結果強烈指出，性慾（sexuality）可能部分地是遺傳上決定的。

研究也已開始佐證，同性戀與異性戀之間存在一些腦部差異。例如，一項研究運用 MRI 和 PET 掃描以比較腦部形狀和腦部容量（*Savic & Lindström, 2008*）。腦部造影揭露，異性戀男性擁有不對稱的腦部，即大腦的右半球稍微大些──同性戀的女性也是如此。異性戀女性和同性戀男性二者則擁有對稱的大腦半球。該研究也鑑定杏仁核（在情緒控制和記憶上扮演重要角色）與腦部其他部位的連結型態。再度地，同性戀受試者腦部的連結型態較類似於不同性別之異性戀受試者的連結型態。進一步研究可能加強或削弱這方面證據──關於廣泛的腦部差異。但似乎很清楚的是，同性戀和異性戀的一些層面是針對純粹的生物作用而顯現。

社會心理學家 Daryl Bem（*1996, 2000*）指出，生物因素不是直接影響性偏好，反而是透過影響幼童的氣質和活動力而產生間接的效應。我們在第 10 章提過，研究人員已指出，男孩和女孩從事不同的活動──例如，男孩的遊戲傾向於較為粗野而莽撞。根據 Bem 的理論，取決於幼童是否從事符合性別或不符合性別的遊戲，幼童終至於感到自己不同於他們同性的玩伴，或是不同於異性的玩伴。根據 Bem 的說法，「異樣感受變得情慾化」（exotic becomes erotic）：不相似的感受導致情緒激發（emotional arousal）；長期下來，這種激發被轉換為情慾吸引力。例如，假使小女孩感到自己有別於其他女孩，因為她不想從事女孩典型的活動，長期下來，她的情緒激發將會被轉換為同性戀情感。需要注意的是，Bem 的理論支持「同性戀和異性戀起源於相同的致因作用」的觀點。在這兩種情況中，兒童首先察覺自己的性別不一樣，這

樣的性別隨著時間而變得情慾化。

(二) 社會與同性戀

假設 Bem 的觀點正確,也就是童年經驗具有重大關係。那麼是否每個人都會奉行兒童期設定的驅策力?或許使得同性戀最有別於異性戀的是來自社會許多角落對同性戀行為的持續敵意。在一項調查中,一個包含 1,335 位異性戀男子和女子的樣本被問到,當他們身邊有「一位同性戀男子」或「一位同性戀女子」時,他們將會覺得多麼不舒服(*Herek, 2002*)。圖 11-3 呈現他們回答自己將會「多少不舒服」或「非常不舒服」的人數百分比。你可以看到男性和女性都預期,當身邊的同性戀人士是跟自己同一性別時,他們覺得較為不舒服。研究學者已把對於同性戀人士的強烈負面態度稱之為「同性戀恐懼症」(homophobia)。

大多數同性戀人士終於了解,他們是在社會同性戀恐懼症的敵意背景中被推向同一性別的關係。即使如此,研究已顯示,許多人在年紀尚輕時就已認定了這些感情。例如,在一場為男同性戀、女同性戀、雙性戀及變性慾者舉辦的研討會中,研究人員要求這些參加會議的學生(來自美國東南部)指出,他們是在什麼年齡開始察覺自己的性取向(*Maguen et al., 2002*)。在男同性戀者之中,平均年齡是 9.6 歲;在女同性戀者之中,平均年齡是 10.9 歲。男性報告在 14.9 歲時發生同一性別的性接觸;女性報告在 16.7 歲時發生同一性別的性接觸。這些資料顯示,許多人是在他們還必須在學校環境中完成課業的時候就察覺自己的同性戀取向,但學校環境通常對同性戀懷有敵意(*Espelage et al., 2008*)。此外,同性戀的青少年經常必須做個艱難的決定,即是否要對他們父母揭露自己的性取向。大部分青少年在情感和經濟上還需要依賴他們父母的支持;假使揭露自己的同性戀身分,這使得他們有失去這兩種支援的風險。事實上,父母的拒絕跟自殺企圖的升高有關聯(*Bouris et al., 2010*)。

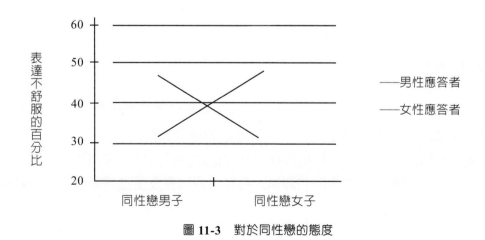

圖 11-3　對於同性戀的態度

這些關於青少年的發現加強原先的觀點，即大部分同性戀人士發覺同性戀恐懼症要比同性戀本身造成心理上更大的負擔。1973 年，「美國精神醫學會」投票決定把同性戀從心理疾患的名單中除名；「美國心理學會」在 1975 年同樣跟進（*Morin & Rothblum, 1991*）。這股風潮的興起是因為許多研究報告指出，大多數同性戀人士事實上快樂而有生產力。現代的研究顯示，大部分與同性戀有關的壓力不是源於性動機本身（同性戀人士對自己的性取向感到舒適），而是源於他人如何回應該性動機的揭露。事實上，因為許多同性戀人士已內化社會的負面態度，這造成他們莫大的心理苦悶。同性戀人士的焦慮主要不是源於身為同志的身分，而是源於不斷需要對家人、朋友及同事們揭露（即「come out」）或隱藏（即「stay in the closet」）自己的性身分（*Legate et al., 2012*）。更普遍而言，同性戀人士感到苦惱是因為他們不能公開地談論自己的生活（*Lewis et al., 2006*）。如你可能預期的，同性戀人士也需要花費時間擔心如何建立及維持愛情關係，就如異性戀人士那般。

同性戀人士「出櫃」的意願可以作為第一步，以走向降低社會的敵意。研究已顯示，當人們實際上「認識」一些同性戀人士時，他們對於同性戀的態度變得較不那般負面；事實上，平均而言，個人認識愈多的同性戀人士（不論男女），她／他的態度將會愈為善意（*Smith et al., 2009*）。當我們在第 16 章談到偏見的主題時，你將會再度看到，人們跟少數種族的成員相處的經驗如何能夠導致較為正面的態度。

第四節　個人成就的動機

為什麼有些人成功，另有些人（相對而言）卻失敗呢？例如，為什麼有些人能夠游過英倫海峽，但另一些人卻只是畏縮地在岸邊觀望？因此，我們又重回探討動機的核心原因之一。在這個案例上，我們想要理解的是怎樣的動機力量導致不同人們尋求不同水平的個人成就。

一、成就需求

早在 1938 年，Henry Murray 就推斷不同人們抱持不同強度的成就需求，這種成就需求將會影響他們趨近成功的傾向，以及影響他們如何評估自己的表現。David McClelland 及其同事們（*1953*）於是設計一套方法以測量這種需求的強度，然後試著找出不同社會在成就動機強度之間的關係、各種可能培養及促進該動機的生活處境，以及該動機對工作的影響。

　　為了測量成就需求的強度，McClelland 設法利用受試者的幻想。在所謂的「主題統覺測驗」（Thematic Apperception Test, TAT）中，主試者呈現一系列曖昧圖畫給受試者觀看，要求受試者據以編造故事，說出圖片中人物發生些什麼事情，以及描述可能的結果。這樣做是推定從對圖畫的感想中，受試者投射進他們自身的價值觀、興趣和動機。根據 McClelland 的說法，「假使你想知道一個人心裡在想些什麼，不必去問他，因為他不一定就能準確告訴你。你應該設法研究他的幻想和夢。如果你這樣觀察一段時期，你將可找到他心裡反覆沉吟的主題，這些主題就可被用來解釋他的行動。」（1971, p.5）

　　從受試者對一系列 TAT 圖片的應答中，McClelland 據以測量幾種人類需求，包括權力需求（need for power）、親和需求（need for affiliation），以及成就需求等。成就需求（need for achievement）是以 nAch 表示，它是促使個體努力追求成就的心理性動機，反映的是規劃個人目標和致力於達成目標上的個別差異。圖 11-4 提供一個實例，以說明高 nAch 受試者和低 nAch 受試者可能會如何解讀 TAT 圖片。

[顯現高 n Ach 的故事]

這個男孩剛上完小提琴課，他對自己的進展感到愉快，他開始相信自己的進步使得所付出的犧牲都是值得的。為了成為音樂會中的小提琴家，他將必須放棄大部分的社交生活，並每天需要練習好幾個小時。雖然他知道如果他接手他父親的事業，他將可以賺更多錢，但他更感興趣的是成為偉大的小提琴家，並以他的音樂帶給人們歡樂。他下定決心努力完成這樣的夢想。

[顯現低 n Ach 的故事]

這個男孩正拿著他哥哥的小提琴，希望自己也能夠演奏。但他知道，他才不願意花那麼多時間、精力和金錢去上小提琴課。他覺得他哥哥很可憐，竟然放棄生活中那麼多有趣的事情，而只是在小提琴上不斷地練習、練習、再練習。如果某天早晨醒來，發現自己是頂尖的音樂家，那實在是不錯的事情。但這種事情是不會發生的。反而，惱人的現實是你需要不斷練習，沒有樂趣，而且很有可能最終只是成為另一位在小鎮樂隊中充當伴奏，混飯吃的傢伙而已。

圖 11-4　TAT 圖片的兩種解讀（TR: M. Antman/The ImaWorks）

許多研究已證明這種測量的有效性，包括在實驗室和在真實生活環境中。例如，有項研究指出，高 nAch 的人們要比低 nAch 的人們較可能在社會階層上向上流動。再者，相較於低 nAch 的兒子，高 nAch 的兒子較可能超越他們父親的職業地位（*McClelland et al., 1976*）。在 31 歲時施測，結果發現這時候 nAch 得分高的人們（不論男女）到了 41 歲時傾向於有較高的薪水收入——相較於他們 nAch 得分低的同輩（*McClelland & Franz, 1992*）。

這些發現是否指出高 nAch 人們總是願意更為用功？不全然如此。在面對他們被致使相信將是很困難的任務時，高 nAch 人們很早就放棄（*Feather, 1961*）。事實上，高 nAch 人們的典型作風似乎是效率需求（need for efficiency）——以較少努力獲致相同結果的需求。如果他們賺得比他們同輩還多，那可能是因為在評價自己的表現上，他們也重視具體的回饋。作為進展的量度，薪水是非常具體的（*McClelland, 1961; McClelland & Franz, 1992*）。

成就需求也預測在特定類型的生涯（事業）上的成敗。考慮企業家（entrepreneurs）——創立新的冒險性事業的人們。當人們有較高的成就需求時，他們較可能選擇企業家的生涯；當企業家擁有較高的成就需求時，他們較可能發跡而成功（*Collins et al., 2004; Stewart & Roth, 2007*）。然而，需要注意的是，成就需求不一定擔保成功。例如，儘管有高度的成就需求，但這樣的人從事政治活動可能會失敗，因為複雜的真實世界紛擾造成他們不能發揮個人的控制（*Winter, 2010*）。

二、對成敗的歸因

在影響個人追求成功的動機中，成就需求不是唯一的變項。為了便於說明，我們先從一個假定的例子談起。假設你有兩位朋友都選修了同一門課程。在第一次期中考時，兩位都拿到 C 的成績。你認為當面對第二次期中考時，他們將會有同等的動機用功念書嗎？這個問題的部分答案將是取決於他們各自如何對自己解釋 C 成績。

例如，考慮一下控制觀（locus of control，或稱控制信念）的重要性（*Rotter, 1954*）。控制觀取向（locus of control orientation）是指你相信你行動的結果是出於你的作為（內控取向〔internal control orientation〕），抑或出於環境因素（外控取向〔external control orientation〕）。在先前提到的案例上，你的朋友可能把他們的成績歸之於外在原因（考試時附近工地的噪音），或是歸之於內在原因（記憶力不佳）。

歸因（attribution）是指判斷事情結果的起因（我們在第 16 章將會更詳盡論述歸因理論）。在這個案例上，歸因可能影響動機。如果你的朋友相信他們可以把成績歸之於受到工地噪音的干擾，他們較可能會為下一次期中考用功念書。但如果他們認為過失是在於自己的記憶力不佳，他們很可能就會鬆解下來。

控制觀不是你從事歸因時唯一參考的維度（*Perterson & Seligman, 1984*）。你也可能發問：「這個起因在時間上以怎樣程度是穩定而一致的，抑或是不穩定而容易變動的？」這方面答案提供你「穩定 vs. 不穩定」（stability vs. instability）的維度。或者，你可能發問：「這個起因以怎樣程度是高度專對的，只限於特定的作業或情境；抑或這個起因是全面性的，廣泛適用於各種環境？」這方面答案提供你「全面 vs. 專對」（global vs. specific）的維度。

關於控制觀和穩定性二者如何交互作用，圖 11-5 提供了一個實例。我們以對考試成績的歸因加以說明。你的朋友可能把自己的成績解讀為內在因素所造成，諸如能力（一項穩定的人格特徵）或努力（一項變動的個人特性）。或者，他們可能認為該成績主要是外在因素所引起，諸如作業難度、他人舉動（一項穩定的情境問題），或是運氣（一項不穩定的外在特性）。隨著他們對自己的成敗從事怎樣的歸因，他們可能體驗到表 11-3 所描述的情緒反應之一。這裡的重點是，他們採取何種解讀將會影響他們的情緒和隨後的動機（即更用功念書或乾脆放棄），而不論該成敗的真正原因是什麼。

迄今，我們考慮了你的兩位朋友將會以相同方式解釋自己 C 成績的可能性。但也很有可能，他們將會獲致不同的解釋。一位可能相信外在的起因（「教授出題不公平」）；另一位則可能相信內在的起因（「我不夠聰明，我不應該選修這門課程」）。研究人員已顯示，人們解釋自己生活中一些事件（從打麻將贏錢到約會被拒絕）的方式可能成為終身、習慣性的歸因風格（attributional styles）（*Cole et al., 2008*）。你解釋自己成敗的方式可能影響你的動機、心境，以及甚至妥當表現的能力。多年以來，Martin Seligman 一直在探討人們的解釋風格（explanatory style，即他們樂觀或悲觀的程度）如何影響他們的積極性和消極性；他們是否堅持到底或輕易放棄；以及他們是否願意承擔風險，或是以安逸為主（*Seligman, 1991*）。

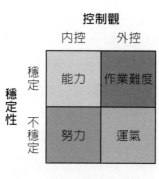

圖 11-5　對行為結果的歸因

在對行為結果的這四種歸因中，能力是出於「內在－穩定」的結合；努力是出於「內在－不穩定」的結合；運氣是出於「外在－不穩定」的結合；作業難度則是出於「外在－穩定」作用力的運作。

表 11-3　隨著歸因而來的情緒反應

你針對成敗的感受取決於你對所得結果從事何種歸因。例如，當你把成功歸因於你的能力時，你將會感到驕傲；但是當你認為失敗是因為你能力不足所引起時，你將會覺得沮喪。或者，當你把成功歸因於他人的善意舉動時，你將會覺得感激；但是當你認為他人的舉動造成你的失敗時，你將會感到憤怒。

歸因	情緒反應	
	成功	失敗
能力	勝任感	無力感
	自信	認命
	驕傲	沮喪
努力	安慰	罪疚
	滿足	羞恥
	放鬆	畏懼
他人的舉動	感激	憤怒
	感恩	生氣
運氣	驚喜	訝異
	內疚	驚愕

　　第 14 章中，我們將會看到「內在－全面－穩定」的解釋風格（「我什麼事情都做不好」）如何使得人們有罹患憂鬱症的高度風險（憂鬱症的主要症狀之一是缺損的動機）。但在這裡，我們的重點是在於了解解釋風格如何可能導致你的一位朋友在學期結束時拿到 A 成績，另一位卻拿到 F 成績。Seligman 的研究小組致力於探討為什麼有些人有能力抗拒失敗，另有些人卻一蹶不振。他們發現其訣竅事實上再簡單不過了，也就是「樂觀 vs. 悲觀」（optimism vs. pessimism）的態度。這兩種不同的看待世界的方式影響了當事人的動機、心境及行為。

　　「悲觀的歸因風格」強調失敗的原因是內部引起的。再者，不良處境和當事人在引致這種處境上的角色被視為是穩定而全面的——「這種處境將不可能有所好轉，它將會影響每一件事情。」「樂觀的歸因風格」則把失敗視為外在原因所造成（「考題不公平」），而且視該事件為不穩定、有轉機及專對的——「如果我下次更努力些，我將會有較良好表現；這次挫敗將不會影響我下一次在另一些重要任務上的表現。」

　　當碰到成功的問題時，這些因果解釋將被倒轉過來。樂觀人士對於成功承擔起充分之個人「內在－穩定－全面」的功勞。然而，悲觀人士卻把自己的成功歸之於「外在－不穩定－全面或專對」的因素。因為他們相信自己註定會失敗，悲觀人士的表現往往遠比他人所預期的（當考慮到他們才能的客觀數值）來得差勁。

　　大量研究支持對樂觀和悲觀人士的這些論斷。例如，一項研究測量 130 位男性業

務員的解釋風格，這些業務員皆任職於英國一家大型的保險公司（*Corr & Gray, 1996*）。在這項研究中，那些擁有較積極歸因風格的業務員也傾向於擁有較良好的業績。在日常生活中，樂觀人士和悲觀人士對事件的解讀將會影響他們進一步表現的動機水平。

我們相信這一系列的心理學研究應該對你很具有啓發價值。你可以設法對自己的成敗培養樂觀的解釋風格。透過檢視情境中一些可能的引致因素，你可以避免對自己的失敗做出負面、穩定、性格的歸因。最後，不要讓你的動機受到一時挫敗的侵蝕。

三、工作與組織心理學

現在，假設你的積極理念已協助你在一家大型公司獲得一個職位。那麼僅知道你個人這部分的一些特性（例如，你的 nAch 分數或你的解釋風格），我們能否準確預測你在工作上將會有多高的動機？你個人的動機水平也將部分地取決於你工作上的一些人們和各式規定所形成的綜合背景。考慮到工作環境是相當複雜的社會體系，組織心理學家（organizational psychologists）的任務是在各式工作場所中探討各種層面的人際關係，諸如雇員之間的意見傳達、從業員的社會化或順應企業的文化、領導統御、員工對工作及／或組織的態度和投入程度、工作滿足、壓力和疲倦，以及在工作上的整體生活品質（*Blustein, 2008; Hodgkinson & Healey, 2008*）。身爲公司企業的顧問，組織心理學家可以協助公司策劃員工的徵募、挑選及訓練。他們也對工作重新設計提出建言，以使得工作能夠配合當事人的才能。組織心理學家運用管理、決策及發展等方面理論以改善工作環境。

我們以下檢視組織心理學家提出的兩種理論，以便理解員工在工作場所中的動機。「公平論」和「期待論」試圖解釋及預測人們在不同工作條件下將會如何反應。這些理論假定員工將會從事若干認知活動，諸如透過跟其他員工的社會比較（social comparison）歷程以評估公平性，或是估計他們的表現將會帶來的預期報酬。雖然公平論和期待論二者都是創立在超過 45 年之前，研究人員繼續利用這些透視以理解工作場所的動機（例如，*Bolino & Turnley, 2008; Liao et al., 2011; Siegel et al., 2008*）。

公平論（equity theory）主張，員工擁有一種動機，即致力於跟另一些有關聯的員工維持一種公平或公正的關係（*Adams, 1965*）。員工將會注意他們的輸入（他們在工作上所做的投資或貢獻）和他們所得的結果（他們從工作上獲得的報酬），然後拿這些跟另一些員工的輸入和結果進行比較。當員工 A 之「結果對輸入」的比值相等於員工 B 的該比值時（結果 A ÷ 輸入 A＝結果 B ÷ 輸入 B），員工 A 將會感到滿意。但是當這些比值不相等時，就會造成員工的不滿意。因爲這種不公平的感受令人嫌惡，員工將會致力於恢復公平狀態──透過改變相關的輸入和結果。這些變動可能是行爲層面（例如，不賣力工作以減少輸入，或是要求加薪以增加結果）；或者，它們

可能是心理層面（例如，重新解讀該輸入的價值——「我的工作表現並不是那麼好」；或是重新解讀該結果的價值——「至少比起另一條生產線的員工而言，我的薪資算不錯了」）。

　　許多研究支持公平論的預測，特別是對於認為自己薪資偏低的員工而言。例如，有項研究發現，薪資偏低的文書職員的生產力較低，薪資偏高的職員則有較高的生產力——相較於薪資公平的職員。同樣的，當大學生被交付額外的責任，但也被授予一個高地位的職稱時，他們維持高水平的工作表現；然而，當這些學生被交付額外責任，卻沒有被授予高地位的職稱時（報酬偏低的不公平狀態），他們的工作表現顯著降低下來。假使你終於爬升到管理的位階，你應該試著防止這樣情勢的發生，也就是在公平性方面針對你員工的心理需求採取必要的對策。

　　期待論（expectancy theory）主張，當員工預期他們在工作上的努力和表現將可帶來所想要的結果時，他們處於良好的動機狀態（*Harder, 1991; Porter & Lawler, 1968; Vroom, 1964*）。換句話說，人們將會從事他們覺得有吸引人（引致合意的結果）而且可能達成的工作。期待論強調三種成分：「期望」（expectancy）是指個人對自己的努力將可導致良好表現所自覺的可能性；「工具性」（instrumentality）是指個人理解自己的表現將會獲得報酬；「原子價」（valence）是指個人自覺特定報酬的誘人程度。隨著不同的工作處境，你可以想像這三種成分的機率也各自不同。例如，你可能擁有一份工作，如果你有良好表現的話，你將有高度可能性獲得報酬（高工具性），但是你將有良好表現的可能性相當低（低期望），或該報酬將值得努力的可能性很低（低原子價）。根據期待論，員工將會評估這三種成分的機率，然後乘上它們各自的價值再總合起來。因此，當三種成分都具有高機率時，就會造成最高度的動機。但是當有任何單一成分的機率為零時，就會造成最低度的動機。

第十二章

情緒、壓力與健康

這一章中，我們將探討你的情緒、壓力與健康之間的關係。情緒是人類經驗的試金石。它們使得你與他人及自然界的互動具有豐富性，以及賦予你的記憶有深刻意味。本章中，我們將討論情緒的體驗和功能。但假使情緒要求你在生理及心理上的過度運作，那會發生什麼情況？你可能變得過度負荷，進而無法處理你生活中的壓力源。這一章也將討論壓力如何影響你，你又如何能夠抗拒壓力。最後，我們將擴寬視野，考慮心理學在「健康與疾病」這個研究領域內的貢獻。「健康心理學家」致力於探討環境、社會及心理歷程如何促成了疾病的發展。健康心理學家也應用心理歷程和原理以協助人們治療及預防疾病，同時也發展各種策略以增進個人福祉。

第一節 情緒

雖然你可能傾向於認為情緒只是一種感覺——「我覺得快樂」或「我覺得生氣」——但我們需要對這個重要概念作較具包容性的定義。現代心理學家界定情緒（emotion）為一種複雜型態的身體變化和心理變化，它是針對自覺為具有個人意義的情境而產生，包括了生理激發、感受、認知歷程、外顯的表情（包括臉孔和姿勢）及特定的行為反應。為了了解為什麼所有這些成分都是必要的，想像一種將會使你感到非常愉快的情境，你的生理激發可能包括溫和的心跳；你的感受將是正面的。你相關的認知歷程包括解讀、記憶及期待，以使你能夠指稱該情境為「愉快的」；你的外顯行為反應可能是表情方面（微笑）及／或行動取向（歡呼、雀躍、擁抱所愛的人）。

我們在這裡先對情緒與心境（moods）加以區別。我們界定情緒為針對特定事件的特定反應——在這個意味上，情緒通常是相對上短暫的，以及相對上強烈的。對照之下，「心境」通常較不強烈，可能持續好幾天。心境與誘發事件之間的關聯通常較為薄弱；你可能處於良好或惡劣的心境，但卻不知道究竟為什麼。

一、基本情緒與文化

達爾文在他的著作《人類與動物的情緒表達》（1872/1965）中指出，如同人類和動物之另一些重要層面的結構和功能，情緒也是進化出來的。達爾文感興趣的是情緒的「適應」功能，他認為情緒不是籠統而不可預測的個人狀態，反而是人類腦部高度專對而協調的運作模組。達爾文視情緒為繼承而來的一些特化的心理狀態，目的在於應付外界若干類別之反覆發生的情境（recurring situations）。例如，假設你發現自己處於一種處境，即另一個人正使得你不可能達成你的目標，我們進化中的祖先可能會進行搏鬥，以解決這樣的處境。現在，生氣的臉部表情傳達了你的心理狀態，它發送

「你準備採取行動」的信號。透過情緒以傳達信息可以避免直接的衝突。

　　在漫長的進化史中，人類曾被掠食動物所攻擊、跌入愛河、生產子女、互相打鬥、面對他們配偶的不忠貞，以及目擊所愛人們的死亡——數不清的次數。因此，我們可以預期，若干類型的情緒反應將會在人類所有成員的身上浮現。關於這種「情緒之普遍一致性」的宣稱，研究人員試著從兩方面加以驗證，一是檢視新生兒的情緒反應，另一是檢視臉部表情在不同文化中的一致性。

(一) 是否有些情緒反應是天生的？

　　假使進化論的觀點正確的話，我們應該可以在世界各地的嬰兒身上發現大致相同型態的情緒反應（Izard, 1994）。Silvan Tomkins（1962, 1981）是首批強調立即、不經學習之情緒反應的廣延角色的心理學家之一。他指出，不需先前的學習，嬰兒就會以恐懼或呼吸困難應對巨大聲響。嬰兒似乎已「先天設計好」以某一情緒反應來應對若干刺激，但這樣反應相當籠統而適合於廣泛範圍的情況。

　　關於情緒的發展，早期研究集中在嬰兒的臉部表情上，它們指出，嬰兒展現臉部表情以傳達特定的情緒（Izard, 1994）。然而，當今的研究指出，嬰兒展開生活時所展現的臉部表情僅是廣泛的正面情緒和負面情緒（Camras & Shutter, 2010）。例如，對於來自美國、日本和中國的 11 個月大嬰兒，當他們正體驗害怕和生氣時，他們產生相同的臉部表情（Camras et al., 2007）。顯然，嬰兒針對負面情緒展現不一樣臉部表情的能力，通常是在生命的第一年後才浮現。然而，需要注意的是，嬰兒的情緒反應不限定於臉部表情；他們能夠經由另一些型式的動作活動以表示情緒。例如，11 個月大嬰兒較可能是以增加他們的呼吸速率，作為「害怕 vs. 生氣」的指標（Camras et al., 2007）。這樣的行為反應對於來自美國、日本及中國的嬰兒都極為類似。這些結果顯示，嬰兒可能透過另一些行為手段而開始識別情緒——在他們清楚地以臉部表情指稱情緒之前。

　　儘管如此，嬰兒可能擁有先天能力以解讀他人的臉部表情。在一項實驗中，對 5 個月大嬰兒重複呈現一個成年人臉部照片，臉部顯現不同強度的微笑，發現嬰兒出現「習慣化」反應，也就是顯現漸減的興趣（Bornstein & Arterberry, 2003）。嬰兒隨後被呈現兩張新照片：一張照片顯示同一位成年人，帶著新奇的微笑（也就是，帶著不同強度的微笑）；第二張照片顯示同一位成年人，但帶著害怕的表情。嬰兒一致地花費較多時間注視害怕的表情——這表示他們感受到害怕的表情為新穎的東西，也表示他們把不同的微笑歸為同一類別。另一些研究已證實，7 個月大嬰兒針對生氣表情或害怕表情時，他們的腦活動型態是不一樣的（Kobiella et al., 2008）。因此，嬰兒對於臉部表情會產生有差別的反應（如我們前面從 11 個月大嬰兒身上看到），雖然他們還沒有能力製造這些表情。

(二) 情緒的表情是否普遍一致？

根據臉部表情之先驅研究學者 Paul Ekman 的說法，所有人在「臉部語言」上都有共通重疊之處（*Ekman, 1984, 1994*）。Ekman 及其同事已證實達爾文最先提出的一個假說，即「有一組情緒表情在人類身上是普遍一致的，它們是源於人類從進化中繼承的先天成分」。在繼續閱讀之前，你不妨先看一下圖 12-1，你能否辨識它們是何種情緒表情？

有大量證據顯示，快樂、驚奇、憤怒、厭惡、恐懼、哀傷及輕視這 7 種表情是世界各地人們普遍認得及製造的表情。泛文化研究人員要求來自各種文化（包括新幾內亞的一個尚未有文字的文化，在接受這項實驗之前，它的成員幾乎不曾接觸過西方人或西方文化）的人們辨認標準化照片上的表情代表何種情緒。一般而言，受試者普遍都能夠辨認與上述 7 種情緒對應的臉部表情。

較近期研究設法比較各地人們對臉部表情的判斷，包括在匈牙利、波蘭、日本、蘇門答臘、美國及越南等地方——結果發現這些不同的族群有高度的一致性（*Biehl et al., 1997*）。這方面的普遍結論是，全世界各地人們——不論他們的文化差異、種族、性別或教育程度——以大致相同的方式表達基本情緒，他們也能夠透過觀察他人的臉部表情以辨認對方正感受的情緒。

需要注意的是，這種「四海皆準」的宣稱只是針對前述的七種基本情緒。Ekman

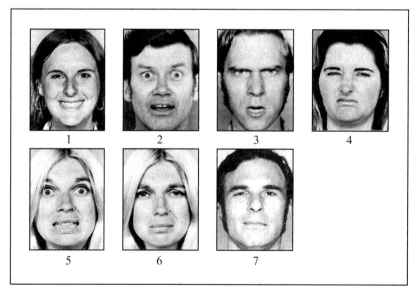

圖 12-1　情緒表情的判斷

這些臉孔分別表達何種情緒？從左上角起，它們分別是快樂、驚奇、憤怒、厭惡、恐懼、哀傷及輕視（Dr. Paul Ekman/Human Interaction Library/University of California, San Francisco）。

及其同事並未宣稱所有臉部表情都是普遍一致的，也未宣稱各種文化都以相同方式表達所有情緒（*Ekman, 1994*）。事實上，Ekman（*1972*）稱他在這方面的立場為「神經─文化」（neuro-cultural）的論點，以反映大腦（進化的產物）和文化在情緒表情上的共同貢獻。當特定情緒被引發時，大腦指示哪些臉部肌肉牽動，以製造特定的表情。然而，在這個全面性的生物基礎上，不同文化施加它們各自的限制。例如，在前面援引之跨越 6 個國家的研究中，日本成年人被發現在辨認憤怒上表現較差──相較於美國、匈牙利、波蘭及越南的成年人；越南成年人則在辨認厭惡上表現較差──相較另5 個國家的受試者（*Biehl et al., 1997*）。

（三）文化如何抑制情緒的表達？

我們已看到情緒表情的一些層面可能是普遍一致的。即使如此，不同文化對於應該如何管理情緒持有不同的標準。某些形式的情緒反應（甚至是臉部表情）是每個文化所特有的。各個文化建立起社會規範，以之規定人們何時可以展現固定的情緒，以及何種身分及地位的人們在怎樣環境中適合展現何種情緒（*Mesquita & Leu, 2007*）。

舉例而言，在西非塞內加爾 Wolof 族人居住的社會中，人民的地位和權力有很大差距，而且被嚴格規定及遵守。這個文化的高地位成員被期待應該克制自己的情緒性表達；低地位成員則被期待較為輕浮。在一次意外事件中，一位婦女突然跑向水井，縱身投入，圍坐水井旁之現場目擊的婦女有貴族，也有賤民。雖然對自殺事件感到震驚，但貴族身分的婦女卻保持緘默，只有賤民身分的婦女發出尖叫聲，作為在場所有婦女的代表（*Irvine, 1990, p.146*）。顯然，貴族婦女已學得情緒表達的文化規範，要求她們不要展露任何外顯反應。至於賤民則被要求表達這些「不莊重」的情緒。

另外，在一些地中海及近東的文化中，假使你參加親友的葬儀，你會很驚訝看到及聽到當有來賓進入葬禮的會場時，就有一組婦女發出哭泣和哀號的聲音。然後她們突然停歇下來，直到下位來賓抵達時，她們再度哭號。如何解釋這樣的行為呢？因為對死者的家人而言，他們很難在為期 3 天 3 夜的守靈期間維持高昂的情緒狀態，所以他們雇用這些職業的「哭泣者」來代表他們展露適宜的強烈情緒，以便向每位到場來賓說明他們內心的哀傷。這在那些地區是完全可被接受的一種風俗。

當你感到痛苦時，你是否會公開展現出來？研究已顯示，關於什麼程度才被視為是展露自己痛苦的適宜行為，文化背景具有重大影響。美國和日本的受試者被要求填寫「適宜痛苦行為問卷」（APBQ），包括了像是「女性應該在大部分情況下能夠忍受痛苦」和「男性在痛苦時哭泣是可被接受的行為」等題目。研究結果顯示，兩種文化在視為是展現痛苦之適宜行為上有很大落差。一般而言，日本受試者在 APBQ 上提供較低的分數，也就是他們較不贊同公開表達痛苦的情緒。此外，兩種文化的受試者都表示較為贊同女性的情緒展露（相較於男性的展露）。研究人員把文化差異歸之於是

「許多亞洲文化的傳統堅忍克己主義（stoicism）」（*Hobara, 2005, p.392*）。

從上面的論述中，你應該清楚，西方觀念中關於情緒表達的一些必要因素可能只限於像美國這樣的文化，未必就適用於另一些社會。這也表示情緒表達的不同標準可能造成不同文化出身人們之間的誤解。

二、情緒理論

各種情緒理論試圖解釋情緒體驗之生理層面與心理層面之間的關係。我們以下評述幾個理論，它們試圖說明你的生理反應如何促成你心理上的情緒體驗。

（一）情緒的生理歷程

你應該清楚，當你感受強烈情緒時，你的心跳會加速、呼吸頻率升高、嘴巴乾燥、肌肉拉緊，以及甚至身體顫抖。除了這些可察覺的變化外，你的體內也正暗中發生其他許多變化。所有這些反應是設計來動員你身體的力量，以便採取行動應付情緒來源。

自律神經系統（ANS）使身體預備好產生情緒反應，它是透過交感神經和副交感神經這兩個次系統的作用。至於這兩個神經系統之間的平衡則取決於誘發性刺激的性質和強度。對於溫和而不愉快的刺激，交感神經系統較為活躍；對於溫和而愉快的刺激，副交感神經系統較為活躍。對於較強烈的刺激，不論愉快或不愉快，這兩種神經系統都會漸進地涉入。

在生理層面上，強烈情緒（諸如恐懼或憤怒）啟動身體的緊急反應系統（emergency reaction system），快速而安靜地使身體準備好應付潛在的危險。這個階段是由交感神經系統所負責，它引導激素（腎上腺素和正腎上腺素）從腎上腺被釋放出來，這接著導致內部器官釋放血糖、升高血壓，以及增加汗液和唾液的分泌。當緊急情況過去之後，為了使你平靜下來，副交感神經系統開始抑制活化性激素的釋放。你在經歷過強烈情緒激發之後可能還會維持興奮一陣子，這是因為有一些激素繼續在你的血液中流動。

讓我們從自律神經系統轉到中樞神經系統。生理激發的激素層面和神經層面二者的整合工作是由下視丘（hypothalamus）和邊緣系統（limbic system）所負責，它們是情緒的控制系統，也是攻擊、防衛及逃離等行為型態的控制系統。神經解剖上的研究特別把重點放在杏仁核（amygdala）上，杏仁核是大腦皮質顳葉基部的一群神經核，也是邊緣系統中重要的神經衝動的轉運站之一；它作用為情緒的通路，也作用為記憶的過濾器。杏仁核完成這些工作是透過施加意義於它從感官所接收的訊息。杏仁核在施加意義於負面情緒上扮演特別強烈的角色——它充當「威脅偵測器」（threat detector），以使得我們察覺自己環境中的危險（*Kim et al., 2011*）。

大腦皮質（cortex）透過它內部的神經網路和它跟身體其他部位的連繫而涉入情緒經驗。大腦皮質提供聯想、記憶及意義以把心理體驗和生理反應整合起來。目前的研究採用腦部掃描的技術，已開始繪製針對不同情緒之特定反應的地圖。例如，PET掃描已被用來證實正面情緒（如快樂）和負面情緒（如哀傷）不僅是大腦皮質相同部位上的對立反應。反而，這些對立的情緒在大腦相當不同部位上導致最強烈活動。考慮一項研究，受試者當觀看正面圖畫（諸如小狗、小精靈及日落）和負面圖畫（諸如憤怒的人、蜘蛛及手槍）時，也同時接受 fMRI 掃描。對於正面圖畫，掃描顯示大腦的左半球有較大的活動；至於負面圖畫，則是大腦右半球顯現較大活動（*Canli et al., 1998*）。事實上，研究人員已提出，腦部有兩個不同的系統，分別處理「與趨近有關」（approach-related）和「與撤離有關」（withdrawal-related）的情緒反應（*Davidson et al., 2000; Maxwell & Davidson, 2007*）。考慮小狗和蜘蛛，大部分人大概將想要趨近小狗，但是撤離蜘蛛。研究顯示，不同的腦部迴路（分配在大腦的不同半球）作為這些反應的基礎。

(二) 詹郎二氏情緒論

「你深夜走路回家，有一段路兩旁都是墳墓，你感到害怕，接著就跑了起來。」你認為這段敘述有問題嗎？你原本可能認為，情緒居先於反應；例如，你因為感到憤怒（情緒）才對一個人大吼大叫（反應）。然而，100 多年前，William James 主張（雖然亞里斯多德在更早之前就有類似主張）這個順序應該倒轉過來——你在身體反應後才感受到情緒。如同 James 所說的，「我們因為哭泣而覺得哀傷，因為捶桌子而覺得自己憤怒，因為顫抖而覺得自己害怕。」（*James, 1890/1950, p.450*）這種觀點顯然跟一般人的看法大相逕庭。我們一般總認為我們是因為害怕才逃跑，因為哀傷才哭泣。另一位丹麥科學家郎格（Carl Lange）也在同一年提出類似的觀念，這種「情緒起源於身體回饋」的觀點就被稱為詹郎二氏情緒論（James-Lange theory of emotion）。根據這個理論，當個人知覺到刺激時將會引起自律系統的激發和另一些身體作用，這接著就導致特定情緒的體驗。詹郎二氏論被認為是一種「周邊」（peripheralist）理論，因為它把情緒連鎖反應上最主要角色指派給內臟反應（visceral reactions）；相對於中樞神經系統，自律神經系統的作用是屬於周邊的。

(三) 坎巴二氏情緒論

生理學家坎農（*Walter Cannon, 1927, 1929*）反對周邊理論，他擁護「中樞」（centralist）理論，也就是強調中樞神經系統的作用。坎農（及另一些批評者）對詹郎二氏論提出一些質疑（*Leventhal, 1980*）。例如，他們指出內臟活動對情緒體驗而言是

不相干的——甚至當被透過手術切斷牠們內臟與 CNS 的連繫後，實驗室動物仍然有情緒反應。他們還表示，ANS 反應通常過於緩慢，不足以作爲瞬間引發的情緒的來源。根據坎農的說法，情緒需要大腦在輸入刺激與輸出反應之間作個仲裁。

另一位生理學家巴德（Philip Bard）也認爲內臟反應在情緒生成上不居主要角色。反而，誘發情緒的刺激具有兩個同時的效應，一是透過交感神經系統引起身體激發，另一是經由大腦皮質引起主觀的情緒體驗。他們兩位生理學家的觀點被結合起來稱爲坎巴二氏情緒論（Cannon-Bard theory of emotion）。這個理論主張，情緒刺激產生兩個同時的反應，即情緒的生理激發和主觀體驗，但它們二者之間不具因果關係。假使一些事情使得你生氣，就在你想起「我光火了！」的同時，你的心跳加速——但不論是你的身體或你的心理都沒有指示對方如何反應。

坎巴二氏論預測身體反應與心理反應之間的獨立性。但我們接下來將看到，現代的情緒理論否決了這些反應必然是獨立的。

(四) 情緒的認知評價理論

因爲對許多不同情緒而言，它們生理激發的徵候和內部狀態極爲相似，當它們在一些曖昧或新奇的情境中被經歷時，它們有時候可能被混淆了。爲了解釋人們如何處理這樣的不確定性，Stanley Schachter（1922-1997）創立情緒二因論（two-factor theory of emotion）。根據 Schachter（1971b）的觀點，情緒體驗是生理激發（physiological arousal）和認知評價（cognitive appraisal）二者共同作用的結果，兩者都是情緒生成的必要條件。情緒生成的第一步驟是生理激發，這種激發被認爲是一種概括而未分化的狀態。然後，你評價你的生理激發以致力於找出你正感受些什麼、這樣感受最適合貼上什麼情緒標籤，以及你的反應在所經歷的特定情境中意味些什麼。

Richard Lazarus（1991, 1995）也擁護認知評價的觀點，他主張「情緒體驗不能單從發生在當事人或發生在大腦中的事情加以理解，情緒體驗是產生於當事人跟被評價的環境之間不斷進行的交易。」（Lazarus, 1984a, p.124）這表示認知是發生在情緒體驗之前，只有當所呈現刺激被當事人認定具有個人意義時，初步的感覺經驗才會導致情緒反應。Lazarus 也強調，認知評價的發生通常不需要意識上的思考。當你擁有把情緒與情境聯結起來的過去經驗時——「那個我跟他發生過衝突的痞子走過來了！」——你不需要明確地從環境中爲你的生理激發尋找解讀。這種立場被稱爲是情緒的認知評價理論（cognitive appraisal theory of emotion）。

爲了測試這個理論，實驗人員有意地製造各種處境，以看看受試者是否根據被提供的環境線索來標示他們的生理激發。

在一項研究中，男性受試者才剛走過加拿大溫哥華地方的兩座吊橋之一，隨即接受一位稍具姿色的女性研究助理的訪談。A 吊橋安全而穩固，懸掛高度只有 10 英呎。B 吊橋則搖晃不定，懸掛高度達 230 英呎。女性助理假裝她感興趣的是「自然景色對創造力的影響」，要求受試者針對一張曖昧圖片（圖片中包括有一位女性）寫一則簡短的故事（類似 TAT 測驗）。她並留下她的姓名和電話給每位受試者，告訴他們如果想知道關於該研究的進一步資料，可以打電話給她。實驗結果顯示，剛走過 B 吊橋的受試者所寫故事中含有較多性方面的意象。此外，這組受試者有二分之一打電話約會女性助理；相較之下，走過 A 吊橋的受試者只有八分之一打電話約會。為了澄清生理激發是影響情緒錯誤解讀的獨立變項，研究小組也安排了另一組男性受試者，他們走過危險吊橋（B 吊橋）超過 10 分鐘之後才接受訪談，這段時間已足以讓他們的生理激發平靜下來。結果這組受試者並未顯現激發組受試者（隨即接受訪談）的那些性反應的徵狀（*Dutton & Aron, 1974*）。

這項實驗說明了，當人們感到激發，但似乎缺乏明顯的原因或來源時，他們將會從身邊環境中尋找線索，以之解釋及指稱他們的激發狀態。因此，受試者被危險吊橋引起生理激發，但卻錯誤歸因於是受到女性助理所吸引時，就產生了上述的實驗結果。在另一項類似實驗中，受試者先從事 2 分鐘的有氧運動，結果他們在剛運動完後報告較少極端情緒，因為這時候他們能夠輕易把自己的生理激發歸之於運動所致，而不是歸之於一種情緒狀態。相較之下，受試者在短暫延遲後較可能報告有極端情緒，因為這段延遲時間已使得運動似乎跟延續的激發較不具關聯（*Sinclair et al., 1994*）。

然而，認知評價理論的一些特定層面也受到質疑。例如，研究已顯示，伴隨不同情緒的激發狀態（即自律神經系統的活動性）不完全相同（*Levenson et al., 1992*）。因此，至少有一些情緒體驗的解讀可能不需要評價。再者，當感受強烈的生理激發，但卻缺乏任何明顯的原因時，這未必就會導致如該理論所假定之中性而未分化的狀態。事實上，人們通常把「莫名其妙」的生理激發解讀為「負面」事件，視為一些事情就要發生差錯的徵兆。此外，當尋求解釋時，人們容易發生偏差，偏袒一些刺激以辯解這種負面解讀（*Marshall & Zimbardo, 1979; Maslach, 1979*）。

Robert Zajonc（*1980*）對情緒的認知評價理論提出另一項批評。他證實在一些情況下，人們可能毫不知道為什麼就產生偏好（preferences）——對刺激的情緒反應（*Zajonc, 2000, 2001*）。在廣泛的一系列關於「單純曝光效應」（mere exposure effect）的實驗中，受試者被呈現各式各樣的刺激，諸如外國文字、日本漫畫人物、一組數字及陌生臉孔等。實驗人員使用瞬間顯示器以呈現刺激，呈現時間極為短暫（閃現），使得受試者無法意識上加以辨認。稍後，受試者被要求指出他們有多喜歡一些特定刺

激，有些刺激是舊有的（也就是，這些刺激曾經在意識的閾限下閃現），另有些刺激則是新引進的。結果受試者傾向於對舊有項目給予較高評定。因爲受試者感受這些正面情緒卻在意識上不自覺它們的起源，情緒反應不可能是從評價歷程中浮現。

最後，我們認爲最穩健的結論是，認知評價是情緒體驗的一個重要歷程，但它不是唯一的歷程（*Izard, 1993*）。在一些情況下，你將會實際上尋之於環境（至少是無意識的）以嘗試解讀自己爲什麼會有那樣的感受。然而，在另一些情況下，你的情緒體驗可能是受到進化提供的先天聯結所支配——這時候的生理反應將不需要任何解讀。這些達成情緒體驗的不同途徑說明了情緒具有多方面功能。

三、心境和情緒的影響

你所體驗的心境（moods，或心情）會強烈影響你如何處理訊息（*Clore & Huntsinger, 2007; Forgas, 2008*）。特別是，當人們處於負面心境，他們傾向於以較爲詳細和精心的方式處理訊息——相較於他們處於正面心境的同伴。這種處理風格的差異會帶來一些後果。考慮判斷與決策，你或許將會同意，取決於你付出努力的數量，你通常將會做出不同的判斷和決定。在這樣的角度下，你不妨想想人們的心境如何影響他們做出「有罪或無罪」的判斷。在一項研究中，受試者觀看簡短影片，讓他們置於愉快、中性或哀傷的心境中（*Forgas & East, 2008*）。一旦心境被建立，受試者觀看四段錄影帶，內容是人們否認他們有偷走電影票；其中有些人正在說謊。在觀看每段錄影帶後，受試者判斷當事人爲有罪或無罪。研究發現，心境對於受試者做出有罪的正確判斷的能力產生重大影響：在哀傷的心境下，受試者的表現優於機率；至於中性和愉快心境下的受試者則表現差勁。在討論他們的結果上，研究人員指出，負面心境可能使得人們較不易受騙（較不輕信）。想想你自己的生活：當你處於哀傷的心境下，你是否較爲多疑？

你的心境也將影響訊息如何被交付記憶。負面心境銳化注意力的焦點，至於正面心境則傾向於擴寬該焦點。基於這個原因，當人們處於正面心境時，他們可能發現較難以忽視不相干（不切題）的訊息。事實上，當人們在正面心境下執行作業時，他們對於不相干訊息擁有較佳的內隱記憶——相較於處於中性心境下（*Biss & Hasher, 2011*）。你能否看出，這種心境引導的焦點轉變如何造成正面或負面的影響。當你處於正面心境下，你很難只專注於關鍵的訊息。如果你需要緊緊地維持你的焦點，你最好保持自己處於稍微負面的心境下。然而，因爲正面心境產生一種較寬廣和較爲變通的處理風格，人們當處於正面心境下，他們產生較有創造性的思維和問題解決——相較於中性心境的人們（*Baas et al., 2008*）。因此，如果你需要富有創意，你應該試著維持正面的心境！

讓我們從持久的心境轉向較為急迫的情緒。假設你看到一件犯罪事件，加害人揮舞一把手槍，你可能會有負面的情緒激發。這樣的負面情緒激發經常將會使你受擾於一種效應，稱為武器焦點（weapon focus）（*Fawcett et al., 2012*）。

在一項研究中，學生觀看犯罪過程的影片（*Pickel, 2009*）。在該影片的一種版本中，加害人持著一把 9 釐米手槍；在另一種版本中，加害人持著一片放在塑膠盒中的音樂 CD。在觀看影片後，學生填寫一份問卷，以測試他們回憶加害人外觀的能力。研究發現，當加害人持著手槍時，受試者的回憶遠為低落。在該影片的不同版本中，加害人是男性或女性。當女性持著手槍時，受試者的表現最差勁。

為什麼女性加害人會提升武器焦點？為了回答這個問題，我們需要後退一步，先考慮情緒激發之較一般性影響。任何時間你看向外界，它的一些層面較為突顯（因為你在第 4 章所獲知的知覺特性），或對你較為重要（因為你在該時刻的目標）。讓我們稱這類刺激為高度優先權（high priority）。情緒激發使得人們把較多心理資源集中在高度優先權的刺激（*Mather & Sutherland, 2011*）。這普遍將使得對那些刺激的記憶較為良好，而對其他刺激的記憶較差——解釋了為什麼武器的呈現損害對其他細節的記憶。那麼，為什麼女性加害人會提升武器焦點？女性持著手槍可能是更高優先權的刺激，更為誘發性的刺激，或二者皆是。在任何情況下，當你對特定情境產生強烈的情緒反應時，你應該預期你對該情境的知覺和記憶將會相當不同——相較於當你沒有強烈激發時。

仍然，你有必要認識，關於你的情緒將會如何影響你和影響他人，你擁有一些控制力。你擁有情緒管理（emotion regulation）的能力，也就是透過一些歷程，人們以之改變他們所體驗情緒的強度和期間（*Gyurak et al., 2011*）。考慮當觀看恐怖電影而受到驚嚇時，那會發生什麼情形。你可能提醒自己，「這只是一部電影！這只是一部電影！」這個策略具有兩個效果。首先，你使得自己抽離於（轉移注意力）銀幕上正使你擔憂的事件。其次，你正從事對於該激發來源的再評價。轉移注意力（distraction）和再評價（reappraisal）二者都是情緒管理的成功策略（*McCrae et al., 2010*）。另一方面，經由使自己看起來不驚恐，你成功的情緒管理將改變他人如何察覺你對於該電影的反應。

四、主觀的幸福

「你對自己的綜合生活感覺如何？」這個問題針對的是主觀幸福（subjective well-being）——個人對生活滿意和快樂的整體評價。近些年來，心理學家已把大量研究注意力放在一些因素，這些因素促成了人們對自己主觀幸福的判斷（*Kesebir*

& *Diener, 2008; Tay & Diener, 2011*）。這個研究焦點部分地反映了正向心理學（positive psychology）的興起，作為心理學專業內的一項重要運動。正向心理學的目標是提供人們知識和技能，以使他們能夠體驗充實的生活。關於主觀幸福的研究，大部分集中在試著決定為什麼有些人較為快樂——相較於他人。就如大部分的心理學領域一樣，研究人員已嘗試評估遺傳和環境的影響。

為了理解遺傳的影響，研究人員已利用行為遺傳學的傳統方法執行一些研究：他們檢視同卵雙胞胎和異卵雙胞胎對於主觀幸福的報告的相似程度。例如，在一項研究中，研究人員從 4,322 對挪威雙胞胎中取得主觀幸福的量數（*Nes et al., 2006*）。經過對同卵和異卵雙胞胎進行比較，發現在男性的主觀幸福上，遺傳因素占了 51% 的變異數，至於女性則占 49% 的變異數。研究人員也在相隔六年的兩個時間點收集主觀幸福的判斷。在不同時間的相關中，遺傳因素占了男性 85% 的相關，至於女性則占 78% 的相關。在另一項以 973 對美國雙胞胎為樣本的研究中，也指出遺傳對於主觀幸福的大量影響（*Weiss et al., 2008*）。然而，這些資料也提出，人格在這些遺傳效應上扮演重要的角色。第 13 章將會討論「人格特質是高度可傳承的」的證據。根據美國雙胞胎樣本的研究，它指出主觀幸福的差異是人們在出生時所繼承人格特質的結果。例如，當人們有高度的情緒穩定性和高度的社會參與時，他們也較可能報告高度的主觀幸福。

我們已看到，遺傳對於主觀幸福的個別差異有重要影響。仍然，生活經驗也關係重大。當人們判斷主觀幸福時，有一個重要成分就是正面情緒和負面情緒在他們生活中的平衡。

一組研究人員從 46 個國家的 8,557 位受試者身上取得資料（*Kuppens et al., 2008*）。受試者提供他們生活滿意的評定，透過應答像這樣的陳述，「在大部分方面，我的生活接近我的理想」（P.71）——在一個從「強烈不同意」到「強烈同意」的 7 點量尺上。此外，他們也在一個從「完全沒有」到「所有時間」的 9 點量尺上，指出他們在上一個星期中有多頻繁感受到正面情緒（如自尊、感激及關愛）和負面情緒（如罪疚、羞恥及嫉妒）。研究人員的分析揭露這些測量之間的一致關係。一般而言，當受試者有較多的正面情緒經驗，而且有較少的負面情緒經驗時，他們報告較高的生活滿意度。然而，正面情緒對於生活滿意度判斷的影響力大約為負面情緒的兩倍高。該分析也揭露不同文化有稍微不一樣的型態。例如，關於人們需要花費多少努力以確保他們日常的生存，各個文化有所不同。對於生存還有待解決的文化而言，生活滿意度的判斷較不是取決於正面情緒的經驗。

研究人員已檢驗關於生活事件的各種假設，這些事件可能影響主觀幸福感。例如，重大負面生活事件（諸如失業或配偶的死亡）經常為主觀幸福產生破壞的影響

（*Lucas, 2007*）。研究人員也已在人們生活環境中檢視進行中的差異。例如，研究人員已提出，「快樂之單一最重要的來源」是良好的社交關係（*Kesebir & Diener, 2008, P.122*）。研究人員也已試著理解財富與主觀幸福之間的關係。當人們掙扎於滿足他們的基本需求時，他們通常報告低度的生活滿意和快樂（*Diener et al., 2010; Howell & Howell, 2008*）。然而，一旦人們通過門檻而那些基本需求得到保障，財富與主觀幸福之間就沒有太重大關係。如果你必須在更多金錢、更多朋友之間作個選擇，正向心理學的研究結果建議你，大部分時候你應該選擇更多朋友。

第二節　生活壓力

假設我們要求你追蹤你在一天過程中有些什麼「感受」。你可能報告在許多短暫期間中，你分別感到快樂、哀傷、生氣及驚訝等。但有一種感受，人們通常報告它在大部分生活經驗中就像是一種背景噪音（background noise），那就是壓力（*Sapolsky, 1994*）。現代的工業化社會設定了過於快速、雜亂的生活步調。人們通常在自己的時間中配置太多要求、對不確定的未來感到憂慮，以及安排太少時間給家庭和娛樂。但假使沒有壓力的話，你的境況會好一些嗎？沒有壓力的生活將沒有挑戰——沒有困境需要克服、沒有新的領域可待征服、沒有理由磨練你的才智，也沒有必要增進你的能力。每個有機體都面對一些挑戰，包括來自外在環境和來自個人需求。有機體必須解決這些問題以生存及茁壯。

壓力（stress）是指個體對於干擾他身體或心理平衡的刺激事件所採取的反應型態，但這樣的事件必須是踰越了個體的應付能力或造成過度負荷。刺激事件包括大量的各種內在狀況（如疼痛）和外在狀況（如擁擠或噪音），它們被統稱為壓力源（stressor）。壓力源是指要求個體採取一些適應性反應的刺激事件。至於個體面對壓力的反應則由發生在幾個不同層面上的反應所組成，包括生理、行為、情緒及認知的層面。圖 12-2 顯示壓力歷程的各個要素，我們以下進一步加以論述。

一、生理的壓力反應

當你抵達教室後才被告知將會有隨堂考試，這會引起你的壓力嗎？這種短暫的激發狀態——通常具有清楚的開始及結束的型態——就被稱為急性壓力（acute stress）。對照之下，慢性壓力（chronic stress，也稱長期壓力）是指持久的激發狀態，長時間延續不退，所提出的要求被當事人認為踰越了他所能動員來應付的內外在資源。我們接下來看看你的身體如何應付這些不同類型的壓力。

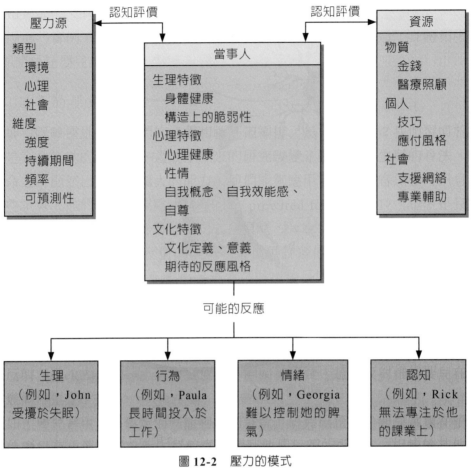

圖 12-2　壓力的模式

(一) 對急性威脅的緊急反應

1920 年代，美國哈佛大學的生理學家 Walter Cannon（他也是坎巴二氏情緒論的創立者之一）首次對動物和人類如何應對危險進行科學性描述。他發現當面對緊急情況時，有機體的神經和腺體將會被引發一連串活動，以使身體做好防禦工事，準備加以對抗或準備逃離到安全地方。Cannon 稱這種雙重的壓力反應為戰鬥或逃離的反應（fight-or-flight response）。

這種壓力反應的控制中樞是下視丘（hypothalamus）。我們先前提過，下視丘涉及多種情緒反應。下視丘有時候也被稱為壓力中樞（stress center），因為它在緊急情況時具有兩種功能，一是控制自律神經系統（ANS）的活動，另一是促發腦垂腺（pituitary gland）的分泌。

ANS 調節身體許多器官的活動。在高度壓力的狀況下，呼吸變得又快又深、心跳加速、血管收縮及血壓升高。除了這些內部變化，肌肉將會打開喉嚨和鼻子的通

道，以使得更多空氣進入肺部，同時也引起強烈情緒的臉部表情。這些信息將會傳到平滑肌，以暫時中止一些身體功能，諸如消化作用——因為這些功能與身體準備應付當前的緊急情況沒有直接而迫切的關聯。

在壓力期間，ANS 的另一種功能是促使腎上腺素的流動。它發出信號到腎上腺髓質（adrenal medulla，位於腎上腺的內部）以釋放腎上腺素和正腎上腺素（epinephrine and norepinephrine）。這兩種激素接著通知另一些器官以執行它們特化的功能，包括脾臟釋放較多紅血球（當受傷時有助於血液凝結）、骨髓製造更多白血球（以抵抗可能的感染），以及肝臟製造更多血糖（以增強身體能量）。一般認為，腎上腺素在恐懼反應（逃離）上扮演較吃重角色，正腎上腺素則跟憤怒反應（反擊、打鬥）較具關聯。

腦垂腺接收來自下視丘的訊息後，將會分泌對壓力反應至關重要的兩種激素：一是促甲狀腺激素（TTH），它刺激甲狀腺製造更多能量以供身體使用；另一是促腎上腺皮質激素（ACTH），也稱為壓力激素（stress hormone），它刺激腎上腺皮質（adrenal cortex，即腎上腺的外部），造成多種激素的分泌，以便控制身體的代謝歷程，以及促使肝臟釋放血糖到血液中。ACTH 也傳達信息給各種器官，分泌大約 30 種其他激素，每種激素都在身體適應這種「就戰備狀態」上扮演部分角色。圖 12-3 摘述了生理方面的壓力反應。

對我們人類而言，這種透過動員身體的自律反應系統以應付「物理壓力源」的固有能力具有重要生存價值；換句話說，當應付的是外在危險或威脅時，這些反應是身體上的一種適應性準備。但是當應付的是現代化生活中的許多「心理壓力源」時，這可能敗事有餘而造成反效果，特別是因為許多人長期生活在慢性壓力的情勢中。例如，假設你正為一場重大考試而努力念書，鬧鐘飛快地滴答作響，雖然你的壓力反應提高了你的專注力，這可能是你迫切想要的，但是其餘的生理變化對你毫無益處——你也找不到對象以供你執行戰鬥或逃離。

(二)一般適應症候群與慢性壓力

持續的重大壓力會對身體造成什麼影響呢？加拿大內分泌學家 Hans Selye 是最先探討這種效應的研究學者。從 1930 年代後期開始，Selye 就報告實驗室動物當暴露於傷害性作用物後將會出現許多複雜反應，這些作用物包括細菌感染、毒素、外傷、高熱、低溫及強迫性監禁等。根據 Selye 的壓力理論，許多種壓力源可能引發同樣的反應或一般身體反應。所有壓力源都要求適應：有機體必須經由恢復身體內部均衡（或恆定狀態）以維持或重獲它的統整和安寧。Selye 把有機體對壓力源的反應稱為一般適應症候群（general adaptation syndrome, GAS）。它包括三個階段，即警覺反應階段（stage of alarm reaction）、抗拒階段（stage of resistance）及衰竭階段（stage

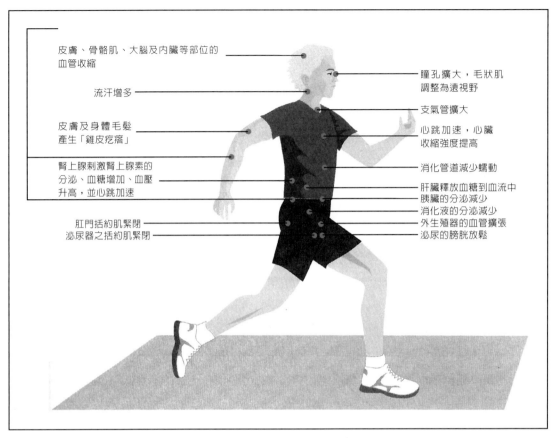

皮膚、骨骼肌、大腦及內臟等部位的血管收縮

流汗增多

皮膚及身體毛髮產生「雞皮疙瘩」

腎上腺刺激腎上腺素的分泌、血糖增加、血壓升高，並心跳加速

肛門括約肌緊閉
泌尿器之括約肌緊閉

瞳孔擴大，毛狀肌調整為遠視野

支氣管擴大

心跳加速，心臟收縮強度提高

消化管道減少蠕動

肝臟釋放血糖到血流中
胰臟的分泌減少
消化液的分泌減少
外生殖器的血管擴張
泌尿的膀胱放鬆

圖 12-3　身體對壓力的反應

of exhaustion）（*Selye, 1976a, 1976b*）。警覺反應是短期的身體激發，以使身體準備好從事精力充沛的活動。假使壓力源延續下去，身體就進入抗拒階段，也就是一種中等激發的狀態。在抗拒的期間，有機體還能夠忍受及抵抗持久壓力源進一步的破壞效應。然而，假使壓力源仍長期不退或過度強烈的話，身體的資源將會耗盡，有機體進入衰竭階段。圖 12-4 呈現了這三個階段的圖表和解說。

　　Selye 檢定出一些與衰竭階段有關的風險。例如，我們前面提過，ACTH 在對壓力的短期反應上扮演部分角色。然而，長期下來，它的作用降低了自然殺手細胞（natural killer cells）撲滅癌細胞和另一些威脅生命的感染原的能力。隨著身體長期地承受壓力，「壓力激素」的增加分泌將會損害免疫系統的統合性。「一般適應症候群」已被證實適用於解釋一些疾患，特別是心身症（psychosomatic disorders）。心身症無法以身體原因做充分解釋，這在過去使得許多醫生感到困惑，他們沒有想過壓力也可以是身體不適及疾病的起因。在應付急性壓力上，這些生理變化具有良好功用，但在應付慢性壓力上，它們卻損害了身體的健康。

　　Selye 的研究似乎顯示疾病是面臨壓力之不可避免的反應。然而，我們將看到，

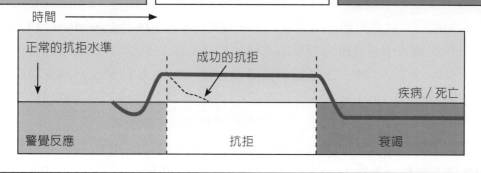

第一階段：警覺反應（在生活中不斷重複發生）	第二階段：抗拒（在生活中不斷重複發生）	第三階段：衰竭
·腎上腺皮質擴大 ·淋巴系統擴大 ·激素水平升高 ·對特定壓力源產生反應 ·腎上腺素的分泌，這與高度生理激發有關，也與負面情感有關 ·容易屈服於高強度的壓力源 ·罹患疾病的可能性升高（如果延續下去，GAS中較緩慢的成分將開始啟動，於是進入第二階段）	·腎上腺皮質收縮 ·淋巴結恢復正常大小 ·持續高度的激素水平 ·高度的生理激發 ·ANS之副交感神經部分的反作用 ·壓力源持續下去：對進一步致弱效應的抗拒 ·對壓力的敏感度升高（如果壓力繼續維持在高度水平，激素貯存量將會枯竭；開始感到疲乏，於是進入第三階段）	·淋巴結構擴大／功能不良 ·激素水平升高 ·適應性激素枯竭 ·抗拒原來壓力源或額外壓力源的能力減弱 ·情感體驗——通常感到消沉、沮喪 ·疾病 ·死亡

時間 →

正常的抗拒水準

成功的抗拒

疾病／死亡

警覺反應　　抗拒　　衰竭

圖 12-4　一般適應症候群（GAS）

你心理上對於「什麼是壓力事件」和「什麼不是壓力事件」的解讀（也就是你對潛在壓力事件的評價方式）也將會影響你身體的生理反應。為了充分說明壓力對你身體的效應，除了 Selye 的基礎生理理論外，我們也必須合併稍後關於心理因素的探討。

二、心理的壓力反應

　　你生理的壓力反應是自動、可預測及固定的反應，你在正常情況下無法意識上加以控制。但你心理的壓力反應則不然，它們往往是學得的，這些反應取決於你對外界環境的知覺和解讀。

（一）重大生活事件

生活處境的重大變動是許多人的主要壓力來源之一。有些事件即使是受人歡迎的，像是中了樂透彩券或獲得擢陞，仍然會造成你例行生活的重大變動，也需要你適應新的要求。例如，許多新婚夫妻相當企盼新生命的來臨，但這種生活變動也是一種重大壓力的來源，將會造成婚姻滿意度的降低（*Cowan & Cowan, 1988; Levenson et al., 1993*）。因此，當你試圖建立壓力與你生活中的變動之間的關係時，你除了考慮負面變動外，也應該考慮正面變動。

生活事件對隨後心理健康和身體健康的影響曾經是很多研究的目標。Holmes 和 Rahe 在 1960 年代最先編製了「社會再適應評定量表」（SRRS），這是一種簡易的測量，以之評定許多人經歷各種生活變動（包括愉快和不愉快的變動二者）時所需要的適應程度。這個量表的建立是要求各種職業、階級及身分的成年人先從生活變動表格中找出自己經歷過的事件，他們接著評定每一種變動相較於「結婚」這個事件所需要的再適應程度，至於「結婚」則先被指定一個固定數值——50 個生活變動單位。研究人員因此可以計算出個人所經歷的生活變動單位（life-change units, LCU）的總值，以之作爲個人所承受壓力程度的數值。SRRS 在 1990 年代採用同樣程序進行一次修正（*Miller & Rahe, 1997*）。在這個更新版本中，LCU 估計值比起原先數值上升了 45%——也就是說，1990 年代的受試者遠比 1960 年代報告他們承受整體較高程度的壓力。在 1990 年代，女性也要比男性報告她們在生活中承受較多壓力。

研究人員繼續建立 SRRS 分數與心理及身體健康狀況之間的關係。考慮一項研究，268 個人填寫該量表（*Lynch et al., 2005*）。研究已發現，受試者的 SRRS 分數與他們隨後 6 個月中尋求醫療的總數量之間存在正相關。一般而言，對於拿到最高 SRRS 分數的受試者而言，他們也最爲頻繁地求助於醫師。

然而，關於生活壓力事件與疾病之間關係的研究，我們在方法論上仍然存在一個難題，即研究人員通常採用的是「回溯法」（retrospective method），這就很難避免受試者因爲記憶扭曲而使得研究結果發生偏差。例如，身體不適的受試者較可能記起過去的負面壓力源。較近期，研究人員採用「前瞻法」（prospective method）追蹤身體健康的受試者長達幾年期間，他們發現身體疾病的發展與早先所累積的生活壓力單位之間存在顯著相關。例如，一項研究追蹤 16,881 個成年人，長達兩年（*Lietzén et al., 2011*）。在該研究開始時，沒有一位受試者曾被診斷爲氣喘。兩年之後，對於經歷過高數量壓力生活事件（諸如家人的疾病或婚姻不睦）的受試者而言，他們遠爲可能已發展出氣喘。

(二) 創傷事件

當某一事件不但是負面的，而且也是不受控制、無法預測或混沌不明時，這樣事件將會特別帶來高度壓力。這些情況在所謂創傷事件（traumatic events）的案例上特別如此。有些創傷事件只影響當事人，諸如強暴案或重大車禍；另有些則帶來遠為廣延的衝擊，諸如地震或龍捲風。近些年來，最具蔓延性的創傷事件莫過於發生在2001 年 9 月 11 號的事件。在那一天，「世界貿易中心」和「五角大廈」受到航空客機的攻擊，導致幾近 3,000 人的死亡。為了提供適宜的心理援助，研究人員快速行動以評估該攻擊造成的心理餘震。

研究人員特別把重點之一放在創傷後壓力疾患（post-traumatic stress disorder，PTSD）的盛行率上。PTSD 是一種壓力反應，當事人受擾於持續地再度體驗該創傷事件，例如，以往事閃現（flashback）或惡夢的形式（*DSM-IV, 1994*）。當事人經常在關於日常事件上感到情緒麻痺，而且對他人產生一種疏離感（feeling of alienation）。最後，這樣的情緒苦惱可能造成各種症狀的增加，諸如睡眠困擾、對於存活下來感到愧疚、難以保持專注，以及誇大的驚嚇反應等。

一組研究人員試圖評估 911 事件的長期衝擊（*DiGrande et al., 2011*）。該研究針對3,271 位市民，他們在該清晨曾經實際上從世界貿易中心被疏散及撤離。資料是在2003 年 9 月到 2004 年 11 月之間收集，也就是攻擊事件的 2 年到 3 年後。如表 12-1年示，只有 4.4% 的受試者沒有與 PTSD 有關的症狀。在攻擊事件的清晨，置身於雙子星大樓的人們中，絕大多數報告了一些症狀：再度體驗該事件、逃避可能會聯想起該事件的刺激、及／或起源於該事件升高的生理激發。儘管已經過 2 年到 3 年，該樣本的 15% 仍然符合充分 PTSD 的診斷標準。該研究揭露有幾個因素使得 PTSD 較為可能。例如，當人們從較高樓層被撤離時，當人們親自目擊恐怖攻擊，以及當人們本身受傷時，他們有較高的 PTSD 發生率。

如前面提到，人們也會經歷一些個別的創傷事件，這些事件對他們的心理健康產生負面影響。例如，強暴案受害人經常顯現許多創傷後壓力的徵狀（*Kilpatrick et al., 2003*）。在遭受性侵害的兩個星期後進行評鑑，94% 的強暴案受害人被診斷有 PTSD；在性侵害的 12 個星期後，51% 的受害人仍然符合診斷準則（*Foa & Riggs, 1995*）。這些資料說明，創傷後壓力的情緒反應可能在創傷後立即以急性的形式發生，而且可能經過幾個月的期間才會逐漸平息下來。我們在第 14 章討論焦慮性疾患時，將會重回PTSD 的主題。

(三) 長期壓力源

在關於壓力的生理反應的討論上，我們畫分出急性壓力和慢性壓力。在心理壓力

表 12-1　暴露於 911 事件的心理衝擊

PTSD 的症狀	受試者的百分比
沒有症狀被報告	4.4
報告對該事件的再度體驗	
侵入性記憶	33.4
夢境或惡夢	13.5
報告逃避會聯想起該事件的刺激	
迴避與創傷有關的思想及感受	31.5
迴避可能想起創傷的活動、處所或人物	25.9
報告升高的生理激發	
失眠	31.6
焦躁不安或突然發怒	25.4
PTSD 的可能診斷	15.0

源方面，我們不太容易做這樣截然的畫分。例如，假設你的自行車被偷了。原本，這是急性的壓力來源。然而，如果你開始不斷地擔心你新買的自行車也將會被偷走，那麼與這個事件有關的壓力就可能變成慢性的。研究人員已在蒙受嚴重疾病的人們身上發現這樣的模式，像是癌症、HIV 感染及糖尿病等疾病（*de Ridder et al., 2008*；*Morris et al., 2011*）。為了應付診斷和治療上的焦慮，這樣的慢性壓力可能比起疾病本身更快速損害了健康。

　　對許多人而言，長期壓力是源自社會和環境中的一些狀況，這可能包括過度擁擠、犯罪、經濟不景氣、污染、AIDS 及恐怖主義的威脅等產生的累積效應。許多研究發現，大學生相當擔憂自身的未來和社會的未來。但對成年人來說，就業及經濟問題才是他們更直接的關心焦點。當經濟不景氣時，許多與壓力有關的問題也隨之上升，包括精神病院的住院人數、嬰兒夭折率、自殺率、酗酒致死人數，以及心臟血管方面的罹病率等。

　　這些及另一些環境壓力源如何影響你的心理健康呢？有些人是因為他們的社經地位或種族身分而承受慢性壓力，這對他們全面性的身心健康有實質的不利影響（*Santiago et al., 2011; Sternthal et al., 2011*）。考慮一項包含 1,037 個紐西蘭人的縱貫研究，其一是兒童期在社會經濟上的不利處境，其二是當這些受試者 32 歲時的健康情形，它調查這二者之間的關係（*Danese et al., 2009*）。早期的經濟困境預測了成年時較高度的健康風險，諸如過度肥胖、高血壓及高膽固醇。兒童期受到父母的苛待和社交孤立，也對於受試者成年時的心理和身體健康有負面影響。事實上，受試者在兒童時曾承受愈多的慢性壓力源，他們在成年時就有愈高的疾病風險。

　　最後，長期壓力破壞的不只是健康，它可能也影響了兒童的智力發展。考慮

一項研究以一群 6 歲到 16 歲的兒童為對象，不但評估他們的壓力程度，也採用 IQ 測驗測量他們的智力。所得資料顯示，壓力與 IQ 測驗上的語文／理解（Verbal/ Comprehension）數值之間存在負相關：一般而言，兒童生活中的壓力指數愈高的話，他們在這項測量上的表現就愈差（*Plante & Sykora, 1994*）。顯然，高度的慢性壓力在兒童的認知表現上扮演破壞性的角色。這些資料回應了我們在第 9 章所報告關於「環境對智力的影響」的發現。

(四) 生活中的小困擾

你或許較少碰到像離婚、親人過世或退學等重大生活變動，但生活中的小困擾也對你有不利影響嗎？你在平常生活中可能遺失筆記本或錢包、考試時原子筆寫不出來、趕約會時碰到交通阻塞、收到違規停車的罰單，或是鄰居的吵鬧聲干擾了你的睡眠等。這些是你在生活中較可能重複遇到的壓力源。一項分析指出，這些小挫折累積而成的壓力可能更甚於少見之生活重大變動對你產生的衝擊。

在一項日記研究（diary study）中，一群白種人、中產階級、中年的男女在長達一年期間中記錄下他們每天的各式困擾（也隨同記錄重大生活變動和各種身體症狀）。結果發現他們的困擾與健康問題之間呈現清楚的關係：當他們所報告的日常困擾愈為頻繁及強烈時，他們的健康狀況就愈差，包括身體及心理的健康（*Lazarus, 1981, 1984b*）。隨著日常困擾下降，健康情形也將回升（*Chamberlain & Zika, 1990*）。考慮一項研究，它實證了日常困擾對於青少年的影響。

　　一群共 236 位青少年（平均年齡是 16.1 歲）填寫「日常困擾量表」。該量表要求青少年指出，他們有多頻繁經歷這樣的情況，諸如「受到兄長的貶損」、「必須跟父母說謊」及「受到欺負或嘲弄」（*Wright et al., 2010*）。青少年在一個從「從不曾」到「每天」的 5 點量尺上指出這樣經驗的頻度。此外，他們也填寫焦慮、鬱悶及生活滿意的測量表。一般而言，對那些報告最高度日常困擾的青少年來說，他們也報告了最負面的心理健康狀態（也就是，他們報告較多的焦慮和較多的鬱悶）。最後，當青少年有較多日常困擾時，他們報告較低的生活滿意度。

這項研究說明了，日常困擾對人們的安適感有頗大的影響。

我們迄今的論述大致上是針對日常困擾。但值得注意的是，對許多人而言，日常的正面經驗有助於抵消日常困擾的不良效應（*Lazarus & Lazarus, 1994*）。正面經驗與負面經驗的相對平衡可能會對健康帶來一些影響。例如，一項研究要求 96 位男性每天對自己的正面事件和負面事件提出報告。這些男性也每天接受檢驗他們免疫反應的強度。研究結果顯示，稱心的生活事件跟較強的免疫反應有關聯，惱人的事件則跟較弱的免疫反應有關聯（*Stone et al., 1994*）。因此，假使我們想要根據日常困擾預測你的生

活進展，我們也需要知道一些關於你的生活提供你愉悅而昂揚的事情（*Lyubomirsky et al., 2005*）。

三、因應壓力

假使生存不可避免會有壓力，且假使長期壓力可能破壞你的生活及甚至危及你的性命，你需要學習如何管理壓力。因應（coping）壓力是指處理各種內在或外在要求的歷程，這些要求被自覺為過度耗損或踰越了當事人的資源（*Lazarus & Folkman, 1984*）。因應方式可能包括了行為、情緒或動機等方面的反應及思想。

(一)對壓力的評價

當你因應壓力的情境時，你的第一個步驟是界定它們以什麼方式產生壓力。認知評價（cognitive appraisal）是指對壓力源的認知解讀和評估。認知評價在界定情境上扮演中心角色——所提出的要求是什麼？威脅程度有多大？以及你擁有什麼資源加以應對？有些壓力源是幾乎每個人都會視之為威脅，諸如發生身體傷害或發現自己房子失火了。然而，另有些壓力源則能夠以各種方式被界定，取決於你個人的生活處境、某特定要求與你核心目標之間的關係、你處理該要求的能力，以及你對該能力的自我評估。這表示雖然某情境引起另一個人的莫大苦惱，但可能對你只是家常便飯而已。為什麼呢？

Richard Lazarus 把個人對要求的認知評價分為兩個階段。第一個階段是初始評價（primary appraisal），也就是初步評估某要求的嚴重性。這種評估是從這樣的問題開始，「發生了什麼事？」和「這件事對我是良性的、有壓力的，或不相干的？」假使答案是「有壓力的」，你將會評價該壓力源的潛在衝擊——透過決定傷害是否已經發生，或是否可能發生，以及決定是否有必要採取行動（參考表 12-2）。一旦你決定必須採取對策，第二階段的續發評價（secondary appraisal）就展開了。你評估你處理該壓力情況所擁有的個人資源和社會資源，而且考慮所需要的行動選項，隨著因應行動被付之實施，評價仍將繼續執行。假使第一個行動不能奏效而且壓力持續不退，那麼新的行動將被啟動，它們的有效性接受進一步評估。

認知評價是壓力涉連變項的一個實例。壓力涉連變項（stress moderator variables）是指這些變項改變了某壓力源對特定類型壓力反應產生的衝擊。涉連變項（或稱干涉變項）過濾或矯正壓力源對個人反應的經常性效應。例如，你的疲乏程度和綜合身體狀況就是影響你對特定心理壓力源或物理壓力源之反應的涉連變項。當你身體狀況良好時，你能夠較妥當處理某壓力源——相較於當你身體虛弱時。你可以看出，認知評價如何也符合涉連變項的定義。你評價某壓力源的方式將決定你需要訴諸

表 12-2 穩定決策／認知評價的各個階段

階段	關鍵問題
1. 評價該挑戰	如果我不改變的話，是否會有嚴重風險？
2. 綜覽可能的選擇	這個選擇是否為處理該挑戰的可接受方式？我是否已充分考察了各種可能選擇？
3. 權衡各種選擇	何種選擇最恰當？ 這個最佳選擇是否能夠符合必要條件？
4. 審慎考慮付之實施	我將要實行這個最佳選擇而容許他人知道嗎？
5. 儘管負面回饋，仍然堅持到底	如果我不改變的話，該風險嚴重嗎？ 如果我確實改變的話，該風險將會減輕嗎？

何種因應策略。

(二) 因應壓力的方法

因應壓力主要有兩種方式，一是直接面對該問題，也就是問題導向的因應方式（problem-directed coping）；另一是設法減低與該壓力有關的不適感，也就是情緒取向的因應方式（emotion-focused coping）（*Lazarus & Folkman, 1984*）。這兩種基本途徑之下還有幾個次類別，如表 12-3 所顯示。

問題導向的因應方式也就是「對症下藥」的意思；這種方式包括所有立意於直接處理壓力源的策略，不論是透過外顯行動或是透過切合實際的問題解決活動。你的處理方式不僅涉及對抗、克服或折衝，也涉及採取逃離或預防的手段。你的焦點是放在所需處理的問題上，以及放在引起該壓力的媒介或原動力上。你認識到採取行動的必要性，你評價所處的情境和所擁有的資源，然後你實際付諸行動以排除或減輕該威脅。這樣的問題解決方法有助於管理「可控制的壓力源」——也就是你可以透過你的行動加以變更或排除的那些壓力源。

情緒取向的途徑是使用來管理較為「不受控制壓力源」造成的衝擊。假設你負責照顧罹患阿茲海默氏症的父親，在這樣的情境中，你無法撼動該壓力源，你無法找到方法以改變外在的壓力處境。然而，你可以試著改變你對自己處境的感受和思想——例如，透過加入支援團體或學習放鬆技巧。這些途徑仍然構成一種因應策略，因為你認識到自己的身心健康存在威脅，而你正採取步驟以減緩該威脅。

在壓力的處理上，假使你擁有多種策略，你才較能夠有效因應（*Bonanno et al., 2011*）。為了能夠順利因應壓力，你的資源需要相稱於你自覺的要求。因此，你採用多重因應策略是適應性的，因為你才較可能達成良好配合而妥當管理壓力事件。考慮一項研究檢視以色列平民如何因應恐怖主義的長期威脅（*Bleich et al., 2003*）。742 位成年

表 12-3　因應策略的分類

因應策略的類型	樣例
・問題導向的因應方式 　改變壓力源或改變個人與壓 　力源的關係——經由直接行動 　及／或問題解決的活動	・對抗（破壞、消除或減輕該威脅） ・逃離（使自己遠離於該威脅） ・尋求「對抗或逃離」的其他途徑（磋商、協議、交涉、妥協） ・預防未來的壓力（採取行動以增進個人的抵抗力或減低預期 　壓力的強度）
・情緒取向的因應方式 　改變自己——經由某些活動使 　自己覺得舒適些，但並未改 　變該壓力源	・以身體為主的活動（服用抗焦慮的藥物、放鬆法、生理回饋 　法） ・以認知為主的活動（有計畫地分散注意力；幻想、冥思、靜 　坐） ・接受治療以調整那些導致額外焦慮的意識或潛意識歷程

人組成的樣本揭示，平均而言，他們採用 6.4 個因應策略。這些因應策略包括查核家人的下落、跟他人談論能夠做些什麼、維持對上帝的信仰，以及避開電話和收音機廣播等。對許多壓力情境而言，當你知道自己擁有多種因應策略時，這將有助於增進你實際對付環境要求的能力。自信心可以使你避免受到許多壓力源的過度打擊；因為當你相信自己擁有現成的因應資源時，這將可以縮短你在「我應該怎麼辦？」這個問題上困頓及惶惑的時間。

　　研究人員已發現，有些人面對壓力源時擁有一定程度的復原力（resilience）——儘管存在對他們安寧的嚴重威脅，他們仍能獲致正面結果（Stewart & Yuen, 2011）。研究已探討，這些堅韌的人士究竟獲得何種因應技巧，他們又是如何獲得。答案的重要部分是，當這些有良好復原力的人們身為兒童時，他們通常受到有良好管教技巧的父母所養育（Masten, 2011）。例如，這方面研究顯示，較高品質的父母管教協助子女獲得控制他們的注意力和行為所必要的認知技巧（Herbers et al., 2011）。這些控制技巧對於兒童在學校中的表現有正面影響。

　　迄今為止，我們討論了因應壓力源的一般途徑，我們接下來檢視有效因應之特定的認知途徑和社會途徑。

(三) 改善認知策略

　　適應壓力的另一種有效方式是改變你對壓力源的評估，以及改變你對自己處理方式之自我氣餒的認知。你需要找出不一樣方式以思考既存的情境、你在其中的角色，以及你在解釋該不良結果上所從事的歸因。你可以在心理上透過兩種方式因應壓力，一是再評價（reappraise）該壓力源的本質，另一是再建構（restructure）你對自己壓力反應的認知。

　　我們已提過，人們控制他們生活中的壓力經驗部分地是透過他們如何評價生活事件（*Lazarus & Lazarus, 1994*）。認知再評價有助於減輕壓力，它涉及學習從不同角度思考若干壓力源、重新標示它們，或是在一種較不具威脅性（甚至是詼諧而有趣）的背景中加以想像。你是否擔憂將要在一大群令人生畏的觀眾面前發表演說呢？你可以採取的一種再評價技巧是，想像那些批評者正一絲不掛地坐在那裡——這必然大為削減了他們令人懼怕的權威。

　　你也可以透過改變你跟自己的對話，以及透過改變你的操控方式以妥善管理壓力。認知－行為治療學家 Donald Meichenbaum（*1977, 1985, 1993*）提議以三階段歷程來從事這樣的「壓力預防接種」（stress inoculation）。在第一階段中，人們致力於培養對自己實際行為較透徹的認識，什麼因素誘發該行為，什麼是該行為的結果。完成這點的最佳方式之一是保持每天寫日誌。透過協助人們從因果的角度重新界定他們的問題，這些紀錄可以增進他們的控制感。在第二階段中，人們開始確認及試驗新的行為，以便排除不良適應、自我挫敗的行為。在第三階段中，當適應性行為被引入後，當事人評價他新行為的結果，避免重蹈先前自我氣餒的內在對話（internal dialogue）。以對心儀對象提出約會的例子來說，男孩應該避免對自己說，「我做到了，她點頭答應了，但這可能只是因為她太寂寞了，所以任何男孩提出請求，她都會答應。」反而，他應該告訴自己，「我做到了，因為我以正確而有效的方式提出請求，也是因為她認為我是一位值得交往的人。」

　　這三階段途徑的立意是在啟動跟先前失敗主義（defeatism）的認知不相容的反應和自我對話。一旦踏上了這條途徑，人們發現自己逐漸轉變——變得願意把良性進展歸功於自己，這將促成更進一步的成功。表 12-4 提供了良性自我對話的一些實例，有助於處理壓力情境。壓力預防接種訓練已被成功地使用於廣泛的各種領域（*Ross & Berger, 1996*）。

　　在妥當因應壓力上，另一個重要成分是建立起對壓力源的自覺控制（perceived control），這樣的信念可使你不論在應對事件的過程或結果上產生絕大差異（*Endler et al., 2000; Roussi, 2002*）。假使你相信你能夠影響疾病的進程或症狀，你大致上對疾病有良好適應。然而，假使你相信壓力的來源是操之於另一個人（而這個人的行為又是你無法掌控的），或操之於你無法改變的情境因素，那麼你的狀況幾乎不太可能好轉。對於那些能夠維持自覺控制的人們而言，即使當面對像是 AIDS 的致命疾病時，他們仍然維持較良好的心理和身體健康（*Thompson et al., 1994*）。考慮一項研究，它探討因為乳癌而接受手術的婦女（*Bárez et al., 2007*）。對那些報告有較高自覺控制的女性而言，她們在手術後的整年中，經歷最少的身體及心理的苦惱。

表 12-4　因應壓力的自我對話的範例

準備	· 我能夠設定計畫來有效應對。
	· 我應該朝著「我能夠做些什麼」這個方向設想。這總勝於無助地坐在那裡發愁。
	· 不要從事負面的自我對話，以合理的想法來替代。
面對	· 一步一腳印；我可以掌握情況。
	· 這份焦慮是人類都會感受到的，它可以適時提醒我運用我的因應策略。
	· 放鬆下來，我可以控制自己，做個深而緩的呼吸。
因應	· 當恐懼浮升上來時，讓它停止下來。
	· 把焦點放在當前；我需要做些什麼？
	· 不要試圖完全排除恐懼；保持它在可控制的範圍內就可以。
	· 這畢竟不是可能發生的最壞情況。
	· 想想其他有趣的事情，排遣一下吧！
自我強化	· 它奏效了；我有能力做到。
	· 它沒有我預期的那般糟糕。
	· 我對自己所獲得的進展感到愉悅。

(四) 社會支持網絡

社會支援（social support）是指他人提供的資源，這所傳達的信息是個人在傳達消息和相互義務的網絡中受到照顧、關愛、尊重，以及跟他人連繫在一起。除了這些形式的「情感支援」外，他人也可能提供「實質支援」（金錢、交通、住宿）和「訊息支援」（意見、忠告、個人回饋、資訊）。當你跟任何人發生有意義的社會關係時（如家人、朋友、同事及鄰居等），這些人在你需要時將可成為你社會支援網絡的一部分。

大量研究指出社會支援在減緩壓力效應上的重要作用（Kim et al., 2008）。當人們擁有另一些人可以仰賴及依靠時，他們較能妥善處理工作壓力源、失業、婚姻破裂、嚴重疾病，以及日常生活中的困擾。考慮在世界上許多動盪地區任職於維持和平部隊的軍人，那些跟戰地生活有關的創傷經常導致創傷後壓力疾患。然而，針對服役於黎巴嫩的荷蘭籍維持和平部隊的研究已發現，對那些經歷較高水平正面社會互動的軍人而言，他們的 PTSD 症狀較少（Dirkzwager et al., 2003）。

研究人員正試著檢定何種社會支援能夠為特定生活事件提供最大助益。一項研究檢視訊息支援和情感支援為接受臉部手術的男女帶來的影響（Krohne & Slangen, 2005）。整體而言，當人們擁有較多社會支援時，他們在預期自己的手術上較少感到焦慮、手術期間只需要較少麻醉藥，手術後的住院天數也較少。然而，更為特定的結果在男性和女性身上產生差別。雖然兩性的病人都從較多的訊息支援中獲得益處，只有女性遠

表 12-5　社會支援的配合和不配合

支援被	需要	不需要
收到	正面符合的支援	支援失誤
沒有收到	支援疏忽	零支援

爲受到情感支援水平的影響。更普遍而言，這裡有重大關係的似乎是個人所需要支援類型與個人所獲得支援類型之間的配合。如表 12-5 所顯示，個人的期望與現實之間如何產生關聯存在四種不同可能性（*Reynolds & Perrin, 2004*）。當人們所需要與他們所獲得之間呈現良好配合時，他們的境況最好。在一個罹患乳癌的婦女樣本中，當她們接受的是她們不需要的支援時（「支援失誤」），她們有最差的心理結果（*Reynolds & Perrin, 2004*）。這種型態之所以浮現，乃是因爲不需要的援助使得婦女難以獲得她們真正需要的情感支援。

　　研究人員也正試著決定，支援來源在什麼情況下實際上增加了當事人的焦慮（*Holahan et al.,1997*）。這表示我們也有必要考慮社會支援的「適切性」（適時、適地、適量等）。例如，當你較喜歡單獨前往時，你母親卻堅持陪你就醫或陪你參加大學聯考，這樣可能造成你的額外焦慮。過多或過度強烈的社會支援可能變成干擾和侵犯，長期下來將不具效益，這表示結交朋友也應該視情況適可而止。

　　研究也顯示，單身有時候可能勝過你處於惡劣關係中：對於結婚但婚姻不睦的人們而言，他們比起單身的控制組受試者顯現較多憂鬱症狀。另一項研究以腎臟病末期的病人爲對象，他們都正接受洗腎。研究結果顯示，對那些認爲他們家人和朋友對他們的期待過高的病人而言，他們較可能報告抑鬱和低落的生活品質（*Hatchett et al., 1997*）。儘管這些病人的朋友和家人竭盡全力提供支援，但他們對病人的期待增加了病人的苦惱。

　　隨著你身爲有效的社會支援網絡的一份子，這表示你相信當你需要時，他人將會存在於那裡——即使當你承受壓力時，你實際上並未請求他們的協助。因此，你總是應該致力於身爲社會支援網絡的一份子，絕不要讓自己變得社交孤立，成爲一座孤島。

四、壓力的正面效應

　　我們迄今的討論，大部分是集中在壓力可能帶來負面的生活結果。這也使得研究人員致力於探討，如何協助人們預防及克服那些負面結果。然而，近些年來，心理學家已把較多注意力轉向另一種可能性，即壓力可能對於人們的生活具有正面效應。這

個新的焦點是前面所提「正向心理學運動」的另一個成果。讓我們從正向心理學的角度來考慮壓力與因應。

　　一般而言，壓力（stress）隨即令人們聯想到苦惱（distress），而且認定所有壓力都是不好的。然而，你也會體驗到良性壓力（eustress）。但什麼是良性壓力呢？考慮上一次你觀看任何性質的賽跑。你是否享受觀看「誰將會勝出」的經驗？隨著選手接近終點線，你是否感到你的心跳加速？研究人員已證實，良性壓力（一種興奮而焦慮的體驗）經常是人們觀看競賽事件的重要動機（*Cohen & Avrahami, 2005; Hu & Tang, 2010*）。如果你喜愛的某一隊伍或競賽者最終輸掉了，你可能感到一些苦惱。然而，在這過程中，你或許享有頗為正面的情緒體驗——當競賽激發良性壓力時。搜查你生活中的其他情況，是否也有一些壓力事件的經驗會令你感到愉快？這裡是另一個例子：為什麼當你搭乘雲霄飛車時，你會感到痛快？

　　對一些類型的壓力事件而言，你很難預期有任何正面效應可能浮現。然而，研究已證實，從深沉的負面事件中，人們仍可能體驗正面成果和個人成長。有一類研究集中在「裨益尋求」上（benefit finding）——人們從負面生活事件中檢定積極層面的能力（*Helgeson et al., 2006; Littlewood et al., 2008*）。考慮一項研究，它探討被診斷有糖尿病的青少年。

　　　　一組研究人員徵召 252 位青少年（從 10 到 14 歲），他們被診斷罹患第 1 型糖尿病。青少年填寫「裨益尋求」的測量表，讓他們列出跟個人有關的裨益。青少年提出了一些裨益：例如，他們表示糖尿病使得他們「感到較為自主」、使得「家人遠為親近」，及使得他們「較能夠接受生命的變幻不定」（*Tran et al., 2011, P.214*）。青少年也提供他們關於糖尿病之其他層面經驗的訊息，包括他們相信自己能夠多有效因應與疾病有關的壓力事件，以及他們能夠多密切堅持他們的醫療安排。研究人員發現，對於能夠找到較多裨益的青少年而言，他們也較有能力因應壓力事件，也較能夠維持他們的醫療。

　　研究人員表示，「裨益尋求」有充當壓力緩衝器的潛力：透過從事裨益尋求，人們能夠使得負面情緒不致於打垮他們對疾病的因應反應。

　　針對嚴重疾病、意外事故、天然災難及其他創傷性事件，人們也可能發生創傷後成長（posttraumatic growth）——正面的心理變化。創傷後成長發生在五個領域中（*Cryder et al., 2006; Tedeschi & Calhoun, 2004*）：

・新的可能性：「我有一些喜歡做的新奇事情。」
・跟他人的關係：「我覺得跟他人更為親近——相較於以前。」
・個人強度：「我學會可以仰賴自己。」
・對生命的常識：「我學會生命是重要的。」

· 心靈變化：「我更為了解宗教觀念。」

不是每一個經歷創傷的人都會發生創傷後成長。例如，一項研究集中於一群 7 歲到 10 歲的兒童，他們都受到紐奧良的卡崔娜颶風所侵襲（Kilmer & Gil-Rivas, 2010）。對那些發生最多創傷後成長的兒童而言，他們的思想經常會回溯原先的創傷事件。即使當這樣的思想是令人苦惱的，他們也是如此。這些兒童關注該事件，試圖理解發生了什麼事，想從那些事件理出個意義來。

第三節　健康心理學

因為認識到心理因素和社會因素在健康上的重要性，這促成了一門新領域的成長——健康心理學（health psychology）。健康心理學是心理學的一個分支，它致力於了解人們如何維持健康、他們生病的原因，以及他們如何應對疾病。健康（health）是指身體與心理的一般狀況，特別是從健全性和生命力的角度加以考量。它不只是指缺乏病痛，它更是所有身體的組成部位如何協作以發揮良好功能的問題。

一、健康的生物心理社會模式

健康心理學受到健康之生物心理社會模式（biopsychosocial model）的引導。我們可以在許多非西方文化中找到這種透視的根源。

(一) 傳統的健康模式

自從有文字記載以來，心理學原理就被應用於疾病的治療和健康的追求。許多文化了解社區安定和放鬆儀式在增進生活品質上的重要性。例如，在拿瓦和族人中（Navajo，北美印地安人的一大部族），身體不適、疾病及安寧被歸之於是社會融洽和身心互動等因素所致。拿瓦和族人觀念中的 hozho 意味著協調、安寧、善良、理想的家庭關係、藝術和技藝的優美，以及身體和心靈的健康。疾病被視為是任何不協調（disharmony）的結果，主要是違犯禁忌、被施咒、過度放縱或惡夢等導致邪惡之靈的入侵所引起。傳統的治療儀式試圖驅逐疾病以恢復健康，不僅是透過巫師的藥物和法術，也是透過所有家庭成員的共同努力。此外，部落中任何成員的身體不適或疾病被認為不是他個人的責任（及過錯），而是更廣泛不協調的一種徵兆，必須透過社會的治療儀式加以補救。這種文化取向擔保了一個強而有力的社會支援網絡，將會自動地為病人提供援助。

（二）朝向生物心理社會的模式

我們已看到，非西方文化的治療習俗通常假定身體與心靈之間的密切關聯。對照之下，現代的西方科學思想幾乎完全依賴生物醫學的模式（biomedical model），也就是對身體和心靈抱持二元的觀念。根據這個模式，醫學處理的是物理的肉體，而不是精神層面；心靈只對情感和信仰才是重要的，但跟肉體的現實毫無瓜葛。然而，長期下來，研究人員已發現許多「身心之間互動」的證據，這使得嚴格的生物醫學模式似乎行不通了。我們前面已提過一些這方面證據：正面和負面的生活事件可能影響免疫功能；有些人擁有堅韌的人格特質，這使得他們較能夠抵抗壓力的不良效應；適當的社會支援可以降低死亡的或然率。這些理解促成了「生物心理社會模式」的三個要素。「生物」反映了生理疾病的現實，「心理」和「社會」則反映了健康的心理成分和社會成分。

生物心理社會模式把你的身體健康跟你的心理狀態和你周遭的世界連繫起來。健康心理學家視健康為一種動態的、多重維度的經驗。最理想的健康——或幸福（wellness）——是整合了你生活中的身體、智能、情感、性靈、社會及環境等層面。當你在症狀尚未成形階段為了預防疾病或偵測疾病而採取行動時，你就是在展現健康行為（health behavior）。健康心理學的綜合目標是運用心理學知識以促進個人的幸福和良性的健康行為。

二、健康的促進

健康的促進（health promotion）是指發展出一般策略和特定技巧，以便排除或降低人們罹患疾病的風險。在疾病的預防方面，21 世紀所面對的挑戰遠不同於 20 世紀初期。在 1900 年代，死亡的首因是傳染病。當時的衛生醫護人員發起了美國公共衛生的第一次革命。但這些年以來，透過研究的運用、大眾教育、疫苗的開發，以及公共衛生標準的改進等（諸如垃圾管制及污水處理），衛生人員已實質降低了跟流行性感冒、肺結核、小兒麻痺、麻疹及天花等這些疾病有關的死亡率。

為了延續這樣的趨勢，且進一步增進生活品質，研究人員目前面對的挑戰是如何降低與生活風格因素有關的死亡率（參考表 12-6）。當前的資料指出，不論是心臟病、癌症、腦溢血、肝硬化、車禍或自殺，人們的不良生活習慣，像是吸菸、肥胖、攝取高脂肪和高膽固醇食物、過量飲酒、開車未繫安全帶，以及過著高壓生活等，都在其中扮演一部分角色。假使能夠改變與這些「文明病」（diseases of civilization）有關的行為，人們將可防範大量的疾病和夭折。

健康專家們建議，如果你能夠實施良好的健康習慣，如表 12-7 所列，你將較可

表 12-6　死亡的十大首因，美國 2006

排位	死亡百分比	死因	死亡的促成因素 （D = 飲食；S = 吸菸；A/DA = 酒精／藥物濫用）
1	27.3	心臟病	D，S
2	22.9	癌症	D，S
3	6.3	腦溢血	D，S
4	5.2	呼吸器官疾病	S
5	4.5	所有意外事件	A/DA
6	3.0	糖尿病	D
7	2.7	阿茲海默氏症	
8	2.6	流行性感冒和肺炎	S
9	1.8	腎臟疾病	D
10	1.4	敗血症	A/DA

資料來源：Miniño et al., 2006。

表 12-7　個人身心健康的十個步驟

1. 經常性的適量運動。
2. 攝取營養的、均衡的食物（多攝取蔬菜、水果和穀類，少攝取脂肪和膽固醇）。
3. 維持適當的體重。
4. 每晚睡覺 7-8 個小時；白天適度休息／放鬆。
5. 開車要繫上安全帶，騎機車要戴安全帽。
6. 不抽菸、不吸毒。
7. 適量喝酒或根本不喝酒。
8. 只從事有防護的、安全的性行為。
9. 定期作身體／牙齒的檢查，遵守養生之道。
10. 養成樂觀的態度，多結交朋友。

能維持身心愉快。當然，你可能發覺這又是老生常談，你對其中一些建議已再熟悉不過了，但始終記得「知易行難」。無論如何，健康心理學家已嘗試運用心理學原理以提高你將會實際奉行這些建議的機率。我們以吸菸和 AIDS 加以說明。

（一）吸菸

　　幾乎每個人都知道吸菸極為危險。在美國，每年大約 443,000 人死於跟吸菸有關的疾病，而 49,400 人死於暴露於二手菸（疾病控制與預防中心，2011）。即使如此，美國有 5,870 萬人仍然在吸菸（SAMHSA, 2010）。健康心理學家希望了解吸菸的兩件事

情，一是人們爲什麼開始吸菸（以便能夠預防人們吸菸），另一是如何協助人們戒菸（以便癮君子能夠領會戒菸的實際效益）。

在第一個問題上，這方面分析主要集中在性格因素（先天）與社會因素（後天）的交互作用上。「感覺尋求」（sensation seeking）這種人格類型被認爲與開始吸菸有關聯（Zuckerman, 2007）。感覺尋求人們的特徵是較可能從事有風險的活動。一項研究已發現，不論男性或女性，當他們在 1960 年代中期的人格評鑑上被歸類爲感覺尋求類型時，他們在 20 至 25 年後較可能有吸菸習慣（Lipkus et al., 1994）。除了性格因素外，另一個很重要之推波助瀾的因素是，吸菸可能在一些次文化團體中被視爲很「酷」（cool）的行爲——儘管吸菸具有高度的健康風險，但或許正是因爲它的高度風險（這樣才顯得「酷」）。這種情況對青少年團體特別是如此。因此，爲了預防吸菸之新血輪的加入，有效的干預必須試著把吸菸轉換爲「不酷」（uncool）的行爲。

在吸菸的問題上，最好是打從一開始就不吸菸。至於已成爲癮君子的人們，他們戒菸的勝算有多高呢？雖然許多戒菸的人又故態復萌，但是根據估計，有 3,500 萬美國人已成功戒菸。這其中有 90% 的人是自行戒菸，沒有求助於專業治療方案。研究人員已檢定出戒菸者通過的各個階段，它們反映了戒菸預備性的逐步升高（Norman et al., 1998, 2000）。

· 前立意期（precontemplation）。吸菸者尚未想到戒菸的事情。
· 立意期（contemplation）。吸菸者正在考慮戒菸，但尚未採取任何行爲變化。
· 準備期（preparation）。吸菸者已準備好戒菸。
· 行動期（action）。吸菸者經由設定行爲目標而實際採取戒菸行動。
· 維持期（maintenance）。吸菸者目前已不吸菸，而且試著堅持下去。

這項分析說明了在戒菸的預備性上，不是所有吸菸者都處於同等的心理狀態。因此，治療介入應該具有針對性，以便推動吸菸者的預備性（readiness）逐步向上攀升，直到他們心理上完全準備好採取有益健康的行動（Velicer et al., 2007）。

成功的戒菸治療需要吸菸者的生理需求和心理需求二者獲得滿足（Fiore et al., 2008）。在生理方面，吸菸者最好採取一些有效的「尼古丁替代治療法」，諸如尼古丁貼片和尼古丁口香糖；在心理方面，吸菸者必須了解有很多癮君子事實上戒菸成功，而他們自己也可能成功。再者，吸菸者必須學習一些策略以應付經常伴隨戒菸而來的強烈誘惑。治療方案通常需要納入一些我們前面描述的認知因應技巧，以使當事人能夠減輕各種壓力源的廣泛效應。最後，戒菸者最好設法避開過去的一些生活情境，因爲這些情境容易誘發再度吸菸的衝動。

(二)AIDS

AIDS 的全稱是「後天免疫不全症候群」（acquired immune deficiency syndrome）。

雖然已有無數人死於這個惡性的疾病，但還有更多存活的人罹患 HIV 感染。HIV（human immunodeficiency virus，人體免疫不全病毒）是一種濾過性病原體，它攻擊人類血液中的白血球細胞（T- 淋巴細胞），因此破壞了免疫系統，減弱身體對抗其他疾病的能力。病人因此容易受到一大堆其他病毒和細菌的感染，這可能導致一些危及性命的疾病，諸如癌症、腦膜炎及肺炎。至於從初始感染病毒直到症狀出現的期間（潛伏期），可能達到 5 年或更久。雖然大多數感染 HIV 病毒的人們並未產生 AIDS（一種醫學診斷），但他們必須生活在持續不斷的壓力下，即 AIDS 這個致命的疾病可能突然浮現。至今為止，儘管有一些醫療處置能夠延緩充分成形的 AIDS 的發作，但是 AIDS 本身不但無法醫治，也沒有疫苗以防止它的散播。

　　HIV 病毒不是透過空氣傳播；它需要直接接觸血液才會產生感染。HIV 病毒一般是經由兩種途徑從一個人傳給另一個人：⑴ 在性接觸期間，精液或血液的交換；⑵ 當注射藥物時，雙方共用靜脈注射的針頭和注射筒。此外，病毒也可能經由輸血傳染，或經由另一些醫療程序而使得被感染的血液或器官無意中傳給健康的人們。許多罹患血友病的人就是以這種方式感染了 AIDS。無論如何，每個人都有感染 AIDS 的風險。

　　保護自己避免感染 AIDS 病毒的唯一之道，就是改變那些置自己於高風險的生活風格和習慣。這表示你有必要永久改變你的性行為模式，以及養成自己使用藥物器材的正確習慣。健康心理學家 Thomas Coates 是科際整合研究小組的成員之一，他正運用一系列心理學原理以致力於預防 AIDS 的進一步散播（*Coates & Szekeres, 2004*）。這個小組已推動許多層面的實際應用，諸如評估心理社會風險因素、開發行為干預技術、訓練社區領導人士如何有效能地教導人們採行安全的性行為和使用藥物行為、協助媒體廣告和社區宣傳活動的設計，以及有系統地評估相關態度、價值觀及行為的變動。在 AIDS 的預防上，成功的干預需要具備三種成分（*Starace et al., 2006*）：

- ・資訊（**information**）。人們必須被提供充分知識，以了解 AIDS 如何被傳染，以及如何預防它的散播。他們也應該被提供諮商以實施安全的性行為（例如，性接觸期間使用保險套）和使用消毒過的針頭。
- ・動機（**motivation**）。人們必須被誘發動機以實行 AIDS 的預防措施。
- ・行為技巧（**behavioral skills**）。人們必須被教導如何把知識付之實施。

　　為什麼所有這三種成分都是必要的？人們可能擁有高度動機但卻缺乏相關的知識，反之亦然。他們可能擁有充分知識和高度動機二者，但卻缺乏必要的技巧。例如，他們可能不知道究竟如何克服「請求性伴侶戴上保險套」的社交障礙（*Leary et al., 1994*）。心理學介入可以提供角色扮演（role-play）的經驗，或另一些行為技巧，以使得該障礙不再是無法跨越。

三、治療處置

治療處置把重點放在協助人們適應他們的疾病，以及從疾病中復原過來。我們將檢視三個層面的處置：首先，我們考慮心理學家的角色，他們如何鼓勵病人遵行健康醫療人員開立的處方；其次，我們檢視幾種技術，它們容許人們直接利用心理技巧以控制身體的反應；最後，我們將檢視心靈力量促進身體痊癒的幾個樣例。

(一) 病人的堅持性

病人通常被開立治療方案，這可能包括服藥、飲食規定，以及對睡眠、休息和運動時間的規劃，另外還可能有追踪調查、定期身體檢查、復健訓練及化學治療等。但健康醫療上的最嚴重問題之一是，病人往往不能堅持治療方案（*Christensen & Johnson, 2002; Quittner et al., 2008*）。在許多治療方案中，病人的退出率幾乎達 50%。

研究已顯示，醫療保健專業人員可以採取一些步驟以增進病人的堅持性。當病人信任治療的效能超過它的成本時，病人較滿意於他們的健康照護。當醫療人員清楚表達他們的意思（以確定病人了解他們所說的內容）、舉止懇切而有禮，以及傳達一種關懷而支持的感覺時，病人也較可能順從醫療囑咐。此外，健康專業人員必須認識文化和社會的規範在治療過程中扮演的角色，當有必要時，設法讓病人的家人和朋友也參與進來。有些醫生只知道完全依賴生物醫學的模式，這樣的觀念已經落伍了；他們有必要認識，醫生必須能夠關懷（care）才算是醫療（cure）（*Siegel, 1988*）。社會心理學研究已開發許多贏得順從的策略，這些策略也已被用來協助克服病人與醫療人員之間的缺乏合作（*Putnam et al., 1994; Zimbardo & Leippe, 1991*）。

(二) 運用心靈力量以治療身體

許多研究學者目前都已相信，心理策略可以增進身體健康。例如，許多人面對壓力時全身緊張，這導致肌肉僵硬而血壓升高。幸好，許多緊張反應可以透過一些心理技巧加以控制，諸如放鬆法（relaxation）和生理回饋法（biofeedback）。

透過靜坐（meditation）以放鬆身體，這在世界許多地方已有遠久歷史。在東方文化中，人們幾世紀以來就知道施行各種儀式以使心靈平靜下來，以及解除身體緊張。今日，日本的坐禪和印度的瑜伽術是許多人日常生活的一部分，不但在當地如此，也逐漸在西方盛行起來。累積的證據顯示，身體的完全放鬆是對抗壓力的一種有效反應（*Deckro et al., 2002*）。所謂放鬆反應（relaxation response）的狀況是指肌肉張力、大腦皮質活動、心跳速率及血壓都降低下來，呼吸變得緩慢（*Benson & Stuart, 1992; Friedman et al., 1996*）。另外，大腦電活動減低，從外界環境傳入中樞神經系統的刺激輸入也被降低下來。在這樣低水平的生理激發下，當事人可從壓力反應中恢復活力。

　　爲了產生放鬆反應，四種狀況被認爲是必要的：⑴安靜的環境；⑵閉上眼睛；⑶舒適的姿勢；⑷一種重複的心理活動，諸如不斷吟唱一個簡短的字音。前三種狀況是在降低神經系統的刺激輸入，第四種狀況則是在降低身體的內部刺激。

　　生理回饋法是一種自我調節的技術，它具有多種特殊用途，諸如血壓的控制、前額肌肉的放鬆（進而消除緊張引起的頭痛），或甚至是減輕害羞引起的過度臉紅。如這個領域的先驅心理學家 Neal Miller（*1978*）所指出的，生理回饋的程序主要是在提供清楚的外在信號，以使得當事人察覺通常過於微弱而難以感知的身體內部反應。這套程序借助精密儀器偵察個人身體內部的反應，然後加以擴大且轉換爲不同強度之燈號和聲號的線索，以便當事人能夠「看到」或「聽到」他身體內部的生理變化。因此，病人的任務就是控制這些外在信號的強度。

　　讓我們考慮生理回饋法的一種用途。受擾於高血壓或低血壓的受試者被帶到實驗室中（*Rau et al., 2003*）。研究人員使用儀器測量受試者的血壓在每次心臟循環上的指數，這些生理回饋然後被傳送到電腦屏幕上，以使得漸長的綠色長條形表示血壓朝著正確方向變動，漸長的紅色長條形則表示朝著不好方向變動。此外，研究人員提供口頭的強化：「你完全做對了！」經過三次訓練療程後，受試者已能夠如自己所願地提高或降低他們的血壓。生理回饋法已被證實能夠作爲藥物治療的良好輔佐。

(三) 心理神經免疫學

　　在 1980 年代早期，研究人員獲致一系列發現，它們證實心理影響身體的另一種方式：心理狀態能夠影響免疫功能。傳統上，科學人員假定，免疫反應（快速地製造抗體，以反擊那些侵犯及傷害有機體的物質）是自動的生理歷程，它的發生不需要中樞神經系統的任何介入。然而，利用第 6 章所描述的那類制約實驗，Robert Ader 和 Nicholas Cohen（1981）已證實，免疫功能可以經由心理狀態加以改進。他們的探討促成了一個新的研究領域，稱爲心理神經免疫學（psychoneuroimmunology），也就是探討心理狀態、神經系統與免疫系統之間的交互作用（*Ader & Cohen, 1993; Coe, 1999*）。

　　過去 40 多年來的研究已證實，壓力源（以及人們如何加以因應）對於免疫系統有效運作的能力會產生一致的影響。例如，當你爲流行性感冒而接受疫苗注射，你希望你的身體會製造大量的抗體。這些抗體將會減低你得到疾病的機率。然而，當人們報告他們生活中有較多壓力時，他們有較少的抗體反應（*Pedersen et al., 2009*）。因此，對於承受高度壓力的人們而言，疫苗接種將較不可能保護他們免於疾病。

　　讓我們考慮你免疫系統的另一個基本功能，即治癒你皮膚上的小型傷口。在一項研究中，Japet Kiecolt-Glaser 領導的研究團隊在兩組受試者的皮膚上施加標準化的小型傷口，一組是親人有阿滋海默氏症的 13 位照護者，另一則是控制組。平均而言，

阿滋海默氏症照護者（他們承受長期的壓力）需要多花 9 天的時間才能使他們的傷口痊癒（Kiecolt-Glaser et al., 1995）！人們也可能因為他們自己的性格而承受長期壓力——對免疫功能具有類似的含意。例如，有些人報告他們難以控制自己的憤怒，他們普遍花費較多天數才使得同一型式的標準化傷口痊癒——相較於有較良好憤怒控制的人們（Gouin et al., 2008）。從這些資料中，你可以看到，壓力水平上多麼少許的差異也可能影響當事人身體可能痊癒的速度，即使是最輕微的抓傷或擦傷。根據該基本洞察力，你可以理解，為什麼研究顯示壓力反應在關於嚴重醫療狀況（諸如傳染病和癌症）的進展上，扮演甚至更吃重的角色。研究人員希望了解心理如何影響免疫功能，以便他們能夠駕馭該力量以減緩這些嚴重疾病。

(四) 心理因素對健康的影響

心理因素是否能夠影響嚴重疾病呢？很令人慶幸的，健康心理學上的研究描繪了一幅相當樂觀的畫面。考慮一項正統研究，它證實了心理歷程對於紓解癌症病程的可能性。

> 在這項實驗中，86 位罹患患部轉移性乳癌的病人被提供例行性的醫療照護，但其中有 50 位病人（實驗組）還參加了為期 1 年每週 1 次的支持性團體治療。實驗組病人在團體中討論他們個人應付癌症的各方面生活經驗，他們也被提供機會在接納的環境中公開吐露自己的恐懼和另一些強烈情緒。雖然在 10 年的追蹤研究後，全體樣本中只有 3 位還未死亡，但是控制組（只提供醫療照護）與實驗組（除了醫療照護外，還提供心理治療）的病人在存活時間上有顯著差異。實驗組病人的存活時間平均是 36.6 個月；對照之下，控制組病人的存活時間只有 18.9 個月。這項研究施行周全的控制，它的結果說明了心理治療可能影響疾病的進程和生命的長度（Spiegel et al., 1989）。

這類研究點燃了希望，它們指出支持性的團體環境可以為癌症病人的生命增添一些時光。當然，不是所有研究都證實社會支持導致較長的存活時間，但是參加「壓力管理方案」（stress-management programs）的受試者被一致地發現，他們在疾病的進程中擁有較良好的心理功能和較好的生活品質（Claar & Blumenthal, 2003）。

最後還有必要提到一點。你是否內心存有秘密或隱私，它們過於羞恥或不體面以至於你不曾告訴任何人？假使如此，你趕快找個人傾吐吧！這對於增進你的健康大有裨益。這是健康心理學家 James Pennebaker（1990, 1997; Petrie et al., 1998）根據大量研究所獲致的結論。他發現當個人把跟自己創傷、挫敗、罪疚或羞恥經驗有關的思想和情感壓抑下來時，這將會無形中侵蝕心理和身體的健康。這樣的壓抑在心理上是艱深的工作，長期下來，它將會逐漸毀損身體對疾病的防禦。在「鬆手」（letting go）經驗

之後，當事人的身心健康通常在隨後幾個星期或幾個月內會大為增進。

是否有任何事情困擾你，使你感到羞於啓齒呢？研究已顯示，假使你能夠找到一個你信任的人或團體（或甚至透過寫日記或私下錄音的方式），盡情傾吐你內心深處的感受，那麼你全面性的壓力水平將會降低下來。

四、性格與健康

「性格是否會影響健康？」關於這個問題，健康心理學上的研究強烈指出它的答案為「是的」。

1950 年代，Meyer Friedman 和 Ray Roseman 報告了長久以來被猜疑的一種現象，也就是有一組人格特質與疾病（特別是冠心病）的罹患率之間存在關係。他們檢定出兩種行為模式，稱為 A 型性格和 B 型性格。

A 型行為模式（type A behavior pattern，或稱 A 型性格）是一組複雜的行為和情緒的型態，包括過度競爭心、富有攻擊性、缺乏耐性、匆匆忙忙，以及帶有敵意。A型人們通常對他們生活的一些重要層面深感不滿、富有競爭性和野心，而且通常獨來獨往，缺乏知心朋友。A 型人們在冠心病上的罹患率遠高於一般人口。B 型行為模式（type B behavior pattern，或稱 B 型性格）則是指 A 型之外的行為模式，這些人較不具競爭心，也較不具敵意。換句話說，他們個性溫和，在生活上較能隨遇而安。

除了心臟病之外，許多研究也建立起 A 型行為模式與當事人日後許多疾病之間的關聯。目前的研究重心在於檢定 A 型行為模式中的什麼成分是最大的風險因素。從研究結果來看，最強力浮現的不良成分似乎是「敵意」（hostility）的人格特質。敵意在預測未來疾病上比起另幾個行為風險因素是更好的指標，諸如吸菸和喝酒（*Niaura et al., 2002*）。

敵意表示視他人為挫折、憤怒、挑撥及不公平待遇等的經常性來源，因此認為他人普遍不值得尊敬，也不能信任。敵意可能影響健康是基於兩個原因，一是生理原因，即導致身體壓力反應的長期過度激發；另一是心理原因，即導致有敵意的人們實施不良的健康習慣，而且避開社會支援（*Smith & Ruiz, 2002*）。

但好消息是，研究人員已開始施行行為治療以降低敵意和另一些層面的 A 型行為模式（*Pischke et al., 2008*）。例如，一項干預以高敵意而已被診斷有冠心病的男性為對象（*Gidron et al., 1999*）。作為干預的一部分，男性被教導如何運用問題導向的因應方式以減輕憤怒；他們也被教導如何利用認知再建構（cognitive restructuring）以減低看待世界和看待他人之憤世嫉俗及負面的態度。經過 8 個星期後，干預組的男性一致地報告較低水平的敵意——相較於不加干預的控制組。此外，干預組的男性也擁有平均較低的血壓。如果你發現自己也符合「敵意」的界定，你應該求助這類治療干預以保

衛你的健康。

最後，我們希望提醒你關於在第 11 章所引進之「樂觀」的觀念。我們在那裡看到，樂觀人們把失敗歸之於外在原因，以及歸之於不穩定或可以調控的事件（*Seligman, 1991*）。這種因應風格對身心健康有重要影響。研究人員已證實，樂觀態度將會影響免疫系統的功能（*Segerstrom et al., 1998*）。樂觀人們當生病時顯現較少身體症狀、較快從一些疾病中復原過來，以及普遍較為健康而活得長久（*Hegelson, 2003; Peterson et al., 1988*）。你對事情的正面看法（樂觀態度）不但有助於減輕你身體承受的長期壓力，也使你較可能採行有益健康的行為。

五、對你健康的一些建議

在身心健康方面，你不應該靜待壓力或疾病的來臨，然後再設法加以應付。反而，你應該為自己生活設定一些目標和建立一些架構，以便為你的健康打造一個堅實的基礎。下列九個步驟有助於你在生活中採取更為積極主動的角色，為自己和他人創設一個較為良性的心理環境。

1. 不要對自己做惡意的批評，特別是不要把過失歸因於你不能改變的負面特質上，如愚笨、醜陋、遲鈍等。試著從你可以透過未來行動加以改善的因素上尋覓你不快樂的來源。只給予自己和他人建設性的批評（constructive criticism）——你下次可以從事什麼不一樣的作為才能獲致你想要的？

2. 拿你的舉動、思想及感受跟你的朋友、同事、家人及另一些人進行比較，以便你能夠依據適當的社會常模來評價你的反應的合宜性和適切性。

3. 擁有幾個親近的朋友，你們可以分享彼此的感受、愉悅及憂慮。致力於開發、維持及擴展你的社會支援網絡。

4. 培養一種均衡的時間透視感，以便你能夠變通地專注於工作的要求、所處情境及你的需求。當有工作需要完成時，側重於未來取向（future oriented）；當目標已達成而歡樂就在身邊時，側重於現在取向（present oriented）；至於過去取向（past oriented）則使你不失落你的始源。

5. 總是充分承受你在自己的成就和愉悅上應有的功勞，而且跟他人分享你的正面感受。列出使你顯得特殊而獨特之所有特質的一覽表——也就是那些你能夠供應他人的特質。例如，即使你是一個害羞的人，你能夠提供自己作為忠實的聽眾，這對健談的人而言是一種恩賜。認識你個人優勢的來源和你擁有的因應資源。

6. 當你感到正失去對自己情緒的控制時，你可以採取以下幾種策略： (1) 空間上離開該情境，使自己稍微保持距離； (2) 角色扮演另一個人在該處境或衝突中

的立場；⑶投射你的想像力於未來，以獲致對當前似乎無法抗拒困擾的洞察力；或 ⑷找個知己傾吐一下，這使你能夠感應及表達自己的情緒。

7. 你有必要記住，失敗和挫折未必是全然不利的事情。挫敗可以告訴你，你的目標可能不恰當，或有助於你避免稍後更大的失望和屈辱。從每一次挫敗中學習一些東西，危機也就是轉機。

8. 假使你發現你無法實質協助自己或另一位陷於苦惱的朋友，你應該尋求專業人員的諮商及輔導。在一些個案上，看起來似乎是心理上的困擾可能實際上是身體方面的問題，反之亦然。當你發覺不對勁時，務必求助於專業人員，沒必要感到蒙羞或被烙印。

9. 培養有益健康的娛樂。找個時間放鬆一下，不論是靜坐、按摩、放風箏，或享受你所喜愛的活動和嗜好，藉以接觸自己內心的真實感受，更深刻認識自己。

第十三章

了解人格

即使還是個小孩時，你已開始發展且運用你自己的一套評價人格的系統。你試圖決定在新的班級中誰將會是朋友，誰將會是敵人。你也根據你對父母或教師之人格的判讀，以便擬定一些技巧來應付他們。另外，你也會試著了解自己的長處和弱點。事實上，你的這些判斷就是原始型態的人格評估。

心理學家以許多不同方式界定人格，但所有方式中共通的兩個基本概念是：獨特性（uniqueness）和特有的行為型態（characteristic patterns of behavior）。我們將定義人格（personality）爲複雜的一組心理特性，它將會影響當事人在各種不同情境中和不同時間中特有的行為型態。人格使得你的行為連貫而有條理，它是每個人最核心的層面，也是你存在爲你的精髓所在。

人格理論是指對個別人格之結構和功能的假設性陳述。人格理論有助於達成心理學上的兩個主要目標：⑴ 理解人格的結構、起源及相關事項；及 ⑵ 根據我們對人格的認識以預測行爲和生活事件。關於人們將會如何應對及適應生活事件，不同理論提出了不同的預測。

第一節　人格的類型論和特質論

在日常生活中，我們往往會把人們的行爲劃分爲幾個不同類別，這有助於我們把人類行爲的多樣性化繁爲簡。有兩種最古老之描述人格的途徑，一是把人們歸類爲有限數目的各別類型（distinct types）；另一則是假定所有人都擁有各種特質，只是每個人在特定特質上的擁有程度不同而已（different traits）。

一、根據類型加以分類

我們總是根據一些有辨別性的特徵來對人們進行分類，這些特徵包括學校等級、主修科系、性別及種族等。有些人格理論學家也是如此，他們根據人格類型（personality types）來對人們分類。這些分類沒有重疊之處：假使一個人被指派到一個類型，那麼他在該系統內便不再屬於任何其他類型。人格類型是「全有或全無」（all-or-none）的現象，不是程度的問題。在日常生活中，許多人喜歡使用人格類型，因爲它們有助於把理解他人的複雜歷程簡易化。

希波克拉底（Hippocrates）有醫學之父之稱，這位古希臘醫藥學家在紀元前五世紀就提出了最早期的類型論。他認爲人類身體內含有四種基本體液（body humors），每一種與特定的氣質和性情有關聯。到了紀元第二世紀，後繼的希臘醫生伽林（Galen）更進一步提出，個人的性格取決於何種體液在他體內占有優勢地位，伽林

根據下列體系而把體液與性格氣質匹配起來：

- ・血液（blood）。樂天氣質；快活而好動。
- ・黏液（phlegm）。冷淡氣質；漠不關心、懶散、遲鈍。
- ・黑膽汁（black bile）。憂鬱氣質；憂愁、沉默而不多語。
- ・黃膽汁（yellow bile）。暴躁氣質；易怒、容易激動。

這種「體液說」自從提出後，好幾世紀之中為人們所深信不移。當然，它早已通不過現代科學的檢驗，而不為人們所採信。

進入近代，美國醫生薛爾敦（William Sheldon, 1942）提出另一套關於人格的類型論，他以胚胎學的觀點對人們的體型加以分類，然後建立起體型與氣質之間的關係。根據這個理論，肥胖、柔軟、圓滾的人屬於內胚型（endomorphic）；體格結實、肌肉發達的人屬於中胚型（mesomorphic）；身材瘦長、肌肉不堅實的人屬於外胚型（ectomorphic）。

根據薛爾敦所蒐集的資料，內胚型的人多半放任自己、喜歡吃食、社交性強、脾氣好；中胚型的人精力充沛、勇敢、果斷、獨立性高、不太謹慎；外胚型的人則是思考周密、有藝術才華、個性內向、情緒緊張、敏感而喜好孤獨。有很長一陣子，薛爾敦的理論大為盛行。然而，就像遠為早期的希波克拉底的理論一樣，薛爾敦的體型觀念也被證實在預測個人行為上沒有多大價值（Tyler, 1965）。我們常在肥皂劇中看到「胖子懶惰、有肌肉的人沒有腦筋、瘦子精明」等情節，這些傳播內容往往塑造了我們的刻板印象，彷彿體型與行為之間真正存在關係一樣，但這顯然太簡化了理解人格之極為複雜的歷程。

較為近期，Frank Sulloway（1996）根據出生次序（birth order）提出一個當代的類型論。你在家庭中是否為最年長子女（或獨生子女）？或你是較後面出生的子女？因為你在這些出生次序中只能占據一個位置，Sulloway 的理論符合作為類型論的標準。Sulloway 對出生次序的預測是建立在達爾文的觀念上，即有機體尋求多樣化以找到他們將能生存的適當位置（niches）。根據 Sulloway 的說法，長男或長女已有現成的適當位置：他們直接博得他們父母的關愛和注意；他們透過認同及順從他們父母以試圖維持該初始的依附。對照之下，後面出生的子女需要找到不同的適當位置——他們在這樣位置上不是那麼清楚地追隨他們父母的榜樣。因此，Sulloway 描述後面出生子女的特色為「天生叛逆」（born to rebel）：他們尋求在那些兄長尚未建立優越地位的領域中出類拔萃。後面出生子女通常養成對經驗的開放——對於任何希望在生命中尋求全新而成功的適當位置的人而言，這是一種有益的策略（Sulloway, 1996）。這個理論預測，後面出生子女擁抱創新觀念，至於長男或長女則偏好現狀（status quo）。為了檢驗這項預測，Sulloway 審查一些科學、歷史及文化上的改革，而且確認曾經支持或反對那些改革的大量歷史人物及現代人物的出生次序。依據資料顯示，當劃分為最

年長子女或後頭出生子女這兩類時，被檢視的科學家（總共 1,218 位）以怎樣程度支持科學上 23 個創新的理論，所得結論是對所有的家庭而言，後頭出生子女較可能支持創新的理論。你是否有兄弟或姊妹？你能否在你自己家庭中發現這樣型態？

你是否認識一些人，而你會爲他們貼上特定「類型」的標籤？這樣的「類型」是否囊括了所有你對這個人的認識？類型論通常似乎不能捕捉人格較微妙的層面。你對「血型」或「星座」的分類方式也可以作如是觀。

二、以特質加以描述

類型論假定存在獨立而不連續的範疇，人們可以被劃分到這些範疇中，諸如 A 型或 B 型性格。對照之下，特質論（trait theories）則主張存在許多連續的維度（continuous dimensions），諸如智力或攻擊性，而每個人在每種維度上所擁有的程度不同。因此，特質（traits）是指人們以不同程度所擁有的一些持久的特性或屬性，特質使得個人的行爲在不同時間和不同情境中具有連貫性。

(一) 奧波特的特質論

奧波特（*Gordon Allport, 1937, 1961, 1966*）是最爲知名的特質理論學家，他相信每個人都擁有一些獨特組合的特質。他視特質爲人格的建築磚塊，也是個人獨特性（個性）的來源。根據奧波特的說法，特質使得行爲產生連貫性，因爲特質連繫及統合個人對多樣化刺激的反應。這表示特質可以充當中介變項（intervening variables），使得當事人對多種刺激產生一致型態的反應（參考圖 13-1）。

奧波特檢定出三種特質。首要特質（cardinal traits）是個人據以組織他的生活的特質。對德瑞莎修女（Mother Teresa）而言，首要特質可能是爲了公益而自我犧牲；對另一些人而言，它可能意味著權力或成就。然而，不是所有人都會發展出這般強力的首要特質。反而，中心特質（central traits）才是代表一個人主要特徵的特質，諸

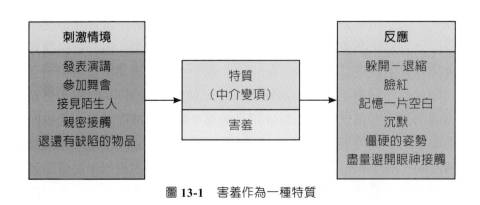

圖 13-1　害羞作爲一種特質

如誠實或樂觀。次要特質（secondary traits）是個人暫時性的性格表現，往往只在特殊場合才會出現，雖然也有助於預測個人的行為，但對於了解個人的人格較不具用處。食物或服飾的偏好就是次要特質的實例。

奧波特認為特質是一種實存於個體之內的事物（一種神經心理的結構）。特質除了應對刺激而產生行為外，它也可能主動引發行為。但奧波特最感興趣的，還是在於找出這三種特質的獨特組合如何使得每個人都是唯一的實體。奧波特提倡採用個案研究法以檢視這些獨特的特質。

奧波特視「人格結構」（而不是「環境條件」）為個人行為的關鍵性決定因素。對於同樣刺激卻對不同人們產生不同效應，他常用來說明的一句格言是，「同樣是火，它可以融化奶油，也可以使雞蛋變得熟硬。」自奧波特之後，許多當代的特質論也被陸續提出。

(二)檢定普遍一致的特質維度

1936 年，奧波特及其同事 H. S. Odbert 執行一項字典搜尋，他們發現英文語言中超過 18,000 個形容詞是用來描述個別差異。從那個時候起，研究人員就試著檢定有哪些基本維度作為這般龐大之特質字彙的基礎。

卡泰爾（*Raymond Cattell, 1979*）採用因素分析法（factor analysis）對奧波特的形容詞名單進行統計分析，他發現有 16 個因素作為人類性格的基礎。他稱這 16 個因素為潛源特質（source traits），因為它們為我們視之為人格的外在行為提供了基礎來源。卡泰爾的 16 個因素囊括了一些重要的行為對立成分，諸如「保守 vs. 外向」、「信任 vs. 猜疑」，以及「放鬆 vs. 緊張」。即使如此，當代特質理論家表示，我們還可以找到甚至更少的維度以捕捉人們人格之間的一些最重要分野。

Hans Eysenck（*1973, 1990*）從人格測驗的資料中導出僅只兩個廣泛的維度：外向性（內在取向 vs. 外在取向）和神經質（情緒穩定 vs. 情緒不穩定）。Eysenck 建立起這兩個維度與希波克拉底關於人類體液之類型論之間的關聯（參考圖 13-2）。然而，Eysenck 的特質論容許這些範疇之內的個別變異。人們可能落在這個圓圈內的任何地方，它的變動範圍從非常內向到非常外向，以及從非常不穩定（神經質）到非常穩定。沿著圓周所列的特質描述了人們在這兩個維度上的各種組合；例如，假使一個人極為外向而有點不穩定，他可能是衝動的。

(三)五大因素模式

Eysenck 理論的許多層面獲得研究證據的支持。然而，近些年來有一種共識逐漸浮現，那就是「五個因素」（這五個因素跟 Eysenck 的三個維度呈現不完全重疊）似乎最能良好描述人格結構的特徵。這五個維度非常廣泛，因為每個維度帶進了一個大

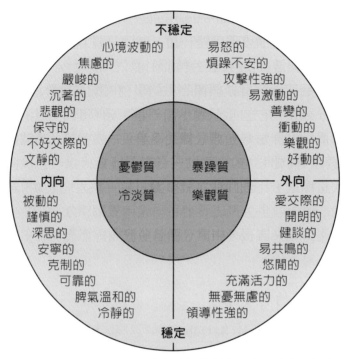

圖 13-2　**Eysenck** 依據兩個維度把人格特質畫分在圓圈的四個象限上

範疇的許多特質，這些特質雖然各有獨特的意涵，但卻有一個共同的主題。這五個人格維度現在被稱為「五大因素模式」（five-factor model）。表 13-1 摘述了這五個因素。

　　自 1960 年代以來，透過統計分析，無論是在人格問卷、訪談者檢核表及另一些資料中，研究人員也都發現了非常類似的維度，也就是只有「五個基本維度」作為人們用來描述自己及他人之特質的基礎（*Costa & McCrae, 1992; Digman, 1990; Wiggins & Pincus, 1992*）。為了驗證五大因素模式的普遍性，研究人員擴展他們的研究到英語之外，結果發現五大因素結構在另一些語言中也已被重複證實，包括德語、葡萄牙語、希伯來語、華語、韓語及日語（*McCrae & Costa, 1997*）。因此，五大因素模式可說提供了一個分類系統的輪廓，以使你能夠具體描述你認識的所有人們——以一種能夠捕捉他們在

表 **13-1**　五大因素模式

因素	該維度的兩個端點
外向性（extraversion）	愛說話、精力充沛、果斷 vs. 安靜、保守、羞怯。
親和力（agreeableness）	同情心、親切、情意 vs. 冷淡、好爭吵、殘忍。
審慎度（conscientiousness）	自律、負責、謹慎 vs. 漫不經心、輕率、不負責。
神經質（neuroticism）	穩定、沉著、滿足 vs. 焦慮、不穩定、暴躁。
開放性（openness to experience）	有創造力、聰明、開放的心胸 vs. 幼稚、膚淺、粗俗。

幾個重要維度上的差別的方式。

三、特質與可遺傳性

你或許聽過人們這樣說，「吉姆的藝術氣質就像他母親」或「瑪莉的個性就跟她祖父一樣頑固」。或者，你或許感到挫折，因為你在你哥哥身上發現一些惱人的特性，而這些特性正是你在自己身上想要改變的。我們以下檢視一些證據，它們支持人格特質的可遺傳性。

我們提過行為遺傳學（behavioral genetics），它就是在探討人格特質和行為型態在怎樣程度上是繼承而來的。為了決定遺傳對人格的影響，研究人員探討一些家族成員的人格特質，這些成員共有不同比例的基因，而且過去在相同或不同的家庭中長大。例如，假使「好交際」的人格特徵是基因上傳遞的，那麼「好交際」在同卵雙胞胎（他們共有 100% 的相同基因）之間的相關應該高於它在異卵雙胞胎或另一些手足（平均而言，他們共有 50% 的相同基因）之間的相關。

遺傳率研究顯示，幾乎所有人格特質都受到遺傳因素的影響（*McCrae et al., 2010; Munafò & Flint, 2011*）。採用許多不同的測量技術，所得發現都大致相同，而且不論它們所測量的是概括的特質（如外向和神經質）或具體的特質（如自我控制或好交際性）。例如，一項研究設法探討人格的五大因素模式所指定的因素是否具有遺傳基礎。在他人評定方面，幾乎在所有個案上，同卵雙胞胎的人格都被評為比起異卵雙胞胎更為類似。至於在自我評定方面，它顯示同卵雙胞胎之間的相關是 0.52，異卵雙胞胎則是 0.23（*Riemann et al., 1997*）。

至於人格特質有多少百分比是受到遺傳因素的影響，它的變異範圍據估計從 20% 以迄於 60%。顯然，你父母基因上傳遞給你的性格特徵將會對於你成為怎樣的人產生重大影響（*Plomin et al., 1990*）。但學習和環境的因素呢？人們是否擺脫不掉所繼承的人格特質呢？研究已指出，環境也對性格產生強力影響。性格受到每個兒童獨特經驗的塑造，諸如父母－子女關係、個人與兄弟姊妹之間的特殊關係，以及個人在家庭外的經驗。

四、特質是否預測行為？

我們通常認為，如果張三被描述擁有「友善」的特質，那麼我們可以預測張三在所有情境中都將會表現友善行為。然而，在 1920 年代，幾位研究人員著手觀察人們在不同情境中的特質相關行為，卻驚訝地發現沒有證據顯示行為在不同情境中的一致性。例如，以誠實這項特質而言，他們對 10,000 名學童進行測試，結果發現

儘管某學童在課堂考試中作弊，但這並不能預測他是否將會說謊或偷錢，反之亦然——雖然我們通常認爲這些都是屬於「誠實」所管轄的行爲（*Hartshorne & May, 1928*）。另有些研究人員檢視另一些特質（如內向或守時）的跨情境一致性（cross-situational consistency），也都發現類似的結果（*Dudycha, 1936; Newcomb, 1929*）。

　　假使特質相關行爲不具有跨情境的一致性，也就是假使人們的行爲在不同情境中發生變動，爲什麼你會察覺到你自己和他人的性格相對穩定呢？更令人困惑的是，當不同組的觀察者評定當事人的性格，第一組是從一種情境中認識當事人，第二組則是從另一種情境中認識當事人，結果這兩組觀察之間卻有頗高的相關。關於對同一個人的性格評定在不同時間和在不同觀察者之間相當一致，但對他的行爲評定卻在不同情境中顯得不一致，這種現象就被稱爲一致性弔詭（consistency paradox）（*Mischel, 1968*）。

　　一致性弔詭的發現引起了大量研究（*Mischel, 2004*）。長期下來，研究人員逐漸獲致共識，也就是乍看之下的行爲不一致性，大部分是因爲情境以錯誤的方式被歸類。一旦理論家能夠爲情境的「心理特徵」提供適宜的說明，弔詭也就消失了（*Mischel & Shoda, 1995, 1999*）。換句話說，弔詭不是關於一致性，而是關於分析層次（levels of analysis）。例如，假設你想要試著評估行爲一致性——透過決定一位朋友是否在她參加的每次宴會上以大致相同方式展現行爲。假使你的分析層次僅是「宴會」，你很可能會發現她的行爲有廣泛變異。你需要決定的是什麼「心理上適切的特徵」把這些宴會劃分爲不同的範疇。或許你的朋友在她被期待對陌生人吐露私人資料的情境中感到不舒服，因此，她可能在一些宴會中（即她被期待吐露私人資料的宴會中）看起來非常不友善，但在另一些宴會中（即她不被期待的宴會中）卻相當友善。另一方面，另有些情境需要她透露自己的一些事情（諸如應徵工作的面談），這些可能也會引致負面行爲。因此，我們在該情境特徵如何引發人們的差別反應上找到一致性。

　　這表示如果我們不考慮情境的性質，我們預測的準確性自然大爲降低。研究也已顯示，不一樣情境將「容許」各種特質較可能或較不可能被表現出來。人格特質在下列三種情境中將較可能影響行爲：⑴ 新奇的情境；⑵ 界定不清楚的情境（提供許多可能的行爲選項，但關於何者是適宜的，卻沒有清楚的準則）；⑶ 具有壓迫性或挑戰性的情境。特質在不同情境中，以及在不同年齡時可能透過不一樣行爲表達出來，但只要特質理論能夠預測情境的心理特徵如何導致行爲表現，這樣的行爲型態就是連貫的。因此，假使張三被描述是一位「非常友善」的人，這並不表示你應該期待他在生活中的每個時刻都會展現「友善」的行爲。反而，你應該期待他的友善隨著情境而變動。例如，他可能對待親近的朋友非常溫暖，但他跟教授互動時卻較爲拘謹。

五、對類型論和特質論的評價

我們已看到，類型論和特質論使得研究人員能夠簡明描述不同人們的性格。然而，這些理論也受到不少批評。因為它們不能普遍解釋行為如何產生，或人格如何發展；它們只是檢定及描述跟行為相關的一些性格特徵。雖然當代的特質理論家已開始針對這些考量採取一些對策，特質論仍避免不了是一種關於人格結構的靜態（static）觀點，或至少是對於個人當前既存人格的一種穩定化（stabilized）的觀點。對照之下，我們接下來將討論之人格的「心理動力論」強調個人內在的衝突力量，這將導致人格的變遷和發展。

第二節　心理動力論

所有心理動力人格理論（psychodynamic personality theories）的共通之處是，它們假定有強烈的內在力量在塑造人格和促動行為。佛洛依德（Sigmund Freud）是心理動力論的創始者，他被傳記作家 Ernest Jones 譽為「心理界的達爾文」（*1953*）。佛洛依德的人格理論放膽地試圖解釋人格發展的起源和過程、心理的本質、病態人格的起因，以及治療如何能夠改變人格。

一、佛洛依德學派的精神分析

根據精神分析論（psychoanalytic theory），人格的核心是個人心理內的事件，這具有促動行為的力量。人們通常知道自己的這些動機；然而，另有些動機則是在潛意識的層面運作。這種探討途徑之所以稱為「心理動力」，在於它強調行為的這些內在泉源，以及這些內在力量之間的衝撞。在佛洛依德看來，所有行為都是動機引發的。沒有機率或意外事件可能引起行為；所有舉動都是動機決定的。每個人的行動都有它的起因和目的，這可以透過分析他的聯想、夢境、偶誤，以及內心感情的另一些行為線索加以發現。佛洛依德的假說的主要資料是得自他對接受治療的病人的臨床觀察，也是得自他對一些病人深入的個案研究。這表示他關於正常人格的理論事實上是從他對心理疾病患者的密集研究中推衍出來。

(一) 驅力與性心理發展

佛洛依德原本是神經學家，他所受的醫學訓練導致他推斷，他在病人身上觀察到的行為型態必然具有共同的生物基礎。他把人類行動的動機來源歸之於每個人內在的

精神能量（psychic energy）。他認為每個人都擁有先天的本能或驅力，這是身體器官所製造出來的張力系統（tension systems）。當被促發時，這些能量來源可能以許多不同方式表達出來。例如，同樣是性驅力，可能透過性交或自慰直接表達出來，也可能透過黃色笑話或藝術創作間接表達出來。

佛洛依德原本認定只有兩種基本驅力，一種是自我保存（self-preservation）的驅力，也就是尋求如飢餓和渴等需求的滿足；另一種是性驅力（Eros），也就是跟性衝動和種族延續有關的驅使力量。佛洛依德大為擴展人類性慾望的觀念，不僅包括性結合的衝動，也包括所有其他尋求快樂（或跟他人發生身體接觸）的企圖。他使用原慾（libido）這個詞語以指稱性衝動的能量來源，這種精神能量驅使我們朝向所有型式的感官享樂。性衝動要求立即的滿足，不論是透過直接的行動，或是透過間接的手段，諸如幻想和夢境。

後來，佛洛依德有機會臨床觀察於第一次世界大戰中受到創傷的病人，這使他增添了「死之本能」（Thanatos 或 death instinct）的概念。死之本能是一種負面的力量，驅使人們朝向攻擊和破壞的行為。這種原始衝動是所有生物體先天傾向的一部分，也就是試圖回復到一種無機狀態（inorganic state）。

根據佛洛依德的說法，廣義的性驅力並不是在青春期突然出現，而是從出生起就開始運作。嬰兒從生殖器官和另一些敏感部位（或稱為性感區〔erogenous zones〕）的物理刺激中獲得快樂。表 13-2 呈現佛洛依德關於性心理發展（psychosexual development）的五個時期。佛洛依德相信，身體的性愉悅來源是依循這些有秩序的步驟演變。性心理發展的主要障礙之一（至少對男孩而言）是發生在性器期（或性蕾

表 **13-2** 佛洛依德的性心理發展時期

時期	年齡	性感帶	主要發展任務（潛在的衝突來源）	假使兒童固著在這個時期，成年時可能出現的一些特徵
口腔期（oral）	0-1	嘴巴、嘴唇、舌頭	斷奶	口腔行為，諸如吸菸、過度飲食；被動、容易受騙
肛門期（anal）	2-3	肛門	大小便訓練	井然有序、吝嗇、固執，或相反情形
性器期（phallic）	4-5	生殖器	戀母情結	自負、魯莽，或相反情形
潛伏期（latency）	6-12	沒有特定部位	防衛機制的發展	沒有：固著作用通常並未在這個階段發生
性徵期（genital）	13-18	生殖器	成熟的性親密行為	成年人若已順利整合較早期的階段，這時候將表現出對他人的真誠關心，以及擁有成熟的性關係

期）。這個時候，4 或 5 歲的兒童必須克服戀親情結（Oedipus complex）──根據希臘神話，伊迪帕斯（Oedipus）無意中殺害他的父親，而且娶了他的母親。佛洛依德相信，每個年幼男孩都有一種先天衝動，也就是視他的父親為性方面的對手，相互競逐他母親的注意力。因為男孩無法取代他的父親，所以當男孩最終認同他父親的權力時，戀親情結通常就獲得解決。

根據佛洛依德的理論，在性心理發展的任一早期階段，兒童太多的滿足或太多的挫折都將會導致固著作用（fixation），這使得兒童不能正常推進到下一個發展階段。如表 13-2 所顯示，不同時期的固著可能造成成年期的各種性格特徵。固著的概念解釋了為什麼佛洛依德在人格的連續性上這般重視早期經驗。他相信這些早期經驗對於人格形成和成年期行為模式具有深刻影響。

(二) 心理決定論

心理決定論（psychic determinism）假定所有心理活動和反應（症狀）都是由較先前的經驗所決定。佛洛依德認為病人的症狀不是任意出現的；反而，症狀以有意義的方式跟病人的重要生活事件產生關聯。

佛洛依德相信心理決定論，這導致他強調潛意識歷程（unconscious process）（參考圖 13-3）。雖然在佛洛依德之前已有人指出這種歷程的存在，但佛洛依德以一種全新而有系統的方式呈現這個概念，視潛意識歷程為人類思考、情感及行動的決定因素，居於人類劇場的中心舞台。根據他的說法，行為可能受到當事人察覺不到的驅力所促發。你可能採取行為卻不知道為什麼，或無法直接接近你的行動的真正原因。你的行為具有兩種內容，一是顯性內容（manifest content），即你所說的、所做的及所察覺的，這些是你可以充分意識到的。另一是潛性內容（latent content），這些是你通常察覺不到的。像是精神官能症（以焦慮為基礎的）的症狀、夢境、筆誤及口誤等的意義都是位於思考和訊息處理的潛意識層面。許多心理學家今日視這個潛意識概念為佛洛依德對心理科學的最重要貢獻。潛意識動機的概念為人格增添了一個新的維度，授予心理功能更大的複雜度，而不只是一種理性的模式。當代有大量的文學和戲劇也在探索潛意識歷程對人類行為的意涵。

(三) 人格結構

在佛洛依德的理論中，人格差異是起源於人們以不同方式處理他們的基本驅力。為了解釋這些差異，他把人格劃分為三個部分，分別是本我（id）、自我（ego）及超我（superego）。每個部分擁有各自的功能，但彼此之間同時也會發生交互影響或衝突：通常是本我與超我不斷地進行交戰，最後透過自我進行調節。

本我（id）是人格中最原始的系統，也是基本驅力的貯藏室。本我的運作是無理

圖 13-3　佛洛依德關於人類心理的概念

佛洛依德的理論把人類心理比擬為一座冰山。冰山的頂部是你能夠察覺的部分，代表你的意識層面，
冰山的絕大部分是屬於潛意識層面，隱藏在海平面之下，不為你所覺知。

性的，它奉行衝動、力求表達，要求立即的滿足，從不曾考慮自己的欲望是否切合實
際、是否合乎社會期待，或是否道德上可被接受。本我遵循的是「唯樂原則」（pleasure
principle），它毫無節制地尋求「此時此地」（here and now）的滿足，特別是性、肉
體及情感上的愉悅，沒有考慮到可能的後果。

　　超我（superego）是個人價值觀的貯藏室，涵括從社會中學得的道德態度。超我
大致上對應於共同的良心（conscience）觀念，也就是父母（或社會化代理人）灌輸
給子女的一套價值觀念。超我的發展是兒童從對父母賞罰的反應中逐漸形成，它最後
成為一種「應該」或「不應該」的內在聲音。超我也包括「自我理想」（ego ideal），
即個人對於自己應該致力於成為怎樣的人的見解。因此，超我不斷地跟本我發生衝
突。本我一味地追求快樂，超我卻堅持採取正當的手段——它依循的是「道德原則」
（moral principle）。

　　自我（ego）是人格中跟現實打交道的一面，它仲裁本我的衝動與超我的要求之
間的衝突。自我代表個人對於物理現實和社會現實的私人觀點，也就是他意識上對於
行為的因果關係所持的信念。自我的局部任務是選擇適宜的行為以滿足本我的衝動，
且同時不會造成不良的後果。自我是受到「現實原則」（reality principle）的支配，
它在本我要求享樂的前提下從事合理的抉擇。因此，因為考慮到被抓到的後果，自我
將會阻止考試作弊的衝動，而代之以下次考試前更用功念書，或懇求老師的同情和寬
容。當本我與超我發生衝突時，自我必須出來調停，安排折衷的方案，以使雙方至少
獲得局部的滿足。然而，當本我和超我的壓迫過於強烈時，自我將很難找到妥當的解

決方案，這時候可能就會訴諸一些較不務實的方法——防衛機制。

(四)壓抑與自我防衛

壓抑（repression）在佛洛依德的理論中是一個重要的概念。當個人有若干衝動、想法或記憶不被接受或不敢表達出來時，他往往透過「壓抑」的心理歷程以保護自己免於感受極度的焦慮或罪疚，這將造成自我察覺不到被壓抑的心理內容，也察覺不到壓抑作用把訊息趕出意識之外的歷程。壓抑作用是最基本和最常被使用的自我防衛機制。

自我防衛機制（ego defense mechanisms）是指自我用來保護自己的一些心理策略，以避免自我為了調停本我與超我之間的衝突而變得過度負荷。自我防衛機制的特徵之一是需要否定或扭曲現實；另一個特徵是該歷程是在潛意識中進行，不為當事人所察覺。個人在成長過程中將會不斷發展各種防衛機制，以應付生活中碰到的威脅、挫折和衝突。這些應付的行為模式也就成為個人性格的特徵。表 13-3 列出了人們較常使用的一些自我防衛機制。

在精神分析論中，這些機制被認為是個人心理上應付強力的內在衝突所必要的。透過使用防衛機制，當事人才能夠維持一種良好的自我形象（self-image），以及維持一種可被接受的社會形象（social image）。例如，假使一位男孩對他父親懷有強烈的恨意，但如果他將之表現出來，這將是危險的，也可能受到懲罰，壓抑作用就把這種情況接管下來。男孩把這份敵意壓抑進潛意識後，他在意識層面上就不再被該衝動所催促，或甚至察覺不到該衝動的存在。然而，雖然該衝動不再被看到或聽到，它並不是就此消失；這些情感繼續在人格運作上扮演一部分角色。例如，透過發展出對他父親的強烈認同（identification），男孩可以提高他的自我價值感，以及降低他的潛意識恐懼——害怕他的敵意被發現。

在佛洛依德的理論中，焦慮（anxiety）是一種強烈的情緒反應，它是當被壓抑的衝突即將掙開束縛而浮升到意識層面上時所引發。焦慮是一種危險的信號，表示壓抑作用已不再奏效了！紅色警戒！需要更多的防衛機制！這時候第二道防線將開始發揮作用，當事人需要再動員更多自我防衛機制以減輕焦慮，然後把令人苦惱的衝動再送回潛意識中。

假使防衛機制可以保護你對抗焦慮，那麼為什麼它們仍然會為你招致不良後果呢？儘管具有用途，但自我防衛機制並未改變危險的客觀環境，只是改變個人對該環境的觀點而已，所以多少是一種自欺（self-deceptive）的手段。當過度使用時，它們製造的困擾將會多於它們所解決的困擾。此外，如果為了減輕焦慮，個人就花費大量時間和精神能量於扭曲、偽裝及另闢蹊徑給那些不被接受的衝動，這長期下來反而對心理健康有害——因為如此一來，就沒有太多剩餘能量以供個人建立有意義的人際關

表 13-3　一般常見的自我防衛機制

補償作用 （compensation）	・經由強調所想要的特質來掩飾自己的弱點，或是在另一個領域尋求滿足，以補償在這個領域所遇到的挫折。
否認作用 （denial）	・經由拒絕面對不愉快的現實來保護自己。
替代作用 （displacement）	・個人當被引發一些有敵意的情緒時，不敢對受挫的來源表示不滿，把鬱積的情緒轉而發洩到較不會有危險的對象身上。
隔離作用 （isolation）	・把部分事實從意識層面中加以隔離，不讓自己覺知到，以免引起精神的不愉快。
幻想作用 （fantasy）	・一個人在現實生活中碰到無法處理的問題時，藉由馳騁在虛幻的、想像的世界中來得到滿足（白日夢便是最常見的一種形式）。
仿同作用 （identification）	・經由攀附另一個人或另一個機構來增加自己的價值感，也就是藉他人的光彩來榮耀自己。
內射作用 （introjection）	・把外界的價值和標準併入自我的結構，如此一來那些價值和標準不再是外在的威脅，個人不會再受到它們的擺布。
絕緣作用 （emotional insulation）	・個人退回被動、冷漠的狀態中，以避免情感的傷害。
投射作用 （projection）	・個人把自己不好的屬性或過錯歸諸於他人，否認這種屬性是自己的一部分。
合理化作用 （rationalization）	・試圖證明個人的行為是理性的、正當的，因此值得自己和他人的贊同。也就是以可被接受的方式來解釋行動，以掩飾原本的衝動。
反向作用 （reaction formation）	・為防止有危險性的慾望被表達出來，因此極力贊同對立的態度和行為模式，用以建立一道柵欄。
退化作用 （regression）	・退回早期的發展水平，恢復使用較為幼稚的方式去應付事情或滿足自己的慾望。
壓抑作用 （repression）	・把一些不愉快或不被接受的念頭、感情或衝動從意識層面驅逐，進而趕到潛意識歷程中。這是最基本的自我防衛機制。
昇華作用 （sublimation）	・把受挫的慾望或衝動加以改頭換面，以一種正面的、可被社會接受的方式呈現出來。
抵消作用 （undoing）	・以象徵性的事件來抵消已經發生的不愉快事件，藉以補救心理上的不舒服或不平衡。

係和有生產力的生活。若干心理疾病就是源於過度依賴防衛機制以應付焦慮。防衛機制可說只能「治標」，但不能「治本」。

二、對佛洛依德理論的評價

　　雖然佛洛依德的理論對當代思潮產生了重大衝擊。然而，他的理論概念受到的批評可能遠多於它受到的支持。首先，精神分析的概念相當模糊、缺乏操作性定義，因此很難對之作科學性的評價。因為它的一些重要假設無法接受驗證，佛洛依德的理論普遍受到質疑。你不妨想像，像是原慾、固著、人格結構，以及嬰兒性衝動的壓抑等這些概念如何以任何直接方式研究呢？

　　其次，有些批評者認為，佛洛依德的理論是一部優良的「歷史」，卻是一部差勁的「科學」，它無法可靠預測將會發生些什麼；它是在事情已經發生之後，才追溯性地提供解釋。採取精神分析論以理解人格，這典型地涉及歷史的重構，而不是對可能的行動和可預測的結果進行科學的建構。此外，精神分析論過度強調當前行為的歷史起源，卻疏忽了當前刺激也可能引發及維持行為。

　　另一些對佛洛依德理論的重大批評還包括：⑴ 它是一種發展理論，但它卻不曾實際觀察或研究兒童；⑵ 它只是透過把創傷經驗（如童年的虐待）的記憶重新解讀為個人幻想（源於兒童渴望跟父親或母親的性接觸），以便把創傷的衝擊減到最低；⑶ 它依賴成年人對童年事件的回想，但人們的記憶難免受到扭曲，或受到「普遍性遺忘」的影響；⑷ 它顯然具有男性中心的偏見（androcentric bias），因為它採用男性模式作為標準（如陽具欽羨及閹割恐懼等概念），沒有考量女性的可能差異。

　　然而，佛洛依德理論的若干層面繼續獲得接納——隨著它們接受實徵檢驗而有所修正及改良。例如，潛意識的概念已受到現代研究人員有系統地探討（*Baars & McGovern, 1996; Westen, 1998*）。這方面研究揭露，你有大量的日常經驗是受到你察覺不到的歷程所塑造。這些研究結果支持佛洛依德的一般概念，但是削弱了潛意識歷程與心理病態之間的關聯，即你潛意識的認識很少會引起你的焦慮或苦惱。同樣的，研究人員已發現佛洛依德稱之為防衛機制的一些心理習慣的證據。此外，我們在第 12 章提過一些因應壓力的手段，它們正是屬於防衛機制這個範疇的內容。例如，你或許還記得，隨著個人壓抑跟自己創傷、罪疚或恥辱經驗等有關的思考及情感，這將會對身心健康具有破壞作用（*Pennebaker, 1997; Petrie et al., 2004*）。這些發現回應了佛洛依德的理念，即被壓抑的精神素材可能導致心理苦惱。

　　關於正常人格和偏常人格的功能運作，佛洛依德的理論是最為複雜、包羅廣泛而令人讚歎的觀點——即使當它的預測被證實是錯誤時。無論如何，佛洛依德的理論對於現代心理學依然保有影響力。但就像其他任何理論，我們沒有必要全盤接受或全盤拒絕。我們最好也對他的觀念逐項檢驗，再決定加以接納或揚棄。

三、心理動力論的擴延

自佛洛依德之後，有些學者仍然保留他對人格的基本描繪，也就是把人格視為潛意識衝動與社會價值觀互相拮抗的戰場。但另有些學者則提出重大修正，他們的基本改革可以概述如下：

· 他們較為強調自我功能，包括自我防衛、自我的發展、意識上的思考歷程，以及個人的支配性。

· 他們認為社會變項（如文化、家庭、同儕）在人格塑成上扮演較吃重的角色。

· 他們較不強調普遍的性衝動（sexual urges）或原慾能量的重要性。

· 他們認為人格發展不限於兒童期，而是延伸整個生命進程。

在佛洛依德的追隨者之中，最知名的兩位是阿德勒（Alfred Adler）和榮格（Carl Jung），他們不只是持理論的小刀來為佛洛依德的理論動手術，而是大刀闊斧地持概念的劍。

阿德勒（1929）的理論被稱為個體心理學（individual psychology）。他基本上接受「人格受到不被察覺的願望所引導」的概念，但他反對性驅力和唯樂原則的重要性。阿德勒相信當人們還是無助、依賴他人的小孩時，所有人都體驗到自卑感（feelings of inferiority）。所有生命就受支配於尋找各種方法以克服這些感覺。人們透過獲致勝任感（feelings of adequacy）以尋求補償，但更常的情形是試圖追求優越感（feelings of superiority）以便過度補償。換句話說，阿德勒認為個人終其一生都在為克服自己的自卑感而奮鬥，人格就是圍繞這個基本奮鬥而建構起來。阿德勒強調人格發展上的社會性需求，他不贊同佛洛依德生物性本能的說法。他認為人格衝突是源於外在環境壓迫力與內在追求勝任感間的不相容，而不是源於個人內在互相競逐的衝動。

榮格（1959）的學說被稱為分析心理學（analytical psychology），強調個人的目標和抱負的重要性。榮格大為擴展潛意識的概念，他認為潛意識不只限於個人特有的生活經驗，另有一種潛意識涵括了人類歷代祖先所傳承下來的各種記憶和行為模式，屬於全人類所共有的經驗，他稱之為集體潛意識（collective unconscious）。集體潛意識是每一代重複經驗所累積的結果，它使我們所有人以同樣方式應對特定刺激。這是生下來就預定好的，所以我們天生會害怕黑暗和蛇，因為對原始人類而言這是危險的象徵。

榮格從歷史和神話中導出許多原型（archetypes），諸如太陽神（the sun god）、英雄偶像（the hero）、上帝（supreme deity）或大地母親（the earth mother）等。原型是每個人與生俱來的原始心像和觀念，它跟人們以特殊方式思考及感受特定經驗或物件的本能傾向有關。例如，太陽神原型就是因為自從遠古以來，人類每天看著太陽從地平線上起落，這種深刻印象最後凝結為集體潛意識而形成。

榮格認爲健全而統合的人格就是各種對立力量的平衡，諸如陽性攻擊性與陰性敏銳性之間的平衡。這種觀點視人格爲許多互補之內在力量以動態平衡方式產生的結合。此外，榮格不贊同原欲具有第一順位的重要性，他增添了兩個同等強有力的潛意識本能，即創造的需求和自我實現（以成爲連貫而統合的個體）的需求。從這個角度來看，榮格可說是人本心理學的前輩之一。

第三節 人本論

人本主義（humanism）顧名思義就是尊重「人」自身的獨特性，包括人的價值和尊嚴。因此，人本論（humanistic theories）在人格的探討上強調的是個人的獨特性、意識經驗及成長潛能的整合。所有人本論的關鍵特徵是把重心放在個人朝向自我實現的驅力上。自我實現（self-actualization）是指持續不斷地致力於實現個人先天的潛能，最充分發揮自己的資質和才能。

一、人本論的特色

最知名的兩位人本論心理學家是羅傑斯（*Carl Rogers, 1902-1987*）和馬斯洛（*Abraham Maslow, 1908-1970*），他們相信行爲的動機來自個人特有的傾向，這些傾向既是先天的，也是學得的，它們將使得個人以正面方向發展及演變，以便朝向自我實現的目標。我們在第 11 章提過，馬斯洛把自我實現置於他的需求階層的頂端。自我實現的追求是一種建設性的引導力量，促使每個人朝向普遍正面的行爲，然後在這過程中提升自我。

自我實現的驅策力有時候跟來自自我和他人的贊許需求（need for approval）產生衝突，特別是當個人覺得一些義務或條件必須被達成以便贏得贊許時。例如，羅傑斯（*1947, 1951, 1977*）強調兒童養育上無條件積極關懷（unconditional positive regard）的重要性。他以之表示兒童應該感到他們總是被關愛和被贊許，儘管他們有過失和不當行爲——也就是他們不需要去贏得他們父母的關愛。他提出建議，當兒童舉止不當時，父母應該強調他們不贊同的是「行爲」，而不是針對「兒童本身」。無條件積極關懷在成年期也相當重要，因爲過度擔憂如何尋求贊同將會阻礙自我實現。

身爲成人，你需要從那些你親近的人們身上，「給予」及「接納」無條件的積極關懷。最重要的，你需要感到無條件的積極自我關懷（self-regard），也就是儘管你有一些正嘗試加以改變的弱點，你仍然接納自己。

人本論的特色被描述爲是重視整體的（holistic）、強調先天素質的（dispositional）、現象學取向的（phenomenological），以及有關存在的（existential）。我們分述如下。

人本論之所以是重視整體的，乃是因爲它始終從人們整體人格的角度解釋他們個別的行動；人們不被視爲僅是一些個別特質（各自以不同方式影響行爲）的總合。馬斯洛相信人們內發地被促動朝著需求階層的更高層次前進，除非他們受困於較低層次的缺失。

人本論之所以是強調先天素質的，乃是因爲它重視個人內在的先天特質，這些特質對於行爲將會採取的方向發揮重大影響。情境因素被認爲是束縛和障礙（就像是綁住氣球，使之不能上升的那條線）。人們一旦擺脫負面的情境條件，自我實現的傾向將會主動引導他們選擇能夠發揮潛能的情境。人本論的先天素質特別取向於創造性和成長，它是一種建設性的引導力量。

人本論之所以是現象學取向的，乃是因爲它強調當事人的參照架構（frame of reference）和主觀的現實觀點——不是來自觀察人員或來自治療人員的客觀透視。因此，人本論心理學家總是致力於了解每個當事人特有的觀點。這個觀點也就是「此時此地」的觀點。不像心理動力論，人本論不認爲人們的現在行爲受到過去經驗的潛意識引導。

最後，人本論被一些理論家描述爲是一種有關存在的透視。它強調較高層次的心理歷程，這些歷程解讀當前的經驗，而且促使個體致力於克服日常生活中有關存在的挑戰，這種有關存在的透視可以在文學和哲學的傳統中找到它的根源，因此相當投合當代的許多研究學者和臨床學家（*Schneider & May, 1995*）。

對於許多已飽嚐佛洛依德學派之苦澀理論的心理學家而言，人本論這種上揚、樂觀的人格觀點無疑相當受到歡迎。人本論的探討直接把重心放在如何提升生命上，以使得生活較爲稱心如意，而不在於打撈痛苦的記憶（這樣的記憶有時候最好還是壓抑下來）。人本論的透視強調每個當事人實現他最充分潛能的能力。

二、對人本論的評價

佛洛依德的理論通常被批評爲過度悲觀，因爲它視人性爲從各種衝突、創傷和焦慮之中發展出來。人本論則興起於頌揚健全的人格，因爲這樣的人格將會致力於追求幸福和自我實現。我們很難抨擊這樣激勵及賞識人性的理論，即使它有一些瑕疵。儘管如此，批評者仍然認爲，人本論的概念含糊不清，難以透過研究加以驗證。他們發問，「究竟什麼是自我實現？它是一種天生的傾向，抑或它是文化背景所製造出來？」

人本論也沒有依循傳統而強調個人特定的特徵。人本論較是關於人性（human nature）的理論，以及關於所有人們共有的特性的理論，而較不是關於個別人格或關

於人們之間差異的基礎的理論。另有些心理學家指出，經由強調自我作為經驗和行動之來源的角色，人本論心理學家疏忽了也可能影響行為的一些重要的環境變項。

我們迄今所審視之所有理論的共通之處是，它們都假定存在一些內在機制，如特質、本能、衝動或自我實現的傾向等，這些內在機制推動行為而形成了人格運作的基礎。反之，學習論（learning theory）主張，人格的形成主要是由外界環境所決定。人格被視為是各種外顯反應和內隱反應的總合，這些反應是透過當事人的強化史（reinforcement history）而被可靠地引發。學習論指出，人們之所以不同是因為他們擁有不同的強化史。

當代社會學習與認知理論贊同行為受到環境關聯性的影響。然而，除了行為歷程外，這些理論更進一步強調認知歷程的重要性，也就是讓思考的心靈重返行動的肉體。認知論的心理學家指出，人們在如何思考及定義任何外在情境上呈現重要的個別差異。認知論強調的是人們透過怎樣的心理歷程把他們的感覺和知覺轉換為對現實有組織的印象。就像人本論，認知論也強調你參與於塑造你自己的性格。例如，你在很大程度上主動地選擇你自己的環境；你不僅是被動地應對環境。我們接下來檢視這些觀念的一些較具體的化身。

一、羅特的期待論

羅特（*Julian Rotter, 1954*）理論的核心概念是「期待」（expectancy），也就是人們以怎樣的程度相信自己在特定情境中的行為將會帶來報酬。例如，假設你需要決定，你在課堂上發表論文之前應該有多少練習。你希望至少拿到 B。當持著高度期待時，這表示你認為額外練習將很有可能導致 B 或 B 以上的成績；當持著低度期待時，這表示你完全沒有信心額外練習將有助於你拿到好成績。你這種經驗的產生部分地是因為你自己的強化史：如果練習在過去曾導致報酬，你將持有較強的期待，它將會再度導致報酬。羅特也強調報酬的價值（reward value），也就是個人指派給特定報酬的價值。如果你這學期的成績低落，B 可能對你較具價值——相較於在不同背景中。根據羅特的觀點，你擁有兩方面的資料時，你才能開始預測人們的行為，其一是如果你能評估他們關於報酬的期待，另一是他們重視報酬的程度。

羅特強調人們帶到他們生活上所面對許多情境中的特定期待。然而，羅特也相信，人們發展出一種更為普遍的期待——關於他們在多大程度上能夠控制自己所得到

表 13-4　摘自「內控 — 外控量表」的樣本題目

1. a. 長久下來，人們會得到他們在社會上值得的尊敬。
   b. 不幸地，個人的價值經常未獲得認肯，不論他多麼努力去做。
2. a. 不夠幸運的話，個人無法成為重要的領導者。
   b. 當一個人很有能力，卻未能成為領導者，這是他不懂得利用自己的機會。
3. a. 大部分人不了解，他們的生活在很大程度上受到偶發事件的控制。
   b. 真正而言，沒有所謂「幸運」這一回事。
4. a. 發生在我身上的事情，我應該承擔起來。
   b. 有時候，我覺得我不足以控制自己生活的方向。

附註：1a、2b、3b 及 4a 指出個人較為內控取向

的報酬。羅特（1966）界定了一個控制信念（locus of control）的維度：有些人較強烈相信，他們行動的結果是操之在自己手上（稱為內控信念）；另有些人則相信，他們行動的結果是視環境因素而定（稱為外控信念）。在表 13-4 中，你可以看到摘自羅特的「內控 — 外控量表」的一些樣本題目。內控（internal）和外控（external）的信念引致人們對生活結果的期待上發生差異。研究人員已一致地證實人們的控制信念的重要性。例如，一項研究檢視人們 10 歲時的控制信念與他們 30 歲時的身心健康之間的關係（Gale et al., 2008）。當身為兒童時較為內控取向的話，他們 30 歲時大致上有較良好的健康。例如，他們在肥胖、高血壓及心理苦惱上有較低的風險。研究人員表示，對外控取向的人們而言，他們的身體情況較差，這可能是因為他們相信他們的健康是在自己控制之外，因此，他們很少採取行動以改善自己的健康。

二、米契爾的認知－情感人格理論

米契爾（Walter Mischel）開發一種頗具影響力之以認知為基礎的人格理論。他強調人們主動參與於認知上組織他們與環境的互動。他表示我們有必要理解行為如何隨著當事人與情境之間的互動而產生（Mischel, 2004）。考慮這個例子：

> John 特有的性格可以從下面這件事情清楚看出來。當他第一次跟某個人見面時，他總是表現得非常友善，但是隨著他跟這個人相處較久後，可以預見地他將變得相當粗率而不友善。另一方面，Jim 的特色是當他跟不太熟的人相處時，他典型地顯得害羞而安靜，但一旦他跟某個人熟識之後，他就變得非常活躍（Shoda et al., 1993a, p.1023）。

假使我們分別把 John 和 Jim 的全面友善程度加以平均，我們可能在這個特質上

將會拿到大約相同的數值——但那將不能捕捉他們行為上的重要差異。根據米契爾（*1973, 2004*）的說法，你如何對特定的環境輸入產生反應，主要是取決於下列變項：

- 登錄。你如何對關於你自己、他人、事件及情境的訊息加以分類。
- 期待與信念。你對於社會世界所持的信念，以及你對於在特定情境中採取既定行動可能獲致的結果所持的期待。你對於自己獲致這樣結果的能力所持的信念。
- 情感。你的感受和情緒，包括生理反應。
- 目標和價值。你重視和你不重視的結果及情感狀態；你的目標和生活計畫。
- 勝任能力和自我調整的方案。你能夠達成的行為；你導致認知結果和行為結果的方案。

你是否看出這每個變項將會如何影響當事人在特定情境中將會採取的舉動？你可能好奇，什麼因素決定特定當事人在這些變項上的本質。米契爾相信這是起源於當事人的觀察史、當事人跟他人的互動，以及當事人跟無生命的物理環境的互動（*Mischel, 1973*）。米契爾強調，你對他人性格的信念不是來自於你把他們的行為加以平均，而是來自於你追蹤不同情境如何引致他們的不同行為。

三、班都拉的認知社會學習理論

透過他的理論著述和對於兒童及成年人的廣泛研究，班都拉（*Albert Bandura, 1986, 1999*）成為理解人格的社會學習途徑之雄辯的代言人。這種途徑除了採納學習原理外，也進一步強調人類在社會背景中的互動。從社會學習的角度來看，人類既不是全然受到內在力量的驅使，他們也不是環境影響力之無助的走狗。社會學習途徑強調認知歷程參與於行為模式的獲得和維持，因此也參與於人格。

班都拉的理論指出個人因素、行為與環境刺激之間複雜的交互作用。每個項目可能影響或改變其他項目，而且變動方向很少是單向的——它是交互的（reciprocal）。除了受到環境所呈現刺激的影響外，你的行為也可能受到你的態度、信念或先前強化史的影響。你的舉動可能對環境產生影響，而且你人格的重要層面可能受到環境的影響，或受到來自你行為的回饋的影響。這個重要概念稱為交互決定論（reciprocal determinism），以有別於行為主義的「環境決定論」。這表示如果你想要充分理解人類行為、性格及社會生態的話，你必須檢驗所有這些成分（*Bandura, 1999*）（參考圖13-4）。

班都拉的社會學習論強調觀察學習（observational learning），也就是指個人根據對另一個人行為的觀察而改變自己行為的歷程。透過觀察學習，兒童和成年人獲得大量範圍關於他們社會環境的訊息。透過觀察，你學得什麼是適宜行為，將會得到酬

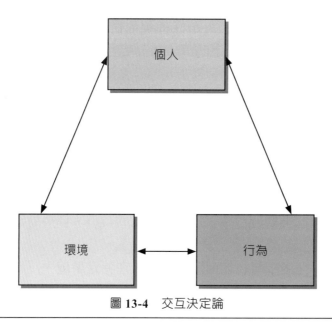

圖 13-4　交互決定論

在交互決定論中，個人、個人行為與環境三者之間產生交互作用，每個成分都影響及改變其他成分。

賞；你也學得什麼是不當舉止，他人將會不表贊同，或甚至將會被施以懲罰。因為你能夠運用記憶，也能夠思考外界事件，你可以預見自己行動的可能結果，而不必實際加以經歷。因此，不論是技巧、態度或信念，僅透過觀察他人的行為和該行為的後果，你可以同樣加以獲得。

隨著理論的發展，班都拉致力於闡明自我效能（self-efficacy）的概念，以之作為社會學習論的核心構念。自我效能是指個人對自己在特定情境中能夠有勝任的表現所持的信念。你的自我效能感以許多方式影響你的知覺、動機和表現。當你預期自己將會不具效能時，你甚至不會試圖採取行動或碰碰運氣。你會避開你覺得自己不勝任的一些情境。事實上，即使當你實際上擁有該能力時，你可能不會採取所須的行動，或不會堅持到底──假使你認為自己缺乏該能力的話。

除了實際成就外，自我效能的判斷還有另三種訊息來源：

· 替代的經驗。你對他人行為表現的觀察。

· 說服。他人可能說服你相信你有能力完成所涉的事情，或你可能說服你自己。

· 隨著你思考或著手某一任務，你監視自己的情緒激發狀態。例如，焦慮暗示你對自己效能低度的預期，昂揚則暗示你對成功的預期。

當你在廣泛的生活情境中遇到困難時，自我效能的判斷影響你將會付出多少努力，也影響你將會堅持多久（*Bandura, 1997; Cervone, 2000*）。例如，一位學生追求學業成就的活力和毅力可能較是取決於他的自我效能感，而較不是他的實際能力（*Zimmerman et al., 1992*）。

　　班都拉的自我效能理論也承認環境的重要性。除了依據個人對自己「勝任或不勝任」的知覺外，個人對成敗的預期（以及相應之「放棄努力」或「堅持下去」的決定）也是依據個人對環境「支持或不支持」的知覺。個人對失敗的預期可分為兩種，一種是以結果為依據的預期（outcome-based expectancies）。這種預期是因為個人察覺到環境條件無法配合或具有懲罰性所致。另一種是以效能為依據的預期（efficacy-based expectancies），個人預期會失敗是因為察覺自己能力不足。關於第二種預期，個人需要開發的是自己的勝任能力，以提高對於效能的自我概念。至於第一種預期，需要改變的是環境；當個人有適宜的行為表現時，環境應該適時提供強化，這樣才能提高他的自我效能感。圖 13-5 呈現了班都拉理論的各個部分如何組合起來。行為結果取決於二者，一是人們對自己能力的知覺，另一是他們對環境的知覺。

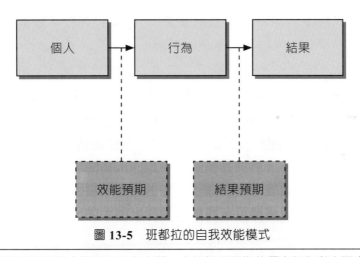

圖 13-5　班都拉的自我效能模式

這個模式把效能預期放置在個人與他的行為之間；它把結果預期放置在行為與它預定的結果之間。

四、對社會學習與認知理論的評價

　　社會學習與認知理論最常遭受的一些批評是，它們普遍忽略了情感因素，沒有把情感視為人格的重要成分。在心理動力論中，像是焦慮的情緒扮演核心角色。但是在社會學習與認知理論中，情感僅被視為是思想和行為的副產品，或只是被涵括在另一些型式的思想中，而不被指定獨立的重要性。許多人認為情感是人類人格運作的核心要素，在他們看來這是一項嚴重的偏差。認知論也經常被抨擊為「沒有充分認識到潛意識動機對行為和情感的影響」。

　　另一個層面的批評是放在它解釋概念的含糊不清上；例如，個人構念和勝任能力是如何產生。認知理論家通常對於成人人格的發展起源著墨不多；他們強調當事人對於當前行為背景的知覺，卻往往疏忽了當事人的歷史。

　　儘管這些批評，認知人格理論爲現代思潮帶來了重大貢獻。米契爾的理論使我們更爲了解個人變項與情境變項之間的交互作用。班都拉的觀念已促使教師改進他們的教學技巧，而且在健康、商業及運動表現等領域帶來了新的進展。

第五節　自我理論

　　什麼是你關於你的自我（self）的概念？你認爲你的自我以一致的方式應對外界嗎？你是否試圖對你的朋友和家人呈現一致的自我呢？你的正面經驗和負面經驗會對你如何思考你的自我產生怎樣影響呢？在開始考慮這些問題之前，我們先溫習一下這方面的歷史。

　　自我的概念不是今日才有，古希臘神殿中的碑文早有「認識你自己」（know thyself）的聖諭。19世紀後期，心理學家詹姆斯（*William James, 1892*）就曾大力擁護對「自我」（self）進行分析。他檢定出三種成分的自我經驗：⑴物質我（material me），也就是肉體的自我，連同周遭的物理客體；⑵社會我（social me），也就是你察覺到他人如何看待你；⑶精神我（spiritual me），也就是監視你內心思想和情感的自我。自我的概念也是心理動力論的核心所在。在佛洛依德的理論中，自我洞察力（self-insight）是精神分析治療的重要部分。此外，榮格強調爲了充分開發自我，個人必須整合和接納自己所有層面的意識生活和潛意識生活。最後，你已經知道，羅傑斯關於人格發展的人本論是以自我作爲基礎。

一、自我概念的動態層面

　　自我概念（self-concept）是一種動態的心理結構，它有助於促發、解讀、組織、仲裁及調整個人內在和人際之間的行爲及歷程。自我概念包含許多成分，其中包括你對自己的記憶；你對自己的特質、動機、價值觀及能力所持的信念；你最想要成爲的理想自我（ideal self）；你期待扮演的可能自我（possible selves）；你對自己的正面或負面評價（自尊）；以及你對他人如何看待你所持的信念（*Chen et al., 2006*）。第7章中，我們曾經把基模比喻爲知識套裝（knowledge packages），它們具體化你對環境結構的複雜論斷。你的自我概念包含了你關於自我的基模，稱爲自我基模（self-schemas），這使你能夠組織關於你自己的訊息，就如同另一些基模使你得以管理你另一些層面的經驗。然而，自我基模不只影響你如何處理關於自己的訊息。研究已指出，你經常用來解讀你自己行爲的這些基模也將會影響你如何處理關於他人的訊息（*Krueger & Stanke, 2001; Mussweiler & Bodenhausen, 2002*）。因此，你根據你對自己的認識和

信念以解讀他人的行動。

　　人們透過社會互動而獲致關於他們自我概念的重要訊息。換句話說，自我是一種動態的結構，從人際背景中才能推衍出它的意義，就某方面而言，沒有他人也就不可能有自我。基於這個原因，人們經常喜歡讓自己置身於能夠進行自我驗證（self-verification）的情境中，以便在這樣情境中確認及肯定他們的自我概念。

二、自尊與自我展現

　　個人的自尊（self-esteem）是指他對自我之概括、綜合的評價。人們在自尊的高低上有所差異。就如人格的另一些層面一樣，自尊的個別差異也具有遺傳成分：人們繼承了高自尊或低自尊的先天傾向（*Neiss et al., 2006*）。然而，環境因素也有重要的效應。例如，人們對自己身體外貌的滿意或不滿意將會重大影響他們對自尊的報告（*Donnellan et al., 2007*）。關於人們如何看待自己在社交世界中有效操控的能力，自尊也製造了個別差異。對於高自尊的人們而言，他們通常覺得自己將會在社交關係中有良好的運作；低自尊的人則懷疑自己的社交價值（*Anthony et al., 2007*）。

　　自尊也會強烈影響人們的思想、心境及行為（*Swann et al., 2007*）。事實上，研究人員已把一些負面結果與偏低的自尊連結起來。例如，在青少年和大學生中，低自尊與攻擊行為和反社會行為有關（*Donnellan et al., 2005*）。同樣的，對於報告低自尊的人們而言，他們身為青少年時有較差的心理和身體健康，以及身為成年人時有較多經濟困境（*Orth et al., 2008; Trzeniewski et al., 2006*）。這些結果說明了，低自尊可能侵蝕人們為正面結果設定目標的能力，也損害他們因應負面生活事件的能力。

　　有些人很清楚地擁有偏低自尊。然而，研究證據已顯示，大部分人將會設想出自己的方式以維護自尊，以及維持他們自我概念的統整（*Vignoles et al., 2006*）。為了保護他們的自我形象，人們從事各式各樣的自我加強（self-enhancement）。例如，當你懷疑你完成某工作的能力時，你可能從事自我設限（self-handicapping）的行為。你將會有意地妨礙你的工作表現！這個策略的目的是製造一個現成的藉口，以便你對自己辯解，「我的失敗不意味著我缺乏能力。」（*McCrea & Hirt, 2001*）因此，假使你害怕發現自己不是念理工的料子，你可能會在微積分考試的前一晚跟朋友去參加舞會，而不是留在宿舍中用功念書。透過這種方式，假使你考試成績不理想，你就可以把你的失敗歸咎於你不夠用功，不用追究自己究竟有沒有念理工的能力。

　　　　在一項研究中，主試者要求大學生指出他們對一些陳述的同意程度，這些陳述是在測量他們自我設限的情形，如「假使我更努力些，我應該會有更良好表現」；「我認為我經常受擾於身體不適」；或「我傾向於把事情延到最後一刻才

動手」。在第一次考試前，學生被問到他們對怎樣的成績會感到滿意。在考試之後，學生被給予不實的回饋，即他們的考試分數低於他們「滿意」分數約三分之一等級（例如，假使他們希望拿到「B」，他們被告訴拿到的是「B⁻」）。在這個時候，研究人員評鑑這些學生的自尊。假使自我設限保護了自尊，我們可以預期，當他們拿到不滿意的成績時，高度自我設限學生的自尊所蒙受的損害將會最低。這項研究的男性大學生正是呈現了這種型態：高度自我設限跟較高的自尊有關聯。然而，女性大學生在自我設限與自尊之間沒有呈現任何相關。研究人員推斷，男性可能擁有較強烈的傾向以防禦對自我的威脅（*Rhodewalt & Hill, 1995*）。

你應該思考一下這項研究為你帶來怎樣的啟示。你是否沉迷於自我設限？即使它保護了你的自尊（特別如果你是男性），它仍然損害了你的成績！

自我設限的現象也透露了，自尊的一些重要層面與自我展現（self-presentation）有所關聯。當人們知道自己的行為結果將會被公開時，他們較可能採取自我設限的策略（*Self, 1990*）。畢竟，當你的不利條件（你施加的障礙）這般明顯時，他人如何還會把你的不良表現都怪罪於你？自我展現的近似論點也有助於解釋高自尊人們與低自尊人們之間的行為差異（*Baumeister et al., 1989*）。高自尊人們通常對外界展現自己為有抱負、積極進取而願意冒險的人；低自尊人們則展現自己為小心而謹慎的人。這裡的重點是，這種姿態是針對於公開消費。

　　在一項研究中，高自尊和低自尊的受試者先接受計時 2 分鐘的一次嘗試，然後他們被給予機會練習這項遊戲，隨便他們想要練習多久都行。半數受試者是在實驗人員的監看之下練習這項遊戲；另半數則獨自練習。在兩種情況中，他們花在練習這項遊戲的時間都被測量下來（當實驗人員在場時是公開測量；當實驗人員不在場時是暗中測量，以避免干擾受試者）。研究結果如表 13-5 所顯示，當受試者公開練習時，高自尊人們的練習時間只有他們低自尊同伴的大約一半。當他們私下練習時，這樣的效應倒轉過來，也就是高自尊人們的練習時間長於他們低自尊的同伴。

表 13-5　高自尊和低自尊人們的平均練習時間

自尊	公開	私下
高	123	448
低	257	387
	−134	＋61

附註：時間是以「秒」為單位。

我們可以從自我展現的角度理解這樣的結果。高自尊人們可能試圖對他人展現，即使只有很少的準備，他們也能獲致成功（「像我這樣的人不需要太多練習！」）；但假使他們失敗了，他們可以投靠自我設限的辯解（「你看我幾乎沒有練習！」）。

在前面的論述中，我們強調人們從事像是自我設限的行為以維護高度的自尊感。基於這個原因，你可能不會感到訝異，研究已發現高自尊在許多背景中不是有傑出表現的良好指標（*Baumeister et al., 2003*）。事實上，較安全的說法是，高自尊是傑出表現的結果。因此，提高學生對自己的良好感受不必然會導致較良好的學業表現。反而，高自尊部分地是從優異學業表現中湧現。

三、對自我理論的評價

自我理論善於捕捉人們對自己人格的概念，也善於捕捉人們希望自己如何被他人看待。但有些人反對自我理論在人格探討上毫無限制的範圍。因為有太多事情跟自我和自我概念有關聯，我們不是很清楚哪些因素對於預測行為最為重要。此外，這種理論側重於視自我為一種社會構念（social construct），但現存的證據指出，人格的若干層面可能是繼承而來的。總之，就如我們論述的其他理論，自我理論捕捉了你視之為人格的一些層面，但不是所有層面。

第六節　人格理論的比較

從前面的論述中，我們知道每種人格理論各有它的優缺點，沒有一種理論能夠統攝所有層面，同時贏得大多數心理學家的贊同。但或許未來也不會有這樣的一種理論出現。因為前提不同、基本假設不同、側重層面不同、使用測量方法不同，以及探討途徑不同，人格理論將會始終是百家爭鳴的局面。

我們以下對各種理論的基本假設和探討途徑做個比較。從這些異同之間，你或許對人格理論會有更全盤的理解。

1. **遺傳與環境**。這項差異也被稱為是「先天 vs. 後天」的爭議。對人格發展而言，遺傳和生物因素較為重要？抑或環境影響力較為重要？特質論在這個議題上意見分歧；佛洛依德理論偏重於遺傳；人本論、社會學習論、認知論和自我理論要不是強調環境為行為的決定因素，不然就強調個人與環境的互動是人格發展和人格差異的來源。

2. **學習歷程與先天的行為法則**。有些理論強調人格是透過學習而塑成，另有些則認為人格發展是依循內在的時間表。特質論在這方面依然意見不一；佛洛依德

理論偏重內在決定因素的觀點；人本論抱持樂觀的論點，即經驗改變了人們；社會學習論、認知論和自我理論很清楚地支持「行為和人格隨著後天的學習經驗而演變」的觀點。

3. 強調過去、現在或未來。特質論強調過去的起因，不論是先天或學得的；佛洛依德理論強調童年早期的過去事件；社會學習論強調過去的強化和當前的後效關聯性；人本論強調當前的現實或未來的目標；認知論和自我理論則強調過去和現在（假使涉及目標設定的話，也強調未來）。

4. 意識與潛意識。佛洛依德的理論強調潛意識歷程；人本論、社會學習論和認知論強調意識歷程；特質論很少注意這方面分野；自我理論則在這一點上不清楚。

5. 內在素質與外在情境。社會學習論強調情境因素；特質論側重素質的因素。其他理論則大致上強調個人變項與情境變項之間的交互作用。

第七節　人格評鑑

在理解和描述人類人格的嘗試上，研究人員抱持兩個基本假設：(1) 人們擁有一些個人特性，這使得他們的行為具有連貫性；(2) 這些特性可被評鑑或測量出來。人格測驗也必須符合信度和效度的標準（參考第 9 章）。在追求這些目標的前提下，人格測驗可被分類為客觀測驗和投射測驗。心理學家通常結合不同的測量，以取得對於當事人人格充分的理解。

一、客觀測驗

人格的客觀測驗是指那些在計分和施行上相對簡易，而且遵循良好界定的一些規則的測驗。有些客觀測驗是以電腦進行評分，且甚至透過電腦程式解讀測驗分數。最後的分數經常已被換算為沿著單一維度（如適應 vs. 適應不良）計量的單一數值；或呈現為在不同特質上（如衝動性、依賴性或外向性）的一組分數，以便對照於所公布之常模樣本的分數。

自陳量表（self-report inventory）是客觀測驗的一種，受試者針對一系列問題回答關於自己的思想、情感和行動。「吳德沃斯個人事實表格」（Woodworth Personal Data Sheet，編製於 1917 年）是第一份針對個人適應問題而編製的自陳量表，它發問的問題如：「你經常受到惡夢的驚嚇嗎？」（見 *DuBois, 1970*）今天，個人接受人格量表（personality inventory）的測驗時，他需要閱讀一系列陳述，然後根據自己的真實情

形指出每個陳述為「是」或「否」。另有些量表則要求受試者評定所陳述事件發生的頻率，或所陳述內容符合自己現況的程度。

最經常被使用的人格量表是「明尼蘇達多相人格量表」（Minnesota Multiphasic Personality Inventory，簡稱 MMPI）（*Dahlstrom et al., 1975*）。它在許多臨床場合中被用來協助對病人進行診斷，以及引導對病人的治療。此外，我們也將簡要討論「NEO 人格量表」（NEO-PI），它被廣泛使用在正常的一般人身上。

(一)MMPI

MMPI 是在 1930 年代由心理學家 Starke Hathaway 和精神醫療學家 J. R. McKinley 於明尼蘇達大學共同編製完成，且在 1940 年代首度發行（*Hathaway & McKinley, 1940, 1943*）。它的基本目的是依據一套精神疾病的分類標準來診斷人們。第一份測驗是由 550 個題目所組成，受試者針對每個題目回答自己情況為「是」、「否」或「不一定」。從該題庫中，研究人員挑選出跟精神醫院中的病人所呈現各種困擾有關的題目，據以編製成量表。

MMPI 量表不同於當時另一些既存的人格測驗，因為它在編製上採取的是「實徵」（empirical）策略，而不是一般的「直覺」（intuitive）策略。只有當測驗題目能夠清楚辨別兩組受試者時——例如，辨別精神分裂症病人與正常人們（對照組）——這樣題目才被收編在量表中。每個題目還必須通過效度的考驗，也就是同組內的成員對該題目的回答大致相同，但兩組之間的回答卻相異。因此，測驗題目的挑選不是依據理論基礎（題目內容在專家看來代表什麼意義），而是依據實徵基礎（這些題目是否能夠辨別兩組人們）。

MMPI 包含 10 個臨床量表，每個量表是建構來區別一個特殊臨床組（如罹患精神分裂症的人們），以有別於正常的對照組。MMPI 的另一個特色是涵括四個用來偵察可疑之作答型態的效度量表（validity scales），它們的作用是在檢驗受試者的作答是否明顯做假、草草答題、自我防衛或隱瞞不答——這些因素可能使得受試者的應答失真。當解讀 MMPI 分數時，主試者首先檢核效度量表，確認該測驗結果的有效性後，再檢視其餘分數。分數的分布型態就構成個人的 MMPI 側面圖（profile）——可拿來跟特定組別的共同側面圖進行比較，諸如重刑犯或賭徒。

在 1980 年代中期，MMPI 經歷一次重大修訂，它現在被稱為 MMPI-2（*Butcher et al., 2001*）。MMPI-2 在語言和內容上重新修正，以便更適切反映當前社會的一些變遷，而且以新的母群提供常模的資料。MMPI-2 也增添 15 個新的內容量表（content scales），它們部分地是採用理論方法（theoretical method）推衍出來。表 13-6 列出 MMPI-2 的臨床量表，你可以看到大部分的臨床量表測量幾個相關的概念。

MMPI-2 的優點包括容易施測、經濟、有助於心理病態的診斷（*Butcher, 2004;*

表 13-6　MMPI-2 臨床量表

臨床量表	模擬題目（回答「是」）
慮病（Hs） 過度關注自己的身體功能	有時候我的胃腸強烈抽搐
憂鬱（D） 悲觀、無助、思想緩慢而行動遲緩	我很少覺得生命是有趣和值得的
轉化型歇斯底里（Hy） 潛意識地利用身體和心理問題來逃避衝突或責任	有時候我覺得好像有東西正在我頭腦中壓迫我
反社會偏差（Pd） 漠視社會習俗、情感淡薄、無法從經驗中學習	我希望我能重做一些我已經做過的事情
男性化－女性化（Mf） 區別傳統性別角色的題目	我以往喜歡體操課上的舞蹈動作
妄想（Pa） 不正常的懷疑、誇大妄想或被迫害妄想	人們對我的誤解令我苦惱
精神衰弱（Pt） 強迫性意念、衝動性行為、恐懼、罪惡感、猶豫不定	我腦海中有時候會掠過一些恐怖的事情
精神分裂（Sc） 怪異、不尋常的思想或行為、退縮、幻覺、妄念	我身邊的事物不像是真實的
輕躁（Ma） 情緒興奮、意念飛馳、過動	我的思維有時候太快而令我趕不上它
社交內向（Si） 害羞、對他人漠不關心、不安全感	當跟別人討論事情時我容易中途退出

Butcher & Rouse, 1996）。此外，該測驗的題庫（item pool）可被使用於許多目的。例如，你可以建立一個「創造力量表」——經由找出具有創造力和不具創造力的兩組人們，然後決定他們在哪些 MMPI 題目上的應答相異。多年以來，心理學家透過這種方式已開發和驗證好幾百個特殊用途的量表。對研究人員而言，MMPI 最吸引人的特色之一是超過 50 年來所蒐集關於 MMPI 側面圖的大量檔案資料。因為所有這些人以標準化方式在相同題目上接受測驗，他們可以被拿來在傳統的臨床量表上進行比較，或拿來在特殊用途的量表上（就像我們新的「創造力」量表）進行比較。但如同任何評鑑工具，研究人員必須審慎評估 MMPI 和 MMPI-2 在每種特定用途上的信度和效度（Creene et al., 1997）。

(二)NEO-PI

NEO 人格量表（NEO Personality Inventory, NEO-PI）是設計來評鑑正常成年人的人格特徵，它測量的是我們先前所討論之人格的「五大因素模式」。假使你接受

NEO-PI 的測量，你將拿到一份側面圖，顯示你在這五個維度上（神經質、外向性、開放性、親和力及審愼度）相較於廣大常模樣本的標準化分數。新近的 NEO-PI-3 評鑑在五大因素內組成的 30 個各別特質（*McCrae et al., 2005*）。例如，神經質維度被解析爲六個面向量表（facet scales）：焦慮、憤怒敵意、抑鬱、自覺意識、衝動及脆弱。大量研究已證實 NEO-PI 的維度是同質的、高度可信賴的，以及顯現良好的效標效度和構念效度（*McCrae et al., 2004, 2011*）。NEO-PI 已被用來研究生命全程的人格穩定性和變動，也被用來探討人格特徵與身體健康及各種生活事件（如職業成就或提早退休）之間的關係。

二、投射測驗

　　你是否有仰望天上白雲的經驗？你是否覺得某朵雲彩像是一張臉孔或一種動物的外形？如果你這時候問你身邊的朋友，他可能覺得是一隻蜥蜴、一朵牽牛花或另一些相當不同的事物。心理學家在人格評鑑上使用投射測驗就是根據這個相同的原理。

　　在投射測驗（projective tests）中，受試者被提供一系列故意模稜兩可而曖昧的刺激，諸如抽象的圖案、不完整的圖形，或是能夠以許多方式加以解讀的圖畫。受試者然後被要求描述該圖案、完成該圖形，或針對該圖畫說個故事。最後，主試者透過分析受試者的各種不同應答，以推斷受試者的一些人格屬性。在投射測驗中，呈現模糊刺激的主要目的是在引起受試者的種種想像，使得他的動機、情感、焦慮、衝突、價值觀或願望等在不知不覺中投射出來。

　　投射測驗最早是由精神分析學家所發展出來，他們希望藉由這類測驗以揭露病人潛意識的人格動力。目前，投射測驗是心理醫生最普遍使用的評鑑技術之一（*Butcher & Rouse, 1996*）。它們在美國之外也經常被使用，諸如在荷蘭、香港和日本，甚至比起像 MMPI 這類客觀測驗還更頻繁使用（*Piotrowski et al., 1993*）。客觀測驗在非美國的母群中往往不容易適當翻譯或適當標準化。投射測驗則對於語言轉換較不敏感。我們接下來檢驗兩種最常被使用的投射測驗，羅夏克墨漬測驗（Rorschach Ink-Blot Test）和主題統覺測驗（Thematic Apperception Test, TAT）。

(一) 羅夏克墨漬測驗

　　這項測驗是由瑞士精神科醫生 H. Rorschach 於 1921 年所編製。測驗材料是以墨汁滴在紙上，對摺擠壓再攤開後所形成的對稱墨漬圖案。羅氏測驗包括有 10 張這類的墨漬圖案，前 5 張是黑色墨漬，後 5 張則是彩色（參考圖 13-6）。施測時，主試者拿一張圖片給受試者，然後問他「你看到什麼？它像是什麼東西？你儘量作答，答案沒有所謂的對錯。」主試者在測驗過程中需要記錄受試者所說的話、第一次作答前的

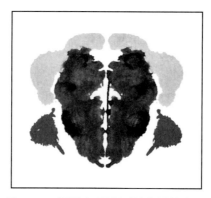

圖 13-6　羅夏克墨漬測驗的圖片之一

你看到什麼？你對這個墨漬圖案的解讀是否透露了關於你人格的一些事情？

時間、完成每張卡片所需時間，以及持卡的方式或轉動的角度。然後在第二階段的「詢問」中，主試者先提醒受試者先前的作答，要求他們進一步加以解說，也就是詢問他們是對圖片的哪個部位產生反應，或墨漬的什麼特徵使他們產生該印象等。

　　受試者的反應主要是根據四個特性加以計分：⑴ 反應區位（location），受試者是依據圖案的整體還是部分進行作答，即反應部位的大小；⑵ 反應內容（content），即受試者把圖案看成什麼東西，通常可分類為人形、動物、物件或解剖物等；⑶ 反應的決定因素（determinant），決定反應內容的是形狀還是顏色，動態還是靜態；及⑷ 反應的普遍性（popularity），受試者的作答跟一般人相似或相異的程度。

　　你可能認為，曖昧的墨漬圖案將造成作答的歧異性而不容易解讀。事實上，研究學者已設計一套包容廣泛的計分系統，它容許對不同受試者的作答進行有意義的比較（*Exner, 2003; Exner & Weiner, 1994*）。研究學者也已成功建立起反應型態與正常人格特徵之間的關係，以及建立起反應型態與心理病態之間的關係。即使如此，關於評分系統的效度和羅氏測驗的效度，這方面仍然存在一些爭議（*Exner, 2003; Garb et al., 2005*）。

㈡TAT

　　主題統覺測驗是美國心理學家 Henry Murray 於 1938 年編製，這套測驗共有 19 張主題不明確的黑白圖片（以及一張空白圖片，以供受試者自由想像，編個故事），圖片內容以人物或景物為主。施測時，受試者被要求針對每張圖片編個故事，說出圖片中所發生事件的背景，描述圖片中的人物在做些什麼、想些什麼、將會發生些什麼，以及最後的結局如何。

　　TAT 的原理是讓受試者當編造故事時，不知不覺地把他內心的衝突、需求、動機或情感等在故事中宣洩出來，也就是藉由故事人物把自己內心深處的欲求和衝突表現出來。所以當解讀測驗結果時，主試者必須特別注意受試者所想像的故事主題，找出

故事中的主角或「英雄人物」。Murray 認為這個主角往往就是受試者所假定的自我化身，經由分析主角人物在故事中的心理需求，即為受試者自身的需求。

　　TAT 可用在臨床上，以找出病人的情緒困擾；它也可用在正常人們身上，以找出受試者的主要需求，如權力需求、親和需求和成就需求等（*McClelland, 1961*）。經過幾十年來的研究，TAT 已被證實是成就需求的有效測量工具（*Spangler, 1992*）。

　　通常，人格測驗是從特定的人格理論推衍出來。我們在前面獲致的結論是，每種理論都適當闡明了人類經驗的不同層面。我們在人格測驗上也可獲致大致相同的結論：每種人格測驗都具有潛能提供關於當事人人格的獨特洞察力。臨床人員當施行人格評鑑時，他們經常結合使用多種測驗；例如，羅氏測驗和 MMPI 可被視為是互補的。在許多情況下，得自客觀測驗（甚至是以電腦為依據的分析）的側面圖有助於研究人員準確預測特定的結果；在另一些情況下，我們需要臨床專業和老練的直覺以補充客觀的常模。實際上，當每種途徑的優勢被結合起來後，所做的預測往往才最具效力。

第十四章

心理疾患

這一章中，我們將論述心理疾患的本質和起因：它們是些什麼？它們為什麼會發展出來？我們如何能夠解釋它們的起因？下一章中，我們將依據這方面知識以描述心理疾患之治療和預防上的各種策略。研究已指出，美國 18 歲以上的人們中，46.4% 的人曾經在他們生活的若干時候受擾於心理疾患（*Kessler et al., 2005a*）。

第一節　心理疾患的本質

我們在這裡將檢視心理功能在怎樣的範圍內將被視為不健康或失常，或通常被稱為「心理病態」（psychopathology）或「心理疾患」（psychological disorder）。心理功能失常涉及情感、行為或思考歷程的障礙，這導致個人的苦惱，或妨礙個人達成重要目標的能力。變態心理學（abnormal psychology）領域就是在探討人格的不良適應、偏差行為的成因、症狀的特性及分類，以及偏差行為的診斷、預防及治療等題材。

一、什麼是異常？

當我們說一個人「異常」（abnormal）或「蒙受心理疾患」時，這代表什麼意思？心理學家和另一些臨床人員如何決定什麼是異常？所謂的正常行為與異常行為之間始終有清楚的分野嗎？讓我們考慮你可能用來標示行為為「異常」的 7 個標準（*Butcher et al., 2008*）。

1. 苦惱或失能（**distress or disability**）。當事人發生個人困擾或功能障礙，這造成有身體或心理衰退的風險，或失去了行動的自由。例如，當事人每次離開家門就淚流不止，這使得他無法追求普通的生活目標。

2. 不良適應（**maladaptiveness**）。當事人的行為方式妨礙了目標追求、不能促進個人的福祉，或強烈干擾了他人的目標和社會的責任。例如，當事人長期酗酒而無法保住工作，或因為酒精中毒而可能危害他人——這些就是不良適應的行為。

3. 不合理的言行（**irrationality**）。當事人的言談或舉止顯得失去理性（不合理），或不容易被他人所理解。例如，當事人認為自己聽見客觀現實上不存在的聲音，而且據以採取行動。

4. 不可預測性（**unpredictability**）。當事人在各個情境中的行為顯得不可預測或變化無常，就像是處於失控狀態。例如，一位小孩沒有明顯原因而揮拳打破

窗戶。

5. 不符合習俗和統計上的稀少性（**unconventionality and statistical rarity**）。當事人的行為方式在統計上相當稀少，而且違背了所被接受或期望的社會準則。然而，僅是統計上的不尋常，仍不足以導致心理異常的判斷。例如，擁有天才水準的智力極為稀少，但也被視為是合意的。另一方面，擁有極低的智力也相當稀少，卻被視為是不合意的；因此，這種情形通常被標示為異常的。

6. 觀察者的不舒適（**observer discomfort**）。當事人的行為方式使人們感到威脅或苦惱，造成他人的不舒適。例如，當事人走在人行道中間，大聲自言自語，造成他人的惶恐而紛紛走避。

7. 違反道德和理想的準則（**violation of moral and ideal standards**）。當事人違反了社會規範中關於個人適當舉止的期待。根據這個標準，假使個人不從事工作或不信仰上帝，他可能被另一些人視為異常的。

你需要注意的是，「異常」的這些指標往往不是絕對不移的。考慮最後一個標準，如果你不從事工作，即使這不符合社會規範，但這表示你心理異常嗎？再以「症狀」而言，在美國文化中，幻覺（hallucinations）被認為是「不好」的，通常是心智混淆的徵兆。但是在另一些文化中，幻覺被解讀為是來自神靈力量的神秘洞察力，因此是屬於「好」的成分。此外，「異常」的概念在同一社會中可能會隨著時間而變動。例如，在四、五十年前，大多數美國人認為吸大麻菸、在海灘上全裸，或同性朋友公開的親暱行為等是屬於異常範圍。但是，現在大多數人只覺得這是個人生活型態的問題，不算是異常行為。

這表示當為行為貼上「異常」的標籤時，假使我們能夠找到一種以上的指標，我們對所做的判斷才較有信心。此外，當這些指標愈趨極端而普及時，我們也將較有信心它們指出異常狀況。但這些標準中，沒有一個是所有異常個案都應有的「必要」條件。同樣的，在辨別異常行為與正常行為上，也沒有單一標準能夠作為這項區分的「充分」條件。正常與異常之間的分野較不是屬於兩個獨立類型的行為之間的差異，而較是「程度」上的問題──當事人的行為多麼相似於一套被認定之異常的標準。這表示你最好把心理異常視為一個連續頻譜（continuum），它在「心理健康」與「心理疾病」之間的範圍內變動。換句話說，正常與異常之間的劃分是相對的，而不是絕對的。

二、客觀性的問題

當宣稱一個人有「心理異常」時，這樣的決定始終是對於行為的一種判斷。研究人員的目標是設法「客觀地」從事這些判斷，以避免任何類型的偏誤。對一些心理

疾患而言，像是憂鬱症或精神分裂症，它們的診斷較容易符合客觀性的標準。但另一些病例則較爲疑難。如我們在心理學研究上經常看到的，行爲的意義是由它的內容（content）和它的背景（context）所共同決定。同樣的舉動在不同環境中可能傳達非常不同的意義。例如，一個男人親吻另一個男人，它在美國可能代表同性戀關係；在法國可能代表儀式化的問候；在義大利西西里地方可能代表黑手黨的「死亡之吻」。因此，行爲的意義總是視背景而定。

　　一旦個人被貼上「異常」的標籤，人們將傾向於據以解讀他隨後的行爲，因而確認了該判斷。David Rosenhan（*1973, 1975*）及其同事們實際證明，個人在一個「瘋狂的地方」似乎不太可能被判斷爲「神智健全」。在這項研究中，總共 8 位神智健全的成年人僞裝自己發生了一種症狀：幻覺。結果他們 8 個人都被獲准住進不同的精神病院中。他們的診斷書上要不是寫上「妄想型精神分裂症」，不然就寫上「雙極性疾患」。從獲准住院之後，這 8 個僞裝的病人在每方面隨即恢復正常的行爲方式。然而，當一位神智健全的人處於「瘋狂的地方」時，他很可能也會被判定爲精神不正常，而且他的任何行爲可能被重新解讀以符合該背景。假使僞裝的病人以合理的方式跟醫院的職員討論自己的處境時，他們被報告爲正在使用「理智化作用」（intellectualization，以冷靜而理智的方式分析問題而忽視情緒及感覺的一種防衛機制）以防衛自己。當他們記錄下自己在病院中的觀察時，這樣行爲被視爲是「書寫行爲」的證據。平均下來，這些僞裝的病人在病房中住了幾近三個星期，沒有一個人被醫院職員（包括醫師在內）認出是神智健全的人。當他們最後被釋放時——在他們配偶或同事的擔保之下——他們的出院診斷書上仍然寫著「精神分裂症」，但屬於「緩解期」。這也就是說，他們的症狀目前不活躍。這項研究說明了關於異常的判斷往往受到另一些因素的不當影響，不完全是針對行爲本身進行判斷。

　　根據精神醫療學家 Thomas Szasz 的看法，心理疾病甚至是不存在的，它只是一個「迷思」（myth）（*1974, 2004*）。Szasz 表示，各種症狀被使用來作爲心理疾病的證據，但它們僅是一些醫療上的標籤，以核准專業治療介入所謂的社會問題——即實際上只是一些偏離常軌的人們違反了社會規範。心理學家 Laing 認爲，心理診斷經由把新奇和不尋常視爲「精神不正常」，而不是視爲「有創意的天賦」，這不但傷害了當事人，也將會斲傷社會的推動力。

　　很少臨床人員會走到這麼遠，主要是因爲大部分研究和治療的焦點是在於理解及緩和個人的苦惱。對於大多數我們在這一章將描述的疾患而言，當事人感受到自己行爲爲異常的，或不能良好適應所處的環境。即使如此，從上面的論述中，你可以預期在「異常」方面可能不存在完全客觀的評鑑標準。

三、心理疾患的分類

心理診斷（psychological diagnosis）是透過把所觀察的行為型態歸類在一套被公認的診斷系統中，以便為異常狀態貼上適當的標籤。這樣的診斷在許多方面比起醫學診斷是更為困難的事情。在醫療背景中，醫生可以依賴物理上的證據，諸如 X 光、血液檢驗和活體組織切片檢查，以便為診斷上的決定提供充分的資訊。但是在心理疾患的情況中，診斷的證據是來自對當事人行動的解讀。為了製造臨床人員之間較高的一致性，也為了促進他們診斷評估上的連貫性，心理學家已協助開發了一套診斷與分類的系統，以便為症狀提供精確的描述，以及提供另一些準則以協助臨床人員判定當事人的行為是否為特定疾患的徵候。

為了發揮最大功能，診斷系統應該提供下列三種效益：

- **共通的速記語言**。為了促使精神病理學領域的臨床人員和研究人員能夠快速、清楚而有效地傳達相關的資訊，他們需要採用一套共通的術語，每個術語具有共同認定的意義。這表示每個診斷類別（如「憂鬱症」）概述了廣延而複雜的一組資訊，包括該疾患特有的症狀和典型的進程。
- **病原的理解**。理想上，特定疾患的診斷應該清楚說明症狀的起因。但因為研究人員在許多心理疾患上對於病原持有不同看法或認識還不充足，這個目標仍有待進一步努力。
- **治療方案**。這套診斷系統也應該指出，針對特定疾患應該考慮什麼形式的治療。研究人員和臨床人員已發現若干治療法對於特定種類的心理疾患最具成效。例如，有些藥物對於治療精神分裂症相當有效，但卻無助於或甚至有害於憂鬱症病人。隨著關於治療之有效性和專對性方面知識的更大進展，這將使得快速而可靠的診斷變得更為重要。

(一) 分類的歷史透視

在整個歷史中，人類始終畏懼心理疾患，經常把它們與邪惡力量聯想在一起。基於這份恐懼，對於被視為怪異或變態的任何行為，人們傾向於採取敵視及攻擊的反應。當有人展現這樣的行為時，他們通常被監禁起來，接受一些激進而不人道的處置。直到 18 世紀後期，精神不正常的人在西方社會中仍被視為是不具理性的「野獸」，只能採用鐵鏈和體罰加以控制。

到了 18 世紀後半段，關於變態行為之起源的一種新觀點出現了——人們開始視那些有心理問題的人為「病人」，他們只是罹患疾病而已，而不是「被附身」，也不是「不道德」。因此，各地的精神病院逐漸採取一些革新措施。Philippe Pinel（1745-1826）是第一位利用這些觀念試圖建立起一套分類系統的臨床醫生。他認為

就像身體、器質的疾病一樣，我們也能依據思維、心境及行為等失調狀況來為心理障礙建立起分類系統。根據這樣的系統，每種疾患具有一組特定的症狀，足以區別於其他疾患，也有別於健全的功能運作。這樣的系統是取法博物學家所採用的生物學分類系統，目的在於協助臨床醫生更容易辨識一些普通的疾患。

1896 年，德國的一位精神病醫師 Emil Kraepelin（1855-1926）負責編製第一套真正總括性的心理疾患分類系統。因為他相信心理問題必然具有身體基礎，他授予心理診斷與分類的歷程具有醫療診斷的色彩，這樣的色彩在今日的診斷系統中依然被保存。

㈡DSM-IV-TR

在美國地方，最被廣泛接受的分類系統是由「美國精神醫學會」所開發的系統。這套系統被稱為《心理疾患診斷與統計手冊》（*Diagnostic and Statistical Manual of Mental Disorders*，簡稱 DSM）。最新近版本是在 2000 年發行，也就是第四版的修訂版，它被臨床人員和研究人員稱為 DSM-IV-TR。它對超過 200 種的心理疾患進行分類、界定及描述。

DSM-IV-TR 強調的是對症狀型態和疾病進程進行「描述」，但不涉及病原理論或治療策略。純粹描述性的術語使得臨床人員能夠採用共通的語言以描述問題，但是關於何種理論模式最妥當「解釋」該問題，則留下空間給不同的見解和進一步的研究。DSM-IV-TR 跟「世界衛生組織」（WHO）所制定的「國際疾病分類」（International Classification of Diseases, ICD，另一套盛行的分類系統）第十版有充分的相容性。

為了鼓勵臨床人員考慮可能跟心理疾患有關聯的心理因素、社會因素及身體因素，DSM-IV-TR 採用多維度或多軸向（axes）的評鑑制度，以便納入所有關於這些因素的資訊（參考表 14-1）。大部分主要的臨床疾患被容納在第一軸向；它包含所有在兒童期出現的疾患，除了智能不足外。第二軸向收錄智能不足和人格疾患；這些問題可能伴隨第一軸向的疾患。第三軸向納入關於一般醫學狀況的資訊，如糖尿病，它們可能跟理解或治療第一軸向或第二軸向的疾患有關聯。第四軸向和第五軸向提供補充資訊，這些資訊當規劃當事人的治療或評估預後（prognosis）時可以被派上用場。第四軸向評估心理社會和環境的問題，它們有助於解釋病人的壓力反應或他們因應壓力的資源。在第五軸向上，臨床人員評估當事人整體的功能水平。DSM-IV-TR 系統上的充分診斷需要考慮這每一個軸向。

四、心理病態的起因

病原學（etiology）是指以專門研究疾病原因為目的的一門學科，也就是探討什

表 14-1 **DSM-IV-TR** 的五個軸向

軸向	訊息種類	描述
第一軸向	臨床疾患	這些心理疾患所呈現的疾狀、行為型態或心理困擾典型地為個人帶來痛苦，或損害個人的功能運作。它包括在嬰兒期、兒童期或成年期出現的許多疾患。
第二軸向	① 人格疾患 ② 智能不足	這些是關於個人知覺外界及應對外界上功能不良的行為型態。
第三軸向	一般醫療狀況	這個軸向記錄身體方面的疾患，以有助於我們了解或治療個人在第一軸向及第二軸向上的心理疾患。
第四軸向	心理社會及環境的問題	這個軸向記錄心理社會及環境方面的壓力源，這些壓力源可能影響了個人疾患的診斷與治療，以及影響復原的可能性（預後）。
第五軸向	整體適應功能的評估	這個軸向記錄個人在心理、社會及職業領域中，當前適應功能的整體水平。

麼因素引起或促成心理問題和醫療問題的發展。當我們知道疾患為什麼發生，它的起源是什麼，以及它如何影響思考、情感及行為歷程時，這可以導致新的治療方式，然後可能的話加以預防。

(一) 生物途徑

建立在醫學模式的傳統上，現代生物途徑假定，心理失調是直接起源於基礎的生理因素。這方面最經常探討的題材是大腦的結構異常、生化作用，以及遺傳影響力。

大腦是一個複雜的器官，它交互關聯的各個成分必須維持精密的平衡。大腦的化學信差（神經傳導物質）或它組織上的微妙變化可能產生重大影響。遺傳因素、腦部損傷及病毒感染便是屬於這些變化的一些起因。我們在前面的章節提過，腦部造影技術的進展已使得心理健康專業人員能夠直接觀察大腦的結構和特定的生化歷程，不必借助外科手術。利用這些技術，生物取向的研究人員正試圖找出心理疾患與大腦特定異常之間的關聯。此外，行為遺傳學領域的持續進展已大為增進研究人員的能力，以便檢定特定基因與心理疾患的呈現之間的關聯。

(二) 心理途徑

心理途徑強調心理因素或社會因素在心理病態發展上的致因角色。這方面途徑視個人歷程、創傷、衝突及環境因素為心理疾患的根源。

1. 心理動力論的模式。就像生物途徑，心理動力模式主張心理病態的起因位於個體內部。然而，根據佛洛依德的說法，這種內在致因是心理層面的，而不是生物層面。佛洛依德相信，許多心理疾患僅是所有人都會經歷之精神衝突和自我

防衛的「正常」歷程的一種延伸。在心理動力的模式中，童年早期經驗塑造了正常行為和異常行為二者。

在心理動力的理論中，行為是受到人們通常察覺不到的驅力及願望所推動。心理病態的症狀植根於潛意識的衝突和思想。假使潛意識是衝突對立而充滿緊張的，當事人將會受擾於焦慮和另一些疾患。大部分這類精神衝突是源於本我（id）與超我（superego）之間的搏鬥。自我（ego）在正常情況下擔任這場搏鬥的仲裁者；然而，因為童年的偏常發展，自我達成這種功能的能力可能大為弱化。個人於是訴諸防衛機制（如壓抑作用或否認作用），以試圖避免帶有衝突性的動機和焦慮所引起的痛苦。但如果防衛機制被濫用，它們將會扭曲現實或導致自我挫敗的行為。如此一來，個人就沒有太多剩餘的精神能量以追求有生產力而令人滿足的生活。

2. **行為主義的模式。**行為理論學家重視可觀察的反應，他們毫不採信假設性的心理動力歷程。就如有益健康的行為一樣，這些理論家主張，偏常行為也是以相同方式獲得，也就是透過學習和強化。他們強調的是當前的行為，以及維持該行為的當前條件或強化。心理疾患症狀的產生，乃是因為個人已學得自我挫敗或無效的行為方式；只要找出維持任何不良、偏常行為的環境關聯性（後效），研究人員或臨床人員就可以採取一些干預以改變那些關聯性（後效），進而消除不想要的行為。行為主義學者依據古典制約模式和操作制約模式二者，以理解可能造成不良適應行為的一些歷程。

3. **認知論的模式。**心理病態上的認知透視通常是被用來補充行為觀點。認知的透視主張，心理疾患不一定能夠在刺激環境、強化物及外顯反應的客觀現實中找到根源。我們也應該重視人們對自己、對自己與他人的關係，以及對自己與環境的關係的知覺方式或思考方式。許多認知變項可能引導（或誤導）個人的適應性反應，包括個人對重要強化物自覺的控制程度、個人對自己因應威脅性事件的能力所持的信念，以及個人是從情境因素或個人因素的角度解讀生活事件。至於心理問題的起因，認知模式主張是源於個人對情境現實的知覺扭曲、謬誤的推理，或不良的問題解決方式。

4. **社會文化的模式。**社會文化的透視強調文化在偏常行為的診斷和病原二者上所扮演的角色。這表示同樣行為可能在不同文化中以不同方式被解讀。換句話說，特定類型的行為在怎樣的門檻將會引起個人適應上的困擾，這部分地將是取決於該行為在它的文化背景中如何被看待。關於病原方面，人們所生活的特定文化情勢可能劃定了環境的範圍，使得他們容易發生一些不一樣類型（或亞型）的心理病態，即所謂文化限定症候群（culture-bound syndromes）。

值得注意的是，今日的研究人員在心理病態上逐漸採取「交互作用論」

（interactionist）的透視，也就是視之爲是一些生物因素與心理因素之間複雜交互作用的產物。例如，遺傳素質透過影響神經傳導物質濃度或激素濃度，可能使得當事人容易發生心理疾患，但是該疾患的充分成形可能還需要心理壓力、社會壓力或一些學得行爲的推波助瀾。

第二節　焦慮性疾患

　　每個人都曾經在一些生活處境中感到焦慮或恐懼。但是對有些人而言，焦慮造成了過度困擾，已足以妨礙他們有效運作的能力，或干擾了他們享受日常生活。根據估計，大約 28.8% 的成年人在某些時候經歷各種焦慮性疾患（anxiety disorders）所特有的症狀。雖然焦慮在這每一種疾患上扮演關鍵角色，但是焦慮被感受的範圍、焦慮的嚴重程度，以及引發焦慮的情境隨著不同疾患而有所差別。我們以下評述五種主要的焦慮性疾患。

一、廣泛性焦慮疾患

　　當個人在大部分時間中都感到焦急或憂慮，且至少持續 6 個月以上，但並未受到任何特定危險的威脅時，就會被診斷爲廣泛性焦慮疾患（generalized anxiety disorder）。該焦慮通常針對特定的生活處境，諸如不切實際地擔憂經濟狀況，或擔憂所關愛的人的身體安全。該焦慮被表達的方式——即特有的症狀——隨不同人們而有差異，但是爲了廣泛性焦慮疾患的診斷能夠成立，病人還必須受擾於至少另三種症狀，諸如肌肉緊張、疲倦、坐立不安、難以保持專注、暴躁易怒或睡眠障礙等。在美國成年人中，5.7% 發生過廣泛性焦慮疾患（*Kessler et al., 2005a*）。

　　因爲當事人的焦慮無法被控制或擱置，廣泛性焦慮疾患將會導致生活功能的損害。隨著注意力焦點都放在焦慮來源上，當事人就沒有剩餘心力以照顧社交關係或工作責任。這些困擾再混合跟該疾患有關的身體症狀，就使得問題更爲惡化。

二、恐慌性疾患

　　對照於廣泛性焦慮疾患的長期出現焦慮，恐慌性疾患（panic disorder）的病人經歷不預期、嚴重的恐慌發作（panic attacks），可能只持續幾分鐘。這些發作初始是一種強烈憂慮、懼怕或驚恐的感受。伴隨這些感受的是焦慮的身體症狀，包括自律系統的過度活動（如心跳加速）、昏眩、虛弱乏力，或窒息而透不過氣來的感覺。這樣的

發作是出其不意的，它們不是由該情境中的一些具體事物所引起。當個人重複發生不預期的恐慌發作，也開始持續擔憂會有另一次發作的可能性時，便會被診斷為恐慌性疾患。研究顯示 4.7% 的美國成年人發生過恐慌性疾患（*Kessler et al., 2005a*）。

在 DSM-IV-TR 中，恐慌性疾患的診斷必須註明它是否同時伴隨懼曠症的出現。懼曠症（agoraphobia）是指個人極度害怕置身於公共場所或開放的空間，因為這將使得他難以逃脫或可能出醜。懼曠症病人經常害怕像擁擠的房間、購物中心、巴士、飛機及地下鐵等這些處所。他們通常也擔憂，假使他們在家庭之外發生一些麻煩，諸如膀胱失控或恐慌發作的症狀，他們可能來不及獲得援助，或這樣處境將會令他們感到困窘。這些恐懼因此剝奪了他們的自由；在極端的病例上，他們實際上成為自己住家的囚犯。

三、恐懼症

當面對客觀上可辨識的外在危險時（如家中失火，或遇到街頭搶劫），個人的恐懼（fear）是一種合理反應，這可以促使他逃離，或採取自衛的反擊。對照之下，恐懼症（phobia）病人是對特定的物件、活動或情境懷有一種持續而不合理的恐懼——當考慮實際的威脅情況時，這樣的恐懼顯得過度而不合理。

許多人對蜘蛛或蛇類（或甚至多重選擇題的考試）感到不安。這些輕度的恐懼不至於干擾人們執行他們日常的活動。然而，恐懼症卻妨礙了人們的生活適應，引起重大苦惱，以及阻礙了邁向目標所必要的行動。即使只是非常特定而似乎不起眼的恐懼症，也可能對個人整體生活造成重大的衝擊。DSM-IV-TR 界定兩類恐懼症：社交恐懼症和特定對象恐懼症（參考表 14-2）。

社交恐懼症（social phobia）是指個人當預期必須置身於大眾面前且受到他人觀察時，所產生的一種持續而不合理的恐懼。社交恐懼症病人害怕自己可能會因為行為失當而招致羞辱或困窘。當事人雖然也知道自己的恐懼有些過分而不合理，但仍然覺得受到該恐懼的逼迫而試圖避開可能被公開檢視的情境。社交恐懼症經常涉及自證預言（self-fulfilling prophecy）。當事人因為極為害怕他人的檢視和排斥，這所製造的過度焦慮可能實際上使得他的表現大打折扣。在美國成年人中，12.1% 的人發生過社交恐懼症（*Ruscio et al., 2008*）。

特定對象恐懼症（specific phobias）是針對幾種不同類型的物體或情境而發生。如表 14-2 所顯示，特定對象恐懼症被進一步劃分為幾個亞型。例如，當受擾於「動物型特定對象恐懼症」時，當事人可能對蜘蛛產生恐懼反應。在每種案例上，恐懼反應的產生可能是針對所害怕特定物件的實際出現，也可能只是預期它們的出現而已。研究顯示，美國有 12.5% 的成年人發生過特定對象恐懼症（*Kessler et al., 2005a*）。

表 14-2　常見的恐懼症

社交恐懼症（害怕被觀察，或害怕自己會因為行為失當而招致羞辱或困窘）
特定對象恐懼症
　動物型
　　貓（ailurophobia）
　　狗（cynophobia）
　　昆蟲（insectophobia）
　　蜘蛛（arachnophobia）
　　蛇類（ophidiophobia）
　　老鼠（rodentophobia）
　自然環境型
　　暴風雨（brontophobia）
　　高處（acrophobia）
　血液－注射－受傷型
　　血液（hemaphobia）
　　注射針（belonephobia）
　情境類型
　　狹窄空間（claustrophobia）
　　鐵路（siderodromophobia）

四、強迫性疾患

　　根據估計，美國成年人中大約 1.6% 在他們生活的某些時候發生過強迫性疾患（obsessive-compulsive disorder, OCD）（*Kessler et al., 2005a*）。強迫性意念（obsessions）是指一些思想、意象或衝動，儘管當事人努力加以壓抑，它們仍然反覆發生或持續浮現。這樣的強迫性意念不停侵入意識層面，雖然當事人明知那是不合常識或違反自己的意志，卻是無法加以控制或消除。你或許有過一些輕微的強迫性經驗，諸如腦海中闖入一些輕度的擔憂——「我是否眞正鎖好了大門？」或「我是否已關掉了瓦斯爐？」這些意念還不至於干擾你正常的生活運作，算不上是強迫症。但是，當強迫性思想極爲頑強，引起個人重大苦惱，以及嚴重干擾個人的社交活動或職業功能時，便構成了強迫症。

　　強迫性行爲（compulsions）是指爲了回應強迫性意念，而根據若干規則或以儀式化作風執行之重複而有目的的舉動。強迫性行爲的執行是爲了減除或預防與一些憂心的情境聯想在一起的不適感，但這樣的行爲要不是不合理，不然就是很明顯過度了。典型的強迫性行爲包括洗手、檢查電燈或家電是否已關好，以及清點物件或財產等不可抗拒的衝動。

　　至少在初始時，強迫症病人抗拒執行他們的強迫性行爲。當他們冷靜下來時，他

們也認爲自己的強迫性行爲是不合理的，然而，當焦慮升高時，儀式化強迫性行爲的作用似乎很誘人，因爲它們有助於減除緊張。強迫症病人的局部痛苦是他們的挫折所製造出來——雖然認識到他們強迫性意念之不合理或過激的本質，但是無力消除之。

五、創傷後壓力疾患

創傷後壓力疾患（posttraumatic stress disorder, PTSD）是一種焦慮性疾患，它的特徵是透過引人苦惱的回想、作夢、幻覺或往事閃現（flashbacks）持久而不斷地再度經歷創傷事件。人們可能針對強暴、危及性命事件、嚴重傷害及天然災難等發展出 PTSD。人們發展出 PTSD 可能出於兩種情況，一是他們自己身爲創傷事件的受害人，另一是他們目擊他人的受害經過。PTSD 病人也可能同時受擾於另一些心理病態，諸如重度憂鬱、物質濫用問題、性功能障礙及自殺企圖（*Pietrzak et al., 2011*）。

研究已顯示，美國成年人中大約 6.4% 在他們生活的某些時候發生過 PTSD（*Pietrzak et al., 2011*）。許多調查一致地指出，大約 80% 的成年人發生過至少一件可被界定爲創傷的事件，諸如嚴重的事故、悲慘的喪生、身體虐待或性虐待（*Green, 1994; Vrana & Lauterbach, 1994*）。一項研究以 1,824 位瑞典成年人爲對象，發現 80.8% 的人發生過至少一次創傷事件（*Frans et al., 2005*）。在這個樣本中，男性要比女性發生過較多創傷事件，但是女性發展出 PTSD 的可能性約爲男性的兩倍。研究人員表示，女性面對創傷事件時較大的苦惱有助於解釋這項差異。

有些創傷事件造成廣延的衝擊，研究人員試著探討這樣事件之後的 PTSD 盛行率。例如，在 2001 年 9 月 11 號發生恐怖攻擊事件兩年後，一項研究評估五角大廈職員的 PTSD 症狀（*Grieger et al., 2005*）。在該樣本的職員中，14% 報告有 PTSD 症狀。那些實際受過傷的人，或那些目擊過屍體的人受到的衝擊最大。另一項研究以隨後在伊拉克戰爭中服役的士兵爲對象（*Hoge et al., 2004*）。在他們爲戰鬥進行部署之前，5% 的士兵符合 PTSD 的診斷準則。在他們從伊拉克返回的 3 到 4 個月後，12.9% 的陸軍和 12.2% 的海軍發生 PTSD 症狀。

六、焦慮性疾患的起因

心理學家如何解釋焦慮性疾患的發展呢？我們前面提過關於病原的四種探討模式，讓我們看看每種模式如何增進我們對焦慮性疾患的理解。

(一) 生物的模式

許多研究學者指出，焦慮性疾患具有生物起源。我們爲什麼較常發展出對蜘蛛或

高處的恐懼，但對另一些危險源（如電流）的恐懼就較爲少見呢？有一種理論試圖提出解釋，它主張在人類進化史上，若干恐懼有助於提高我們祖先生存的機會。人類或許生來就帶有一種先天傾向，也就是準備畏懼那些在進化史中跟重大危險來源有關的任何事物。這個「預備性假說」（preparedness hypothesis）指出，我們攜帶著進化上的傾向，以便迅速而「不加思索」地應對曾經畏懼的刺激（*Öhman & Mineka, 2001*）。然而，我們也有另一些恐懼是針對在進化史中不具生存意義的物件或情境而發展出來，諸如對注射針頭、駕駛或升降梯的恐懼，但是「預備性假說」顯然無法合理解釋這類恐懼症。

有些藥物具有緩解焦慮症狀的作用，另有些則反而引起焦慮症狀，這爲焦慮性疾患的生物角色提供了證據（*Croarkin et al., 2011; Hoffman & Mathew, 2008*）。例如，我們在第3章提過，當大腦中的神經傳導物質 GABA 的濃度偏低時，人們經常產生焦慮感。腦部血清素的異常也與一些焦慮性疾患有關聯。如我們在第15章將會看到，若干影響 GABA 濃度的藥物已被使用來成功處理一些類型的焦慮性疾患。

研究人員也正運用造影技術以檢視這些疾患的腦部基礎（*Radua et al., 2010; van Tol et al., 2010*）。例如，PET 掃描已揭示，大腦血清素受納器的功能在恐慌症病人與控制組受試者之間呈現差異（*Nash et al., 2008*）。這些差異可能有助於解釋恐慌症的發作。作爲另一個例子，MRT 技術已揭示，強迫症病人的腦部有頗爲廣布的異常。例如，強迫症病人的一些腦區有較大的皮質厚度，這些腦區正常情況下使得人們能夠抑制行爲（*Narayan et al., 2008*）。這種腦部異常潛在地阻礙神經元之間的傳達，這可能局部地解釋爲什麼強迫症病人難以控制他們的行爲強迫性。

最後，家族和雙胞胎研究顯示，人們發生焦慮性疾患的素質具有遺傳基礎（*Hettema et al., 2005; Li et al., 2011*）。例如，對男性同卵雙胞胎而言，他們二者都發生社交恐懼症或特定對象恐懼症的機率一致地高於男性異卵雙胞胎的機率（*Kessler et al., 2001*）。仍然，我們有必要記住，先天與後天總是發生交互作用。

(二) 心理動力的模式

心理動力模式的基本假設是：焦慮性疾患的症狀源自潛在的精神衝突或恐懼。這些症狀是試圖保護當事人免於心理苦惱。因此，恐慌發作是潛意識衝突闖入意識層面的結果。在強迫症上，強迫性行爲被視爲是試圖替代另一有關但遠爲可怕的欲望或衝突所製造的焦慮。透過這樣的替罪儀式，當事人可以獲得一些緩解。因此，重複的洗手行爲可能象徵洗去個人雙手的罪過（不論是眞正或想像的罪過）。

(三) 行爲的模式

在解釋焦慮性疾患的症狀上，行爲模式把重點放在該症狀如何受到強化或制約。

如我們在第 6 章提過,行爲理論經常被使用來解釋恐懼症的發展,即這份恐懼被認爲是透過古典制約作用而形成。行爲模式主張,透過跟令人害怕的經驗配對呈現之後,原本中性的物件或情境就成爲引發恐懼的刺激。例如,小孩每當接近蛇類時,他母親就大聲尖叫以發出警告,最終這個小孩可能發展出對蛇類的恐懼症。經過這樣的經驗後,甚至想起蛇類也可能引起一陣恐懼。當個人從害怕的情境撤退下來,這時候發生的焦慮減除就造成恐懼症繼續被維持下去。

同樣的,行爲分析指出,強迫性行爲因爲降低與強迫性思想聯結在一起的焦慮,所以強化了該強迫性行爲。然後,執行強迫性行爲之後的焦慮減除使得強迫症繼續被維持下去。

(四) 認知的模式

認知模式強調,當事人的知覺歷程或態度可能扭曲了他如何評估自己正面臨的危險。這表示當事人要不是高估了威脅的本質或現實,不然就是低估了他自己有效因應該威脅的能力。例如,在對一大群人發表演說之前,社交恐懼症病人可能會這般餵養他的焦慮:

> 如果我忘了打算演說的內容,那怎麼辦?我將在所有這些人面前顯得笨拙。當這樣的場面發生時,我將變得更爲神經質,開始流汗,我的聲音將會發抖,這使我更顯得愚蠢。從此之後,每當人們看到我,他們就會記得我演說時那副出醜的模樣。

焦慮性疾患的病人經常把他們的苦惱解讀爲災難即將迫臨的徵兆。他們的反應剛好啓動了一種惡性循環——個人擔憂失去控制,這導致他的焦慮升高,這份焦慮接著使得情況更爲惡化,剛好證實了他的擔憂(*Beck & Emery, 1985*)。

研究還發現,焦慮的病人因爲認知上的偏差——即他們在認知上突顯有威脅性的刺激——這往往促成了他們焦慮的維持。換句話說,焦慮的病人可能在注意力分配或訊息登錄上有所偏差,使得他們特別可能察覺有威脅性的刺激(*Pauli et al., 1997*)。

第三節　情感性疾患

情感性疾患(mood disorder)是一種情緒障礙,諸如重度憂鬱,或憂鬱與躁狂交替出現。研究人員估計,20.8% 的成年人曾經受擾於情感性疾患(*Kessler et al., 2005a*)。

一、重鬱病

憂鬱症（depression）曾被描述為「心理疾病上的普通感冒」，一是因為它的發生相當頻繁，另一是因為幾乎每個人在他們生活中的某些時候都發生過憂鬱症的一些成分。表 14-3 列出了臨床憂鬱症的特徵。

對於憂鬱症病人而言，他們症狀在嚴重性和持續期間方面各有所異。有些人發病只有幾個星期，而且在他們生活史中只是單次發作。另有些人則間歇或長期地發生憂鬱症，為期許多年。根據估計，大約 16.6% 的成年人在他們生活的某些時候發生過正式診斷的憂鬱症（Kessler et al., 2005a）。

憂鬱症對病人自己、對他們家庭，以及對社會都造成巨大負擔。「世界衛生組織」所支持的一項研究，設法估計各種身體疾病和心理疾患所造成之健康生活歲月的損失（WHO, 2008）。在這項分析中，就各種疾病對全世界人們的生活造成的負擔而言，重鬱病（major depressive disorder）排行第三位，僅次於低呼吸道感染和腹瀉。對於中等和高等收入的國家而言，重鬱病則排行首位。在美國，所有精神醫院的住院病人中，憂鬱症病人占據了最多病床；但據信還有不少人沒有被診斷出來，或沒有接受治療。「全國性併發率調查」（NCS）發現，在重鬱發作（major depressive episode）後的第一年內，只有 37.4% 的人尋求治療（Wang et al., 2005）。事實上，從發生重鬱發作到尋求治療之間，人們等待的中數期間（median period）是 8 年。

二、雙極性疾患

雙極性疾患（bipolar disorder）的特徵是發生一些重度憂鬱（severe depression）與躁狂發作（manic episodes）交替出現的時期。病人當發生「躁狂發作」時，通常

表 14-3　重鬱病（**major depressive disorder**）的特徵

特徵	範例
低落心境	哀傷，消沉，絕望；對幾乎所有尋常活動都失去興趣和歡樂
食慾	食慾不佳；體重顯著減輕；或體重增加
睡眠	失眠或嗜眠（睡眠過多）
活動力	行動遲緩；常常坐著發呆；有時候顯得激動
罪疚	覺得自己沒有價值；自我責備
專注力	注意力渙散，思考能力減退；容易忘記事情
自殺	經常有死亡想法；自殺的意念或企圖

在行動和情感上顯得不尋常地高昂而奔放。然而，病人有時候的主要心境是暴躁易怒，而不是激昂，特別是假使當事人在某些方面感到挫敗時。在躁狂發作期間，當事人通常產生一種誇大的自尊感，或不切實際地相信自己擁有特殊的能力或權力。當事人可能感到睡眠需求顯著降低，過度地著手工作，或過度地從事社交或另一些娛樂活動。

當處於躁狂的心境時，當事人顯現過度的樂觀，冒一些沒必要的風險、承諾一大堆事情、著手一大堆計畫，但最終又全部放棄。當躁狂終於消退時，當事人被留下來，試圖處理他們在激昂期間所製造的傷害和困境。因此，躁狂發作幾乎總是讓步於重度憂鬱的時期。

在雙極性疾患中，心境障礙的持續期間和發生頻率隨不同人們有所差異。有些人經歷長時期的正常生活功能，然後被偶發而短暫的躁狂發作或憂鬱發作所中斷。少數比例的病人直接從躁狂發作進入臨床憂鬱症，然後以不間斷而無止境的方式循環下去。在躁狂的時候，他們可能賭掉一生的積蓄，或贈送昂貴的禮物給陌生人，這樣的舉動當他們後來進入憂鬱期間時，將會增添他們的罪疚感。雙極性疾患遠比重鬱病來得少見，發生在大約 3.9% 的成年人身上（*Kessler et al., 2005a*）。

三、情感性疾患的起因

什麼因素涉及情感性疾患的發展？我們從生物、心理動力、行為及認知的觀點來探討這個問題。

(一) 生物的模式

幾類研究為情感性疾患的生物促成提供了線索。例如，不同藥物具有緩解躁狂症狀和憂鬱症狀的作用，這說明有不同的腦部狀態作為兩極端心境的基礎。有些研究把重心放在血清素和正腎上腺素這兩種神經傳導物質上；它們發現憂鬱可能跟這兩種神經傳導物質的分泌不足有關，躁狂則跟大腦中這兩種化學信差的分泌過量有關。

研究人員已開始運用腦部顯像技術以理解情感性疾患的起因和結果（*Gotlib & Hamilton, 2008*）。例如，研究人員運用 fMRI 已經證實，當雙極性疾患的病人處於憂鬱狀態或躁狂狀態時，他們大腦產生不一樣的反應——當執行同樣的認知作業時（*Blumberg et al., 2003*）。

另一方面，許多證據顯示，情感性疾患的發生率受到遺傳因素的影響（*Edvardsen et al., 2008; Kendler et al., 2006*）。例如，一項雙胞胎研究評估，雙胞胎雙方都被診斷為雙極性疾患的可能性。它發現同卵雙胞胎的相關是 0.82，但是異卵雙胞胎只有 0.07。這些資料導致了 0.77 的遺傳率估計值（*Edvarsen et al., 2008*）。研究人員已開始探討，以

便鑑定基因如何與環境互動而影響個人發生情感性疾患的可能性。

(二) 心理動力的模式

在心理動力的途徑中，源自童年的潛意識衝突和敵對情感被認爲在憂鬱症的發展上扮演關鍵性角色。佛洛依德對於憂鬱人們所展現的強烈自我批評和罪疚感留下深刻印象。他相信這種自我譴責的來源是忿怒，原先是指向另一個人，但後來卻倒轉而針對自己。該忿怒被認爲深植於特別強烈而具依賴性的一些童年關係中，諸如父母－子女關係，但是個人的需求或期待沒有獲得滿足。成年期的失落（不論是眞正或象徵的）又重新喚醒敵對的情感，現在是指向當事人的「自我」，因此製造了憂鬱症所特有的自我譴責。

(三) 行爲的模式

行爲模式強調個人所受到正強化和懲罰產生的作用（*Dimidjian et al., 2011*）。根據這個觀點，當發生挫敗或另一些重大生活變動後，個人沒有得到充分的正強化，且甚至受到許多懲罰時，很容易就產生抑鬱、消沉的感受。缺乏充足的正強化，個人開始感到哀傷和退縮。最初，這種自憐自艾狀態因爲獲得他人較多的注意力和同情心而受到強化（*Carvalho & Hopko, 2011*）。然而，長期下來，那些最初表示支持的朋友逐漸厭煩當事人的負面心境和態度，且開始迴避他。這樣反應也將會撤除另一些來源的正強化，使得當事人更進一步陷入憂鬱的泥淖中。研究也顯示，憂鬱人們傾向於低估正面回饋，而且高估負面回饋（*Kennedy & Craighead, 1988*）。

(四) 認知的模式

在憂鬱症的認知探討方面，兩種理論試著提出解釋。第一種是認知心向（cognitive sets）理論，它主張負面的認知心向——即個人看待世界的心態——導致人們對自己生活中的事件（他們覺得負有責任的事件）採取負面觀點。這種理論是由憂鬱的先驅研究學者 Aaron Beck（*1985, 1988*）所提出。Beck 認爲憂鬱人們擁有三種負面認知，他稱之爲憂鬱的「認知三部曲」（cognitive triad），即對於自己的負面觀點、對於進行中的經驗的負面觀點，以及對於未來的負面觀點。這種負面的思考模式籠罩在當事人的所有經驗上，製造了憂鬱症另一些特有的徵狀。當個人始終預期負面的結果時，他將不太可能有動機去追求任何目標，導致了在憂鬱症中顯眼的意志癱瘓（paralysis of will）。

第二種理論稱爲「解釋風格」（explanatory style）模式，它主張憂鬱症是源於個人相信自己無力控制重要的生活事件。這個模式是由 Martin Seligman 首先倡導，他認爲人們是否相信（不論正確與否）自己有能力控制未來結果，這樣的信念對人們至

關重要。憂鬱人們可能就是察覺自己對壓力源無能爲力，因此就停止抗爭，放棄努力。

　　Seligman 的理論是衍自以狗爲對象的一項實驗，它證實也能在狗身上引起類似憂鬱症的症狀。Seligman 和 Maier（1967）強制狗接受疼痛而無法逃避的電擊：不論狗做些什麼，始終沒有辦法迴避該電擊。結果狗發展出所謂的學得的無助（learned helplessness）。學得的無助主要包括三種缺損，一是動機的缺損（motivational deficits），狗對於採取行動以改善處境顯得極爲遲鈍；二是情緒的缺損（emotional deficits），狗顯得冷漠、僵直不動、無精打彩、胃口漸失，似乎已放棄一切；三是認知的缺損（cognitive deficits），狗在新的情境展現很差勁的學習。甚至後來當狗被拉到安全地帶好幾次，藉以對牠們顯示逃避電擊的方法後，牠們仍然無法學會這樣的舉動（Maier & Seligman, 1976）。

　　Seligman 相信憂鬱人們也處於「學得的無助」的狀態：他們預期自己反正做些什麼都無濟於事（Abramson et al., 1978; Peterson & Seligman, 1984; Seligman, 1975）。然而，這種狀態的出現很大程度上取決於人們如何解釋他們的生活事件。如我們在第 11 章所討論的，解釋風格具有三個維度：內在－外在，全面－專對，穩定－不穩定。假設你在數學考試上拿到很差成績，你可以把不良成績歸因於內在因素（「我太笨了」），這將使你覺得悲哀；你也可以將之歸因於外在因素（「考題實在太難了」），這將使你感到不滿。你也可以選擇一個較不穩定的內在特質（而不是智力）以解釋你的成績（「我考試那一天太累了」）。最後，與其把你的成績歸之於內在、穩定而具有全面或深遠影響力的因素（愚笨），你甚至還可以限定你的解釋在數學考試或課程上（「我對數學實在沒有天分」）。解釋風格理論指出，那些把自己失敗歸之於內在、穩定及全面因素的人們較容易招致憂鬱症。這項預測已在許多研究中被重複證實（Lau & Eley, 2008; Peterson & Vaidya, 2011）。

　　最後，許多研究已獲致普遍的結論，即憂鬱症患者發現他們的注意力被導向外界的負面訊息（Peckham et al., 2010）。你可以理解，這樣的注意力偏差如何能夠使得憂鬱的感受徘徊不去。

四、憂鬱症的性別差異

　　關於憂鬱症的研究，另一個中心議題是爲什麼女性的發生率約爲男性的兩倍（Hyde et al., 2008）。關於情感性疾患的盛行率，據估計大約 21% 女性和 13% 男性在他們生活中的某些時候發生過重度憂鬱（Kessler et al., 1994）。這項性別差異在青少年期開始浮現，也就是大約 13 歲到 15 歲之際。不幸地，促成這項差異的因素之一相當直截了當：平均而言，女性經歷較多的負面事件和生活壓力源——相較於男性（Kendler et *al., 2004; Shih et al., 2006*）。例如，女性有較大可能性遭受到身體虐待或性虐待；她們也較可能處於貧窮狀況，卻又要負責照顧年幼的子女和年邁的雙親。因此，女性的生活提供較多方面的不利經驗，這可能爲嚴重憂鬱打造了基礎。

一旦扎好根基後，另一些性別差異解釋了爲什麼女性在憂鬱症上有較高的發生率。這其中一些因素是生物方面的：例如，當青春期展開之際，男女可能存在激素差異，這置青少年期的女孩有憂鬱症的較高風險。研究人員也密集檢視一些認知因素。Susan Nolen-Hoeksema（*2002*）的研究指出，一旦男性和女性開始感受負面心境後，他們的反應風格（response styles）有所不同。根據這個觀點，當女性感到哀傷及消沉時，她們傾向於思考自己感受的可能起因及意涵。對照之下，男性則試圖積極地使自己脫身於消沉的感受，要不是把注意力放在另一些事情上，不然就是從事一些身體活動，以使自己的心思不至於擺在當前的心境狀態上。這個模式提出，女性之所以容易招致憂鬱就是因爲她們較爲愼慮、深思及反芻（ruminative）的反應風格，也就是她們傾向於強迫性地專注於自己的困擾。從認知的觀點來看，過度專注於你的負面心境可能增加你對負面事件的思想，這最終將會增加你負面感受的數量及／或強度。男性過度反芻的話，也有招致憂鬱的風險。性別差異的出現是因爲較多女性從事反芻（*Nolen-Hoeksema et al., 1999*）。

五、自殺

「生存而茁壯的意志已被打倒及壓碎 …… 時間已經來臨了，所有事物都不再閃耀動人，希望的光芒也熄滅了。」（*Shneidman, 1987, p.57*）這段暗淡的陳述是出自一位自殺的年輕人之手，它反映了任何心理疾患最極端的結果——自殺。雖然大多數憂鬱人們並未自殺，但是許多自殺企圖是來自罹患憂鬱症的人們（*Bolton et al., 2008*）。在一般美國人口中，每年被正式指明爲自殺的死亡人數大約是 30,000 人；因爲許多自殺被歸之於意外事件或其他原因，實際發生率可能遠爲高些。因爲憂鬱症較常發生在女性身上，這就莫怪女性自殺企圖的發生率大約爲男性的 3 倍多。然而，男性的自殺企圖較常成功（*Nock et al., 2008*）。這項差異的發生大致上是因爲男性較常使用手槍，女性則傾向於使用較不致命的手段，如安眠藥。

近幾十年來，最令人擔憂的一個社會問題是年輕人自殺率的持續上升。雖然對所有年齡而言，自殺在美國是死亡的第十一大首因；但是對 15 到 24 歲的人們而言，自殺是第三大首因（*Miniño et al., 2010*）。每有一個人完成自殺，就有高達 8 到 20 個人是自殺未遂。爲了評估年輕人自殺的風險，一組研究人員審查 128 項研究，包含大約 50 萬名從 12 歲到 20 歲的人們（*Evans et al., 2005*）。在這個大型樣本中，29.9% 的青少年在他們生活中的某些時候產生過自殺的想法，9.7% 實際上發生過自殺企圖。對青

少年而言，女孩自殺企圖的發生率大約爲男孩的兩倍。

　　青少年自殺不是突然爆發而衝動的舉止。反而，它的發生典型地作爲一段時期的內心動亂和外在困境的最後階段。大多數自殺的青少年在自殺之前曾經跟他人談論自己的自殺意圖，或曾經寫下他們的意圖。因此，青少年關於自殺的談話應該始終被認眞對待（Rudd et al., 2006）。如在成年人方面的情形，青少年當發生憂鬱症時也有偏高的自殺風險（Gutierrez et al., 2004）。絕望而孤立的感受，再加上負面的自我概念，這些也與偏高的自殺風險有關聯（Rutter & Behrendt, 2004）。再者，年輕的同性戀男女甚至具有更高的自殺風險——相較於其他青少年（D'Augelli et al., 2005）；這種偏高的自殺率無疑地反映了同性戀取向相對上缺乏社會支援。自殺是一種極端的反應，特別是發生在當青少年感到孤立無援時。我們務必對自殺意圖的任何徵兆保持敏銳，以便提供當事人適時的關懷及輔導。

第四節　人格疾患

　　人格疾患（personality disorder）是指當事人在知覺、思考或行爲等方面呈現持久、不具彈性及不良適應的型態。這些型態引起當事人的重大苦惱，而且損害他在一些重要領域上的功能。這類疾患通常在當事人進入青少年期或成年早期時被辨識出來。人格疾患記碼在 DSM-IV-TR 的第二軸向上。如表 14-4 所顯示，DSM-IV-TR 把 10 種人格疾患畫分爲三個組群。我們以下論述較爲所知的邊緣型人格疾患和反社會型人格疾患。

一、邊緣型人格疾患

　　邊緣型人格疾患（borderline personality disorder）的病人在人際關係、自我意象及情感表現上顯得極不穩定而強烈。這些障礙部分地是源於當事人難以控制怒意，經常爭吵而亂發脾氣。此外，當事人往往在一些具有潛在自我傷害的領域中展現衝動行爲，諸如魯莽駕駛、物質濫用、大肆揮霍及性雜亂等。在美國成年人中，邊緣型人格疾患的盛行率是大約 1.6%（Lenzenweger et al., 2007）。

　　邊緣型人格疾患的一個重要成分是當事人極爲害怕會被離棄（Lieb et al., 2004）。當事人往往從事一些狂亂行爲以預防被離棄，像是頻頻打電話和緊靠不離。然而，因爲不容易控制自己的情緒，他們可能會從事一些行爲——如憤怒爆發和多次的自我傷害——使得他們難以維持該關係。一項研究追蹤這種疾患的人們長達 10 年期間，它發現病人在整個期間呈現減損的社會功能（Choi-Kain et al., 2010）。這項研究指出，邊緣型人

表 14-4　人格疾患

人格疾患	特徵
A 群：當事人的行為顯得奇特或怪異。	
妄想型（paranoid）	對他人的懷疑及不信任；傾向於視自己為無過失的。
類分裂型（schizoid）	沒有能力，也不盼望跟他人建立起關係；在社交情境中缺乏情緒性。
分裂病型（schizotypal）	認知或知覺扭曲；在社交關係中感到不舒適。
B 群：當事人的行為顯得戲劇化或脫離常軌。	
反社會型（antisocial）	不知尊重他人的權益；不負責或不守法的行為，違反社會規範。
邊緣型（borderline）	人際關係不穩定；衝動，急劇的心情轉換；自我傷殘或自殺的企圖。
做作型（histrionic）	過度情緒性，尋求他人的注意；不適宜的性行為或誘惑行為。
自戀型（narcissistic）	誇大自己的重要性，需要他人不斷的誇讚；缺乏對他人的同理心。
C 群：當事人的行為顯得焦慮或畏懼。	
畏避型（avoidant）	因為有被拒絕的風險，避免人際接觸；害怕被批評，在社交情境中感到不安全、不勝任。
依賴型（dependent）	需要他人為自己重要領域的生活負起責任；缺乏他人的支持就感到不舒服或無助。
強迫型（obsessive-compulsive）	過度關注秩序、規則及細節；完美主義；難以放鬆下來而享受樂趣。

格疾患的病情在長久時間中保持穩定。

(一) 邊緣型人格疾患的起因

就如其他疾患，研究人員把重心放在邊緣型人格疾患的先天和後天二者的角色上。雙胞胎研究提供了強烈的證據，支持該疾患的遺傳促成（*Distel et al., 2008*）。例如，一項研究比較同卵雙胞胎與異卵雙胞胎的一致率（*Torgersen et al., 2000*）。當同卵雙胞胎之一發生邊緣型人格疾患時，另一位也發生該疾患的機率是 35.3%；但對異卵雙胞胎而言，另一位也發生該疾患的機率只有 6.7%。假使你記得在第 13 章中關於人格特質之可傳承性的討論，你可能不會感到訝異，衝動性和情緒不穩定的人格特質（在該疾患上很突顯的特質）也是可繼承的。

仍然，研究顯示環境因素在邊緣型人格疾患的病原上扮演重要的促因（*Cohen et al., 2008; Lieb et al., 2004*）。一項研究比較 66 位該疾患的病人與 109 位健全受試者（控制組）的早期創傷事件發生率，發現病人擁有頗為不一樣的生活（*Bandelow et al., 2005*）。例如，73.9% 的病人報告發生過童年性虐待；只有 5.5% 的控制組受試者報告這樣事

件。平均而言，病人報告該虐待起始於 6 歲，持續 3 年半的時光。這樣的早期創傷可能促成了該疾患的發生；然而，不是所有蒙受童年性虐待的人們都會發展出邊緣型人格疾患。這項研究中，有 5.5% 的控制組受試者也發生過童年性虐待，卻沒有發展出該疾患，這就可以作為證明。很可能的情況是，遺傳風險和創傷事件的結合解釋了該疾患的病原。

二、反社會型人格疾患

反社會型人格疾患（antisocial personality disorder）的特色是持久之不負責或不守法的行為型態，違反了社會規範。說謊、偷竊及鬥毆對這類病人而言是家常便飯。他們通常感受不到羞恥或罪疚；對於自己傷害他人的舉動也不感到懊悔或自責。他們從生活早期就開始違反社會規範——破壞教室、打架、逃學或逃家。他們舉動的特色是對他人的權益漠不關心；行事魯莽，無視於自己或他人的安全。在美國成年人中，反社會型人格疾患的盛行率大約是 1.0%（*Lenzenweger et al., 2007*）。

反社會型人格疾患經常併同發生另一些病態。例如，在一項研究中，對那些符合酒精或藥物濫用的成年人而言，大約 18.3% 的男性和 14.1% 的女性也被診斷有反社會型人格疾患——顯著高於在一般人口中的 1.0% 盛行率（*Goldstein et al., 2007*）。此外，反社會型人格疾患也置當事人於自殺的偏高風險，即使在缺乏重鬱病的情況下（*Hills et al., 2005*）。這種自殺風險可能是衝動行為和漠視安全（該疾患的一些主要特徵）的產物。

(一) 反社會型人格疾患的起因

研究人員已應用雙胞胎研究以檢視跟反社會型人格疾患有關之一些特定行為的遺傳成分。例如，一項研究檢視了 3,687 對雙胞胎在一些行為上的一致性（*Viding et al., 2005*）。教師們被要求在一些陳述上回答關於每對雙胞胎的情形，這些陳述指出當事人是否呈現冷淡－硬心腸的特質（例如，「極少顯現感情或情緒」）和反社會行為（例如，「經常跟其他兒童打架，或霸凌他們」）。然後對同卵雙胞胎和異卵雙胞胎進行比較，發現當事人展現冷淡－硬心腸特質的傾向具有強烈的遺傳成分。此外，對於展現高度的那些冷淡－硬心腸特質的雙胞胎而言，遺傳也重大促成了反社會行為。

研究也把重心放在招致反社會型人格疾患的環境因素上（Paris, 2003）。如在邊緣型人格疾患中的情形，反社會型人格疾患的人們較可能經歷過童年虐待——相較於健全的人們。為了驗證這項關係，一組研究人員尋找法院紀錄（從大約 1970 年起）以編輯一個 641 個人的樣本，他們被官方文件認證，兒童時期受過虐待和疏失（*Horwitz et al., 2001*）。這些人在 20 年後接受採訪，以評估心理疾患的盛行率。相較於控制組的

510 個沒有受虐史的人們，受過虐待的人們遠可能符合反社會型人格疾患的標準。此外，也很重要的是，當兒童時期受過虐待，這樣的人通常在畢生中經歷較高水平的壓力源。進一步研究指出，特別是身體虐待（體罰）置當事人於反社會型人格疾患的高度風險（*Lobbestael et al., 2010*）。

第五節　身體型疾患與解離性疾患

許多人發生身體疾病的症狀，但卻找不到任何明顯的原因；許多人在一些日子中感到「他們不再像是自己」。然而，當這樣的經驗損害當事人的日常生活時，它們可能被診斷為「身體型疾患」或「解離性疾患」，我們以下論述這兩種疾患的症狀和病原。

一、身體型疾患

個人當受擾於身體型疾患（somatoform disorder）時，他發生一些身體不適或抱怨，卻找不到實際的醫學狀況作充分的解釋。為了被診斷為這些疾患之一，當事人所感受的不適或抱怨必須達到一定程度，以至於引起臨床上重大苦惱，或妨礙了他們的日常功能。

當個人受擾於慮病症（hypochondriasis）時，他相信自己罹患一些身體疾病，儘管經過適當醫療評估及再三保證，他仍然執迷於這樣的想法。即使當事人目前身體毫無異樣，他們可能不斷擔憂自己將會感染一些身體疾病。此外，這種執迷的想法造成當事人相當程度的苦惱，以至於一些重要領域的功能受到損害。為了評估慮病症和另一些身體型疾患的盛行率，研究人員通常以現身於醫療中心或診所的人們為調查對象。在該背景中，所涉問題成為有多少比例的人們提出身體抱怨，但卻找不到醫學解釋。研究顯示，18 歲以上而尋求醫療的成年人中，有 4.7% 符合慮病症的 DSM-IV-TR 準則（*Fink et al., 2004*）。

當個人受擾於身體化疾患（somatization disorder）時，他呈現多年之身體抱怨的長久病史。這些抱怨——仍然醫學上無法加以解釋——必須橫跨幾個醫學分類。為了符合 DSM-IV-TR 的診斷準則，當事人必須已呈現四種疼痛症狀（如頭痛、背痛或胸痛）、兩種胃腸道症狀（如反胃或腹瀉）、一種性功能症狀（如勃起功能障礙或經血過多），以及一種假性的神經症狀（如麻痺或複視）。在尋求醫療的成年人中，1.5% 符合身體化疾患的準則（*Fink et al., 2004*）。

轉化性疾患（conversion disorder）的特徵是自主運動或感覺功能的缺失，無法以神經系統傷害或另一些器身損傷加以解釋。例如，當事人可能發生局部麻痺或失

明，卻缺乏醫學起因。此外，身體症狀的初發或惡化必須有一些心理因素居先發生，諸如人際衝突或情緒壓力源。歷史上，轉化性疾患被稱為歇斯底里症（hysteria）——在某些年代被認為是惡魔附身所造成。轉化性疾患出現在 1.5% 尋求醫療的成年人身上（Fink et al., 2004）。

(一) 身體型疾患的起因

身體型疾患的首要特徵是當事人發生身體不適，卻沒有適當的醫學解釋。研究人員已試圖理解這種情況如何可能發生：例如，為什麼自主運動系統健全的人會發生局部麻痺？研究已運用神經造影技術以探索轉化性疾患的腦部基礎（Mailis-Gagnon & Nicholson, 2011; Ellenstein et al., 2011）。例如，一項研究採用 PET 掃描，它已證實轉化性疾患的病人當被指示移動無力的手臂時，他們呈現不同型態的腦部活動——相較於只是偽裝具有該症狀的受試者。為了理解這種情況，你不妨模擬一下你的左手臂發生麻痺，看看那是怎樣的感受。為了不讓你的手臂移動，你需要付出一些心理努力。該研究顯示，當人們有轉化性症狀時，他們不用花費任何這樣的努力；他們的症狀不單純是偽裝。

研究人員也把重心放在促成身體型疾患的認知歷程上（Brown, 2004）。例如，慮病症的一個重要層面是當事人的注意偏差（attentional bias）——在如何應對自己的身體感覺上。假設你在一天清晨醒過來，感到喉嚨發癢。如果你有注意偏差，使你很難轉移你放在「發癢的喉嚨」上的思緒的話，你可能逐漸相信自己發生重大疾病。事實上，一項研究證實，人們當對自己健康感到高度焦慮時，他們將發現難以使自己的注意力從像是「癌症」、「腫瘤」及「腦溢血」等字眼掙脫出來（Owens et al., 2004）。這種對症狀和疾病的密切關注造成了一種惡性循環：壓力和焦慮引起了身體效應（例如，汗液增加和心跳加速），可能乍看之下像是疾病的症狀——這提供了進一步證據，說明對健康的憂慮是正當的。因此，跟身體型疾患聯結在一起的認知偏差被用來誇大輕微的身體感覺。

二、解離性疾患

解離性疾患（dissociative disorder）是指個人在身分、記憶或意識的整合上發生障礙。個人很重要的一種信念是認為自己基本上支配自己的行為，包括情緒、思想及行動。這種自我支配的知覺的基本要素是自我感（sense of selfhood）——自己之不同層面的一致性，以及個人身分在時間和空間上的連貫性。心理學家們認為，在解離狀態中，個人透過放棄這種重要的一致性和連貫性（就某方面來說，也就是否認一部分的自己）以逃避他的衝突。解離作用（dissociation）就是指個人把引起心理苦惱的意

識活動或記憶，從整個精神活動中切割開來，以便自己的自尊或心理安寧不至於受到威脅。

解離性失憶症（dissociative amnesia）是指個人遺忘重要的生活經驗，但這樣的歷程是由心理因素所引起，個人沒有任何器質性的功能不良。對某些人而言，當失去了回憶他們過去的能力後，他們接著實際上逃離他們的家庭或工作處所，這種疾患稱為解離性漫遊症（dissociative fugue）。當事人可能維持在漫遊狀態達幾個小時、好幾天或好幾個月；他們可能在新的處所以新的身分生活下去。

解離性身分疾患（dissociative identity disorder, DID）原先被稱為多重人格疾患（multiple personality disorder），它是指兩個或兩個以上不同人格存在於同一個體之內的一種解離性心理疾患。在任何特定時候，這些人格之一居於支配地位，以指導當事人的行為。在 DID 中，每個浮現的人格以一些重要方式對立於原來的人格——假使當事人害羞，另外人格可能是外向的；假使原來人格是軟弱的，另外人格可能是堅強的；假使原來人格畏縮而性方面天真，另外人格可能就性方面活躍。每個人格擁有獨特的身分、姓名及行為模式。這些另外人格的浮現是突然發生的，通常受到壓力的催化。在一些個案上，甚至有好幾十個不同的性格浮現，以協助當事人應付一些難堪的生活處境。

(一) 解離性疾患的起因

有些心理學家相信，多重人格的發展具有重要的生存功能。DID 受害人可能在童年時受到毆打、監禁或遺棄，而這樣對待他們的人正是被認為應該關愛他們的人——也就是他們如此依賴，以至於他們不能反抗、逃離或甚至憎恨的人們。根據心理動力論的觀點，這些受害人只好透過解離以象徵性地逃離恐怖的處境。為了保護自我，他們只好製造較堅強的內在性格以協助他們應付所面對的創傷情境。

就典型而言，DID 受害人是女性，她們報告自己在童年時曾經長期受到父母、親戚或親近朋友的嚴重身體虐待或性虐待。有一項研究請 448 位臨床醫生填寫一份問卷，這些醫生都處理過 DID 和重鬱病（作為比較的用途）的個案。如表 14-5 所顯示，355 個 DID 個案的主要特徵是幾乎普遍報告有虐待事件，通常是從大約 3 歲時開始，持續超過 10 年以上。雖然 235 位罹患重鬱病的對照組病人也有頗高的虐待發生率，但仍顯著低於 DID 受害人的發生率（Schultz et al., 1989）。

雖然這些資料似乎頗具啟發性，許多心理學家仍然對 DID 的診斷存有疑問（Lilienfeld & Lynn, 2003）。關於這種疾患的盛行率，至今還沒有可靠的資料（DSM-IV-TR, 2000）。事實上，許多評論家表示，DID 診斷的增加是因為傳播媒體（特別是電影）的大量報導所致（Lilienfeld & Lynn, 2003）。懷疑論者經常指出，那些「相信」DID 的治療師可能製造了 DID ——因為那些治療師詢問病人的方式（病人通常處於催眠狀態

表 14-5　關於虐待情形的問卷應答：DID 與重鬱病之間的比較

問卷項目	DID（%）	重鬱病（%）
虐待發生率	98	54
虐待類型		
身體虐待	82	24
性虐待	86	25
心理虐待	86	42
疏忽	54	21
以上皆是	47	6
身體及性虐待	74	14
	（N = 355）	（N = 235）

下）鼓勵了多重人格的「浮現」。另有些心理學家相信，充分的證據正在累積以支持 DID 診斷的正當性，即它不只是過度熱衷的治療師的產物（*Gleaves et al., 2001; Ross, 2009*）。這裡，最穩重的結論或許是：對於被診斷爲 DID 的這組人們而言，有些個案是眞實的，另有些個案則是回應治療師的要求才浮現。總之，在從事 DID 診斷或評估它的病因方面，我們應該保持審愼態度，因爲關於童年虐待的壓抑記憶及解離記憶的現象還存有頗大爭議——這方面記憶是眞實的，還是杜撰的？

第六節　精神分裂症

　　每個人都知道憂鬱或焦慮的感受是怎樣的狀態，即使我們大部分人在這些感受的嚴重程度上還不足以達到「疾患」的標準，然而，精神分裂症（schizophrenic disorder）這種疾患代表的是在「質」方面完全不同於正常功能的一些經驗。精神分裂症是一種嚴重形式的心理病態，病人的人格似乎失去統合、思想和知覺發生扭曲，而且情緒極爲平淡。我們一般所謂的「瘋子」或「精神錯亂」，眞正所指的就是精神分裂症。

　　對許多罹患精神分裂症的病人而言，這種疾病是一種無期徒刑，沒有假釋出獄的可能性；病人必須永久忍受心靈的單獨拘禁，被隔絕於正常生活。雖然精神分裂症相對上較爲少見，它在美國成年人口中的發生率只有大約 0.7%（*Tandon et al., 2008*），但是經過換算，這個數值代表大約有 200 萬人罹患這種最爲神秘、最具悲劇性的心理疾

患。美國各式的精神療養機構中，半數以上的病床是由精神分裂症的病人所占據，因為許多病人全部的成年生活都是花在住院醫療上，他們幾乎沒有希望重返「正常」的存在。

在精神分裂症病人的世界中，「思考」（thinking）已失去邏輯，觀念之間的聯想極爲鬆弛，或缺乏連貫性；有時候會有思考貧乏、思考停頓的症狀。病人經常發生「幻覺」（hallucinations），包括視幻覺或嗅幻覺，但最常見的是聽幻覺。病人可能聽到有一個聲音不斷地評論或指示他的行爲，或可能聽到有好幾個聲音正在交談。「妄想」（delusions）也經常出現，這些妄想是片段的、怪異的，缺乏系統性；儘管提出很清楚的反面證據，病人依然堅持他不實或不合理的信念。「語言」（language）可能變得毫不連貫，病人往往無法掌握言語傳達所需遵循之語意及造句上的規則，無關的單字被拼湊成句子，或編造新的單字；病人也可能變得沉默不語。「情緒」（emotions）相當平淡，情感表露低落，缺乏適度的臉部表情；或情緒表達不當，不能反映當時的情境。「心理運動性行爲」（psychomotor behavior）可能失去統整，顯現歪扭、怪異的姿態；或動作減少，維持固定姿勢不變，變得僵呆（stupor）或僵直（catatonic）。這些症狀（即使只是其中一些）的呈現破壞了病人在工作和人際關係上的正常運作，病人變得社交退縮，或變得情感隔離。

心理學家把精神分裂症的症狀畫分爲正性（positive）和負性（negative）兩種。在精神分裂症的急性或活躍期（acute or active phases），正性症狀（幻覺、妄想、語無倫次及紊亂的行爲）突顯出來。在其他時候，負性症狀（社交退縮和平淡情緒）變得較爲突出。有些人只經歷精神分裂症的一次或幾次急性期，然後恢復而過著正常生活。另有些慢性患者經歷重複的急性期，附帶短期的負性症狀；或偶爾的急性期，加上長期的負性症狀。即使最嚴重障礙的病人，他們也不是所有時間都出現急性妄想。

一、精神分裂症的主要類型

因爲精神分裂症具有廣泛的多種症狀，有些研究學者認爲，它不是一種單一疾患，而是一群疾患的組合，可再被畫分爲不同類型。表 14-6 列出精神分裂症最常被認定的五個亞型（subtypes）。

(一) 錯亂型（disorganized type）

在精神分裂症的這個亞型中，當事人展現不連貫、無條理的思考型態；顯現相當怪異而混亂的行爲。情緒平淡或不適當，不能針對當前情境而發。病人的行動顯得傻氣而幼稚，諸如沒有明顯原因就傻笑起來，或發出不當而空洞的笑聲。說話缺乏連貫性，充滿一些不尋常字詞和不完整句子，造成跟他人的意思傳達完全瓦解。假使發生

表 14-6　精神分裂症的類型

類型	主要症狀
錯亂型	不適宜的行為及情緒；不連貫的語言（語無倫次）
僵直型	姿勢僵硬，很少變換動作；或是激昂的動作行為
妄想型	迫害妄想、誇大妄想或嫉妒妄想
未分化型	混合的一組症狀，有思考紊亂現象，以及來自其他類型的一些特徵
殘餘型	沒有重大的症狀，但繼續顯現一些較輕微的症狀，如情感流露減少、聯想鬆弛等

妄想或幻覺的話，它們通常不是針對連貫的主題而組織起來。例如，一位女性病人堅稱她不僅被敵人跟蹤，而且她實際上已被殺死好幾次。

在若干個案上，病人帶有敵意和攻擊性。他們可能展現一些怪癖或奇特的行為，包括講話含糊不清、臉部表情怪異、自言自語、作態，以及突如其來地發笑或哭泣。

(二) 僵直型（catatonic type）

僵直型精神分裂症的主要特徵是動作活動的障礙。有時候，病人似乎茫然凍住了，以怪異而僵硬的姿勢維持不動（通常不言不語，發呆似地看著前方某一點），甚至維持好幾小時或好幾天，對環境中的任何事物幾乎沒有反應，直到手腳都因為長期不動而變得蒼白及腫大。在另一些時候，病人顯現過度的動作活動，激昂地談話或叫喊，或快速地來回踱步，但似乎毫無目的，也不受外界刺激的影響。病人可能從事不知抑制、衝動及狂熱的行為，為自己和他人帶來危險。僵直型的另一個特徵是極度的反抗態度（negativism），當事人頑固地抗拒他人的所有指示。

(三) 妄想型（paranoid type）

妄想型精神分裂症的主要特徵是針對特定主題產生複雜而有系統的妄想：

- 迫害妄想（delusions of persecution）。當事人懷疑自己不時受到監視、跟蹤或下毒，或認為自己受到「敵人」（可能是他的家人、朋友或同事）之各種陰謀及計策的陷害。
- 誇大妄想（delusions of grandeur）。當事人相信自己是重要人物或擁有極大的權力；有些病人聲稱自己是世界上最偉大的哲學家、發明家或經濟學家；或相信自己是歷史上的著名人物，諸如拿破崙、聖女瑪麗亞，或甚至耶穌基督。迫害妄想可能伴隨誇大妄想——當事人相信自己是一位偉大人物，卻不斷受到邪惡力量的阻擾及壓迫。
- 嫉妒妄想（delusional jealousy）。當事人在沒有正當理由下相信自己的配偶不

忠實。他們還會構思及編造情節來配合自己的說法，以便「證明」該妄想的眞實性。

　　相較於其他類型的精神分裂症，妄想型傾向於在生活較後期才開始發作。妄想型病人很少展現明顯的紊亂行爲。反而，他們的行爲似乎顯得熱烈、緊湊而相當合乎規矩。

㈣ 未分化型（undifferentiated type）

　　這個類型多少像是一個廢紙簍或大雜燴，當事人只要符合精神分裂症的一般標準，諸如呈現顯著的妄想、幻覺、語無倫次或廣泛的紊亂行爲，但又因爲症狀混合不一，無法明確歸屬於任一類型時，就先被列爲未分化型精神分裂症。

㈤ 殘餘型（residual type）

　　這個類型的病人發生過精神分裂症的主要症狀，但是目前沒有重大的正性症狀（positive symptoms），如幻覺或妄想。病人目前只呈現輕微的症狀，如情緒平淡、古怪的信念或不尋常的知覺經驗。當個人被診斷爲殘餘型時，這可能表示他的疾病正進入緩解期（remission），或變得潛伏起來。

二、精神分裂症的起因

　　在精神分裂症的病原方面，不同模式分別指向不同的起始原因、不同的發展途徑，以及不同的治療方式。讓我們檢視這些模式如何促進我們對精神分裂症之病因的理解。

㈠ 遺傳的探討

　　長久以來，研究學者們就注意到精神分裂症傾向於在家族之中流傳（*Bleuler, 1978; Kallmann, 1946*）。三條獨立的研究路線——家族研究、雙胞胎研究及領養研究——都指出一個共同的結論：假使一個人罹患精神分裂症，那麼遺傳上與之相關的人們將會比起無關的人們較可能也罹患精神分裂症（*Riley, 2011*）。圖 14-1 摘述了各種血緣關係可能促成人們罹患精神分裂症的風險高低。研究學者 Irving Gottesman（*1991*）是從在西歐執行之 40 項可信賴的研究中計算出這些資料，這些研究是在 1920 年到 1987 年之間執行—— Gottesman 甚至捨棄一些較不嚴謹的資料來源。如你所看到的，該資料是根據遺傳相關的程度加以排列；隨著血緣關係愈密切，罹病的風險就愈高。例如，當雙親都罹患精神分裂症時，他們子女罹病的風險是 46%；相較之下，一般人口的罹病率只有 1%。當只有雙親之一罹患精神分裂症時，他們子女的風險驟降爲 13%。值得注

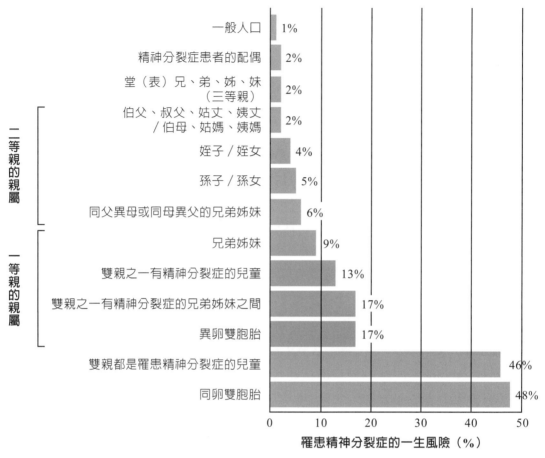

一般人口　1%

精神分裂症患者的配偶　2%

堂（表）兄、弟、姊、妹
（三等親）　2%

伯父、叔父、姑丈、姨丈
／伯母、姑媽、姨媽　2%

姪子／姪女　4%

孫子／孫女　5%

同父異母或同母異父的兄弟姊妹　6%

兄弟姊妹　9%

雙親之一有精神分裂症的兒童　13%

雙親之一有精神分裂症的兄弟姊妹之間　17%

異卵雙胞胎　17%

雙親都是罹患精神分裂症的兒童　46%

同卵雙胞胎　48%

二等親的親屬

一等親的親屬

罹患精神分裂症的一生風險（%）

圖 14-1　罹患精神分裂症的遺傳風險

意的是，同卵雙胞胎在精神分裂症上的一致率大約為異卵雙胞胎的 3 倍高。

　　研究人員也採用領養研究，證實了精神分裂症的病因深受遺傳因素的影響（*Kety et al., 1994*）。當雙親之一罹患精神分裂症，而且他們子女在領養家庭中被正常父母撫養長大時，這些子女罹患精神分裂症的機率跟被自己生身父母所養大時幾乎沒有兩樣。此外，當養子本身是精神分裂症病人時，相較於領養家庭這邊的親屬，他在血緣家庭那邊有顯著較多親屬也是精神分裂症病人。這些資料很清楚說明，在預測什麼人將會發生精神分裂症上，遺傳遠比環境來得重要（*Kinney et al., 1997*）。

　　雖然遺傳相似性與精神分裂症風險之間無疑存在強烈的關係，但即使在具有最大遺傳相似性的組別中，該風險因素也未超過 50%（參考圖 14-1）。這表示雖然基因扮演一定角色，但是環境條件在引起該疾患上可能也是必要的。在精神分裂症的起因上，「素質－壓力假說」（diathesis-stress hypothesis）是廣被接受的一種假說。根據這個假說，遺傳因素置當事人於風險，但還必須有環境壓力因素的侵犯，才會使潛在的

風險表明為精神分裂症。

(二) 腦部功能

在精神分裂症的探討上，另一種生物途徑是檢驗病人的大腦異常情形。這方面研究現在大部分是依賴腦部造影技術。例如，如圖 14-2 所顯示，MRI 技術已指出，精神分裂症病人的腦室（ventricles）——腦內充滿腦脊髓液的空腔——經常有擴大的情形（Barkataki et al., 2006）。MRI 研究也證實，精神分裂症病人大腦皮質的額葉和顳葉呈現可測量之較稀薄（較不密集）的區域；這個部位的神經組織喪失被認為與該疾患的行為異常有關聯（Bakken et al., 2011）。

研究人員也已開始佐證，一些腦部異常與疾病的進程有關聯（Brans et al., 2008）。例如，在一項縱貫研究中，12 個青少年在 12 歲前就開始出現精神分裂症的症狀（Thompson et al., 2001）。研究重心放在灰質（gray matter，主要由大腦皮質神經元的細胞體和樹突所組成）於 5 年期間的變化上。12 位病人接受重複的 MRI 掃描，另 12 位年齡相符的正常受試者也接受相同程序。我們在第 10 章提過，青少年的腦部仍然處於變動的歷程。這就是為什麼，即使正常青少年也發生灰質的一些喪失。然而，對於精神分裂症的青少年而言，他們大腦的幾個區域上發生實質的（大量的）灰質喪失。經由在有精

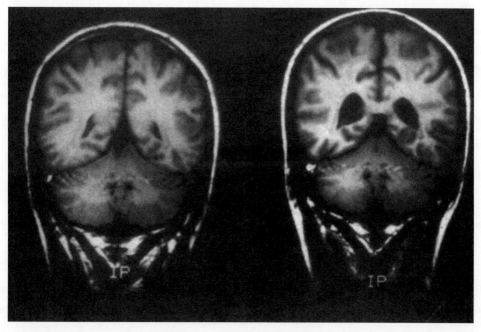

圖 14.2 精神分裂症與腦室大小

男性同卵雙胞胎接受 MRI 掃描。雙胞胎中，罹患精神分裂症的一位（右側）顯露擴大的腦室——相較於另一位（左側）沒有罹病雙胞胎的掃描圖。

神分裂症之遺傳風險的人們身上監視這樣的變化，臨床人員或許能夠在該病症的較早期就提供診斷及治療（*Wood et al., 2008*）。

(三) 環境壓力源

研究已發現，特定的一些人似乎有精神分裂症的較高發生率，這包括：⑴ 居住在都市環境的人們；⑵ 經歷較大經濟困境的人們；及 ⑶ 從某一國家移民到另一個國家的人們（*Bourque et al., 2011; Tandon et al., 2008*）。如何解釋這些關係？通常是把焦點放在社會壓力源和社會逆境上。研究已顯示，對經歷創傷生活事件的人們而言，他們有罹患精神分裂症的較高風險。一項研究檢視大樣本的人們，包括在美國和英國各地方。它發現人們經歷愈多創傷（諸如身體虐待或性虐待），他們就愈可能蒙受精神分裂症（*Shevlin et al., 2008*）。

研究也已檢視一些家庭壓力源，它們可能影響二者，一是人們發展出精神分裂症的可能性，另一是一旦症狀進入緩解期，他們將會復發的可能性（*Miklowitz & Tompson, 2003; Schlosser et al., 2010*）。例如，幾項研究已集中於情緒表露（expressed emotion）的概念。這樣的家庭將被評定為情緒表露偏高：⑴ 如果它們對病人傳達大量的批評；⑵ 如果它們情緒上過度涉入於病人（也就是，如果它們過度保護及強迫）；及 ⑶ 如果它們對病人持著普遍敵對的態度。當處於緩解期的病人離開醫院，重返高度情緒表露的家庭時，他們復發的風險是當他們重返低度情緒表露家庭時的兩倍高（*Hooley, 2007*）。

另有些研究則發現，當首次出現症狀之後，家庭因素在影響當事人的生活功能上扮演重要的角色。當父母減少他們對罹患精神分裂症子女的批評、敵意及侵犯行為後，當事人急性症狀的復發率和再住院的必要性都大為降低（*Wearden et al., 2000*）。這表示我們在該疾患的處置上應該視整個家庭為一個系統，以矯正它對待失常子女的運作風格（*Kuipers et al., 2010*）。

第七節　兒童期的心理疾患

我們迄今的討論大致上是針對受擾於心理病態的成年人。然而，我們有必要注意，許多人是在兒童期和青少年期就開始出現心理疾患的症狀。DSM-IV-TR 也檢定出一系列疾患，稱之為「通常初診斷於嬰兒期、兒童期或青少年期的疾患」。我們在第 9 章已討論過這些疾患之一，即「智能不足」。這裡，我們將討論「注意力缺失／過動疾患」和「自閉性疾患」。

一、注意力缺失／過動疾患

注意力缺失／過動疾患（attention-deficit／hyperactivity disorder, ADHD）在定義上涉及兩組症狀（*DSM-IV-TR, 2000*）。首先，兒童必須顯現一定程度的「注意力不良」（inattention），而且不相稱於他們的發展水平。例如，他們可能難以集中注意力於學業上，或經常丟失一些物件，如玩具或課本。其次，兒童必須顯現「過動－易衝動」（hyperactivity-impulsivity）的徵狀，再度地不相稱於他們的發展水平。過動行為包括心神不寧、侷促不安和不停地說話；易衝動行為包括搶先作答和打斷他人談話。ADHD 的診斷需要兒童已展現這些行為模式達到至少 6 個月，而且發生在 7 歲之前。

在美國 5 歲到 17 歲兒童中，ADHD 的盛行率據估計是 9%（*Akinbami et al., 2011*）。男孩的發生率是 12.3%，女孩則是 5.5%。然而，需要注意的是，文化偏見（例如，對於性別差異的期待）可能導致 ADHD 在女孩中較少的診斷（相較於完全客觀的評鑑），這造成難以提供性別差異的準確估計值。然而，在一項大規模的成年人研究中，3.2% 的女性和 5.4% 的男性符合 ADHD 的診斷準則（*Kessler et al., 2006a*）。這些數值可能準確反映了畢生的性別差異。當被診斷為 ADHD 時，男孩和女孩顯現大致相同模式的問題行為（*Rucklidge, 2010*）。然而，女孩因為她們的 ADHD 可能承受較多的社交孤立——相較於男孩（*Elkins et al., 2011*）。

因為許多兒童容易有注意力不良、過動或易衝動的發作情形，這使得 ADHD 的診斷更為複雜化。基於這個原因，ADHD 的診斷有時候是有爭議的；許多父母擔心，他們子女正常的不守秩序行為卻被認定為異常。然而，臨床人員目前存在大量的共識，即有些兒童的行為已達到不良適應的程度——這些兒童無法控制他們的行為，或無法完成任務。

就如我們所描述的其他疾患，研究人員已考慮 ADHD 的先天和後天二者層面。雙胞胎和領養研究已提供強烈的證據，指出該疾患的可遺傳性（*Greven et al., 2011*）。研究人員已開始佐證一些特定基因間的關係，這些基因影響了腦部的發育和神經傳導物質的功能（*Poelmans et al., 2011; Smoller et al., 2006*）。另一些重要的環境變項也與 ADHD 有關聯；例如，當兒童出身經濟劣勢的家庭，或來自高度衝突的家庭時，他們較可能發生該疾患（*Akinbami et al., 2011; Biederman et al., 2002*）。有些環境變項在不同出生次序的兒童身上產生較大的衝擊；例如，當家庭缺乏凝聚力時（即成員們未能投身於為彼此提供支持的家庭），家庭中的最年長子女有發生 ADHD 的較高風險——相較於這樣家庭中較年幼的子女（*Pressman et al., 2006*）。這類研究結果顯示，父母管教方式可能影響 ADHD 的發生率。

二、自閉性疾患

當兒童受擾於自閉性疾患（autistic disorder）時，他們在建立起社會連繫的能力上呈現嚴重障礙。除了對外界非常狹隘的興趣外，他們說話語言的發展極為遲緩或非常有限。他們沒有能力採取他人的態度，或無法如他人那般「看待」事情；他們很少從事社交活動；幾乎不曾自發地參加遊戲；他們的模仿（如擬聲）能力有所缺失，無法有效地透過模仿進行學習；他們可能從事反覆及儀式化的行為，像是把物件擺成直線或對稱的型態（*Leekam et al., 2011; Greaves et al., 2006*）。

關於自閉性疾患（及一些相關疾患）的盛行率，根據估計大約是每 110 位兒童中有 1 位（疾病控制暨預防中心，2009）。因為自閉性疾患的許多症狀跟語言和社交互動有關聯，所以在父母注意到他們子女無法使用語言或進行互動之前，我們往往不容易診斷出該疾患。然而，新近研究已開始佐證，生命第一年的一些行為預測了後來自閉性疾患的診斷（*Zwaigenbaum et al., 2005*）。例如，對於有自閉症高風險的嬰兒而言，他們較少挨靠在他人身旁（不喜歡被撫摸），當被抱起來時從不會伸出雙手，當被逗笑或餵食時從不會發笑或注視對方，也從不會注意他人的進進出出——顯得疏離於他人。

(一) 自閉性疾患的起因

就如 ADHD，自閉症也具有濃厚的遺傳成分。事實上，研究人員已開始鑑定人類基因組合（genome）上的變異，它們可能使得當事人容易招致該疾患（*Vieland et al., 2011*）。研究人員也已發現自閉症的腦部標記；例如，自閉症兒童發生較快速的大腦成長——相較於他們同儕（*Amaral et al., 2008*）。目前的問題是，這樣的大腦異常如何導致自閉症的症狀。

研究人員表示，自閉症兒童沒有能力發展出對他人心理狀態的理解（*Baron-Cohen, 2008*）。在正常情況下，兒童會發展出所謂的「心理理論」（theory of mind）。最初，他們只從自己的觀點解讀這世界。然而，隨著從 3 歲到 4 歲之間的快速進步，兒童逐漸理解他人擁有跟自己不一樣的知識、信念及意向。研究已顯示，自閉症兒童缺乏能力以發展這種理解。缺乏「心理理論」的情況下，他們很難以建立起社交關係。自閉症兒童發現自己實際上不可能理解及預測他人的行為，這使得他們的日常生活顯得神祕而有敵意。

第八節 心理疾病的烙印

　　當人們發生心理疾患時，他們經常被標示為「越軌分子」；社會也總是對這些偏離規範的人們處以各種程度的懲罰（參考圖 14-3）。然而，這樣的標示似乎不符合實際情況。根據估計，美國成年人中有 46.4% 報告在他們一生中發生過一些精神醫療疾患（*Kessler et al., 2005a*）。因此，至少就統計上而言，心理病態是相對上正常的。

　　即使心理病態這般貼近人們的「正常生活」，在我們社會中，心理失常人們的身分與地位總是被貶值及降級。心理失常人們經常受到他人責難（被污名化）而蒙羞，但大部分罹患身體疾病的人們卻不至於受到這樣待遇。這種作用被稱之為「烙印」（stigma），烙印是表示恥辱、不名譽的一種標誌或記號；在心理學的背景中，它是指對待精神病患的一套負面態度，視他們為不同於自己，不被接受的一群人（*Hinshaw & Stier, 2008*）。一位病人在復原後這樣寫著，「對我而言，心理疾病的不名譽所帶來的

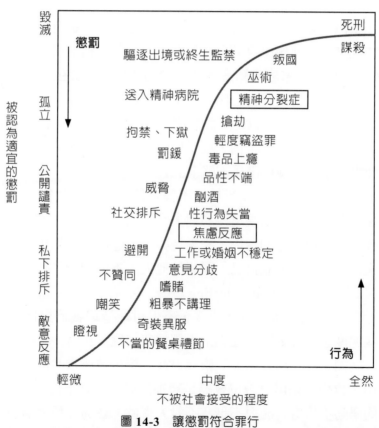

圖 14-3　讓懲罰符合罪行

這個圖表顯示的是一個行為的連續頻譜；水平軸上，愈趨向右方，該行為愈難以被接受，垂直軸上，愈趨向上方，代表愈為嚴重的懲罰。基本上，每種偏差行為都將受到某種程度的懲罰。你從圖中可以看到，受擾於心理病態的人們所受到的待遇較之罪犯或另一些違規者所受到的待遇未必有利。

破壞作用完全不下於住院的經驗本身。」她繼續以生動的字句描述她個人的經歷：

> 「在因為心理疾病住院以前，我過著一種令人羨慕的生活，我的剪貼
> 簿中貼滿了我接受頒獎的各種照片，我的日記本裡記載著許多值得記憶的場
> 合及事件 …… 當心理疾病的危機開始顯現時，就像是一顆原子彈在我生活
> 中爆發。所有我以前認識的世界、我享以為樂的事物，都突然之間變換了色
> 彩，就像是自然歷程一種奇異的逆轉，從一隻蝴蝶的翩翩飛舞變為一個蛹的
> 閉塞。部分是自己所選擇的，部分是人們所施加的，我的生活局圍在有限的
> 範圍之內。重複的拒絕、身邊人們的笨拙與彆扭，以及自己的不安與忸怩，
> 在在使我監禁在孤獨之中。」
>
> 「我能夠從心理疾病中復原過來，這個過程是一連串的抗爭與奮鬥，不
> 僅是對抗我自己的肉體——似乎已失去了能量與活力——更重要的是對抗一
> 個似乎不願意擁抱我的社會。」（*Houghton, 1980, pp.7-8*）

一般人為什麼傾向於對心理失常人們抱持負面態度呢？這有許多方面的原因。首
先，大眾媒體往往描述精神病患容易發生暴力罪行，甚至稱他們是社會上的「一顆顆
不定時炸彈」。其次，有些家庭不願意承認他們的成員之一發生心理失常，擔憂他人
將會持著異樣眼光，或可能波及自己保不住工作。最後，法律上的術語往往強調心理
失常人們「缺乏行為能力」，這也是負面態度形成的來源之一。精神病患經常也自行
烙印，透過隱瞞自己當前的心理苦惱，或是欺瞞自己有接受心理治療的病歷。這樣的
烙印過程當然使得當事人懷疑自己「不健全」。

當心理失常人們開始顯現奇怪行為或不穩定情緒後，這往往使得他們很難維持
往常的人際關係。他人可能開始視這些心理失常人們為不可靠、不值得信任的一種威
脅，進而試圖改變自己與對方的關係，不論是經由規避對方或拒絕對方。這樣的舉動
自然使得心理失常人們更加孤立自己，隔絕於他人；不但切斷了社會支援，也中斷了
跟社會進行比較的現實驗證（reality testing）。

我們對心理失常人們所持的負面態度，不但可能造成我們對他們的知覺和行為
發生偏差，這些態度也同時影響心理失常人們如何回應「正常」人們。這可能導致雙
方的不良互動。例如，在一項實驗中，兩位男性大學生被要求共同完成一項作業，主
試者設法讓其中一位學生相信另一位曾經是精神病患（事實上他不是），結果前者傾
向於認為對方的舉動不恰當、能力不足及不討人喜歡。在另一種實驗設計中，同樣是
兩位大學生進行互動，主試者設法讓其中一位學生相信他被對方認為是一名精神病患
（事實上對方並未如此認為），結果前者有意地以一些方式展現行為，進而實際上引
起對方（不知情的受試者）的拒絕（*Farina, 1980*）。當事人預期自己可能被拒絕，結果

真正製造了拒絕。這表示心理疾病可能成爲真實生活中另一個不幸的自證預言。

　　最後，研究已顯示，當人們過去有接觸精神病患的經驗時，他們對心理疾病抱持的態度較不受到烙印的影響（*Couture & Penn, 2003*）。例如，學生們閱讀一篇短文，提到一位叫 Jim 的男子從精神分裂症復原過來，結果發現當學生過去有實際接觸精神病患的經驗時，這樣學生對於 Jim 的未來展望表示較爲樂觀（*Penn et al., 1994*）。同樣的，當擁有先前的接觸經驗時，這樣學生對精神分裂症病人的危險性的評定較低（*Penn et al., 1999*）。我們希望你在讀完本章後，將有助於矯正你對心理疾病的印象，也有助於增進你對精神病患的包容力和憐憫。

第十五章

心理疾患的治療

這一章中，我們將檢視幾種主要的治療方式，這些治療法目前仍被健康醫療人員所採用，包括精神分析、行為矯正術、認知治療、人本治療及藥物治療。我們也將檢視這些治療如何奏效，以協助受擾於各種疾患的人們恢復個人控制。每種治療都宣稱了它的成功率，我們也將評估這些宣稱的正當性。

第一節　治療的背景

　　心理疾患存在多種不同的治療方式，人們尋求援助也存在多種原因。但不論如何，所有治療都需要介入當事人的生活，以某些方式針對於改善當事人的生活功能。

一、治療目標與主要治療方式

　　治療過程涉及四個主要的任務或目標：

1. 「診斷」（diagnosis）發生了什麼差錯；假使可能的話，為所呈現的困擾決定適宜的精神醫療（DSM-IV-TR）的名稱，對疾患進行分類。

2. 提出可能的「病原」（etiology）（該困擾的起因）——也就是檢定該疾患可能的起源，以及該症狀可能充當的功能。

3. 從事「預後」（prognosis）的判斷，評估假使採取或不採取治療介入的話，該困擾將會呈現怎樣的進程。

4. 開出處方，施行若干形式的「治療」（treatment），以便減輕或消除令人困擾的症狀；假使可能的話，根除症狀的來源。

　　假使我們把大腦比擬為一部電腦，那麼我們可以說，心理困擾的發生可能是大腦的硬體發生了問題，也可能是軟體方面（編排行動的程式）發生了問題。因此，心理疾患的治療可以分為兩大類，它們分別針對大腦的硬體或軟體。

　　「生物醫學的治療」（biomedical therapies）側重於改變硬體，也就是改變各種促使中樞神經系統發生作用的機制。這方面治療採取化學或物理的介入，試圖改變大腦的運作功能，它包括外科手術、電擊及藥物等治療方式。

　　「心理治療」（psychotherapy）側重於改變軟體，也就是改變人們所學得的不當行為——引導當事人生活策略的那些對話、思想、解讀及回饋。這方面治療包括心理動力治療、行為治療、認知治療，以及存在－人本治療等。

　　心理動力的治療通常也稱為精神分析治療（psychoanalytic therapy），它認為精神官能症病人的症狀是他們內在、尚未解決的創傷及衝突（源自早期童年）的外在顯露。精神分析治療以「談話治療」（talking cure）處理心理疾患，也就是治療師協助

當事人發展出洞察力，以便透視外顯症狀與尚未解決的潛伏衝突（這被認為是症狀的起因）之間的關係。

行為治療（behavior therapy）認為行為本身才是障礙所在，必須加以矯正。這表示失常行為被視為是學得的行為模式，而不是心理疾病的症狀。因此，行為治療採取學習上的制約原理以改善當事人的問題行為，以新的反應取代原先的不當反應；這包括改變強化物的安排、消除制約反應，以及提供有效問題解決的楷模。

認知治療（cognitive therapy）試圖重建當事人的思考方式，透過改變當事人對於問題起因經常從事之扭曲的自我對話（self-statements）。認知重建牽涉到改變當事人如何界定及解釋困境，以便當事人能夠妥當應付所面臨的問題。

人本治療（humanistic therapy）強調的是病人的價值觀。這種治療所設定的目標是自我實現、心理成長、更有意義之人際關係的開發，以及抉擇自由的弘揚。因此，這種取向的治療較是在增進基本上健康人們的生活功能，較不是在矯正嚴重障礙人們的症狀。

接受治療的人通常被稱為「病人」（patient）或「案主」（client）。一般而言，當專業人員在心理問題的處理上採取生物醫學途徑時，他們通常使用「病人」的措辭。當專業人員認為心理失常僅是「生活上的困擾」，而不是心理疾病時，他們通常使用「案主」的詞語。我們以下討論各種治療方式時，將會分別援用各種領域的慣用語，即「病人」適用於生物醫學和精神分析的治療；「案主」則適用於其他治療。

二、歷史與文化的背景

假使你活在過去的年代，當你發生心理問題時，你會得到怎樣的處置呢？假使你是活在歐洲或美國，在歷史上的大部分時候，很可能你獲得的處置不但無益於你，甚至可能為你帶來傷害。在另一些文化中，精神失常的處置往往是從較廣延的宗教及社會價值的角度看待，因此促成較為人道的待遇。

㈠ 西方治療的歷史

在 14 世紀的西歐，人口增加和人口移向大城市，製造了失業及社會疏離。這些狀況接著導致貧窮、犯罪及心理問題。因此，許多國家開始建造特殊的收容所，以便收留社會中新浮現之三種不適生存的人們：貧窮者、罪犯及精神病患。

1403 年，倫敦的一所醫院（「伯利恆醫院」）首度收容有心理問題的病人。接下來 300 年中，醫院裡的精神病患被加上鐵鏈、懸吊、毆打、挨餓及折磨，他們還被公開展覽（就像動物園中的禽獸一樣），一般民眾可以購買門票觀看他們的怪異動作。長期下來，「Bethlehem」（伯利恆）的錯誤發音「bedlam」就成為「瘋人院」的代名

詞，以表示精神病院之混亂、恐怖的管理方式，以及對於病人不人道的待遇（*Foucault, 1975*）。

直到 18 世紀後期，心理問題被視為心理疾病（mental illness）的觀點才開始在歐洲出現。法國醫生 Philippe Pinel 於 1801 年寫道：「心理問題絕不是一項罪惡，病人不應該承受處罰；他們只是生病的人，他們的不幸狀態值得我們以體貼和善意的態度對待之，以恢復他們的理性。」

在 18 世紀的美國，精神失常的人們被監禁起來，一方面是為了保護他們，另一方面也是為了社區的安全，但他們沒有被施加任何治療。然後，到了 19 世紀中期，隨著心理學研究逐漸抬頭，精神失常可能痊癒的觀念才逐漸散播開來。精神錯亂被認為跟環境壓力有關，這樣的壓力是新近開發城市中的混亂所帶來。最後，發瘋（精神錯亂）開始被視為是一種社會問題，我們可以透過心理衛生加以矯治——就如傳染性的身體疾病可以透過生理衛生加以處理。

德國精神病學家 J. C. Heinroth 是近代精神醫學的創立者之一，他為精神失常的疾病模式提供了概念上和道德上的正當理由。1818 年，Heinroth 在他的著作中表示，「瘋狂」是個人內在自由或理性的完全喪失，這使得病人被剝奪了掌控自己生活的能力。我們這些知道什麼情況對病人有益的人們，因此應該關懷及照顧他們。Heinroth 主張政府有責任治療精神失常的病人，因為他們的疾病迫使他們成為社會的負擔。1900 年代，Clifford Beers 發起了心理衛生運動。最終，「把精神錯亂人們監禁起來」的做法被新的「復健」目標所取代。精神失常人們被收留在偏遠地區（鄉下地方）的收容所或療養院中，以遠離城市的壓力，不僅為了保護，也是為了治療（*Rothman, 1971*）。不幸地，許多收容所很快就變得過度擁擠，原先帶有人道色彩的復健目標，隨之就被「拘留」和「隔離」的務實目標所取代。這些大型而人手不足的州立精神療養院，最終成為不過是精神失常人們的一所集中營而已（*Scull, 1993*）。

從 1960 年代開始，這方面改革人士極力反對這種集中化措施，他們提倡讓病人從精神病院被釋放出來（稱之為「去機構化」〔deinstitutionalization〕），至少是對那些透過門診治療和適當社區支援就能夠良好生存的心理病人而言。不幸地，許多被釋放出來的病人在他們社區中沒有獲得適當的援助。

㈡ 文化圖騰與治療儀式

當評閱這些歷史趨勢時，我們必須注意，它們僅限於是西方的觀點與習俗，也就是強調的是個人的獨特性、競爭性、獨立自主、適者生存、征服自然，以及個人對成敗的責任。「鬼神論」和「疾病模式」二者便符合這樣的論點，即視心理疾患為發生在個人「之內」的事情，而且視為個人的一種挫敗。

然而，這樣的觀點並不被其他許多文化所持有（*Triandis, 1990*）。例如，文化人類

學（cultural anthropology）的研究顯示，在非洲的世界觀中，他們重視的是協力合作、互相依賴、部落生存、與自然的和諧，以及集體的責任（*Nobles, 1976*）。西方文化在對待精神病患上側重於把這些人「移除」於社會之外，但許多非洲文化的思想卻大相逕庭，他們認為治療是一件發生在社會背景中的事情，它牽涉到當事人的信念、家庭、工作及生活環境。非洲部落在治療上採取團體支援的做法，這種方法後來被帶進西方文化中，擴展為所謂的「網絡治療」（network therapy），也就是病人的整個關係網絡，包括親屬、同事及朋友等都參與於治療程序。

　　在許多文化中，心理疾病和身體疾病的治療跟宗教及巫術有密切關聯。若干稱為「巫師」（shamans）的特定人士被賦予特殊的神秘力量，以協助受擾的人們復原過來。例如，在薩滿教（shamanism）的傳統中，各種苦惱和疾病被視為是個人「精、氣、神」的積弱不振所致，需要神性治療人員（靈媒）伸出援手。通常，心理失常狀態被視為是精靈附身的結果，這需要道士、僧人或巫師等的治療介入，透過敲鑼打鼓、唸咒語、吟唱及另一些儀式以引起當事人的敬畏之心，引發他們超脫現實的意識狀態，以有助於尋求神喻，或被授予復原的力量。

　　在大多數民俗療法中，它們經常強調圖騰、神話及儀式的重要角色。「儀式化治療」（ritual healing）的目的是在感召當事人特殊的情緒強度，以及為治療過程灌輸特殊的意義。這些儀式提升了病人的可暗示性（suggestibility）和重要感（sense of importance），再結合圖騰的使用下，它們使得當事人、靈媒及社會跟超自然力量銜接起來，以便在對抗「瘋狂」的戰役上獲勝。

　　在一些治療儀式中，治療程序之一是設法引起病人或靈媒（乩童）的意識解離（dissociation of consciousness），也就是進入一種不尋常的意識狀態。但是在西方文化的觀點中，解離本身就是心理疾患的一種症狀，我們應該加以預防或矯治。但在另一些文化中，隨著意識脫離現實，當事人能夠跟善良精靈進行溝通，邪惡精靈則被驅逐出去，以恢復心靈原有的秩序。直至今日，我們在世界各地仍可發現許多這種借助於不尋常意識的治療儀式。

　　這些非西方文化的觀點中，有些已開始融入西方的治療方式（*Katz, 1982, 1993*）。例如，另一些文化極為側重「社會互動」、「家庭背景」及「支持性社區」的概念，這些概念的影響力已清楚印證在西方較新式的治療途徑上，像是強調社會支援網絡和家庭治療。一般而言，西方的心理治療較為側重自我分析，集體主義的文化在治療上則著眼於個人當前的社會處境。假使我們能夠設法整合這兩種治療取向，這將有助於促進未來的治療在文化上更適合廣泛的案主。

第二節 心理動力的治療

心理動力的治療（psychodynamic therapy）假定病人的問題是由於他的潛意識衝動與他生活處境的壓迫之間的心理緊張所引起。這方面治療的重點在於找出病人內在失衡的核心所在，進而消除外顯的症狀。

一、佛洛依德的精神分析論

精神分析治療（psychoanalytic therapy）是佛洛依德所發展出來，它是一種密集而長期的分析技術，用以探索精神官能症病人（或焦慮纏身的人們）的潛意識動機及衝突。如我們在先前的章節提到，佛洛依德學派的理論視焦慮性疾患爲個人沒有能力適當解決內在的衝突，這樣的衝突是源於「本我」（id）之潛意識、不合理的衝動與「超我」（superego）所施加之內化的社會約束之間的拮抗。因此，精神分析的目標是建立內在心靈的協調、擴展個人對「本我」力量的覺知、降低個人對「超我」要求的過度順從，以及強化「自我」的角色，以使個人達成一種動態的平衡。

在精神分析治療中，最主要工作是了解病人如何使用壓抑作用（repression）以處理衝突。症狀被視爲是在傳達潛意識的信息。因此，精神分析師的工作是協助病人把被壓抑的思想帶到意識層面上，協助病人獲致關於當前症狀與被壓抑的衝突之間關係的洞察力。根據心理動力論的觀點，當病人從早期童年建立起來的壓抑中被解放出來時，治療就發揮了功效，病人得以復原。因爲精神分析師的中心目標是引導病人獲致關於當前症狀與過去起源之間關係的洞察力，心理動力的治療通常也被稱爲洞察力治療（insight therapy，或稱頓悟治療）。

傳統的精神分析是在試著重建病人長期以來壓抑的記憶，然後逐步疏通痛苦的情感以獲致有效的解決。因此，這種治療需要花費很長的時間（至少好幾年，每星期 1 次到 5 次的晤談），也需要病人擁有適當的內省能力、言辭表達流利、具有高度動機維持治療，以及有意願和有能力支付可觀的費用。（較新式的心理動力治療正試著使整個治療期間簡短些）精神分析師運用幾種技巧設法把被壓抑的衝突帶到意識層面上，以協助病人解決這些衝突（*Luborsky & Barrett, 2006*）。這些技巧包括自由聯想、抗拒的分析、夢的解析，以及移情與反移情的分析。

(一) 自由聯想與宣洩（free association and catharsis）

在精神分析中，「自由聯想」是用來探索潛意識並釋放出被壓抑資料的首要程序。當施行這項治療程序時，病人舒適地坐在椅子上，或以輕鬆的姿勢躺在長椅上，讓自

己的心思任意流動,隨著思緒所至,自由自在地說出自己的想法、願望、身體感覺及心理意象。病人被鼓勵揭露自己的任何思想或情感,不論它們乍看之下是多麼痛苦、隱私或似乎不重要。

佛洛依德主張自由聯想是預先決定的,不是隨機而毫無目的的。精神分析師的工作就是追溯這些聯想的來源,從表面化的說詞中找出背後有意義的型態。病人被鼓勵表達出強烈的情感,這些情感通常是針對一些權威人物,但病人因為害怕被懲罰或報復而將之壓抑下來。任何這樣的情緒解放(不論是透過這種方式或治療背景中的另一些歷程)就被稱為「宣洩」(也稱洗滌或淨化)。

(二) 抗拒 (resistance)

在自由聯想的過程中,病人有時候會出現「抗拒」的現象——無法或不願意討論若干想法、慾望或經驗。病人的抗拒是在防止被壓抑在潛意識裡的痛苦記憶浮升到意識層面。這些記憶通常是關於個人的性生活,或針對父母的一些敵對、憤慨的感受。當所壓抑的資料終於公開出來時,病人通常會宣稱他之所以不願意討論是因為這些資料太微不足道、太荒謬、太不相干或太不愉快了。

精神分析師對於病人所不願意談論的題材,必須特別加以重視。因為這種抗拒被視為是存在於潛意識與意識之間的一道關卡。精神分析的目的就是在打破抗拒,使得病人能夠面對那些痛苦的想法、慾望和經驗。打破抗拒是一種漫長而艱辛的過程。然而,假使想要把潛伏的問題帶到意識層面上加以解決,這又是一道必要的程序。

(三) 夢的解析 (dream analysis)

精神分析學家相信「夢」是關於病人潛意識動機的一種重要訊息來源。當個人入睡時,超我將會適度放鬆對不被接受之衝動(源自本我)的監視,所以在清醒生活中無法表達出來的動機,可能就在夢境中找到表達的空間。夢具有兩種內容,一是顯性內容(manifest content),也就是當事人清醒後所能記得及陳述的故事;另一是潛性內容(latent content),這是正在尋求表達的真正動機,但因為過於痛苦或無法被接受,這些動機於是以偽裝或象徵的方式表達出來。精神分析師利用「夢的解析」以試圖揭露這些潛伏的動機,也就是檢視當事人夢的內容,以找出隱藏或偽裝的動機,以及找出重要生活經驗和慾望的象徵性意義。

(四) 移情與反移情作用 (transference and countertransference)

在精神分析密集治療的過程中,病人往往會對治療師發展出情感反應。通常,治療師會被病人視同為他過去情感衝突上的一位核心人物,最普遍是病人的父親、母親或愛人。病人把他潛意識中壓抑的情感轉移方向,轉而把治療師當作他的情感對象,

這樣的情感反應便稱為「移情作用」。當病人加諸於治療師身上的是屬於關愛或欽佩這類情感時，便稱為正移情作用（positive transference）；當加諸的是敵意或嫉妒這類情感時，便稱為負移情作用（negative transference）。通常，病人的態度是正反兩種感情交織的一種複合體。因為病人情感的脆弱性，精神分析師處理移情作用的任務並不容易；然而，這又是治療相當關鍵的部分。分析師協助病人解讀當前被移轉的情感，設法讓病人了解這些情感在早期經驗和態度中的原始來源（*Henry et al., 1994*）。

反過來說，當治療師把自己所隱藏起來對重要他人的情感移轉到病人身上時，便是發生了「反移情作用」。在疏通自己的反移情作用上，治療師藉以發現他自己一些潛意識的原動力。因此，治療師成為病人的一面「活生生的鏡子」，病人接著成為治療師的一面鏡子。假使治療師不能看清楚反移情作用的運作，治療可能就產生不了效果（*Hayes et al., 2011*）。因為這類治療關係的情感強度，再加上病人的脆弱性，治療師務必提醒自己不要踰越了界線，只是在提供專業的關懷，避免個人涉入太深。精神分析治療很明顯地是一種權力不平衡的處境，這是治療師必須認清及尊重的事實。

二、新佛洛依德學派的治療

佛洛依德的追隨者保留了他的許多基本概念，但也修改了他的若干原理和程序。一般而言，這些新佛洛依德學派的理論較為強調：⑴ 病人「當前」的社會環境（較不強調過去）；⑵ 生活經驗的延續影響（不只是童年的衝突而已）；⑶ 社會動機的角色和關愛的人際關係的角色（而不只是生物本能和自我中心）；⑷ 自我功能的重要性和自我概念的發展（較不強調本我與超我之間的衝突）。

第 13 章中，我們提到另兩位傑出的佛洛依德學派的代表人物，榮格（Carl Jung）和阿德勒（Alfred Adler）。這裡，我們介紹較近期之新精神分析學派的的三位代表人物，他們是蘇利文（Harry Stack Sullivan）、荷妮（Karen Horney）及梅樂（Margaret Mahler）。

蘇利文（*1953*）強調社會互動的重要性，他認為佛洛依德學派的理論和治療沒有認清社會關係的重要性，忽視了病人對接納、尊重及關愛的需求。在心理疾患方面，他認為不只涉及受創的內心歷程，也涉及不安定的人際關係，以及甚至強烈的社會壓力。他認為人們的首要動機是在逃避焦慮及尋求安全，焦慮的來源可能是生物性的（如飢、渴、性），也可能是社會性的（缺乏安全感）。兒童需要覺得安全，且受到他人關懷及親切的對待。心理失調就是源於個人與父母或與重要他人（significant others）關係上的不安定。根據這種人際關係的觀點，治療牽涉到觀察「病人對治療師之態度的感受」。治療晤談被視為是一種社交處境，每一方的感受和態度都受到另一方的影響。根據蘇利文的說法，治療師應該設法在治療處境中付出關愛地學習及指

導，以協助病人改善他自己生活中的人際關係。

　　荷妮（1937, 1950）強調環境和文化背景的重要性，神經質行爲（neurotic behavior）就是在不良的環境中滋長。荷妮對人格採取較具彈性的觀點，認爲它也包含理性的生活適應和延續的發展。她主張人格繼續受到當前的恐懼和衝動的塑造，而不是僅由早期童年的經歷和本能所決定。荷妮（1925/1967）也是最先質疑佛洛依德理論在女性身上之適用程度的精神分析學家。她排斥佛洛依德以性器官爲中心的論調，認爲他過度強調「陽具」的重要性。反而，她認爲男性對懷孕、母性、乳房及哺乳的妒羨才是男性潛意識的原動力之一。荷妮的觀點以女性爲中心，標榜的是女性的子宮。至於男性對物質成就及創造性作品的強烈慾望，在她看來只是一種潛意識手段，作爲他們在生殖這個領域內之自卑感的過度補償。

　　梅樂（1979）是最先鑑定及治療兒童期精神分裂症的精神分析學家。她認爲這些兒童破碎的自我和從現實中退縮回來的現象，可以溯源於母親－子女關係的不協調。爲求獨立自主之自我的發展，母親與子女之間需要逐漸分開，以便子女在這過程中培養「個性」的意識，也就是一種獨特而穩定的自我認同。母親病態的教養方式，或母親缺乏情緒感應及情感供給，都可能導致兒童容易發展出心理失調。治療師不僅需要處理失調的父母－子女關係，也需要處理困頓的兒童，培養兒童在分離與個性之間的良好適應，以便順利發展出獨立的自我。

第三節　行爲治療

　　行爲治療學家主張，就如正常行爲一樣，異常（病態）行爲也是以相同方式獲得，即透過學習歷程——依循制約和學習的基本原理。行爲治療就是運用制約和強化的原則以矯正跟心理疾患有關的不良行爲模式。

　　「行爲治療」（behavior therapy）和「行爲矯正」（behavior modification）這兩個詞語可以通用，二者都是指稱有系統地應用學習原理以提高良好行爲的出現頻率及／或減低問題行爲的出現頻率。廣泛的偏差行爲和個人困擾通常都是採用行爲治療加以處理，包括恐懼、強迫行爲、憂鬱、成癮、攻擊及違法行爲。一般而言，行爲治療在處理特定的（而不是綜合類型的）個人困擾上最具效果。例如，它對處理恐懼症較爲有效，但對於不具焦點的（蔓延的）焦慮症的效果就較差些。

一、反制約作用

　　當面對無害的刺激時（諸如蜘蛛、無毒的蛇或社交接觸），爲什麼有些人變得焦

慮起來？行爲論的解釋是，焦慮的產生是源於單純的制約原理（參考第 6 章）。至於反制約作用（counterconditioning）則是指採取制約原理以消除不當反應或不良習慣的歷程，也就是新的反應被制約以取代或對抗不當反應。這裡，我們將介紹幾種反制約的技術，包括敏感遞減法、內爆法、泛濫法及嫌惡治療法。

(一) 敏感遞減法和另一些暴露治療法

我們的神經系統不能同一時間既放鬆又激動，這是因爲不相容的歷程無法同時被活化。這個簡單的概念是南非精神醫療學家 Joseph Wolpe（1958, 1973）所發展之「交互抑制論」（theory of reciprocal inhibition）的核心所在。Wolpe 使用這種技術來處理恐懼症，他教導病人先「放鬆」肌肉，然後視覺上「想像」自己所害怕的處境。病人被要求以漸進的步驟施行下去，從最初較爲疏遠的聯想逐步移到直接的意象。病人在放鬆的情況下心理上面對所害怕的刺激，而且以「漸進」的層次（安排等級）著手下去，這樣的治療技術被稱爲敏感遞減法（systematic desensitization，或稱系統脫敏法）。

敏感遞減法包含三個主要步驟。首先，案主檢定所有可能引起他焦慮的刺激情境，然後按照焦慮強度，從弱的刺激到強的刺激排成一個「焦慮階層表」（anxiety hierarchy）。

其次，案主接受訓練，學習以漸進的方式讓肌肉深沉地放鬆下來（有時候輔以催眠上的暗示或鎮靜劑）。放鬆訓練需要反覆練習多次，以使案主學會辨別緊張感覺與輕鬆感覺二者，進而把緊張感覺釋放掉，以便達到身體及心靈都放鬆下來的狀態。

最後，敏感遞減的實際歷程展開：處於放鬆狀態下，案主鮮明而生動地想像階層表上焦慮最弱的刺激情境。假使出現焦慮反應，案主暫時停止想像，再度讓自己進入放鬆狀態。當最弱的刺激情境在心中清楚呈現，且案主不會感到不舒適時，就可以進展到下一個較強的刺激情境上。這樣施行多次嘗試，直到案主想像階層表上最爲苦惱的刺激情境也不至於產生焦慮時，治療才算成功；這時候案主即使面對真實的刺激情境，也不至於感到焦慮。

敏感遞減法已被成功施行於多方面的個人困擾上，像是廣泛的各種恐懼症，如考試焦慮、舞台恐慌、性無能及性冷感等。許多評估性的研究也顯示，這種行爲治療法對於大多數的恐懼症病人相當有效。

另一種也常被使用的技術是內爆法（implosion therapy），它的程序正好相反於敏感遞減法。內爆法不是讓案主逐步體驗焦慮愈來愈高的刺激情境；反而，它是一開始就讓案主暴露於焦慮階層表頂端最可怕的刺激情境，但是是在安全的環境中接觸。治療人員就案主所恐懼的主題，鼓勵案主充分想像自己置身於一種極度恐怖的情境中，透過所有感官儘可能強烈體驗那種感覺，以引起恐慌的內在爆發。隨著這樣的處

境一再發生，卻沒有造成任何個人傷害，該刺激不久就會失去引起焦慮的力量。當焦慮不再發生，先前用來避免焦慮的不適應行為也就自然消失了。換句話說，個人必須發現他接觸了該刺激，但確實沒有發生預期的負面反應，那麼他才可能消除對該刺激的不合理恐懼反應。

泛濫法（flooding，或稱洪水法）在理論及程序上類似於內爆法，主要差別是它在取得案主的許可下，實際讓案主置身於他所畏懼的情境。這表示當個人有幽閉恐懼症時（claustrophobia，害怕狹窄、封閉的處所），他將實際上被關進黑暗的衣櫥中；當兒童不敢近水時，他將被丟進游泳池中。泛濫法被證實在處理一些問題行為上要比敏感遞減法更為有效，如懼曠症（agoraphobia），而且治療效果也顯示可在大多數案主身上維持長久。

不論是敏感遞減法、內爆法或泛濫法，它們的共同成分是暴露（exposure）。透過想像或實際的接觸，案主被暴露於他所害怕的物體或情境。近些年來，臨床人員已轉向虛擬實境（virtual reality）以提供暴露治療（*Powers & Emmelkamp, 2008*）。研究已顯示，虛擬實境的效果完全不下於實際暴露，甚至在時間和經費的成本上更為節約。例如，透過虛擬的飛行經驗（例如，坐在飛機中，起飛及降落），人們已能克服對於飛行的恐懼，不用前進到實際的飛行場（*Rothbaum et al., 2006*）。此外，為了克服對蟑螂的恐懼，一套虛擬實境的系統已開發出來（*Botella et al., 2010*）。這套系統能使病人看到蟑螂在他們手上爬行。治療師還可以操控一些特性，像是蟑螂的數量、大小及移動等，以適合每個病人的特定需求。經過單一療程後，病人便顯現極大的改善。

暴露治療也已被用來對抗強迫性疾患。例如，一位婦女有骯髒的強迫性意念，她反覆不斷地洗手，直至雙手都龜裂而出血。她甚至有自殺的念頭，因為這種疾患使她完全無法過著正常生活。在行為治療師的監督之下，她直接面對她最害怕的事物——污物及灰塵——最終甚至直接碰觸它們。然後，她在 5 天之中不洗澡、不洗手也不洗臉。需要注意的是，行為治療在這裡有一項新添的成分，即反應預防（response prevention）。案主不僅暴露於她所害怕的事物（污物與灰塵），她也被防止展現平常有助於減低她的焦慮的強迫行為（洗手）。這項治療教導了這位婦女減低焦慮，但不必從事她的強迫行為。

(二) 嫌惡治療法

就我們前面描述的各種暴露治療法而言，它們是在協助案主直接處理他們想要避開但實際上不具傷害性的刺激。那麼，當人們被有害的刺激所吸引時，我們如何協助他們呢？人類有一些偏差行為是被誘惑性刺激（tempting stimuli）所引發，諸如藥物成癮、性倒錯，以及無法控制的暴力行為。嫌惡治療法（aversion therapy）就是採用反制約的程序，使得這些誘惑性刺激（如香菸、酒精、迷幻藥等）與另一些極度令

人厭惡的刺激（如電擊、催吐劑等）配對呈現。經過制約作用後，不必多久，誘惑性刺激也將會引起同樣的負面反應（如疼痛、嘔吐），當事人就發展出嫌惡以取代他先前的欲望。例如，在酒中加入催吐劑，每次喝酒後就會引發嘔吐反應，經過一段時間的制約後，案主看到酒就會產生嫌惡反應。另外，每當案主從事自我傷害的行為時，就施加輕度電擊，這項處置已有效消除一些案主的自我傷害行為（van Oorsouw et al., 2008）。

二、後效管理

另有些行為矯正程序是運用操作制約（operant conditioning）的原理，這是源於行為主義大師史基納（B. F. Skinner）的研究傳統。後效管理（contingency management）是指透過改變行為結果以便改變原先行為的綜合治療策略。在行為治療的後效管理方面，兩種主要技術是正強化策略和消退策略。

(一) 正強化策略

當反應之後立即跟隨酬賞的話，該反應將傾向於會被重複展現，而且長期下來的出現頻率將會增加。這原本是操作學習的中心原則，當它被用來提升良好反應的出現頻率以取代不良反應時，就成為一種治療策略。行為治療師運用「正強化程序」來處理行為問題已取得顯著的成效。例如，我們在第 6 章提過「代幣制度」（token economies），它是精神療養院中經常採用的一套制度，目標是透過強化原則以改善病人的行為。在代幣制度中，當病人展現被清楚界定的良好行為時，行為技師（可由護士或職員擔任）就給予代幣。這些代幣稍後可用來交換一系列的酬賞和特權，如糖果、香菸、延長看電視的時間，或週末外出的權利。如此一來，病人各種有建設性的行為都可以被有效建立起來，如幫忙端菜、拖地板、維持床舖整潔、自我照顧及良性的社交行為等（Dickerson et al., 2005; Matson & Boisjoli, 2009）。

另外，我們在第 6 章中提到如何運用「行為塑造」（shaping）以改善自閉症兒童的生活。病人是一位 3 歲大的小男孩，需要戴上眼鏡。治療人員利用一種玩具所發出的滴答聲作為制約強化物，使他逐步漸進地戴起了眼鏡。

(二) 消退策略

為什麼有些人繼續做一些會引起痛苦及煩惱的事情，當他們事實上有能力不這樣做時？答案是許多類型的行為具有多重結果——有些是負面的，有些則是正面。經常，難捉摸的正強化使得某行為被維持下去，儘管它很明顯帶來負面結果。例如，有些兒童儘管舉止不當而再三被處罰，但他們依然展現不當行為——假使處罰是他們似

乎能夠贏得他人注意力的唯一方式的話。

　　當功能不良行為是被一些不容易辨識（或捉摸不定）的強化情況所維持時，消退策略（extinction strategy）可以作為有效的治療方式。在實際做法上，首先是實施徹底的情境分析，檢定出那些曖昧不明的強化物，然後編排計畫，以便當不當反應出現時，那些強化物不再被施加（被撤除）。當能夠實際施行這樣的計畫，而且該情境中的每個人（特別是那些可能不經意強化當事人行為的人們）都能合作的話，消退程序將可減低該行為的出現頻率，最終完全消除該行為。考慮教室行為的一個實例，研究人員發現 4 位小學兒童的破壞行為因為受到他們同學的注意而被強化。透過要求這些同學對適宜行為提供注意力，同時對於破壞行為置之不顧，研究人員很快就消除了這 4 位學童不當的行為模式（*Broussard & Northup, 1997*）。

三、社會學習治療

　　社會學習理論家指出，人類可以透過觀察他人的行為而獲得學習。你經常透過象徵的方式（諸如觀看他人在生活中、在電影上或在電視上的經驗）以學習新經驗或應用規則於新經驗上。社會學習治療（social-learning therapy）是安排情況讓案主觀察楷模（models）因為展現良好行為而受到強化，透過這樣的歷程以矯正案主的問題行為。這種替代學習（vicarious learning）的歷程對於克服恐懼症和建立社交技巧特別具有價值。我們在前面的章節提過，社會學習理論大部分是透過班都拉（*Albert Bandura, 1977, 1986*）的先驅研究而發展出來。這裡，我們將只提及他兩個方面的探討：對楷模的模仿和社交技巧訓練。

(一) 對楷模的模仿

　　社會學習理論預測，人們透過觀察而獲得反應。因此，當人們受擾於恐懼症時，他們應該也能夠透過對楷模的模仿而揚棄（unlearn）恐懼反應。例如，在處理蛇類恐懼症上，治療人員將首先在相對輕微的層面上示範無畏無懼地接近蛇類的行為，諸如接近蛇籠或輕碰蛇身。然後，透過實際示範和鼓勵，案主在協助下模仿楷模的行為。漸進地，接近行為受到塑造，以便案主最終能夠撿起蛇來，讓蛇在他身上任意爬動。案主在任何時候都不被強迫展現任何行為。當案主有任何程度的抗拒時，就讓案主先退回先前已完成而較不具威脅性的接近行為上。

　　研究人員已設法比較這種參與式示範（participant modeling）與象徵式示範（symbolic modeling）、敏感遞減法及控制情況之間的效果。在「象徵式示範治療」中，受試者先接受放鬆技巧的訓練，然後觀看影片，影片中有幾位楷模無畏無懼地撫弄蛇類；每當影片的畫面引起焦慮時，受試者可以喊停，然後試著再讓自己放鬆下

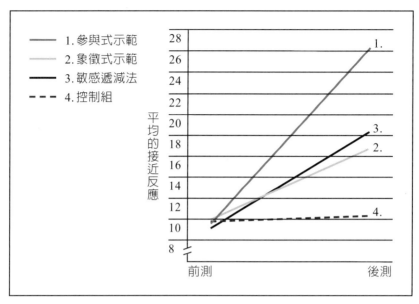

圖 15-1　參與式示範治療

來。在控制情況中，治療人員沒有採取任何治療介入。如你在圖 15-1 中所看到，參與式示範很清楚在這些技術中最具有療效。在參與式示範組別中，12 位受試者中有 11 位消除了蛇類恐懼症（*Bandura, 1970*）。

(二) 社交技巧訓練

　　社會學習治療學家認為，心理失常人們的部分障礙是在於他們社交壓抑、笨拙或缺乏果斷。因此，這些人們需要接受社交技巧的訓練，以使他們的生活較具效能。社交技巧（social skills）是指當人們接近別人或跟別人交往時的一套反應，使得他們能夠有效達成自己的社交目標。這些技巧包括在既定情境中知道應該說些什麼和做些什麼（內容），以便引致合意的反應（結果），也包括如何說話和如何展現行為（風格），以及包括何時說話和何時舉止（時機）。在社交技巧方面，許多人普遍的困擾是缺乏果斷性，當事人無法以清楚、直接而不具侵略性的方式陳述自己的想法或意願。

　　為了協助人們克服這樣的困擾，社會學習治療師推薦「行為預演」（behavioral rehearsal）的方法。這種方法是在角色扮演的情況下，訓練病人有效地表達自己的意見；或治療師以預先寫好的劇本讓病人扮演一種他在實際生活中不敢扮演的角色。這種行為預演可以用來建立及增強任何基本技巧，從個人衛生、工作習慣以迄於社交互動。有些精神療養院已採用這種方式矯正病人口出惡言的壞習慣，讓他們放棄過去處理人際紛爭所採取的逃避、恐嚇或暴力等手段，轉而學習在那些情境中展現適宜的自我反應。

四、類化技術

　　行爲治療師所關切的另一個問題是：案主在治療環境中獲得之新的行爲模式是否將會實際被他們應用在每天所面對的情境中（*Kazdin, 1994*）。這個問題對所有治療都相當重要，因爲任何療效都應該涉及行爲變化的長期維持，而不只是發生在治療師的躺椅、診所或實驗室中。

　　這表示爲了防止療效在治療結束之後逐漸流失，治療人員有必要在治療程序本身建立起類化技術（generalization techniques）。這些技術試圖在治療情境與眞實生活環境之間增進目標行爲、強化物、楷模及刺激需求等方面的相似性。例如，治療師教導案主的行爲最好是在案主的環境中可能被自然強化的行爲。此外，因爲眞實世界中的酬賞不一定立即出現，所以治療期間的酬賞供應最好是採取「部分強化時制」，以確保酬賞的效果將可在眞實世界中被維持下去。例如，以代幣制度而言，進入治療後期時，治療人員有必要引入社會贊許和另一些較自然發生的結果（包括強化性的自我對話），以讓病人對實質外在酬賞的期待逐漸消退。

　　舉例而言，行爲治療師採用消退程序以處理一位男孩（4 歲又 10 個月大）拒絕喝牛奶的行爲（*Tiger & Hanley, 2006*）。爲了使男孩喝他的牛奶，治療師要求幼稚園教師在一杯牛奶中混合少量的巧克力糖漿。隨著巧克力糖漿的攙入，男孩願意喝牛奶。在接下來的 48 餐中，教師緩慢地減少巧克力的數量，直到男孩子只被供應純粹的牛奶。在這項干預結束時，男孩已一貫地喝純奶。最後他在家裡也是如此，這說明了從教室到另一些情境中的類化。

　　在我們轉向認知治療之前，我們先評述前面所討論的兩種心理治療——精神分析治療和行爲治療——之間的主要差異（參考表 15-1），以提供你更透徹的理解。

第四節　認知治療

　　認知治療（cognitive therapy）試著改變案主對重要生活經驗的思考方式，進而改變案主有問題的情感和行爲。這種治療的基礎假設是：失常行爲模式和情緒困擾是發軔於人們的認知內容（他們思考些什麼）和認知歷程（他們如何思考）發生了問題。這一節中，我們將描述兩種主要的認知治療，一是改變謬誤的信念系統，另一是認知行爲治療法。

表 15-1　精神分析治療法與行為治療法主要差異的比較

議題	精神分析	行為治療
基本人類本質	生物性本能，主要是性本能和攻擊本能，要求立即滿足，因此帶來人們與社會現實之間的衝突。	就像其他動物一樣，人們生來只具有學習的能力，所有物種都遵循相似的原理。
正常人類發展	透過解決各個連續階段的衝突而獲致成長。透過認同和內化，自我逐漸獲得支配力，性格結構浮現。	適應行為是透過強化和模仿而學得。
心理病態的本質	心理病態反映不當的衝突解決，固著於較先前的發展，這造成過強的衝動及過弱的支配力。症狀是對焦慮的防衛性反應。	問題行為是起源於不當的學習方式，或是學到不良適應的行為。症狀本身就是問題所在，沒有所謂內在的致因。
治療的目標	獲致性心理的成熟，強化自我功能，減低潛意識的支配力，化解被壓抑的衝動。	排除不良的、病態的行為，以適應的行為加以取代。
所側重的心理領域	動機、感情、幻想及認知。	治療所指涉的行為，以及可觀察的情感和行動。
時間取向	側重於發現和解讀過去的衝突和被壓抑的情感，從目前的角度加以檢視。	只關心案主的強化史，目前的行為才是被檢驗和處置的對象。
潛意識資料的角色	這是傳統精神分析論的重點所在，新精神分析學派已較不強調。	從不論及潛意識歷程，甚至也不論及意識領域的主觀經驗。
洞察力的角色	這是治療發生作用的核心要素。	洞察力是不相干及／或不必要的。
治療人員的角色	像是一位偵探，偵察出衝突的根源和抗拒現象。在促進移情反應上，需要保持超然及中立。	治療師的作用就像是一位教練，幫助病人消除舊的不良行為，學習新的行為。強化的控制是重點所在；人際關係則是次要問題。

一、改變謬誤的信念

　　有些認知行為治療學家認為，心理治療的主要目標是在於改變案主的信念、態度及習慣性的思考模式。他們認為心理困擾的產生，主要是在於人們如何看待自己與他人的關係，以及如何看待他們所面對的事件。謬誤的思考可能是建立在：⑴不合理的態度（「完美表現是一位學生應該擁有的最重要特質」）；⑵不實的前提（「如果我遵照他人的意思做好每一件事情，我將會受到他們歡迎」）；⑶拘泥於一些規則或教條，不知道靈活變通，以至於先前的行為模式被反覆使用，即使它們已不再發生效用（「我必須相信及服從權威人士」）。情緒苦惱的產生是源於認知上的錯誤理解，以及

源於無法辨別當前現實與個人想像（或期待）之間的分野。

(一) 憂鬱症的認知治療

認知治療師協助病人矯正不當的思考模式，代之以較具效能的問題解決技巧。Aaron Beck（*1976*）已成功地開創以認知治療法處理憂鬱症的問題。他以簡單的形式陳述這種治療的原理：「治療師協助病人找出他偏拗的思考，然後學習以較爲切合實際的方式陳述自己的經驗。」（*p.20*）例如，憂鬱症病人可能被指示寫下對自己的負面思想，設法推敲爲什麼這些自我批評是不合理的，進而建立起較爲符合現實（較不具破壞性）的自我認知。

Beck 認爲憂鬱狀態之所以維持下去，乃是因爲病人沒有察覺到他們慣於對自己陳述的那些負面自動化思想（negative automatic thoughts，即不假思索、習慣性的思想），諸如「我處處都比不上我哥哥，他總是比我強」；「假使別人眞正看清我的話，將沒有人會喜歡我」；及「在這所競爭激烈的學校中，我根本一無是處」。然後，治療師運用下面四種策略以改變病人的認知基礎——因爲就是它們在支持憂鬱狀態（*Beck & Rush, 1989; Beck et al., 1979*）：

- ·質疑案主對於自己生活功能所提出的一些基本假設。
- ·評估案主關於自動化思想的準確性所擁有的證據（不論是支持或反駁的證據）。
- ·協助案主把過錯重新歸因於情境因素，而不是歸因於自己不能勝任。
- ·關於可能導致失敗經驗的複雜任務，協助案主探討另一些解決方式。

這項治療類似於行爲治療法之處，乃是在於它把重點放在案主的目前狀態上。

憂鬱狀態最不良的副作用之一是必須忍受所有負面感受和失去活力的狀況——在憂鬱的籠罩之下。個人當沉迷於對自己負面心境的思想時，這將徵召對生活中所有不愉快時光的記憶，就更惡化了消沉的感受。就像戴上了憂鬱的黑色濾光鏡片以過濾所有的刺激輸入，憂鬱病人把別人的建議都看作是批評，把別人的讚美都聽成是諷刺——這成爲他們陷入憂鬱的進一步「原因」。認知治療就是在阻斷憂鬱這種每況愈下的惡性循環，協助案主避免因爲憂鬱而陷入更進一步憂鬱的泥淖（*Hollon et al., 2006*）。

(二) 理情治療法

理情治療法（rational-emotive therapy, RET）是最早期的一種認知治療法，它是由 Albert Ellis（*1962, 1995; Windy & Ellis, 1997*）所發展出來。RET 是一種包容廣泛的性格轉變系統，它的重點在於改變人們的不合理信念（irrational beliefs），因爲就是這些信念在引起不適當而高度負荷的情緒反應，諸如重度焦慮。Ellis 認爲每個人都擁有所謂的「核心價值」（core values），這些價值可能是「要求」自己必須出人頭地、必須獲得他人的認同及贊許；「堅持」自己應該被公平對待；以及「指定」這個世界應

該較為愉快些。

　　理情治療師教導案主如何辨識他們對自己所下的這些「應該」、「一定」和「必須」的指令，因為就是這些指令支配了他們的行動，使得他們無法選擇自己想要的生活。治療師試圖突破案主封閉的心態和僵化的思考，以便讓案主了解，他們在若干事件後出現的情緒反應，真正而言是他們對那些事件潛伏的信念所造成。例如，案主在性交（事件）期間無法達到性高潮，隨之出現沮喪和自我貶抑的情緒反應。但是真正引起該情緒反應的可能是案主這樣的信念：「我在性方面太差勁了，我可能是性無能，因為我無法達到預期的表現。」在治療過程中，這樣的信念（及另一些信念）透過理性的對質而被公開駁斥，然後檢視該事件另一些可能的原因，如疲倦、酒精過量、對於性表現的不實觀念，或從事性交的時間、地點或對象不對勁等。在這種對質技術之後，治療師設法引入另一些干預（如幽默感的培養、角色扮演等），以便合理而適合情境的觀念能夠取代先前之教條式、不合理的思考。

　　理情治療法的目標是排除那些妨礙個人成長的謬誤信念系統，從而提升個人的自我價值感和自我實現的潛能。因此，它跟人本治療法有許多共通之處，我們在下一節將會加以討論。

二、認知行為治療法

　　「你告訴自己你是怎樣的人，你就能夠成為那樣的人；你相信自己應該做些什麼，你將會受到這樣信念的引導。」這是認知行為治療法（cognitive behavioral therapy）的初始假設。這種治療途徑結合認知和行為二者的觀點，前者強調的是改變不實的信念，後者強調的是後效強化在矯正行為表現上的角色（*Goldfried, 2003*）。換句話說，透過認知重建（cognitive restructuring，即改變當事人負面的自我陳述，以有建設性的因應陳述取代之），我們可以矯正當事人不被接受的行為模式。

　　Donald Meichenbaum（*1977*）表示，認知行為治療的過程可畫分為三個步驟：(1) 認知預備——治療師和案主協力合作以找出案主不當的內在對話；(2) 技巧獲得及預演——當找出那些導致不具生產性或功能不良行為的內在對話後，他們發展出新式而有建設性的內在對話，儘量避免使用自我挫敗的內在對話（這樣的對話引起焦慮或降低自尊）；(3) 應用及練習——在真實情境中，從簡單趨於困難，實際應用所獲得的技巧（*Meichenbaum, 1977, 1985, 1993*）。舉例而言，假使當事人負面的自我對話是：「我在這場宴會上的表現糟透了，他們再也不會邀請我」，那麼他可以試著代之以這樣的建設性陳述：「下一次，如果我想顯現很風趣的樣子，我應該先規劃一些聳動性的開場語，練習說些有趣的笑話，以及善意回應主人的談話。」從這樣的過程中，案主被教導不要逗留於過去情境的陰影中，那畢竟已是不能改變的；反而，他們應該看向未來

的光明面。

　　認知行為治療法也在建立當事人對自我效能的預期。治療師知道，建立這些預期大有助於提升案主將會有效展現行為的可能性。透過設定可達成的目標、開發達成這些目標的務實策略，以及切合實際地評估回饋，你可以發展出一種支配感和自我效能感（sense of self-efficacy）（*Bandura, 1992, 1997*）。如我們在第 13 章中提到，你的自我效能感將會以許多方式影響你的知覺、動機及行為表現。自我效能的判斷影響你在面對艱辛的生活處境時，將會付出多大的努力，以及你將會堅持多久（*Bandura, 2006*）。我們先前描述了行為示範的程序，它們有助於案主提升「行為層面」的自我效能感，案主了解自己能夠執行特定領域的行為。對照之下，這裡的治療針對的是「認知層面」的自我效能感，也就是改變案主如何看待自己的能力。

第五節　人本治療法

　　人本治療法的核心概念是：當事人處於改變（changing）和轉成（becoming）的不斷過程中。雖然環境和遺傳設下了若干限制，但人們始終保有抉擇的自由以決定自己的存在──透過創造他們自己的價值，而且投身於這些價值。然而，隨著這份抉擇的自由（freedom to choose）而來的是責任的負擔。因為你從不曾充分覺知你的行動的所有意涵，你將會感到焦慮和失望。你也因為沒有把握機會發揮自己的充分潛能而感到罪疚。對於採取這種途徑的心理治療師而言，他們的目標是協助案主界定他們自己的自由、重視他們所體驗的自我和當前片刻的豐富性、培養他們的個性，以及找出實現他們最充分潛能的方法（自我實現）。

　　在某些情況下，人本治療法也從「存在主義」（existentialism）對人類經驗的探討中吸收一些知識（*May, 1975*）。存在理論家表示，我們每個人都承受一些存在危機（existential crises），包括日常生存的一些煩惱、缺乏有意義的人際關係，以及缺乏值得奮鬥的重要目標。存在心理學進一步指出，現代生活令人惶惑的現實產生了兩種基本的人類弊端：憂鬱及強迫性症候群反映的是人們從這些現實退縮下來；社會病態及自戀性症候群反映的是人們被這些現實所剝削（*Schneider & May, 1995*）。

　　人本主義的哲學理念也促成了人類潛能運動（human-potential movement）的興起── 1960 年代後期風行於美國的一種運動。這種運動是指透過多種方法以促進及激發一般人們的潛能，使他們獲致更高水平的表現和更豐富的經驗。透過這種運動，治療原本是針對心理失常的人們，現在則被擴展到心理健康的人們身上，以使得他們的生活更有效能、更具產生力，以及更為健康幸福。我們以下檢視人本論傳統的兩種治療法：案主中心治療法和完形治療法。

一、案主中心治療法

在人本論取向的心理治療中，羅傑斯（*Carl Rogers, 1951, 1977*）首創的「案主中心治療法」（client-centered therapy）可說最具代表性。羅傑斯認為人性的基本動力在於自我實現，人們從出生開始就被賦予許多潛在能力，這些能力在適宜環境中自然能夠充分發展。但假使環境不良或沒有得到良好引導，潛在能力的發展將會受阻，或朝著歪曲的方向進展，造成了偏差行為。案主中心治療法最為重視人際關係。羅傑斯認為，假使周遭環境的人們能夠以溫暖、無條件積極關懷（unconditional positive regard）及真誠的態度對待當事人，任憑他自然地發展，那麼自我實現的需求自然會引導他發展出健全而成熟的人格。

在處理治療關係方面，案主中心治療法主要是依賴治療師的三項特性：無私的誠實、準確的同理心及不帶評價的關懷。這種治療途徑主張，不論案主的行為如何，只要以最真誠的態度和深層的理解接納案主，那麼案主先天的良好本質自然會引領他積極改變自己。治療師的另一項功能是盡所能地設想案主的內在參考架構，從案主的視野觀看世界，設身處地以體驗案主的感受，然後反映給案主知道，以便讓案主更為了解自己，這就是「準確同理心」（accurate empathy）的實施。這種純正同理心的基本信念是視案主為有價值而勝任的個體；治療師的任務不是在評價或批判案主的行為及經驗，而是在協助案主找到他自己的個性（individuality）（*Meador & Rogers, 1979*）。

對於另一些治療法的從業人員而言，他們需要從事解讀、提供答案或指導案主；但是，案主中心治療法是一種非指導性的治療（nondirective therapy），治療師只是作為一位支持性的傾聽者，當案主傾訴時，治療師試著反映（有時候是重述）案主談話的內容或情緒，以便促進案主尋求自我覺知（self-awareness）和自我接納（self-acceptance）。

羅傑斯相信這種公開、真誠的人際關係和治療氣氛將可促進案主接納自己，那麼案主所擁有的潛能將會引領他自己走向心理健康的途徑。羅傑斯表示，「依我的經驗，人們基本上有一種向善的傾向 …… 我愈來愈覺得，假使當事人愈被了解，愈被完全接納，他就愈有可能拋棄他面對人生時所戴上的假面具，愈能推動自己前進。」這種樂觀而昂揚的觀點影響了許多臨床治療人員。

二、完形治療法

完形治療法（Gestalt therapy）強調如何結合心靈與肉體，以使當事人具有完整性。它的目標是達成自我覺知，這將需要協助案主表達鬱積的情感，從過去的衝突中辨識未完成的事項，以避免把這些事項帶進新的關係中（為了邁向成長必須加以完

成）。Fritz Perls（*1969*）是完形治療法的創立者，他要求案主宣洩關於那些衝突和強烈情感的幻想，以便重塑自己的夢想——他視這樣的夢想為人格被壓抑的部分。Perls表示，「我們必須重新擁有我們人格中這些投影的、破碎的部分，重新擁有顯現在夢想中隱藏的潛能。」（*1969, p.67*）

在完形治療法的施行中，治療師鼓勵案主恢復跟他們「真實內在聲音」（authentic inner voices）的接觸（*Hatcher & Himelstein, 1996*）。這方面程序最為著名的是空椅子技巧（empty chair technique，也稱虛設對象法）。為了施行這種技巧，治療師把一張空椅子擺在靠近案主的前方。案主被要求想像某一人物、情感、物件或情境正坐在那椅子上。然後，案主跟椅子上的對象進行「交談」。這種技巧容許案主面對及探索那些平常不敢或不願意表達的強烈情感——這樣的情感可能妨礙了他們的心理安寧。

第六節 團體治療

我們迄今所提的治療途徑主要涉及一位病人或案主跟一位治療師之間「一對一」的關係。然而，許多人現在是在團體背景中接受治療。為什麼團體治療（group therapy）逐漸興盛起來，這有幾個原因。有些優點是實際層面的。一般而言，團體治療較不昂貴，容許少數心理健康專業人員協助較多案主。另一些優點則跟團體環境的動力有關聯：⑴ 有些人不容易跟權威人士單獨相處，團體是一種較不具威脅性的情境；⑵ 它容許團體歷程被用來影響個體的不良適應行為；⑶ 它提供人們機會在治療過程中觀察及練習人際技巧；及 ⑷ 它提供原來家庭團體的一種類似關係，這使得矯正性的情緒體驗能夠發生。

團體治療的一些基本前提不同於個別治療（individual therapy）。團體治療的社交處境提供個人機會，以便學習如何跟他人「打交道」；也提供個人認識，他所投射出去的自我形象（self-image）如何不同於他所預定或實際感受的自我形象。此外，團體也提供「確認」的機會，以讓個人知道他的症狀、困擾及「偏差」反應不是特有的，反而通常相當普遍。因為人們傾向於隱瞞關於自己的負面訊息，這可能使得許多人有著同樣的困擾，但卻相信「只有我發生了這樣問題」。團體中的分享經驗有助於破除這種「多數人無知狀態」（pluralistic ignorance，或稱人眾致誤現象）——即許多人持有相同的不實信念，認為他們的挫敗是自己特有的。最後，在治療情境之外，同儕團體還可以提供社會性支持。

一、婚姻治療與家庭治療

　　大多數團體治療是由原先陌生的人們所組成，他們定期聚在一起，建立起暫時的結合，然後從中獲益。婚姻與家庭治療（marital and family therapy）則是把有意義、既存的關係單位帶進團體治療背景中。

　　「婚姻治療」是試圖解決夫妻之間的問題，首先澄清配偶之間典型的溝通模式，然後改善他們互動的品質（*Snyder & Balderrama-Durbin, 2012*）。透過同時接見夫妻雙方，且通常拍攝及重播他們互動情形的錄影帶，治療師協助夫妻了解他們相互用來支配、控制或混淆對方的各種方式，包括言語和非言語的手法。每一方被教導如何強化對方的合意反應，以及撤除對不合意反應的強化。他們也被教導非指導性的傾聽技巧，以便協助對方澄清及表達自身的感受和想法。婚姻治療已被顯示有助於降低婚姻危機和維持婚姻的完整（*Christensen et al., 2006*）。

　　在「家庭治療」中，案主是整個核心家庭（nuclear family），每個成員被視為家庭關係體系中不可或缺的一部分（*Nutt & Stanton, 2011*）。家庭治療師的任務在於改造家庭成員之間的心理空間（psychological spaces），以及改變他們之間的人際動力模式，而不是只在於改變不適應成員的內在歷程。

　　透過協助案主認識他們關係中的積極層面和消極層面，家庭治療可以降低家庭內的緊張氣氛，以及改善個別成員的生活適應。Virginia Satir（*1967*）是家庭治療領域的一位開拓者，她特別指出家庭治療師扮演許多角色，除了對治療過程中發生的互動進行解讀及澄清外，也要充當影響力代理人、和事佬及仲裁人。大部分家庭治療師假定，家庭問題代表家庭成員之間的「情境」（situational）障礙，或社會互動發生差錯，而不在於個別成員的「性情」（dispositional）層面。這些障礙可能長期發展出來，隨著家庭成員被迫接受不滿意的角色。家庭治療師的工作是設法了解家庭的結構，以及了解在家庭內起作用的各種影響力，如經濟狀況、權力階層、溝通管道及責任分配等。然後，治療師在家庭成員的配合之下破解「功能不良」的結構成分，同時建立及維持新的、較具效能的結構（*Fishman & Fishman, 2003*）。

二、社區支持性團體

　　治療上的一項戲劇性發展是相互支援團體（mutual support groups）和自助團體（self-help groups）的風起雲湧。根據估計，美國已有超過 6,000 個這樣的團體；美國每年大約有 1,000 萬個成年人參加自助團體（*Goldstrom et al., 2006*）。這些支持性團體的特色是自由的氣氛，特別是當它們沒有接受健康專家的指導時。自助團體讓人們有機會遇見也有同樣困擾的他人——這些人之中，有些人已從該困擾掙扎過來，目前有

良好的生活適應。「匿名戒酒協會」（Alcoholics Anonymous, AA）成立於 1935 年，它首創把自助的概念應用於社區團體背景中。但直到 1960 年代的婦女意識提升運動，這才有助於把自助的概念擴展到酒精中毒之外的舞台上。目前，支持性團體處理四種基本類別的生活困擾：(1) 成癮行為；(2) 身體疾病和心理疾患；(3) 生活變遷（過渡期）或其他危機；及 (4) 當事人因為朋友或親人的意外事件而深受創傷。近些年來，人們已開始轉向電腦網路作為自助團體的另一種途徑（*Barak et al., 2008; Finn & Steele, 2010*），雖然面對的是大致上同一範圍的議題（*Goldstrom et al., 2006*）。然而，對受擾於行動不便的人們而言，電腦網路提供了一種特別重要的會面場所。

　　自助團體顯然對成員們發揮了一些功能：例如，它們提供一種展望，讓人們覺得有希望控制自己的困擾；它們為人們的苦難提供社會支援；它們提供了一個平台，以便發送及獲得關於疾患與治療的資訊（*Groh et al., 2008*）。研究人員已發現，自助團體有助於帶來一些緩解——在跟其他形式的治療並肩作戰之下。例如，參加自助團體具有減輕憂鬱症狀的潛力（*Pfeiffer et al., 2011*）。

　　自助觀念近期的另一項重要發展是運用團體治療技巧於臨終病人的處境上。這種治療的目標是協助病人及其家屬在他們疾病期間儘可能過著充實的生活，切合實際地面對逼近的死亡，而且適應絕症帶來的痛苦（*Kissane et al., 2004*）。

第七節　生物醫學的治療

　　生物醫學的治療通常視心理疾患為大腦的「硬體」發生了問題。這裡，我們將描述生物醫學上用來緩解心理疾患之症狀的四種途徑：藥物治療、心理手術、電痙攣治療及重複式穿顱磁性刺激術。

一、藥物治療

　　心理藥物學（psychopharmacology）是心理學的一門分支，它專門探討藥物對個體的心理功能及行為的影響。這個領域的研究人員致力於了解藥物對一些生理系統的效應，以及藥物所造成的行為變化。

　　藥物治療（drug therapies）的發現為重度失常病人的治療帶來了深刻影響。藥物治療使得精神病院的職員不必再充當警衛，不必再把病人隔離起來或為他們穿上保護夾克，也就是以復健取代了對病人的純粹監管（*Swazey, 1974*）。1955 年，美國有超過 50 萬人住在精神療養機構中，在那裡平均待上好幾年，有些則是終生住院。但自從 chlorpromazine（多眠寧）及另一些藥物的引入後，穩定上升的住院人數不但終止下

表 **15-2** 心理疾病的藥物治療

疾患	治療的類型	樣例
精神分裂症	抗精神病藥物	chlorpromazine（Thorazine）
		haloperidol（Haldol）
		clozapine（Clozaril）
憂鬱症	三環抗鬱劑	imipramine（Tofranil）
		amitriptyline（Elavil）
	選擇性血清素回收抑制劑	fluoxetine（Prozac）
		paroxetine（Paxil）
		sertraline（Zoloft）
	血清素和正腎上腺素回收抑制劑	milnacipran（Dalcipran）
		venlafaxine（Effexor）
	MAO 抑制劑	phenelzine（Nardil）
		isocarboxazid（Marplan）
雙極性疾患	心境穩定藥物	lithium（Eshalith）
焦慮性疾患	Benzodiazepines	diazepam（Valium）
		alprazolam（Xanax）
	抗憂鬱藥物	fluoxetine（Prozac）

來，而且有倒轉的趨勢。到了 1970 年代早期，據估計全部精神病患中，只有半數不到是實際住進精神病院，這些住院病人的平均住院期也只有幾個月而已。

今日，三種主要類別的藥物被使用在治療方案中，它們是抗精神病藥物、抗鬱劑和抗焦慮藥物（參考表 15-2）。如它們的名稱所表示的，這些藥物化學上改變了被認為引起精神病症狀、憂鬱及重度焦慮的特定大腦功能。

㈠ 抗精神病藥物

抗精神病藥物改善精神分裂症的一些症狀，諸如妄想、幻覺、社交退縮及偶爾的躁動。抗精神病藥物（antipsychotic drugs）的作用是減低腦部神經傳導物質多巴胺（dopamine）的活動（*Keshavan et al., 2011*）。像 chlorpromazine（在美國以 Thorazine 商標名稱推出藥品市場）和 haloperidol（商標名稱是 Haldol）這類最早期開發藥物的作用是阻斷或降低多巴胺感受器的敏感性。雖然這些藥物的功能都是在降低大腦整體的活動水平，但它們不只是作為鎮靜劑而已。對許多病人而言，這些藥物不僅排除了躁動症狀，它們也緩解或減輕精神分裂症的正性症狀（positive symptoms），包括妄想和幻覺。

不幸地，這些早期的抗精神病藥物存在一些不良副作用。因為多巴胺在運動控制上扮演一部分角色，所以藥物治療的過程經常伴隨有肌肉障礙。遲發性自主運動障礙（tardive dyskinesia）是由抗精神病藥物引起的一種運動控制障礙，特別是臉部的肌

肉。當發生這種副作用時，病人舌頭、嘴唇及下顎出現不自主的顫動，入睡後才會消失。

長期下來，研究人員已製造新類別的藥物，稱爲「非典型」（atypical）抗精神病藥物，它們產生較少的不良副作用。這個分類的第一個成員是 clozapine（商標名稱是 Clozaril），它在 1989 年被批准上市。除了直接降低多巴胺的活動外，clozapine 也有助於提升血清素（serotonin）的活動水平——這抑制了多巴胺系統。這種活化模式較有選擇性地阻斷多巴胺感受器，因此造成運動障礙的可能性較低。不幸地，有 1% 到 2% 的病人接受 clozapine 治療後，可能發展出「粒狀白血球缺乏病」（agranulocytosis），這是一種罕見的疾病，病人的骨髓將會停止製造白血球細胞，造成免疫力受損。

許多非典型的抗精神病藥物已被研發出來，它們以類似於 clozapine 的方式作用於大腦。大規模研究已顯示，這每一種藥物在緩解精神分裂症症狀上都具有效果——但每種也各有潛在的副作用。例如，人們服用這些藥物可能有體重增加和糖尿病的風險（*Rummel-Kluge et al., 2010; Smith et al., 2008*）。不幸地，這些副作用經常造成病人中斷藥物治療。當病人停止服藥後，復發率相當高——大約四分之三的病人在一年之內將會產生新的症狀（*Gitlin et al., 2001*）。即使病人持續服用較新式藥物，如 clozapine，仍有大約 15-20% 的機率可能復發（*Leucht et al., 2003*）。因此，抗精神病藥物並未治癒精神分裂症——它們並未排除基礎的精神病理。幸好，這些藥物在控制該病症最具破壞性的症狀上仍有不錯的療效。

(二) 抗憂鬱藥物

抗憂鬱藥物（antidepressant drugs）是指能夠把病人低落的情緒提升，恢復到正常狀態，以解除憂鬱症狀的藥物。這類藥物發生作用是在於它提高正腎上腺素（norepinephrine）和血清素這兩種神經傳導物質的活動水平（*Thase & Denko, 2008*）。我們在第 3 提過，神經細胞傳達信息是經由釋放神經傳導物質到突觸裂中（參考圖 15-2）。三環類藥物（tricyclics）——諸如 Tofranil 和 Elavil——降低了神經傳導物質從突觸間隙中被神經末梢再回收。至於 Prozac（百憂解）這類藥物則被稱爲選擇性血清素回收抑制劑（selective serotonin reuptake inhibitors, SSRIs），因爲它們特別減低了血清素的再回收。單胺氧化酶抑制劑（monoamine oxidase inhibitors，MAO 抑制劑）則是在抑制單胺氧化酶的作用，MAO 的功能是負責分解（代謝）正腎上腺素；當 MAO 被抑制時，較多神經傳導物質被留下來以供使用。

抗憂鬱藥物能夠有效解除憂鬱的症狀，雖然仍有大約 50% 的病人沒有顯現改善的情況（*Hollon et al., 2002*）。（這樣的病人可能是 ECT 或 rTMS 的適合對象，我們稍後將會討論。）因爲抗憂鬱藥物影響大腦中一些重要的神經傳導物質系統，它們有產

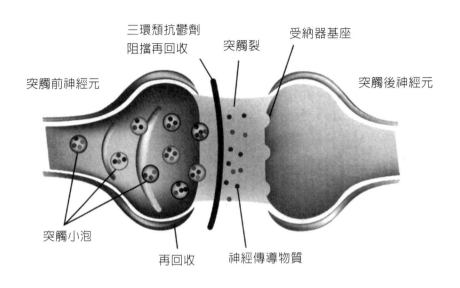

圖 15-2 三環類抗憂鬱藥物的腦部機制

三環類抗鬱劑阻擋正腎上腺素和血清素再回收，因而神經傳導物質仍留存在突觸裂中。

生嚴重副作用的可能性。例如，病人服用 SSRIs（諸如 Prozac）後可能會發生一些症狀，像是反胃、失眠、神經質及性功能障礙。三環化合物和 MAO 抑制劑可能引起口乾舌燥、難以入睡及記憶缺損。研究已顯示，大部分的主要抗憂鬱藥物在帶來緩解的能力上大致相等（*Hollon et al., 2002*）。基於這個原因，很重要的是每個人需要找到對他個人產生最少副作用的藥物。

最新類別的抗憂鬱藥物稱為「血清素和正腎上腺素回收抑制劑」（SNRIs）。如該名稱所表明的，這些藥物（如 Effexor 和 Dalcipran）阻斷血清素和正腎上腺素二者的再回收。臨床試驗指出，它們的有效性比起 SSRIs 並未有太重大差別（*Machado & Einarson, 2010*）。然而，研究人員仍然必須決定 SNRIs 是否發揮良好作用卻不會帶來嚴重副作用（*Perahia et al., 2008*）。

近些年來，研究人員檢視一個重要問題：當人們服用抗憂鬱藥物後，他們（特別是兒童和青少年）是否有自殺的較大風險？雖然結論仍然有所爭議，大多數證據支持，憂鬱症的藥物治療事實上造成自殺風險的微幅增加（*Möller et al., 2008*）。為什麼會發生這種情形？有些研究人員相信，藥物（特別是 SSRIs）作用於腦部而增進了自殺思想。另一些研究人員表示，自殺風險的微幅增加是藥物所帶來緩解的不幸後果：因為重鬱病損害了動機，病人只有一旦心理健康開始改善後，他們才有能力執行自殺行為。基於這個原因，當人們因為重鬱病開始藥物治療時，他們應該接受持續的臨床注意，以監視可能的自殺想法或意圖。也需要注意的是，許多研究人員指出，因為抗憂

鬱藥物帶來憂鬱的緩解，它們防止的自殺可能遠多於它們所引起的自殺；它們的效益超過它們的風險（*Bridge et al., 2007*）。

　　鋰鹽（lithium salts）已被證實在治療雙極性疾患上頗具效果（*Schou, 2001*）。當人們進入無法控制之過度興奮的時期時，當他們的能量似乎花費不完時，以及當他們的行為顯得放縱而奢侈時，適當劑量的鋰鹽有助於使他們從過度躁狂的狀態中恢復過來。此外，當症狀進入緩解期後，如果人們繼續服用鋰劑，他們將較不可能出現疾患的復發（*Biel et al., 2007*）。然而，對那些受擾於雙極性疾患而頻繁地在躁期與鬱期之間循環的人們而言，鋰劑的效果似乎不如另一些處置，諸如 valproate 藥物——原本是開發來作為防止痙攣的藥物（*Cousins & Young, 2007*）。

(三) 抗焦慮藥物

　　就像抗精神病藥物和抗憂鬱藥物，抗焦慮藥物發生效果大致上是透過調整大腦中神經傳導物質的活動水平。抗焦慮藥物（antianxiety drugs）的主要作用是減除焦慮、不安及緊張等症狀。人們經常服用的鎮靜劑或安眠藥都屬於這類藥物。不同藥物分別在緩解不同類型的焦慮性疾患上最具效果（*Hoffman & Mathew, 2008*）。廣泛性焦慮疾患以 benzodiazepine（如 Valium 或 Xanax）處理最具有療效，這類藥物的作用是提升神經傳導物質 GABA 的活動。恐慌症、懼曠症及另一些恐懼症能夠以抗憂鬱藥物加以處理，雖然研究人員仍不清楚所涉的生理機制。強迫症可能源於偏低水平的血清素，這種疾患對於專門影響血清素功能的藥物特別有良好反應，諸如 Prozac。

　　服用 benzodiazepines 這類藥物可能產生一連串副作用（*Macaluso et al., 2010*）。隨著治療進程的展開，當事人可能發生白天昏昏欲睡、說話含糊不清，以及身體協調的失常。這類藥物也可能損害認知歷程，諸如注意力和記憶（*Stewart, 2005*）。再者，人們接受 benzodiazepines 治療經常會發生耐藥性（drug tolerance）——他們必須增加服用的劑量才能維持穩定的效果。停止治療也可能導致戒斷症狀（withdrawal symptoms）（*Tan et al., 2011*）。因為有心理依賴和生理依賴的可能性，人們在接受抗焦慮藥物的治療之前應該先諮詢健康專業人員的意見。

二、心理手術

　　心理手術（psychosurgery）是指對腦組織施加外科手術的程序以緩解心理疾患。這樣的干預涉及損毀（或切斷）大腦各部位之間的連繫，或移除一小部分的腦組織。這些治療通常被視為是最後訴諸的手段，當另一些較不極端的治療方式已不能奏效後才被採用。

　　最為人們所知的一種心理手術是腦額葉前側切除術（prefrontal lobotomy），它是

切斷腦額葉與間腦之間互相連繫的白質神經纖維，特別是視丘和下視丘部位的那些纖維。這項手術是由神經學家 Egas Moniz 所發展出來，他因這項治療在 1949 年獲頒諾貝爾獎。

　　腦額葉前側切除術原先施行的對象是躁動的精神分裂症病人，以及受擾於強迫症和焦慮症的病人。這種心理手術的效果可說是戲劇化的，像是一個新的人格的浮現，病人不再有強烈的情緒興奮，因此也就不會再被焦慮、罪疚或憤怒等情緒所淹沒。然而，這種手術卻永久摧毀了人性的基本層面。病人於手術後失去了他們獨特的人格，變得沒有能力預先計畫、對他人的意見漠不關心、顯現幼稚的舉動、智力受損、情緒平淡、表情木然，缺乏統合而連貫的自我感。因為心理手術的結果是永久性的，它的負面效應如此嚴重而普遍，正面效果又不見得很確定，所以「前額葉切除術」現在已很少被採用。

　　臨床人員目前只有當其他治療反覆地失敗時，他們才會考慮心理手術。例如，一項研究評估一種稱為扣帶回切除術（cingulotomy）的有效性，這種手術製造扣帶回（邊緣系統的重要構造之一）的損毀（*Shields et al., 2008*）。在該研究中，33 位病人有極為頑強的重度憂鬱，他們對四種以上藥物治療的進程沒有感應，而另一些標準處置也束手無措。在該手術後，75% 病人從他們的症狀中顯現一些緩解。當病人受擾於強迫症而也對藥物治療缺乏感應時，扣帶回切除術也有助於減輕這類病人的症狀（*Kim et al., 2003*）。

三、ECT 和 rTMS

　　電痙攣治療（electroconvulsive therapy，簡稱 ECT，也就是一般所謂的電擊治療）是施加電擊於腦部以處理一些精神疾患，諸如精神分裂症、躁狂發作，以及最經常的憂鬱症。這項技術是把兩個電極貼靠在頭顱兩側顳部（太陽穴部位），通過微弱的電流（75-100 伏特），時間從 0.1 秒到 1 秒左右，直到發生痙攣。這種痙攣通常在 45 到 60 秒之間完成它的進程。治療人員需要為病人的這種創傷性介入做好適當的預防措施，例如在電擊前給予病人鎮靜劑（短效的巴比妥酸鹽）或肌肉鬆弛劑，以預防過度強烈的肌肉收縮，而且使得病人意識不到該事件（*Abrams, 1992*）。

　　電痙攣治療已被證實對減輕重度憂鬱的症狀相當有效（*Lisanby, 2007*）。ECT 之所以特別重要是因為它的療效相當快速。典型而言，經過 3 天或 4 天的療程後，憂鬱症將會大為緩解下來——相較之下，藥物治療需要 1 星期到 2 星期的時間才能奏效。即使如此，大部分治療人員仍然視 ECT 為一種「最後訴諸的手段」。ECT 通常被保留作為緊急的處置，針對有自殺傾向或嚴重營養不良的憂鬱症病人，以及針對對抗憂鬱藥物沒有感應或不能忍受藥物副作用的病人。

雖然 ECT 是有效的，但它作爲一種治療仍有所爭議。科學上的不安主要是針對「我們至今還不能理解它是如何起作用」。研究人員推斷，ECT 可能使得神經傳導物質或激素重獲平衡；他們也表示，屢次的痙攣可能實際上增強大腦的功能（*Keltner & Boschini, 2009*）。但是，大量的不確定性仍然存留，因爲研究人員在道德上不能對人類受試者執行實驗以提供決定性的答案。

但 ECT 有一些不良的副作用，它將會引起短暫的定向力障礙（disorientation）和各種記憶缺失。病人通常對治療前某段時間中發生的事件失去記憶；治療的進程愈久，失憶情況就愈爲嚴重。然而，研究已顯示，在接受治療的幾個月內，病人普遍恢復了他們一些特定的記憶（*Cohen et al., 2000*）。爲了減輕這些不良效應，有些治療人員開始採用單側電療法，也就是讓電流只通過非優勢性的大腦半球——對大多數人而言是右半球。有些證據指出，這種方式可以減輕電療法的不良副作用（如記憶和言語能力的受損），同時不至於降低它抗鬱的療效（*Fraser et al., 2008*）。

近些年來，研究人員已探討 ECT 的另一種替代途徑，稱爲重複式穿顱磁性刺激術（repetitive transcranial magnetic stimulation, rTMS）。在這種治療中，病人坐在一張像是牙科專用的椅子上，精神科醫師在病人腦部放上一個金屬線圈，線圈發出的磁脈衝穿透頭皮與頭顱，在左腦的前額葉皮質區產生輕微的電流，刺激腦細胞活化。rTMS治療每次耗時 40 分鐘，每分鐘射出約三千發磁脈衝，每週需進行 5 次治療，持續 4 到 6 週，重度憂鬱症患者約在數週後就會感覺情況好轉。就如 ECT，研究人員還不了解爲什麼 rTMS 能夠緩解重鬱症和另一些精神病理。然而，累積的證據顯示，rTMS 的效果完全不下於 ECT（*Schutter, 2008*）。研究人員正致力於探討，像是磁場刺激的強度等變項如何影響 rTMS 帶來緩解的能力（*Daskalakis et al., 2008*）。

第八節　治療評估與預防策略

我們已提到許多類型的治療，你如何知道這些療法中，何者將最有助於緩解病人的苦惱？你如何確定任何這些療法將會奏效？

一、評估治療的有效性

英國心理學家 Hans Eysenck（*1952*）多年前曾經宣稱心理治療完全沒有效果，因而引起了一場騷動。他評閱關於各種治療效果的研究報告，他發現沒有接受治療的病人的復原率完全不遜於接受精神分析或另一些洞察力治療的病人。他直接指出，在所有受擾於精神官能症的人們中，大約三分之二將會在該困擾開始發作的兩年之內自動

復原。

畢竟，我們必須承認，就如身體微恙或受傷一樣，許多心理問題之所以獲得改善也是因為「時間是最佳的良藥」。這表示我們有必要以「自發緩解效應」（spontaneous-remission effect）作為基準，據以評估各種治療的有效性。當專業治療介入的痊癒率高於沒有接受治療的痊癒率一定比例以上時，我們才可以宣稱這項治療是有效的。

同樣的，在許多個案上，人們的心理或身體健康獲得改善是因為他們預期這些效果的發生——這被稱為安慰劑效應（placebo effects）。雖然治療的安慰劑效應是治療介入的一個重要部分，但研究人員通常希望證實，他們所施加的特定治療要比安慰劑治療（placebo therapy）更為有效——也就是不僅是利用案主自己對復原的預期（*Hyland et al., 2007*）。

較為近期，研究人員採用一種稱為「後設分析」的統計技術以評估治療的有效性。後設分析（meta-analysis）提供一種正式的機制，以便偵測從許多不同實驗的資料中所發現的綜合結論。在許多心理學實驗中，研究人員發問，「大部分受試者是否顯現我所預測的效果？」後設分析對待實驗就像是受試者。關於治療的有效性，研究人員發問，「大部分關於治療成果的研究是否指出正面變化？」

考慮圖 15-3，它呈現關於研究文獻的後設分析結果，這些研究探討憂鬱症的治療（*Hollon et al., 2002*）。它列出的數值是拿三種心理治療和藥物治療（對不同類型的抗憂鬱藥物加以平均）跟安慰劑處置進行比較的結果。我們在本章先前已描述過心理動力和認知行為的治療。人際治療（interpersonal therapy）是把重點放在病人當前的生活

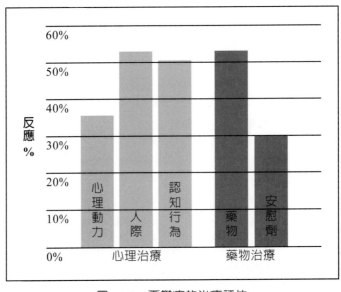

圖 15-3　憂鬱症的治療評估

和人際關係上。如你所看到，在該後設分析所審視的所有研究中，人際治療、認知行為治療和藥物治療具有一致地較大的效果——相較於安慰劑。但至少對憂鬱症的治療而言，正統的心理動力治療的進展不是很好。

需要注意的是，這些資料反映了每種治療單獨的影響力，但研究人員已評估「心理治療本身 vs. 心理治療結合藥物治療」的有效性。一項研究已發現，結合的治療最能爲慢性憂鬱帶來充分的緩解（*Manber et al., 2008*）。在完成治療過程的受試者中，只接受藥物治療的受試者，有 14% 符合該研究關於充分緩解的標準；至於只接受心理治療的受試者，也是 14% 符合標準。但是對於接受藥物治療和心理治療二者的受試者而言，29% 顯現同一程度的改善。

根據這方面的後設分析，大部分治療過程顯然都帶來了至少適度的正面效應，而這已超越了「沒有接受治療」或「安慰劑」的效應。因爲這樣的發現，現代研究人員已較不關心發問心理治療「是否」有效的問題，較爲關切的反而是發問「爲什麼」它會奏效，以及是否有任何一種治療對於任何特定的困擾最具效果，或對於什麼類型的病人最具效果（*Goodheart et al., 2006*）。

二、共通因素

除了評估針對特定疾患之特定治療的有效性，研究人員也已檢視各種心理治療以找出一些共通因素（common factors）——這些共享的成分促成了治療的有效性（*Wampold, 2001*）。對於成功的治療，下列這些因素最經常呈現：

- 案主對於改善持著正面的期待和希望。
- 治療師能夠強化這些期待，培養案主的希望。
- 治療對於「案主將如何改變」提供解釋，使得案主能夠演練一些行爲以達成那樣的改變。
- 治療提供清楚的規劃——關於處置措施。
- 案主與治療師建立起一種信仰、溫暖而接納的關係。

在這些共通因素中，研究人員特別把注意力放在治療師與案主之間關係。不論什麼形式的治療，很重要的是尋求協助的案主進入一種有效的治療同盟。治療同盟（therapeutic alliance）是案主跟治療師建立的一種相互關係，他們協力合作以帶來病情的緩解。研究已顯示，治療同盟的品質將會影響心理治療獲致正面成果的效能（*Goldfried & Davila, 2005*）。一般而言，治療同盟愈爲正面，案主就能獲得愈大的改善（*Horvath et al., 2011*）。如果你進入治療的話，你應該相信，你可以跟治療師建立強烈的治療同盟——你們在治療目標上享有相同的觀點，也彼此同意達成這些目標的歷程（*Tryon & Winograd, 2011*）。

三、預防策略

> 兩位朋友在河堤上散步,看到一個小孩順流而下,在河中載浮載沉。其中一位立即跳入水中,救起那個小孩。然後,這兩位朋友繼續散步。突然,另一個小孩出現在河流中,上次施救的人又再一次跳入水中,把溺水的小孩救到岸邊。不久,第三個溺水的小孩又順流而下。這時候,衣服還保持乾燥的那位朋友開始往河堤的上方跑去。救人的朋友大喊:「嘿!你要跑去哪裡?溺水的孩子在這裡啊!」還在往上跑的這位朋友回答:「我要去揪出那個把小孩丟到河中的傢伙!」(*Wolman, 1975, p.3*)。

這個小故事的教訓相當清楚:預防總是勝於治療。我們前面所討論各種傳統治療的共同之處是,它們都是在當事人已陷於苦惱或失去生活能力後,才試圖改變當事人。換句話說,這些治療的介入通常是當問題行為已顯現,而且困擾已開始發生之後。但到了當事人決定接受治療或被指定接受治療時,心理疾患通常已「塵埃落定」,已對當事人的適應功能、社交生活、工作或職業等產生重大的不良影響。

預防心理問題的目標可以在幾個不同水平上達成。「第一級預防」是在事先加以防範。例如,我們可以採取一些步驟以提供人們應付的技巧,以使他們較具有韌性;或是改變環境中可能導致焦慮或憂鬱的一些不良層面(*Boyd et al., 2006; Hudson et al., 2004*)。「第二級預防」試圖降低心理疾患(一旦它已開始發生)的持續期間和嚴重程度。這個目標的達成是透過實施一些方案,以有利於早期鑑定和立即治療。「第三級預防」是透過預防復發以降低心理疾患的長期衝擊。例如,我們前面提到,精神分裂症病人在停止藥物治療後有很高的復發率(*Fournier et al., 2010*),心理健康從業人員將會建議這樣的病人延續抗精神病藥物的服用。

這三種預防的實施說明了,心理健康管理在重點上和在基本範式上發生了重大轉變。這些範式的轉變中,最重要的幾項是:(1) 以預防輔佐治療的不足;(2) 超越醫學疾病模式,邁向公共衛生模式;(3) 強調情境和生態置人們於風險,較不強調「高危險群人們」的觀念;及 (4) 從生活環境中尋找誘發的因素,而不是在人們身上尋找素質的因素。

醫學模式注重的是治療已發生問題的人們,公共衛生模式則涉及鑑定及消除現存於環境中的各種病原。臨床生態學(clinical ecology)的領域擴展了生物醫學的界限,它試圖建立起各種疾患(如焦慮症及憂鬱症)與環境刺激物(如化學溶劑、噪音污染、季節變遷及輻射能等)之間的關聯。有些治療學家擴延「環境」(environment)的定義,他們認為心理疾患的誘發因素也包含干擾日常生活適應的所有外在環境的特

性，這包括了營養的影響、心理促動物質、恐怖主義、天然災難，以及社會支援網絡的供應等。

第十六章

社會認知與社會關係

社會心理學（social psychology）的領域是在探討人們之間如何彼此影響，它研究我們的思考、情感、知覺、動機及行為如何受到人們之間互動和交易的影響。社會心理學家試著在社會背景中理解當事人的行為。就廣義而言，社會背景（social context）包括：⑴ 他人真正的、想像的或象徵的存在；⑵ 發生在人們之間的活動和互動；⑶ 行為所發生的情境的特性；及 ⑷ 在既定環境中掌管行為的規範和預期（*Sherif, 1981*）。

這一章將探討社會心理學研究的幾個重要主題。我們首先集中於社會認知（social cognition），也就是人們藉以選擇、解讀及記起社會訊息的一些歷程。然後，我們將考慮情境如何影響人們的行為，以及怎樣的歷程促進態度（及偏見）的形成和轉變。再接著，我們將轉向你跟他人建立的社會關係上。最後，我們將檢視攻擊行為和利社會行為。

第一節　建構社會現實

讓我們檢視一個正統的社會心理學範例，它說明了人們的信念如何導致他們從不同的有利角度來看待相同的情境，然後對於「真正發生的事情」獲致相反的結論。這項研究是關於多年前發生在兩所常春藤名校之間的一場美式足球賽。一向不曾敗北的普林斯頓校隊在季後賽的決賽中對上了達特茅斯校隊。這場球賽相當粗暴，雙方都犯規累累，而且受傷慘重。球賽結束後，兩所學校的報紙對球賽進行過程提出非常不同的描述。

一組社會心理學家對這種現象感到興趣。他們訪問兩所學校的學生，播放球賽的影片給他們觀看，並記錄他們判斷雙方球隊犯規的次數。幾乎所有普林斯頓學生都判定該球賽「粗暴而卑鄙」，沒有人認為它是「公平而光明正大」，大多數人認為達特茅斯的球員先玩卑鄙的遊戲。對照之下，大多數達特茅斯學生認為雙方都對這場粗暴球賽負有相等的責任，許多人認為這場球賽「粗暴，但公平而光明正大」。再者，當普林斯頓學生觀看球賽影片時，他們「看見」達特茅斯球隊的犯規次數為自己球隊的兩倍。當觀看相同的影片時，達特茅斯學生「看見」雙方的犯規次數大致相等（*Hastorf & Cantril, 1954*）。

這項研究清楚說明了，複雜的社會事件（即使是一場球賽）不容易以客觀、不偏不倚的方式加以觀察。當觀察者根據他們所預期看到和他們想要看到的角度「選擇性登錄」（selectively encode）所發生的事情時，社會情境將呈現不同意義。在美式足球賽的案例上，人們「觀看」相同的活動，卻是「看見」兩種不同內容的球賽。

這就是我們所謂的建構社會現實（constructing social reality），你攜帶你擁有的知識和經驗，以之解讀你所面對的情境。換句話說，你透過你在認知上和情感上表徵（represent）事件的方式以建構社會現實。我們在第 4 章提過，你經常必須訴諸你先前的知識以解讀曖昧不明的知覺對象。這個原理也適用於美式足球賽，即人們訴諸過去的知識以對當前事件進行解讀，但是在這裡，知覺處理的對象是「人們和情境」。透過社會知覺（social perception）的歷程，人們對他人行為獲致理解和進行分類。這一節中，我們將把重心放在社會知覺的兩個議題上，一是對他人行為的歸因，另一是預期與自證預言。

一、歸因理論的起源

歸因理論（attribution theory）是在探討人們如何應用訊息以解釋行為（包括他人和自己的行為）的發生原因。歸因理論起源於 Fritz Heider（1958）的論述。Heider 認為人們不斷從事因果分析，作為他們試圖普遍了解社會世界的一部分。他表示，人們都是直覺心理學家（intuitive psychologists），試圖推敲人們到底是怎麼一回事，什麼原因導致他們的行為——就如專業心理學家所做的那般。歸因分析的主要目的是判斷行為的原因是出於個人因素（稱為內向歸因或性格歸因），抑或出於情境因素（也稱為外向歸因或情境歸因），以及誰應該為該結果負責。人們如何從事這些判斷呢？

依循 Heider 的思考路線，Harold Kelley（1967）進一步論述人們用來從事歸因的一些變項。Kelley 注意到，人們最經常在不確定（uncertainty）的情況下對事件從事因果歸因。你很少（假使有的話）擁有充分訊息以讓你確切知道什麼原因導致當事人以特定方式展現行為。Kelley 相信人們掌握不確定性是透過從多方面事件累積訊息，也就是透過運用共變原則（covariation principle）。共變原則指出，假使每當某行為發生時，某因素就呈現，但每當該行為沒有發生時，該因素就不呈現的話，人們將會把該行為歸之於該因素所引起。例如，Thomas 昨晚在 pub 遇到 Kay，對她大獻慇懃，你如何解釋這件事情？

Kelley 表示，當為行為尋求原因時，人們將會評估共變情形，即關於當事人在三個維度上的訊息：⑴ 特殊性（distinctiveness）的訊息，這是指某行為是否隨著不同對象而異，也就是當事人是否只針對該對象才會以這種方式反應，但不針對其他對象—— Thomas 是否對所有女孩都會大獻慇懃？ ⑵ 一致性（consistency）的訊息，這是指某行為在不同情境和時間中的變動情形，也就是當事人是否在其他時候或其他情境中都一貫地展現同樣的反應—— Thomas 只在 Pub 中（喝了些酒）才會對 Kay 大獻慇懃嗎？ ⑶ 共識性（consensus）的訊息，這是指當事人的行為跟其他人的行為相

較之下的情形，也就是其他人在該情境中是否也展現同樣反應——其他男孩是否也對 Kay 大獻慇懃？這三個維度的訊息各在你獲致的結論上扮演部分角色。

在 Heider 和 Kelley 提供的理論基礎之上，研究人員已執行數以千計的實驗，以求完善及擴展歸因理論（*Försterling, 2001; Moskowitz, 2004*）。這其中許多研究關切的是歸因在怎樣情況下發生偏差。我們以下描述三種情況，偏差在這些情況下可能悄悄爬進你的歸因中。

二、基本歸因偏誤

假設你跟一位朋友約好七點鐘見面，但現在已經七點半了，這位朋友仍未現身。你會如何對自己解釋這個事件？

・我確定他發生了一些很重要的事情，這使得他無法準時趕到這裡。

・搞什麼鬼！他怎麼這般懶散！

我們請你在情境歸因和性格歸因之間做個選擇。研究已顯示，平均而言，人們較可能選擇第二種答案，也就是性格的解釋（*Ross & Nisbett, 1991*）。事實上，這種傾向如此強烈，社會心理學家 Lee Ross（*1977*）稱之為基本歸因偏誤（fundamental attribution error, FAE）。基本歸因偏誤代表一種雙重的傾向，即人們當為一些行為或結果尋找原因時，經常高估了性格因素（怪罪或歸功於人們），而且低估了情境因素（怪罪或歸功於環境）。

讓我們檢視 FAE 的一個實驗室樣例。Ross 及其同事們（*1977*）以實驗室版本的「益智猜謎競賽」來說明基本歸因偏誤的現象。在他們的實驗中，受試者根據拋銅板的結果被分為「發問者」和「競賽者」兩組。

實驗人員給予發問者一些富挑戰性的問題（且附上答案），要求他們提問競賽者。競賽者的工作是努力回答這些問題，但因為題目難度頗高，正確答題率普遍不高。競賽結束後，發問者、競賽者及觀察者（在一旁觀看全程競賽的其他受試者）被要求評定發問者和競賽者雙方的一般知識水準。實驗結果如圖 16-1 所示，你可以看出，發問者似乎認為自己跟競賽者相差不多，都是平均水準。然而，競賽者和觀察者卻都評定發問者的知識水準遠高於競賽者——競賽者甚至評定自己為稍低於平均水準！

這樣的評定公平嗎？你應該清楚，這種情境授予發問者較大的優勢。但競賽者和觀察者的評定卻都忽略了雙方的角色是拋銅板決定的，也忽略了該情境先天上使得發問一方看來較為聰明些，而且使得答題一方看來較為愚笨些。這就是基本歸因偏誤。

就社會層面來看，我們往往傾向於「怪罪受害人」，就是這種基本歸因偏誤的實

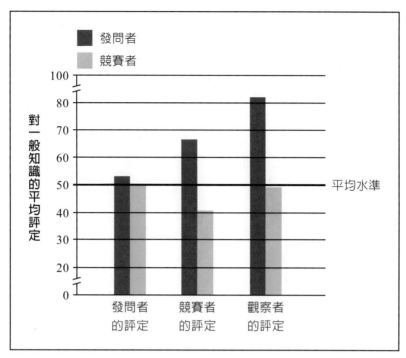

圖 16-1　對發問者和競賽者之一般知識水準的評定

例。人們總認爲窮人和受到種族歧視的人要爲自己的困境負責，少數族群之所以失業是因爲「他們太懶惰」，住在污穢的環境中是因爲「他們很髒」，犯罪率居高是因爲「他們很壞」。總之，造成這種情況的外在社會變項（情境因素）一再被忽視，反而貧窮成爲窮人自己的人格缺陷。同樣的，人們也經常把罪過加諸強暴案受害人的身上，好像是她們主動邀請別人來施暴；還認爲孤立的人活該孤單，好像這是懶得社交的結果。

你應該經常提防基本歸因偏誤的發生。然而，這不一定是容易的事情，你通常需要花些「功夫」才能發現行爲的情境根源。情境的力量通常是看不見的。例如，你無法「看到」社會規範，你只能看見它們所促成的行爲。你如何避免基本歸因偏誤呢？特別是在你正要從事負面之性格歸因的情況下（「搞什麼鬼！」），你應該先退後一步，然後問自己，「會不會是一些情境力量在引發這個行爲？」

你可以把這樣的練習視爲歸因的寬容（attributional charity）。你知道爲什麼嗎？這個建議可能對住在西方社會的人們特別重要，因爲研究證據顯示，基本歸因偏誤部分地是出於文化來源（Miller, 1984）。換句話說，當被要求解釋一些負面事件時，西方文化的成員較可能從事性格歸因；但非西方文化的成員較少認爲是該情境中個人的行爲所致（我們已多次提到西方文化的個人主義觀點可能產生的偏誤——相較於非西方的集體主義觀點）。這也說明了，基本歸因偏誤不是個人與社會世界互動的必然結果。

西方人應該檢視他們教育小孩的課業內容（或傳播媒體對事件的報導），以看看他們
「社會知覺」上的性格偏誤是如何被建立起來。

三、自利偏誤

在「益智猜謎競賽」中，最令人驚訝的發現之一是競賽者對他們自己能力的負面
評價。這表示人們將會從事 FAE，即使是以他們自己作爲代價。事實上，你應該記得
我們在第 14 章提到，解釋憂鬱症來源的一個理論指出，憂鬱人們對自己從事太多負
面歸因，而不是歸之於情境因素。

然而，在另一些情況下，人們從事完全相反的事情，他們的歸因偏誤是朝著對自
己有利的方向。自利偏誤（self-serving bias）導致人們承擔起自己成功的榮譽，但卻
否認或辯解對自己失敗的責任。換句話說，在許多情況下，人們傾向於對自己的成功
做性格歸因，而且對自己的失敗做情境歸因：「我拿到這份獎賞是因爲我的能力」；
「我在這次競賽失敗是因爲被動了手腳」。

Miller（1978）認爲自利歸因具有兩個功用，一是使我們覺得舒服些，另一是使
我們看來體面些。換句話說，自利歸因除了保護我們的自我（ego）之外，它也具有
「自我打扮」或「印象整飾」（impression management）的作用。然而，通常更爲重
要的是，我們應該準確意識是什麼致因力量在我們生活結果上起作用。考慮你在學業
上的歸因方式。假使你拿到「A」，你會做怎樣的歸因？假使拿到「C」呢？研究已顯
示，學生傾向於把良好成績歸因於自己努力，而且把不良成績歸因於他們身外的因素
（McAllister, 1996）。事實上，教授們也顯現同樣的型態，他們把學生的成功歸因於自
己，但學生的失敗則否。此外，當身爲團體的成員時，人們也容易沉迷於自利偏誤。
他們傾向於把團體成功歸因於自己，而且把團體失敗歸因於其他成員。

但自利偏誤始終對你有利嗎？假設你是麻將或撲克牌賭徒，如果你每次贏錢就歸
之於自己的技巧，每次輸錢就歸之於運氣不好，那麼你將很難從賭桌上脫身。我們前
面提到，當你判斷他人行爲時，你應該致力於避免基本歸因偏誤。同樣的，你也應該
檢驗你對自己行爲的歸因，以便排除不利於自己的自利偏誤。

四、預期與自證預言

假設你因爲忽視了情境因素，你判斷一個人是不友善的，那麼這個不正確的信
念是否會確實引起這個人對你不友善呢？大量研究顯示，人們對一些情境所持的信念
和預期可能會實質改變這些情境的本質。自證預言（self-fulfilling prophecies）是指
你對一些未來行爲或事件所作的預測改變了實際互動情形，以至於恰好造成所預期行

為和事件的發生。例如，假設你前往一場舞會，你預期將會有歡樂時光；再假設你一位朋友也前往舞會，但預期該舞會將會很無聊。你可以想像，在抱持這樣預期的前提下，你們兩人可能以不同方式展現行為。這些不一樣的行為方式可能接著改變舞會上的他人如何對待你們。在這樣情況下，你們何者將會實際上較可能在舞會上有歡樂時光？

自證預言最有力的例證之一是得自蕭伯納（George Bernard Shaw，英國著名的劇作家）所寫的一個劇本。在《畢馬龍》（*Pygmalion*）這個劇本中——後來被改編為通俗音樂劇《窈窕淑女》（*My Fair Lady*）——一位村婦在她的家教 Henry Higgins 教授的密集訓練之下，轉變為一位知書達禮、社交宜人的淑女。心理學家 Robert Rosenthal 後來在一所小學校長 Leonore Jacobson 的配合之下，重新在一項經典實驗中製造了這種社會預期的效應（也稱為畢馬龍效應）。

在波士頓地方的一所小學中，有些老師被通知，他們班上的一些學生根據一項心理測驗結果來看，是屬於學業上「大器晚成型」。研究人員還設法讓這些老師相信，這些特殊學生是「知性上遲開的蓓蕾，但將會在該學年度顯現不尋常的進展」。事實上，這些預測完全沒有客觀基礎；所謂「遲開的蓓蕾」的學生完全是隨機挑選的。然而，到了該學年結束時，被指定為大器晚成型的學生中有 30% 的 IQ 分數平均上升了 22 分。幾乎所有這些學生的 IQ 都至少上升了 10 分，這顯著高於他們控制組同學的進展（*Rosenthal & Jacobson, 1968*）。

教師不實的預期如何導致這些學生的正面表現呢？Rosenthal（*1974*）認為教師的預期至少促發了四種歷程。首先，老師對待這些「遲開的蓓蕾」可能較為溫暖而友善，這製造了一種社會贊許、社會接納的氣氛。其次，老師對這些學生可能提出較高的要求，包括所學習教材的數量、性質及難度等。第三，老師對這些學生的表現通常提供較為立即而清楚的回饋（稱讚和批評二者）。最後，老師製造較多機會讓這些學生在課堂上應答、展示他們的作業，以及為他們加強課業，這可能促進了這些學生的自信心。

當然，這個實驗情境較不尋常之處是教師是被有意地提供不實的預期。這種方法論使得實驗人員能夠示範自證預言的充分潛力。但是在大部分真實世界的情境中，個人的預期是建立在相當準確的社會知覺上（*Jussim & Harber, 2005*）。例如，老師之所以預期若干學生將會表現良好，乃是因為他們進到教室之前已拿到這些學生的學業成績紀錄；而且這些學生典型地也展現優良表現。研究已顯示，自證預言事實上對於低成就學生的生活具有最大的影響力（*Madon et al., 1997*）。當教師預期他們表現不良時，他們可能表現更為差勁；當教師預期他們表現良好時，這將具有翻轉他們學校生活的潛在性。

大部分關於自證預言的研究把重心放在學業成就上。然而，研究人員已發現在另一些領域中，人們的錯誤信念和預期也可能影響實際發生的事情。例如，研究已顯示，當父母高估他們青少年子女將會攝取的酒精數量時，這些預期可能成為自證預言（*Madon et al., 2008*）。然而，研究已顯示，一些最具潛力的自證預言是來自父母。

一組研究人員追蹤 332 位青少年的學業表現，為期 6 年，從他們 12 歲時開始。在研究開始時，他們母親指出她們對自己子女的學業表現的預期——透過回答一些陳述，諸如「你預期這個孩子在學業上會進展到什麼程度？」（*Scherr et al., 2011*）。研究人員也取得一些背景指標（例如，標準化測驗分數），它們跟青少年可能的學業表現有關。到了 18 歲時，青少年的學業成果說明了他們母親的信念的影響——視他們母親對他們學業所持的信念而定。他們比起預期（根據背景指標所作的預測）表現得更好或更差。所得資料顯示，青少年根據他們母親的預期建構了自我形象，然後使得他們的學業表現符合該自我形象。

第二節　情境的力量

心理學家致力於理解行為的起因，他們在許多不同地方尋找他們的答案。有些人覓之於遺傳因素，另有些人訴諸生化和大腦的歷程，還有人則集中於環境的影響力。社會心理學家相信，社會情境對個人行為行使重要的控制，通常凌駕性格，也凌駕個人過去的學習、價值觀及信念。這一節中，我們評述一些傳統研究和較近期的實驗，它們都試著探討微妙但強力情境變項對人們行為的影響。

一、角色與規則

你被提供怎樣的社會角色？社會角色（social role）是指當個人處於既存的環境或團體中時，他所被期待展現之社會界定的行為型態。不同社會情境提供了不同角色。當你在家庭時，你可能接受「子女」或「兄弟」的角色；當你在教室時，你接受「學生」的角色；在另一些時候，你是一位「最好朋友」或「情人」。每個角色被授予不同的責任，各具社會期待的功能。個人必須學習在適當環境中扮演適當的社會角色。

大致而言，角色獨立於占有那個角色的特定個體。換句話說，不論角色扮演者（role-player）個人的特性如何，所被期待的行為應該都是相同的。例如，一位法官或裁判將被期待保持公正無私，即使他所做的判決可能有悖他個人的價值觀。

各種情境的特徵在於它所運作的規則（rules），所謂規則是指針對特定環境的行為準則。有些規則是以標語明確陳述出來，如「禁止吸菸」、「上課不許吃零食」；或是明確地教導小孩，如「尊敬老年人」、「不要吃陌生人給你的糖果」。另有些規則是不講明的——它們是透過在特定環境中跟他人互動而學得。你可以把音響開到多大聲；你可以多麼靠近一個人；你什麼時候可以不帶姓地直稱你老師或老闆的名字；當他人稱讚你時，你以什麼方式應對較為適當——所有這些舉動都視情境而定。例如，當你送日本人禮物時，他們通常不當著你的面打開禮物，為了是擔心沒有顯露充分的感激之意。外國人如果不了解這個不成文的規則，可能把該行為錯誤解讀為「無禮」。下一次你踏進電梯，試著決定你對該情境已學到什麼規則。為什麼人們通常放低聲調交談或完全沉默不語？

通常，你不會特別去注意角色和規則的效應，但一項經典的社會心理學實驗（稱為「史丹福監獄實驗」）使得這些運作的力量突顯出來——良好行為的規範被情境的動力所淹沒（*Haney & Zimbardo,. 1977; Zimbardo, 1975*）。

湯米在週日習慣放鬆一下自己，他會丟下手邊較嚴肅或較花腦筋的工作，然後扭開電視，觀賞他所喜歡的美式足球大賽。但是他的這份寧靜在一個星期天的早晨被一陣尖銳的警笛聲刺破了，隨後市警局的警察衝了進來，把湯米逮捕起來。警察人員在這次掃蕩大學城的行動中，共逮捕了 9 位學生。每個人都被控以重罪，在宣讀過他們的憲法權利後，遭到搜身、銬手，並以警車送到警局作筆錄。捺完手印及錄完口供後，所有嫌犯都被蒙上眼睛，轉送到史丹福（Stanford）郡立監獄。在那裡，湯米被剃個精光，然後警衛發給他一件前後有編號的囚衣。從這個時候起，湯米失去了他的姓名，變成 647 號囚犯。

當警衛喊到 647 號囚犯時，如果他答得不夠快，警衛就會拉扯他一番。這些警衛都穿著卡其色制服，同樣沒有可資辨認的姓名；再者，他們都戴著反光太陽眼鏡，使得囚犯無法探視他們的眼神，這更增加了他們的神秘感，更顯得威風凜凜。所有年輕囚犯都住在一間簡陋的小牢房中，對這次突發事件感到震驚且困惑，他們不知道為什麼生活突然起了 180 度的轉變，這是什麼性質的監獄呢？他們要被關多久呢？

每個囚犯被要求無條件地遵守獄方的規定，不許發問也不容遲疑。假使違反規定，他們將會失去一些特權。首先，所謂的特權是閱讀、寫字或交談的機會。然而，稍後只要稍微違規，就會被處以喪失吃飯、睡覺、洗澡等權利。懲罰還包括一些卑賤、惡劣的工作，比如用手洗廁所、做伏地挺身或單獨拘禁等。

647 號囚犯所接觸的每個警衛，都多少會表現出專橫、獨裁的行為。大多數都顯得很以自己的較高地位為傲，有意無意地會摸摸作為地位象徵的制服或警

棍，能夠完全控制囚犯似乎才表明他們的存在。警衛們不時會設計一些新招式來使囚犯覺得不舒服或恥辱，不僅剝奪囚犯的基本自由，而且也剝奪了他們的自尊感。

集體逮捕後不到 36 個小時內，就有一名囚犯失去自制地痛哭起來，他同時也感到憤怒、思考混亂及有嚴重的憂鬱。在接下來幾天中，另外 3 名囚犯也出現了類似的症狀。還有一名囚犯，當假釋局駁回他的申請時，全身出現紅疹（一種心身的症狀）。

熄燈之後，647 號囚犯躺在床上，努力回憶湯米在成為囚犯之前的種種事情。然後他突然記起來了，在被逮捕之前幾個星期，他曾應徵一則報紙廣告，這則廣告是在找尋願意參加為期兩個星期的監獄生活實驗的受試者。當時他一則為了賺些費用，二則為了好奇和好玩，曾經前往報名。

沒錯，這些警衛也都是大學生所扮演的。事實上，這所監獄中的每個人都是從一大群志願者中挑選出來。因為他們都具備身體健康、心理健全和中年級大學生的基本條件，而且在廣泛的心理測驗和臨床晤談中，他們被評定為守法、情緒穩定及「正常－平均」，因此才被選為受試者。這裡並不是一所郡立監獄，而是心理學家所執行的一個模擬監獄的實驗。

所有參加者被指派為警衛或囚犯的角色，完全是由主試者擲銅板決定。這些角色的分配是獨立的變項，所以在施行這項實驗之前，模擬的警衛與囚犯之間可以說沒有測量上的差異。

心理學家原先打算進行兩個星期的模擬實驗，但在 6 天之後就決定終止這項研究，因為它造成了受試者一些過於強烈的情緒和行為反應。（那些顯得特別困擾的囚犯，甚至更早就被釋放出去。）對那些原本抱著和平主義的學生而言，當扮演警衛的角色時，卻變得以虐待他人為樂。至於原本心理正常、情緒穩定的學生，當被視作這所極權管理監獄中的一名囚犯加以對待時，也不得不表現出很多反常行為。這個模擬的監獄情境的力量已製造了一個新的社會現實（social reality）──在警衛和囚犯的心目中，它是一所真正的監獄。

事後，湯米說他再也不願意進去那個鬼地方，但他相當珍視這次經驗，因為他從中更了解自己，更進一步認識人性的本質。他和參加實驗的其他學生基本上都保持健康，所以離開那夢魘般的地方不久後，就都完全恢復過來；追　研究也顯示沒有造成任何持久的負面作用。但包括警衛和囚犯的所有學生，都從這個事件中學到重要的一課：永遠不要低估一個惡劣環境所可能造成的影響力，它可能淹沒我們的人格和良好教養──即使是我們之中最優秀和最聰明的人（*Zimbardo, 1975; Haney & Zimbardo, 1977*）。

在史丹福監獄實驗中，當實驗結束時，不論就何種觀察角度而言，警衛與囚犯

在行為上已截然不同（參考圖 16-2）。然而，僅僅一個星期之前，他們之間在各種特質上還非常近似。因此，機遇（以隨機指派的形式）決定了他們的角色，這些角色製造了他們在地位和權力上的差異，隨之就導致他們在思考、情感及行動等方面的差異。沒有人告訴這些參與者如何扮演他們的角色，他們甚至也未實際參觀過監獄，但他們都知道關於「強權者」與「弱勢者」之間互動的一些事情（*Banuazizi & Movahedi, 1975*）。警衛類型的人就是要限制囚犯類型的人的自由，以便易於管理囚犯的行為，以及使他們的行為較能預測。為了完成這樣的任務，警衛可以採取高壓、強制的手段（規則），包括公開懲罰那些違反規定的行為。囚犯則只能被動接受強權者所設立類似監獄情境的社會結構。他們被提供的選擇只有反抗或順從；反抗將會導致懲罰，順從則導致個人失去自主性和尊嚴。

這些參與實驗的學生在他們以往許多社會互動中，都已經歷過這類的權力差異，諸如父母－子女、老師－學生、醫生－病人、上司－員工，以及傳統的男性－女性關係。他們只是在這個特定環境中再度運作、潤飾及強化他們以往的行為型態（那些角

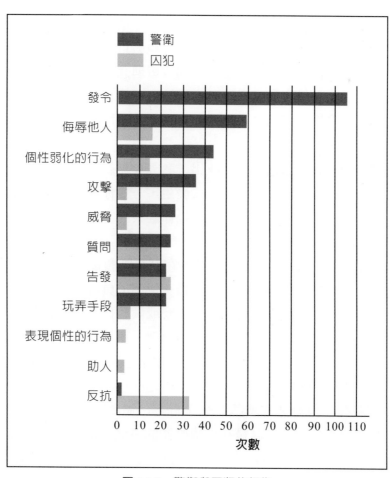

圖 16-2　警衛與囚犯的行為

色關係的劇本）而已。每位學生都可扮演二者的任一角色。許多擔任警衛角色的學生報告，他們很訝異自己多麼容易就以控制他人爲樂。只要穿上警衛的制服，就足以讓他們從被動的大學生轉變爲富有攻擊性的監獄警衛。當你進出不同的角色時，「你」成爲一個怎樣的人呢？在什麼場合，你的自我感將會逐漸消失，而你的社會身分開始作祟呢？

最後，你不覺得這樣的行爲清單相當熟悉嗎？在 2003 年伊拉克的 Abu Ghraib 監獄中，這樣的情節一一上演。美國大兵臨時充當警衛，許多次，他們把因犯剝得精光，戴上頭套，還加上鐐銬；他們不給因犯食物及床墊，他們以虐因爲樂。「史丹福監獄實驗」有助於說明這件醜聞：情境力量可能導致一般人（平凡的人）展現恐怖的行爲（*Fiske et al., 2004; Zimbardo, 2007*）。

二、社會規範

團體對成員除了有角色行爲的期待之外，團體也會發展出對所有成員之「適當舉止」的許多期待。不論是成文或不成文的團體規則，這些對社會適宜的態度和行爲的特定期待就稱爲社會規範（social norms）。社會規範可以是廣泛的行爲準則：如果你是民主黨成員，你可能被期待支持自由主義的政策理念，擁護社會改革。至於共和黨成員則被期待將會倡議較保守的理念。社會規範也可能具體化爲特定的行爲標準。例如，如果你受僱在餐廳擔任服務生，你將被期待有禮貌地招待你的顧客，不論你多麼不愉快，或他們多麼苛求。

當你歸屬於某團體時，這通常涉及找出一套社會規範，這套規範將調整你在團體情境中適宜的行爲。這種調整是以兩種方式發生，一是你注意到所有或大部分成員在若干行爲上的劃一性（uniformities）；另一是你觀察到當有人違反社會規範時所招致的負面後果（negative consequences）。

規範（norms）具有幾種重要功能。認識在既存團體情境中運作的規範，有助於它的成員導正方向，以及調整他們的社會互動。每個成員可以預期他人將會如何加入該情境，他們如何穿著打扮、他們可能說些什麼或做些什麼，以及怎樣類型的行爲預定將會贏得贊同。你往往在新奇的情境中感到笨拙、手足無措，這正是因爲你還不清楚該情境中管理你應該如何舉止的規範。規範通常也存有若干偏離常軌（標準）的寬容性——有些情況較寬鬆些，有些則很狹窄。例如，短褲和 T 恤對宗教儀式而言是勉強可以接受的服裝，但游泳衣或睡衣幾乎肯定已偏離規範太遠。成員通常有能力估計自己可以偏離規範多遠，也就是在面臨團體的三個「R」—— ridicule（嘲笑）、reeducation（再教育）及 rejection（排斥）——的逼迫力量之前，都還在可容忍的範圍內。

三、從眾

當你採取社會角色或屈服於社會規範時，你在某種程度上就是順從了社會期待。從眾（conformity）是指個人行為自願接受團體規範之約束的內在傾向，也就是個人遵循眾人意見和態度的心理傾向。社會心理學家已探討可能導致從眾的兩種力量：

- 規範性影響（normative influence）的歷程，即個人希望被他人所喜歡、接納及讚許。
- 資訊性影響（informational influence）的歷程，即個人希望自己是正確的，而且想要了解在既存情境中適宜的行為方式。

我們以下論述一些經典實驗，以例證這兩種影響力。

(一) 資訊性影響：Sherif 的自動移動效應

假使你首次進到一家高雅的餐廳，當你就座後，你發現餐桌上擺設一整套令人眼花撩亂的銀器。你如何知道當第一道菜端上來時，你應該使用哪根叉子？通常，你會張望一下別桌的客人用餐的情形，以協助你做個適當的決定。這就是「資訊性影響」。

在一個新的團體中，規範的形成通常經過兩個階段，即散布（diffusion）階段和結晶（crystallization）階段。當人們開始加入一個團體時，他們將帶進各自的期望、態度和生活經驗，隨著成員彼此溝通，它們就四處散布在團體中。經過若干時日後，從各種相聚活動中，他們的期望開始趨於一致，最後結晶為共同的看法，就成為團體的規範。

心理學家常以「自動移動效應」（autokinetic effect）的傳統實驗來例證規範的形成和凝固。在這項實驗中，受試者坐在暗室之內，主試者告之正前方將會出現一個小光點，受試者的工作是各自估計光點在空間中往返移動的距離。這個光點事實上是靜止不動的，但在同質場域的視野中，因為沒有參考點的存在，光點看起來像是在移動，這種現象稱為自動移動效應（*Sherif, 1935*）。

原先，受試者獨自從事判斷時，他們報告的數值有很大變異。但是，當他們被集合起來，在團體中大聲說出自己的判斷時，他們的估計值逐漸接近——他們開始看到光點以相同方向移動，且移動距離的判斷最後趨於一致。但更令人感到興趣的是，在實驗的最後階段，受試者再度被單獨留在暗室中從事判斷，結果他們繼續遵守先前他們共處時已形成的團體規範。

一旦規範已在團體中被建立起來，這些規範傾向於長久維持下去。在後來的研究中，即使當實驗已結束一年後，且原先的同伴也未在場觀看判斷時，這種自動移動的團體規範仍然保存（*Rohrer et al., 1954*）。另一些研究則顯示，現行的團體成員將會對

新進的成員施加社會壓力，要求他們遵循該規範。然後，這些新進的成員挨次又對後繼的新成員施加直接或間接的壓力。就這樣，團體規範可以一代一代地傳承下去，繼續影響人們的行為，甚至直到創造該規範的原來團體已不再存在（Insko et al., 1980）。我們如何知道規範具有跨代的影響力呢？在自動移動效應的研究中，研究人員每完成一組自動效應的嘗試後就換掉一位團體成員，代之以一位新進成員，直到最後，原來團體的所有成員都已不在該團體中，但原來的自動移動的團體規範依然被新成員所援用，且陸續傳承好幾代之久（Jacobs & Campbell, 1961）。

(二) 規範性影響：Asch 的效應

如何證實個人有時候將會因為「規範性影響」而順從眾人的意見？Solomon Asch（1940, 1956）是早期一位重要的社會心理學家，他的研究顯示，即使當被判斷的刺激相當清楚而可被準確知覺時（不像上述 Sherif 的實驗，訴之於人類在曖昧不明的情境中產生的一種錯覺），受試者的判斷依然可能受到團體規範的左右。

Asch 的實驗是以男性大學生為受試者，每組成員 6 到 8 個人。事實上，只有 1 人是真正受試者，其他都是事先安排好的實驗助手，實驗進行時，全組成員圍坐一個會議桌。主試者每次出示兩張卡片，一張為標準卡，上面畫有一條直線；另外一張為比較卡，上面畫有三條不等長的直線。受試者的工作是指出比較卡上的哪一條直線與標準卡上的直線等長（參考圖 16-3）。真正受試者總是被安排在倒數第一、二位的順序回答，助手已預定好在 18 次嘗試中有 12 次提出一致的不正確回答。這樣的安排是在於製造一種不符合物理事實的團體壓力，以觀察真正受試者的反應。以圖 16-3 為例，比較卡上的直線 (2) 顯然是正確答案，但同組受試的其他成員卻異口同聲指定直線 (1) 為正確答案。真正受試者在這種眾口鑠金的情況下，是否會身不由己地屈服於眾人的錯誤判斷呢？實驗結果顯示，真正受試者在 37% 的嘗試中屈服於說謊行列。

另一些研究人員的實驗則顯示，在 123 位受試者中，大約有 30% 的受試者幾乎總是屈服於壓力（在半數以上的關鍵嘗試中），但也有 25% 始終堅持自己的正確判斷。有 50% 到 80% 的受試者（在不同的研究中）至少有一次屈服於大多數人的不實判斷。

研究者也試著探討「多數人」的數目大小所造成的影響。當故意做出不正確判斷的人數只有 1 人時，受試者典型露出不安的表情，但並沒有順從對方的錯誤判斷。但是當反對人數增至 3、4 個人時，受試者屈服的比率就升到 32%。反過來說，當團體中有另外一個人同意這位真正受試者的判斷時，從眾的效應將會大為減弱，受試者屈服的比率只有原先的四分之一（參考圖 16-3）。

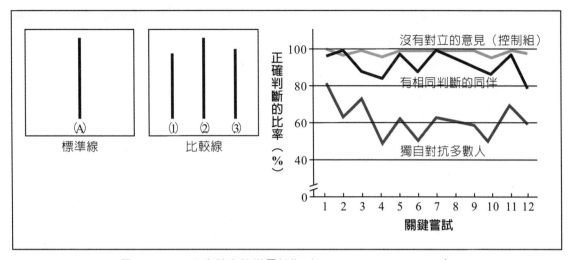

圖 16-3　Asch 實驗中的從眾行為（Courtesy of William Vandivert）

　　人們在怎樣情況下較可能從眾？研究已顯示，個人在下列四種情境中最容易表現從眾行為：⑴ 當判斷作業的難度愈高，所呈現的刺激愈為模糊不清時；⑵ 當團體極具吸引力，也有高度的凝聚力時；⑶ 當個人認為其他成員都頗具才幹，自己卻似乎難以勝任時；及 ⑷ 當個人的反應將會被公開化，而為其他成員所知曉時。

（三）少數人的影響與不從眾行為

　　考慮到優勢團體掌控著資源和資訊，你應該不至於訝異，人們傾向於對這些團體靠攏。然而，你也知道，人們有時候還是會堅持自己的觀點。這是如何發生？人們如何逃避團體的優勢支配？任何新的秩序（反規範的事物）如何形成？是否在若干條件下，弱勢團體將可抗衡優勢團體，進而逆轉情勢以創立新的規範？

　　當美國的研究學者集中探討從眾行為的同時（這部分地是因為從眾與民主歷程的交織關係），有些歐洲的社會心理學家卻強調「少數人改變多數人」的力量。法國的 Serge Moscovici 首先開拓「弱勢團體的影響」的研究。在一項研究中，受試者被要求說出所呈現之布條的顏色，大多數人都正確說出布條的顏色，但混在其中的兩位實驗助手卻一致地把「綠色」布條說成是「藍色」。他們一致的少數人的異議並未對多數人造成立即的影響。但是當稍後單獨測試時，有些受試者轉移了他們的判斷，他們把藍色與綠色之間的界限稍微移向顏色連續頻譜的藍色這側（*Moscovici, 1976*）。最終，多數人的力量可能被堅定少數人的信念所削弱（*Moscovici, 1980, 1985*）。

　　你可以根據我們前面提到的「規範性影響」與「資訊性影響」之間的劃分來思考這些效應（*Crano & Prislin, 2006; Wood et al., 1994*）。弱勢（少數人）團體擁有相對較少的規範性影響力：優勢（多數人）團體的成員通常不特別關心是否受到少數人的喜歡或接納。另一方面，弱勢團體確實擁有資訊性影響力：少數人可以激勵團體成員從多元

觀點理解所面對的議題（*Sinaceur et al., 2010*）。不幸的，這種資訊性影響的潛力不是經常能夠奏效，多數人成員還是試圖跟偏離正軌或低度共識的觀點保持距離，少數人其實不太容易征服多數人這樣的心態（規範性影響力）（*Wood, 2000*）。

在社會上，多數人（優勢團體）傾向於是現狀（status quo）的擁護者。一般而言，改革和變動的力量是來自少數人（弱勢團體）的成員，他們可能是對當前制度感到不滿意，要不就是有能力設想新的可能性及開發另一些途徑以處理當前的問題。無論如何，保守的多數人觀點與異議的少數人觀點之間的衝突是革新（innovations）的基本先決條件，將可導致正面的社會變動。

四、團體的決策

如果你曾身為某一團體的成員而試圖做個決定，你就知道那可能會相當曲折。例如，想像你才剛跟一群朋友看過一部電影。雖然你認為該電影「還不錯」，但是經過團體的討論後，你發現自己同意「那是一部很差勁的電影」。團體討論後的這種轉變，是典型情況嗎？團體所做的判斷一致地不同於個人的判斷嗎？社會心理學的研究人員已指出，當團體在從事決定時，有一些特定力量在發揮作用（*Kerr & Tindale, 2004*）。這一節中，我們將討論團體極化和團體思維。

你觀看電影後的經驗是團體極化（group polarization）的一個實例。團體極化是指通過團體討論，使得成員的決策傾向於更趨極端的現象——相較於成員單獨從事決策。例如，假使你要求團體的每個成員提供關於該電影的態度評定；隨後，作為一個團體，你們同意一個單一數值，以反映你們團體的態度。如果團體的評定比起個別評定的平均值更趨極端，這便是極化的現象。總之，當個體最初的意見保守時，通過團體討論的結果將會更加保守；而當成員最初的意見傾向於冒險時，團體討論將使得結果更加冒險。

研究人員已提出兩種歷程，以作為團體極化的基礎，即「資訊 — 影響模式」和「社會比較模式」（*Liu & Latané, 1998*）。「資訊 — 影響模式」（information-influence model）指出，團體成員在決策上貢獻不同的資訊。如果你和你的朋友對於「有點不喜歡某部電影」，各自擁有不同的原因，所有這方面資訊加總起來就提供了證據，指出你應該實際上更加不喜歡這部電影。「社會比較模式」（social comparison model）則指出，團體成員透過代表團體的理想以致力於獲取他們同伴的關注，這樣的理想比起團體的真實規範更為極端一些。因此，如果你初步決定，每個人都對該電影有點不高興，你可能試圖呈現自己為特別有洞察力——經由聲明更為極端的意見。如果團體中的每個人以這一相同方式試圖爭取團體尊重，極化便是必然的結果。

團體思維是一種總括的思考模式，團體極化只是其中一個結果。Irving Janis

（1982）新創「團體思維」（groupthink）的用語以指稱決策上的一種傾向，即團體將會濾除不合意的輸入，以便共識（consensus）可以被達成，特別是如果它符合領導者的觀點的話。Janis 關於團體思維的理論是源自他從歷史上分析豬灣事件（位於古巴的西南岸，1961 年，在甘迺迪總統的授權下，美國中央情報局和古巴流亡份子曾從此處企圖進襲古巴，但以失敗告終）。這場損失慘重的進襲是在甘迺迪總統舉行內閣會議後獲得批准，當時反對意見被盡量貶低或壓制下來，因為那些顧問認為總統熱切於採取入侵行動。從他對這個事件的分析中，Janis 描述了一系列特徵，他認為它們使得團體容易落入團體思維的陷阱：例如，他表示當團體具有高度的凝聚力，當團體隔離於專家們的意見，以及當團體的領導是指導式時，這將容易產生團體思維的決策。

　　為了測試 Janis 的觀念，研究人員轉向更進一步的歷史分析（如珍珠港事件和越南戰爭）和研究室實驗二者（*Henningsen et al., 2006*）。這一體系的研究指出，當團體具體化集體的慾望而試圖維持團體之共同的正面觀點時，這樣的團體特別容易發生團體思維（*Turner & Pratkanis, 1998*）。團體成員必須理解，不同的意見經常增進了團體決策的品質，即使它可能減損（在表面上）團體的正面感覺。

五、服從權威

> 「當你回顧人類漫長而黯淡的歷史，你會發現以服從為名義所犯下的可怕罪行，遠多於以反叛為名義所犯下的罪行。」（*C. P. Snow, 1961. p.3*）

　　什麼原因使得成千上萬的納粹黨員願意聽從希特勒的命令，把好幾百萬的猶太人送進毒氣室？這是性格上的缺陷導致他們盲目執行命令嗎？還是他們缺乏道德價值呢？我們如何解釋 1978 年人民廟堂的集體自殺呢？在該事件中，超過 900 名信徒（美國人民）自願服用致命的氰化物以結束自己及自己子女的性命，只因為他們的領袖 Reverend Jim Jones 告訴他們執行「革命性的自殺」。什麼力量導致他們位於蓋亞那叢林的基地上遍布屍體？

　　讓我們考慮你個人的情形。你會怎麼做呢？是否可能在任何情況下，你也會盲目服從你的宗教領袖的命令，先下毒殺害你的家人，然後你自己再仰藥自盡呢？在美軍於越南馬蘭村屠殺好幾百個無辜婦女、幼童及老年人的事件中，你能否想像自己是美軍的一分子？（*Hersh, 1971; Opton, 1970, 1973*）你的答案（就像我們一樣）幾乎必然是：「不可能！你把我看成是怎樣的人？」但是讀完這一節後，你或許較願意回答：「或許吧！我不是很肯定。」社會中的許多促動力和說服力往往扭曲了你的道德判斷、減

弱你的抗拒意志，使得你在那些情境下也可能做出其他人類所曾做過的事情——不論從你現在局外人的立場來看，他們的舉動是多麼恐怖而不可思議。

關於情境力量淹沒個人行為的現象中，最令人信服的例證來自 Stanley Milgram 執行的一項研究。Milgram 是 Solomon Asch 的學生，他的研究（*1965, 1974*）顯示納粹黨員的盲目服從較不是性格特徵（他們失常的人格或德國人的民族性）的產物，較是情境力量的結果——這種力量可能吞沒任何人。他如何論證這種「邪惡的平凡性」（banality of evil）呢？——也就是說邪惡舉動可能出自像你我一樣的普通人，這些人並不是怪物，他們只是不加思索就遵從命令而已（*Arendt, 1963, 1971*）。Milgram 的服從研究是心理學上最富有爭議性的話題之一：一方面是因為它對真實世界現象具有重要意涵，另一方面是它引起的道德爭論（*Miller, 1986; Ross & Nisbett, 1991*）。

(一) 服從的範式

為了隔開性格變項與情境變項，Milgram 總共執行了 19 個獨立的控制性研究室實驗，所涉及的受試者超過 1,000 位。Milgram 最初的實驗是在耶魯大學執行，他以 New Haven 及附近校區的男性學生為受試者。後來，他把這項研究的實驗地點移到校園之外。他在康州的 Bridgeport 地方設置一個店面式的研究單位，透過報紙廣告招募各種不同身分的受試者，所擷取母群的橫截面包括不同年齡、職業及教育程度的人們，以及包括男女兩性的成員。

在 Milgram 的實驗中，主試者告訴受試者，他們正參與的是一項關於記憶與學習的科學化研究，研究目的是在探討「處罰對記憶的影響，進而找出獎賞與懲罰的適當平衡點，以便在教育上增進學習效率」。因此，當擔任「老師」的社會角色時，他們必須對另一個角色「學生」的每次錯誤施加處罰，處罰方式是施加電擊，電擊強度還必須逐步升高，直到學生完全無誤為止。主試者穿著白色外衣，充當合法的權威人物，他提出規則，安排角色的分配（以抽籤方式決定，但總是安排真正受試者擔任老師的角色）。當老師對施加電擊有所猶疑或不同意時，主試者要求老師必須執行任務。實驗的依變項是老師拒絕繼續服從權威的時候，他們最後所施加的電擊強度。

(二) 測試的情境

正式實驗之前，每位老師先被施加一次 45 伏特的樣本電擊，以親身體驗電擊引起的疼痛程度。這項實驗的學生是由一位 50 歲左右的男人所扮演（一位實驗助手），他看起來心情愉快、態度溫和。他被綁在隔壁房間的一張椅子上。說是「防止他亂動」，電極連到他手腕上。他透過對講機跟老師進行通話。主試者還不經意對老師透露，學生雖然有心臟方面的困擾，但仍然願意參與這個研究計畫。

老師然後被帶回實驗室中，在施加電擊的儀器前坐下來。儀器共有 30 個開關，

上面都標示有電擊的強度，從 15 伏特到 450 伏特，每個開關增加 15 伏特的強度。這些開關底下還貼有標籤，如「輕微電擊」，直到「危險：嚴重電擊」。最後兩個極高電壓底下根本沒有寫字，而是標示「×××」（嚴禁使用）。

學生的工作是記住許多配對呈現的字詞，然後每當老師稍後唸出每個詞對的第一個字詞時，學生必須唸出第二個字詞。實驗進行時，學生不久就開始犯錯（根據預先安排好的劇本），老師於是壓下開關，施加電擊來懲罰他。隨著電擊強度逐步升高，學生吶喊和抗議的聲浪也隨之升高。75 伏特時，學生開始抱怨；150 伏特時，他要求退出實驗；180 伏特時，他大聲吼叫，表示再也無法承受任何電擊了。到了 300 伏特時，他顯得聲嘶力竭，堅持他必須立即被釋放，還大聲吶喊自己心臟已負荷不了。如果老師這時候有所遲疑，不願意繼續施加更強的電擊，主試者就告訴他，「你別無選擇，規則就是規則，你必須繼續執行，你的任務就是處罰學生的錯誤。」300 伏特時，學生繼續痛苦哀嚎。360 伏特後，就聽不到他發出聲音。這些實驗程序的用意是在引發受試者這樣的想法：假使遵從命令，我將會造成一位無辜者的疼痛和折磨，且甚至可能殺死他。

你可以想見，這種處境造成受試者（老師）相當大的壓力。大部分受試者都表達了他們的抱怨、控訴及抗拒，多次堅持他們不願意繼續執行下去。許多受試者咬緊他們嘴唇、雙手扭絞、不停地流汗，甚至還流下淚水。顯然，實驗情境已引起他們內心的重大衝突。

- 180 伏特時。「我不想再做下去，我不想害死那個人，你難道沒聽到他的吶喊嗎？我看他沒辦法支持下去了。如果他出了意外，那怎麼辦呢？…… 我是說假使他有個三長兩短的話，誰來承擔這個責任呢？」（主試者答應承擔這個責任。）「那好吧。」
- 195 伏特時。「你聽到他在呼救嗎？你聽！我不知道這是怎麼一回事。」（主試者仍然表示，「這個實驗需要你繼續做下去。」）「我知道他快要不行了，天啊！他知不知道自己為什麼來這裡？已經升到 195 伏特了。」
- 240 伏特時。「喔！不要。你的意思是我還要繼續升高電擊強度？不，先生，我不想害死那個人，我不能把電擊升到 450 伏特。」（*1965, p.67*）

即使當學生的房間傳來的只有沉默時，主試者還是要求老師繼續施加愈來愈強的電擊，一路直升到 450 伏特的開關。

(三) 電擊或拒絕電擊？

當 40 位精神科醫師被要求預測受試者在這個實驗中的表現時，他們估計大多數人施加的電擊強度將不會超過 150 伏特。根據他們專業上的看法，只有不到 4% 的受試者會在超過 300 伏特後依然服從命令，且只有大約 0.1% 的受試者會繼續施加到

450 伏特。這些精神科醫師顯然認為，只有少數心理不正常的人們（如虐待狂，以他人的疼痛為樂）才會盲目服從命令繼續施加電擊到最高強度。

事實上，這些精神科醫師都錯了，他們都落入基本歸因偏誤的陷阱中，即高估了性格因素的重要性，而低估了情境的影響力。實驗結果顯示，大多數受試者都完全服從權威，幾乎三分之二的受試者加到 450 伏特的最高電擊強度。平均而言，受試者很少在 300 伏特之前停止下來。只要進入最後 5 個電擊強度，他們都會繼續升高到 450 伏特的強度。在那個時候，他們的抗拒已被粉碎了，只想趕快做完實驗，以便離開該不愉快情境。但需要注意的是，大多數受試者儘管口頭上表示抗議，他們行為上卻沒有不服從。

Milgram 研究的結果這般出乎預料之外，研究人員致力於排除對結果提出另外解讀的可能性。有一種可能性是受試者並未真正相信該實驗的「說詞」。他們可能已推斷出「受害人」並未真正受到傷害。為了排除這種可能性，另一項研究執行了類似的實驗，但設法使服從的後果對受試者而言更為生動、立即而直接。

> 大學生在這項實驗中被要求訓練小狗的辨別能力，每當小狗做出不正確的反應時，就以逐步升高的電擊施加懲罰。每位受試者都可實際看到當他們壓下按鈕後，小狗在通電的鐵籠內痛苦地跳動。雖然事實上小狗只是受到一個低強度的電擊，恰好足以讓牠發出悲鳴。結果大學生們都表示反對並抱怨，他們說這使他們感到不安和不適，有些甚至哭了出來。
>
> 當電擊升高到某個強度後，實驗人員把一種無色無臭的麻醉氣體暗中通入封閉鐵籠中，受試者可看到小狗左右搖晃幾下，然後昏倒過去。受試者都以為自己殺害了那隻可愛的小狗。但主試者依然提醒他們實驗的規定：小狗沒有做出正確反應就應該被處罰，所以他們必須繼續施加電擊。是否有人真正這樣做呢？結果有四分之三的受試者這樣做了，他們施加了最強的電擊。儘管有些女性受試者流下眼淚，大不以為然，但大多數人還是完全服從命令（*Sheridan & King, 1972*）。

關於受試者行為的另一種可能解釋是，該效應可能是出於實驗情境的訴求特徵（demand characteristics）。有時候，實驗環境中的線索影響了受試者察覺到自己被期待些什麼，這接著系統化地影響了他們的行為。在 Milgram 的實驗中，假使受試者猜想他們繼續施加電擊的話，這樣的結果將會較為引人興趣，他們可能就設法配合（即有意「投合」研究人員的可能意圖——從實驗氣氛中感受到）。但進一步的研究顯示，對權威的服從並不是建立在不尋常實驗環境的訴求上。它也可能發生在任何自然的、平常的環境中。一組研究人員執行下列的實地研究，以測試服從在真實環境（醫院）中的作用力。

　　護士（受試者）接到醫院裡一位素未謀面的醫生從外頭打進來的電話，他告訴護士先拿藥物給一位病人服用，以便他抵達病房後可以立即進行診斷。他還表示，他抵達後會負責在藥單上簽名。他所開的藥劑和藥量是 20 毫克的 Astroten。但是 Astroten 藥瓶上的標籤卻註明每次用量通常是 5 毫克左右，且警告說最大用量不得超過 10 毫克，否則將會危及病人生命。護士只憑著一位不熟悉的人士打來的電話，真的就開過量的藥劑給病人服用嗎？這樣的話不是違反了標準醫療程序嗎？

　　當把這種進退兩難的處境描述給 12 位護士聽時，有 10 位表示她們將不會服從醫生的命令。然而，當實際處於該情境時，幾乎每一位護士都服從命令；在 22 位受試者中，有 21 位已準備為病人注射那些份量的藥劑（事實上是一種無害的藥劑），直到在場的一位醫師（也是實驗助理）阻止她們（*Hofling et al., 1966*）。

這些結果說明 Milgram 的發現不能僅僅被歸因於受試者對該實驗之訴求的反應。

(四)人們為什麼服從權威？

　　人們為什麼服從權威？基本答案是：情境的力量。Milgram 及其他研究人員後來又操弄另一些實驗條件，以證實服從效應絕大部分是出於情境變項，而不是出於性格變項。圖 16-4 顯示人們在不同情境中的服從程度。例如，當有同伴率先示範服從行為時；當受試者作為中間媒介，只是協助另一個人實際施加電擊時；或是當受害人（學生）空間上距離老師很遠時，受試者的服從行為將會升高。相對之下，當情況是學生要求被電擊時；當有兩位權威人士提出不一致的命令時；或是當權威人士是受害人時，受試者的服從行為將會降低。這些發現都指向一個觀念：情境大致上支配了行為，而不是個別受試者之間的差異。

　　為什麼人們在這些情境中服從權威？其中兩個原因可以溯及我們前面所討論之影響力的「規範來源」和「資訊來源」的效應，即人們希望自己被喜歡（規範性影響力），也希望自己是正確的（資訊性影響力）。

　　人們傾向於從事他人正在做的事情，或自己被要求做的事情，以便能夠被社會所接納，以及獲得贊許。此外，當處於曖昧不明、新奇的情境中（如該實驗的情境），人們將依賴他人來找出線索，以判斷何者是適當而正確的行為方式。當專家或有威信的人士告訴他們如何做時，他們更可能那樣去做。在 Milgram 實驗中，受試者服從權威的第三個原因是他們不清楚「如何違抗命令」；他們已表示不同意，卻不被權威人士所採納。如果有一種簡單而直接的方式可使他們脫身於該情境（例如，只要壓下一個「退出」的按鈕），他們將較可能展現不服從的行為（*Ross, 1988*）。最後，受試者在這種實驗情境中對權威的服從可說是出於一種根深蒂固的習慣，這種習慣是經由兒童

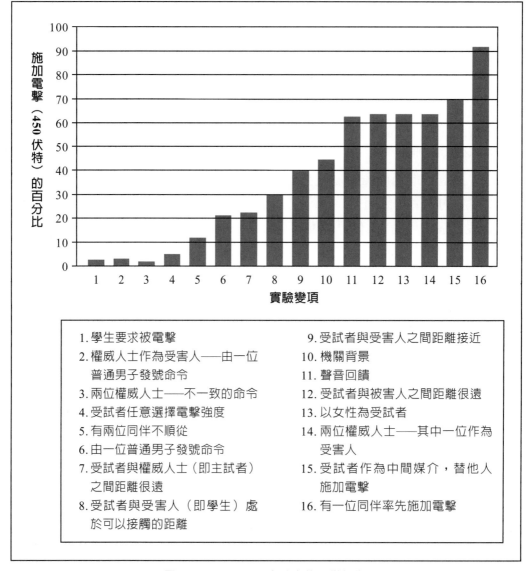

圖 16-4　Milgram 實驗中的服從行為

在許多不同環境中「無條件服從權威」所學得（*Brown, 1986*）。我們在社會化過程中不是早已被教會「服從的課程」，例如，我們經常聽到這些話：「小孩子不要頂嘴」、「小孩子要聽話，照著去做就對了」、「不許多嘴」等。當權威人士具有正當性，也值得服從時，這樣的「捷思法」（heuristic）具有良好的社會適應功能。但是當該法則被過度運用時，就容易產生麻煩。它可能造成你盲目服從任何及所有的權威人物，僅是基於他們擁有的身分或地位，沒有考慮他們的要求和命令是否公正。

（五）Milgram 的實驗與你

這個關於服從的研究對你具有怎樣的個人意義呢？1989 年 6 月，中國大陸天安門廣場的學生運動中，一位年輕人隻身試圖抵擋一列坦克車的前進。你也會這樣做嗎？當你在生活中面對道德兩難（moral dilemmas）的處境時，你會做怎樣的選擇呢？假設你是一位業務員，你會欺騙你的顧客嗎——假使你的主管鼓勵這樣的行為？假設你是一位民意代表，你的投票行為只是在配合黨團運作嗎？或者你會投票給你的良心？

我們社會存有一個迷思，即人們往往假定「邪惡人們的心中埋藏有邪惡的種子」，而善良的「我們」或「你們」因為天性不同於邪惡的「他們」，我們絕不會做這樣的事情。但是，Milgram 的服從研究（及關於模擬監獄的研究）打破了這個迷思。我們在這裡引述這些研究的目的不是在於貶低人性，而是在於說明即使是正常、善意而有教化的人們，當面對強勢的情境力量和社會力量時，也不免屈服於人類脆弱的潛在性。

第三節　態度、態度改變與行動

態度（attitude）是指個人對特定對象（如人、事、物及觀念等）所持有的正面或負面的評價。例如，你可能對醫院志工、賽車及減稅抱持正面態度，但是對於保險業務員、當代藝術及占星術抱持負面態度。這個定義也指出一個事實，你的許多態度不是外顯的，你可能無法意識上察覺你懷有的一些態度。態度相當重要，因為它們影響你的行為，也影響你如何建構社會現實。你的態度就像是一副帶有色彩的眼鏡，你透過它來觀察社會現實。前面提過，那些偏愛普林斯頓的球迷所「看到」的球賽內容大不同於偏愛達特茅斯的球迷所「看到」的內容。態度為你的感受提供正當的理由，為你的信念授予情緒的意義，以及為你的行動提供目的。

一、態度與行為

我們已經定義態度為正面或負面的評價。這裡，我們首先讓你有機會從事評價。針對下列陳述，指定你的同意程度（圈選一個數字）：

「我喜歡安潔麗娜·裘莉主演的電影。」

1 —— 2 —— 3 —— 4 —— 5 —— 6 —— 7 —— 8 —— 9
強烈不同意　　　　　　　　　　中立　　　　　　　　　強烈同意

讓我們假定你圈選「3」——你稍微不同意。什麼是你判斷的起源？我們可以檢定出三種訊息，它們促成了你的態度：

- 認知。你對態度對象的想法和信念。
- 情感。你對態度對象的情緒反應。
- 行為。你對態度對象所採取的行動。

你在這三種訊息上的一些結合最可能引導你圈選「3」（或另一些數值）。你的態度也在同樣這三個範疇中引起一些反應。假使你認為自己對安潔麗娜·裘莉抱持稍微負面的態度，你可能會說，「她不是一位認真的演員」（認知），「她剛出道時還更為好看些」（情感），或「我不願意付錢看她演一些膚淺的角色」（行為）。

測量態度不是一件太困難的事情。但是，態度始終是「個人實際上將會如何展現行為」的準確指標嗎？你從自己的生活經驗中應該知道，這個問題的答案是「否」。許多人說他們不喜歡安潔麗娜·裘莉，但仍然花不少錢去看她的電影。另一方面，許多人有時候的行為確實奉行他們的態度，他們說不看就真的不看。你如何決定態度在什麼時候能夠預測行為？什麼時候則不能？研究人員已致力於探討這個問題，他們檢視在怎樣情況下，個人的態度與他的舉止之間將會有最強烈的關聯（*Bohner & Dickel, 2011; Glasman & Albarracin, 2006*）。

當態度能夠預測行為時，這樣的態度通常具有一種特性，即它的浮現速度（accessibility）——它被定義為是態度對象與個人對該對象的評價之間聯結的強度（*Fazio, & Roskos-Ewoldsen, 2005*）。所謂浮現速度是指態度進到心中的容易程度。當我們問你對於安潔麗娜·裘莉的評價時，你的答案是立即湧上心頭，抑或你必須先想一下這個問題？研究已顯示，當答案愈快湧上心頭時，你的行為就愈可能將會跟你的態度保持一致。

在 1990 年加拿大安大略省的省長選舉之前和之後，一組研究人員在多倫多地方施行電話調查。在選舉之前，投票人被發問這樣的問題，「你認為你將會投票給哪個政黨？」及「你認為你的心意已決，或你認為你將會改變你的決定？」在選舉之後，他們被要求表明他們的實際投票行為。選舉前的態度浮現速度是透過測量投票人應答「你將會投票給誰？」這個問題的速度。研究人員使用電腦以計算投票人花多少時間才提出他們的答案（而且根據每位投票人慣性的答題快慢

加以校正）。那麼，態度浮現速度與投票行為之間有怎樣的關係呢？研究結果顯示，那些有最高度浮現態度的人們（即相對而言最快作答的人們）也最可能以他們所表明的方式實際投票。

這項實驗結果的一個重要部分是，在選舉之前，「高度浮現」組和「低度浮現」組都報告他們將不會改變他們的心意。因此，態度浮現速度顯然是最終投票行為的較有效指標——相較於投票人的自我報告！

態度如何變得高度浮現呢？研究已顯示，當態度是建立在直接經驗（direct experience）上時，這樣的態度較容易浮現。假使你親自看過安潔麗娜‧裘莉的幾部電影，而不只是間接地聽到或讀到相關的報導，你將對她的電影有較容易浮現的態度。此外，當態度較常被重複演練時，它們也較容易浮現。你愈常表達對某事物的態度，該態度將愈容易浮現。

當態度在時間上保持穩定時，態度也是行為的較佳指標。例如，假設我們問你是否同意這個陳述：「我信任政治人物。」你的判斷將是取決於你腦海中浮現哪位（或哪些）政治人物：那是華盛頓、邱吉爾、柯林頓、尼克森、小布希或歐巴馬呢？現在，假設你在一個星期後面對相同的問題。如果你想起（浮現腦海）的是另一些政治人物的話，你對政治人物的綜合態度將可能改變了（*Lord et al., 2004; Sia et al., 1997*）。只有當關於你的態度的「證據」在時間上保持穩定時，我們才能期待在你的評價（思想）與你的舉止（行動）之間發現強烈的關係。

二、說服的歷程

我們已看到，在適當條件下，態度可以預測行為。對許多人而言，像是廣告人或候選人，這是個好消息，因為他們的工作就是在影響你的態度。但通常的情況下，這些人不一定能夠影響你的態度。例如，即使看到廣告主角潔貝似的牙齒，你不一定就會改變你牙膏的廠牌；即使候選人對著電視鏡頭真誠地宣稱，他值得你的信賴，你也未必就會投票給他。顯然，為了使說服（persuasion）發生效果，還有一些條件必須符合。

首先，我們介紹「推敲可能性模式」（elaboration likelihood model），這個說服理論是在界定有多大可能性，個人將會把他們的認知歷程集中於推敲說服性訊息（*Petty et al., 2005*）。這個模式指出，面對說服性的訊息傳播，人們有時候會對訊息內容加以整理，詳細推敲及謹慎思考，這稱之為說服的中心路線（central routes）。在這種情況下，態度改變取決於論據（arguments）的強度。當有人試圖說服你，大學教科書應該訂價至少 3,000 元時，你可能會以這種審慎風格處理該訊息。另一方面，

人們有時候無心專注於訊息的事實或邏輯，反而是關注該情境的一些表面特質，這稱之為說服的周邊路線（peripheral routes）。當業務員把性感模特兒擺在產品旁側時，他訴求的是移開你批判的眼光。至於人們將會採取中心路線或周邊路線，這很大部分是取決於他們關於該訊息的動機和能力：他們是否有意願和有能力審慎思考說服性內容？

假使你仔細檢視電視廣告所呈現的訊息，你應該不難發現，廣告商通常是寄望你採取周邊路線。為什麼廣告商付錢給一些名人為產品宣傳呢？你真正相信那些名人如此關切哪家電話公司的長途電話費用較為省錢嗎？顯然，廣告商是希望你將不會太嚴格評價他們的論據——反而，他們認為那些名人具有一種普遍的溫暖感，而你將會被那些名人（手持著產品）的溫暖感所說服。

那麼，在什麼條件下，你才會感到有充分動機採取說服的中心路線呢？這個答案不但對希望你採取這樣路線的人們很重要（因為他們認為自己擁有堅強的論據），對於希望你不要採取這樣路線的人們也很重要（因為如我們所提過，他們希望以表面特質說服你）。說服性訊息可能促使你採取中心路線的特性之一是「個人切題性」（personal relevance），也就是當訊息跟你有切身關聯時，你較可能仔細評估它的論據。例如，假使你接連聽兩場演講，第一位演說者主張好萊塢應該拍攝較多 3-D 電影；第二位則主張大學學費應該調漲 50%。你在聽哪場演講時較可能採取中心路線？個人切題性愈高，你就會愈專心聆聽演講的內容，也就愈可能受到說服的中心路線的影響。

讓我們考慮一項研究，它說明試圖在「所有時間中說服所有的人」有多麼困難。這項研究起始於觀察到，有些人經常稱自己為「早晨型」或「夜間型」的人。研究人員假定，當人們在他們一天的適當時間遇到說服性訊息時，他們較可能擁有精力和動機以從事推敲性處理——即說服的中心路線。

為了測試他們的假設，研究人員徵召一些受試者，他們自我檢定他們一天中「最理想」時間為清晨或夜晚（*Martin & Marrington, 2005*）。這項研究在兩個時段舉行，一是早上 8 點半，另一是晚上 7 點。每個時段都包括早晨型和夜間型兩種人們。當實驗開始時，受試者在幾個社會議題上提供態度評定（在 9 點的量表上），包括對臨終病人的安樂死。接下來，受試者閱讀同一份說服性陳述，它的內容是舉證反對安樂死。最後，受試者列出當他們閱讀該陳述時所浮現的想法，而且提供第二次的態度評定。研究結果顯示，當受試者的實驗時段符合他們一天中最理想時間時，他們列出較多針對於說服性陳述的想法。此外，如圖 16-5 所顯示，當人們在一天中最理想時間閱讀說服性陳述時，他們顯現較多朝著該陳述方向的態度改變。

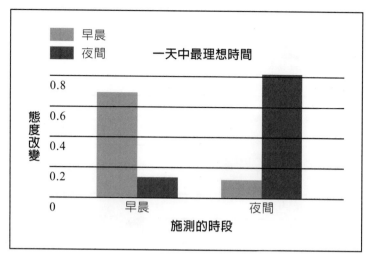

圖 16-5　在一天中最理想時間進行說服

　　在他們一天的最理想時間，受試者擁有動機推敲說服性陳述。因為該陳述提供了反對安樂死的堅強論據，他們的態度朝著該陳述的方向改變。但假使該論據是薄弱的，高度的推敲可能無法引起態度改變。

　　另一個影響你的路線選擇的因素是態度類型與論據類型之間的配合程度（*Ajzen & Sexton, 1999*）。我們在前面提到，認知和情感的經驗二者促成了個人的態度。研究已顯示，當廣告商以「以認知為基礎的論據」配合「以認知為基礎的態度」，以及以「以情感為基礎的論據」配合「以情感為基礎的態度」時，才較可能導致態度的改變。

　　你對「咖啡」品牌的態度是以什麼為基礎？你可能是根據你的「認知」反應進行評價，即它們的味道如何？它們的價位怎樣？現在，考慮「賀卡」。就賀卡而言，你較可能受到「情感」反應的左右，即它們是否使你發笑？它們是否捕捉了你想表達的情愫？在一項實驗中，受試者接觸許多產品的兩種廣告，一是以認知為訴求的廣告，另一是以情感為訴求的廣告，這些產品包括冷氣機、咖啡、香水及賀卡等。訴求於認知（理性）的廣告強調的是產品的功能、價錢及實用性。訴求於情感（感性）的廣告強調的是產品引發的情緒、價值觀、信仰及想像力（如美麗、青春）。在受試者讀完這一系列廣告後，他們列出自己的想法以指出他們對該產品的好感程度。如你在圖 16-6 所看到的，當訊息的類型（例如，以認知為基礎的廣告）符合態度的類型（例如，以認知為基礎的態度）時，受試者提出較多有好感的想法（*Shavitt, 1990*）。

　　當你在生活中嘗試改變他人的態度時，你不妨試著把這樣的結果派上用場。對方的態度具有強烈的認知成分或強烈的情感成分呢？你如何據以量身訂製你的說服性訊息呢？

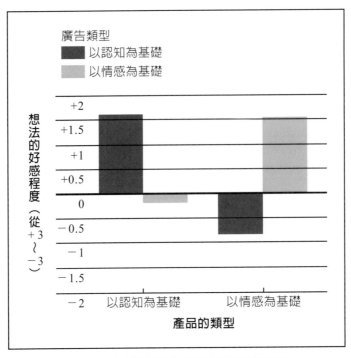

圖 16-6　訴求於情感或認知的廣告和產品

三、透過你自己的行動進行說服

　　想像這樣的情境，你已發過誓不攝食任何多餘的卡路里。但是當你趕到公司時，你辦公桌上擺了一小塊蛋糕，原來是你老闆的生日。你禁不住誘惑吃掉了它。你是否違背了你的誓約？這也就是說，你將會對你自己的行為產生負面態度嗎？當你的態度跟你的行為有不一致的地方，而且該行為是木已成舟的事實時，你該怎麼辦呢？你已無法改變你的行為，你所能做的只有改變你的態度。我們介紹自我說服（self-persuasion）的兩種分析，認知失調理論和自我知覺理論。

(一) 認知失調理論

　　態度研究上最普遍的一個假設是：人們喜歡認為他們的態度長期維持一致。在社會心理學領域中，認知失調理論特別側重於探討人們對一致性的追求，它是由 Leon Festinger（1957）最先發展出來。認知失調（cognitive dissonance）是指當個人做了決定、採取行動，或接觸到跟先前的信念、情感或價值觀有所牴觸（不符合）的訊息時所感受的衝突狀態。個人始終有維持心理平衡的傾向，當失去平衡時，個人將會感到緊張及不適，因此產生恢復平衡的內在力量（動機）。這表示認知失調具有行為的促動作用，當事人將會致力於採取一些可能活動以減低自己的失調狀態，以便重獲心理

平衡。

舉例而言，假設個人有兩個失調的認知項目，一是他對自己吸菸的認識（「我吸菸」），另一是他對吸菸的信念（「吸菸會引起肺癌」）。為了減低所造成的失調狀態，他可能採取下列幾種不同活動之一：(1) 改變他個人的信念（「吸菸致癌的證據不是那般可信，我就知道一位人瑞活到 100 多歲還在吸菸」）；(2) 改變他的行為（戒菸）；(3) 重新評估該行為（「我並未吸得很兇」）；(4) 增添新的認知項目（「我改吸低焦油的香菸」）。所有這些活動都有助於減低或消除失調狀態，以避免心理長期的過度負荷。

我們提過，失調具有動機的力量，它促使你採取行動以減低不愉快感受（*Wood,* *2000*）。隨著認知不一致所製造的失調幅度愈大，減低失調的動機也隨之增強。換句話說，失調愈強烈，減低失調的動機就愈高。在一項經典的失調實驗中，大學生被要求對其他學生說謊，結果當他們在為較小酬賞而非較大酬賞才說謊時，他們開始相信自己的謊言。

在 Festinger 和 Carlsmith（*1959*）所執行的這項實驗中，他們要求兩組大學生單獨在一個小房間內從事一項枯燥、無聊的工作（如一頁一頁地翻書，或把線軸一個一個堆積起來）。做完之後，兩組大學生分別得到美金 1 元或 20 元的酬勞。然後他們必須到另一個房間中，欺騙一位正在等待的受試者，說這項實驗的作業相當好玩而有趣。最後，這兩組大學生還要在一個量表上評定該項作業的有趣程度。結果發現得到 1 元酬勞的受試者比起得到 20 元的另一組認為該項作業有趣得多。這種現象可能是因為得到 20 元的受試者認為該酬勞是個充分的外在理由，足以辯護他們說謊的行為。但得到 1 元的受試者則不認為那份酬勞能夠充分說明他們的說謊行為，所以這一組受試者需要面對兩個不協調的認知項目：「這項作業實在沉悶無趣」及「但我卻選擇告訴另一位學生說這項作業相當有趣——儘管我並沒有良好理由讓自己這樣去做」。為了減低他們的失調狀態，這些受試者只好改變他們對該作業的評估。他們於是在量表評定上表達了這樣的信念：「這項作業真正好玩又有趣，我可能會願意再做一次。」對照之下，為 20 元酬勞說謊的受試者並沒有改變他們對這項無聊作業的評估——在量表上他們依然評定那是一項枯燥的工作，他們只是「為了金錢」而說謊（*Festinger & Carlsmith,* *1959*）。

認知失調使得當事人產生一種動機，即試圖使得相悖的行為看起來較為合理些，所以自然而然且合乎邏輯地，他很可能就改變自己的態度。如果你已無法否認你曾經採取的一些行動，你可能就乾脆主張該行動實際上符合你的態度。這也就是說，你將會設法辯護自己的行為，從事自我說服的工作。這表示如果你想要改變一個人的

態度，不妨先試著改變他的行為。古代聖經學者深知這個原理，他們建議猶太教的牧師，「不要堅持人們在祈禱之前必須先信仰；先讓人們祈禱，然後他們就會開始信仰。」這項建議顯然具有心理學上的正當依據。大量的實驗室和現場研究都顯示了認知失調在改變態度及行為上的影響力（*Crano & Prislin, 2006*）。

（二）自我知覺理論

認知失調理論描述了一種方式，人們藉以讓他們的行為影響了他們的態度。Daryl Bem（*1972*）所發展的「自我知覺理論」則是檢定在另一些情況下，你的行為告訴你，你的態度是什麼。根據自我知覺理論（self-perception theory），當推斷你的內在狀態（信念、態度、動機及情感）是什麼或應該是些什麼時，你是透過察覺你現在正如何舉止，以及透過回想你過去在既定情境中是如何舉止。你利用這種自我認識（self-knowledge）以倒轉地推斷你的行為的最可能原因或決定因素。例如，當面對「你喜歡心理學嗎？」這個問題時，自我知覺者的推斷是，「當然，它又不是必修課程，但我選修了這門課程。我閱讀了所有指定的內容，我也認真聽課。我還拿到不錯的成績。」換句話說，當回答這個關於個人愛好的問題時，你是透過對你相關的行動和情境因素執行行為描述——而不是對你的思想和情感施行密切的搜索。

自我知覺理論大致上是一個關於態度形成的理論，較不是關於態度改變的理論——它反對認知失調理論關於內在動機的假設。自我知覺歷程主要是發生在當你處於曖昧不明的情境和處理不熟悉的事件時（*Fazio, 1987*）。這表示當你的態度微弱或模糊時，你的立足點就像一位局外的觀察者，你也是依據你的行為和所處情境以推斷自己的態度。換句話說，就如我們總是透過觀察別人做些什麼以判斷他們的情感，我們也是透過自我觀察以推斷自己的態度。

然而，透過自我知覺以獲致自我認識的歷程有一個缺點，那就是人們通常對於他們行為受到情境力量影響的程度不太敏感。從前面提過的「益智猜謎競賽」的實驗中，你就可以清楚看到這點。那些正確答題率不高的競賽者評定自己的一般知識相對上較低。想像你站在他們的位置上，那會是什麼情況。你再三地聽到你自己說，「我不知道這個問題的答案」。你應該不難理解，你對這樣行為的觀察（自我知覺的歷程）如何能夠導致你負面的自我評價。

最後，我們再回到吃蛋糕的例子上。根據認知失調理論，你需要解決你的誓約（「我不再攝食任何多餘的卡路里」）與你的行為（我吃了一小塊蛋糕）之間的不一致。你可以採取許多途徑以避免對自己的惡劣感受。你或許會這樣推論，「我可擔待不起為了拒吃一小塊蛋糕而得罪我老闆」。同樣的，根據自我知覺理論，你檢視你的行為以推斷你的態度。如果你這樣想，「因為我吃了蛋糕，我老闆的生日必然是非常重要」，你也將避免了對你自尊的任何負面影響。自我說服使你能夠理直氣壯地活下

去。

四、順從

　　從迄今的討論，你應該已清楚態度是什麼，以及態度如何被改變。然而，更多時候，他人希望你做的是改變你的「行為」，也就是他人想要引起你的順從（compliance）——使得你行為的轉變符合他們的直接訴求。當廣告商投下大筆金錢於電視廣告時，他們不只希望你對他們的產品產生好感，他們也希望你走進商店，購買那些產品。同樣的，醫生希望你能夠遵從他們的醫療囑咐。社會心理學家已廣泛探討人們如何引致別人順從他們的請求（Cialdini, 2009; Cialdini & Goldstein, 2004），我們以下描述其中幾種技巧：

（一）互惠性（reciprocity）

　　「以恩報恩，以仇報仇」是支配人類經驗的基本法則之一。實驗室研究已顯示，即使非常小的恩惠也可能導致受試者付出很大的恩惠作為回報（Regan, 1971）。推銷員經常利用互惠性原理來施予你小惠：「你知道嗎？我難得碰到識貨的人，我願意減價5元。」或「這是一份免費樣品，我只送給跟我談得來的人。」這個策略置你於這樣的處境：如果你不回報恩惠且買下該產品的話，你將會覺得心裡不舒坦。

　　另一種源於「互惠規範」的順從技巧通常被稱為「門前技巧」（door-in-the-face technique，或稱以退為進法）。這種方法是先向他人提出一個很大的要求，在對方拒絕之後，緊跟著提出一個小的要求，這時候對方很可能就答應了。

　　　　在一項實驗中，一些大學生被要求擔任少年罪犯的義務輔導員，每個星期2個小時，為期2年。當然，每位大學生都禮貌地拒絕了（就像是當著你的面關上了大門）。接著，研究人員提出一個較小、也較合理的要求，請他們陪伴一位觀護少年到動物園遊玩一次。這一次有50%的大學生答應這個較小的要求。相較之下，那些沒有經歷先前較大要求的控制組大學生，只有17%同意擔任伴遊（Cialdini et al., 1975）。

　　為什麼這個技巧是訴求於互惠規範呢？當人們從重大請求讓步到適度請求時，他們已施惠於你。現在，換你必須做些事情回報對方。

　　但是，「門前技巧」必須有三個條件的配合。首先，初次的要求必須很大，從而當人們拒絕時不會對自己產生負面評價的推斷（如「我不是一個慷慨大方的人」）。其次，兩個要求之間的時間間隔不能過長，以免對方的義務感消失。最後，較小的要求必須由同樣的人提出，如果換了另一個人，效果將會大打折扣。

(二) 一致性與涉入性（commitment）

推銷員也很清楚人們喜歡自己的行爲顯得一致：因此，如果他們能夠讓你涉身於一些較小的讓步的話，他們將有很大機會也能讓你答應做較大的讓步。在一項實驗中，先前答應較小要求（例如，在請願書上簽名）的人們，後來較可能也會答應較大的要求（例如，在自家庭院內豎立一個大招牌）（*Freedman & Fraser, 1966*）。這通常被稱爲是「腳在門檻內技巧」（foot-in-the-door technique，或稱得寸進尺法）。一旦推銷員的腳跨進門檻內，他們就能利用你涉入的意識以增加你的稍後的順從。這個策略的奏效是因爲，你先前的行爲使你以特別的方式思考你自己。你希望你隨後的行爲跟該自我形象（self-image）保持一致。

讓我們考慮另一個順從的技術，它也是利用人們需要覺得自己是一致的。這個技術被稱爲「推波助瀾法」（foot-in-the-mouth，即硬吞下去的意思）：經由使人們回答一個簡單的初始詢問，你可以提高他們將會順從隨後較大要求的機率。

你或許接聽過這樣的電話，對方想要你回答一些調查表的問題。你會順從該要求嗎？研究人員已探討推波助瀾法在這個情境中的影響（*Meineri & Guéguen, 2011*）。也們撥電話給大約 1,800 個受試者。在一種情況中，電話是以一個初始詢問展開，「哈囉，我是 Vannes 技術學院的一名學生，我希望我沒有打擾到你，我有嗎？」撥電話的人等待「有」或「沒有」的應答，然後問受試者是否願意完成該份調查。在這種情況中，25.2% 的受試者表示同意。在另一種情況中，撥電話的人直接問受試者是否願意完成該份調查，沒有初始的詢問。在這樣的情形中，順從的百分比是 17.3%。

如果你的業務是讓人們完成一些調查，你或許樂於提高 8% 的順從率——僅增添一個初始的詢問！

推銷員利用這種技巧對付你是先協助你做個決定，然後再微妙地改變交易的形勢：「我知道這是你想要購買的汽車，但我的經理將只會讓我給你 200 元的折價」；「我知道你是買高品質東西的那種人，所以我知道你不會在意多花一點小錢。」這個策略使你覺得如果你不完成該交易的話，將會顯得自己有些矛盾而愚蠢。

(三) 稀少性（scarcity）

人們不喜歡覺得他們不能擁有某些東西；或從另一個角度來看，人們喜歡擁有某些別人沒有的東西。例如，同樣的巧克力餅乾，當來自一盒只有 2 塊餅乾，或來自一盒擺有 10 塊餅乾時，受試者對於前者的味道給予較高的評價（*Worchel et al., 1975*）。這個「物以稀爲貴」的原理如何應用於市場行銷呢？推銷員相當清楚，如果他們使得

物品顯得稀罕的話，這將可提高你購買的可能性：「這是僅存的最後一件，所以我不確定你是否應該等到明天」；「我還有另一位顧客打算回來購買，你最好趕快做個決定。」這個策略使你覺得，如果你不立即購買的話，你正失去一次千載難逢的機會。

你如何防衛自己以對抗狡猾推銷員的不當說服呢？你應該試著識破他們正在利用這些策略，然後抗拒他們的伎倆：試著忽視沒意義的小惠；試著避免無聊的一致性；試著偵察關於稀罕性的不實聲稱；在採取行動之前總是花點時間思考和推理。你的社會心理學知識可以使你成為一位全面性的聰明消費者。

第四節　偏見

在所有人類的弱點中，再也沒有比偏見（prejudice）對個人尊嚴和人性關懷造成更大的破壞。偏見是社會現實發生偏差的最佳實例——人們在自己心中製造的情境可能貶損及破壞了他人的生活。偏見是指個人關於目標對象所學得的一套態度，它包括負面情感（不喜歡或害怕）、辯解該態度的負面信念（刻板觀念），以及試圖避開、控制、支配或排拒該團體成員的行為意圖。例如，納粹領導人對猶太人懷有偏見，視猶太人為次等人類，認為他們將會造成亞利安文化的沒落；他們還通過法律以各種手段壓迫猶太人。不正確的信念當抗拒改變時（即使當面對它的不實性的妥當證據時）就具備了偏見的條件。例如，許多人宣稱黑人都是懶惰蟲，卻無視於他們有許多勤快的黑人同事，這便是偏見。偏頗的態度就像是戴上了一副有色眼鏡，它將會影響你如何知覺及對待一些人們——一旦他們被歸類為某目標團體的成員。

社會心理學始終把偏見的研究列為當前要務之一，希望透過了解偏見的複雜性和執拗性，以便研發策略來改變偏差的態度和歧視的行為（*Allport, 1954; Nelson, 2006*）。事實上，美國最高法院於 1954 年立法禁止種族隔離的教育措施，部分地就是基於社會心理學家 Kenneth Clark 在聯邦法庭所呈現的研究證據。他的研究顯示當時隔離、不平等的教育對黑人學童造成了負面衝擊（*Clark & Clark, 1947*）。

一、偏見的起源

在關於偏見的研究中，研究人員往往訝異地發現，人們多麼容易就對不屬於自己同一「團體」的人們顯現負面的態度。社會分類（social categorization）是指人們組織他們社會環境的歷程，透過把自己和他人劃分在不同團體中。在各種分類原則中，最簡單和最普遍的分類方式是個人決定他人是否跟自己一樣。這個分類從「我 vs. 非我」的定位發展為「我們 vs. 他們」的定位，也就是人們把世界切割為內團體和外團

體。內團體（in-groups）是個人認定自己所歸屬的團體；外團體（out-groups）是個人不認同的團體。這些認知差別造成了內團體偏差（in-group bias），也就是評價個人所屬團體優於其他團體（*Nelson, 2006*）。當對方被界定爲是外團體的一分子時，幾乎立即成爲敵對情感和不公平對待的對象。

即使是最微不足道的辨別線索，通常就足以授予人們內團體和外團體的強烈感受。Hennry Taifel 及其同事們（1971）研發一種範式，證實了他們所謂極微團體（minimal group）的影響。在一項研究中，對於投射在電影銀幕上的一系列圖案，學生們提供圓點數量的估計值。學生們然後被告訴，根據他們的表現，他們是「圓點高估者」或「圓點低估者」。實際上，研究人員是隨機指派學生們到這兩個團體中。接下來，每位學生有機會分配金錢的報酬給兩個團體的成員。研究已發現，對於他們相信跟自己屬於同一圓點估計傾向的人們，學生一致地給予較多的報酬。這類研究說明了，內團體偏差是多麼容易就會產生——只不過極微的團體身分的線索，人們就開始偏愛他們自己團體的成員（*Nelson, 2006*）。

許多實驗已檢視「內團體 vs. 外團體」地位造成的影響（*Hewstone et al., 2002*）。這方面研究指出，就大部分情形而言，人們對他們自己團體的成員顯現偏袒，但不一定對其他團體的成員持有偏見。例如，人們通常對他們內團體成員的評價較高（在愉快和勤奮等維度上）——相較於對外團體成員的評價。然而，那是因爲他們對內團體懷有正面情感，而且對外團體懷有中立情感。因此，個人可能持有內團體偏差，但不見得也持有負面情感而構成了偏見。

不幸地，在某些情況下，人們對外團體的情感受到學得偏見的引導。在那些情形下，內團體偏差可能變得較具有意圖。偏見很容易就導致種族歧視（racism，依據對方的膚色或種族繼承而歧視對方）和性別歧視（sexism，依據對方的性別而歧視對方）。當人們逐漸意識到資源短缺，而有限的物資只能供應一個團體時（勢必會以另一團體作爲代價），這種界定「我們」對立於「他們」的立即傾向變得甚至更爲強烈。

二、刻板印象的效應

我們可以利用「社會分類」的運作以解釋許多類型的偏見的起源。爲了解釋偏見如何影響日常的互動，我們則必須探討爲偏見提供重要支持的記憶結構，即刻板印象。刻板印象（stereotypes）是指對一群人們的概判，以把同樣的特徵指派給某團體的所有成員。你無疑已相當熟悉各種刻板印象。你對男性與女性持有怎樣的信念？那麼猶太人、穆斯林（回教徒）及基督徒呢？或亞洲人、美國黑人、印第安人、拉丁美洲人及美國白人呢？那些信念如何影響你跟那些團體的成員的日常互動呢？

因爲刻板印象這般強力地登錄了許多預期（expectations），它們經常促成我們在

本章稍前所描述的那種情境，即人們建構他們自己的社會現實。這表示人們傾向於以來自他們刻板印象的訊息填補「空缺的資料」：「我絕不搭廣島人所開的汽車——所有亞洲人都是瘋狂的駕駛人。」同樣的，人們可能有意或無意地利用刻板印象的訊息以製造「行為驗認」（behavioral confirmation）。例如，假使你推斷猶太朋友較為吝嗇，每次你都設法避開需要跟他們分攤費用的場合，你從沒有給予他們機會證明他們的真正情形。更糟糕的是，為了維持一致性，人們可能對於不符合他們刻板信念的訊息有意忽視（或打折扣）。

當你被呈現一些訊息，有些支持你的信念，另有些則反駁你的信念時，你會怎麼辦？在一項研究中，研究人員把學生歸類為對同性戀具有高或低的偏見。每位學生然後閱讀兩篇科學論文。第一篇論文的結論是同性戀是違逆性別的行為——這符合學生們的刻板觀念。第二篇論文的結論是同性戀不是違逆性別的行為——這不符合他們的刻板觀念。當高偏見和低偏見的學生被要求評估每篇論文的「品質」時，他們給予支持他們觀點的論文一致較高的評價。再者，當閱讀過這兩篇攻防上旗鼓相當的論文後，學生們平均而言報告他們的信念已有進一步轉移，但是是朝著他們原先態度的方向——即更鞏固他們原先的觀念（*Munro & Ditto, 1997*）。

這個實驗說明了為什麼訊息本身通常無助於降低偏見：人們傾向於貶低跟他們原先刻板印象不符合的訊息。

另外，研究已顯示，我們平常生活中的許多偏見甚至是存在於意識層面之下，稱為內隱偏見（implicit prejudice）（*Crandall & Eshleman, 2003; Payne, 2005*）。一旦形成，偏見將會強烈影響各種有關經驗如何被選擇性地處理、組織及記憶。即使人們公開的信念似乎不帶偏見，但是隨著他們不知不覺地內化來自他們當前和較先前環境中許多來源的訊息，他們仍然產生自動化的（不自覺的）偏見行為——顯現在不加思索之下所「選擇」的朋友或活動上。

我們已獲致相當令人困擾的結論，即偏見很容易製造，卻很難消除。儘管如此，從最早期的社會心理學研究開始，研究人員就試圖逆轉偏見的進程。我們接下來看看這方面的一些努力。

三、逆轉偏見

早期社會心理學上的一項經典研究佐證了隨意之「我們 vs. 他們」的畫分如何可能導致莫大的敵意。1954 年夏天，Muzafer Sherif 及其同事（*1961/1988*）帶兩組團體的男孩參加在奧克拉荷馬州一處公園舉辦的夏令營。這兩組團體分別被稱為「老鷹

隊」和「響尾蛇隊」。在第一個星期中，實驗人員隔離這兩組隊員白天的團體活動，晚上也分配他們到不同睡舖中。結果一星期之後，這兩組都已發展出很清楚的團體結構，包括領導者、隊名、隊旗、私下的信號及另一些用以辨識隊員身分的標誌等。接下來，這兩組團體進行一系列的競賽活動，諸如棒球、美式足球及拔河等。從這個時候開始，兩隊之間的競爭愈來愈為白熱化。有一回，老鷹隊輸了拔河，便燒掉響尾蛇隊的隊旗，響尾蛇隊也加以反擊，結果爆發了一連串打劫睡舖、叫陣及拳鬥等不友善行為。如何才能化解這樣的敵意和憎恨呢？

　　實驗人員安排了一場宣傳活動，讓不同團體的成員有機會彼此致意並問好。但這並未奏效。實驗人員接著讓他們在非競爭性的環境中有直接接觸的機會，諸如安排他們共同看電影或聚餐，而且讓一「蛇」一「鷹」相鄰而坐。結果這還是未能奏效，徒然提供了他們更能直接攻擊對方的機會。最後，實驗人員終於找到了解決方法。某次夜行軍時，運糧的卡車陷入泥淖中，兩組隊員便用當初拔河的繩索（原先象徵兩組隊員各據一方的競爭工具）共同合作把卡車拉出泥淖。後來，實驗人員故意破壞營區的給水系統，這使全部隊員都面臨缺水危機的威脅。這個危機只有依賴兩組全部隊員的共同合作才得以排除。在這種共同命運的前提下，團體界限消失了，他們共同解決營區缺水的問題，甚至開始互相結交為「好朋友」。

　　這項實驗教導我們的是，消除偏見只靠敵對團體之間的直接接觸還是不夠（*Allport, 1954*）。反而，對抗偏見的方案應該是在追求共同目標的前提下培養人際互動（*Dovidio et al., 2003; Pettigrew & Trupp, 2006*）。換句話說，共同命運和合作性的獎賞結構（獎賞的獲得需視全體成員是否共同合作而定）是化解團體之間敵對態度的關鍵因素。

　　較為近期，基於同樣的理念，社會心理學家 Elliot Aronson 及其同事（*1978*）提出一個方案，針對解決德州和加州在廢止種族隔離政策後不久，教室中仍留存的偏見及歧視。

　　研究小組製造條件以使小學 5 年級的學生必須互相依賴（而不是彼此競爭）才能學得所指定的教材。在稱為拼圖技術（jigsaw technique）的策略中，每位學生被給予整體教材的一部分，他必須研讀並精通，然後跟其他團體成員分享。學生的成績表現是根據整個團體的展現來評鑑。因此，每個成員的貢獻都是不可或缺並受到重視的。

　　當利用拼圖技術把先前敵對的白人學童、拉丁美洲裔學童及黑人學童結合為一個共同命運的小組後，教室中種族之間的衝突大為降低（*Aronson, 2002; Aronson & Gonzalez, 1988*）。考慮一位叫 Carlos 的小男孩的故事。Carlos 原本在班上不太被理睬，因為他

的主要語言並不是英語。但是在該小組被指定撰寫關於普立茲（Joseph Pulitzer，一位著名的美國新聞記者）的報告中，他被指派一個關鍵性的任務。其他組員必須想辦法如何讓他分享他所負責提供的資料，以便完成整篇報告。就在他的組員的耐心和鼓勵之下，Carlos 感到自己被需要，培養出對團體成員的感情，也發現到了學習的樂趣。他的自尊和成績二者都大為提升。（我們很慶幸報告，Carlos 在從德州學院畢業之後，進一步前往哈佛法學院深造。）

雖然我們所檢視的大部分樣例是發生在美國之內，但幾乎每個社會都會界定內團體和外團體。我們以下論述一項國際性研究，它對於「逆轉偏見」提出相當樂觀的結論。Thomas Pettigrew（1997）檢視住在法國、荷蘭、英國及前西德等地方的幾近4,000 位人士的資料，他希望進一步檢定人們之間哪些類型的接觸最有助於降低偏見。

　　在每個國家中，受試者被要求提供他們關於特定少數族群成員的態度（例如，英國受試者被發問關於西印度群島的人們；德國受試者被發問關於土耳其人）。他們也被要求提供他們與各種人們（歸屬於另一些國籍、種族、宗教、文化或社會階級的人們）之不同形式接觸的資料。他們還被問到，他們的朋友、鄰居或同事之中是否有其他團體的成員。研究結果相當清楚，當人們報告自己曾經跟外團體的成員結交為朋友時，他們顯現可靠較低程度的偏見。

在跨文化的範圍上，這項研究強烈支持，個人跟外團體成員的接觸降低了偏見。為什麼友情這般有效呢？友情使得人們有機會認識外團體成員的一些事情，這導致他們逐步認同（identify）及移情（empathize）外團體成員。友誼可能也促成了「去偏狹化」（deprovincialization）的歷程——當人們獲悉更多關於外團體的社會規範和習俗時，他們可能就較不會那般「狹隘」看待自己內團體歷程的正確性（Pettigrew, 1997）。

社會心理學沒有特別妙方能夠一勞永逸地解決偏見的問題。然而，它確實提供了一套觀念，有助於在每個小型場所化解偏見的不良效應，雖然緩慢，但有一定的效果。

第五節　社會關係

你如何選擇一些人跟你分享你的生活？你為什麼尋求你的朋友們為伴？為什麼你對特定對象的情感已超越友誼而進展為愛情關係？社會心理學家對這些「人際吸引」（interpersonal attraction）的問題已提出各種答案。（但不用擔心，迄今還沒有任何理論足以解開愛情的所有奧祕！）

一、喜歡

你是否想過，你為什麼（及如何）結交你現在擁有的那些朋友？這個答案的第一部分相當直截了當：人們傾向於被空間上接近的人們所吸引。這個「接近性」（proximity）原理或許不需要太多解釋。根據單純暴露效果（mere exposure effect）方面的研究，當重複暴露於同一刺激的情況下，人們將會較為喜歡這個刺激（*Zajonc, 1968*）。因此，你愈是暴露於（接觸）特定事物或人物，你將會愈為喜歡它或他。這意味著你整體而言將會愈來喜歡你周遭的人們。然而，電腦時代正賦予接近性的觀念新穎的意義。許多人現在是透過電腦網路維持關係。雖然一位朋友可能在地理上相當遙遠，但是透過每天在電腦螢幕上傳遞消息，你仍然可以使這個人似乎心理上非常接近。我們以下檢視可能導致吸引和喜歡的另一些因素。

(一) 外表吸引力

不論是好是壞，外表吸引力（physical attractiveness）通常在友誼的產生上扮演一部分角色。西方文化存在一種強烈的刻板觀念，即認為外表有吸引力的人們在另一些方面也將表現良好。對大量研究進行審查，佐證了外表吸引力對人們在一系列判斷上的影響（*Langlois et al., 2000*）。例如，人們評定有外表吸引力的人們（外觀動人的人們）較善於交際、較有人緣及較為外向，包括兒童和成年人二者。此外，有外表吸引力的兒童在學業能力上受到較高的評定；有外表吸引力的成年人在職業成就上受到較高的評定。考慮到這種刻板觀念的社會基礎，你或許不至於訝異，外表吸引力在喜歡上扮演相當吃重的角色。

在 Walster、Aronson、Abrahams 和 Rottman（*1966*）所執行的研究中，他們為明尼蘇達大學超過 700 位新鮮人安排一場「電腦約會」。他們並要求這些新鮮人先填寫一份問卷，以便在即將舉辦的一場大型舞會中為他們安排對象。研究人員在問卷中評估了受試者的智力、態度、性格及學術性向。此外，研究人員也安排另一些學生充當裁判，在舞會中私下評定每位受試者的外表吸引力。

事實上，約會對象是隨機配對的（唯一條件是男性的身高高於女性）。在舞會當晚，這些學生與他們的電腦約會對象見面，共同到體育館參加舞會。在那裡，他們交談、跳舞、同其他新鮮人寒暄，彼此進一步認識。中場休息時間中，研究者召集所有受試者，請他們在一份問卷上評估自己的約會對象。在後繼的追蹤研究中，這些學生並被要求指出，他們有多大可能性將會主動再跟對方約會。

實驗結果相當明顯，而且男性及女性都非常類似。那就是「美貌」的重要性遠勝於高 IQ 分數、良好社交技巧或適意的性格。不論男性或女性，如果被評為

較具外表吸引力，也就愈受到喜歡。最後，只有那些運氣不錯被配上美麗或英俊之約會對象的受試者，他們才表示有高度意願進一步追求該關係。男士們似乎不顧自己的面貌，他們一心追求最漂亮的女人，他們才不要最慧黠的女人（*Walster et al., 1966*）。

進一步研究則證實，雖然大多數人初始顯現對外表美貌的偏好，但他們也傾向於追求在外表吸引力上跟自己旗鼓相當的對象，以便較爲確保該關係的存續。這也就是說，在穩定的關係中，雙方通常擁有相等的吸引力——這種情況在友誼和愛情關係上都是如此。但這只是相似性有助於促成喜歡的管道之一，我們接下來將會討論到。

(二) 相似性

在相似性（similarity）方面，經常被援引的諺語是「物以類聚」（birds of a feather flock together），這句話正確嗎？研究證據顯示，在許多情況下，它的答案爲「是」。我們稍前提過，人們傾向於與外貌程度跟自己相近的他人建立起關係（不論是結交爲朋友或情侶）。同樣的，另一些維度上的相似性（特別是在信念、態度及價值觀等方面）也可能促成友誼。爲什麼呢？當人們類似於你時，這可以提供你一種個人驗證感（sense of personal validation），因爲相似的他人使你感到，你所認眞看待的態度事實上是正確的態度（*Byrne & Clore, 1970*）。根據社會比較的自我驗證理論，當情境不明確的時候，人們往往透過跟他人進行比較以驗證自己的觀點。假使你選擇那些在許多方面跟自己相似的人們交往，這有助於你的自我概念獲得驗證。換句話說，這使你產生一種「德不孤，必有鄰」的正面感受。

再者，「相異性」（dissimilarity）經常導致強烈的排斥（*Chen & Kenrick, 2002*）。當你發現某人所持的意見跟你相左時，這可能喚起你過去記憶中跟他人發生摩擦的事件。這將會促使你跟那個人保持距離——如果你傾向於避開「相異」的人們，最終只有「相似」的人們留在你交往的朋友圈子中。

(三) 相互性

最後，你傾向於喜歡你認爲他們也喜歡你的人們。「以恩報恩，以仇報仇」的原理——即相互性（reciprocity）原理——顯然也適用於友誼。當你認爲他人已對你付出「喜歡」時，你也將會以「喜歡」作爲回報（*Whitchurch et al., 2011*）。人們假定那些對自己表達喜歡的人，在未來的互動中將會繼續以值得信任的方式展現行爲；這些關於信任的期待爲自己回報以喜歡提供了基礎（*Montoya & Insko, 2008*）。再者，因爲你的信念可能影響你的行爲，如果你相信某人喜歡或不喜歡你，這可能剛好促成該關係的產生（*Curtis & Miller, 1986*）。你不難預測，當你相信某人喜歡你時，你將會如何對待他？

當你相信某人不喜歡你時，你又會如何對待他？假設你認為某人不喜歡你，你因此對他展現有敵意的舉動。你不難看出，你的信念如何成為一種自證預言。許多宗教家經常勸告人們：「愛人者，人恆愛之」，這似乎是有一定道理。

二、愛情

我們每個人應該都領略過「愛情」的那種心神為之震撼的力量。對年輕人來說，愛情更是支配了他們生活的大部分重心。但令人訝異的是，心理學家直到較晚近才開始有系統地研究這個主題。這種現象的部分原因在於，一般人總認為對愛情進行科學研究將會剝奪了愛情的浪漫情調和傳奇性。

對愛情的研究相對稀少的的另一個原因在於，我們很難對愛情下個清楚的定義。例如，我們如何界定愛情與喜歡之間的分野：它們之間是量方面的不同嗎？愛情只是較強烈形式的喜歡嗎？或者，愛情與喜歡之間是質方面的不同嗎？它們是兩類不一樣的經驗嗎？雖然大部分研究人員擁護「質方面的不同」的立場，但仍然缺乏進一步的證據。

無論如何，那些導致喜歡的作用力中，許多同樣的作用力也使人們邁上愛情的道路。在大部分情況中，你將是首先喜歡一個人，最終才發展為愛情。

(一) 愛情的經驗

愛情的經驗意味些什麼？你如何定義「愛情」這個重要概念呢？你認為你的定義會符合你的朋友們的定義嗎？研究人員已試著以各種方式回答這個問題，至今已浮現一些一致性（*Reis & Aron, 2008*）。人們對愛情的構思集合為三個維度（*Aron & Westbay, 1996*）：

- 激情（passion）——性慾望和熱情
- 親密（intimacy）——誠實和理解
- 承諾（commitment）——奉獻和犧牲

這三種成分的不同組合就構成了多種愛情形式。但是，我們需要做出一項畫分。許多愛情關係剛展開時會有一段強烈渴望和吸引的時期，稱之為狂熱的愛（passionate love）。長期下來，雙方關係會移向一種較不強烈但較為親密的狀態，稱之為友誼的愛（companionate love）（*Berscheid & Walster, 1978*）。如果你現在處於戀愛關係中，你最好先預期會有這樣的變遷（或蛻變）——因而你不致於把自然的演變錯誤解讀為是「跌出愛河」或「愛情已經消失了」的過程。事實上，許多人報告有高度的友誼式愛情，他們也普遍感受對自己生活較大的滿足（*Kim & Hatfield, 2004*）。即使如此，狂熱式愛情的走下坡沒有一般刻板印象所認為的那般戲劇化。有些伴侶進入親密關係已達 30 年，

他們報告仍保有相當程度的狂熱式愛情（*Aron & Aron, 1994*）。當你進入愛情關係時，你可以高度冀望該熱情將會以某種形式延續下去，即使隨著雙方關係的成長而囊括了一些需求。

　　需要注意的是，浪漫關係的經驗也受到文化期待的影響（*Wang & Mallinckrodt, 2006*）。如果選擇終生伴侶是根據你自己愛的感受，你重視的是個人目標；如果你選擇伴侶是著眼於當事人將如何融入你的家庭結構和你的事業，你較側重的是集體目標。事實上，當被問到什麼因素對他們的戀愛經驗關係重大時，美國和中國的人民傾向於把不同因素評為最重要（*Riela et al., 2010*）。例如，美國人民較可能強調外貌和相似性；中國人民則較可能強調家人和朋友對於可能的浪漫伴侶的反應。跨文化研究也顯示，集體主義文化的成員較不強調愛情是雙方關係的決定性條件（*Dion & Dion, 1996*）。考慮這個問題，「如果一位男性（女性）擁有你盼望的其他特性，但你沒有跟他（她）產生愛情，那麼你還願意跟這個人結婚嗎？」在美國大學生的樣本中，只有 3.5% 的男性和女性作「願意」的回答；但是在印度的相似樣本中，49% 的大學生回答「願意」（*Levine et al., 1995*）。

(二) 什麼因素使得關係能夠維持下去？

　　每個人應該都發生過無法持久的關係，發生了什麼情況呢？或者，以較正面的角度而言，什麼因素有助於維持長期的愛情關係呢？

　　有一種理論把親密關係設想為雙方所擁有的一種「對方」被包容在他們「自我」（self）之中的感受（*Aron et al., 2004*）。考慮圖 16-7 所示的系列圖形，每個圖形代表一種你設想親密關係的方式。如果你正處於愛情關係中，你能否指出哪個圖形似乎最

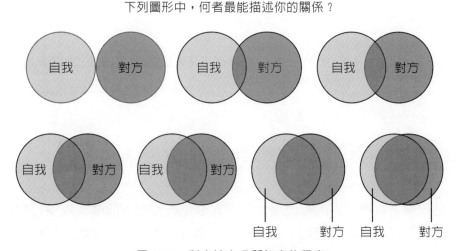

圖 16-7　對方被自我所包容的程度

有效捕捉了你與你伴侶之間交互依賴的程度？研究已顯示，那些認為「自我」與「對方」之間有最大重疊的人們（他們逐漸視對方為包容在自我之中），最為可能長期維持對他們關係的承諾（*Aron et al., 1992; Aron & Fraley, 1999*）。

　　近些年來，研究人員特別感興趣於理解人們長期維持愛情關係的能力上的個別差異，這方面的研究注意力主要是放在成年人的依附風格上（*Fraley & Shaver, 2000; Fraley et al., 2005*）。我們在第 10 章已提過幼兒對他父母的依附品質在良好社會發展上的重要性。研究人員開始好奇，早期依附可能會對日後生活帶來怎樣的衝擊——隨著兒童長大而擁有相互承諾的關係和他們自己的子女（*Hazan & Shaver, 1987*）。

　　依附風格有哪些類型呢？表 16-1 提供了關於親密關係的三種陳述（*Hazan & Shaver, 1987; Shaver & Hazan, 1994*）。你認為哪種陳述最適合你呢？研究已顯示，大多數人（55%）選擇第一種陳述，這是安全型的依附風格。另有不少人選擇第二種陳述（25%，迴避型）和第三種陳述（20%，焦慮－矛盾型）。依附風格已被證實是雙方關係品質的準確指標（*Mikulincer et al., 2002; Nosko et al., 2011*）。相較於選擇另兩種風格的人們，安全型依附的人們在成年時有最為持久的愛情關係。依附風格也預測了人們如何經歷雙方關係中的嫉妒行為（*Sharpsteen & Kirkpatrick, 1997*）。例如，焦慮風格的人們傾向於較經常、也較強烈感受到嫉妒——相較於安全型依附風格的人們。

表 **16-1**　成年人在親密關係上的依附風格

陳述 1：
我發覺自己相當容易親近別人，也能夠舒適地依賴他們，或讓他們依賴我。我通常並不擔心會被別人拋棄，也不擔心別人太親近我。
陳述 2：
我對於跟別人親近感到有點不自在，我發現自己很難完全信任別人，也放不開自己去依賴別人。當任何人太接近我的時候，我會緊張。通常，我的伴侶希望我再親密些，但似乎已超過我感到舒適的程度。
陳述 3：
我發現別人不願意跟我太親近。我經常擔心我的伴侶不是真正愛我，或不想跟我長相廝守。我希望能夠跟我的伴侶非常親密，但這有時候似乎嚇跑了他們。

第六節　攻擊、利他與利社會行為

　　什麼是攻擊？攻擊行為的起因是什麼？攻擊是人性的本能嗎？攻擊行為能夠被預防及消除嗎？每天我們翻開報紙，各式各樣的暴力案件充斥社會版的篇幅，幾乎成為餐桌上另一道血腥的菜餚。因此，心理學家有必要理解攻擊行為的起因，試著利用心

理學知識降低社會上的攻擊水平。攻擊行爲（aggression）是指任何意圖造成他人心理或身體傷害的行爲。然後，我們的注意力將轉向人類行爲的另一極端：利社會行爲（prosocial behaviors）是指任何自發性地幫助他人或有意圖地幫助他人的行爲。我們將特別集中於利他行爲（altruism），也就是在沒有考慮自身的安全或利益的前提下，個人的執行的利社會行爲。我們將討論一些個人因素和情境因素，它們改變了這些助人行爲的可能性。

一、攻擊行為的個別差異

攻擊行爲的研究上的一個主要事實是：爲什麼有些人一致地較具攻擊性？有一類研究已檢視攻擊率之個別差異的遺傳促成。這些研究普遍地證實，攻擊行爲具有強烈的遺傳成分（Yeh et al., 2010）。例如，同卵雙胞胎在攻擊行爲上一致地顯現較高的相關——相較於異卵雙胞胎（Haberstick et al., 2006）。

研究人員也把注意力放在大腦和激素的差別上，它們可能設定了攻擊行爲的傾向。如我們在第 12 章提到，有幾個大腦構造（如，杏仁核和大腦皮質的一些部位）在情緒的表達及調節上扮演部分角色。關於攻擊行爲，重要的是大腦通路的有效運轉，以便個人能夠控制負面情緒的表達。例如，假使人們的杏仁核發生不當程度的活化，他們可能無法抑制負面情緒，進而導致攻擊行爲（Siever, 2008）。

研究注意力也放在神經傳導物質血清素上，研究已顯示，不當水平的血清素可能損害大腦調節負面情緒和衝動的能力（Siever, 2008）。例如，一項研究證實，當男性有較高的攻擊生活史時，他們的血清素系統對於一種藥物（fenfluramine）顯現偏低的反應，這種藥物典型地對該系統有重大影響（Manuck et al., 2002）。這方面研究的結論是，特定的遺傳變異可能影響了血清素功能，而以某種方式置人們於高水平攻擊行爲的風險。

人格研究指出了把攻擊行爲畫分爲不同類型的重要性，因爲不同人格側面圖的人們可能從事不同類型的攻擊。「衝動型攻擊」與「工具型攻擊」便是一項重要的劃分（Little et al., 2003; Ramirez & Andreu, 2006）。衝動型攻擊（impulsive aggression）是針對情境而產生，它是情緒驅策的：人們在怒火中燒的時刻發動攻擊行爲。人們在汽車擦撞之後發生鬥毆，便是屬於衝動型攻擊。工具型攻擊（instrumental aggression）是目標引導的（攻擊是作爲一些目標的工具），以認知爲基礎：人們從事攻擊行動已預先想過所要達成的目標。不良青少年推倒老婦人以搶劫她的手提包，便是屬於工具型攻擊。

研究已證實在這些不同類型的暴力上具有高度傾向的人們擁有各套不同的人格特質（Caprara et al., 1996）。例如，對那些報告有衝動型攻擊傾向的人們而言，他們較可能在「情緒感應性」的因素上被評爲高分；這也就是說，他們一般而言較可能報告對

一系列情境有高度情緒反應。對照之下，那些報告有工具型攻擊傾向的人們較可能在「對暴力的正面評價」的因素上被評爲高分；這些人相信許多形式的暴力是有正當理由的，他們也不接受攻擊行爲的道德責任。你從這些分析中可以知道，不是所有類型的攻擊都是起源於同樣的基礎人格因素。

二、攻擊行爲的情境影響力

大多數人們不是處於衝動型或工具型攻擊的極端情況。他們相對很少動怒，也不至於有意地從事攻擊舉動。即使如此，在某些情境中，甚至最爲態度溫順的人們也將會展現攻擊舉動。怎樣的情境經常爲攻擊行爲提供了引信呢？

(一) 挫折－攻擊假說

根據挫折－攻擊假說（frustration-aggression hypothesis）。人們當受到干擾或阻礙而無法達成他們的目標時將會產生挫折，挫折的高漲然後就導致了他們有較高可能性從事攻擊行動（*Dollard et al., 1939*）。挫折與攻擊之間的關聯已獲得經驗上的高度支持（*Berkowitz, 1993, 1998*）。例如，兒童原本預期他們將被容許玩耍誘人的玩具，當這樣的預期遇到挫折後，即使他們最終有機會玩耍時，他們對這些玩具展現攻擊。

你是否讀過這樣的新聞報導？一位男子被炒魷魚，他後來持槍返回公司，射殺了老闆和幾位同事。這是否算是挫折（也就是維生的目標受挫）導致攻擊的實例呢？爲了回答這個問題，一組研究人員檢視舊金山的失業率與該城市人們被控「危害他人」的罪行的發生率之間的關係。怎樣的失業率可能導致最高的暴力水平呢？研究人員發現，隨著失業率上升，暴力也跟著上升，但只抵達一個定點上。當失業率升得太高時，暴力開始再度下降。爲什麼會這樣呢？研究人員推斷，人們害怕自己可能也會失去工作，這有助於抑制挫折引致的暴力傾向（*Catalano et al., 1997, 2002*）。

這項研究說明了個人和社會的力量如何交互作用以產生暴力的淨值。我們可以預測有一定程度的攻擊，乃是建立在每個人隨著失業率上升而在經濟方面所感受到的挫折上。然而，隨著人們了解攻擊的展現可能危及自己的就業，暴力被抑制下來。你或許在平常經驗中也可發覺這種力量的運作：在許多情境中，你可能感到重度受挫而意圖表達攻擊，但你也了解攻擊的展現將會不利於你長期的最佳利益。

挫折不一定總是導致攻擊。例如，當挫折是無意中引起時（假設小孩子不小心把果汁潑灑在他母親的新衣服上），人們較不可能變得有攻擊性——相較於當該行動是故意時。總之，挫折是引起攻擊的一個可能條件，但並非唯一的條件。在這同時，另有些情境不涉及目標的受挫，但引起負面的情緒狀態，它們也可能導致攻擊。

(二) 氣溫與攻擊

　　氣溫與攻擊之間是否存在任何關係？考慮圖 16-8 所呈現的資料。這個圖表是摘自一項研究，它在明尼蘇達州的 Minneapolis 城市檢視氣溫對暴行（人身傷害）的影響，共為期兩年；該圖表是建立在 36,617 件報案的暴行上（*Bushman et al., 2005*）。如你可看到，氣溫高低與人們將會犯下暴行的可能性之間存在強烈的關係，特別是在入夜之後到凌晨時分之間（也就是晚上 9 點到凌晨 3 點）。

　　為什麼會這樣呢？有一項解釋是建立在社會和心理兩方面的作用力上。在社會層面上，你或許會推測，當人們較可能外出走動時，他們也將較可能犯下暴力行為。這也就是說，在較熱的天氣，人們較可能走出戶外，因此也較可能身為暴行的受害人。你也可以對一天中的時間提出同樣的分析：在晚上 9 點到凌晨 3 點的時間，人們通常較不受到工作或其他責任的羈絆。再者，到了深夜時分，人們可能已灌了不少酒，或使用了另一些毒品，這降低了他們對攻擊行為的抑制力（*Ito et al., 1996*）。對照之下，在凌晨 3 點到晚上 9 點之間，人們通常涉身於學業、工作、睡眠及家庭義務，這使得他們較少跟暴行發生牽連。

　　在解釋圖 16-8 所呈現的資料上，另一個重要成分是人們如何應付及解讀跟悶熱

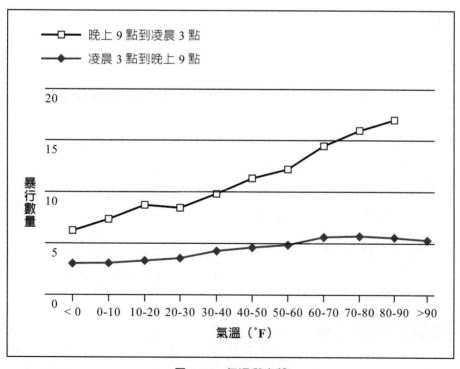

圖 16-8　氣溫與攻擊

圖形所呈現的是暴行的平均數量（在 3 個小時期間）與該期間的氣溫（華氏溫度）之間的關係。

有關的不適。回想我們在第 12 章關於「評價與情緒」的討論，假設在 75 度的日子，你跟某個人進行交談，使你感到焦躁而不舒服。你會把這樣的情緒歸之於氣溫，抑或歸之於你的對手？假使你把你的情緒錯誤歸因於另一個人（而不是歸因於情境），你將較可能對那個人變得有攻擊性（你可以把這種情形視爲是我們在第 16 章所討論之基本歸因偏誤的不利後果之一）。爲什麼悶熱在深夜和凌晨的時候造成最大的作用呢？隨著白天的遞移，個人可能變得較不容易記住「我這樣的感受是天氣悶熱所致」，反而傾向於推斷「我這樣的感受是因爲這個傢伙讓我捉狂」。

(三) 直接挑撥和逐步擴大

你應該不會訝異，直接挑撥（direct provocation）也將會引起攻擊。這也就是說，當某個人的舉止使你生氣或煩亂，而且你又認爲他的行爲是故意時，你將較可能回應以某種形式的身體攻擊或言語攻擊（*Johnson & Rule, 1986*）。直接挑撥的效應符合一般的觀念，即那些引起負面情感的情境將會導致攻擊。行爲的意圖之所以重要，乃是因爲你較不可能以負面方式解讀無意的舉動（記得我們前面也提過，當挫折是他人無意中造成的，這樣的挫折較不可能導致攻擊）。

當面對持續的挑撥，因爲較不強烈的反應已不具有效果，個人的反應將會隨著時間變得愈具攻擊性，這被稱爲逐步擴大（escalation）。

在一項研究中，兩組人們必須分享資源以完成主試者所指派的任務。然而，因爲有一組成員實際上是實驗助手，他們拒絕合作。主試者記錄下眞正受試者爲了引致資源分享所做的言詞嘗試（透過聯絡兩個房間的對講機）。這樣的嘗試開始時是「要求式陳述」（例如，「我現在需要它」），然後進展到「發怒式陳述」（例如，「我眞的對你們感到火大」），最後則進展到「辱罵式陳述」（例如，「你們這些傢伙眞的是蠢材」）。事實上，這些反應的強度遵循有序的步驟而使得情勢逐步擴大。研究人員表示，人們已學得「逐步擴大的腳本」（escalation script）。這個記憶結構登錄了文化規範，指出當面對持續的挑撥時，人們應該如何逐步提升攻擊性（*Mikolic et al., 1997*）。

你是否看出逐步擴大的腳本如何也牽涉到挫折與攻擊之間的關係？當個人最初試著改變處境的嘗試失敗後，所產生的挫折感也將提高了更強烈攻擊的可能性。

三、利社會行爲的根源

當你考慮一些英勇救人的事蹟，你似乎相當自然地會認爲人類存在一些「利他」的基本動機。事實上，利他行爲的存在有時候似乎是矛盾而有爭議的。爲什麼呢？根

據進化論的觀點，自然選擇偏好那些增進有機體存活機會的基因，任何能夠增進我們生存，以及增加繁衍可能性的基因，較有機會傳遞給下一代。換句話說，生命的主要目標是繁衍，以便個人能夠傳遞他的基因。從這個角度來看，利他行為似乎就不合理了，為什麼你會冒自己生命危險援助他人呢？這個問題有兩個答案，取決於「他人」是家族成員還是陌生人。

對家族成員而言，利他行為是合理的，因為即使你危害自己的生存，但是你協助了你的基因庫（gene pool）的概括生存（*Burnstein, 2005*）。這就是社會生物學家所謂的親屬選擇（kin selection）的概念：我們增加基因傳遞的機會，不僅只透過生兒育女的方式，也是透過確保親屬生存的方式。因此，自然選擇也偏好那些以親屬為對象的利他行為。當詢問人們在攸關生死的情境中，他們將會援救誰，人們的決定就反映了這種親屬選擇。

美國和日本的大學生被要求考慮一些情節，在這些情節中，有三個人處身於險境，他們只能選擇拯救其中一個人。例如，有一個情節是發生了火災，房屋中有三個人正在睡眠。在每個情節中，這三個人分別被編排跟受試者有著不同程度的親屬關係。有些是近親，如兄弟姊妹（0.5 的基因重疊）；有些是遠親，如堂、表兄弟（0.125 的基因重疊）。受試者被要求指出，他們最可能拯救哪個人。如你在圖 16-9 所看到，親屬關係愈接近的話，受試者愈可能對之伸出援手。這個圖形也顯示另一種對照狀況，即不是生死攸關的情境。這些學生被問到，他們如何應付較平常的決定，像是選擇為哪個人跑差事。研究結果仍然顯現了親屬效應，但是相關程度就沒有那麼強烈。這也就是說，相較於「平常」的情節，「生死關頭」的情節引起對親屬關係較重大的評價。不論是日本學生或美國學生，都顯現同樣的應答型態（*Burnstein et al., 1994*）。

在這項研究中，學生們不必實際上從著火的房屋中拯救任何人，但你仍可看到親屬關係如何影響他們的選擇。雖然不太可能有任何人會明確地推理「我必須保衛我的基因庫」，但如果他們遵行圖 16-9 所呈現的型態實際行動的話，這所上演的是一場不折不扣的基因庫保衛戰。然而，較近期的研究顯示，人們的衝動不是直接受到親屬關係的影響。反而，他們最可能願意對他們感到情感親密的人們伸出援手（*Korchmaros & Kenny, 2006*）。對大部分人們而言，他們最親密的情感依附也正是他們最接近的親屬。因此，援助的行為型態是建立在情感親密性上，但這間接有助於人們基因庫的存續。

那麼沒有親屬關係的人們呢？「情感親密性」的觀點說明人們為什麼會對他們最親近的朋友從事利他行為。但是，為什麼有些人還是願意冒著生命風險援救陌生人呢？為了解釋對於熟人和陌生人的利他行為，社會生物學家訴諸於「互利」（reciprocal altruism）的觀念（*Trivers, 1971*）。這個觀念指出，人們展現利他行為是因為他們（在

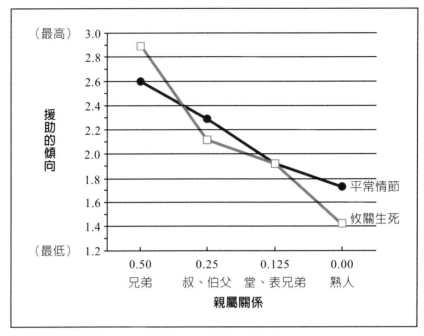

圖 16-9　援助親屬的傾向

某種意味上）期待別人也將會對他們展現利他行為：當你溺水時，我拯救了你，我期待未來當我溺水時，你也將會拯救我。因此，互利的期待賦予利他行為生存的價值。你在本章稍前應該已認識這個概念——當我們提到「互惠規範」以之解釋人們如何引起他人的順從時。當有人對你施惠，你將處於一種心理不適的狀態，直到你回報了該恩惠——這種不適似乎具有進化上的根源，因為它有助於增進生存的機會。因為這些進化上的基礎，利他行為不是人類所特有。事實上，人類學家已在許多物種身上發現了互利型態的利他行為，諸如吸血蝙蝠、卷尾猴、黑猩猩及蜜蜂（*Hattori et al., 2005; Nielsen, 1994*）。

　　然而，需要注意的是，互利概念無法解釋社交性動物之所有層面的合作行為。例如，當你衝進火災現場（或溺水現場）以拯救一位陌生人時，你顯然沒有期待那位陌生人也將會展現類似的利他舉動作為回報。為了解釋這類舉止，研究學者表示是「間接互惠」（indirect reciprocity）在起作用：人們展現利他行為乃是因為他們相信，他們未來也將會成為利他舉動的受惠人。更為率直的說法就是「我搔你的背，別人也將會搔我的背」的意思（*Nowak & Sigmund, 2005, p.1291*）。

　　考慮到利他行為似乎具有進化基礎，那麼利他行為上的個別差異是否會影響現今人們傳遞他們基因的能力？我們在第 11 章談到進化心理學家提出的一些因素，他們認為這些因素引導人們的擇偶行為。利他行為似乎也可列入這份清單中。

　　女性大學生觀看一捲錄影帶，影片中是主試者與一位男性助手進行交談。在交談中，助手透露他對於利他行為的態度。在「高度利他」的情況中，他談到自己的一些助人行為，然後自告奮勇去做一件無聊透頂的工作，而不是讓另一個人去做。在「低度利他」的情況中，助手談到他重視自己的權益，然後選擇把該無聊的工作丟給另一個人。在看完交談之後，女性受試者被要求在一些維度上評價助手，包括外表吸引力、性魅力、社會贊許度及約會可欲性。雖然在「高度利他」和「低度利他」兩種情況中，男性助手事實上是同一個人，但是當他涉身於利他行為時，女性受試者評定他顯著較具吸引力及較為合意（*Jensen-Campbell et al., 1995*）。

　　這樣的研究結果顯然支持古老的諺語，即「好心有好報」，以進化論的角度來說，這樣的結果表示女性較喜歡將會主動分享他們的資源以協助養育子女的男性。從這個角度來看，關於為什麼利他行為繼續是人類基因組合的一部分，我們擁有另一個理由：女性相信那些提供利他行為證據的男性將會是較好的父親。

四、情境對利社會行為的影響

　　置身在大城市之中，我們身旁流動著成千上萬的人，我們可從收音機中聽到他們的聲音，從電視螢光幕上看到他們，從電腦網路中知道他們的某些看法，我們在餐廳與他們一起進食，在電影院跟他們比鄰而坐，同他們一起排隊，一起擠地下鐵，彼此碰觸——但仍然互不相識，就好像他們不存在似的。

　　對紐約皇后區的一位女性而言，這些人們真的不存在，當她最需要援助的時候，他們卻袖手旁觀。

　　1964 年，一位名叫 Kitty Genovese 的女性於深夜下班回家時，在她所住公寓的門前遭到一名歹徒的攻擊。她被刺殺數刀，不斷尖叫、乞求援手。但住在同一棟公寓的居民，有 38 個人在窗戶後目睹這件兇殺案，卻沒有人出來幫忙或報警。有兩次，居民的聲響和寢室的燈光嚇退了兇手，但兇手隨後又回到現場，繼續刺殺她，整個過程歷時半小時以上。警方直到她死後 20 分鐘才接獲報案電話。但甚至直到救護車載走她的屍體後，才有鄰居出來查探，他們都表示聽到了尖叫和求救聲，但不願意被牽連進去。

　　這件兇殺案一經報紙披露，頓時震驚全國。大部分人們對在場目睹的居民如此「冷漠」（apathy）的反應，感到不可思議及難以接受。但是，如此就為這些旁觀者貼上「冷漠」或「鐵石心腸」（hard-heartedness）的標籤，這是否公平呢？或許我們可以從情境力量的角度來解釋他們的「不作為」（inaction）。

Bibb Latané 和 John Darley（1970）執行了一系列經典的社會心理學研究。他們巧妙地在實驗室中製造一種實驗處境，它的作用類似於旁觀者介入（bystander intervention）的情境。所謂「旁觀者介入」是指個人有意願對處於困境的陌生人伸出援手。

受試者被告知他們將參加一場團體討論，題目是「大學生所面對的一些困擾」。但為了避開面對面的尷尬，也為了隱私性，參加討論的學生將每人各自待在一個房間中，透過麥克風發表意見，透過耳機收聽訊息，原則上每個人輪流說兩分鐘，然後傳話裝置自動關閉，換另一個人談話。實驗人員也表示，為了避免學生覺得拘謹，他自己將不聽他們的討論。

在第一輪的團體討論中，其中有一位「受試者」（他將扮演受難者的角色）談到自己在生活適應上遇到的困擾，他稍帶困窘地吐露，自己有偶發的癲癇發作。然後是第二次的輪流發言，這次「受難者」（預錄好的聲音）講了幾句話後，突然開始口齒不清、發出呻吟聲，斷斷續續表示自己需要幫忙，顯然是癲癇發作了。真正受試者應該很清楚「受難者」發生了麻煩、急需救援。他會伸出援手嗎？多快？

研究人員有系統地操弄參與討論的學生人數（事實上，除了真正受試者本人之外，其他發言都是預先錄好的），讓真正受試者分別認為只有他和受難者兩人在討論；除了他們兩人外，還有另一位學生也參與討論；或還有另 4 位學生也參加討論。

實驗結果如圖 16-10 所示，當受試者認為自己是除了受難者之外，唯一參加討論的人時，每個人都在 160 秒之內介入。但是，當受試者認為自己只是較大團體的一分子時，幾乎 40% 的人未曾通知實驗人員說有另一位學生急病發作了。

這樣的結果顯示，受試者介入的可能性視他認為在場的旁觀者人數而定。他認為愈多人在場的話，他報告這個緊急事件的可能性就愈低；假使有報告的話，速度也將較慢。研究人員把這種現象稱為「責任擴散」（diffusion of responsibility）——當處於緊急情境中，有能力伸出援手的人數超過一個以上時，人們通常假定別人「將會」或「應該」伸出援手；因此，他們就退避下來，不願意捲入麻煩。

旁觀者為什麼沒有伸出援手？責任擴散只是其中一個原因。我們以下探討緊急情境的另一些層面。

(一) 旁觀者必須察覺到緊急情況

在真實生活中，人們總是匆匆趕赴自己預定的行程，可能甚至沒有察覺到身邊發生了某項緊急情境，需要自己伸出援手。我們看看 Darley 和 Batson（1973）所執行的

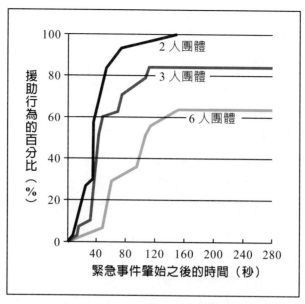

圖 16-10　緊急情境的旁觀者介入

一項實驗。

　　在這個實驗中，受試者是 40 位普林斯頓神學院的學生，他們被要求走到鄰近一棟教學大樓中與另一個人討論某個議題，半數學生被告知議題是「神學院學生畢業後的出路」，另半數則被告知議題是關於「和善的撒馬利亞人」，這是聖經中的一則故事，一位撒馬利亞人照顧受傷倒在路旁的陌生人——耶穌鼓勵信徒應當效法這種行為。

　　研究人員也操弄受試者的時間壓力。在「高度匆忙」的情境中，告訴即將前去的學生，「你已經遲了，對方幾分鐘前已在等你，你最好走快些。」在「中度匆忙」組，受試者被告訴，「對方已準備好了，你可以上路了。」在「低度匆忙」組，告訴受試者，「對方還有幾分鐘才準備好，你可以慢慢走，不用太趕。」

　　在前往教學大樓的路途中，受試者勢必要通過一條巷道，巷道中有位陌生人（實驗助手）坐在那裡，神情茫然，眼睛閉上。當受試者從旁經過時，陌生人咳了兩下，發出呻吟聲，頭部垂下。顯然，他需要幫助。

　　被指定「和善的撒馬利亞人」議題的受試者是否較可能伸出援手？畢竟，他們是神學院學生，正要前往討論聖經中的一則寓言，訓勉人們應當照顧受難者，所以援助他人在這時候對他們而言應該相當突顯。然而，實驗結果顯示，受試者即將討論的議題並未顯著影響他們是否援助那位陌生人。反而，「時間壓力」才是更顯著的因素。「低度匆忙」組的受試者有 63% 伸出援手；「中度匆忙」組有 45%；「高度匆忙」組則只有 10%。整體而言，只有 40% 的神學院學生對那位陌生人提供了任何形式的援助。

(二) 旁觀者必須標示事件爲緊急狀況

生活中的許多情境顯得曖昧不明。如果你急著對一個人作口對口人工呼吸，卻發現他只是睡著而已，這顯然令人困窘，你當然不願意自己這樣出醜。爲了決定某情境是否爲緊急狀況，你通常會先看看他人如何應對。如果沒有人伸出援手，你可能也就不會伸出援手——這通常表示完全沒有人會伸出援手。這種「社會模仿」的歷程可以解釋爲什麼人們在熟悉的情境中較可能援助他人。

一名男子坐在一列疾駛的紐約地下鐵中，突然昏倒在車上。一些旁觀者目睹了這個事件。實驗人員藉由改變該「受難者」的特徵來操弄情境——撐著拐杖的病人、身上有酒味的酒鬼，或是嘴巴流血（或沒有流血）的傷殘人士。實驗人員然後不加干擾地記錄旁觀者對這些緊急情境的反應。結果發現在大多數案例上（103 件中有 81 件），都有一個以上的人毫不猶豫地直接介入。當介入的代價較高時，援助將會較爲緩慢（例如，身上流血的受難者比起單純昏倒的受難者較慢獲得援助），但終究還是得到援助，即使是透過間接方式——詢問在場乘客是否有人是醫生（*Piliavin, 1972*）。

在另一個類似版本的研究中，一位助手拄著拐杖，僞裝在機場大廳中昏倒，結果獲得援助的比例只有 41%，遠低於地下鐵的 83%。這中間的重要差別似乎是對環境的熟悉性，即地下鐵的乘客處於較熟悉的環境背景中（相較於機場的旅客——你畢竟不是每天都搭飛機），因此較可能介入該場地所發生的麻煩事件（*Latané & Darley, 1970*）。

(三) 旁觀者必須感受到責任

前面提過，旁觀者未介入的一個重要因素是責任擴散。因此，如果你發現自己處於需要援助的情境中，你應該試著做一些事情來促使旁觀者注意自己的責任，以之克服責任擴散的作用。你應該直接指著某個人，對他說「你！我需要你的援助。」我們看看 Moriarty（*1975*）所執行的這項實驗。

受試者躺在沙灘上享受陽光，一位女性走到受試者旁邊，鋪開毯子，扭開手提收音機。幾分鐘後，她跑去游泳，把收音機留在毯子上。沒多久，一位男士（實驗助手）走過來，轉頭四望之後，他順手牽羊地提走收音機，且迅速離開。受試者會阻止這種偷竊行爲嗎？實驗結果發現，只有 12% 的人加以干涉——起身走向小偷，質問對方爲何提走收音機。但在另一種情境中，那位女性先請求受試者「能否幫忙看一下東西」，然後才跑去游泳。結果有 95% 的受試者插手阻止偷竊行爲。

這裡的意味是，你可以僅經由「請求」就把他人的冷漠轉化爲行動。「請求幫忙」的動作建立起一種特殊的人性連繫，當這樣的委託關係被建立起來後，他人覺得對你負有責任，自然就會伸出援手。

(四) 援助成本不可過高

最後,人們在許多情境中不伸出援手僅是因為他們認為援助的成本太高。我們在「地下鐵」的案例中已提過,流血的受難者較慢獲得援助,這被假定是因為流血增加了助人的成本,人們認為這將使自己牽連太深。

人們在緊急情境中的成本分析是根據兩個成本因素加以界定:不幫助受難者的成本,以及直接幫助受難者的成本。

想像你正看著一名男子,他不慎滑倒跌入河中。如果你知道對方身體虛弱、不會游泳、河水相當冷,那麼你不幫助他的成本將非常高——他可能淹死,你將會產生極大的罪疚感,且遭受社會責難。如果對方擅於游泳,河水也溫暖,那麼你不援助的成本便低多了。

在直接援助的成本方面,假使河岸有繩索和救生器材,那麼你可採取之救援方式的成本將較低。但如果沒有器材,河水冰冷又洶湧,你將必須跳進河裡才能拯救他,那麼直接介入的成本就很高。

當不援助的成本很高(對方可能淹死),而援助的成本較低時(你只需丟給對方救生器材),你將會伸出援手。當不援助的成本很低(對方是游泳好手),而援助的成本也低時(你只需丟給他救生器材),你是否伸出援手將取決於適合該情境的規範。例如,如果對方剛好是你朋友,基於互惠性(或社會責任)的規範,你可能會伸出援手。

當不援助的成本很高(他將會淹死),而援助的成本也高時(你需要跳進冰冷的河流中),你將面臨進退兩難。你可能選擇一些「間接介入」的方式(如報警);或你可能從事認知防禦,重新界定該情境或貶抑該受難者(如,對方是晨泳會的成員,知道如何在冰冷的河流中游泳;或者,他是無用的毒品成癮者,活該他跌入河中)。最後,當不援助的成本很低(對方是游泳好手,有人似乎已準備救援,所以這個人可能不會淹死),而救援的成本很高時(洶湧而冰冷的河水),你可能決定袖手不顧,離開現場。顯然,較高的成本意味著較少的援助。

統計附錄

理解統計：
分析資料與獲致結論

如我們在第 2 章提過,心理學家利用統計來理解他們所蒐集的資料。他們也利用統計來為所獲致的結論提供定量的基礎(quantitative basis)。因此,如果你能夠擁有統計學的基本認識,這將有助於你了解心理學知識的發展過程。在較為個人的層面上,你對統計學的基本理解將有助於你做出較良好的決定──當人們利用資料試圖動搖你的看法和行動時。

大多數學生視統計學為一門枯燥、無趣的學科。然而,統計在你的生活中有許多重要用途。考慮下列摘自報紙頭版的一則報導,我們將以之來顯示統計如何有助於回答關於人類行為的一些重大問題。

> Fred Cowan 被他的親人、同事及朋友們描述為是「一位安靜、溫和的男子」、「一位喜歡兒童的中年紳士」,以及「一位膽小、低調的傢伙」。Cowan 所就讀教會小學的校長表示,Cowan 小學時在禮儀、合作及宗教等評定上都拿到 A 級。根據一位同事的說法,Cowan「很少跟人交談,他是一位你可以呼來喚去的人」。然而,Cowan 嚇壞了每一位認識他的人,在 1977 年的情人節那一天,他漫步到工作地點,揹著一隻半自動的來福槍,並射殺了 4 位同事、一位警官。最後,他也自殺了。

這類故事經常導致我們對人類行為的意義和原因感到好奇。為什麼這樣一個害羞、沉默的人會突然犯下暴行(而令認識他的每個人震驚不解)?我們不禁懷疑,我們是否「真正」認識過任何人?是否有任何「個人屬性」可以從人群中辨別這樣的人?

有一組研究人員推測,害羞或許與另一些個人特性,以及與暴力行為之間有所關聯(Lee et al., 1977)。因此,他們開始蒐集一些資料,看看能否揭露這樣的關聯。研究人員推斷,那些似乎不具暴力色彩的突發性殺人犯,可能是一群典型上害羞、不具攻擊性的人們,他們嚴格管控自己的脾氣和衝動。在大部分生活中,他們承受許多無言的傷害。他們很少(如果有的話)表達出自己的怒意,儘管他們實際上已怒火填膺。表面上,他們似乎不感到困擾;但是在內心裡,他們為了控制自己的憤怒而交戰不已。他們給人的印象是,他們是安靜、被動、順從而負責的人,包括在童年及成年時。因為他們害羞的個性,他們不肯讓別人輕易接近自己,所以沒有人知道他們的真正感受。然後,突然之間,事情爆發了。在極輕微的撩撥之下──再一次的輕度侮辱、再一次的輕度排斥,及再一次的輕度社會壓力──引信被點燃了。他們於是把積壓已久的暴力釋放出來。因為他們沒有學會如何透過協商及談判來處理人際衝突,這些突發性殺人犯只有透過肢體方式發洩他們的憤怒。

研究人員進一步假設,害羞應該較是突發性殺人犯(sudden murderers,即那些犯下殺人罪但沒有任何暴力或反社會行為之前科的人們)的特徵,而較不是慣性犯罪

殺人犯（habitual criminal murderers，即那些犯下殺人罪但過去有許多暴力犯罪行為之前科的人們）的特徵。此外，突發性殺人犯應該對他們的衝動有較高水平的控制——相較於習慣性展現暴力的人們。最後，他們的被動性和依賴性將會表明在較為女性化及雙性化（男女兩性）的特徵上（根據在標準性別角色量表上測量所得）——相較於慣性犯罪的人們。

為了驗證關於突發性殺人犯的這些觀念。研究人員獲得允許，對一群因為殺人罪而在加州監獄服刑的囚犯施行心理測驗。總共有 19 位囚犯（都是男性）同意參加這項研究。他們有些人在犯下殺人罪之前有一長串的犯罪紀錄，至於其他人則沒有任何犯罪前科。研究人員從這兩類參與者身上蒐集三種資料：害羞分數、性別角色認同分數及衝動控制分數。

第一份問卷是「史丹福害羞調查表」（Zimbardo, 1990）。這份問卷的最主要題目是在詢問受試者在各種情境中是否感到害羞；受試者只需回答「是」或「否」。該調查表的其他題目則在探究害羞的程度和性質，也在探究與害羞的起源及誘因有關的各種維度。

第二份問卷是「班氏性別角色量表」（BSRI），它呈現一系列的形容詞，諸如「攻擊的」和「摯愛的」，然後要求受試者回答每個形容詞有多麼適合於描述自己（Bem, 1974, 1981）。有些形容詞被認為與典型的「女性特質」有關，這些形容詞的總分就是受試者的「女性化」分數。另有些形容詞則被視為典型的「男性特質」，這些形容詞的總分就是受試者的「男性化」分數。最後的性別角色分數的計算方式是從該女性化分數中減去男性化分數，它反映的是受試者的女性化程度與男性化程度之間的差異。至於男性化分數與女性化分數的結合，顯現的則是受試者的雙性化分數（androgyny score）。

第三份問卷是「明尼蘇達多項人格量表」（MMPI），它是針對於測量許多不同層面的人格（參考第 13 章）。該研究只使用「自我－過度控制」（ego-overcontrol）分量表，它是在測量個人發洩衝動或控制衝動的程度。受試者在這個分量表上的分數愈高，就表示他展現愈多的自我－過度控制。

研究人員的預測是，相較於有犯罪前科的殺人犯，突發性殺人犯應該：⑴在害羞調查表上較常描述自己為害羞的；⑵在性別角色量表上挑選較多女性特質，而不是男性特質；及⑶在自我－過度控制上的分數較高。他們發現了什麼？

在獲知結論之前，你需要理解被用來分析這些資料的一些基本程序。這裡，研究人員實際蒐集到的整組資料將被用來作為教材，以便教導你一些不同類型的統計分析，也在教導你它們所能導出的各種結論。

第一節 分析資料

對心理學上的大部分研究人員而言,分析資料是令人興奮的一個步驟——統計分析使得他們能夠發現自己的預測是否正確。這一節中,對於得自「突發性殺人犯研究」的一些資料,我們將逐步完成對它們的分析。假使你預先瀏覽一下本節的內容,看到那一堆數字和等式後,就把書本闔上,你的反應是可以理解的。然而,你不必要精於數學才能夠了解我們將要討論的概念。你只需要記住:數學只是一種工具;數學符號是一種速記,以之代表一些觀念和概念的運作。

表 A-1 所列是得自「突發性殺人犯研究」之 19 個囚犯的原始資料(raw data)——所取得的實際分數或其他量數。如你所看到,「突發性殺人犯組」有 10 個囚犯,而「慣性殺人犯組」有 9 個囚犯。當首度瞥視這些資料時,任何研究人員的感受或許如同你一樣:一團混亂。所有這些分數代表什麼意思?這兩組殺人犯是否在這些人格測量上有所差異?單憑檢視這一大群無秩序的數值,你幾乎無從知道些什麼。

心理學家為了理解他們所蒐集的資料,然後從資料中導出有意義的結論,他們依賴兩種統計:描述統計和推論統計。描述統計(descriptive statistics)是利用數學程序,以一種客觀而統一的方式描述數字資料的許多不同層面。假使你曾經計算自己的學業平均成績,你就是在使用描述統計。推論統計(inferential statistics)是利用機率理論,以便合理地決定何種結果的發生可能純粹是機遇所致。

一、描述統計

描述統計是對資料中的分數型態提供概括的畫面,也就是使用來描述從某個受試者(或更常的情況,從不同組的受試者)所蒐集幾組分數的分布情形。描述統計也被用來描述變項之間的關係。因此,研究人員不試著記住每位受試者所取得的所有分數,他們是在求取分數的一些指標,指出什麼分數在每組中最具代表性(最為典型)。他們也求取另一些量數,指出其餘分數相對於典型分數的變動情形——即那些分數是分散開來或密集在一起。讓我們看看研究人員如何求取這些統計數。

(一) 次數分配

你如何對表 A-1 的資料作個摘要?為了清楚呈現各種分數的分配情形,我們可以列出次數分配(frequency distribution)的表格——對每種分數的出現頻率作個摘要。害羞的資料很容易加以概述。在 19 個分數中,有 9 個答「是」,有 10 個答「否」。幾乎所有「是」的應答都是出自第一組受試者,而第二組受試者幾乎都答「否」。然而,

表 A-1　從「突發性殺人犯研究」中取得的原始資料

囚犯	史丹福害羞調查表 害羞	班氏性別角色量表 女性化－男性化	明尼蘇達多項人格量表 自我－過度控制
組別 1（突發性殺人犯組）			
1	是	+ 5	17
2	否	− 1	17
3	是	+ 4	13
4	是	+ 61	17
5	是	+ 19	13
6	是	+ 41	19
7	否	− 29	14
8	是	+ 23	9
9	是	− 13	11
10	是	+ 5	14
組別 2（慣性殺人犯組）			
11	否	− 12	15
11	否	− 14	11
13	是	− 33	14
14	否	− 8	10
15	否	− 7	16
16	否	+ 3	11
17	否	− 17	6
18	否	+ 6	9
19	否	− 10	12

自我－過度控制和性別角色分數就不落入簡單的「是」與「否」的範疇。在過度控制的量表上，分數範圍從 6 到 19；單從這些分數來看，我們很難比較不同組別的差異。我們需要以若干方式重新組織這些分數。

現在，讓我們檢視性別角色的分數。最高分數是 +61（最女性化），最低分數是 −33（最男性化）。在 19 個分數中，9 個是正分，10 個是負分──這表示有 9 個囚犯描述自己相對上較為女性化，有 10 個描述自己相對上較為男性化。但是，這些分

數在不同組別之間如何分配呢？

當對一組數字資料實施次數分配時，第一個步驟是把分數排序（rank order），從最高分排到最低分。表 A-2 顯示的是性別角色分數的排序。第二個步驟是把這些排序好的分數劃分到更少數的分類中，稱之為間距（intervals）。這項研究採用 10 個分類，每個分類涵蓋 10 個可能分數。第三個步驟是建立一個次數分配表，列出從最高到最低的間距，同時計算其次數——有多少個分數位於每個間距內。我們的次數分配表告訴我們，性別角色分數大致上是位於 −20 到 + 9 之間（參考表 A-3）。大部分因犯的分數並未偏離「0 分」太遠。這也就是說，他們既不是強烈正分，也不是強烈負分。

現在，資料已按部就班地被排列在各個分類中，研究人員接下來的步驟是以圖表方式展示次數分配。

表 A-2　性別角色差異分數的排序

最高分數	+ 61	− 1	
	+ 41	− 7	
	+ 23	− 8	
	+ 19	− 10	
	+ 6	− 12	
	+ 5	− 13	
	+ 5	− 14	
	+ 4	− 17	
	+ 3	− 29	
		− 33	最低分數

註：正分是較為女性化；負分是較為男性化

表 A-3　性別角色差異分數的次數分配

分類範圍	次數
+ 60 至 + 69	1
+ 50 至 + 59	0
+ 40 至 + 49	1
+ 30 至 + 39	0
+ 20 至 + 29	1
+ 10 至 + 19	1
+ 0 至 + 9	5
− 10 至 − 1	4
− 20 至 − 11	4
− 30 至 − 21	1
− 40 至 − 31	1

（二）圖表

當以圖表來呈現時，次數分配通常才較易於理解。最簡易形式的圖表是長條圖（bar graph）。長條圖有助於你看清楚資料的分布型態。我們可以應用長條圖來說明那些描述自己爲害羞的突發性殺人犯如何遠多於慣性殺人犯（參考圖 A-1）。

對於較複雜的資料而言，諸如性別角色分數，我們可以利用直方圖（histogram）。直方圖類似於長條圖，除了它的分類方式是間距，也就是以數值作爲分類；至於長條圖則是以名稱作爲分類。直方圖提供你關於次數分配上每個間距內之分數次數的視覺圖像。圖 A-2 顯示的是性別角色分數的直方圖，它使你較易於看出兩組殺人犯在所得分數的分配有什麼不同。

你從圖 A-1 和圖 A-2 可以看出，受試者分數的整體分配符合研究人員的兩個假設。突發性殺人犯較可能形容自己爲害羞，他們也較可能使用女性化特質來描述自己——相較於那些有犯罪前科的殺人犯。

（三）集中量數

迄今爲止，我們對於分數如何分配已擁有基本認識。表格和圖表增進我們對研究結果的普遍理解，但我們還想知道更多事情——例如，哪個分數是對整個組別而言最爲典型的分數。當我們對兩個以上組別進行比較時，這個分數變得特別具有用處。畢竟，比較兩組的典型分數是遠爲容易的工作——相較於比較它們的整體分配情形。在整組受試者所取得的眾多分數中，這中間有一個最典型的分數可以作爲整組的指標，這個單一而具代表性的分數就稱爲集中量數（measure of central tendency）。集中量數位於該分配的中心，其他分數傾向於群聚在它的四周。心理學家通常使用三種不同的集中量數：眾數、中數及平均數。

眾數（mode）是指在一數列中出現次數最多的一個數值。對害羞的測量而言，突發性殺人犯的眾數反應是答「是」—— 10 個人中有 8 個說自己害羞。至於在慣性殺

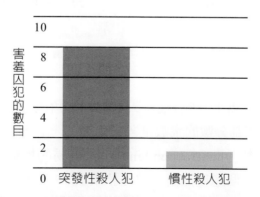

圖 A-1　兩組殺人犯的害羞情形（以長條圖顯示）

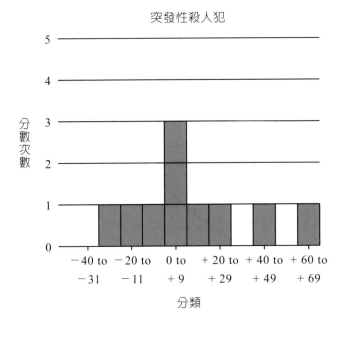

突發性殺人犯

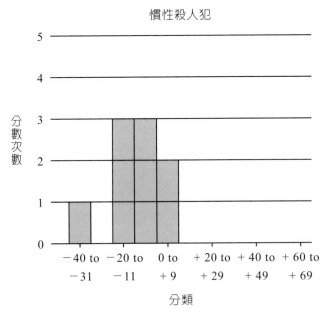

慣性殺人犯

圖 A-2　性別角色分數（直方圖）

人犯中，眾數反應是答「否」。突發性殺人犯之性別角色分數的眾數是 + 5。你能否找出他們的自我－過度控制分數的眾數是多少？

　　眾數是決定集中趨勢（central tendency）最簡易的指標，但它通常也最不具用處。如果你注意到只有一個過度控制分數位於眾數 17 之上，但有六個分數位於它之下，你就可看出眾數相對缺乏用處的原因之一。雖然 17 是最常出現的分數，但它可

能不符合你關於「典型」或「集中」的觀念。

中數（median）是較爲清楚的一種集中分數，它把整個分配上的分數劃分爲上半部和下半部。在整個分配中，大於中數的分數數目剛好相等於小於中數的分數數目。當分數的數目是奇數時，中數是位於正中間的分數；當分數的數目是偶數時，通常以居中兩個分數的平均數作爲中數。例如，如果你把慣性殺人犯的性別角色分數由小到大加以排序，你可以看出它的中數分數是－10，各有四個分數高於及低於中數。對突發性殺人犯而言，它的中數是 +5——第五和第六個分數的平均，這兩個分數剛好都是 +5。中數不受極端分數的影響。例如，即使突發性殺人犯最高的性別角色分數是 +129，而不是 +61，它的中數數值仍是 +5。這個分數仍然把該資料劃分爲上半部與下半部。中數很簡單地就是在整個分配上居於正中央的分數。

平均數（mean）就是當大多數人聽到「平均」（average）這個字詞時所想到的。它也是最常被用來描述一組資料的統計數值。爲了計算平均數，你首先把該分配中的所有分數加總起來，然後除以分數的總數目。它的運算過程如下列公式所示：

$$M = (\sum X) / N$$

在這個公式中，M 是平均數，X 是每個個別分數，$\sum$（希臘字母，念作 sigma）是把它隨後的所有分數相加起來，N 則是分數的總數目。因爲所有性別角色分數的總和（$\sum X$）是 115，而分數的總數目（N）是 10，所以突發性殺人犯的性別角色分數的平均數（M）是 11.5，其實際計算方式如下：

$$M = 115 / 10 = 11.5$$

你不妨試著計算一下他們在過度控制分數上的平均數。沒有算錯的話，你求得的平均數應該是 14.4。

不像中數，平均數受到該分配中所有分數之特定數值的影響。改變某極端分數的數值也就改變了平均數的數值。例如，假使第四號囚犯的性別角色分數是 + 101，而不是 +61 的話，整組的平均數將會從 11.5 增至 15.5。

(四) 變異性（variability）

除了知道哪個分數在整個分配中最具代表性之外，我們可能也想知道該集中量數究竟多麼具有代表性。大部分的其他分數是相當接近該分數？抑或是廣泛分散開來？變異量數（measures of variability）是描述各個分數圍繞一些集中量數之分散情形的統計數值；它們表示次數分配的分散程度。

　　爲什麼變異量數很重要呢？我們舉個例子來說明。假設你是一位小學教師，在學年開始時，你將要教導 30 位二年級學生（組成一個班級）的閱讀課。如果你知道這個班級的學童現在的「平均」能力是能夠閱讀一年級程度的讀物，這將有助於你安排你的課程。然而，如果你還知道這 30 位學童的閱讀能力有多麼「相似」或多麼「分散」的話，你可以做更好的安排。他們是否都處於大約相同的程度（低變異性）呢？假使如此，那麼你可以安排相當標準的二年級課程。但如果有幾位學童能夠閱讀高深的教材，另有幾位則幾乎不會閱讀（高變異性），那怎麼辦呢？現在，「平均」程度就不再對整個班級那般具有代表性，而你將必須安排多樣化的課程以符合學童的不同需求。

　　最簡單的變異量數是全距（range），也就是在某次數分配中最高分與最低分之間的差異值。對突發性殺人犯的性別角色分數而言，其全距是 90：（+61）－（－29）。他們的過度控制分數的全距則是 10：（+19）－（+9）。當計算全距時，你只需要知道其中兩個分數：最高分數和最低分數。

　　全距很容易計算，但心理學家通常較喜歡另一些較爲靈敏的變異量數，因爲這樣量數考慮到分配中的所有分數，不只是極端分數而已。標準差（standard deviation，簡稱 SD）是被廣泛使用的一種變異量數，它指出了各個分數與其平均數之間的平均差距。爲了計算某分配的標準差，你需要知道該分配的平均數和每個個別分數。雖然計算標準差的算術相當簡單，但其公式看起來較爲複雜些，我們在這裡稍作論述。標準差的計算公式如下：

$$SD = \sqrt{\frac{\sum (X-M)^2}{N}}$$

　　在這個公式中，X 代表個別分數，M 代表平均數，N 代表分數的總數，$\sum$代表加號。（X－M）的意思是「個別分數減去平均數」，通常被稱爲離差分數（deviation score），離差分數然後再被平方以排除可能的負值。爲了計算離差的平均值，這些離差分數的平方值被相加（$\sum$）再除以總次數 N。$\sqrt{}$符號是表示把所涵蓋的數值開平方根，以抵銷先前的平方，表 A-4 說明了如何計算突發性殺人犯之過度控制分數的標準差。記住這些分數的平均數是 14.4。因此，你必須從每個分數減去這個數值以取得對應的離差分數。

　　標準差告訴我們一組分數的變異情形。標準差愈大，分數就愈分散開來。因此，標準差是一組分數的離散趨勢的良好量度。突發性殺人犯在性別角色分數上的標準差是 24.6，但慣性殺人犯的標準差只有 10.7。這顯示慣性殺人犯組別的變異性較小，他們的分數較爲密集地群聚在其平均數附近——相較於突發性殺人犯的分數。當標準差很小時，平均數對整個分配而言是具有良好代表性的指標。當標準差很大時，平均

表 A-4　計算突發性殺人犯之自我－過度控制分數的標準差

分數 (X)	離差 （分數減去平均數） (X－M)	離差平方 （分數減去平均數）² (X－M)²
17	2.6	6.76
17	2.6	6.76
13	－1.4	1.96
17	2.6	6.76
13	－1.4	1.96
19	4.6	21.16
14	－0.4	0.16
9	－5.4	29.16
11	－3.4	11.56
14	－0.4	0.16

$$標準差 = SD = \sqrt{\frac{\sum (X-M)^2}{N}} \qquad \sum (X-M)^2 = 86.40$$

$$\sqrt{\frac{86.40}{10}} = \sqrt{8.64} = 2.94$$

$$SD = 2.94$$

數便較不具有整組的代表性。

(五) 相關

在解讀心理學資料上，另一種有用的工具是相關係數（correlation coefficient）。它是關於兩個變項（諸如身高與體重，或是性別角色分數與自我－過度控制分數）之間關係的性質及強度的量數。它告訴我們在某個測量上的分數與在另一個測量上的分數之間的關聯程度。如果人們在某個變項上擁有高分，便傾向於在另一個變項上也擁有高分，那麼相關係數將是正值（大於 0）。然而，如果大部分人在某個變項上擁有高分，便傾向於在另一個變項上擁有低分，那麼相關係數將是負值（小於 0）。如果分數之間不存在一致的關係，相關係數將是接近於 0。

相關係數的範圍從 +1（完全正相關）通過 0 再到－1（完全負相關）。不論在任一方向上，相關係數愈遠離 0 的話，兩個變項就有愈密切的關聯——正向或負向的關聯。愈高的係數容許研究人員根據某變項對另一變項作更佳的預測。

在突發性殺人的研究中，性別角色分數與過控分數之間的相關係數（以 r 來表示）被求出是 +0.35。因此，性別角色分數與過控分數是正相關。一般而言，當受試

者視自己較爲女性化時，他們也傾向於有較高的過度控制。然而，相較於最高可能數值 +1.00，這個相關值只是適度而已，所以我們知道這份關係存在許多例外。假使我們也測量這些囚犯的自尊（self-esteem），且發現過控分數與自尊分數之間的相關是 −0.68，這表示二者存在負相關。如果是這種情況，我們就可以說，當受試者有較高的過控分數時，他們將傾向於在自尊上較低。這樣的關係顯然比起性別角色分數與過控分數之間關係來得強烈，因爲 −0.68 比起 +0.35 更爲遠離 0 點（毫無關係的點）。

二、推論統計

我們已使用一些描述統計來說明從「突發性殺人犯研究」所取得資料的特性，我們現在對研究結果的型態已擁有基本觀念。然而，一些基本問題仍然未被解答。前面提過研究小組所提出的假設，他們假定突發性殺人犯將會較爲害羞、較爲過度控制及較爲女性化——相較於慣性殺人犯。經過我們使用描述統計以比較這兩組的平均反應和變異性後，似乎顯示兩組之間存在一些差異。但我們如何知道這些差異是否已大到有意義的地步？如果我們重複執行這項研究，但是以另一些突發性殺人犯和慣性殺人犯爲對象，我們能否期待將會發現同樣型態的結果？抑或這些結果會不會僅是機遇所造成？假使我們想辦法測量突發性殺人犯和慣性殺人犯的整個母群的話，所取得的平均數和標準差是否會大致相同於我們在這些小樣本上所發現的結果？

推論統計（inferential statistics）就是使用來回答這類問題。推論統計告訴我們，我們可以從自己的樣本做出怎樣的推論，以及我們可以從自己的資料合理地導出怎樣的結論。推論統計應用機率理論（probability theory）以決定一組資料的發生單純是機遇造成的可能性。

(一) 常態曲線

爲了理解推論統計如何運作，我們首先必須檢視所謂常態曲線（normal curve）之次數分配的特性。當關於某變項（例如，身高、IQ 或過度控制）的資料是從一大群人們蒐集而來時，所取得的次數分配通常符合大致上類似於圖 A-3 所顯示的曲線。這樣的曲線中央高起而平均延伸向兩端，逐漸下降形成兩側對稱之類似鐘形的曲線，稱爲常態曲線或常態分配（normal distribution）。偏態分配（skewed distribution）則是指分數集中在左側或右側，而不是集中在中間部分的分配。

在常態曲線中，中數、眾數及平均數的數值完全相同。各有特定百分比的分數可以被預測是落在該曲線的不同區段下。圖 A-3 顯示了在「斯比智力測驗」（Stanford-Binet Intelligence Test）上的 IQ 分數。這些分數的平均數是 100，標準差是 15。如果你把標準差視爲是沿著基準線上相距於平均數的距離，你會發現所有分數中，有

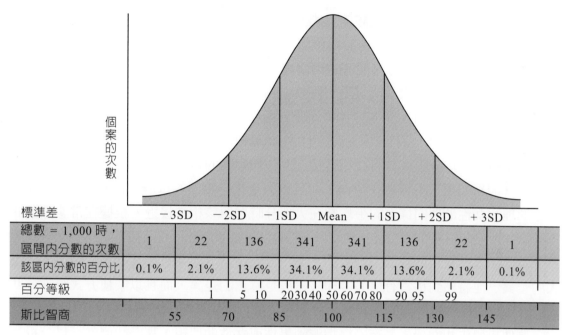

圖 A-3　常態曲線

稍多於 68% 是位於平均數 100 跟上下各一個標準差之間——也就是在 IQ85 與 IQ115 之間。大約有另外 27% 的分數是位於平均數上下各第一個標準差與第二個標準差之間（IQ 分數 115 與 130 之間，以及 IQ 分數 70 與 85 之間）。只有不到 5% 的分數是落在平均數上下第三個標準差之中；極少的分數是落在這個範圍之外——只有大約 0.25%。這個常態分配告訴你，個人拿到不同結果（諸如得分 IQ115 vs. IQ170）有多麼常見或罕見。

　　推論統計指出這項機率：你所取得之特定樣本的分數是否確實與你打算測量的有所關聯，抑或這些分數只是隨機發生而已。例如，以機率而言，某人較可能拿到 IQ105——相較於拿到 IQ140；但是拿到 IQ140 的機率又要大於拿到 IQ35。

　　經由蒐集一系列其差異僅是出於機遇的測量值，我們也可以取得常態曲線。如果你連續拋擲 10 次銅板，且記錄下正面與反面的次數；大部分時候，你可能得到正反各 5 次。如果你繼續拋擲 100 組的 10 次銅板，你或許在極少數幾組中將會出現 10 次都是正面或反面的結果，但是有更多組的次數分配是位於這兩種極端之間，其中有最多組（以最典型情況而言）的次數分配是接近正反各半。如果你把這 1,000 次的拋擲製成圖形，你所得的圖形將會極為符合常態曲線，就如圖 A-3 所示。

(二) 統計顯著性

　　當研究人員發現兩個樣本的平均分數之間存在差異時，他們應該發問的是：這

是否爲「眞正」的差異？抑或該差異的發生單純是出於機遇？因爲機遇差異（chance differences，在統計分析中，由於隨機因素而產生的任何差異）呈現常態分配，研究人員因此可以應用常態曲線來回答這個問題。

　　我們舉個簡單例子來說明這點。假設你的心理學教授想要知道，是否評分人員的性別將會造成男學生和女學生的考試分數有所差異。爲了這個目的，教授隨機指派半數學生到男性助理組，另半數則指派到女性助理組。教授然後比較兩組學生的平均分數。這兩組的平均分數或許將會相當接近；任何輕微的差異將最可能是機遇所致。爲什麼呢？因爲如果只有機遇在運作，而且兩組是來自相同的母群（沒有差異），那麼男性助理和女性助理的樣本的平均數在大部分時候應該相當接近。根據在常態分配的不同區間所發現分數的百分比，你知道在男性助理的情況下，只有不到三分之一的考試分數應該大於女性助理組平均數的上下一個標準差。如果教授「確實」發現了這麼大的差異，他將感到相當有信心，即該差異是眞正的差異，而且以某種方式跟評分助理的性別有關聯。接下來的問題將是該變項「如何」影響考試分數。

　　假使男學生和女學生是被隨機指派到男性或女性助理組，那麼我們就可以分析在評分助理之間發現的整體差異是否在兩組學生中保持一致，抑或只限於男學生或女學生而已。假定該資料顯示，男性助理比起女性助理給予女學生較高的評分，但這二者給予男學生的評分卻相同。你的教授可以利用統計的推論程序以估計所觀察到的差異是因爲機遇才發生的或然率。這樣的運算是建立在該差異的大小和分數的散布上。

　　經過共同協議，心理學家們接受，當某個差異是出於機遇的或然率少於 5/100 時（以 $p < .05$ 的記號表示），這樣的差異就被視爲「眞正」的差異。顯著差異（significant difference）就是指符合這個標準的差異。然而，在某些案例上，研究人員可能採取甚至更嚴格的機率水準，諸如 $p < .01$（少於 1/100）或 $p < .001$（少於 1/1,000）。

　　當呈現統計上的顯著差異時，研究人員就可以對他們所探討的行爲導出結論。關於估計多組資料的統計顯著性（statistical significance），目前存在許多不同類型的檢定。至於針對特定個案應該選定什麼類型的檢定，這取決於研究的設計、資料的形式及組別的大小等。我們在這裡只提最普遍的一種檢定，稱爲 t 檢定（t-test，也稱 t 考驗）。當研究人員想要知道兩個組別（如實驗組與控制組）的平均數之間的差異是否達到顯著水準時，t 檢定就可以派上用場。

　　我們可以使用 t 檢定來看看突發性殺人犯的平均性別角色分數是否顯著不同於慣性殺人犯的分數。t 檢定應用數學程序證實你可能已從圖 A-2 導出的結論：兩組的性別角色分數的分配有很大差別，足以被認定爲是「眞正」的差異。假使我們施行特定的計算，我們將會發現，如果不存在眞正的差異，那麼我們取得這麼大的 t 值的機率實在非常渺小（少於 5/100，即 $p < .05$）。因此，該差異達到統計上的顯著水準，我們可以抱持較大的信心，即兩組之間存在眞正的差異。突發性殺人犯確實評定自己較

為女性化——相較於慣性殺人犯對自己的評定。另一方面，在過度控制分數上，這兩組殺人犯之間的差異經過計算並未達到統計上顯著（p<.10），所以我們在宣稱這項差異上務必較為謹慎。這表示在所預測的方向上存在一種或然性——該差異在 100 次中只有 10 次是由於機遇而發生。無論如何，這樣的差異仍未進入標準之 5/100 的範圍內（至於在害羞上的差異，採用另一種針對分數次數的統計檢定進行分析，發現它呈現高度顯著）。

因此，透過應用推論統計，我們能夠回答我們在起始提出的一些基本問題，我們也更接近於理解這些人的心理狀態——為什麼從態度溫和而害羞的傢伙冷不防地變為殺人犯。然而，任何結論只是對所探討事件之間「可能」關係的一種陳述；它不是絕對不移的。科學上的真理只是暫時的，它總是開放空間給後繼根據更好的假設所發展之更好的研究所獲致的資料。

第二節　成為一位聰明的統計消費者

現在，我們已談論了什麼是統計、它們如何被使用，以及它們意味些什麼，我們也應該談論它們如何可能被誤用。許多人毫不猶豫地接受所謂的「事實」，只因為它們背後有統計的權威氣氛在支撐。另有些人不論選擇相信或不相信統計數字所告訴他們的事情，卻是毫無所悉如何質疑所呈現的數據——這些數據可能是為了支持特定商品、政客或提案。

有許多方式可以利用統計來給予人們錯誤的印象。我們在研究的所有階段所做的決定——從選擇怎樣的受試者、如何設計研究、選定怎樣的統計程序，以迄於如何應用這些統計——都可能深刻影響從資料中所能導出的結論。

受試者的挑選可能造成重大差別，甚至直至研究結果被報導時很可能仍未偵察出來。例如，當調查一般人對於墮胎權的看法時，如果你在美國南方保守的小城鎮施行，而不是在紐約市的大學校園中施行的話，自然會產生極為不同的結果。同樣的，如果你選定反對扼殺生命的團體（pro-life group），調查其成員的意見，你所獲致的結果當然極不同於如果你對贊成墮胎合法化團體（pro-choice group）的成員施行同樣的調查。

即使受試者是隨機挑選，不會因為方法論而產生偏差，但如果統計的假設被違反的話，統計仍可能造成誤導的結果。例如，假設 20 個人接受一項 IQ 測驗；他們之中有 19 個人拿到的分數是在 90 到 110 之間，另一個人則拿到 220 的高分。因為這個人極為偏常的高分，整組的平均數被大為提升上來。當面對這樣的一組資料時，較適當的做法是呈現中數或眾數，因為中數或眾數遠比平均數更能準確反映整組普遍的平均

智力；呈現平均數將會使得這個組別的一般成員看起來像是擁有偏高的 IQ。這種偏誤在小樣本中特別具有強力作用。然而，如果這個組別的受試者人數是 2,000 人，而不是 20 人，那麼該極端分數將實質上不會造成什麼差異，所得平均數就能夠作為該組智力的合法代表。

　　為了避免落入這種詭計，良好的方法之一是檢驗樣本的大小——大樣本比起小樣本較不可能產生誤導。另一種方法是除了檢視平均數外，也應該查核中數或眾數。如果它們相近而沒有很大分歧的話，我們才較具信心而能夠對結果進行解讀。你總是要記得審慎檢視所報導研究的方法論及結果，查核實驗人員是否報告了他們的樣本大小、變異量數、顯著水準及誤差範圍。試著檢視他們所使用的方法是否準確而前後一貫地測量了他們宣稱所探討的東西。

　　統計是心理學研究的主幹。它們被用來理解所從事的觀察，從而決定所獲致的發現是否正確。透過我們所描述的那些方法，心理學家可以製作資料的次數分配，找出所得分數的集中趨勢和變異性。他們可以利用相關係數以決定各組分數之間關係的強度及方向。最後，心理學研究人員因此可以找出所得觀察具有多大代表性，以及它們是否顯著不同於在一般人口中所觀察的情形。統計也可能被不當使用或欺騙性地使用，誤導那些不了解統計的人們。但是當統計被正確而合乎道德地運用時，它們容許研究人員擴展心理學知識的體系。

名詞解釋

Abnormal psychology（變態心理學）。心理學研究的一個門類，也稱為偏差心理學，主要在探討個人心智、情感及行為等病態的本質。

Absolute threshold（絕對閾）。指能夠引起個體之感覺經驗所需的最小物理能量；它被操作性界定為感覺信號在半數的次數中可被察覺的刺激強度。

Accommodation（調適作用）。根據皮亞傑的認知發展論，它指涉的歷程是個體重建或改變既存的認知結構，以便新訊息較容易嵌入而符合環境的要求。這個歷程與同化作用（assimilation）二者互相配合，以形成個體對環境的順應。此外，調適也是指眼球的水晶體經由毛狀肌的伸縮作用而改變其厚度，以便適應視覺物體的遠近距離，從而獲得清晰的視覺。

Acquistition（獲得）。在古典制約實驗中，制約反應首度被制約刺激所引發的階段稱為獲得。

Action potential（動作電位）。動作電位是在神經元上促發的神經衝動，它沿著軸突傳導下去，且引起神經傳導物質被釋放到突觸中。

Acute stress（急性壓力）。一種短暫的激發狀態，通常具有清楚的開端及終結。

Addiction（成癮）。指個體生理上或心理上強烈依賴藥物的狀態；當體內缺乏該藥物時，將難以維持生理或心理的平衡。成癮通常會造成耐藥及依賴的現象。

Ageism（年齡歧視）。指對老年人持有偏見與歧視的態度；就如種族歧視及性別歧視，年齡歧視也是一種負面的刻板觀念。

Aggression（攻擊行為）。指造成另一個人心理傷害或身體傷害的行為。

Agoraphobia（懼曠症）。個人極端害怕處身於公共場所或開放的空間，個人雖然明知不致於受到任何傷害，但仍然無法克制所引起的惶恐情緒。

AIDS（後天免疫不全症候群）。這是一種由病毒引起的症候群，這種病毒將會破壞免疫系統，且減弱身體對抗傳染病的能力，通常會導致死亡。

Algorithm（定程式法）。指一步接一步（逐步）的程序，這始終可以為特定類型的問題提供正確的解答。

All-or-none law（全有或全無律）。指神經傳導的基本特性。當引起神經元興奮的刺激強度尚未達到某個限度時，全然沒有神經衝動的發生；但是當強度達到某個限度而引起神經衝動時，衝動立即達到最大強度。這時候即使刺激再被加強，衝動的強度將不會再增加。

Altruism（利他行為）。個人所展現的利社會行為，沒有考慮到他自己的安全或利益。

Alzheimer's disease（阿滋海默氏症，老年失智症）。一種慢性、器質性的大腦症候群，其特徵是記憶力逐漸喪失，智力的衰退，以及人格的退化。它是在老年人身上最常見的一種癡呆症。

Amacrine cells（無軸突細胞）。指散布於視網膜中的一種無軸突的特殊神經元，位於神經節細胞層和雙極細胞層。無軸突細胞與水平細胞的聯合作用，使感光細胞送出的訊息在抵達節神經元之前得以先行整合。

Ambiguity（曖昧性）。指知覺對象的特性可能具有不只一種的解讀方式。

Amnesia（失憶症）。指記憶的喪失，不復記得過去的經驗，可能是物理傷害（腦傷）、疾病、藥物服用或心理創傷等因素所引起。

Amygdala（杏仁核）。為邊緣系統的一部分，控制情緒、攻擊行為及情緒記憶的形成。

Analytic psychology（分析心理學）。心理學的分支之一，視個人為補償性的各種內在力量的統合，以形成動態的平衡。這個學說是由瑞士心理學家榮格（Carl Jung）所倡導。

Anchoring bias（定錨偏誤）。當判斷一些事件或結果的可能價值時，過高或過低偏離初始起點數值的一種不足判斷。

Animal cognition（動物認知）。非人類之動物的認知能力。研究人員追蹤各個物種之認知能力的發展，以及探討從非人類動物到人類之間在認知能力上的連貫性。

Anorexia nervosa（心因性厭食症）。一種飲食性疾患，儘管個人的體重低於他理想體重的 85%，但仍然表達對變胖的強烈恐懼。

Antisocial personality disorder（反社會型人格疾患）。人格疾患的一種，它的特徵是長期不負責任、不遵守法律的行為型態，經常違反社會規範，對自己的這些行動缺乏良心苛責或罪疚感，且對他人的權益漠不關心。

Anxiety（焦慮）。根據佛洛依德學派的理論，焦慮是一種強烈的情緒反應，是當個人前意識察覺到某份被壓抑的衝突即將浮現到意識層面時所引起。

Anxiety disorders（焦慮性疾患）。焦慮性疾患是多種與焦慮有關之心理疾患的總稱，其特徵是心理激動、緊張感受，以及缺乏明顯原因而強烈地憂慮及不安。

Apparent motion（似動現象）。運動錯覺的一種。當兩個（或以上）的相鄰光點在時間上連續明滅時，即使光點的位置保持靜止，但看起來像是單一光點在移動，稱之為似動現象。ϕ 現象是最簡單形式的似動錯覺。

Aptitude test（性向測驗）。針對於測量個體獲得各種技能之潛在能力的測驗。

Archetype（原型）。根據榮格學派的人格理論，原型是指特定經驗或物體之普遍的、傳承的、原始的、象徵的表徵，也就是每個人與生俱來的原始心象和觀念，屬於集體潛意識的一部分。

Assimilation（同化作用）。根據皮亞傑的說法，同化是指個體以自己既有的基模或認知結構為基礎去吸收新經驗的歷程。同化與調適二者互相配合，建立起個體對外界的認識。

Association cortex（聯合皮質）。大腦皮質的一部分，被認為與記憶、知覺、判斷、語言等高層次的歷程有關。

Attachment（依附）。兒童與固定照顧者之間親密的情感關係。

Attention（注意力）。個人集中覺知於環境中特定部分的知覺訊息，從而獲得知覺經驗的心理活動，稱為注意。個人對選定加以注意的刺激可以獲得清楚的知覺，對注意之外的刺激則顯得模糊不清，從而可能呈現視而不見或聽而不聞的現象。

Attention/deficit hyperactivity disorder（ADHD）（注意力缺失／過動疾患）。一種兒童期疾患，其特徵是注意力不良、過動及易衝動。

Attitude（態度）。個人所學得相對上穩定的傾向，準備以一種帶有評價的方式去應對一些人們、觀念或事件。

Attributions（歸因）。個人對若干結果之可能原因的判斷。

Attribution theory（歸因理論）。一種社會－認知的探討途徑，以之來描述社會知覺者如何利用所得訊息以獲致因果解釋。

Audience design（觀眾設計）。指根據所欲影響的觀眾來塑造訊息的過程。

Auditory cortex（聽覺皮質）。大腦顳葉接收及處理聽覺訊息的區域。

Auditory nerve（聽神經）。第八對腦神經稱之為聽神經，它分為耳蝸神經及前庭神經兩大枝，前者傳導聽覺，後者傳導平衡感覺。

Autistic disorder（自閉性疾患）。一種發展性疾患，其特徵是兒童建立社會互動和使用語言的能力嚴重障礙。

Autokinetic effect（自動移動效應）。視錯覺的一種，諸如暗室中孤立而靜止的光點看起來像是離開其原來位置而緩慢移動；這種刺激靜止而知覺移動的現象，便稱為自動移動效應。

Automatic processes（自動化歷程，無意識歷程）。指不需要注意的歷程；這種歷程通常可以配合其他作業而被執行，不會造成干擾。

Autonomic nervous system, ANS（自律神經系統）。自律神經系統是周圍神經系統的一部分，它是由分布於心肌、平滑肌及腺體等內臟動作器的運動神經元所構成，控制身體不隨意的運動反應，如心跳、平滑肌收縮及腺體分泌，以維持身體的恆定狀態。

Availability heuristic（便利性捷思法）。人們當估計事件的可能性時。所作判斷容易受到記憶中近便可得訊息的影響，稱之為便利性捷思法。

Aversion therapy（嫌惡治療法）。行為治療法的一種，用以處理受有害刺激所吸引的人們。它的做法是把誘人的刺激與厭惡的刺激配對起來，以引發當事人對目標刺激的負面反應；經常被用來戒除吸菸及酗酒等不良習慣。

Axon（軸突）。神經元延伸的神經纖維，神經衝動經由軸突而從細胞體被傳到終止扣（terminal buttons）。

Basic level（基本層次）。當思考某物件時，最理想的分類層次；這樣的層次將可最迅速從記憶中被提取，而且可被最有效率地使用。

Basilar membrane（基底膜）。耳蝸內分隔耳蝸管與鼓膜管的膜性構造，它是由許多長短不一的纖維所構成。當淋巴液振動造成的壓力波引起基底膜上纖維的振動時，柯蒂氏器的毛細胞隨之振動，神經衝動就傳往大腦皮質而產生聽覺。

Behavior（行為）。有機體適應其環境所採取的行動。

Behavioral confirmation（行為驗證）。這個歷程是指人們以一些方式展現行為，藉以引發他人特定的預期反應，然後利用這些反應來確認自己的信念。

Behavioral data（行為資料）。關於有機體行為的觀察報告，也包括在什麼條件下該行為將會發生或改變。

Behavioral measures（行為測量）。指被觀察及記錄的外顯行動和反應，但不包括自我報告的行為。

Behavioral rehearsal（行為預演）。用來建立及強化基本技巧的程序，如在社交技巧訓練方案中所採用的，這需要案主在心理上預先演練合意的行為順序。

Behaviorism（行為論，行為主義）。當代科學心理學的主流之一，在研究方法上重視實驗及觀察；在研究題材上重視可測量或可觀察的行為。

Behavioristic perspective（行為主義的透視）。一種心理學的研究模式，主要關切的是可被客觀記錄的可觀察行為，以及關切可觀察行為與環境刺激之間的關係。

Behavior therapy/behavior modification（行為治療法／行為矯正術）。這是指有系統地運用行為學派的學習原理以提高良好行為的出現頻率，及／或降低問題行為的出現頻率。

Behavioral neuroscience（行為神經科學）。一種跨學科（科際整合）的領域，試圖理解作為行為基礎的大腦歷程。

Belief-bias effect（信仰偏見效應）。這種情況發生在當個人先前的知識、態度或價值觀經由影響個人接受無效的論證，進而扭曲他的推理過程時。

Between-subjects design（受試者間設計，組間設計）。這是指利用隨機抽樣從母全體中抽出所需要的受試者人數，然後再以隨機指派的方式，讓不同組的受試者接受不同實驗處理的方法。

Biofeedback（生理回饋）。一種自我調節的技術，使得個體能夠自主地控制原本無意識的生理歷程。

Biological perspective（生物學的透視）。當檢定行為的起因時，側重基因、大腦、神經系統及內分泌系統之功能的探討途徑。

Biological constraints on learning（學習上的生物性限制）。指有機體因為身為某物種的成員，因此牠固有之感官、反應或認知能力所造成之學習能力上的任何限制，就稱之為生物性限制。

Biomedical therapies（生物醫學治療）。經由改變大腦功能而來處理心理疾患的治療方式，這可以透過化學介入或物理介入，諸如藥物治療、外科手術或電痙攣治療。

Biopsychosocial model（生物心理社會模式）。關於健康與疾病的一種模式，它主張神經系統、免疫系統、行為風格、認知歷程及環境因素之間的關聯可能置人們於疾病的風險。

Bipolar cells（雙極細胞）。指視覺系統的神經細胞，這些細胞結合來自許多受納器的衝動，然後把結果傳送到神經節細胞。

Bipolar disorder（雙極性疾患）。情感性疾患的一種，它的特徵是鬱期和躁期的交替出現。

Body image（身體意象）。指個人對自己身體外觀的一種主觀、綜合及評價性的概念。

Bottom-up processes（由下而上的處理）。指根據環境中所得的感官資料而執行的知覺分析；分析結果被向上傳送，以形成較抽象的心理表徵。

Brain stem（腦幹）。腦幹是中腦、橋腦及延髓三部分聯合構成，負責調節身體基本的生命歷程。

Brightness（明度，亮度）。顏色的三個維度之一（另兩個維度是色彩及飽和度）；在從黑到白的維度上，愈接近全白的一端，明度就愈大。此外，這也指由光波的波幅所決定之視覺經驗的強度；波幅愈大，明度也愈大。

Bulimia nervosa（心因性暴食症）。飲食性疾患的一種，其特徵是患者在暴飲暴食之後，再以催吐或吃瀉藥的方式把食物排放出來，以排除體內過量的卡路里。

Broca's area（布洛卡區，布氏語言區）。大腦左半球中專司把思考轉譯為言語或符號的區域。

Bystander intervention（旁觀者介入）。對另一位需要幫助的人伸出援手的舉動。

Cannon-Bard theory of emotion（坎巴二氏情緒論）。這是以中樞神經歷程為基礎的一種情緒理論，它

主張情緒的發生源於知覺系統接受外界刺激，然後傳入中樞神經內的視丘及下視丘，這兩個部位再將訊息傳送到大腦皮質，就產生了情緒體驗。這個理論是由 Walter Cannon 和 Philip Bard 所獨立發展出來，故名之。

Case study（個案研究）。經由對個案的深入分析，以求了解個案問題的癥結，進而解決其問題的一種觀察研究法。

Catharsis（宣洩）。根據佛洛依德學派的理論，這是指個人表達出內心強烈感受、但通常壓抑著的情緒的歷程。

Central nervous system, CNS（中樞神經系統）。這是指由人體的腦和脊髓所組成的神經系統，以有別於周圍神經系統。

Centration（集中化）。當認知發展的前運思期展開時，在兒童身上常見的一種思考型態，其特徵是兒童沒有能力同時考慮一個以上的知覺因素。

Cerebellum（小腦）。小腦位於大腦後部枕葉的正下方，也就是在腦幹的後方，它控制動作協調、姿勢及身體平衡。

Cerebral cortex（大腦皮質）。指大腦的外層，也稱為大腦皮層。

Cerebral hemispheres（大腦半球）。大腦由左右兩個半球所構成，其間由胼胝體連繫起來。

Cerebrum（大腦）。大腦占有腦中最大部分，它調節感覺、運動及認知等歷程。

Child-directed speech（以兒童為導向的談話）。見 Motherese。

Chronic stress（長期壓力，慢性壓力）。一種持續的激發狀態，源於個體知覺到環境的要求似乎踰越了他所能取得的內在及外在的應付資源。

Chronological age, CA（實足年齡）。指個體從出生之日算起的年齡，通常根據幾年及幾個月來計算。

Chunk（意元）。指有意義的一個訊息單位。

Chunking（意元集組）。當處理許多分立的刺激時，個人利用知覺組織的原理，使原本屬於零散性的個別意元資料，集組而成包含多個意元的一個整體，以便於記憶。這種短期記憶的現象稱為意元集組。

Circadian rhythm（晝夜節律）。人類及許多動物，在生理及行為上大多以 24 個小時為一個週期，呈現規律性的變化，稱之為晝夜節律。這種一致型態的週期性身體活動取決於內在的生理時鐘。

Classical conditioning（古典制約學習）。為學習類型的一種，它的基本程序是：A 刺激原先即可引起個體的某種反應，但 B 刺激卻未能引起該反應；現在，經由使 B 刺激與 A 刺激配對（相隨或相伴）呈現，幾次之後，B 刺激單獨呈現也能引發 A 刺激所引起的反應，這便是發生了古典制約學習。

Client（案主，受輔者）。有些臨床人員視心理異常為生活上的失調，而不視為是心理疾病；他們習慣於使用「案主」的詞語來稱呼接受治療或輔導的當事人。

Client-centered therapy（案主中心治療法）。人本治療途徑的一種，強調當事人健康的心理成長。它的基本假設是，所有人都擁有自我實現之人性的基本傾向。

Clinical psychologist（臨床心理學家）。指實際從事心理治療工作，或專門從事心理失常問題的研究與教學的人員。除了專業知識外，他們兼具醫院或臨床的工作經驗。

Clinical social worker（臨床社工師）。心理健康專業人員，受過專業訓練以協助精神科醫師及臨床心理師處理病人的問題，但他們側重於考慮問題的社會背景。

Cochlea（耳蝸）。聽覺的主要器官之一，位於內耳，爲骨骼所圍繞，盤曲的管道像蝸牛的外殼一般，管內充滿內淋巴液。

Cognition（認知）。即「知」的歷程，包括注意、想像、辨認、推理及判斷等複雜的心理活動；也包括該歷程的內容，諸如概念及記憶。

Cognitive appraisal（認知評價）。指個人對壓力源的辨認與評價，以便評估環境的要求、威脅的大小、所能取得的應付資源，以及適當的因應策略等。

Cognitive appraisal theory of emotion（情緒的認知評價理論）。這個理論指出，情緒體驗是生理激發和認知評價二者的聯合效應，它的作用是決定曖昧不明的內在激發狀態將會如何被標示（指稱）。

Cognitive behavior therapy（認知行爲治療法）。一種治療技術，它結合了兩者，一是認知論所強調之思考與態度在影響個人的動機及反應上所扮演的角色，另一是行爲主義所強調之透過改變後效強化來改變個人的行爲表現。認知行爲治療法是指個體經由認知歷程上的自我調適，從而達到改變不當行爲的目的。

Cognitive development（認知發展）。泛指人類認識歷程的發展，包括想像、知覺、推理及問題解決等。

Cognitive dissonance（認知失調論）。指個人不調和、不一致的認知將會造成心理失去平衡，使個人感到緊張與不適，這將促使個人試圖減除這樣的緊張狀態，以恢復心理平衡。

Cognitive map（認知圖）。指對物理空間的心理表徵。

Cognitive neuroscience（認知神經科學）。一門科際整合的領域，試圖理解怎樣的大腦歷程引起了人類的高級認知功能。

Cognitive processes（認知歷程）。指較高級的心理歷程，如知覺、記憶、語言、問題解決及抽象思考等。

Cognitive science（認知科學）。以探討人類心智活動爲目的的一門跨學科的研究領域，其中包括認知心理學、語言學、資訊科學、人工智慧、神經生理學等多門學科。

Cognitive therapy（認知治療）。心理治療的方法之一，試著經由改變案主對重要生活經驗的思考與知覺方式，從而改變案主的情緒及行爲。

Collective unconscious（集體潛意識）。根據榮格學派的人格理論，人類除了個別潛意識之外，還具有集體潛意識。集體潛意識是傳承下來、從進化中發展出來，以及爲該種族的所有成員所共有。

Comorbidity（併發率）。個人同時罹患一種以上的疾患。

Complementary colors（互補色）。指在色環上互居於對立位置的顏色；當互爲補色的兩種彩色混合後，將會呈現白色或灰色。

Concepts（概念）。指對各類物件或觀念的心理表徵。

Conditioned response, CR（制約反應）。在古典制約學習中，當某些中性刺激與非制約刺激配對呈現幾次後，這些原先中性的刺激也將可引發非制約刺激原本引起的反應，這時候引發的反應就稱爲制約反應。

Conditioned stimulus, CS（制約刺激）。在古典制約學習中，原先不能引起個體某固有反應的刺激，經過與非制約刺激配對呈現幾次後，也可單獨引起非制約刺激所引起的反應。這個原先中性的刺激，便稱為制約刺激。

Conditioning（制約學習）。指個體經由制約作用所產生的行為改變。

Cones（錐體細胞）。主要聚集在視網膜中央高處的一種感光神經元。錐體細胞負責正常觀看情況下的視覺經驗，且負責所有的彩色經驗。

Conformity（從眾）。指人們傾向於採納參考團體之其他成員的行為、態度及價值觀。

Confounding variable（混淆變項）。指在實驗情境中，除了實驗人員明確引入的變項外，另一些刺激也影響了受試者的行為。這樣的刺激便稱為混淆變項。

Consciousness（意識，意識狀態）。指個人對內在事件及對外界環境的覺知狀態；也是指個人當時的心理狀態，包括感覺、知覺、情緒、記憶、心象、觀念等各種心理歷程的變化。

Conservation（守恆，保留）。根據皮亞傑的說法，這是指兒童了解當物體未被添加或未被取走任何東西時，即使它的外觀有所改變，但它的物理性質仍然不變，這稱為概念守恆。

Consistency paradox（一致性弔詭）。這是指人格評定在不同時間及不同觀察者之間相當一致，但行為評定在不同情境之間卻顯得不一致的弔詭現象。

Construct validity（構念效度）。指某測驗適當測量出它的基礎構念的程度。

Contact comfort（舒適接觸）。嬰兒因為與母親或照顧者的身體接觸而產生的舒適感。

Contact hypothesis（接觸假說）。這是指只有當團體之間的接觸包括有像是朝著共同目標而協力合作的特性時，這樣的接觸才有助於減低偏見。

Contingency management（後效管理）。指經由改變行為的後果而來改變行為的綜合處理策略。

Control condition（控制情境）。在控制性實驗中，有一組受試者除了不暴露於所欲研究的自變項之外，他們所接受的其他實驗程序及特徵完全一如實驗組的受試者。這組稱為控制組。

Controlled processes（控制性歷程）。指需要注意力的歷程；人們往往難以同一時間執行一種以上的控制性歷程。

Control procedures（控制程序）。除了有系統地加以變動的變項外，所有其他變項都保持固定，且在給予指示語、為反應評分等程序上也都保持一致。這樣的實驗程序就稱為控制程序。

Conversion disorder（轉化性疾患）。一種心理疾患、心理衝突或壓力引起運動或感官功能的喪失。

Coping（因應，應付）。指應付被自覺具有威脅性或壓倒性之內在或外在要求的歷程。

Corpus callosum（胼胝體）。指位於大腦左右兩半球之間，使兩個大腦半球連接在一起的構造，它的內部含有聯絡作用的神經纖維。

Correlational methods（相關法）。心理學上常用的研究方法之一，它採取相關係數的方式，探求兩個或兩個以上的變項（特質、屬性）之間關係的程度。

Correlation coefficient, r（相關係數）。統計學上的數值，以之表示兩個或多個變項之間相關的程度。

Counseling psychologist（諮商心理學家）。指專司於在職業選擇、學校問題、藥物濫用及婚姻衝突等領域中提供指導或輔導的心理學家。

Counterconditioning（反制約作用）。指採用制約原理消除特定反應或不良習慣的歷程。這種技術可應

用於治療上，也就是經由制約程序以新反應來取代原先的不當反應。

Countertransference（反移情作用）。當精神分析師自覺案主與他生活中重要人們之間的相似性，進而把他隱藏中對這些重要人們的情感轉移到案主身上時，這種現象稱為反移情作用。

Covariation principle（共變原則）。這是解釋事件之因果關係的一種心理原則。每當某行為發生時，某因素就呈現，但當該行為未發生時，該因素就未呈現；這種情形將使人們傾向於把該行為歸因於該因素。

Creativity（創造力，創造性）。指個體提出新觀念或新作品的能力，這些觀念或作品不但新穎，而且適合該環境。

Criterion validity（效標效度）。指測驗分數與外在效標之間符合或一致的程度，以相關係數表示之；也被稱為是預測效度。

Cross-sectional design（橫斷法）。研究個體行為發展的方法之一。它是對不同發展階段（不同年齡或年級）之個體的若干行為，同一時間進行研究。這種方法可在短時間內獲得各年齡階段發展的資料。

Crystallized intelligence（固定智力，結晶智力）。這種智力涉及個人已經獲得的知識，以及接近（提取）該知識的能力；它可由詞彙、算術及一般常識等測驗測量出來。

Cutaneous senses（皮膚感覺，膚覺）。指皮膚下的受納器對外界刺激所獲悉的感覺經驗，如壓覺、溫覺、冷覺、痛覺等都是屬於皮膚感覺的一種。

Date rape（約會強暴）。在雙方同意之約會情境的背景中，由社交認識的人所施加之不想要的性暴力。

Debriefing（聽證報告）。這是當實驗結束時施行的一種程序，研究人員儘量提供受試者關於該研究的資訊，而且確定沒有受試者離開時帶著混淆、不安，或困窘的感覺。

Decibel, dB（分貝）。用來描述聲音之物理強度的單位，也就是音量的單位。

Decision aversion（決策嫌惡）。指避免從事決策的傾向；決策愈是艱難，就愈可能產生決策嫌惡。

Decision making（決策）。在多重途徑或方案之間從事選擇的歷程；也就是選定或排除所呈現的一些選項。

Declarative memory（陳述性記憶）。指個人對事實和事件等訊息的記憶。

Deductive reasoning（演繹推理）。屬邏輯推理的方式之一；這種推理以普遍認定的原則為前提，從而推衍到特定的事例上，然後獲致結論。演繹推理的標準形式即為所謂的三段論法，包括大前提、小前提和結論。

Delusions（妄想）。指不實或不合理的信念，儘管未獲得客觀證據的支持，但個人仍然深信不疑。

Demand characteristics（訴求特徵）。這是指實驗情境中存在若干暗示實驗目的的外顯及內隱的線索，受試者可能感受到這些線索的意義，進而有意從事符合情境預期的行為。這將使實驗結果產生偏差。

Dendrite（樹突）。把神經衝動傳入神經細胞之細胞體的突起或神經纖維。

Dependent variable（依變項）。在控制性實驗中，隨自變項的變動而引致的變化事項，就稱為依變項。

Descriptive statistics（描述統計）。指根據一組測驗分數而摘要出它的集中趨勢、變異性及相關等資料的統計程序。當所得資料經過整理、摘要、歸類和濃縮後，才能了解資料所包含的意義和它所

傳遞的訊息。

Determinism（決定論）。解釋人性的一種理論觀點，它主張所有事件——物理的、行為的、心理的——都取決於特定的起因。因此，我們如果能夠清楚了解個體過去的一切，就可以準確預測他的未來。決定論基本上否定了人類的自由意志。

Developmental age（發展年齡）。指個體發展程度（身體或心理發展）所代表的年齡。發展年齡未必等於實足年齡，兩者相等表示發展正常，否則就表示發展超前或遲滯。

Developmental psychology（發展心理學）。心理學的分支之一，主要是探討身體歷程與心理歷程之間的交互作用，以及探討個體從懷孕開始，以迄於整個生涯中各個階段的成長。

Diathesis-stress hypothesis（素質 — 壓力假說）。關於某些疾患（如精神分裂症）之起因的一種假說，它主張遺傳因素使得某當事人容易罹患某種疾患，但還需要有環境壓力因素的侵犯或催化，才會使這種潛在的風險表明出來。

Dichotic listening（雙耳分聽）。指一種探討聽覺與注意力之間關係的實驗技術，它讓受試者的兩隻耳朵同時收聽到（透過兩個耳機）不同的聽覺刺激。

Difference threshold（差異閾）。指辨別兩個刺激為不同時，這兩個刺激之間在物理強度上所需的最低差異量；也就是兩個刺激在強度上的差異低到何種程度時，仍可被辨識為是兩個不同刺激。

Diffusion of responsibility（責任擴散）。在緊急情境中，旁觀者的人數愈多，任何一位旁觀者感到有必要伸出援手的責任就愈少。

Discriminative stimuli（區辨刺激）。指作為強化之預測指標的刺激，它發送信號指出特定行為在什麼時候將會導致正強化。

Dissociative amnesia（解離性失憶症）。失憶症的一種，當事人無法記得重要的個人經驗，主要是心理因素所引起，缺乏任何器質性的功能障礙。

Dissociative disorder（解離性疾患）。一種人格失常狀態，其特徵是當事人的身分、記憶或意識的統整性發生障礙。

Dissociative identity disorder（解離性身分疾患）。一種解離性心理疾患，兩個或以上的不同人格存在於同一個體身上；這種疾患原先被稱為多重人格疾患。

Distal stimulus（遠側刺激）。指外界環境中存在的刺激，也就是指刺激本身而言；至於感覺受納器所接受的刺激，則稱為近側刺激。

Divergent thinking（發散性思考）。為創造力的基礎之一，其特徵是個體面對問題時能夠提出許多不尋常但適宜的答案。

Double-blind control（雙重保密控制）。一種用來排除實驗人員之偏頗預期的實驗技術，它讓受試者和實驗助手兩方都不知道何者受試者接受何種實驗處理。

Dream analysis（夢的解析，析夢）。精神分析治療採用的一種方法，它對當事人的夢境進行解析，以便洞悉當事人有關的潛意識動機或衝突。

Dream work（夢程）。夢從潛性夢境轉化成顯性夢境的過程。

DSM-IV-TR（心理疾病診斷與統計手冊第四版校對版）。這是目前廣被使用的診斷與統計手冊，由「美國精神醫學會」所制定，它對超過 200 種心理疾患進行分類、界定及描述。

Echoic memory（餘音記憶）。感官記憶的一種，使得聽覺訊息得以被短暫貯存，但大約只能保持二、三秒鐘。

Ego（自我）。根據佛洛依德學派的理論，自我是整體人格結構的一部分，代表人格的現實層面，其主要功能是獲得基本需求的滿足、維持個體的生存，以及引導本能的驅力及衝動走上適宜的途徑。

Egocentrism（自我中心主義，利己主義）。指缺乏能力從自己以外的他人觀點去看待世界。此外，這也是指在認知發展中，處於前運思期的幼童缺乏能力從任何他人的角度來想像場景。

Ego defense mechanism（自我防衛機制）。根據佛洛依德學派的理論，這是指一些心理策略（意識或潛意識的），自我據以來防衛自己，以對抗在正常生活過程中所體驗的衝突。

Electroconvulsive therapy, ECT（電痙攣治療法）。屬心理治療方法之一，在病人的腦部施加微弱的電流刺激，常被用來處理重度憂鬱症。

Electroencephalogram, EEG（腦波圖）。指關於大腦皮質中膜電位變化的記錄圖。

Emotion（情緒）。一種複雜型態的變化，包括有生理激發、感受、認知歷程及行為反應，它是針對被自覺具有個人意義的情境而產生的反應。

Emotional intelligence（情緒智力）。這類智力被界定為準確而適宜地知覺、判斷及表達情緒的能力、運用情緒以激發思考的能力、理解及分析情緒的能力、有效地應用情緒知識的能力，以及調節個人情緒以促進情緒和智力二者成長的能力。

Empathy（同理心）。指設身處地以當事人的立場去體會當事人心境的心理歷程；也就是指分享他人情緒感受的能力，即所謂的「感同身受」。

Encephalization（腦容量擴大）。指腦容量的增大，這是人類進化上的一個重要發展。

Encoding（編碼、登錄）。指心理表徵在記憶中形成的歷程；也就是把外在刺激訊息轉換為另一種形式，以便於貯存與提取的心理表徵歷程。

Encoding specificity（編碼特異性）。這個原則是指當回想訊息時所供應的線索與這些訊息當被登錄時所呈現的線索維持一致的話，那麼對這些訊息的提取將可大為增進。

Endocrine system（內分泌系統）。腺體製造及分泌激素，然後透過血液循環輸送到作用部位，這整個網絡稱為內分泌系統。

Engram（記憶痕跡）。指訊息在腦中的物理記憶痕跡。

Environment（環境）。指可能影響個體之發展與行為的各種外在作用力、狀況及境遇。

Environmental psychology（環境心理學）。心理學的研究領域之一，主要是探討心理歷程與物理環境（包括自然及人為的環境）之間的關係，強調有機體 — 環境關係中的交互作用及相互影響。

Environmental or situational variables（環境變項或情境變項）。指行為的外在影響力；凡是情境中可能影響個體行為的因素，都是屬於情境變項。

Episodic memories（情節記憶）。指對自傳式的事件（即具體的事實，而不是普遍性的概念）及對這些事件之發生背景的長期記憶。

EQ（情緒商數）。智力商數（智商）在情緒智力方面的對應。

Equity theory（公平論）。關於工作動機的一種認知理論，它主張工人擁有動機試圖維持與另一些相關人們之間公平而合理的關係。此外，公平論也是解釋人與人之間或團體與團體之間如何維持和

平相處的一種理論，當彼此都感覺到付出與收穫成比例而維持公平狀態時，彼此之間才不會發生衝突。

Estrogen（雌激素，動情激素）。女性性激素的一種，它是由卵巢所製造，負責卵子從卵巢中排放出來，也負責女性生殖構造與第二性徵的發展及維持。

Etiology（病原學）。以專門研究疾病原因（或相關因素）為目的的一門學科。

Evolution（進化）。關於物種演變的一種理論，它主張物種長期下來透過生物變項與環境變項的交互作用而發生演變，然後逐漸適應其所處環境。

Evolutionary psychology（進化心理學）。即應用進化論的原理以探討行為及心智。它的基本假設是，心理能力經過幾百萬年的進化而具有特定的適應目的。

Excitatory input（興奮性輸入）。進入神經元的訊息，通知神經元放電。

Expectancy effects（預期效應）。當研究人員或觀察人員預期受試者將會產生什麼反應時，他們可能微妙地傳達給受試者他所被期待的行為，結果剛好促成了原先所預期的行為的發生。

Expectancy theory（期待論）。關於工作動機的一種認知理論，它主張當工人預期他們的努力和工作表現將可獲致自己想要的結果時，工人將會擁有最佳的工作動機。

Experience sampling method（經驗取樣法）。指有助於研究人員描述典型的意識內容的一種實驗方法；受試者被要求每當接到信號時就記錄下自己當時的感受和思想。

Experimental method（實驗法）。一種研究方法，它涉及操縱自變項，以便決定這對於依變項的影響，從而驗證其間的因果關係。

Explanatory style（解釋風格）。人們在內在 — 外在、全面 — 專對及穩定 — 不穩定等維度上解釋他們生活中事件之起因的習慣方式；內在 — 全面 — 不穩定的解釋風格將會置人們於憂鬱症的風險。

Explicit use of memory（記憶的外顯使用）。指個體意識上致力於透過記憶歷程以登錄或恢復訊息。

Extinction（消弱）。指制約反應形成後，個體對制約刺激的反應強度逐漸減弱，終至消失的現象。這種制約聯結的減弱或是出於非制約刺激的停止出現，或是出於強化物的撤除。

Face validity（表面效度）。這是指一份測驗從表面上看起來有效的程度；也就是測驗題目看起來與研究人員想要測量之屬性具有直接關聯的程度。

Fear（恐懼）。對客觀上可辨識之外在危險（諸如房子著火了，或遇到搶劫）的一種合理反應，可能引起當事人的逃離反應或基於自衛的攻擊反應。

Fight-or-flight response（戰鬥或逃離反應）。當有機體面對威脅時所引發的一系列內在活動，這使得身體準備好對抗及拼鬥，或是逃離到安全的處所。

Figure（形象）。指知覺場地中所看到之輪廓清楚而呈現具體形狀的部分，以有別於背景。

Five-factor model（五大因素模式）。一種總括性的描述式人格體系，它標示出共同特質、理論概念與人格度量之間的關係。

Fixation（固著作用）。指個人仍然依附於一些物件或活動的狀態，但這樣的物件或活動較適宜於性心理發展的較先前階段。

Fixed-action patterns（固定行為型態）。刻板的行為型態，每個物種的動物都有其特有的行為型態，它們碰到特定的環境刺激就被釋放出來。

Flooding（泛濫法，洪水法）。處理恐懼症的一種行為治療法，在取得案主的同意之下，讓他暴露於他覺得最可怕的刺激，以強迫他測試（驗證）現實。

Fluid intelligence（流動智力）。指採用不定答案式智力測驗所測得的智力層面，它涉及洞悉複雜關係及解決問題的能力。

Formal assessment（正式評鑑）。指受過訓練的專業人員採用有系統的程序和測量工具以評估個體的各種功能、性向、能力或心理狀態。

Fovea（中央小窩）。指視網膜中央的一個小凹陷，這裡密布大量的錐體細胞而無桿狀細胞，它是光線良好時視覺及色彩感覺最敏銳的地方。

Frame（問題呈現方式）。指對某選擇的特定描述；某選擇從怎樣的角度被描述或呈現，將會影響個體如何從事決定，以及何者選項最終被採行。

Free association（自由聯想）。這是精神分析採用的治療技術之一。當施行時，讓案主放鬆心情，以完全自由的方式說出自己當時聯想到的所有想法、願望、身體感覺及心理意象等。這種做法的主要目的是讓案主壓抑在潛意識中的衝動或痛苦記憶有機會被釋放出來，以供進一步分析。

Frequency distribution（次數分配）。這是指對原始分數進行排列，再經分組劃記，最後做成分數歸類統計表，然後從統計表中各組出現的次數多寡，就可對整體資料的性質獲得概括的了解。

Frequency theory（頻率論）。解釋聽覺現象的一種理論，它主張音波在基底膜製造同等於其頻率的振動率，這導致音調高低可以根據神經反應的頻率來決定；音波的頻率愈高，音調也就愈高。

Frustration-aggression hypothesis（挫折－攻擊假說）。根據這個假說，挫折是發生在人們被防止或阻礙達成他們目標的情境中；挫折的升高然後導致當事人有較大可能性展現攻擊。

Functional fixedness（功能固著）。指個體當解決問題時所呈現之思考僵化現象。因為物件先前與其他某些目的連結起來，結果個體就難以察覺它的新用途；這將影響個體的問題解決及創造力。

Functionalism（功能論，功能主義）。關於心智與行為的一種觀點，它強調從有機體與環境的互動中檢驗心智與行為的功能——以有別於結構論只側重於探討心理的結構。

Fundamental attribution error, FAE（基本歸因偏誤）。當觀察者解釋他人行為的原因時，傾向於低估情境因素的衝擊，且傾向於高估性格因素的影響力，這種判斷上的失誤稱為基本歸因偏誤。

Ganglion cells（節神經元，神經節細胞）。視覺系統中的一種細胞，它統合來自許多雙極神經元的神經衝動以形成單一的放電率。

Gate-control theory（閘門控制理論）。一種有關疼痛調節的理論，它主張脊髓中的若干細胞作用為閘門，以便干擾並阻斷一些疼痛信號，同時傳送另一些信號到腦部。

Gender（社會性別）。一種心理現象，它指稱男性和女性所學得之與性別有關的行為及態度。

Gender identity（性別認定）。個人對自己身為男性或女性的認識；通常包括個人對自己生理性別的覺知和接納。

Gender roles（性別角色）。指一套行為與態度，社會以之跟男性或女性的身分連結起來，且被當事人所公開表達。

General adaptation syndrome, GAS（一般適應症候群）。指個體當面對嚴重壓力源的持續威脅時，所產生之非特異型態的適應性生理機制，它包括有警覺反應階段、抗拒階段及衰竭階段等三個時期

的身心適應。

Generalized anxiety disorder（廣泛性焦慮疾患）。焦慮疾患的一種，個體在大部分時間感到焦慮不安，擔心將會有禍事發生，至少持續 6 個月以上，但卻未受到任何特定危險的威脅，焦慮原因不明。

Generativity（生產力）。指個人的傾注超越自身，開始視自己爲家族、工作、社會及未來世代的一份子；通常，這個關鍵性的步驟是在 30 或 40 多歲時發展出來。

Genes（基因）。基因是遺傳的生物單位，也是位於染色體之 DNA 上面的功能單位。生物體的發生、生理機能的維持及性別特徵的顯現等，都是遵照基因上遺傳密碼的指令。

Genetics（遺傳學）。一門研究領域，主要是探討心理特質和身體特徵如何從祖先繼承而來。

Genome（基因組）。又稱基因組合，指特定種類的生物體細胞核內的整套染色體。

Genotype（基因型）。有機體從其上一代繼承而來的遺傳結構。

Gestalt psychology（完形心理學，格式塔心理學）。心理學的一個學派，它主張心理現象只有當被視爲有組織、有結構而不可分割的整體時，才能夠被理解；心理現象不可被解析爲原始的知覺成分。

Gestalt therapy（完形治療法）。心理治療法的一種，它側重於協助案主整合自己的心靈和肉體，以恢復個人身心的統整與平衡。在實際做法上，這種療法側重於幫助案主認識自我、擴大自我的世界、了解自己的生活方式，以及接受自己在追求目標上應負起的責任。

Glia（膠質，神經膠質）。指維持神經細胞聚在一起並有助於神經信息傳遞的一種細胞，它們是位於腦細胞之間的一種類似膠體的支持結構。此外，膠質的作用還包括清除受傷部位的死細胞殘骸，以及防止血液中的有毒物質進到腦中。

Goal-directed selection（目標引導的選擇）。指人們爲什麼選擇某些部分的感官輸入以供進一步處理的決定因素；它反映了個人所做的選擇是視他所持目標而定。

Ground（背景）。指視覺場地中的背景，形象藉著背景才能突顯出來。背景除了襯托形象之外，其本身不產生特殊意義；但如果沒有背景，形象則無從呈現。

Group dynamics（團體動力學）。一門研究領域，主要是探討團體歷程如何改變個體的功能運作。

Groupthink（團體思考）。指決策團體傾向於濾除不合意的輸入，以便達成一致的意見，特別是如果它符合領導者的觀點。

Habituation（習慣化）。當某刺激重複呈現時，它所引起之反應的強度逐漸減弱的現象。

Hallucinations（幻覺）。當缺乏客觀的刺激下，個體所產生的不實知覺。

Health（健康）。指身心健全而精力充沛的綜合狀況；不僅僅是指缺乏疾病或傷害。

Health promotion（健康促進）。指一般策略和特定技巧的發展與實施，以便消除或降低人們將會身心失調的風險。

Health psychology（健康心理學）。心理學的一門研究領域，致力於了解人們如何保持健康、他們身心失調的原因，以及他們當身心失調時的因應之道。

Heredity（遺傳）。指親代與子代之間在各種特質上的生物傳遞。

Heritability estimate（遺傳率估計值）。一種統計上的估計值，以推斷既定特質或行爲源自遺傳素質的可能程度；這通常是經由評估擁有不同基因相似性的人們在各種特質上的相似程度而計算出來。

Hertz, Hz（赫茲）。表示音調高低的單位，以每秒的週波數（頻率）來表示。

Heuristics（捷思法）。一些認知策略或「經驗法則」，通常被作爲解決複雜之推理作業的捷徑。捷思法可以普遍增進思考歷程的效率。

Hierarchy of needs（需求階層）。馬斯洛認爲基本的人類動機形成一個層次表，各種需求之間有高低層次之分，只有當低層次的需求獲得滿足之後，人們才會追求更高層次的需求。這些需求是從基本的生理需求逐次進展到自我實現的需求。

Hippocampus（海馬迴）。爲邊緣系統的主要構造之一，它涉及外顯記憶的獲得。

HIV（人體免疫不全病毒）。一種攻擊人類血液中之白血球細胞（T- 淋巴細胞）的病毒，因此減弱了免疫系統的功能；HIV 引起 AIDS。

Homeostasis（均衡作用，恆定作用）。指維持身體功能正常運作的一種內在平衡作用。

Horizontal cells（水平細胞）。指散布於視網膜中的一種沒有軸突的特殊神經元，存在於桿狀細胞與錐體細胞之間，在這些感光細胞之間形成連繫。水平細胞具有整合視網膜中各種刺激的功能，而不是把神經信息送往腦中。

Hormones（激素，荷爾蒙）。指化學的信差，它們是由內分泌系統的腺體所製造及分泌，其作用是調節新陳代謝，以及影響身體成長、心境和性徵。

Hozho（荷赫）。北美印第安族人的一種概念，指稱融洽、諧調、心靈平靜、完善、理想的家庭關係、藝術及技能上美的追求，以及身體和精神上的健康。

Hue（色調）。色彩空間的維度之一，指由光波長短變化所獲得的不同色彩感覺。

Human behavior genetics（人類行爲遺傳學）。一門研究領域，主要是評估人們在各種行爲和特質上之個別差異的遺傳成分。

Humanistic perspective（人本論的透視）。指從人本論的觀點以解釋心理失調之原因的一種模式，它主張心理失調主要是出於動機受挫，生活缺乏有意義的目標，無從獲得自我實現所致。人本論強調個體的現實世界，它主張個體具有先天能力以從事合理的選擇，且發揮自己最大的潛能。

Human-potential movement（人類潛能運動）。一種治療上的運動，它主張一般人只顯露自己潛能的一小部分，大部分潛能因爲缺乏有利環境而潛伏不動。因此，心理治療應該採取較積極的做法，試著開發人類潛能，幫助個人把蘊藏的優良秉賦展露出來。如此不但解決了個體的心理困擾，達到治療目的，更能促進個體的自我實現，提升生命的意義。

Hypnosis（催眠）。一種非正常的意識狀態，其特徵是深沉的鬆弛，容易接受暗示及誘導，以及知覺、記憶、動機和自我控制等方面的變化。

Hypnotizability（入催眠性）。指個體對標準化的催眠暗示的感應程度。

Hypochondriasis（慮病症）。一種心理疾患，當事人執迷於自己罹患了一些重大疾病，儘管經過適當醫療評估和再保證，這樣的想法仍然持續不退。

Hypothalamus（下視丘）。爲腦部的結構之一，主要是負責維生之基本系統（如飢餓、口渴、體溫）的調節，同時也負責控制神經內分泌系統和自律神經系統。

Hypothesis（假設，假說）。指從事科學研究時，研究人員對兩個（或以上）事件或變項之間關係所提出之試驗性及可驗證的解釋。這種假設通常以預測的方式陳述出來，指出若干結果可能是出於

一些特定條件所致。

Iconic memory（映像記憶，視覺記憶）。指刺激消失後感覺上暫時留存的記憶，但其持續時間不超過兩秒。映像記憶是指視覺領域內的感官記憶。

Id（本我）。根據佛洛依德學派的理論，本我是指人格中原始的、潛意識的部分，也就是一些本能性的衝動；它在運作上不遵從理性，其活動完全受支配於享樂原則。

Identification and recognition（檢定與辨認）。指賦予知覺對象意義的兩種方式。

Illusion（錯覺）。指外在刺激引起之不實或扭曲的知覺經驗。換句話說，錯覺是指所得的知覺經驗與知覺對象的特徵有所誤差（不一致）的現象。錯覺是一種正常現象，為處於同樣知覺情境中的人們所共有。

Implicit use of memory（記憶的內隱使用）。指透過記憶歷程取得訊息時，不必運用任何意識努力以登錄或恢復訊息。

Implosion therapy（內爆法）。一種行為治療技術，它是在受控制的情境下誘導案主想像將會引發他焦慮的刺激，然後再運用消弱的原理化解跟該刺激聯結起來的焦慮。

Imprinting（印記，銘印）。一種原始形式的學習，通常在很短的時間內完成，且學得的行為持久延續。例如，若干動物當出生不久後，將會身體上追隨牠們所看到及／或聽到的第一個活動的對象，然後與之形成依附關係。

Impulsive aggression（衝動性攻擊）。這種攻擊的產生是針對一些情境的反應，受到情緒的驅使；人們在盛怒時採取攻擊舉動。

Incentives（誘因）。指促動行為的外在刺激或酬賞，雖然它們跟生理需求沒有直接的關聯。

Independent variable（自變項）。指在控制性實驗中，實驗人員有系統地操弄的變項。透過自變項的有系統變動，就可確認它對依變項的影響，從而決定它們之間的關係。

Induced motion（誘動現象）。一種錯覺，指靜止不動的光點當位於移動的參考架構中時，看起來像是光點正在移動，參考架構反而被看成是靜止不動的。

Inductive reasoning（歸納推理）。這是指根據一些特定事例而歸結為概括原則的一種推理方式。換句話說，歸納推理是根據過去經驗所做的可能性判斷，它所得結果只能視為「邏輯上的可能」，但不是肯定的結論。

Inference（推論，推斷）。指根據某樣本的證據，或根據先前的信念和理論而獲致結論的推理歷程。換句話說，推論不是根據直接觀察的事實，而是以既有判斷為依據以從事新的判斷。

Inferential statistics（推論統計）。一套統計程序，有助於研究人員決定他們所得結果是否支持他們的假設，或者只被歸之於是機率變異。

Informational influence（資訊性影響）。人們順從團體壓力的原因之一；這是因為人們希望自己是正確的、對的，以及想要了解自己在所處情境中如何展現才是適當的。

In-groups（內團體）。人們認定自己所歸屬的團體。

Inhibitory input（抑制性輸入）。當進入神經元的訊息通知神經元不放電時，這種輸入稱為抑制性輸入。

Insanity（精神錯亂）。法律上（而不是臨床上）的用語，以指稱當事人的狀態被判定為是法律上不負

責任，或是不具行爲責任。

Insight therapy（洞察力治療，頓悟治療）。心理治療方法之一，治療人員引導病人獲致洞察力，洞悉當前症狀與過去起源之間的關係；也被稱爲心理動力的治療。

Insomnia（失眠症，失眠）。指個體長期的睡眠障礙；它的症狀包括難以入睡，睡後經常醒過來，醒後就無法再入睡，以及清晨過早醒過來。

Instincts（本能）。指先天編排的一些傾向，它們是某物種生存的基本所需。

Instinctual drift（本能性飄移）。指學得的行爲長期下來傾向於飄向本能性行爲。

Instrumental aggression（工具性攻擊）。以認知爲基礎和目標引導的攻擊行爲，它的執行是經過預先的設想，爲了達成特定的目的。

Intelligence（智力）。指個體從經驗中獲益並超越關於環境之既定訊息的全面（總括）能力。

Intelligence quotient, IQ（智商，智力商數）。衍自標準化之智力測驗的一種指標，也就是個人心智年齡與其實足年齡的比值，乘以 100 後所得的數值。但目前之智力測驗所指的智商，已不再採用這種計算法，而是以離差智商來表示，只是習慣上仍延用「智商」的用語。

Interactionist perspective（交互作用論的觀點）。指對心理失常所持的一種觀點，它主張心理病態是諸多生物因素與心理因素之間複雜交互作用的產物。

Interference（干擾）。一種記憶上的現象，它發生在當提取線索未能有效指示某特定記憶時──這種現象是出於新舊經驗之間的交互抑制。

Internal consistency（內部一致性）。一種信度的量數，指一份測驗的各個不同部分（如單數題 vs. 雙數題）產生相似分數的程度。

Internalization（內化）。根據 Vygotsky 的理論，兒童透過內化的歷程以吸收來自社會背景的知識。

Interneurons（中間神經元）。腦中的一種神經元，它的作用是把信息從感覺神經元傳送到其他中間神經元，或傳送到運動神經元。

Interview（面談、晤談法）。指研究人員與受試者之間面對面的交談，以便收集關於受試者的詳細資料。

Intimacy（親密性）。指充分投入或涉身（性、情感及道德等方面）於另一個人的能力。

Ion channels（離子通道）。指神經元之細胞膜上的小孔，可以選擇性地容許若干離子的進出。

James-Lange theory of emotion（詹郎二氏情緒論）。指解釋情緒的一種周圍回饋理論，它主張情緒經驗的產生是出於誘發性的刺激引起了行爲反應，然後傳送不同的感覺回饋和動作回饋到腦部，因而製造了特定情緒的感覺。

Job burnout（工作衰竭）。一種情緒困頓、自我感凌亂、工作表現低落的症候群，經常發生在處於高度壓力下的員工身上。

Judgment（判斷）。指人們根據所得資料而對一些事件和人們形成意見、達成結論及獲致重要評價的歷程；此外，判斷也是指稱上述心理活動的產物。

Just noticeable difference, JND（最小可覺差異，恰辨差）。指辨別兩個感覺刺激爲不同時，兩刺激之間在強度上所需的最低差異量。

Kinesthetic sense（動覺，運動感覺）。關於身體位置和身體各部位相對於彼此的運動情形的感覺。動

覺是由肌覺、腱覺、關節覺及平衡覺四者組合而成。

Language production（語言生成）。人們所說的、手比的，及手寫的訊息，也是指稱他們產生這些信息所經過的歷程。

Latent content（潛性夢境，潛性內容）。根據佛洛依德的夢的解析，這是指夢之隱藏的意義。

Law of effect（效果律）。學習的基本原則之一，它指出某刺激引發某反應的力量將會增強，假使該反應之後附隨有酬賞的話；但是當沒有附隨酬賞時，刺激引發反應的力量將會減弱。

Learned helplessness（學得的無助）。當動物先前在某種人為之不可逃避的情境下，學得面對某厭惡刺激時的無助反應後，即使後來情況改變了，牠們可以採取行動以逃避該厭惡刺激時，牠們仍然無助地坐著不動。這種現象稱為學得的無助。

Learning（學習）。指建立在練習或經驗上的歷程，造成行為或行為潛能相對上持久的變化。

Lesion（腦損毀法）。指採取各種技術以損傷或破壞某部位的腦組織。

Levels-of-processing theory（處理層次論）。這個理論指出，訊息若是在愈深的層次被處理，那麼該訊息將愈可能被保留在記憶中。

Libido（原欲、欲力）。根據精神分析論，原欲是驅使個體朝向所有類型之官能享樂（特別是性快感）的精神能量；它是人類與生俱來的原始性衝動，是推動個體所有行為的原動力。

Life-change unit, LCU（生活變動單位）。在壓力研究中，生活變動單位是指個人在既定期間所經歷之不同類型的變動所帶來之壓力程度的數值。

Limbic system（邊緣系統）。大腦的構造之一，它的主要作用是調節情緒行為、基本的動機性驅力（攻擊、性行為、繁殖、攝食）及記憶等，也負責一些重要的生理功能。

Longitudinal design（縱貫法）。一種研究設計，它是對相同受試者施行反覆（追蹤式）的觀察，有時候可能長達好多年。

Long-term memory, LTM（長期記憶）。指與訊息保存有關的記憶歷程，以供在後來任何時間進行提取。

Loudness（響度）。聲音的知覺維度之一，它受到聲波之幅度的影響；當聲波的幅度愈大時，感覺聲音愈響亮；幅度愈小時，感覺聲音愈輕柔。

Lucid dreaming（清醒作夢）。這種理論指出，作夢的意識覺知是一種可以學習的技巧，這使得作夢者能夠控制他們夢的方向和內容。

Magnetic resonance imaging, MRI（磁共振顯像）。一種腦部造影的裝置，利用磁場和射頻波的原理來掃描若干物質在大腦中各部位的集散情形，然後透過電腦分析製成大腦的層面圖像。

Maintenance rehearsal（維持性複誦）。積極地複誦訊息，以便稍後有助於在記憶上接近該訊息。但這種複誦只是暫時保持訊息在短期記憶中，對長期記憶沒有太大用處（這是不同於「精心複誦」之處）。

Manic episode（躁期，躁狂發作）。屬雙極性疾患的時期之一，這個時期的主要特徵是情緒過度高昂、好動、活力充沛、過度自信、自誇、好說話及易怒等。

Manifest content（顯性夢境，顯性內容）。根據佛洛依德學派的夢的解析，顯性內容是指夢的表面內容，也就是當事人醒後能夠記得並陳述的故事；它被認為遮蔽了夢的真正意義。

Maturation（成熟）。指遺傳素質在整個發展過程中的持續影響。即某物種所特有之年齡相關的身體變化和行為變化。

Mean（平均數）。指一組分數的算術平均數；這是最常被採用的集中量數。

Measure of central tendency（集中量數）。統計數值的一種，也就是某一量數可提供作為一組觀察（集中趨勢）的代表；像平均數、中數或眾數等都是屬於集中量數。

Measure of variability（變異量數）。統計數值的一種，以之表示一組觀察（或次數分配）中，各分數之間的差異或分散情形的量數；像全距、平均差、標準差等都是屬於變異量數。

Median（中數）。屬集中量數之一；它是指當統計資料時，把一系列分數按照由大到小的順序排列，在序位上居於中間者，即為中數。

Meditation（靜坐或冥思）。一種意識變動狀態，它透過化約的自我覺知，以便增進自我認識及身心協調。

Medulla（延髓）。為腦幹的一部分，它負責調節呼吸、清醒及心跳等功能。

Memory（記憶）。指登錄、貯存及提取訊息的心理能力。

Menarche（月經初潮）。指女性月經的開始，也就是青春期的開始。

Mental age, MA（心智年齡）。在比奈的智力測量中，這是指依兒童智力表現的程度所定的年齡；它是根據正常兒童達到某特定分數的平均年齡來表示。

Mental set（心向）。指個體傾向於以在先前問題上採用的應對手法來應對所面臨的新問題。

Meta-analysis（後設分析）。指用來評估假設的一項統計技術，它提供一種正式機制以偵測從許多不同實驗的資料中所發現的綜合結論。

Metamemory（後設記憶）。指關於記憶的認知；也就是個人對記憶能力及有效的記憶策略的認識——不論他清楚或不清楚自己擁有這份認識。

Mnemonics（記憶術）。指採用各種特殊策略以增強記憶的技術。其主要原則是當登錄新訊息時，設法利用熟悉的訊息來增進日後對所登錄之訊息的有效提取。

Mode（眾數）。在某一數列中，最常出現的數值就稱為眾數。當採用次數分配時，次數最多一組的中點值，也稱為眾數。眾數是屬於集中量數之一。

Mood disorder（情感性疾患）。指心境障礙，諸如重度憂鬱、或是憂鬱與躁狂交替出現。

Morality（道德、倫理）。指一套信念和價值的體系，以確保人們將會遵行他們對社會中他人的義務，而且確保他們的行為展現將不致於妨礙他人的權益。

Motherese/child-directed speech（母親語／以兒童為導向的談話）。一種特殊形式的談話，在發聲上有意誇大並提高音調，成年人常用以來跟嬰兒和幼兒交談。

Motivation（動機）。動機是指引發個體活動（包括身體活動和心理活動）、維持已引起的活動，以及引導該活動朝著某個目標前進的內在歷程；它包括與活動偏好有關的機制，也包括反應的活力和持續性。

Motor cortex（運動皮質）。大腦皮質的區域之一，主要是控制身體隨意肌的活動。

Motor neurons（運動神經元）。指攜帶信息從中樞神經系統傳送到肌肉或腺體的神經元。

Narcolepsy（昏睡症）。屬於睡眠障礙的一種，其特徵是個人在白天清醒活動時突然失去意識，陷入暫

時性的睡眠狀態。

Natural selection（自然淘汰）。達爾文所倡導之進化論的主要觀點之一；它表示物種中的一些成員較能有效適應所處環境的特性，牠們將比其他成員有較好機會繁衍下去。

Need for achievement, n Ach（成就需求）。一種假設的人類基本需求；它是促使個體致力於追求成就的心理性動機。

Negative punishment（消極懲罰）。指欲求刺激撤除後對行為的影響，這將降低該行為的發生機率。

Negative reinforcement（負強化）。指嫌惡刺激撤除後對行為的影響，這將會提高該行為的發生機率。

Neural networks（神經網路）。指神經元組成的系統，以便共同作用而完成複雜的任務。

Neuromodulator（神經調節物）。指任何改變或調節突觸後神經元活動的物質。

Neuron（神經元）。指神經系統中的細胞，經過特化以接收、處理及／或傳遞訊息到其他細胞。

Neuroscience（神經科學）。指對腦部以及對腦活動與行為之間關聯所進行的科學化研究。

Neurotransmitters（神經傳導物質）。指神經元軸突末梢所分泌的化學物質，它們具有激發突觸後神經元或動作器的作用。

Nonconscious（無意識）。指意識的一種層次；當事人對環境中的事物無所感知。

Non-REM sleep（非快速眼動睡眠）。指睡眠中眼皮不跳動的時期；睡眠者在這段睡眠期間很少作夢。

Norm（常模，規範）。在統計學上，常模是指用來代表某一團體量數的數值，該數值常被用來作為與個別量數進行比較的依據。在社會心理學上，規範是指被社會大眾所認肯並接受的行為標準。

Normal curve（常態曲線）。指由次數分配形成的曲線而呈鐘形者；這種兩側對稱的曲線代表人們在許多心理屬性上的分數分布情形，這使得研究人員能夠判斷所得觀察或測驗結果是否屬於典型情況。

Normative influence（規範性影響）。人們順從團體壓力的原因之一；這是因為人們希望自己被他人所喜歡、接納及贊同。

Normative investigations（常模調查）。這方面研究針對於描述某特定年齡或發展階段的特徵所在。

Norm crystallization（規範的結晶）。指隨著團體成員互相交談且一起從事各式的活動，他們的期待將會逐漸聚合為共同的觀點。

Object permanence（物體永存性）。指個體認識到物體的存在獨立於他個人的行動或覺察；換句話說，即使物體暫時被遮住而看不見，但物體仍然存在於該處。根據皮亞傑的觀點，這是幼兒認知上的一項重要進展。

Observational learning（觀察學習）。學習方式之一，指經由觀看他人的行為而學得新反應的歷程。

Observer bias（觀察者偏誤）。指因為觀察者個人的動機或期待心理，結果扭曲了所知覺的證據。

Obsessive-compulsive disorder（強迫症，強迫性疾患）。心理疾患之一，其特徵有二，一是強迫意念，當事人受擾於一些反覆而持續的思想、衝動或影像，儘管努力加以壓制，但仍然不斷浮上心頭；另一是強迫行為，當事人重複展現一些不必要也不合理的舉動，像是一種儀式化的行為，儘管個人理解自己行為顯得過度或不合理。

Olfactory bulb（嗅球）。位於大腦皮質額葉的正下方，它是對氣味敏感的受納器傳送它們神經信號的中心。

Operant（操作性行為）。有機體所發出的行為，這樣行為可以根據它對環境產生的效應以描述其特徵。

Operant conditioning（操作制約學習）。學習形式之一，指反應的發生機率隨著反應結果的改變而改變。

Operant extinction（操作性消弱）。當某行為不再產生可預測的結果時，該行為將回復它在操作制約之前所具有的發生水平。

Operational definition（操作性定義）。這是指當界定某變項或狀況時，根據被用來決定其存在的特定操作或程序加以界定；也就是根據可觀察的測量或可操作的特性以界定某觀念或事件。

Opponent-process theory（相對歷程理論）。這個理論指出，所有色彩經驗都是源於三個系統，每個系統包括兩個「對立」的成分，分別是紅色－綠色，藍色－黃色及黑色－白色。

Optic nerve（視神經）。節神經元的軸突往後聚集而成視神經，其功能是把訊息從眼睛傳向腦部。

Organismic variables（機體內在變項）。指有機體行為的內在決定因素。

Organizational psychologists（組織心理學家）。指研究人類工作環境之各種層面的心理學家，這可能包括雇員之間的溝通、員工的社會化或教化、領導、工作滿足、壓力與衰竭，以及整體的生活品質等。

Out-groups（外團體）。人們認定自己所不隸屬的團體。

Pain（疼痛，痛覺）。指身體對有害刺激的反應，這些刺激強烈到足以引起（或有引起之虞）組織傷害。

Panic disorder（恐慌症）。焦慮疾患的一種，當事人經歷非預期的、激烈的恐慌發作，開始時伴隨著強烈憂慮、懼怕或驚恐的感覺；身體症狀可能包括心跳加速、暈眩、疲乏，或窒息而透不過氣來的感覺。

Parallel forms（複本）。指一份測驗的不同版本，被用來評估測驗的信度。當編製測驗時，為了提高信度，除了主本外，另外編製一份內容、題數、難度都大致相等的複本，以便交替使用，避免重複練習或記憶的不當影響。

Parallel processes（平行歷程）。指兩種或以上的心理歷程同時被執行。

Parasympathetic division（副交感神經系統）。為自律神經系統的一部分，它監視及控制身體內部功能的例行運作，也負責身體能量的保存和復原。

Parenting style（父母管教風格）。指父母管教子女的作風；威信型的教養風格在要求與感應之間尋求平衡，被視為是最有效的管教方式。

Partial reinforcement effect（部分強化效應）。制約學習的原理之一，它指出在間歇強化的條件下獲得的反應將較難以消弱——相較於透過連續強化而獲得的反應。

Participant modeling（參與式行為示範）。一種治療技術，治療人員先示範目標行為，然後案主在協助之下（透過支持性的鼓勵）模仿所示範的行為。

Patient（病人）。有些治療人員在心理問題的處理上採取生物醫療的模式，他們習慣上以「病人」稱呼接受治療的當事人。

Peace psychology（和平心理學）。一種跨學科（科際整合）的探討，尋求預防核戰並維持和平。

Perceived control（自覺控制）。指個人相信自己有能力在一些事件或經驗的過程或結果上發揮作為，

這樣的信念往往有助於應付壓力來源。

Percept（知覺對象）。指知覺者的經驗內容，也就是知覺活動的心理產物。

Perception（知覺）。泛指賦予感覺輸入具有連貫性和統一性的各種歷程。

Perceptual constancy（知覺恆常性）。當知覺對象所處情況改變（因此其網膜像也跟著改變），但個體所獲得知覺經驗保持不變時，這種現象稱為知覺恆常性。

Perceptual organization（知覺組織）。指把感官訊息組合起來以便在整體視野上產生連貫影象的知覺歷程。

Peripheral nervous system, PNS（周圍神經系統）。神經系統的一部分，它是由脊神經、腦神經及相關之神經節所聯合組成的；它的作用是使身體的感官受納器跟 CNS 連繫起來，以及使 CNS 跟肌肉和腺體連繫起來。

Personality（人格，性格，個性）。指個體獨特的心理特性，這將會影響他廣泛的各種行為型態，包括外顯和內隱二者；人格在不同情境中具有一致性，在時間上具有持久性。

Personality disorder（人格疾患）。指個體在知覺、思考及行為等方面展現一種長期缺乏應變而不適應的型態；這將會嚴重妨礙個體在社交或另一些情境中適當運作的能力。

Personality inventory（人格量表）。一種自我報告的問卷，用來進行人格評鑑；它包括一系列題目，詢問關於個人的思想、情感及行為等。

Personality type（人格類型）。指不同型態的人格特徵，以之把人們指派到不同類別中。人格類型是一種「質」方面的差異，而不是程度上的差異，以便對人們進行分類。

Person-centered therapy（當事人中心治療法，案主中心治療法）。一種人本主義取向的治療，它強調個體自然的心理成長力量。它所依據的假設是，所有人都擁有人性的一種基本傾向，也就是朝向自我實現。

Persuasion（說服）。有意地致力於改變他人的態度。

PET scans（正電子放射斷層掃描術）。這是研究腦部各部位代謝活動的一種新技術；經由把掃描的結果送進電腦處理且製成各個平面的斷層圖，PET 掃描研究人們當進行不同心理運作時，腦部各部位在特定物質上的代謝情況。

Phenotype（表現型，現象型）。指有機體可觀察的特徵，源於有機體的基因型與所處環境之間的交互作用。

Pheromones（費洛蒙）。一種化學信號，有機體釋放這種信號以便跟物種中的其他成員互通消息；通常被作為長距離的性吸引之用。

Phi phenomenon（φ現象，似動現象）。最簡易的一種似動現象，屬運動錯覺之一；當相鄰的幾個物體（如燈號）在時間上前後連續出現時，即使原物體的位置保持不動，但看起來像是單一物體正在循向移動。霓虹燈廣告招牌的設計就是利用這個原理。

Phobia（恐懼症）。指當事人對特定物體、活動或情境的一種持續而不合理的恐懼；當考慮實際的威脅性，這種恐懼顯得過度而缺乏正當理由；但當事人明知不致於受到傷害，仍然無法克制自己恐懼的情緒。

Phonemes（音素）。音素是言語的最基本單位，每一個音素由一個單獨的符號代表，如 /p/，/t/。每一

種語言的音素有限，但是根據這些音素可以組成無數個不同單字。

Photoreceptors（光受納器）。指視網膜上的受納器細胞，對光線特別敏感。

Physical development（身體發育）。指有機體所發生身體方面的變化、成熟及成長；從懷孕開始，且持續生命全程。

Physiological dependence（生理依賴，生理成癮）。指身體變得適應或依賴某藥物的歷程。

Pitch（音調）。指音質的高或低，主要決定於音波頻率的大小。人類的耳朵只能感應介於 20Hz 到 20,000Hz 之間的頻率。

Pituitary gland（腦下腺，腦下垂體）。腦下腺位於腦部，附著於下視丘，它分泌生長激素及促內分泌腺激素等，控制多種其他內分泌腺的分泌。

Placebo control（安慰劑控制）。一種實驗情況，受試者沒有被施加治療；這種實驗設計被用在可能發生安慰劑效應的案例上。

Placebo effect（安慰劑效應）。指藥物對病人所產生的純粹心理作用；受試者事實上沒有接受實驗操弄，結果也產生行為變化。

Placebo therapy（安慰劑治療）。當治療病人時並未施加任何特定的診療程序，結果病人的病情也獲得改善。

Place theory（位置論）。指解釋聽覺現象的一種理論；它指出不同頻率的聲音在沿著基底膜的不同位置上產生最大的振動，這造成音調可經由振動所發生的部位加以登錄。

Pons（橋腦）。為腦幹中介於中腦與延腦之間的部位，也位於小腦的前方，其作用在於連繫延髓與大腦，以及連繫小腦兩半球，使小腦能夠協調身體左右兩側的肌肉活動。

Positive punishment（積極懲罰）。指在特定行為之後呈現嫌惡刺激，這將降低該反應的發生機率。

Positive reinforcer（正強化物）。指令人愉悅（欲求）的刺激；當這些刺激在特定反應之後呈現時，將會提高該反應的發生機率。

Posttraumatic stress disorder, PTSD（創傷後壓力疾患）。屬焦慮性疾患之一，主要特徵是病人持續地重複體驗創傷事件，包括透過回想、夢、幻覺或解離性的「往事閃現」等方式，引起病人重大困擾。這種病症通常是針對強暴、危及性命的事件、嚴重傷害及天然災難等而發展出來。

Preconscious memories（前意識記憶）。指當前沒有意識到，但是當必要時可以輕易進入意識中的記憶。

Predictive validity（預測效度）。見效標效度（criterion validity）。

Prefrontal lobotomy（腦額葉前側切除術）。一種手術，即切斷那些連繫大腦額葉與間腦之間的神經纖維，特別是視丘和下視丘部位的神經纖維。這是最為人所知的一種心理手術。

Prejudice（偏見）。一套針對目標對象所學得的態度，它包括了辯護該態度的負面情感（不喜歡或畏懼）和負面信念（刻板印象、刻板觀念）；也包括試圖避開、控制、支配或排斥該目標對象的行為意圖。

Premack principle（普墨克原則）。學習原則的一種，它指出較受偏愛的活動可被用來強化較不受偏好的活動。

Primacy effect（初始效應）。指在一系列記憶材料中，最先呈現的材料比起中間呈現的材料較易於回

憶。

Primary reinforcers（原級強化物）。指生物上決定的強化物，如食物與水等。

Proactive interference（順向干擾，前向干擾）。在這種情況下，過去的記憶使得個人較難以登錄及提取新的訊息。

Problem solving（問題解決）。指直接針對於解決特定問題的思考活動，這需要透過一系列的心智運作，以從初始狀態移向目標狀態。

Problem space（問題空間）。指構成某一問題的要素或成分，它包括初始狀態，即個人開始時擁有不完整的訊息或不滿意的狀況；目標狀態，即個人希望獲得的訊息或達成的狀態；一套心智運作，即個人所採取以便從初始狀態移到目標狀態的步驟。

Procedural memory（程序性記憶）。指關於如何完成若干事情的記憶；也就是關於知覺技巧、認知技巧和動作技巧如何被獲得、保留及運用的知識。

Projective test（投射測驗）。屬人格評鑑的方法之一，個體被呈現一套標準化的曖昧、抽象的刺激，然後被要求解釋這些刺激的意義；個體的應答被認為透露了他內在的情感、動機及衝突。

Prototype（原型）。指某一分類中最具代表性的典型例證；原型通常包括了該類事物最多的特徵或訊息。

Proximal stimulus（近側刺激）。指視網膜上的視覺影像；與本詞對應的是遠側刺激（distal stimulus），即外界的物理實體。

Psychiatrist（精神科醫師）。這類醫師取得了 M.D. 學位，且在心理疾患和情緒問題等方面完成了博士後的專業訓練。精神科醫生可以開處方，以藥物來處理心理疾患。

Psychic determinism（心理決定論）。指純粹以心理因素來解釋個體行為的觀點，它假定所有心理反應和行為反應都是由過去經驗所決定。

Psychoactive drugs（心理促動藥物）。指含有化學成分的藥物，它們經由暫時改變個體對現實的意識覺知，進而影響個體的心智歷程和行為。

Psychoanalyst（精神分析醫生）。這類治療人員曾取得 Ph.D. 或 M.D. 的學位，且完成了研究所後的專業訓練，採取佛洛依德學派的取向以理解及處理心理疾患。

Psychoanalytic therapy（精神分析治療）。心理動力治療法的一種，由佛洛依德發展出來；它是一種深入而長期的治療技術，用來探索神經質而受擾於焦慮人們的潛意識動機和衝突。

Psychodynamic personality theories（心理動力的人格理論）。一種人格理論，它的基本假設是：人格是由內在力量所塑成，行為也是由這股內在力量所驅動。

Psychodynamic perspective（心理動力論的透視）。一種心理學模式，它根據過去經驗和動機力量以解釋行為；行動被視為源自先天本能、生物性驅力，以及試圖解決個人需求與社會要求之間的衝突。

Psychological assessment（心理評鑑）。指採用特定的程序以評量人們的能力、行為及個別屬性。這表示像生活適應、心理健康、人際關係、學業成績、能力性向、態度觀念等層面，都是屬於心理評鑑的範圍。

Psychological dependence（心理依賴）。指渴望某一藥物的心理需求，這是藥物上癮後產生的現象之

一。

Psychological diagnosis（心理診斷）。指對心理失常所貼上的標籤，它是透過把觀察到的行為型態歸類到某一被公認的診斷系統中。

Psychological test（心理測驗）。一種評鑑的工具，用以評估個人在若干心理特質或行為特徵上相對於他人所居的位置。

Psychology（心理學）。對於人們的行為和他們的心智歷程進行科學化的研究。

Psychometric function（心理計量函數）。指採用數學上的函數公式來表示心理學研究上自變項與依變項之間變動的關係。

Psychometrics（心理測量學，心理計量學）。指專門研究心理測驗的理論和方法的一門學科。

Psychoneuroimmunology（心理神經免疫學）。一門研究領域，主要是探討心理歷程（諸如對壓力的反應）與免疫系統功能之間的交互作用。

Psychopharmacology（心理藥物學）。心理學的一個分支，主要是探討藥物對心理功能及行為的影響。

Psychophysics（心理物理學）。指研究物理刺激與心理經驗之間對應關係的一門科學。

Psychosocial stages（心理社會階段）。指艾立克遜以佛洛依德的性心理發展階段的理論為基礎，開創出的一種新的心理發展階段的理論。這個理論強調個體在關於自我與他人的取向上可劃分為幾個連續的發展階段；這些階段納入了個人發展的性層面和社會層面，也涉及源於個體與社會環境之間互動所產生的社會衝突。

Psychosomatic disorders（心身症）。指若干身體疾病是因為心理因素而惡化，或主要可被歸之於長期的情緒壓力或其他心理原因所致。

Psychosurgery（心理手術）。一種外科手術，施行於腦組織，以解緩心理疾患的症狀。

Psychotherapy（心理治療）。指用來診斷及治療心理疾患的任何處理措施，主要是針對於改變與特定疾患有關的不當行為、思考、知覺及情緒等。

Psychotic disorder（精神病）。一種嚴重的心理疾患，個人驗知現實的能力嚴重受損，主要表明在思考、情緒或知覺等方面的障礙。這個診斷類別在 DSM-III 後已不再被採用。

Puberty（青春期）。指個體性器官發育成熟與次性徵顯現的時期；女孩開始發生月經，男孩則開始製造精子，且有射精的能力。

Punisher（懲罰物）。指各種嫌惡刺激，其呈現將會降低居先反應的發生機率。

Range（全距）。指全部量數中最大數與最小數之差；這是最簡單的一種變異量數。

Rapid eye movement, REM（快速眼動）。指睡眠過程中某一階段的特殊現象；快速眼動時期通常伴隨著作夢。

Rational-emotive therapy, RET（理情治療法）。屬心理治療方法之一，其主要目標是在改變個人的不合理信念，因為這些信念引起了個人不當的、高度負荷的情緒反應，諸如重度焦慮。

Reaction time（反應時間）。指從刺激呈現到個體作出預定反應所經過的時間；這被視為是心智歷程所需要的時間長度。

Reasoning（推理）。指根據一組事實而導出結論的思考歷程；這種思考是直接針對既定目標或對象。

Recall（回憶法）。一種提取訊息的方法，個體被要求回想出先前呈現過的訊息。本詞用來與再認法

（recognition）作個對照。

Recency effect（新近效應）。指在自由回憶的實驗中，受試者往往對於列表末端的項目（相較於中間的項目）較爲記憶深刻，事後也較易於回憶。

Receptive field（接受域，感受域）。指人們眼睛對環境變化或各種刺激所能感受的範圍。

Reciprocal determinism（交互決定論）。指班都拉之社會學習論中的一個概念，它指出個人因素、個人行爲與環境刺激之間存在複雜的交互作用，這些成分彼此互相影響。

Recognition（再認）。一種提取訊息的方法，個體被要求從所呈現的刺激中辨認出何者是他先前經歷過的刺激；與回憶法（recall）作個對照。

Reconstructive memory（再建構記憶）。指當缺乏特定的記憶表徵時，個人根據綜合類型的所貯存知識把訊息組合起來的歷程。

Reference frame（參考架構）。指刺激的空間背景或時間背景。

Reference group（參考團體）。一種非正式的團體，個體可能實際上不屬於該團體的成員，但卻採用該團體的團體規範與價值標準，以之作爲自己態度和信念的基礎；此外，個體在生活風格上往往也參照該團體的資訊、指引和支持。

Reflex（反射反應）。指不經學習而被特定刺激所引起的反應，這樣刺激對該有機體具有生物上關聯。此外，這種行爲反應通常是某物種內的成員所共有，且不受任何動機因素的影響。

Refractory period（不反應期）。指神經元在產生動作電位後的短暫時間中，對任何刺激都不產生反應。

Reinforcement contingency（後效強化）。指某反應與它所產生之環境變化之間的一致關係。

Reinforcer（強化物）。指各種慾求刺激，其呈現將會提高居先反應的發生機率。

Relative motion parallax（相對運動視差）。關於視覺深度的一種訊息來源，各個物體與觀看者之間的相對距離決定了它們在網膜像上相對移動的幅度和方向。

Relaxation response（放鬆反應）。一種身體狀況。肌肉緊張、皮質活動、心跳速率及血壓等都降低下來，且保持呼吸緩和。

Reliability（信度）。指一份測驗每次被使用時產生類似分數的程度；也就是同一受試者在不同時間受測時，所得測驗結果（分數）的一致性或穩定性。

Repetitive transcranial magnetic stimulation, rTMS（重複式穿顱磁性刺激術）。這種技術是施加重複式磁性刺激的脈衝穿透頭皮和頭顱（非侵入式），以使得大腦的一些部位（特別是左腦的前額葉皮質區）短暫失去活化。

Representativeness heuristic（代表性捷思法）。一種認知策略，它根據被視爲代表某分類的一些特徵而把某對象指派到該分類中。它也是指當人們估計某事件的可能性時，受到個人衡量它與母群體之基本特性的相似度所影響。

Repression（壓抑作用）。在精神分析論中，壓抑是最主要的一種基本防衛機制，個體藉以把痛苦或引起罪疚的想法、情感或記憶壓入潛意識之中，不讓它們浮現到意識層面。

Resistance（抗拒）。指病人在精神分析中無法或不願意討論若干想法、願望或經歷。

Response bias（反應偏差）。指非感官因素造成的系統化應答傾向，這使得觀察者偏向於以特定方式應答。

Resting potential（靜止電位）。指神經元內細胞液的極化作用（細胞膜的內側與外側之間存在電荷差異的狀態），這提供了神經元產生動作電位的能力。

Reticular formation（網狀結構）。腦幹的一個區域，由許多錯綜複雜的神經網所構成，它的作用是促使大腦皮質對輸入的感官信息保持警覺，且負責維持意識及從睡眠中清醒過來。

Retina（視網膜）。視網膜位於眼球後部且襯貼於脈絡膜的內側，它是由一層色素細胞及多層神經細胞所構成，主要功能是把光受納器所接收的光能量轉換為神經反應。

Retrieval（提取）。在訊息處理過程中，提取是指從記憶中恢復所貯存的訊息。

Retrieval cues（提取線索）。指內在或外在產生的刺激，以用來協助記憶的提取。

Retroactive interference（逆向干擾，後向干擾）。在這種情況下，新記憶的形成使得個人較難以恢復舊有的記憶。

Rods（桿狀細胞）。指對光線非常敏感的一種感光神經元，分布於視網膜的周邊部位。桿狀細胞負責昏暗光線下的視覺作用，它並不製造色彩感覺。

Rules（準則，規則）。指行為的指導方針，以指示個體在若干情境中以特定方式展現行為。

Saturation（飽和度）。屬色彩空間的維度之一，它反映的是色彩感覺的純度和鮮明度。

Savings（保留）。這種現象是指制約反應當被消弱後，它在進一步的獲得訓練上，只需較少的次數就能夠恢復強度——比起原先獲得時所需的訓練次數。

Savings method（節省法）。一種測量記憶的方法，最先被艾賓豪斯所採用；它涉及根據再學習原來材料時所節省的時間長度或練習次數，而來測量原來學習後被保留下來的記憶量。

Schedules of reinforcement（強化時制）。指在操作制約學習中，強化的施加與保留的型態。

Schemas（基模）。指關於各種物體、人們及情境的一般性概念架構（或有組織的知識單位）；這種知識套裝登錄了關於該環境結構的概括認識。

Schemes（基模）。皮亞傑在認知發展的論述上所使用的術語；基模隨著嬰兒和幼童學會解釋外界並適應所處環境而發展出來。

Schizophrenic disorder（精神分裂症）。一種嚴重的心理病態，主要特徵是病人的自我感喪失、情緒紊亂、知覺脫離現實、思想錯亂及動作怪異等。

Scientific method（科學方法）。指用來蒐集及解讀客觀訊息的一套程序，透過這套程序可以把失誤減到最低，且獲致可信賴的結論。

Selective social interaction theory（選擇性社會互動理論）。這種觀點指出，隨著人們變老，他們在選擇社交同伴方面（以滿足他們的情感需求）變得較具選擇性。

Self（自我）。指個人不可化約的單位，人格的連貫性和穩定性就是從中浮現出來。

Self-actualization（自我實現）。人格心理學上的一個概念，指稱個人不斷致力於實現他的潛能，且充分發展他先天的才華和能力。

Self-awareness（自我覺察）。指個人對自己個性、能力、欲望等各個層面的了解。

Self- efficacy（自我效能）。指個人對自己從事某項工作所具有的能力，以及對自己在該工作上可達到的表現程度所持一種主觀的評價和信念。

Self-esteem（自尊）。指個人對自我的一種綜合性評價態度，這將影響個人的心境和行為，也對一系列

個人行為和社交行為產生強烈影響。

Self-fulfilling prophecy（自驗預言，自證預言）。指對一些未來行為或事件所作的預測改變了互動型態，結果實際造成了所預期行為或事件的發生。

Self-handicapping（自我設限）。指個人當預期可能失敗時，他將會設法編排一些行為反應和解釋，以避免該失敗可能被歸因於是自己能力不足。

Self-perception theory（自我知覺理論）。一種理論觀點，它主張人們的態度、信念和自我特質在一定程度上取決於他們對自己行為的觀察；人們無法直接了解自己，因此他們觀察自己以便推斷自己那般行動的原因；換句話說，人們透過知覺自己在既定情境中的行為展現以推論自己的內在狀態。

Self-report measure（自我報告測量）。一種常用的研究技術，也就是對當事人的評鑑是經由採用他對一系列問題的應答；自陳量表就是採用這種方法。

Self-serving bias（自利偏誤）。屬於歸因失誤的一種，人們傾向於承認自己成功的功勞，但卻否認對自己失敗應有的責任。

Semantic memory（語意記憶）。指長期記憶中所貯存關於字詞和概念之基本意義的層面；也就是所記得的並非字詞本身的表面特徵，而是該字詞所蘊含的意義。

Sensation（感覺）。指感官受納器接受刺激而產生神經衝動，進而導致初步體驗的歷程，這使得個體意識到身體內外的狀況。

Sensory adaptation（感覺適應）。指感覺器官因為持久接受刺激而造成敏銳度疲乏的現象。例如，視覺受納器細胞當接受一段期間的不變刺激後，將會失去對該刺激的感應力，這將促成對新的訊息來源較快速的反應。

Sensory memory（感官記憶）。指最初的記憶歷程，它涉及短暫保存對感官刺激的印象，但假使不加注意，瞬間就消失了。

Sensory neurons（感覺神經元）。指攜帶訊息從感官受納器傳到中樞神經系統的神經元；也稱為傳入神經元（afferent neuron）。

Sensory receptors（感官受納器）。指特定的細胞，它們把物理信號轉換為細胞信號，以接受神經系統的處理。

Sequential design（序列法）。一種研究設計，一組跨越若干年齡範圍的受試者，根據出生年別被分為不同組別，且在隨後幾年的時間中接受重複觀察；這種設計結合了橫斷法和縱貫法二者的一些特性。

Serial position effect（序列位置效應）。指記憶提取的特徵之一；人們對列表上最前面幾個項目及最後面幾個項目的記憶通常優於他們對列表中間項目的記憶。

Serial processes（依序歷程）。指兩種或以上的心智歷程依序被執行，在單一時間內只處理一種訊息。

Set（心向）。一種暫時的預備狀態，準備以特定方式知覺或應對某刺激。

Sex chromosomes（性染色體）。指所含的基因登錄有男性或女性性徵發展密碼的染色體，也就是與性別的決定有關的染色體。

Sex differences（生理性別差異）。指兩性之間在身體各方面的顯著差異；這也包括生理結構之主性徵方面的差異。

Sexual arousal（性興奮）。一種激動而緊張的動機狀態，它是由個體對情色刺激的生理反應和認知反應所引起。

Sexual scripts（性劇本）。指後天學得之關於性反應的方案（腳本）。

Shape constancy（形狀恆常性）。指儘管物體之網膜像大小的變異，但人們仍能知覺該物體之真正形狀的能力。

Shaping by successive approximations（連續漸進的行為塑造）。一種塑造行為的技術，也就是以連續漸進的方式強化一些反應，最終達成所想要的反應。

Short-term memory, STM（短期記憶）。指跟新近經驗的保存有關，也跟從長期記憶的訊息提取有關的記憶歷程。短期記憶的容量有限，只能貯存訊息短暫的時間；不加複誦的話，訊息很快就從記憶中消失。

Signal detection theory（信號偵察論）。指對反應偏差問題的一種有系統的探討，它有助於實驗人員檢定並區別感覺刺激與個人提出最後反應的標準水平上擔任的角色。

Significant difference（顯著差異）。指兩個統計數值之間的差異已達到顯著水準，這表示二者之間的差異是顯著的，而不是偶然或機率造成的。

Size constancy（大小恆常性）。屬知覺恆常性的現象之一；當判斷熟識物體的大小時，儘管該物體的網膜像大小有所變異，但人們仍能知覺該物體的真正大小。

Sleep apnea（睡眠窒息）。屬睡眠障礙之一，因為上呼吸系統發生問題，導致當事人睡眠時突然呼吸停止，進而驚醒而無法入睡。

Social categorization（社會分類）。指人們藉由把自己和他人劃分在各種團體中，以之組織社會環境的歷程。

Social cognition（社會認知）。指人們選擇、解讀及記憶社會訊息的歷程。

Social deveolpment（社會發展）。指個人的社會互動和預期如何在生命全程中發生變動。

Social intelligence（社會智力）。人格觀點之一，指稱人們帶到他們生活任務的經驗上的專門知識。

Socialization（社會化）。指個體的行為模式、價值觀、標準、技能、態度及動機等受到塑造而逐漸順應於特定社會之要求（被該社會認為是適宜的）的一生歷程。

Social-learning theory（社會學習論）。指採用學習理論中的原理原則以解釋個人及社會行為的理論；它強調觀察的角色和對他人行為的模仿。

Social-learning therapy（社會學習治療）。心理治療的一種，讓案主觀察楷模因為良好行為而受到強化，這將可提高案主也展現該行為的機率。

Social norm（社會規範）。指既存團體對所屬成員的期待，關於怎樣的態度和行為是可被接受而適宜的；也就是指為社會大眾所認肯並接受的行為標準。

Social perception（社會知覺）。指個人逐步認識或覺察自己與他人之個別屬性（如態度）的歷程。

Social phobia（社交恐懼症）。一種持續而不合理的恐懼，源於當事人預期自己將需要置身於公共場所而受到他人的觀察。

Social psychology（社會心理學）。心理學的分支之一，主要是探討社會變項對個體行為、態度、知覺及動機等的影響；也在探討團體的現象和團體之間的現象。

Social role（社會角色）。指當個人居於團體中的既定位置時，他所被期待應該表現的行為型態。個人必須學會在適當環境中扮演適當的社會角色。

Social support（社會支援）。指他人所提供的資源，以協助個人應付所面對的壓力，這可能包括物質的支援、社會情感的支援及資訊的支援等。

Sociocultural perspective（社會文化的透視）。一種心理學的透視，強調行為之因與果上的跨文化差異。

Soma（細胞體）。指神經元的細胞體部分，包含細胞核和細胞質。

Somatic nervous system（軀體神經系統）。為周圍神經系統的分支之一，它的功能是把訊息從中樞神經系統傳達到骨骼肌和皮膚。

Somatization disorder（身體化疾患）。心理疾患之一，其特徵是多年以來在幾個分類中有無法解釋的身體抱怨。

Somatoform disorder（身體型疾患）。心理疾患的分類之一，人們出現身體疾病或抱怨，但卻無法以實際醫學狀況作充分解釋。

Somatosensory cortex（軀體感覺皮質）。指大腦頂葉的區域，它處理來自身體各個部位的感覺輸入。

Somnambulism（夢遊疾患）。心理疾患之一，當事人當還在睡眠狀態下，重複發作從睡眠中起床並四處走動；也被稱為 sleep-walking。

Specific phobia（特定對象恐懼症）。指針對特定類型的物體或情境而發生的恐懼症。

Split-half reliability（折半信度）。屬計算測驗信度的方法之一；它是把測驗結果按照題號（如單號 vs. 雙號題目）分為兩半，分別計分，然後根據兩半測驗的分數求其相關係數，即為該測驗的折半信度。

Spontaneous recovery（自發恢復，自然恢復）。指被消弱的制約反應在一段休止期間後再度出現的現象。

Spontaneous-remission effect（自動復原效應，自然緩解效應）。指某些精神病患和接受心理治療的案主，在沒有任何專業介入的情況下，病情卻有所改善或復原。這可作為基線標準，據以評估各種治療介入的有效性。

Standard deviation, SD（標準差）。屬變異量數之一，也就是一組分數偏離其平均數的平均差異。

Standardization（標準化）。指在測驗、晤談或實驗中，施加於每一位受試者的一套統一而一貫的程序。此外，這也是指資料登記或評分上一套固定不變的程序。

Stereotypes（刻板印象，刻板觀念）。指對某一團體人們的概判，然後把同一特性指派給該團體的所有成員。

Stigma（烙印）。指因為一些被假定的卑劣性，或一些被貶低的差異來源，使得人們產生對某一個體或團體的負面反應。

Stimulus discrimination（刺激區辨）。指制約歷程的一種，有機體學會對在一些維度上不同於制約刺激的刺激產生不同的應對。

Stimulus generalization（刺激類化）。指有機體學得對某一制約刺激產生固定反應之後，另一些與該刺激類似的刺激，不需經過額外的制約歷程，也可引起類似反應的現象。

Storage（貯存）。指對登錄的資料的長期保留。

Stress（壓力）。有機體對干擾其平衡並踰越其應付能力的刺激事件所產生的特定及非特定的反應型態。此外，壓力也是指個人身體或心理上感受到威脅時的一種緊張狀態，使得個人在情緒上產

生不愉快或甚至痛苦的感受。

Stress moderator variables（壓力涉連變項）。指那些改變壓力源對既存壓力反應之影響的變項。

Stressor（壓力源）。指引起壓力之各種內在或外在的事件及刺激。

Structuralism（結構主義，結構論）。指關於心智與行為之結構的研究；這種觀點主張所有人類的心理經驗可以將之視為簡單元素或事件的結合。

Superego（超我）。根據佛洛依德學派的理論，超我在人格結構中是代表社會價值、標準和道德內化的層面。超我的形成是在幼兒發展過程中，父母管教及社會化的結果。

Sympathetic division（交感神經系統）。為自律神經系統的一部分，主要涉及緊急狀況的處理和能量的動員。

Synapse（突觸）。兩個神經元相接之處並不直接接觸，它們之間有個小空隙，稱為突觸。

Synaptic transmission（突觸傳遞）。指神經訊息從前一個神經元穿過突觸間隙而輸送到另一個神經元。

Systematic desensitization（敏感遞減法，系統脫敏法）。屬行為治療法中的一種處理技術，案主被教導如何預防焦慮被引發──經由在放鬆的情況下面對所害怕的刺激。

Taste-aversion learning（味覺嫌惡學習）。指學習上的一種生物性限制；有些食物當攝取後將會引起身體的不適或疾病，有機體只需一次嘗試就學會避開這些食物。

Taste buds（味蕾）。味覺的感受器，主要位於舌頭的上表面，能夠辨別入口食物的酸、甜、苦、鹹等特徵。

Temperament（氣質）。指幼兒對環境事件之情緒反應和行為反應的水平，這具有生物的基礎。

Terminal buttons（終止扣）。指軸突分枝末端囊泡狀的構造，它所含的小泡中充滿神經傳導物質。

Testosterone（睪固酮）。一種雄性性激素，由睪丸的間質細胞所分泌，其主要功能是促進精子的製造、促進男性生殖器官的發育，以及負責男性第二性徵的發展。

Test-retest reliability（重測信度）。屬計算測驗信度的方法之一，使用同一份測驗，在不同時間對相同人們前後施測兩次，根據兩次所得測驗分數，計算其相關係數，即為該測驗的重測信度。

Thalamus（視丘）。視丘是間腦的重要構造之一，主要功能是把感覺衝動轉送到大腦皮質。

Thematic Apperception Test, TAT（主題統覺測驗）。屬投射測驗的一種，呈現給受試者一些曖昧內容的圖片，然後鼓勵受試者針對每張圖片編個故事。

Think-aloud protocols（出聲思考的方案）。指受試者被要求報告他們當處理某一作業時所運用的心理歷程和策略。

Timbre（音色，音質）。屬聽覺的維度之一，反映的是聲波的複雜度。

Tolerance（耐藥性）。指個體在持續、長期服用某種藥物後，將需要愈來愈大的劑量才能達到相同效果的現象。

Top-down processing（由上而下的處理）。屬知覺歷程之一，也就是源自個體之過去經驗、知識、期待、動機及背景等的訊息將會影響被知覺的物體如何被解釋及分類。

Traits（特質）。指個人持久而一致的一些特性或屬性，因為它們作用為概括的行動傾向，因此將會影響個人的行為。

Transduction（能量轉換，換能）。指某種形式的能量被轉換為另一種能量。例如，光能被轉換為神經衝動。

Transference（移情，移情作用）。在精神分析治療中，這是指個人把他過去所懷對他生活中一些重要人物的情感（不論是愛意或恨意）轉移到分析師身上的歷程。

Trichromatic theory（三色理論）。這個理論主張存在三種類型的色彩受納器，它們產生紅、綠及藍這三種原色的感覺。其他色覺都是由這三種原色混合而成。

Type A behavior pattern（A 型行爲型態，A 型性格）。一種複雜之展現行爲和情緒的型態，這個類型的人們過度強調競爭、有野心、富攻擊性、缺乏耐性、求成心切。這樣的行爲型態（特別是敵意）大爲提高他們罹患冠心病的風險。

Type B behavior pattern（B 型行爲型態，B 型性格）。相較於 A 型性格，B 型性格的人們較不具競爭性、個性溫和、生活較爲悠閒，他們在心臟病的罹病率上遠低於 A 型性格。

Unconditional positive regard（無條件的積極關懷）。指個人受到另一個人加諸（不帶任何條件）的完全關愛和接納，諸如父母對子女的愛。

Unconditional response, UCR（非制約反應）。在古典制約學習中，非制約反應是指由非制約刺激引起的反應，這不需要先前的訓練或學習。

Unconditional stimulus, UCS（非制約刺激）。在古典制約學習中，引起非制約反應的刺激就稱爲非制約刺激。

Unconscious（潛意識）。在精神分析理論中，這是指貯藏那些被壓抑的驅力和原始衝動的精神層面。

Validity（效度）。指一份測驗能夠測出它打算測量之功能的程度。

Variable（變項）。在實驗情境中，變項是指在數量及性質上產生變動的因素。

Vestibular sense（前庭感覺）。這是指告訴個人他的身體相對於重力在這個世界之定向的感覺。

Visual cortex（視覺皮質）。位於大腦枕葉的一個區域，視覺訊息在這裡接受處理。

Volley principle（併發律）。指頻率論的一個延伸，它主張當聲波的波峰來得過度頻繁，使單一神經元來不及針對每個波峰放電時，神經纖維將會分成數組，各組以輪班方式產生神經衝動，分別對聲波的波峰產生衝動，各組同步齊發以產生對高頻聲波辨別的功能。

Weber's law（韋伯定律）。指解釋感覺現象的一種基本法則，也就是說差異閾的大小跟標準刺激的強度保持一定的比例。

Wellness（幸福、安寧）。一種理想的身心健康狀態；它包括當事人擁有充分舒展的能力，以及在身體、智能、情感、精神、社會及環境等領域中保持積極主動。

Wisdom（智慧）。指在生活基本實務上的專門知識和技巧。

Withdrawal symptoms（戒斷症狀）。指個人對某種藥物產生生理成癮後，當該藥物被減量或撤除時，個人所經歷之痛苦的身體症狀。

Within-subjects design（受試者內設計）。這是指利用相同的受試者參加不同的實驗處理，以使受試者的差異減至最低的實驗設計。例如，受試者接受實驗處理之前的行爲可被拿來跟他接受處理之後的行爲進行比較。

Working memory（工作記憶）。即短期記憶，從感官記憶或從長期記憶輸入的資料在這裡接受處理及組織。

Zygote（受精卵，合子）。單一細胞，指精子與卵子在受精作用後的狀態，即爲懷孕的開始。

國家圖書館出版品預行編目(CIP)資料

心理學/Richard J. Gerrig著；游恒山譯. --
七版. -- 臺北市：五南圖書出版股份有限公
司, 2024.07
面；　公分
譯自：Psychology and life
ISBN 978-626-393-497-9(平裝)

1.CST: 心理學

170   113009145

1B24

心理學

作　　　者 ─ RICHARD J. GERRIG

譯　　　者 ─ 游恒山

企劃主編 ─ 王俐文

責任編輯 ─ 金明芬

封面設計 ─ 徐碧霞

出 版 者 ─ 五南圖書出版股份有限公司

發 行 人 ─ 楊榮川

總 經 理 ─ 楊士清

總 編 輯 ─ 楊秀麗

地　　　址：106台北市大安區和平東路二段339號4樓

電　　　話：(02)2705-5066　　傳　　真：(02)2706-6100

網　　　址：https://www.wunan.com.tw

電子郵件：wunan@wunan.com.tw

劃撥帳號：01068953

戶　　　名：五南圖書出版股份有限公司

法律顧問　林勝安律師

出版日期　1988年11月初版一刷（共二刷）
　　　　　1991年 3 月二版一刷（共五刷）
　　　　　1999年 3 月三版一刷（共二刷）
　　　　　2004年 7 月四版一刷
　　　　　2010年 5 月五版一刷
　　　　　2014年 2 月六版一刷（共七刷）
　　　　　2024年 7 月七版一刷

定　　　價　新臺幣850元

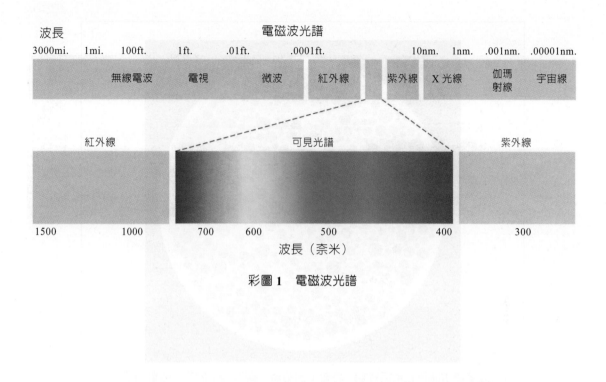

彩圖 1　電磁波光譜

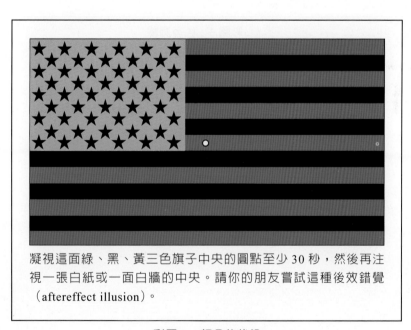

凝視這面綠、黑、黃三色旗子中央的圓點至少 30 秒，然後再注視一張白紙或一面白牆的中央。請你的朋友嘗試這種後效錯覺（aftereffect illusion）。

彩圖 2　顏色的後像

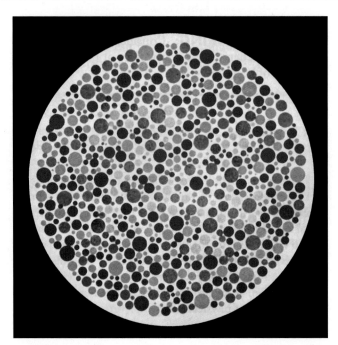

個人假使無法區辨紅色與綠色，將看不出隱藏在圖案中的數字。你看到了什麼？

彩圖 3 色盲測驗